SICHOUZHILU
SHANG DE SICHOU

丝绸之路
上的丝绸

杜文玉 / 主编

陕西师范大学出版总社　西安

图书代号 SK24N0975

图书在版编目（CIP）数据

丝绸之路上的丝绸 / 杜文玉主编. -- 西安 ：陕西师范大学
出版总社有限公司, 2024. 8. -- ISBN 978-7-5695-4549-4

Ⅰ . F746.81

中国国家版本馆 CIP 数据核字第 2024Q4S431 号

丝绸之路上的丝绸
SICHOUZHILU SHANG DE SICHOU

杜文玉　主编

出 版 人	刘东风	
出版统筹	曹联养　侯海英	
责任编辑	景　明　付玉肖	
责任校对	张爱林	
出版发行	陕西师范大学出版总社	
	（西安市长安南路 199 号　邮编 710062 ）	
网　　址	http://www.snupg.com	
印　　刷	中煤地西安地图制印有限公司	
开　　本	720 mm × 1020 mm　1/16	
印　　张	38.5	
字　　数	600 千	
版　　次	2024 年 8 月第 1 版	
印　　次	2024 年 8 月第 1 次印刷	
书　　号	ISBN 978-7-5695-4549-4	
定　　价	188.00 元	

读者购书、书店添货或发现印装质量问题，请与本公司营销部联系、调换。
电话：（029）85307864　85303635　传真：（029）85303879

编纂委员会

主　编

杜文玉

编　委

（按姓氏音序排列）

杜文玉　李思飞　刘进宝　沙武田　石云涛

孙　杰　王建军　王兰兰　王　乐　王　颜

韦悦华　张世奇　张宜婷　赵梦涵　郑旭东

前　言

　　贯通中外的丝绸之路，在中外经济、文化交流方面发挥了极大的作用，促进了世界文明的发展与进步。有关丝绸之路的研究，中外学术界有大量的成果问世，从各个方面展示了其发展历史以及沿线的国家、民族、地理、经济、宗教、艺术、文化等情况。此外，有关丝绸之路的考古工作，前后持续了一百多年，也取得了丰硕的成果，发现了大量珍贵文物，包括丝绸、瓷器、金银、钱币、香料、玻璃、药材、纸质文书、佛教洞窟、壁画、塑像、绘画以及其他各种器物，同时发现的古城、聚落、驿站、道路等遗址也很多。所有这一切与文献记载相互印证，揭开了许多历史之谜，也为后世留下了许多珍贵的文物，这些都是人类文明的结晶。

　　对我国古代先民发明的丝绸及其生产技术的研究，成果也非常之多。随着考古事业的发展，丝绸的历史已上溯到五千多年前。对这数千年来的历代丝绸生产技术的进步与产品特点，学者进行了深入的研究，梳理清楚了其发展脉络及传承情况。但是从丝绸作为丝绸之路上中外经济交流的主要商品的角度进行研究的成果却不多，因此有必要对其进行深入的研究。

关于丝绸之路上的丝绸研究，与单纯的丝绸研究既有联系，又有很大的不同。相同之处主要表现在丝织技术等方面，这是因为丝绸之路用于交流的丝绸生产技术与产品特点脱离不了当时技术水平的支撑。不同之处主要表现在如下几个方面：（一）这些丝绸必须是丝路上用于交换的商品，而不是生产的产品，两者性质是不同的；（二）这些丝绸大都脱离了原产地，是在丝绸之路沿线各地发现或者考古时从地下出土的；（三）这些丝绸中的相当一部分并非产自中国，而是丝路沿线各国掌握了丝织技术后自行生产的商品，并且向中国回流；（四）这些丝绸中有相当一部分的织造技术、花色品种、图案装饰有着浓郁的外国风格，是中外丝绸生产技术相互影响而生产的商品，反映了中外经济、文化交流的历史史实。由于这些原因，本书用大量的文字论述了丝路沿线各国发现的丝绸实物，涉及希腊、罗马、中亚、东欧、新疆、青海、敦煌等国家与地区。由于丝路向东方的延伸，本书还涉及国内各省区的出土丝绸以及日本的存世丝绸。本书还有一个特点，即对敦煌及各地壁画中与丝绸贸易有关的图像及丝路沿线出土的与丝绸相关的文物进行了分析与研究，因为这些壁画所描绘的正是历史时期中外丝绸贸易的场面，比文字记载更加直观、更加生动；出土的相关文物主要指胡人骆驼俑所驮的物品，我们认为是成捆的绢帛与生丝。所有这一切构成了对丝绸之路上的丝绸研究的完整的系统的内容。

作为一部有关丝绸之路以及丝绸研究的专门著作，与此相关的一系列问题也是必须涉及的，如我国种桑养蚕业与丝织业的发展、丝织技术与工艺的发展、丝织技术的外传、中外技术与工艺的交流、陆上丝绸之路的丝绸贸易等。为了更完整地反映历史时期我国与世界各国的丝绸贸易情况，本书还专辟一章论述了海上丝绸之路的贸易及发展情况。通常认为，陆上丝绸之路自唐末五代以来就已经衰落不堪了，因此研究较少。本书对宋元、明清时期的陆上丝绸贸易情况进行了详尽的论述，在一定程度上弥补了这些方面研究的不足，实际上是给读者提供了一部比较完整、系统的丝绸之路上的丝绸贸易史。

还有一点需要说明，本书在撰写过程中特别强调了通过丝路所进行的中外交流的情况，不仅仅是经济方面的交流，更重要的是通过丝绸贸易所进行的相关技术方面的交流，包括图案、色彩、装饰等艺术方面的交流，因此本书专门撰写了丝绸贸易的文化意义等方面的内容。对丝绸贸易及对丝路沿线各国、各族所产生的生活与文化方面的深刻影响，本书也有比较客观的论述。

为了高质量地完成这部著作，我们组织了一支具有较高水平的作者队伍，他们大多是来自全国各高校的教师，也有考古工作者和研究机构的专职研究人员，有多年从事这一方面的研究经验。在具体研究工作中，大家投入了极大的精力，广泛地查阅资料，汲取国内外学术界的研究成果，仅参考文献就达到了1000多部（篇），包括史籍、总集、别集、农书、方志、笔记、科技史、工艺史、学术专著、研究论文、出土文书、考古报告、墓葬壁画、敦煌壁画等方面的论著，其中外国的典籍、著作、论文、考古报告、美术作品等共计130多种，涉及的国家有法国、美国、英国、德国、意大利、俄罗斯、葡萄牙、荷兰、日本、朝鲜、韩国、瑞典、越南、蒙古等。在一部书中引用如此广泛，涉及国家如此之多，在我个人的学术生涯中还是第一次。

为了进一步增加本书的直观性，便于读者理解书中所涉及的与丝绸生产相关的技术与工具，包括丝绸的花色、品种、图案等，书中还穿插了大量精美的彩色图片，努力做到图文并茂，使其与普通的学术著作有明显的区别。

长安是古丝绸之路的起点城市，曾经在中外经济、文化的交流中发挥了至关重要的作用。在"一带一路"的建设中，西安又具有丝绸之路经济带"核心区""桥头堡"的战略地位，现在西安人民正努力打造内陆"新高地"，为实现国际化大都市的建设目标奋勇前进。我们作为生活在西安地区的学者，理应发挥自己的专长，为繁荣西安的文化建设承担起自己的责任，这是我们选择以丝绸之路上的丝绸作为研究课题的主要原因。只有这样才能与长安的丝绸之路起点地位以及丝绸之路经济带"核心区""桥头堡"的战略地位相称。

　　这部书能否达到以上所确定的目标，一切由读者评定，就不容我们自己多说了。

杜文玉

2020 年 7 月 3 日于古都西安

目 录

第一章

我国古代丝织业的发展与分布

中国是世界上最早发明蚕桑丝绸的国家，史前时期的文化遗址及先秦时期的各种文献中有大量的证据。丝织业作为我国古代社会经济的重要组成部分，历来受到中央王朝的高度重视。为了劝农从事桑蚕的生产，中央政府和各级地方官僚通过各项土地制度及具体的经济政策予以督促和保障，祭祀蚕神的"先蚕礼"更是成为国家祭祀的重要组成部分。丝织业不仅促进了我国古代经济的发展，随着丝绸之路的开通，丝绸更是通过这条大通道将汉唐的物质文明传递到亚欧大陆的西端。随着我国古代丝织业的发展，丝绸成为古代中国物质文化水平的重要标志之一。

第一节　史前时期的桑蚕业

我国是世界上最早发明蚕桑丝绸的国家。① 有关先蚕、丝绸的起源有诸多传说，最为著名的是嫘祖始蚕之说。《史记》载："黄帝居轩辕之丘，而娶于西陵之女，是为嫘祖。嫘祖为黄帝正妃"，"时播百谷草木，淳化鸟兽虫蛾"。② 东汉时期宫廷祭祀蚕神"先蚕"，《后汉书·礼仪志》载："皇后帅公卿诸侯夫人蚕。祠先蚕，礼以少牢。"其后的注文中指出蚕神有二：苑窳妇人和寓氏公主③，将蚕神与女性联系在一起。把嫘祖与先蚕相联系，始载《隋书》："（北齐）使公卿以一太牢祠先蚕黄帝轩辕氏于坛上"，"后周制，皇后乘翠辂，率三妃、三妖、御媛、御婉、三公夫人、三孤内子至蚕所，以一太牢亲祭，进奠先蚕西陵氏神"。④ 北齐时还以黄帝为蚕神，或因男性为蚕神似不妥，且有汉代女性为蚕神的先例，北周时蚕神就转为黄帝正妃嫘祖了。北宋初期成书的《云笈七签》中引《轩辕本纪》曰："元妃西陵氏始养蚕为丝。"⑤ 罗泌《路史》："（黄帝）元妃西陵氏，曰嫘祖。以其始蚕，故又祀先蚕"，"嫘祖始教民育蚕，治丝茧以供衣胜"。《历代通鉴辑览》也有类似的记载。⑥ 可知最迟在北周时期，嫘祖就正式成为蚕神，且宋元文献较详细地补充了其始蚕过程。

其他蚕神还有马头娘、蜀王蚕丛等不同说法。

马头娘也是传说中的蚕神。《山海经·海外北经》载："欧丝之野在大踵东，

---

① 夏鼐：《我国古代桑、蚕、丝、绸的历史》，《考古》1972年第2期，第12页。
② （汉）司马迁：《史记》卷一《五帝本纪》，北京：中华书局，1959年，第10、6页。
③ （刘宋）范晔撰，（唐）李贤等注：《后汉书·志第四礼仪上·先蚕》，北京：中华书局，1965年，第3110页。
④ （唐）魏徵、令狐德棻：《隋书》卷七《礼仪志二》，北京：中华书局，1973年，第145页。
⑤ （宋）张君房：《云笈七签》，北京：书目文献出版社，1992年，第714页。
⑥ （清）傅恒等：《御批历代通鉴辑览》卷一，载《文渊阁四库全书》，台北：台湾商务印书馆，1983年，第335册，第35页。

一女子跪据树欧丝。"①《荀子·赋篇》载："夫身女好而头马首者舆？"②将蚕神女性化并变其头似马首。后人在这两则文献记载的基础上，从天文星算角度找到了蚕马同气的理由。《周礼注疏》卷三〇"马质"条，郑玄注曰："蚕为龙精，月直大火，则浴其种，是蚕与马同气。"贾公彦亦疏："蚕与马同气者，以其俱取大火，是同气也。"③蚕马一体的蚕神形象，最早载于晋代干宝的《搜神记》④，讲述了一女化蚕的故事。上古时期一男子远征，家中只有一女一马，女儿想念父亲，戏马曰："尔能为我迎得父还，吾将嫁汝。"于是马绝缰而去，带回其父。但女子失信，马不肯食，见女就愤怒而击。父亲很奇怪，其女诉说了事情始末，男子就杀了此马，但是马皮蹶然而起，卷女以行。数日后女子和马皮尽化为蚕，蚕神的马头女身形象从而形成。宋代文献中记载唐朝蜀中寺观多塑女人披马皮，谓马头娘，以祈蚕事。⑤

古史传说蜀王蚕丛也曾教民植桑养蚕，是桑蚕业创始者之一。⑥杨雄《蜀王本纪》中记载："蜀之先，名蚕丛，教民桑蚕。"从其说者还有《明一统志》，其书云："蚕丛氏初为蜀侯，后称蜀王，教民养蚕。"《农政全书》亦云："蚕丛都蜀，衣青衣，教民蚕桑，则蜀可蚕。"蜀之名就与蚕桑有关，甲骨文中"蜀"字像蚕吐丝自缚状⑦。

此外，长江下游的涂山传说中有桑台。屈原《天问》中有"禹之力献功，将省下土四方；焉得彼涂山女，而通之于桑台"，地名为桑台，可能有较多桑树。《禹贡》载扬州上贡丝织物"织贝"⑧。

从桑蚕的传说中可知，我国桑蚕起源地有多个，有黄帝部落的黄河中游地区、古蜀国四川地区和长江下游地区，时间大致在炎、黄部落联盟时代，这可与史前考古发现相印证。

史前时期的桑蚕考古发现，主要有山西西阴村、浙江钱山漾和河南青台村等

① 罗梦山编译：《山海经》，北京：宗教文化出版社，2003年，第205页。
② 章诗同：《荀子简注》，上海：上海人民出版社，1974年，第289页。
③ （汉）郑玄注，（唐）贾公彦疏：《周礼注疏》，上海：上海古籍出版社，1990年，第455页。
④ （晋）干宝：《搜神记》卷一四，北京：中华书局，1979年，第172—173页。
⑤ （宋）朱胜非：《绀珠集》，载《文渊阁四库全书》，第872册，第538页。
⑥ 孙先知：《蚕丛教民蚕桑》，《四川蚕业》2001年第3期，第55页。
⑦ 温少峰、袁庭栋编著：《殷墟卜辞研究——科学技术篇》，成都：四川省社会科学院出版社，1983年，第371页。
⑧ 李宾泓：《我国蚕桑丝织业探源》，《地理研究》1989年第2期，第29页。

地出土的蚕茧、丝织物。1926年，考古学家在山西省夏县西阴村仰韶文化遗址发现了蚕茧。[1]此茧为一个半割的、似丝的茧壳，割线极为平直，且有光泽（图1-1）。后来日本学者布目顺郎对蚕茧做了复原研究，测得原长1.52厘米、茧幅0.71厘米，茧壳被割去的部分约占全茧的百分之十七，推断是桑螟茧。另有日本学者池田宪司认为这是一种家蚕茧，我国蚕学家研究则认为是桑蚕茧[2]。不过此蚕茧是否为仰韶文化时期的遗物现尚存争议[3]，主要因为仰韶时期的切割石器无法完成如此平直的割线，而且华北黄土地带新石器时代遗址的文化层很难将蚕丝质料的茧壳

图1-1　山西夏县出土的蚕茧
（赵丰：《锦程：中国丝绸与丝绸之路》）

保存得如此完好。1958年，浙江省吴兴钱山漾的新石器时代遗存中出土了丝麻织物，有绢片、丝线和细丝带。[4]绢片尚未碳化，长2.4厘米、宽1厘米，原保存在竹筐中。丝线和细丝带均揉成一团，细丝带编织方法为二排平行的人字织纹。20世纪80年代，河南省社旗县青台村遗址出土了碳化的纺织物，瓮棺W164内的婴幼儿头骨与肢骨上黏附灰白色碳化丝织物，头盖骨上粘有呈多层胶结块状的丝织物；W486内人腿骨与脚骨上有灰褐色碳化纺织物碎片和块状织物。经过分析，青台村遗址出土的丝织品是用蚕茧进行多粒缫制加工的长丝，这是黄河流域最早的实物，其丝纤维是家蚕丝，比钱山漾出土的丝纤维更细[5]。

除了直接的蚕茧、织物，新石器时代还有一些表现蚕或蛹形象的雕刻和纹饰。

① 李济：《西阴村史前的遗存》，载山西省考古研究所、山西省考古学会编：《三晋考古》（第二辑），太原：山西人民出版社，1996年，第280页。
② 王代乐、韩红发：《半个蚕茧的出土 震撼世界的发现》，《北方蚕业》2009年第4期，第73页。
③ 夏鼐：《我国古代桑、蚕、丝、绸的历史》，《考古》1972年第2期，第13页。
④ 浙江省文管会、浙江省博物馆：《吴兴钱山漾遗址第一、二次发掘报告》，《考古学报》1960年第2期，第89—90页。
⑤ 郑州市考古文物研究所：《荥阳青台遗址出土纺织物的报告》，《中原文物》1999年第3期，第4—9页；张松林、高汉玉：《荥阳青台遗址出土丝麻织品观察与研究》，《中原文物》1999年第3期，第10—16页。

距今 7000 年至 5000 年的仰韶文化是黄河中游地区最为重要的新石器时代彩陶文化，其所属遗址中有蚕形雕塑、蚕形纹饰的发现。其中，1960 年，中国科学院考古所在山西芮城西王村发现陶制蚕蛹①；1972—1987 年，郑州大河村仰韶文化遗址发现蚕纹彩陶器②；1980 年，河北正定南杨庄村仰韶文化遗址发现陶蚕蛹③。仰韶文化之后的齐家文化位于渭水上游，存在时间为公元前 2200 年至公元前 1600 年，属于原始社会末期的父系氏族时代，制陶业发达，主要是泥质红陶和夹砂红褐陶，典型器有双耳罐、单耳罐、高领罐、豆、鬲、盆、敛口瓮等。1963 年甘肃临洮冯家坪齐家文化遗址中，发现了刻画蚕形虫的双联陶罐。④与齐家文化时代大致相当的龙山文化分布于黄河中下游地区，以出土的黑陶最为著名。

1985 年，安徽双墩龙山文化遗址出土的陶器上刻有蚕形纹饰。⑤

1973 年考古工作者对浙江余姚河姆渡遗址进行了发掘，遗址总面积约 4 万平方米，叠压着 4 个文化层，最下层距今 7000 年，出土了大量骨、石、木类文物，如象牙雕刻件、漆器、陶制艺术品等。相邻的同属河姆渡文化特征的田螺山遗址中出土了动植物遗存，如海洋鱼类

图 1-2　浙江河姆渡出土的蚕纹牙雕
（赵丰：《锦程：中国丝绸与丝绸之路》）

骨头和山茶属树根，这是河姆渡遗址海洋文化特征的标志。河姆渡遗址出土了蚕纹牙雕（图 1-2）⑥，牙雕刻有四对虫子形象，反映了距今 7000 年前河姆渡人生活中或有桑蚕的内容。太湖流域的良渚文化以出土极为精美的玉器而著称，时代为距今

① 中国科学院考古研究所山西工作队：《山西芮城东庄村和西王村遗址的发掘》，《考古学报》1973 年第 1 期，第 57 页。

② 郑州市博物馆：《郑州大河村遗址发掘报告》，《考古学报》1979 年第 3 期，第 301—374 页。

③ 郭郭：《从河北省正定南杨庄出土的陶蚕蛹试论我国家蚕的起源问题》，《农业考古》1987 年第 1 期，第 302—309 页。

④ 陈炳应：《群蚕图》，《中国文物报》1988 年 10 月 1 日。

⑤ 徐大立：《蚌埠发现新石器时代蚕形刻划》，《中国文物报》1988 年 5 月 6 日。

⑥ 浙江省文物考古研究所：《河姆渡：新石器时代遗址考古发掘报告》（上册），北京：文物出版社，2003 年，第 285 页。

5300 年至 4000 年。1959 年发掘的江苏梅堰新石器时代遗址属于良渚文化，出土物中除了玉器外，还有一件刻有蚕纹的陶器。[①] 屈家岭文化位于长江中游地区，时代为公元前 3300 年至前 2600 年，为重要的新石器时代遗存。1971 年至 1974 年，河南淅川下王岗屈家岭文化遗址发现陶蚕蛹。[②]

在东北地区距今约 5000 年的文化遗址中也有类似的发现，如辽宁锦西县的砂锅屯遗址，其为天然洞穴内的红山文化遗存，以墓葬为主，兼具祭祀性质。1921 年，安特生在砂锅屯遗址中就发掘到石质蚕形饰物。[③]

综上可知，我国新石器时代桑蚕考古发现主要分布于黄河流域、长江中下游，以及辽宁地区，时间为距今 7000 年至 4000 年，涉及仰韶文化、齐家文化、龙山文化、河姆渡文化、良渚文化、屈家岭文化、红山文化等。从古史传说和考古发现可以初步判断出我国桑蚕丝织业是多中心起源。

桑蚕的生长需要温暖湿润的生态环境。华北地区中全新世距今 7700 年至 2100 年，气候温暖，雨量充沛，适宜桑蚕生产，平均气温高于今天 3—4℃[④]。河南淅川下王岗遗址中发现的喜暖动物占总数的 29%[⑤]，说明史前黄河下游地区已具适合桑蚕生长的温湿条件。黄河中游的渭河平原、汾水谷地等受河流影响，温湿条件较好，西安半坡遗址中出土了獐、竹鼠等动物骨骼[⑥]，这类动物喜欢暖湿的气候，竹鼠以竹为食，说明当时有竹林存在，可见仰韶时期黄河中游的沟谷平原地区气候适宜桑林种植。夏县西阴村遗址和芮城西王村遗址分别位于黄河支流陈水谷地和黄河中游谷地，因而温湿条件较好。长江下游地区在冰后期出现温暖

---

① 江苏省文物工作队：《江苏吴江梅堰新石器时代遗址》，《考古》1963 年第 6 期，第 313 页。

② 河南省博物馆长江流域规划办公室、河南省博物馆文物考古队河南分队：《河南淅川下王岗遗址的试掘》，《文物》1972 年第 10 期，第 6—19 页；陶红、张诗亚：《新石器时代蚕纹陶器和陶蚕蛹新论》，《社会科学战线》2010 年第 3 期，第 259 页。

③ 卫斯：《中国丝织技术起始时代初探——兼论中国养蚕起始时代问题》，《中国农史》1993 年第 2 期，第 88 页。

④ 张子斌、王丁、丁嘉贤：《北京地区一万三千年来自然环境的演变》，《地质科学》1981 年第 3 期，第 259—268 页。

⑤ 贾兰坡、张振标：《河南淅川县下王岗遗址中的动物群》，《文物》1977 年第 6 期，第 41—48 页。

⑥ 李有恒、韩德芬：《陕西西安半坡新石器时代遗址中之兽类骨骼》，《古脊椎动物与古人类》1959 年第 4 期，第 173—185 页。

湿润的气候，温度比现在高 2—3℃，降雨量也大，[1] 从目前该地区仍适宜桑蚕活动来看，新石器时代长江下游应具有良好的桑蚕生长条件。在崧泽遗址的文化层中还发现了较多的桑属花粉[2]，证明这一地区曾存在大面积桑林。史前桑蚕丝织业出现在黄河中下游和长江流域与其温湿的自然条件关系密切。良好的自然地理条件也决定了人们聚居区的分布，史前诸多聚落遗址皆位于水湿良好的环境，人们以聚落形式定居，再以当地所产的桑蚕发展手工业，进而推动史前经济的发展，促进文明的进步。综上所述，我国的文明起源于黄河、长江流域皆是因其环境适宜人类聚居与发展经济。

第二节　夏商、西周、春秋时期的丝织业

传统史学认为夏代是我国第一个世袭王朝，但长期以来能确切证明其存在的证据不足。考古学将古史所传夏人主要活动地区（即河南西部）殷商以前、河南龙山文化以后的遗址和遗存称作"夏文化"，现在仅河南西部偃师二里头前三期遗址及山西襄汾南部夏县东下冯遗址基本能确认为夏代文化[3]，但是尚未发现丝织品。《夏小正》载："三月，摄桑，委子始蚕，执养宫室。"说明夏代已有室内养蚕，这也是关于桑蚕生产的最早文献记载。[4] 战国时成书的《禹贡》记载了夏禹时代的赋税制度，大禹分的九州中提到蚕丝产区和出产丝织名品的就有六州。《华阳国志》的"巴志"记载："禹会诸侯于会稽，执玉帛者乃国。"可见在夏代我国的桑蚕生产已经很普遍。

殷商时代的桑蚕生产可见于出土文物和后世传说。

近代在殷墟发掘中发现了不少动物遗骸和有关蚕事的甲骨卜辞。在现今所见的甲骨文中，单字有 3700 个，可识字有 1370 个，其中与"丝"相关的字就有 53

---

① 李宾泓：《我国蚕桑丝织业探源》，《地理研究》1989 年第 2 期，第 31 页。
② 王开发、张玉兰、蒋辉、叶志华：《崧泽遗址的孢粉分析研究》，《考古学报》1980 年第 1 期，第 59—66 页。
③ 杜正胜：《夏代考古及其国家发展的探索》，《考古》1991 年第 1 期，第 43—56 页。
④ 李艳红、方成军：《试论中国蚕丝业的起源及其在殷商时期的发展》，《农业考古》2007 年第 1 期，第 167 页。

个。①"丝"字的甲骨文形象是束丝之状，罗振玉《增订殷虚书契考释》云："像束丝形，两端则束余之绪也。"②甲骨卜辞中有武丁时专门派人省察蚕事的内容："戊子卜，乎省于蚕。九。"说明当时省察蚕事占卜至少九次。待至祖庚、祖甲时用三对雌雄羊或三头牛祭祀蚕神，卜辞曰："□□□，大，□□□十牢，蚕示三，八月。"其中的"大"为人名，"蚕示"为蚕神。还有卜辞曰："贞元示五牛，蚕示三牛，十三月。""元示"有人解释为殷人祖先上甲③。殷商卜辞内容充分说明当时为求桑蚕生产丰收，把蚕神与其他神灵及祖先共祭，在祭祀蚕神时用三对羊或三头牛，典礼十分隆重。这也是先蚕礼的重要文献记载。

《墨子》和《荀子》均记载了商朝初年商汤祷于桑林的传说④，《吕氏春秋》中有更详细的记载："昔者汤克夏而正天下，天大旱，五年不收，汤乃以身祷于桑林。"传说有侁氏女子采桑，得婴儿于空桑之中，即伊尹。⑤商汤曾在桑林中祈雨，伊尹降生于桑林，可知商初已有人工植桑成林。《史记》记载了太戊时发生桑谷俱生的现象。⑥商末帝辛时期，宫人已身着丝绸衣物，《管子》记载："昔者桀纣时，女乐三万人，晨歌于端门，乐闻于三衢，是无不服文绣衣裳者。"《帝王世纪》说纣王"多发美女以充倾宫之室，妇人衣绫纨者三百余人"⑦。这说明到商朝末期，丝织业已有一定发展，但是生产的丝绸是否能够满足宫廷的大量需求，做到纣王的女乐人人着绣衣裳，妇女三百余人衣绫纨，值得商榷考证。

周人姬姓，始祖为后稷，最早兴起于关中平原的陕西省武功县境内，后来迁徙至今甘肃庆阳一带。公刘迁于豳，古公亶父弃豳迁岐，至于岐山下的周原。周文王迁都于丰，武王再东迁于镐。周人是善于农业生产的部族，后稷"好种树麻、菽，麻、菽美。及为成人，遂好耕农，相地之宜，宜谷者稼穑焉，民皆法则之"⑧。

① 陈年福：《殷墟甲骨文词汇概述》，《浙江师范大学学报》（社会科学版）2006年第1期，第40—45页；李发、向忠怀：《甲骨文中的"丝"及相关诸字试析》，《丝绸》2013年第8期，第2页。

② 罗振玉：《增订殷虚书契考释》，东京：东方学会石印本，1927年，第42页。

③ 浙江大学编著：《中国蚕业史》，上海：上海人民出版社，2010年，第39页。

④ 郑振铎：《汤祷篇》，《东方杂志》30卷1号，1933年。

⑤ 胡厚宣：《殷代的蚕桑和丝织》，《文物》1972年第11期，第2页。

⑥ 《史记》卷三《殷本纪》，第100页。

⑦ 《后汉书》卷七《桓帝纪》注引《帝王纪》，第321页。

⑧ 《史记》卷四《周本纪》，第112页。

桑蚕业是农业的重要部分，因此西周的农桑生产比较进步。

《诗经》是中国最早的一部诗歌总集，收集了西周初年至春秋中叶的305篇诗歌。这些诗歌反映了当时的社会生产面貌，内容中不乏以桑树为意象者，据统计有13篇"国风"、5篇"小雅"和1篇"颂"描绘了桑树的各方面①。《小雅·南山有台》"南山有桑，北山有杨"中的南山桑树已成林；《豳风·七月》"蚕月条桑，取彼斧斨。以伐远扬，猗彼女桑"展示了豳周女子采桑的情景；《魏风·十亩之间》"十亩之间兮，桑者闲闲兮"、《魏风·汾沮洳》"彼汾一方，言采其桑"可见魏国已有大面积桑树栽植，人们采桑饲蚕；《郑风·将仲子》云"无逾我墙，无折我树桑"，郑国的人们在房前屋后植桑成林，是以养蚕缫丝，唯恐有人折其桑树，以损养蚕；《卫风·氓》即有"氓之蚩蚩，抱布贸丝"之句，当时卫国生产的丝织物都可以用来作为商品交换，可见已形成了相当的规模；《小雅·黄鸟》以"黄鸟黄鸟，无集于桑"来表达对故乡的思念——有桑林的地方就是家。桑树在《诗经》中屡屡出现，主要在于其为重要的生产生活资源，桑叶可以养蚕制丝。

统治者对桑也非常重视，《礼记·月令》云："季春之月……是月也，命野虞无伐桑柘。"②季春之月不得砍伐桑树和柘树，以防止对桑树的过度采摘。同时还有亲蚕礼，王后嫔妃要举行"躬桑"仪式。《礼记·月令》载："季春之月……鸣鸠拂其羽，戴胜降于桑。具曲植籧筐，后妃斋戒，亲东乡躬桑。"郑玄注曰："后妃亲采桑，示帅先天下也。"③后来《晋书·礼志上》详细地记载了皇后的亲蚕"躬桑"礼：

> 蚕将生，择吉日，皇后著十二笄步摇，依汉魏故事，衣青衣，乘油画云母安车，驾六骦马。女尚书著貂蝉佩玺陪乘，载筐钩。公主、三夫人、九嫔、世妇、诸太妃、太夫人及县乡君、郡公侯特进夫人、外世妇、命妇皆步摇、衣青，各载筐钩从蚕。先桑二日，蚕宫生蚕著薄上。桑日，皇后未到，太祝令质明以一太牢告祠，谒者一人监祠。祠毕撤馔，班余胙于从桑及奉祠者。皇后至西郊升坛，公主以下陪列坛东。皇后东面躬

---

① 李发、向仲怀：《〈诗经〉中的意象"桑"及其文化意蕴》，《蚕业科学》2012年第6期，第1094页。

② （清）阮元：《十三经注疏·礼记正义》，北京：中华书局，2009年，第2951、2953页。

③ 《十三经注疏·礼记正义》，第2951、2953页。

桑，采三条，诸妃公主各采五条，县乡君以下各采九条，悉以桑授蚕母，还蚕室。事讫，皇后还便坐，公主以下乃就位，设缕宴，赐绢各有差。①

《通典·礼典六》《通志·吉礼上》等书的亲蚕礼均照此录入，《宋书·礼志一》亦有相似的记载，其史源皆为《礼记·月令》。周礼中的王后亲蚕礼为历代所继承。桑蚕礼的隆重正式，表明了历代统治者对桑蚕生产的高度重视，桑蚕生产与农耕一起构成了我国古代农业的两大支柱产业。亲蚕礼盛于周代，当与西周春秋时期的桑蚕业发达有关。

西周至春秋时代桑蚕生产区域和规模，也见于《诗经》等文献记载。《诗经》说秦、豳、郑、魏、唐、鲁、卫、曹、邶、鄘等地皆有治桑和采桑的情景。《周礼》"夏官职方氏"中记载产丝地区有豫州和并州："河南曰豫州，其利林、漆、丝、枲"，"正北曰并州，其利布、帛"。《孟子》中记载孟子向梁惠王提过"五亩之宅，树之以桑，五十者可以衣帛矣"的建议，力主发展桑蚕生产。春秋末期吴越交战，越国败，越王勾践被禁于吴国三载。归国后，他采纳范蠡的意见，"必先省赋敛，劝农桑"②，亲自耕作，夫人自织，以为榜样，推动了当地的耕作和丝织业发展。《史记·货殖列传》说："太公望封于营丘，地潟卤，人民寡，于是太公劝其女功，极技巧，通鱼盐，则人物归之，襁至而辐凑。故齐冠带衣履天下，海岱之间敛袂而往朝焉。"③又称齐国"膏壤千里，宜桑麻，人民多文彩布帛鱼盐"④。《国语》的"齐语"记载齐桓公伐楚，"使贡丝于周而反"。齐地桑树中有一种称为"地桑"或"鲁桑"的，树低矮，叶子肥嫩，蚕食最宜。春秋时期，齐纨与鲁缟闻名于全国，山东成为当时著名的丝织品生产地，品种丰富，质量优良。《国语》的"晋语"记载"赵简子使尹铎为晋阳，请曰：'将为茧丝乎？……'"可知晋地亦治蚕桑。

《史记·楚世家》记载楚平王六年（前523）伍子胥出奔吴，楚人杀其父兄。平王十年（前519）吴国的边邑卑梁与楚国边邑钟离小童争桑，"两家交怒相攻，灭卑梁人。卑梁大夫怒，发邑兵攻钟离。楚王闻之怒，发国兵灭卑梁。吴王闻之大怒，

① （唐）房玄龄等：《晋书》卷一九《礼志上》，北京：中华书局，1974年，第590—591页。
② （东汉）袁康撰，吴平辑录：《越绝书》卷四《越绝计倪内经第五》，上海：上海古籍出版社，1985年，第30页。
③ 《史记》卷一二九《货殖列传》，第3255页。
④ 《史记》卷一二九《货殖列传》，第3265页。

亦发兵，使公子光因建母家攻楚，遂灭钟离、居巢。楚乃恐而城郢"①。吴楚两国矛盾激化固然有其他因素，但两国边邑小童争桑引发吴楚大战无疑是原因之一。从争桑之事可以看出两国都有一定数量的桑蚕生产。《左传》记载鲁襄公三年（前570），楚子重伐吴，将大量的丝织品用于军队，同时楚国还将丝织品输入黄河以北的晋国②。这说明楚国的丝织业已具有一定规模，不但满足自给，还可外销。楚国的官制中还设有专门主持靛青染料生产的工官"蓝尹"③。《史记·货殖列传》载燕赵"田畜而事蚕"④。《尚书·禹贡》载卫国的兖州就是"桑土既蚕"之地。

综合来看，西周春秋时期桑蚕丝绸生产的主要区域在黄河中下游，其次为长江中下游。⑤黄河中下游有秦国豳地、晋国、魏国、齐鲁地等，长江流域主要是楚国、吴越国等地，主要位于今天湖北、浙江、江苏一带。

商周时期，桑林在世俗生活和精神生活中均有重要作用。桑林可以作为祈雨之所，也可以成为男女幽会之处，《诗经》中就有男女幽会桑林的记载，桑林也成为祭祀高禖（管理婚姻和生育之神）的地方。由于桑林十分重要，人们以桑树的形象想象出一种神树，称"扶桑"——太阳栖息的地方。在四川广汉三星堆同于商代时期的遗址中，就出土了两枝被确定为扶桑树的铜树。曾侯乙墓漆箱（图1-3）上也有扶桑图像。后来大量的汉代画像石上也有扶桑内容，如山东武梁祠、江苏沛县古泗水画像石等。与桑林密切相关的蚕，在古人眼中也是一种能够沟通天地、鬼神的神物，因而在墓葬中随葬大量玉蚕。文献记载西周时期王有"亲耕礼"，王后有"亲蚕礼"，"蚕礼"是在祭祀"蚕神"，目的是

图 1-3　湖北曾侯乙墓出土的漆箱
（赵丰：《锦程：中国丝绸与丝绸之路》）

---

① 《史记》卷四〇《楚世家》，第 1714 页。
② 杨伯峻编著：《春秋左传注》，襄公三年条，北京：中华书局，1990 年，第 925 页。
③ 朱新予主编：《中国丝绸史（通论）》，北京：纺织工业出版社，1992 年，第 17 页。
④ 《史记》卷一二九《货殖列传》，第 3270 页。
⑤ 朱新予主编：《中国丝绸史（通论）》，第 14 页。

获得庇佑①。古代先民对桑树、蚕神如此崇拜，对由桑蚕得到的丝绸自然也不视为普通之物，穿着丝绸所制衣物必然会利于人与上天的沟通。所以，丝绸最初的用途有三②：

1. 尸服，即人死后穿的衣服。但这种衣服并无凶意，反而有吉意。曾有丝织品实物出自河南荥阳青台村仰韶文化遗址的瓮棺葬中。《礼记·礼运》载："治其麻丝，以为布、帛，以养生、送死，以事鬼神上帝，皆从其朔。"人穿着用麻、丝所造衣物，生可以养，死可以沟通神灵，这是用丝绸作为人神沟通的媒介。

2. 祭服。《礼记·月令》："蚕事既登，分茧称丝效功，以共郊庙之服。"既然丝绸可以"沟通神灵"，那么在祖先崇拜和神灵崇拜的重要祭祀活动中，也必有其身影。

3. 祭祀用品。帛书、帛画是与青铜器、玉器等礼器具有同等地位的丝织礼器。

由于桑蚕具有"沟通神灵"的作用，早期丝织品生产数量有限，因此商代和西周时期丝织物多用于丧葬、祭祀，意义特殊。到了战国秦汉时期，丝织业生产力迅速提高，产量增加，丝绸的使用才逐渐普及，丝织业发展进入了新的阶段。

殷商至春秋时期有关桑蚕的考古发现兹列于下。

1929年殷墟第三次发掘，在小屯村西北墓葬中出土戈形兵器，其上有明显的布纹。③1934至1935年，在殷墟侯家庄西北冈殷代大墓中出土的铜爵上有编织物或纤维痕迹，铜瓿残片绿锈上有布纹。④1950年在安阳武官殷代大墓出土的三个铜戈皆有绢帛痕迹。⑤1953年在安阳大司空村殷商墓葬中出土白色玉蚕，保存完整，长3.15厘米，共有七节，扁圆长条形。⑥1962年大司空村东南殷墟第四期墓葬M53中出土了"小集母乙斝"，器物铭文中有类似纺轮的图像。⑦1966年山东

---

① 顾俊剑：《论先秦蚕丝文化的审美生成》，硕士学位论文，山东师范大学，2012年，第19—21页。

② 赵丰：《锦程：中国丝绸与丝绸之路》，合肥：黄山书社，2016年，第20—24页。

③ 胡厚宣：《殷代的蚕桑和丝织》，《文物》1972年第11期，第3页。

④ 梁思永等：《侯家庄·1001号大墓》上册，台北："中央研究院"历史语言研究所，1962年，第311、319、325页。

⑤ 郭宝钧：《一九五〇年春殷墟发掘报告》，《考古学报》1951年，第17、18、19页。

⑥ 马得志、周永珍、张云鹏：《一九五三年安阳大司空村发掘报告》，《考古学报》1955年第1期，第25—90页。

⑦ 中国社会科学院考古研究所编著：《殷墟发掘报告1958—1961》，北京：文物出版社，1987年。

益都苏埠屯殷代墓葬中出土了造
型逼真的玉蚕。1973 年河北藁城
台西村早商遗址出土过两件绢纺
纺锭①，推测当时已有原始纺车。
故宫博物院藏商代玉戈上正反面
均留有麻布、平纹绢等纺织品痕
迹。② 由上可知，商代丝织生产工
具已有绢纺织锭、手摇纺车，织
物种类有绢、帛等。

图 1-4　河南虢国 1704 号墓出土的玉蚕
（《中国玉器全集 3 春秋·战国》）

　　1975 年陕西宝鸡两座西周前期墓葬中出土了数量较多的玉蚕，大小不一，最
大的长 4 厘米，最小的不到 1 厘米，造型逼真，形态生动。同时发现一些保留在铜
器上的丝织物和刺绣的痕迹，织物上还残存红、棕等颜色的彩绘，刺绣的针法也极
为熟练。③ 在辽宁朝阳西周墓中，考古工作者也发现了丝织品。④ 1976 年，成都出
土的西周早期青铜器中有一件青铜戈饰蚕形图像，该蚕头大眼突，呈屈身蠕动状，
研究证明此铜戈为古蜀国所造，这是长江上游发现的最早有关丝织业的实证。⑤ 由
上可知，西周时期丝织业有了针法熟练的刺绣和彩绘技术。

　　1978 年在福建崇安县武夷山船棺中出土了距今 3000 余年的蚕丝和丝织品。⑥
福建地属《禹贡》所指"扬州"之域，春秋时有"越罗縠纱"，可见春秋时期闽越
地区有蚕丝生产。河南春秋时期虢国墓葬中出土过玉蚕（图 1-4），⑦ 2006 年江西
靖安东周墓出土了纺织工具模型和织物。⑧

---

①　河北省文物研究所：《藁城台西商代遗址》，北京：文物出版社，1985 年。
②　陈娟娟：《两件有丝织品花纹印痕的商代文物》，《文物》1979 年第 12 期，第 70—71 页。
③　李也贞、张宏源、卢连成、赵承泽：《有关西周丝织和刺绣的重要发现》，《文物》
1976 年第 4 期，第 60—63 页。
④　赵承泽、李也贞、陈方全、赵钰：《关于西周丝织品（岐山和朝阳出土）的初步探讨》，
《北京纺织》1979 年第 2 期，第 11—15 页。
⑤　石湍：《记成都交通巷出土的一件"蚕纹"铜戈》，《考古与文物》1980 年第 2 期。
⑥　高汉玉、王裕中：《崇安武夷山船棺出土纺织品的研究》，《民族学研究》1982 年第 2 辑，
第 192—202 页。
⑦　中国科学院考古研究所编著：《上村岭虢国墓地》，北京：科学出版社，1959 年，第 22 页。
⑧　江西省文物考古研究所、靖安县博物馆：《江西靖安李洲坳东周墓发掘简报》，《文
物》2009 年第 2 期，第 4—17 页。

殷商至春秋延续千余年，丝织业在新石器时代初创的基础上缓慢发展。第一，丝织业产区在史前黄河中下游、长江流域等萌芽状态的基础上有了进一步发展和扩大。黄河中游的周人、秦人地区和晋国都从事桑蚕生产。《诗经·豳风·七月》描写了西周初期豳地妇女春天采摘桑叶、三月修理桑条、八月纺纱织绸的景象。秦豳地区的考古发现与之相印证。山西夏县西阴村史前时期也有蚕茧丝织，《诗经》中有对晋国桑蚕的描述，由春秋时期赵简子使尹铎为晋阳时"将为茧丝"的记载，可知西周春秋晋地桑蚕业的发展。黄河下游为殷商故地和齐鲁之地，甲骨文的记载与河南大批丝织物的考古发现，说明商周时期黄河下游丝织业发展到了很高程度。西周春秋时齐鲁"冠带衣履天下"，山东地区成为蚕织业中心。长江上游的蜀国在古史传说中就是桑蚕的起源地，《蜀中广记》记载高辛氏时蜀地开始养蚕。又《说文》曰："蜀，葵中蚕也。"古蜀国之地发现铜戈上的桑蚕图也反映了古蜀国桑蚕织业的发展情况。长江中下游为楚国和吴越国，楚国丝织品外销晋国。吴越两国也劝民农桑，勾践与夫人亲自耕作治桑以示民众，积累社会财富，从而提高了越国国力，最后得以灭吴。淮河流域桑蚕的考古发现不多，《左传》记载"禹会诸侯于涂山，执玉帛者万国"，涂山属安徽，说明夏末商初淮河地区已有桑蚕业出现[1]。第二，丝织产品种类增加，主要有锦、绮、罗、绨、纨、缟、縠、绡、纱等；织物组织方式变化多样，有平纹、斜纹、假纱、纱罗等组织方式。[2]这体现了丝织技术的进步。第三，周礼中祭祀先蚕的"躬桑"礼确立。《礼记·月令》中描绘了周代亲蚕礼，后代以此为基础发展成为完整的王后或皇后等祭祀先蚕制度。

第三节　战国、秦汉时期的丝织业

春秋末至战国时期，我国处于社会大变革时代。铁器的使用促进了生产力发展，铁质农具和牛耕广泛使用。同时，各国大规模兴修水利工程，如郑国渠、都江堰、邗沟、鸿沟、引漳十二渠等。直至西汉时期各地竞相争修水利，如漕渠、

---

[1] 李宾泓：《我国早期丝织业的分布及其重心的形成》，《中国历史地理论丛》1991年第2期，第58—60页。

[2] 朱新予主编：《中国丝绸史（通论）》，第33—39页。

辅渠、灵轵、芍陂、鸿隙陂等，出现了"用事者争言水利。朔方、西河、河西、酒泉皆引河及川谷以溉田；而关中辅渠、灵轵引堵水；汝南、九江引淮；东海引巨定；泰山下引汶水：皆穿渠为溉田，各万余顷。佗小渠披山通道者，不可胜言"①的情形。此时大量荒地得以开垦，农业耕作模式为精耕细作，这为农业与手工业的初步分工创造了条件，以农副业为主的家庭手工业和独立经营的个体手工业有了初步发展。男耕女织成为农业和手工业相结合的小农经济的基础。

丝织业是手工业的重要部门，其生产分为官营手工业和家庭、个体手工业。战国时期丝织生产在生产力进步的影响下发展迅速。《墨子·非乐上》载："农夫蚤出暮入，耕稼树艺，多聚菽粟，此其分事也。妇人夙兴夜寐，纺绩织纴，多治麻丝葛绪，捆布縿，此其分事也。"②农业生产为男耕女织分内之事，其中描述了妇女从事缫丝、治麻葛、织布帛等活动。秦国商鞅变法的经济措施为"僇力本业，耕织致粟帛多者复其身。事末利及怠而贫者，举以为收孥"③，这体现了重农抑商的特点——奖励民间耕织，以达到富国强兵的目的。各诸侯国的赋税征收除有"粟米之征"外，还有"布缕之征"。战国时期各地丝织品生产数量皆较大，诸侯开始以丝织品赏赐臣民。据《战国策·秦策一》记载："（苏秦）说秦王书十上而说不行，黑貂之裘弊，黄金百斤尽，资用乏绝，去秦而归，羸縢履蹻，负书担橐，形容枯槁，面目犁黑，状有愧色。归至家，妻不下纴，嫂不为炊。父母不与言。"后来苏秦苦读一载，离家"见说赵王于华屋之下，抵掌而谈，赵王大悦，封为武安君。受相印，革车百乘，锦绣千纯，白璧百双，黄金万溢，以随其后，约从散横以抑强秦，故苏秦相于赵而关不通。"④苏秦游说赵王，被"赐锦绣千纯"。这一切说明丝织手工业在战国的经济中占有十分重要的地位。

秦朝是我国首个大一统中央集权专制王朝，作为统一政权，其国祚虽然短暂，但是其发迹地——秦国一带丝绸生产历史悠久，实力雄厚。秦始皇统一全国后制定了严格的丝织生产制度，集七雄桑蚕生产技术之大成，品种多样，色彩丰富，

---

① 《史记》卷二九《河渠书》，第 1414 页。
② 吴毓江：《墨子校注》卷八《非乐上》，北京：中华书局，1993 年，第 382 页。
③ 《史记》卷六八《商君列传》，第 2230 页。
④ （汉）刘向编：《战国策》，上海：上海古籍出版社，1987 年，第 85 页。"一纯二尺四寸，千纯，二千四百尺。"

在中国丝织业发展史上具有承上启下的重要作用。

关于秦国的地理位置，《史记·留侯世家》载："夫关中左崤函，右陇蜀，沃野千里，南有巴蜀之饶，北有胡苑之利……。此所谓金城千里，天府之国也。"①《汉书·地理志》载："故秦地于《禹贡》时跨雍、梁二州，《诗·风》兼秦、豳两国。"②《诗经》记载在西周春秋时期秦地已经是著名的桑蚕产地。《诗·秦风·终南》："终南何有，有条有梅，君子至止，锦衣狐裘。"《豳风·七月》："蚕月条桑，取彼斧斨。以伐远扬，猗彼女桑。七月鸣鵙，八月载绩，载玄载黄，我朱孔阳，为公子裳。"《诗·秦风·车邻》："阪有桑，隰有杨。"春秋时期秦国已有一定规模的丝绸生产。《汉书·地理志》称："其民有先王遗风，好稼穑，务本业，故《豳诗》言农桑衣食之本甚备。"③商鞅变法时的经济政策也是鼓励农桑。吕不韦时又制定了亲蚕礼制度，《吕氏春秋·三月纪》："（三月）命野虞无伐桑柘。鸣鸠拂其羽，戴任降于桑，具栚曲簾筐。后妃斋戒，亲东乡躬桑。禁妇女无观，省妇使，劝蚕事。"《吕氏春秋·四月纪》"（四月）蚕事既毕，后妃献茧，及收茧税，以桑为均，贵贱少长如一，以给郊庙之祭服。"秦代后妃的亲蚕礼与周礼几乎完全相同。因此可知秦在统一前就有相当的桑蚕丝织生产基础了。秦始皇统一天下后，下诏曰："皇帝之功，勤劳本事。上农除末，黔首是富。"④这就确定了重农的经济政策。秦地原有一定的桑蚕生产基础和亲蚕礼制，统一全国后兼并了丝绸生产较为发达的齐、楚等国，其丝织业发展有了一个较新的局面。

秦朝丝织生产主要由官营手工业作坊和私营小手工业作坊完成。秦代中央设少府，主要负责宫廷所需的各种手工制品等，并组织成立官营丝织作坊，如生产不足则向私营作坊征收。少府属官中负责丝织生产的是"东织"和"西织"，《汉书》记载："少府，秦官，掌山海地泽之税，以给共养，有六丞。属官有……东织、西织、东园匠十二官令丞。"⑤秦代还设有"锦官""服官"两职⑥。"东织"和"西

① 《史记》卷五五《留侯世家》，第2044页。
② （汉）班固：《汉书》卷二八下《地理志下》，北京：中华书局，1962年，第1642页。
③ 《汉书》卷二八下《地理志下》，第1642页
④ 《史记》卷六《秦始皇本纪》，第245页。
⑤ 《汉书》卷一九上《百官公卿表》，第731页。
⑥ 朱新予主编：《中国丝绸史（通论）》，第51页。

织"的丝织品代表了秦朝丝绸生产的最高水平。地方上各郡县的官营手工业称为"县工"，推测其中也有丝绸生产。

考古发掘出土了秦始皇三十年（前 217）的湖北睡虎地秦简，其内容中有不少有关秦律的记载，提供了秦代官营丝绸手工业的珍贵史料。结合秦律可知，秦代官营手工作坊称"工室""县工"。"工室"在睡虎地秦简中有所提及："县及工室听官为正衡石羸（累）、斗用（桶）、升，毋过岁壶〈壹〉"，其负责手工业产品如丝绸的生产。① "工室"的负责人称"工师"，其他监管者有"丞""曹长"等，《秦律杂抄》："省殿，赀工师一甲，丞及曹长一盾，徒络组廿给。"② 工师不仅负责传授生产经验，还要依据"工律""工人程""均工"等法令来管理工室。工室中从事丝织生产的主要是女奴，"女子操缯红及服者，不得赎"。

秦代丝织品种缺乏详细史料记载，能确定的有帛、绢、缯、练、缇、綦、缟、锦、绣、织成、丝布等诸多种类，其中多数为平纹丝织物，仅颜色有别，如丹黄色的"缇"、苍艾色的"綦"、鲜白色的"缟"、麦黄色的"绢"等，色彩缤纷。③

汉初百余年间，统治者以分给农民土地、减轻租税徭役、兴修水利等政策和措施恢复社会生产，促进了蚕业生产和丝织技术发展。汉高祖奖励农业生产，提倡食货并重，并以农桑为衣食之本。《汉书·食货志》载，汉代提倡各家各户"还庐树桑，菜茹有畦，瓜瓠果蓏殖于疆易。鸡豚狗彘毋失其时，女修蚕织，则五十可以衣帛，七十可以食肉"④。汉代栽桑、养蚕极为普遍，养蚕、缫丝、丝织已经成为重要的手工业产业链。东汉张迁碑中有"蚕务之月，不闭四门"之句⑤，可见在养蚕季节，政府会给蚕业生产者以政策便利，不闭四门以方便其进出城采桑养蚕。

汉代的丝织技术在继承战国传统的基础上有了飞跃发展，产量巨大，品种繁

① 睡虎地秦墓竹简整理小组：《睡虎地秦墓竹简》，北京：文物出版社，1990 年，第 43 页。
② 邹其昌、李青青：《从〈睡虎地秦墓竹简〉管窥秦代工匠文化》，《美术观察》2018 年第 7 期，第 113—119 页。
③ 赵丰：《秦代丝绸生产状况初探》，《浙丝科技》1983 年第 3 期，第 47—52 页。
④ 《汉书》卷二四上《食货志上》，第 1120 页。
⑤ 倪文东：《〈张迁碑〉〈衡方碑〉赏析》，《江苏教育》2020 年第 13 期，第 7 页。

多，主要有绢、畦纹绢、罗纱、绮、罗绮、锦、起毛锦等多种①。在两汉时期，"缯帛"即是丝绸，是丝织品的统称，其生产于官营手工业作坊或私人作坊中。《汉官六种·汉官旧仪》记载：

> 皇后春桑，……于苑中蚕室，养蚕千薄以上。……凡蚕丝絮，织室以作祭服。祭服者，冕服也。天地宗庙群神五时之服。皇帝得以作缕缝衣，皇后得以作巾絮而已。置蚕官令、丞，诸天下官下法皆诣蚕室，与妇人从事，故旧有东西织室作治。②

《汉书·酷吏传》则载：

> 咸宣，……阑入上林中蚕室门攻亭格杀信，射中苑门，宣下吏，为大逆当族，自杀。③

因此可知，西汉蚕室在上林苑内，养蚕千薄，有蚕官令和丞管理。蚕室的主要职责是为东、西织室提供生产原料。东、西织室主要生产祭服（冕服），以供皇室祭祀天地宗庙群神使用。东汉迁都洛阳后，于洛阳濯龙园亦设蚕室。《后汉书·明帝马皇后纪》载："乃置织室，蚕于濯龙中，数往观视。"④除此，民间养蚕之所也可称为蚕室，如《四民月令》记载："清明节，命蚕妾治蚕室。"⑤甚至汉代施腐刑的地方也叫"蚕室"，当然这只是对养蚕的"蚕室"名称的借代⑥。

两汉时期丝织生产地区在战国的基础上有了进一步的扩展，产地主要集中在山东、河南、陕西、四川等地，此外河北、江苏、浙江、安徽也有所发展，且汉初已发展到了海南岛，东汉扩展到了甘肃和内蒙古等地。⑦

---

① 王文涛：《汉代河北纺织业略论》，《河北师范大学学报》（哲学社会科学版）2002 年第 4 期，第 78 页。

② （清）孙星衍等辑，周天游点校：《汉官六种·汉官旧仪》，北京：中华书局，1990 年，第 45 页。

③ 《汉书》卷九〇《酷吏传》，第 3661 页。

④ 《后汉书》卷一〇上《皇后纪》，第 413 页。

⑤ （汉）崔寔撰，石声汉校注：《四民月令校注》，北京：中华书局，2013 年，第 26 页。

⑥ 吴方浪：《试论汉代"蚕室"与"蚕礼"——兼与宋杰先生商榷》，《内蒙古大学学报》（哲学社会科学版）2015 年第 6 期，第 48—53 页。

⑦ 浙江大学编著：《中国蚕业史》，第 55 页。

官营丝织品的生产主要集中在齐郡、陈留、河内、三辅、钜鹿以及蜀郡地区。[①] 河南与山东皆为汉代丝织业中心,《盐铁论》载:"兖、豫之漆丝絺纻,养生送 终之具也,待商而通,待工而成。"[②] 齐之临淄、陈留之襄邑是汉代宫廷丝织品 的主要供给地,《史记·货殖列传》载:"齐、鲁千亩桑麻……此其人皆与千户 侯等。"[③]《论衡·程材》记载:"齐郡皆刺绣,恒女无不能。"由此可见汉代 齐地的丝绸生产规模之大。汉代官员的朝服主要来自齐三服官、陈留襄邑服官, 齐三服官乃"主作文绣,以给衮龙之服"[④],陈留襄邑服官主要生产"织成"等 丝织品[⑤],织成可以用来给公侯九卿"衣裳玉佩备章采,乘舆刺绣"[⑥]。成都地区 是西南的丝织中心,人们称蜀地"女工之业,覆衣天下"[⑦]。四川广汉、成都等 地的汉墓中都出土了"桑园图"画像砖,描绘了宅前屋后遍植桑林的景象。西汉 都城长安周围的三辅地区也是主要的蚕丝产区,京师工服官即是例证。《汉书》 记载成帝元延元年(前12),谷永为北地太守,时灾异突发,谷永上言曰:"臣 愿陛下勿许加赋之奏,……止尚方、织室、京师郡国工服官发输造作,以助大司 农。"[⑧] 东汉的庄园经济中也含丝织内容,内蒙古新店子东汉墓中描绘有桑林环 绕廊舍、树下妇人采桑的场景[⑨]。河北地区种植桑麻、养蚕缲丝历史悠久。西汉 末年河北人发明提花机。《西京杂记》说这种提花机是钜鹿人陈宝光之妻发明的。 汉代河西地区也开始种桑养蚕[⑩],丝绸之路不仅外销丝织品,更将中原的植桑养 蚕之术传播到其他地区。

南方地区,《后汉书·循吏列传》记载汉时南阳人茨充任桂阳郡太守时,"亦

① 吴方浪:《汉代丝织业研究》,硕士学位论文,江西师范大学,2013年,第15页。
② 王利器校注:《盐铁论校注(定本)》卷一,北京:中华书局,1992年,第3页。
③ 《史记》卷一二九《货殖列传》,第3272页。
④ 《汉书》卷九《元帝纪》,第286页。
⑤ 王岩:《论"织成"》,《丝绸》1991年第3期,第44—46页。
⑥ 《后汉书》志第三〇《舆服志》,第3664页。
⑦ 《后汉书》卷一三《公孙述传》,第535页。
⑧ 《汉书》卷八五《谷永传》,第3471页。
⑨ 内蒙古文物工作队、内蒙古博物馆:《和林格尔发现一座重要的东汉壁画墓》,《文物》1974年第1期,第8—20页。
⑩ 闫廷亮:《古代河西桑蚕丝织业述略》,《古今农业》2011年第4期,第47—51页。

善其政，教民种植桑柘麻纻之属，劝令养蚕织履，民得利益焉"①。建初八年（83）王景为卢江太守，教民种桑；浙江的上虞以农桑为业。汉武帝时在海南设儋耳、珠崖两郡，当地已经"男子耕农，种禾稻纻麻，女子桑蚕织绩"②。至东汉末，蜀锦已经颇有盛名。

除了三服官外，汉代其他的官营丝织机构还有"暴室"和"平准令"。汉代官营丝织品的消费管理，则由御府、内者、中宫私府和大司农来完成。考工是人力管理机构③，主要的人力资源是织师和刑徒、奴婢。两汉的私营丝织业集中于齐地、蜀地和江浙一带，多是个体小手工业作坊式的生产④。

战国时期丝织考古发现主要有：1957 年河南信阳楚墓出土菱形花纹文绮⑤；1965 年湖北江陵望山楚墓出土提花丝帛和绫⑥；长沙楚墓中出土残绢片、丝带、丝锦被、丝绳等⑦；江陵雨台山楚墓群出土过绢和绦带⑧；江陵马砖一号墓出土的丝织物，包括大量完整的战国衣物，有绢、罗、锦、组、刺绣等，色泽鲜艳，有的还有练染工艺⑨。这些说明战国时期处于江淮一带的楚地桑蚕业兴盛。其他地

① 《后汉书》卷七六《循吏列传》，第 2460 页。
② 《汉书》卷二八下《地理志第八下》，第 1670 页。
③ 《后汉书》志第二五《百官志二》，第 3581 页。
④ 吴方浪：《汉代丝织业研究》，第 18 页。
⑤ 河南省文化局文物工作队：《河南信阳楚墓出土文物图录》，郑州：河南人民出版社，1959 年，图 170—175。
⑥ 湖北省文化局文物工作队：《湖北江陵三座楚墓出土大批重要文物》，《文物》1966 年第 5 期，第 33—39 页。
⑦ 中国科学院考古研究所：《长沙发掘报告》，北京：科学出版社，1957 年，第 64 页；楚文物展览会编辑：《楚文物展览图录》，北京历史博物馆，1954 年，第 45—48 页；湖南省文物管理委员会：《长沙左家公山的战国木椁墓》，《文物》1954 年第 12 期，第 7—8 页；湖南省文物管理委员会：《长沙杨家湾 M006 号墓清理简报》，《文物》1954 年第 12 期，第 20—45 页；湖南省文物管理委员会：《长沙出土的三座大型木椁墓》，《考古学报》1957 年第 1 期，第 93—101 页；湖南省博物馆：《湖南省文物图录》，长沙：湖南人民出版社，1964 年，图版 53—56；湖南省文物管理委员会：《长沙广济桥第五号战国木椁墓清理简报》，《文物》1957 年第 2 期，第 59—63 页。
⑧ 湖北省荆州地区博物馆：《江陵雨台山楚墓》，北京：文物出版社，1984 年，第 118 页。
⑨ 陈跃钧、张绪球：《江陵马砖一号墓出土的战国丝织品》，《文物》1982 年第 10 期，第 9—11 页。

域的桑蚕情况，有 1956 年成都战国墓中出土的饰蚕桑图的铜壶①。

汉代丝织品重要的考古发现兹述如下。

1985 年，河北阳原汉墓出土绢、锦、漆纱、刺绣等物，可惜保存不好，大部分仅存残迹，锦被和衣物碳化，包裹铜镜的丝织物呈黄、褐、墨绿和黑色，种类有绢、锦、罗、纱绮、漆纱等②。河北满城一号汉墓也出土了丝织物，"多数是平纹的绢类，少数为纹罗、彩锦、刺绣等高级织物"，玉衣衬垫物"外观呈淡灰绿色，略泛胶质光泽，表面平滑如纸"，"织物的结构和纤维形态都还保存得相当完好"。③1972 年，湖南马王堆西汉墓出土的丝织物，色彩丰富，花纹种类多，还有精湛的刺绣工艺品，其中的一件素纱禅衣最负盛名。素纱禅衣织物密度稀疏，经密为 58 根 / 厘米，纬密为 40 根 / 厘米，每平方米的织物为 15 克，是现存最轻薄的丝织物（图 1–5）。其衣领及袖口装饰的几何纹绒圈锦，是马王堆汉墓出土丝织物中工艺最复杂的一种织锦。④

1975 年湖北江陵凤凰山汉墓出土的丝织品大多腐烂，残存有纱冠、丝鞋以及素绢，褐地朱纹绵残片，麻衣、麻裙、麻鞋、麻夹袜、麻絮和麻布棺束等。纱冠的冠面和冠里由两种不同经纬密度的纱缝合而成。⑤1978 年长沙象鼻嘴一号西汉墓内出土了一些褐色绢和方目纱，已严重腐朽并压在一起。⑥1983 年广州南越王墓出土了大量丝织衣物和车马帷帐⑦，精美程度不亚于马王堆一号汉墓的丝织物，

① 何颐康：《从战国采桑图看四川养蚕及丝织业的历史》，《四川文物》1991 年第 1 期，第 28—31 页。
② 河北省文物研究所、张家口地区文化局：《河北阳原三汾沟汉墓群发掘报告》，《文物》1990 年第 1 期，第 1—18 页；马衡：《汉代五鹿充墓出土的刺绣残片》，《文物参考资料》1958 年第 9 期，第 10—11 页。
③ 中国社会科学院考古研究所、河北省文物管理处：《满城汉墓发掘报告》（上），北京：文物出版社，1980 年，第 154 页。
④ 湖南省博物馆、中国科学院考古研究所编：《长沙马王堆一号汉墓》（上），北京：文物出版社，1973 年，第 68 页。
⑤ 湖北省文物考古研究所：《江陵凤凰山一六八号汉墓》，《考古学报》1993 年第 4 期，第 455—513 页。
⑥ 湖南省博物馆：《长沙象鼻嘴一号西汉墓》，《考古学报》1981 年第 1 期，第 127 页。
⑦ 广州市文物管理委员会、中国社会科学院考古研究院、广东省博物馆编辑：《西汉南越王墓》上，北京：文物出版社，1991 年，第 335 页。

图 1-5　长沙马王堆汉墓出土的素纱褝衣
（湖南省博物馆、中国科学院考古研究所编：《长沙马王堆一号汉墓》）

同时出土了汉代印花纹版，凸版，青铜质地，由此可见当时南越国的丝绸业相当发达。1980 年新疆楼兰古城出土汉代素绢一件，双幅联缀，单幅宽 37 厘米、长 25 厘米，两边各系一条素色丝带，带长 26 厘米、宽 5 厘米，出土时包裹在墓内孩童头上。[1] 敦煌地区的考古发掘中出土了大量丝织品，有锦、罗、纱等。1980 年甘肃敦煌佛爷庙湾古墓群出土了汉锦残片和丝织品残片[2]，丝织物残片呈长条状，汉锦浅赭石色，上有深赭色梯形图案；还有蓝色绞缬绢残片，上有白色菱形花纹。1993 年江苏东海县尹湾汉墓群出土的丝织衣物虽多已朽毁，但 M2 墓主身上覆盖的缬绣衾被仍可辨识，辫绣出云气纹和鸟兽纹，针法自然，呈朱红、棕、褐、石黄等色。[3]1995 年新疆民丰县尼雅遗址出土各种丝织衣物，最为著名的是"五星出东方利中国"织锦护臂（图 1-6）。[4] 该护臂出土于尼雅遗址 I 号墓地 8 号墓（95MNIM8），锦长 16.5 厘米、宽 11.2 厘米，是五重平纹经锦，经密 220 根 / 厘

① 新疆楼兰考古队：《楼兰城郊古墓群发掘简报》，《文物》1988 年第 7 期，第 23—39 页。
② 甘肃省敦煌博物馆：《敦煌佛爷庙湾五凉时期墓葬发掘简报》，《文物》1983 年第 10 期，第 51—60 页。
③ 连云港市博物馆：《江苏东海县尹湾汉墓群发掘简报》，《文物》1996 年第 8 期，第 4 页。
④ 新疆文物考古研究所：《新疆民丰县尼雅遗址 95MNI 号墓地 M8 发掘简报》，《文物》2000 年第 1 期，第 4—40 页。

米，纬密 48 根 / 厘米，图案涉及孔雀、仙鹤、虎、龙等瑞兽，"五星出东方利中国"几字贯穿其中，色泽艳丽，时代为东汉末至魏晋时期。2005 年武威市磨嘴子汉墓出土丝织品，墓主人穿戴的衣物和身上覆盖的织物保存较好，身上衣物有 5 层，包含单衣、棉衣、夹衣等，上面盖锦被，织物颜色有红、白、蓝、棕、青等，种类有织锦、绢、纱、丝绵等。[1] 汉代画像石中也有纺织的内容，如沛县留城发现的纺织机具画像石[2]，以及江苏铜山青山泉纺织机具画像石，"左刻一织机，一人坐在织机前，右刻一纺车和纺者"[3]。这还原了汉代丝织品的生产过程。

随着秦汉时期丝织业的迅速发展，中国所产的丝绸沿着已开通的丝绸之路大量向国外输出，古希腊人科斯麻士《世界基督教诸国风土记》指出 Tzinitza（中国）

图 1-6　新疆民丰尼雅出土的"五星出东方利中国"织锦护臂
（新疆文物考古研究所：《新疆民丰县尼雅遗址 95MNI 号墓地 M8 发掘简报》）

[1] 武威市文物考古研究所：《甘肃武威磨嘴子汉墓发掘简报》，《文物》2011 年第 6 期，第 4—11 页。
[2] 张家升：《汉代丝织业发展的考古学观察》，《东南大学学报》（哲学社会科学版）2009 年 S1 期，第 165—167 页。
[3] 张家升：《汉代丝织业发展的考古学观察》，《东南大学学报》（哲学社会科学版）2009 年 S1 期，第 165—167 页。

就是"产丝之国"。这些西方史料对中国蚕丝的记载反映了秦汉时期丝路开通后，中原丝织品大量外销的情景。

第四节　魏晋南北朝时期的丝织业

东汉末的农民战争和诸侯割据对社会经济产生了一定影响，三国鼎立后局势暂为安定，蚕业生产也有所发展。曹魏大力垦殖屯田，远达陇西，桑蚕生产也由此扩展到西北地区。《三国志》载："国家之要，惟在谷帛。武皇帝特开屯田之官，专以农桑为业。"① 可知屯田之民要向政府缴纳谷物和绵绢。建安九年（204），曹操统一北方后下令："户出绢二匹、绵二斤而已，他不得擅兴发。"② 为了保障丝织生产，曹操在军中明令："军行，不得斫伐田中五果、桑、柘、棘、枣。"③ 这些措施保障了桑蚕的生产，当时在洛阳、野王典农部有桑田数百顷④。冀州靠近邺城，当地"户口最多，田多垦辟，又有桑枣之饶"⑤。冀州附近有许多各具特色的丝绸产地，如锦绣襄邑、绵纩房子、清河等。并州刺史梁习在任期间，"边境肃清，百姓布野，勤劝农桑，令行禁止"⑥。曹植诗中《美女篇》有"美女妖且闲，采桑歧路间。柔条纷冉冉，落叶何翩翩"与"西北有织妇，绮缟何缤纷"之句，描绘了魏国采桑丝织的情景。

巴蜀地区是我国古代丝绸的重要产区，也是蜀锦中心。三国时期蜀锦已经全国闻名，成为地方著名特产。《华阳国志》载曰："其道西城，故锦官也。锦工织锦濯其（江）中则鲜明，濯他江则不好，故命曰'锦里'也。"⑦ 公元 223 年

① （晋）陈寿：《三国志》卷一二《魏书·司马芝传》，北京：中华书局，1959 年，第 388 页。

② 《三国志》卷一《魏书·武帝纪》，第 26 页。

③ （唐）杜佑：《通典》卷一四九《兵二》，北京：中华书局，1988 年，第 3811 页。

④ 《三国志》卷九《魏书·曹爽传》，第 284 页。

⑤ 《三国志》卷一六《魏书·杜畿传》，第 499 页。

⑥ 《三国志》卷一五《魏书·梁习传》，第 469 页。

⑦ （西晋）常璩撰、刘琳校注：《华阳国志校注》卷三《蜀志》，成都：巴蜀书社，1984 年，第 235 页。

吴蜀交往时，使者邓芝带去锦千端，此后两国聘使往来以为常。诸葛亮平南中后，奖励当地蚕业，"建城邑，务农桑"①。其在成都家中就有"桑八百株"②。

公元240年吴王孙权下令："当农桑时，以役事扰民者，举正以闻。"③孙休提出："当由士民之赡，必须农桑。"④孙皓时华覈建议："宜暂息众役，专心农桑。"⑤孙吴继承东汉之制，建立了比较完整的官府丝织业管理机构⑥。《三国志》记载孙皓时有奏疏曰："自昔先帝时，后宫列女，及诸织络，数不满百……。先帝崩后，幼、景在位，更改奢侈，不蹈先迹。伏闻织络及诸徒坐，乃有千数。"⑦宫廷织女数量激增，一定程度上说明孙吴时期丝织业的扩大。

西晋短暂的统一后，北方地区陷入了长期的战乱割据状态，经济遭到严重破坏。《晋令》中规定户调为绢三匹、绵三斤，"其赵郡、中山、常山输缣当绢"⑧，赵郡、中山和常山均属冀州。十六国时期各政权战争不止，北方地区丝绸生产难以大规模进行，产量骤降，同时有的政权还下令限制丝织业，如后秦姚兴"下书禁百姓造锦绣及淫祀"⑨。有的政权则限制一般官吏和百姓穿用丝绸，如前赵刘曜"始禁无官者不听乘马，禄八百石已上妇女乃得衣锦绣"⑩。前凉张祚"禁四品以下不得衣缯帛"⑪，前秦"金银锦绣，工商、皂隶、妇女不得服之，犯者弃市"⑫。这些虽然影响了丝织业的发展，导致民间丝织业的生产水平不高，但是北方的丝织业仍在缓慢前进。后赵时期石勒曾下令征收的租赋有帛⑬，可以看出民间以家庭手工业形式为主体的丝织业普遍存在，私营丝织业有了起色。后赵石虎统治时

---

① （三国）诸葛亮：《诸葛亮集》之《遗事篇》引《滇载纪》，长春：时代文艺出版社，1995年，第141页。

② 《三国志》卷三五《蜀书·诸葛亮传》，第927页。

③ 《三国志》卷四七《吴书·吴主传》，第1144页。

④ 《三国志》卷四八《吴书·孙休传》，第1158页。

⑤ 《三国志》卷六五《吴书·华覈传》，第1468页。

⑥ 邱敏：《六朝纺织业述论》，《江苏社会科学》1992年第1期，第83—87页。

⑦ 《三国志》卷六一《吴书·陆凯传》，第1402页。

⑧ （唐）徐坚：《初学记》卷二七《宝器部》，北京：中华书局，1962，第657—658页。

⑨ 《晋书》卷一一七《姚兴载记》，第2978页。

⑩ 《晋书》卷一〇三《刘曜载记》，第2692页。

⑪ （北齐）魏收：《魏书》卷九九《张祚传》，北京：中华书局，1974年，第2196页。

⑫ 《晋书》卷一一三《苻坚载记上》，第2889页。

⑬ （宋）司马光：《资治通鉴》卷八九晋愍帝建兴二年九月条："石勒始命州郡阅实户口，户出帛二匹，谷二斛。"北京：中华书局，1956年，第2817页。

期，国都邺城是当时北方官营丝织业的中心，其生产的织物代表了此时的最高水平。[①] 后赵灭亡后，前燕继续建都邺城，其丝织生产继承了后赵的生产规模和工艺技术。北魏孝文帝时期桑蚕生产之地有所推广，陕西、山西、山东、安徽、江苏、河南、河北等地皆有丝织产品的赋税征收。[②]《晋书》记载前燕时期："先是，辽川无桑，及（慕容）廆通于晋，求种江南，平州桑悉由吴来。"[③] 慕容廆向东晋求桑蚕种，并在平州广植桑树发展蚕丝业。后燕时冯跋下令："今疆宇无虞，百姓宁业，而田亩荒秽，有司不随时督察，欲令家给人足，不亦难乎！桑柘之益，有生之本。此土少桑，人未见其利，可令百姓人殖桑一百根，柘二十根。"[④] 进一步在东北推广桑蚕丝绸的生产。

西北的甘肃地区在曹魏时期就开始经营蚕丝业。西晋末年，司马保因刘曜进攻而西迁"桑城"[⑤]（今甘肃临洮县境内），地以桑名，可见其应有桑林种植。史载前凉时期会稽王司马道子曾问张天锡当地土产，张天锡应曰"桑葚甜甘"[⑥]。西魏时期西域的焉耆国"养蚕不以为丝，唯充绵纩"[⑦]，"于阗城东三十里有首拔河，中出玉石。土宜五谷并桑、麻"[⑧]，高昌国也"宜蚕"[⑨]，因此在北朝时期桑蚕养殖已经从河西扩展到了西域诸国。北魏时期太行山以东地区桑蚕业有了新的发展，政府一年内征绢达 30 万匹以上[⑩]，《齐民要术》提到自河以北，大户收桑葚百石以上，小户可收到数十斛。《颜氏家训》载北齐时期"河北妇人，织纴组紃之事，黼黻锦绣罗绮之工，大优于江东"，当时还下令："每岁春月，各依乡土早晚，

① 刘驰：《十六国时期的丝织业——兼论新丝织生产中心的出现》，载《中国魏晋南北朝史学会第十届年会暨国际学术研讨会论文集》，太原：北岳文艺出版社，2011 年，第 279—286 页。

② 朱新予主编：《中国丝绸史（通论）》，第 104 页。

③《晋书》卷一二四《慕容宝载记》，第 3097 页。

④《晋书》卷一二五《冯跋载记》，第 3131 页。

⑤《晋书》卷六《晋元帝纪》，第 153 页。

⑥《晋书》卷八六《张天锡传》，第 2252 页。

⑦《魏书》卷一〇二《西域列传》，第 2265 页。

⑧（唐）李延寿撰：《北史》卷九七《西域列传》，北京：中华书局，1974 年，第 3209 页。

⑨《北史》卷九七《西域列传》，第 3212 页。

⑩ 浙江大学编著：《中国蚕业史》，第 67 页。

课人农桑。自春及秋，男十五已上，皆布田亩。桑蚕之月，妇女十五已上，皆营蚕桑。"①可见自北魏开始河北地区的桑蚕业有所复苏发展。

南方政局一直较为安定，六朝时期江南的桑蚕丝绸业比较发达。东晋前期主管织物生产的机构尚不健全，但从晋孝武帝时开始复置少府②，政府明显加强了对纺织业等官营手工业的管控，此后南方丝织业的发展加速。孙吴及东晋南朝时期养蚕技术有了突破性进展，推广了夏蚕和秋蚕的饲养，实现一年蚕多熟，这是育蚕技术的重要贡献③，东晋南朝时继续推广"八辈之蚕"到更多地区饲养。东晋末年，后秦被攻灭之后，刘裕设立"斗场锦署"④，此乃中央政府管理织锦的衙署，主要负责官营丝织业的管理。刘裕将北方技术精湛的织工大批迁往南方，推动了江南丝织的生产。东晋前后百年间，丝织品产量有了很大提高。晋末桓玄执政时，京师禁卫士兵穿着丝织品做的袍袄裲裆。⑤南朝梁末时侯景一次性要朝廷赐锦万匹制作军人袍服⑥，可见官府丝织业的生产能力不小。同时浙江东部山区也开始发展桑蚕生产，例如南齐永泰元年（498）沈瑀为建德县令时"教民一丁种十五株桑、四株柿及梨栗，女丁半之，人咸欢悦，顷之成林"⑦。两湖地区的丝织业也有发展。南齐时萧嶷为南蛮校尉、荆湘二州刺史，"南蛮资费岁三百万，布万匹，绵千斤，绢三百匹，米千斛，近代莫比也"⑧。梁天监六年（507），孙谦为零陵太守，"常勤劝课农桑，务尽地利，收入常多于邻境"⑨。这说明南朝时期两湖和江西有一定的丝织生产。四川益州地区丝织生产保持着东汉以来的发展势头，蜀地有"锦、绣、桑……之饶"，巴地有"桑、麻、蚕""皆纳贡之"。总体上，东晋后期到南朝南方的丝织业主要集中于扬、荆、益三州，发展比较明显的是长江流域、珠江流域等地，其他地区则无较大成就。

① 《隋书》卷二四《食货志》，第678页。
② （梁）沈约：《宋书》卷三九《百官志上》，北京：中华书局，1974年，第1232页。
③ （宋）李昉：《太平御览》卷八二五《资产部五》引《吴录》曰："南阳郡一岁蚕八绩。"石家庄：河北教育出版社，1994年，第675页。
④ 《太平御览》卷八一五《布帛部二》引《丹阳记》，第584页。
⑤ 《宋书》卷五六《孔琳之传》，第1562—1563页。
⑥ （唐）姚思廉：《梁书》卷五六《侯景传》，北京：中华书局，1973年，第841页。
⑦ 《梁书》卷五三《沈瑀传》，第768页。
⑧ （梁）萧子显：《南齐书》卷二二《萧嶷传》，中华书局，1972年，第407页。
⑨ 《梁书》卷五三《孙谦传》，第773页。

在考古发现上，1963 年新疆阿斯塔那和哈拉和卓古墓群中出土了大量丝织物，有刺绣、织锦、丝履、绮、绢、麻布、棉布、毛织物等①。刺绣均为锁针绣法，一件以红绢底并用黄、绿等色线绣成不规则的卷草纹，时代为建兴三十六年（348）；另一件为裲裆刺绣，绣蔓草与圆点相间的不规则花纹，中间绣金钟花；同墓还出土了织成履以及升平十一年（367）卖驼契、升平十四年（370）文书，鞋面织有"富且昌，宜侯王，天延命长"等字，此为前凉时期遗物。织锦多用作尸骨覆面和遮胸。绮为杏黄色，平纹底并以经线起花，时代延续到了唐初。毛织物残片为驼色、平纹，时代为建兴三十六年。1965 年发掘的北燕冯素弗墓出土的铜盆、铜虎子、印章、铁镜表面附着绢纱等纺织品痕迹。②1977 年甘肃酒泉嘉峪关晋墓中出土的铁镜和铜削表面发现有纺织品残片③，其中丁家闸 5 号墓后墓室壁画中绘三丝束、三捆扎的绢帛。1978 年安徽南陵县东吴墓葬中出土梭子、纺锭等纺织工具和记有练、绢、绣、锦等的遗册④，其织梭形似枣核，中间有一长 12.8 厘米、宽 2.6 厘米的槽口，槽口两端原应有金属线钩；纺锭表面涂黑漆，锭身有三道凹槽，应是固定在纺车上磨损的痕迹。2003 年甘肃玉门古墓群出土了丝织衣物和绣花丝鞋。⑤

在墓室画像砖、壁画中的桑蚕发现方面，1972 年到 1973 年发掘的河西魏晋墓室，彩绘画像砖中的采桑、养蚕内容包括桑园、采桑、护桑、蚕茧、丝束、绢帛等，而且还有丝织工具。画面中采桑女在树下采桑，童子在桑园嬉戏，场面热闹非凡。嘉峪关曹魏时期墓葬中绘"绢帛图"以及采桑、蚕茧和丝织工具。酒泉十六国墓中画像砖也有高髻女子挎篮采桑的内容。河西魏晋墓中画像砖和壁画的桑蚕内容反映了当地真实的社会生产、生活场景，这是魏晋十六国时期西北地区蚕丝业兴旺的真实写照。

① 新疆维吾尔自治区博物馆：《吐鲁番县阿斯塔那—哈拉和卓古墓群发掘简报（1963—1965）》，《文物》1973 年第 10 期，第 7—27 页。
② 黎瑶渤：《辽宁北票县西官营子北燕冯素弗墓》，《文物》1973 年第 3 期，第 2—28 页；朴文英：《从冯素弗墓出土纺织品痕迹考察三燕时期辽宁地区的丝织业》，《辽宁省博物馆馆刊 2011》，沈阳：辽海出版社，2011 年，第 20—27 页。
③ 甘肃省博物馆：《酒泉、嘉峪关晋墓的发掘》，《文物》1979 年第 6 期，第 1—17 页。
④ 安徽省文物工作队：《安徽南陵县麻桥东吴墓》，《考古》1984 年第 11 期，第 974—978、1020 页。
⑤ 甘肃省文物考古研究所：《甘肃玉门官庄魏晋墓葬发掘简报》，《考古与文物》2005 年第 6 期，第 8—13 页。

魏晋南北朝时期，中国北方基本处于分裂、动荡的社会背景下，南方各朝相对较为安定。此时间段内，豪强地主或是少数民族首领独霸一方，成为强大的门阀世族集团，在其势力范围内形成了庄园经济，桑蚕丝绸生产也是庄园经济的一部分。北方地区蚕丝业在十六国时受损严重，直到北魏时期河北地区的桑蚕经济才有所恢复。河西地区至西域由于政局较中原稳定，桑蚕业沿丝绸之路传播到此地后逐步兴起，日益发展。由于北方人口的南迁和政治局面的相对稳定，南方地区的丝绸生产也曲折发展，主要还是集中于益州、荆州和扬州地区。统治者恢复少府等丝织管理机构，劝民农桑并推广桑蚕生产区域，普及新的桑蚕品种，这都使得东吴、东晋至南朝的丝织业不断发展。魏晋时期各民族之间的大融合、大交流，也对桑蚕技术的传播和桑蚕区域的扩大起到了推动作用。

第五节　隋唐五代时期的丝织业

隋文帝统一全国，结束了连续三百年的战乱，民生得以休息，社会生产开始恢复。隋代重视桑蚕业的生产，每年春季依旧举行皇后的亲蚕礼，象征一年蚕事的开始。《隋书·礼仪志》载："隋制，于宫北三里为坛，高四尺。季春上巳，皇后服鞠衣，乘重翟，率三夫人、九嫔、内外命妇，以一太牢制。幣，祭先蚕于坛上，用一献礼。"[1]隋文帝实行均田令，规定："男女三岁已下为黄，十岁已下为小，十七已下为中，十八已上为丁。丁从课役，六十为老，乃免。自诸王已下，至于都督，皆给永业田，各有差。多者至一百顷，少者至四十亩。其丁男、中男永业露田，皆遵后齐之制。并课树以桑榆及枣。"[2]其中永业露田可为桑田，从土地分配上保证桑蚕的生产。

唐代继承了隋之亲蚕礼和均田制度。文献记载太宗、高宗、玄宗和肃宗朝时均有皇后亲祭先蚕的史实。如太宗朝，"（贞观元年）三月癸巳，皇后亲蚕"[3]；高

---

① 《隋书》卷七《礼仪志二》，第 146 页。
② 《隋书》卷二四《食货志》，第 680 页。
③ （后晋）刘昫等撰：《旧唐书》卷二《太宗纪上》，北京：中华书局，1975 年，第 32 页。

宗朝，"（显庆元年）三月辛巳，皇后祀先蚕于北郊"①，"（总章二年）三月癸酉，皇后亲祀先蚕"②，"（上元元年）三月己巳，皇后祀先蚕"③，"（上元二年）三月丁巳，天后亲蚕于邙山之阳"④；玄宗朝，"先天二年三月辛卯，皇后王氏祀先蚕"⑤，肃宗朝，"乾元二年三月己巳，皇后张氏祠先蚕于苑内，内外命妇同采焉"⑥。唐代皇帝也曾多次下令劝课农桑，太宗说隋室"多营池观，远求异宝，民不得耕耘，女不得蚕织，田荒业废，兆庶凋残。见其饥寒，不为之哀，睹其劳苦，不为之感，苦民之君也，非治民之主也"⑦，玄宗曰"新谷未登，蚕月务殷，田家作苦，不有惠恤，其何以安？"⑧唐代此类劝桑诏令不胜枚举⑨，可见统治者对桑蚕业的重视。

文献中明确记载了隋唐时期的桑蚕业制度。《隋书》记载隋初时"太府寺，掌金帛府库，营造器物。统左、中、右三尚方，左藏、司染、诸冶东西道署、黄藏、右藏、细作、左校、甄官等署令、丞。左尚方，又别领别局、乐器、器作三局丞。中尚方，又别领别局、泾州丝局、雍州丝局、定州紬绫局四局丞。右尚方，又别领别局丞。司染署，又别领京坊、河东、信都三局丞"⑩，隋炀帝继位后从太府寺分出少府监，少府监有"左尚、右尚、内尚、司织、司染、铠甲、弓弩、掌冶等署。复改监、少监为令、少令。并司织、司染为织染署"⑪。丝织业的中央管理机构是司染、司织二署，炀帝时合并为织染署，专门负责官营纺织品的生产和染色，其曾归于太府寺和少府监所管。同时中尚方负责管理丝织业较为发达的地区，如泾州丝局、雍州丝局、定州紬绫局等，京畿要地的丝织生产如京坊、河东、信都三局丞归司染署（织染署）直接管理。唐依隋制，

① 《旧唐书》卷四《高宗纪上》，第75页。
② 《旧唐书》卷五《高宗纪下》，第92页。
③ 《旧唐书》卷五《高宗纪下》，第98页。
④ 《旧唐书》卷五《高宗纪下》，第100页。
⑤ 《旧唐书》卷二四《礼仪志四》，第935页。
⑥ 《旧唐书》卷二四《礼仪志四》，第935页。
⑦ 周绍良：《全唐文新编》卷一〇《金镜》，长春：吉林文史出版社，2000年，第135页。
⑧ 周绍良：《全唐文新编》卷二七《赈恤河南北诏》，第344页。
⑨ 刘芳：《唐代蚕业研究》，《自然辩证法通讯》2013年第5期，第49页。
⑩ 《隋书》卷二七《百官中》，第757页。
⑪ 《隋书》卷二八《百官下》，第799页。

少府监下设织染署，"掌供冠冕、组绶及织纴、色染。锦、罗、纱、縠、绫、䌷、绝、绢、布，皆广尺有八寸，四丈为匹。布五丈为端，绵六两为屯，丝五两为绚，麻三斤为缭。凡绫锦文织，禁示于外。高品一人专莅之，岁奏用度及所织"[1]。唐朝织染署成为中央政府管理丝织业的核心，且规定丝织物的基本计量单位为匹，锦、罗、纱、縠、绫、绸、绢、布等均幅宽一尺八寸，长四丈为一匹，其他计量单位还有张、段等。《旧唐书·敬宗纪》记载："（长庆四年四月）辛丑，染坊使田晟、段政直流天德，以张韶染坊役夫故也。"[2]可知在使职常态化的晚唐还设染坊使，以掌织染署之职。史载内侍省的掖庭局也从事养蚕、织作、缝纫等丝绸生产活动，"公桑养蚕，会其课业；供奉物皆取焉。妇人以罪配没，工缝巧者隶之，无技能者隶司农。诸司营作须女功者，取于户婢"[3]。唐初主要选择"材力强壮，技能工巧"的工匠，以徭役的形式调到官营手工作坊中，每年轮番应役，有专长的艺匠可长期应役。唐后期雇匠增多，而番匠减少。[4]唐代还有织造户，这是一种区别于官营及民营的生产形式，其主要负担具有地方特色的丝织品生产，如蜀的贡锦、越的贡绫、宣州的丝毯等。民间的丝织作坊分工很细，通常称"坊""作""铺"等。隋唐时期丝织产品有锦、间、绫、罗、纱、织成和缂丝、绒等[5]，其中的间由织染署下"监作"专门负责生产[6]，分为晕间和间道两类[7]。

从各地的土贡中可知，唐代的桑蚕生产地区有百余州郡，几乎遍及全国。《资治通鉴》载："是时中国盛强，自安远门西尽唐境万二千里，间阎相望，桑麻翳

---

① （宋）欧阳修、宋祁撰：《新唐书》卷四八《百官志三》，北京：中华书局，1975年，第1271页。

② 《旧唐书》卷一七上《敬宗纪》，第509页。

③ 《新唐书》卷四七《百官志二》，第1222页。

④ 朱新予主编：《中国丝绸史（通论）》，第144页。

⑤ 朱新予主编：《中国丝绸史（通论）》，第153—161页。

⑥ （唐）李林甫等撰，陈仲夫点校：《唐六典》卷二二《织染署》，北京：中华书局，1992年，第575页。

⑦ 包铭新：《间道的源与流》，《丝绸》1985年第6期，第6—8页。

野，天下称富庶者无如陇右。"①可见河陇地区的桑蚕规模之大。《唐六典》记载了开元时期不同等级的绢的产地，"凡绢、布出有方土，类有精粗。绢分为八等，布分为九等，所以迁有无，和利用也"②。前几等绢的产地均在河南、河北道，唐前期丝绸生产也主要集中在中原地区的河南、河北道等地，淮南和江南道稍逊色③，唐朝后期丝绸生产重心逐渐南移，德宗时"江南、两浙转输粟帛，府无虚月，朝廷赖焉"④。越州、杭州、湖州、苏州的土贡有"宝花、花纹等罗，白编、交梭、十样花纹等绫，轻容、生縠、花纱、吴绢""白编绫、绯绫、藤纸""御服、鸟眼绫、折皂布、绵䌷、布、纻""丝葛、丝绵、八蚕丝、绯绫、布"，⑤当时浙东"机杼耕稼，提封七州，其间茧税鱼盐衣食半天下"⑥，江南的丝织业逐渐超越北方，到后梁时江淮间"旷土尽辟，桑柘满野，国以富强"⑦。蜀地丝织业延续两汉魏晋以来的发展，"蜀桑万亩，吴蚕万机"，唐后期以吴蜀两地桑蚕业最为兴盛。西南地区的云南饲养柘蚕，《蛮书》记载："蛮地无桑，悉养柘蚕绕树，村邑人家，柘林多者数顷，耸干数丈。三月初蚕已生，三月中茧出。抽丝法稍异中土，精者为纺丝绫，亦织为锦及绢。"⑧该书亦载："南诏以红绫，其余臣下皆以皂绫绢。"⑨可见当地产丝甚多。

唐代的桑蚕技术也有新的成果，桑树有鲁桑和白桑。鲁桑以桑葚水淘取种子，晒干后下种育苗，第二年再移栽田间；白桑无籽，压条种之即可。唐诗中还曾提到一种鸡桑，"百树鸡桑半顷麻"⑩。唐朝南北方均饲养多化性蚕，青州蚕"至

---

① 《资治通鉴》卷二一六唐玄宗天宝十二载八月条，第 6919 页。
② 《唐六典》卷二〇《太府寺》，第 541 页。
③ 朱新予主编：《中国丝绸史（通论）》，第 147 页。
④ 《旧唐书》卷一二九《韩滉传》，第 3601 页。
⑤ 《新唐书》卷四一《地理志五》，第 1058—1060 页。
⑥ （宋）李昉等编：《文苑英华》卷四〇八《授李纳浙东观察使兼御史大夫制》，北京：中华书局，1966 年，第 2068 页。
⑦ 《资治通鉴》卷二七〇后梁均王贞明四年七月条，第 8832 页。
⑧ （唐）樊绰：《蛮书》卷七，载《文渊阁四库全书》，第 464 册，第 25 页。
⑨ 《蛮书》卷八，第 464 册，第 28 页。
⑩ （清）彭定求等编：《全唐诗》卷六二五陆龟蒙《奉和夏初袭美见访题小斋次韵》，北京：中华书局，1960 年，第 7183 页。

岁四熟"，太原文水"冬蚕成茧"，眠性以三眠和四眠为主。① 当时已经有蚕市，有一北方人曾到越州售卖蚕种。唐朝缫丝技术中出现了缫车，唐诗中提到"每和烟雨掉缫车""檐头索索缫车鸣"，此乃手摇缫车，并装有鼓轮。唐代织机类型多样，提花机又分为高楼束综提花机和多综多蹑提花机两类，还有一种立机。织物的染整技术方面，唐代也有新突破，有精练、染色、印花、整理等内容。

隋代大运河的开通与隋唐时期丝绸之路的畅通，促进了丝织品的交流贸易。唐代各地均有经营丝绸产品的店铺，如长安西市的"绢行"和东市的"彩缬铺"，洛阳北市的"彩帛行""丝行"，淮安西市的"帛肆"，范阴郡的绢行、彩行，交河的彩帛行、帛练行等②。文献记载蚕种即是通过陆上丝绸之路传播到西域地区，于阗国"初无桑蚕，丐邻国，不肯出，其王即求婚，许之。将迎，乃告曰：'国无帛，可持蚕自为衣。'女闻，置蚕帽絮中，关守不敢验，自是始有蚕。女刻石约无杀蚕，蛾飞尽得治茧"③。1900 年斯坦因在新疆丹丹乌里克发现的木版画上即绘有传丝公主的内容（图 1-7）。贞观十五年（641）松赞干布第二次求婚于唐廷，太宗以文成公主与之合婚，高宗继位后"擢驸马都尉、西海郡王"，松赞干布又"请蚕种、酒人与碾硙等诸工，诏许"④，蚕种和丝织技术遂传入吐蕃腹地。

图 1-7　于阗考古发现的蚕种西传木版画
（王邦维：《东国公主与蚕种西传：一个丝绸之路上的传说》）

---

① 朱新予主编：《中国丝绸史（通论）》，第 152 页。
② 朱新予主编：《中国丝绸史（通论）》，第 172—173 页。
③ 《新唐书》卷二二一上《西域上》，第 6235 页。
④ 《新唐书》卷二一六上《吐蕃上》，第 6074 页。

图 1-8　新疆博物馆藏　图 1-9　新疆博物馆藏　图 1-10　甘肃敦煌出　图 1-11　甘肃敦煌出土唐
唐代红地团花文锦　唐代狮子狩猎纹縢缬　土唐代绫地花鸟纹刺绣　代灵鹫山释迦说法图刺绣
（百桥明穗等：《世界美　（百桥明穗等：《世界美术　（百桥明穗等：《世界美　（百桥明穗等：《世界美术
术大全集·东洋篇·第4卷》）　大全集·东洋篇·第4卷》）　术大全集·东洋篇·第4卷》）　大全集·东洋篇·第4卷》）

　　考古发掘中也曾发现一些唐代丝织品遗存，其中新疆和甘肃敦煌的发现较多
（图 1-8、1-9、1-10、1-11）。1959 年新疆巴楚脱库孜沙来遗址的唐代文化层
中出土了三个蚕茧，1980 年尼雅遗址也发现蚕茧一只和大量枯桑。[1]1965 年在莫
高窟 130 窟和 122、123 窟前发现了盛唐丝织物，共计六十余件，主要有发愿文幡、
染缬绢幡、纹绮和锦幡等。其中，开元十三年（725）发愿文幡，幡首为双层红色绢，
顶缀蓝色绢带环结；"女阿阴"发愿文幡乃为两层黄色绢，杏黄色绢绛地白点绞
缬绢镶边；染缬绢幡为白色双层"印"团花纹纱，有的还有灵芝花草飞鸟纹样；
纹绮有人字纹、方点纹、四瓣花纹、龟背纹、菱形纹等类型；锦幡为单层锦，晕
间提花。[2]1968 年新疆吐鲁番阿斯塔那唐墓中出土云头鞋，鞋长 29.7 厘米、宽 8.8
厘米、高 8.3 厘米，鞋面为斜纹经锦，鞋里为多彩晕间经锦，鞋头及后跟用斜纹
纬锦包镶，并且鞋内附黄色菱纹绮鞋垫。[3]1982 年青海都兰热水古墓出土了大量
丝织品，大部分为汉地所产织锦，图案有骆驼、马、含绶鸟等，其中以团窠宝花

　　① 贾应逸：《新疆丝织技艺的起源及其特点》，《考古》1985 年第 2 期，第 173 页。
　　② 敦煌文物研究所考古组：《莫高窟发现的唐代丝织物及其它》，《文物》1972 年第 12 期，
第 55 页。
　　③ 陈娟娟：《新疆吐鲁番出土的几种唐代织锦》，《文物》1979 年第 2 期，第 64 页。

图 1-12 陕西法门寺出土唐代绯色罗地流　图 1-13 陕西法门寺出土唐代绯色罗地莲
　　　云纹金丝刺绣裳　　　　　　　　　　　　　　花流云纹金丝刺绣袈裟
（百桥明穗等：《世界美术大全集·东洋篇·第 4 卷》）　（百桥明穗等：《世界美术大全集·东洋篇·第 4 卷》）

立凤锦和织金锦最为著名。[1]1987 年陕西省考古研究院发掘了宝鸡扶风县法门寺
塔基地宫，出土了佛骨舍利、金银器、铜钱、琉璃器、秘色瓷器、石刻、漆木骨器，
以及大量的纺织品。法门寺地宫出土的丝织品主要是皇室亲贵供奉的衣物和各类
织物（图 1-12、1-13），以及包裹其他物品的附属品。根据地宫出土《随真身
衣物账》记载，武则天、唐懿宗、唐僖宗、惠安皇太后等供奉了七百余件丝绸衣物，
出土的丝织品种类有绫、罗、纱、绢、锦、绣等，由于地宫曾多次开启且密封不
严，出土的丝织品保存不好。刺绣包袱有檀香木函内绣袱、土红色地刺绣夹包袱、
宝相莲纹绣袱、十字四出蔓草纹绣袱等，绣样中有二簇花草纹、蝴蝶、鹦鹉、瑞
鸟等图案；冥衣有紫红罗地蹙金绣的案裙、半臂、袈裟、拜垫等，图案纹饰以捻
金线绣成，光闪金亮；其他织物还有金银丝结条鞋、鎏金银平脱镜镜衣、斜菱格
对凤织金锦、鹦鹉牡丹如意云纹织金锦棺衬、纯金四门塔绢袱、八重宝函系带等，
其中鞋帮以金银结条丝编制，镜衣上绣竹石、花鸟，金锦为唐代纬起花织金锦，
所使用的金线含金量高于明清时期。法门寺出土的丝织品级别高，特别是金织锦、
蹙金绣的工艺精湛，代表了唐代宫廷丝绸织造的最高水平。[2]

　　五代时期政权更迭频繁，战乱又起，社会经济发展严重受挫，蚕丝生产倒退，
仅南方几个政权的丝织业稍有规模。后梁朱温曾令开封一带"厉以耕桑，薄以租

　① 朱新予主编：《中国丝绸史（通论）》，第 155 页。
　② 陕西省考古研究院、法门寺博物馆、宝鸡市文物局等编著：《法门寺考古发掘报告》
上，北京：文物出版社，2007 年，第 253—271 页。

赋"①，但这并不能有效恢复饱受战乱的河南地区的丝织生产。后晋时期由于战乱和剥削残酷，民众纷纷砍伐桑树当柴薪，开运二年（945）陶谷向后晋出帝进言："苟桑柘渐稀，则缯帛须缺，三数年内，国用必亏，虽设法课人种桑，且无及也。旧木已伐，新木未成，不知丝绵欲凭何出？"②石重贵虽接受此建议，但不久后晋即亡，桑蚕生产未能有起色。后汉隐帝时殿中少监胡嵩上言"请禁砍伐桑枣为薪"③，但未见有效。

十国的桑蚕业以前后蜀和吴、南唐较为良好。蜀地自两汉以来桑蚕经济一直持续发展，前后蜀立国共 75 年，境内战争较少，丝织业可以继续发展。《资治通鉴》记载："成都城中鬻花果、蚕器于一所，号蚕市。"④蜀中每年季春月有蚕市，可以进行蚕苗交易。后梁开平四年（910），"岐王屡求货于蜀，蜀主皆与之。又求巴、剑二州，蜀主曰：'吾奉茂贞，勤亦至矣；若与之地，是弃民也，宁多与之货。'乃复以丝、茶、布、帛七万遗之"⑤，可见蜀地的丝织产量之多。吴和南唐占据江淮和江南、江西地区，该地区丝织生产基础较好，《钓玑立谈》载南唐烈祖李昪末年德昌宫租税积蓄有"兵器缗帛七百余万"。

隋唐五代是丝织业继两汉后的又一高峰，国内安定，经济发展水平高，对外丝绸贸易源源不断。隋唐宫廷皇后的亲蚕礼每每按期举行。隋代设置了新的丝织管理机构：司染、司织二署，之后合并为织染署，丝织生产发达的地区由中尚方负责管理，京城要地的丝织生产直辖于织染署。唐代的织染署管理全国丝织业，中晚唐还设染坊使。唐代全国都有丝织生产，前期主要集中于河北道、河南道，后期丝绸生产重心逐渐南移。对外的丝织贸易不但营销丝绸，也传播了蚕种和丝织技术。由于气候干燥，唐代的丝织物在河西、西域考古发现较多，有丝织遗物和蚕茧。陕西法门寺中大量高等级丝织品是唐代丝织业的最佳产品，尤其是金织

① （宋）薛居正：《旧五代史》卷一四六《食货志》，北京：中华书局，1976 年，第 1945 页。
② （宋）王钦若等编纂，周勋初等校订：《册府元龟》卷七〇《务农》，南京：凤凰出版社，2006 年，第 750 页。
③ 《册府元龟》卷七〇《务农》，第 750 页。
④ 《资治通鉴》卷二五三唐僖宗乾符六年三月条，第 8213 页。
⑤ 《资治通鉴》卷二六七后梁太祖开平四年五月条，第 8723 页。

锦和蹙金绣，金线绣成的织物光彩亮丽。五代时期由于战乱中原的丝织业发展倒退，虽有个别统治者下令保护农桑，但由于政权频频更迭，人们生活悲惨，不得已伐桑为薪。南方十国由于政局略为安定，桑蚕生产基础又好，因此丝织业在前后蜀和吴、南唐等政权统治下缓慢进步。

第六节　宋元时期的丝织业

两宋时期疆域范围缩小，再加上辽、金、西夏和元的长期侵扰，北方经济生产屡遭战争破坏，丝织业逐渐衰落，而南方丝织业承接唐代以来的良好形势发展迅速。

北宋建立后，宋太祖重申劝民农桑的政策，"又诏所在长吏谕民，有能广植桑枣、垦辟荒田者，止输旧租……。民伐桑枣为薪者罪之：剥桑三工以上，为首者死，从者流三千里"[1]，伐桑为薪者加罪，以此鼓励人们恢复农桑。至道二年（996），对逃民恢复生产者与浮客请佃者"以给受田土收附版籍……。其室庐、蔬韭及桑枣、榆柳种艺之地，每户十丁者给百五十亩，七丁者百亩，五丁者七十亩，三丁者五十亩，不及三丁者三十亩。除桑功五年后计其租，余悉蠲其课"[2]，给复业者分桑田，并在租税上有一定的减免。熙宁元年（1068），宋廷规定："'农桑，衣食之本。民不敢自力者，正以州县约以为资，升其户等耳。宜申条禁。'于是司农寺请立法，先行之开封，视可行，颁于天下。民种桑柘毋得增赋。安肃广信顺安军、保州，令民即其地植桑榆或所宜木，因可限阂戎马。官计其活茂多寡，得差减在户租数，活不及数者罚，责之补种。"[3]

北宋政府如此积极地劝民农桑，既为了满足宫廷和军需使用，也用作讨好北方外族政权的手段，文献记载："若契丹敢复犯边，我每以三十匹绢，购一敌人

---

① （元）脱脱等：《宋史》卷一七三《食货志上一》，北京：中华书局，1977 年，第 4158 页。
② 《宋史》卷一七三《食货志上一》，第 4161 页。
③ 《宋史》卷一七三《食货志上一》，第 4167 页。

之首，其精兵不过万人，止费我三百万匹绢，此尽矣。"①宋朝向诸外族政权多次贡奉的"岁币"中就包括大量丝织品："澶渊之盟"使辽朝得绢 20 万匹，银 10 万两；"庆历和议"使得西夏得银 7.2 万两，绢 15.3 万匹；南宋绍兴十二年（1142）起金朝每年得银 25 万两，绢 25 万匹。②北宋末年，"近岁南伐蛮獠，北赡幽燕，关陕、绵、茂边事日起，山东、河北寇盗窃发。赋敛岁入有限，支梧繁夥，一切取足于民。陕西上户多弃产而居京师，河东富人多弃产而入川蜀。河北衣被天下，而蚕织皆废；山东频遭大水，而耕稼失时"③。北方蚕桑业凋敝如此。南宋时期，金代统治的黄河流域丝绸生产规模大大缩小，据《金史》记载，只有中都路涿州产贡罗，平州产贡绫；山东西路的东平府产丝、绵、绫、锦、绢等。④

南方地区桑蚕产业从中唐时期丝织中心南迁后就一直发展较好，北宋时东南地区丝织生产占全国百分之七十，两浙已成为丝织物的重要供给地，丝织生产"茧薄山立，缫车之声，连梦相闻"，金华一带的贡罗宋初就达数万匹，北宋末增加将近六倍。义乌山谷之民，大多以"织罗为生"，慈溪"桑田之美，有以自给"，台州产多种绫绢。⑤四川地区保持了丝织业的繁荣，与两浙并列为宋代丝织品中心。淮南地区盛产丝帛，南宋乾道元年（1165），都省言："淮民复业，宜先劝课农桑。令、丞植桑三万株至六万株，守、倅部内植二十万株以上，并论赏有差。"⑥两湖地区的蚕业，据《梦溪笔谈》记载，张忠定"令民伐去茶园，诱之使种桑麻。自此茶园渐少，而桑麻特盛于鄂、岳之间"。尤其在南宋时，大量富商巨室南下，致力于丝织生产，同时北方避难至此的劳动者增加了丝织从业人口，促进了南方丝织的生产。宋高宗时，东南诸路每年上贡绸 39 万匹、绢 266 万匹，绫、罗、纮 3 万匹；四川每年上贡绢、绸共 7.4 万匹，

① （元）马端临撰：《文献通考》卷三四六《四裔考二十三》，北京：中华书局，1986 年，第 2707 页。
② 孙宗林：《宋朝岁币政策的影响评析》，《四川文理学院学报》2011 年第 6 期，第 39 页。
③ 《宋史》卷一七九《食货志下一》，第 4362 页。
④ （元）脱脱等：《金史》卷二四《地理上》、卷二五《地理中》，北京：中华书局，1975 年，第 575、614 页。
⑤ 浙江大学编著：《中国蚕业史》，第 95 页。
⑥ 《宋史》卷一七三《食货志上一》，第 4174 页。

绫 3.4 万匹，锦绮 0.18 万匹。[1]

文献记载，宋代丝织生产管理机构为少府监所辖。"绫锦院，掌织纴锦绣，以供乘舆凡服饰之用。染院，掌染丝枲币帛。裁造院，掌裁制服饰。文绣院，掌纂绣，以供乘舆服御及宾客祭祀之用。"[2] 相比于唐代的织染署，宋代丝织管理机构分工更加细化，将织造、练染、裁制、刺绣等生产步骤分类管理，这大有益于丝织生产。但是，官营丝绸生产不能满足宋代国内的消费、国外的岁币需求，于是产生了一种官雇民机包织的生产形式，类似于唐代的织造户，官府预支丝、花红、工直给机户，产品由政府统一收购。

宋代的桑树种类有青桑、白桑、拳桑、鸡桑、黄桑等多种，并用嫁接技术提高桑叶质量。养蚕分为浴蚕、暖种、收蚁、饲蚕、上蔟、选茧、剥茧、缫丝、织造等步骤，整个工序非常完整。缫丝和织丝机器有脚踏缫车、络车、纺车、纬车、立织机、绫机、花罗机等。丝织产品有锦、绫、罗、纱、缎、缂丝等。[3]

元代统治全国约九十年，其统一南宋的过程中对南方的经济生产造成极大的破坏，尤其是江南的蚕丝生产发生严重的衰退现象。元代统治者也认识到战乱对经济的严重影响，史载："世祖即位之初，首诏天下，国以民为本，民以衣食为本，衣食以农桑为本。于是颁《农桑辑要》之书于民，俾民崇本抑末。"[4] 提倡农桑为本。中统元年（1260），"命各路宣抚司择通晓农事者，充随处劝农官。二年，立劝农司……。至元七年，立司农司"。司农司是中央农业管理机构，负责指导和督促各地农业生产。《农桑辑要》是我国第一部推广农业科技的官书，其中辑录的历代蚕桑生产技术至今仍有参考价值。至元七年（1270）政府颁布 14 条农桑之制，内容涉及农村纺织耕作、饲养技术、兴修水利等，规定："种植之制，每丁岁种桑枣二十株。土性不宜者，听种榆柳等，其数亦如之。种杂果者，每丁十株，皆以生成为数，愿多种者听。其无地及有疾者不与。

---

[1] 浙江大学编著：《中国蚕业史》，第 96 页。
[2] 《宋史》卷一六五《职官五》，第 3918 页。
[3] 朱新予主编：《中国丝绸史（通论）》，第 207—229 页。
[4] （明）宋濂：《元史》卷九三《食货志一》，北京：中华书局，1976 年，第 2354 页。

所在官司申报不实者，罪之。"① 以此促进桑树的种植，发展丝织业。大德十一年（1307），"申扰农之禁，力田者有赏，游惰者有罚，纵畜牧损禾稼桑枣者，责其偿而后罪之"②。至大二年（1309）苗好谦提出桑树的种莳之法："其说分农民为三等，上户地一十亩，中户五亩，下户二亩或一亩，皆筑垣墙围之，以时收采桑椹，依法种植。"③ 延祐三年（1316）苗好谦法所推之处，"植桑皆有成效"，于是推广至全国。元代将作院"掌成造金玉珠翠犀象宝贝冠佩器皿，织造刺绣段匹纱罗，异样百色造作。至元三十年始置"④，工部"掌天下营造百工之政令"⑤。由此可知，将作院和工部为元代丝织业的中央管理机构。《元史·五行志》中多次记载各地桑树遭虫灾的史事：

> 至元十七年二月，真定七郡桑有虫食之。二十九年五月，沧州、潍州，中山，元氏、无棣等县桑虫食叶，蚕不成。元贞元年四月，真定中山、灵寿二县桑有虫食之。大德五年四月，彰德、广平、真定、顺德、大名等郡虫食桑。至大元年五月，大名、广平、真定三郡虫食桑。致和元年六月，河南德安屯蝗食桑。天历二年三月，沧州、高唐州及南皮、盐山、武城等县桑，虫食之如枯株。至顺二年三月，冠州虫食桑四万株。晋、冀、深、蠡等州及郓城、延津二县虫夜食桑，昼匿土中，人莫捕之。五月，曹州禹城、保定博野、东昌封丘等县虫食桑，皆既。⑥

可见元代北方仍有一定的桑蚕生产，范围在河北、河南、山东等地，其中冠州一次性就损失 4 万株桑树，可见其桑林规模之大。南方地区的丝织基础原本较好，历经宋末战争后逐渐恢复生产，元朝在江浙等处财赋都总管府下设织染局，"掌织染岁造段匹"⑦，如建康织染局、黄池织染局⑧，这反映了元代长江下游的丝织生产

---

① 《元史》卷九三《食货志一》，第 2355 页。
② 《元史》卷九三《食货志一》，第 2356 页。
③ 《元史》卷九三《食货志一》，第 2356 页。
④ 《元史》卷八八《百官志四》，第 2225 页。
⑤ 《元史》卷八五《百官志一》，第 2143 页。
⑥ 《元史》卷五〇《五行志一》，第 1067—1068 页。
⑦ 《元史》卷八八《百官志四》，第 2236 页。
⑧ 《元史》卷八九《百官志五》，第 2261 页。

状况。

下面列举宋元时期的丝织考古发现。1973 年湖南衡阳县何家皂北宋墓中出土大量丝织品，有丝绵袍、丝绵袄、衣、裙、丝绵被、纱帽、丝绵鞋等，质地以绞、罗居多，绢次之，素纱少。①1975 年发掘的福州黄昇墓出土 354 件成件的服饰及丝织品，属于 7 个品种：纱、绉纱、绢、绮、罗、绫、缎。②1976 年在内蒙古乌盟境内的元代窖藏出土了提花织锦双羊图案被面、印花夹衫、印金提花长袍、绣花夹衫和提花绫残片，刺绣有江南苏绣特点，图案有鸳鸯飞禽、幽兰竹叶、湖光风景等内容。③1988 年江西德安南宋周氏墓中出土 300 余件纺织品，主要为服饰、被褥、星宿图、荷包等，品种有纱、绉纱、绮、绫、绢、罗等，纹饰多是折枝花卉纹，少量使用印染工艺。④1988 年在湖南华容县发掘一座元代墓葬，出土 86 件丝织品，有素罗面夹袍、褐色绢合裆单裤、褐黄色罗褐花纹褶裥夹裙、褐色罗地松鹤人物纹绣荷包等。⑤1999 年河北隆化县鸽子洞元代窖藏中出土 45 件织绣品，有褐色地鸾凤串枝牡丹莲花纹锦被面、蓝地灰绿菱格卍字龙纹花绫对襟夹衫、蓝绿地黄色龟背朵花绫对襟袄面、绿暗花绫彩绣花卉饰物、白绫地彩绣鸟兽蝴蝶花卉枕顶等，图案多样，颜色绚丽。⑥

总的来说，由于战乱，北方的丝织业发展渐衰，南方地区为宋元时期的丝织业重心。宋元政权虽都有恢复农桑的政策，但是宋代的蚕丝业大盛于元，因为宋代延续中晚唐以来南方丝织生产的良好发展模式，统治者急需大量丝织品满足己需和外贡岁币，而元代统治者以游牧为生，对汉地的桑蚕生产并不十分热衷。宋元时期的丝织管理机构有新变化，宋代将织造、练染、裁制、刺绣等不同步骤工

① 陈国安：《浅谈衡阳县何家皂北宋墓纺织品》，《文物》1984 年第 12 期，第 77—81 页。
② 福建省博物馆：《福州南宋黄昇墓》，北京：文物出版社，1982 年。
③ 内蒙古博物馆：《内蒙古博物馆珍藏罕见的元代丝织品》，《内蒙古社会科学》1985 年第 2 期，第 92—93 页。
④ 杨明、周旸、周迪人：《江西德安南宋周氏墓纺织品残片种类与工艺》，《南方文物》1998 年第 4 期，第 111—119 页。
⑤ 袁建平：《从华容元墓出土丝织品看元代湖南女子服装》，《湖南省博物馆馆刊》第十三辑，长沙：岳麓书社，2011 年，第 453 页。
⑥ 隆化县博物馆：《河北隆化鸽子洞元代窖藏》，《文物》2004 年第 5 期，第 4—25 页。

艺分别管理，更加细致；元代中央有将作院和工部，地方上则是织染局负责生产管理。宋元时期的丝织生产开始出现官雇民机包织的生产形式，有早期的资本主义特征，这一方面在明清时期还有进一步的发展。

第七节　明清时期的丝织业

元末的桑蚕生产破坏严重，"耕桑变为草莽"，至明初丝织生产水平已经严重下降，因此统治者急需恢复农业生产。朱元璋初立国时就下令："凡民田五亩至十亩者，栽桑、麻、木棉各半亩，十亩以上倍之。麻亩征八两，木棉亩四两。栽桑以四年起科。不种桑，出绢一匹。不种麻及木棉，出麻布、棉布各一匹。此农桑丝绢所由起也。"① 洪武二十五年（1392），"令天下卫所屯田军士，人树桑百根，随地宜植柿、栗、胡桃等物以备岁歉"。洪武二十七年（1394），"令天下百姓务要多栽桑枣，每一里种二亩秧，每一百户内共出人力，挑运柴草烧地，耕过再烧，耕烧三遍下种，待秧高三尺，然后分栽，每五尺阔一垄，每一户初年二百株，次年四百株，三年六百株，栽种数目，造册回奏，违者发云南金齿充军"②。在政府的植桑号召下，当年浙江临安县就新栽桑树 2143960 株③。为了复兴农桑生产，明初大量兴修水利工程，洪武二十八年（1395）全国郡县开塘堰 40987 处，河 4162 处，陂渠、堤岸 5418 处。④ 亲蚕礼在元代一度中断，明初也未列祀典，至明中期才恢复成制。据《明史》记载，嘉靖九年（1530）"二月，工部上先蚕坛图式，帝亲定其制。坛方二丈六尺，叠二级，高二尺六寸，四出陛。东西北俱树桑柘，内设蚕宫令署。采桑台高一尺四寸，方十倍，三出陛。銮驾库五间。后盖织堂。坛围方八十丈。礼部上皇后亲蚕仪"⑤，这是明代统治者仿效汉唐劝农

---

① （清）张廷玉等：《明史》卷七八《食货志二》，北京：中华书局，1974 年，第 1894 页。
② （明）李东阳：《大明会典》卷一七，见《续修四库全书》第 789 册，上海：上海古籍出版社，1997 年，第 303 页。
③ 浙江大学编著：《中国蚕业史》，第 124 页。
④ 朱新予主编：《中国丝绸史（通论）》，第 276 页。
⑤ 《明史》卷四九《礼志三》，第 1274 页。

政策的实践，力图稳固传统农业基础。

江浙地区自南朝、唐宋以来蚕业发展良好，元代虽有破坏，但远较北方为轻。在明代政府促进蚕业发展的政策影响下，丝织生产逐渐增长，《桐乡县志》记载，"东南唯嘉湖数郡，地利树桑，人多习蚕务者，故较农为差重"，"以蚕代耕者十之七"。《松窗梦语》记载："浙江杭州其都会也，桑麻遍地，茧丝锦苎之所出，四方咸取给焉。"浙江的湖州蚕业发达，蚕丝产量激增，一时成为全国丝织原料供应地。江南的苏州、松江等太湖流域地区，在明代可谓桑麻遍地、户户机声，蚕丝绸缎产量大，质量有很高声誉。南京所产的妆花绸缎和云锦较为著名。川蜀地区阆中的阆茧产量大，质量高，缫出的"水丝"运销全国。蜀锦传统生产区继续生产供宫廷使用的丝织品，但在明朝时四川已不是锦缎生产的重点地区了。闽粤沿海地区和广东的桑蚕生产却较为发达[1]。

《明史》记载明初将全国人口分为民户、军户、匠户、灶户等几种，"凡军、匠、灶户，役皆永充"[2]，世袭的手工业者固定轮番服役。明中叶以后，随着生产力不断进步，商品经济迅速发展，工匠固定的劳役制度受到冲击并逐渐被废除。隆庆和万历初年进行税制改革的一条鞭法，赋役合一、按亩计税、改征货币，进一步促进了桑蚕业的商品化改革。江南桑蚕丝绸的生产者为了争得更多利润，开始增添织机，多雇机工，作坊式的生产变成大规模的丝织手工业工场。《西台漫记》卷四载：

　　大户张机为生，小户趁织为活。每晨起，小户百数人，嗷嗷相聚玄庙口，听大户呼织，日取分金为饔飧计。大户一日之机不织则束手，小户一日不就人织则腹枵，两者相资为生久矣。[3]

这一记载生动地描绘了隆庆、万历时苏州地区织造工场雇主与机工的相互依存关系。这种私营丝织生产已显示了资本主义的萌芽状态，但是整个明朝丝织生产的大宗还是官营织造。

明代在工部下设织染所，负责政府公用丝织品生产，同时在内府监设内织染

---

① 朱新予主编：《中国丝绸史（通论）》，第276—279页。
② 《明史》卷七八《食货志二》，第1906页。
③ （明）蒋以化：《西台漫记》卷四《记葛贤》，转引自南炳文、汤纲：《明史》（上），上海：上海人民出版社，2003年，第525页。

局①，"掌染造御用及宫内应用缎匹"。南京内织染局专织宫廷使用的绢布和官员诰敕，额定织机 300 余张，军民人匠 3000 余名，每年织造 5000 匹。在南京，除了内织染局外，司礼监还专门设织造祭祀礼神帛的神帛堂，额定织机 40 张、食粮人匠 1200 余名，每年织造礼神帛 1369 段。此外，浙江、福建、四川、河南、山东、南北直隶等地均设官营织染局，其中以苏州和杭州的织染局规模最大。苏州织染局在嘉靖时有房 245 间、内织作 87 间、织机 173 张、掉络作 23 间、染作 14 间、打线作 72 间，各式人匠 667 名；杭州织染局在正德时有房 120 间，分作织罗。北方一些省份没有织染局，但也有官营丝织作坊，《甘露园短书》记载万历二十五年（1597）陕西省官造龙凤袍 5450 匹，额设织机 534 张，织匠 534 人。《（乾隆）潞安府志》记载明末山西长治、高平、潞州卫共有绸机 13000 余张。②明代官局丝织生产由宦官督造，初始只督造上贡段匹，后来发展为兼管地方织染局的岁造。明制规定各省的织染，如南直隶、闽、浙等处岁造段匹专属地方司府正官，有时虽有工部差官，但并不由内官兼管。万历三十一年（1603）太监孙顺和机户勾结以岁造银"八千两之利动皇上，而实阴以济其渔猎之私"，并力荐由宦官兼管南直隶、江浙的税务，从而使得该处的岁造、官办织染归于内监。当时地方官员和民间织户虽反对宦官管理织染生产，织染生产在万历四十一年（1613）也曾一度重归地方有司，但不久如故。

明代丝织产品种类有缎、绢、罗、纱、紬、锦、改机、绒、绫和丝布等。丝织服饰有帝王的衮服、常服、燕弁服，皇后的袆衣、翟衣、常服、鞠衣，百官的朝服、祭服、公服、常服，命妇的礼服、常服、团衫，以及宦官的蟒服、飞鱼服、斗牛服等。纹样有花草果木类的梅花、牡丹、莲花、菊花、山茶、芙蓉花、玉兰、海棠、萱草、蜀葵、牵牛、绣球、水仙、兰花、灵芝、蔓草、桃与桃花、石榴、佛手柑、柿、葡萄、荔枝、松、竹、瓜、葫芦等，动物类的狮子、鹿、仙鹤、鸾凤、孔雀、锦鸡、鸳鸯、喜鹊、鲤鱼、蝴蝶、蝙蝠、蜜蜂，自然气象类的云纹、水纹、

① 《明史》卷七四《职官志三》、卷七五《职官志四》，第 1820、1833 页。
② 陈娟娟：《明代的丝绸艺术（一）》，《故宫博物院院刊》1992 年第 1 期，第 56—76 页。

雷纹、日月星，器物纹样的灯笼纹、樗蒲纹、八宝纹、七珍、八吉祥、春幡、如意，几何纹中的卍字纹、龟甲纹、方胜、方纹、四合、四出、球路、连钱、锁子、双距，人物题材的千秋仕女图、仙女图、戏婴图、百子图，等等①，异彩纷呈，华丽非凡。1958 年，北京明定陵考古发掘出土了万历皇帝和孝靖、孝端两位皇后的服饰，包括皇帝用的冕冠、翼善冠、皮弁、网巾、衮服、龙袍、裳、大带、绶、中单、衬褶袍等，皇后的凤冠、抹额、棕帽、锦袍、上衣、霞帔、裙、裤等，种类多样，②色彩艳丽，这是明代丝织品的精品之作。由于时代并不久远，明代墓葬中常常保存丝织衣物，如宁夏盐池冯记圈明墓出土的朝服、锦被、团花裙等，朝服以金丝线绣制补子，锦被呈黄色，团花裙上有牡丹、芙蓉、菊花等。③此外如鲁荒王墓、梁庄王墓等明代贵族墓多保存丝织品，不胜枚举。

　　明清之际的战乱对丝织业破坏严重，特别是清军平定南明时在江南的杀戮，使许多丝织业发达的城市遭受空前的破坏，如数百年来被誉为锦绣之乡的苏州百姓惨遭屠杀，顾公燮《丹午笔记·平定姑苏始末》记载："六门闭，留于城中死者无算，道路践死者相枕藉"，清兵"由盘门屠至饮马桥"。"扬州十日"和"嘉定三屠"众所周知。这导致清初人口锐减，农民在战乱中死亡或逃徙，大片土地荒芜，清康熙年间的《镇江府志》记载，直至康熙初年，当地还是"所在萧条……人者稀，地亦荒"。面对全国性的经济凋弊，清朝统治者采取了一些恢复经济生产的措施，如兴修水利、招抚流亡、开垦荒地等。《大清会典事例》记载："（顺治）十二年覆准，民间树植以补耕获，地方官加意劝课，如私伐他人树株者，按律治罪。十五年覆准，桑柘榆柳，令民随地种植，以资财用。"康熙十年（1671）谕："民间农桑令督抚严饬有司加意督课，毋误农时，毋废桑麻。"④雍正二年（1724），清世宗令："舍

---

① 陈娟娟：《明代的丝绸艺术（一）》，《故宫博物院院刊》1992 年第 1 期，第 56—76 页；《明代的丝绸艺术（二）》，《故宫博物院院刊》1992 年第 2 期，第 45—60 页。

② 中国社会科学院考古研究所、定陵博物馆、北京市文物工作队：《定陵》（上），北京：文物出版社，1990 年，第 43—150 页。

③ 宁夏文物考古研究所、中国丝绸博物馆、盐池县博物馆：《盐池冯记圈明墓》，北京：科学出版社，2010 年，第 26—37、57—65、93—113 页。

④ （清）席裕福、沈师徐辑：《皇朝政典类纂》卷四《田赋二十三》，载沈云龙主编：《近代中国史料丛刊续编》，台湾：文海出版社，1996 年，第 601 页。

旁田畔，以及荒山旷野，量度土宜，种植树木。桑柘可以饲蚕，枣栗可以佐食……。其令有司督率指画，课令种植。"[1] 清初至中期的一系列政令使得桑蚕生产逐渐恢复，丝织经济有所好转。同时皇后的亲蚕礼也得以恢复，据统计，乾隆朝举行 8 次、嘉庆朝举行 12 次、道光朝举行 14 次、咸丰朝举行 6 次、光绪朝举行 14 次。[2]

清代丝织品种类有缎、绒、葰纱绸、山东绸等，印染色彩以深色为主，如玄黑、上青、绛红，明亮色彩如大红、杏黄、翠绿等也有使用。清代桑蚕业生产各地均有特色。江浙太湖流域丝绸生产的基础好，恢复较快。湖州一带产的"湖丝"质量为全国之冠。此外，还有温州的土锦绸、杭绸，江苏的元缎和元锦，苏州的摹本缎，震泽的吴绫等，皆久负盛名。清前期南京丝织品元缎和云锦的品质最优。元缎质地柔软，色泽光润，通常练染成黑色或天青色。珠江三角洲在入清后，由于资本主义萌芽的影响，桑蚕的生产模式为桑基鱼塘，民多以养鱼、种桑为业，《九江乡志·生产》记载："蚕桑，近来墙下而外，几无隙地，女红本务斯业为盛。"九江属南海地区，其地桑塘经济发展迅速。四川地区桑蚕经济也有发展，乾隆时绵竹"知县安洪德、陈大德劝民种桑"，《绵竹县志》载道光时知县"谢玉珩复授饲蚕法于东里增生邬光列。邬氏世擅桑蚕之利，以次及于四乡"。清代山东以淄博市周村为中心的丝织手工业作坊很兴盛，乾隆时周村已成为"天下之货聚焉"的大镇。淄博一带民户多以养蚕为业，乡民一年之需多仰给于此。清末山东榨蚕丝十分畅销。湖北地区蚕丝业在光绪后期有较大发展，当阳、东湖、黄州等地蚕丝制品生产量较大，外输畅销各地。清后期甘肃、新疆地区蚕丝业发展较快，左宗棠在西北大力推进蚕丝生产，从湖州寻觅桑蚕工人带蚕具、蚕种至新疆和甘肃，教民浴蚕种、栽桑、养蚕、煮茧、缫丝、织绸等技术，主要产品有夏夷绸、洛浦锦、洛浦白绸、和田丝毯等。[3]

清代的丝织生产继承明代传统，以官营织造为基础，附以民营生产。顺治末

① 《清世宗实录》卷一六，北京：中华书局，1985 年。
② 宗宇：《先蚕礼制历史与文化初探》，《艺术百家》2012 年第 S1 期，第 97 页。
③ 朱新予主编：《中国丝绸史（通论）》，第 312—323 页。

年始设织造局①，实行买丝招匠的生产。清朝在北京、江宁、苏州、杭州等丝织业发达地区均设织造局②，主要负责当地官营丝织品的生产。京内织染局于康熙初年设，康熙三年（1664）归总管内务府大臣管理③，原有织绣匠、挽花匠、织匠、纺车匠等 825 人，后来陆续裁革。织造机原定 32 架，乾隆年间增为 60 架。道光二十三年（1843）裁撤。孙玲的《苏州织局局志》记载苏州织局有花素机 400 张，工匠 1000 余人，道光年间的《苏州府志》记载苏州织局主要分织龙衣、采布、锦缎、纱绸等。杭州织局康熙时有织机 700 余张，工匠千余人，主要织造御用礼服及四时衣服、官员皇子朝服，以及纺丝绫和杭绸等。江宁织造局于顺治八年（1651）设神帛机 30 张，开始每年织帛 400 端，后额造 2000 端。乾隆时，江宁织造局织机有 600 余张，工匠 2000 多人。④总体上看，清代的官营织造规模远大于明朝。清代民间丝织生产承接明代丝织资本主义萌芽模式，扩大生产、增加雇佣匠人，产生了大工场和大"账房"，直至近代出现机器缫丝厂。

　　鸦片战争后，意、英、美、法等国率先在上海等地开设机器缫丝厂，至 19 世纪末，外资所开的机器缫丝厂有：1861 年上海的怡和洋行办纺丝局（英）、1877 年烟台缫丝局（德）和上海宝昌丝厂（法）、1878 年上海旗昌丝厂（美）、1891 年上海纶昌丝厂（英）等，共计 11 家。⑤我国在清末洋务运动影响下产生了近代民族工业，1872 年陈启源仿用国外蒸汽缫丝法在广东简村堡创办了第一家民族丝织厂——继昌隆丝厂，宣统《南海县志》记载该厂有女工六七百人，出丝精美，远销欧美两洲。随后南海、顺德等地也有了机器缫丝厂，至光绪二十八年（1902）珠江地区已有 68 家丝厂，丝车 34600 台。与此同时，江苏、福州、重庆、天津等地也有民族资本兴建的丝厂。⑥

　　明清统治者多推行积极的农桑政策，恢复亲蚕礼等，促进了蚕丝业的发展。

① （清）赵尔巽等撰：《清史稿》卷八四《礼志三》，北京：中华书局，1977 年，第 2546 页。
② 《清史稿》卷六五《地理志十二》、卷一一八《职官志五》，第 2128、3421 页。
③ 《清史稿》卷一一八《职官志五》，第 3423 页。
④ 朱新予主编：《中国丝绸史（通论）》，第 323—325 页。
⑤ 朱新予主编：《中国丝绸史（通论）》，第 329 页。
⑥ 朱新予主编：《中国丝绸史（通论）》，第 328—330 页。

明清时期的丝织业生产仍以官营织局为主，织染局、织造局设在丝织业发达的地区，如南京、苏州、杭州等地，其他不设织局的地方也有不少官营丝织作坊。明代织局后期为内官兼领，清代则主要属内务府等管辖。明代民间丝织生产在江南地区已有了资本主义萌芽，到了清代民间丝织生产规模加速扩大。鸦片战争后在外资丝厂的影响下，出现了民族资本创办的缫丝工厂，这是传统丝织产业的大革命，标志着我国丝织业发展进入了新的时代。

第二章

我国古代丝绸生产技术与工艺的发展

我国丝绸生产已有数千年的历史，其织造技术也有一个从早期萌芽到逐步成熟的过程，种桑养蚕，缫丝织帛，是世界公认的中国古代的伟大发明之一。从初期的手工织造到后来的使用织机，从不会染色到生产出色彩斑斓的丝绸，从平纹织物到织造出各种图案的织物，从单一品种的帛到种类繁多的绢、纱、绮、绫、罗、锦、缎、缂丝等，这一切无不是生产技术不断提高的结果，是我国古代人民智慧的结晶。

第一节　早期生产技术的萌芽与发展

一、丝织技术的萌芽

我国的丝绸生产历史悠久，早在河南贾湖两处墓葬的人体遗骸腹部土壤样品中就检测到蚕丝蛋白残留物，根据遗址中发现的编织工具和骨针分析，8500 年前当地居民很可能已经有意识地利用蚕丝纤维编织织物了，也说明当时的人们已学会使用编织工具手工编制丝织物了。这一结论是否可靠，还需要进一步地研究，不过从伏羲氏化蚕桑为绵帛的传说看，它们所处的时间均为 8000 多年前，这也不是没有可能的。稍晚一些的原始文化遗址中，发现的与丝有关的实物就更多了，在河姆渡遗址中就发现了有蚕纹的骨器，距今约 7000 年。在距今约 5600 — 6000 年的山西夏县西阴村遗址中，发现过一个半截蚕茧，同时出土的还有纺轮。这一发现一度轰动了中外学术界，认为这为丝绸起源提供了具体的物证，而纺轮则是当时编织丝织物的常见生产工具，这就进一步证明了原始人类生产丝织物采用的是手工编织的方式。

在仰韶文化遗址中，发现的丝织实物很多，如在河南荥阳青台遗址中也发现了距今约 5500 年的丝织物碎片。1958 年，在浙江钱山漾遗址中出土的丝、麻两类织物，经鉴定丝织物所使用的丝全部出于家蚕蛾科的蚕。[1] 在新石器时代的良渚文化遗址中也发现了丝织物的残片。关于育蚕制丝还有另一个传说，即黄帝的妃子嫘祖教民养蚕取茧，抽丝纺织，从而大大地改善了人们的生活条件。这一传说见于《史记·五帝本纪》与《大戴礼·帝系篇》，后书还要更早一些，具有一定的可信性。需要说明的是，黄帝时代距今大约 5000 年，与仰韶文化的时代大体相当，结合以上罗列的考古发现来看，这绝非偶合。此后随着生产技术的不断改进，印

---

① 林梅村：《丝绸之路考古十五讲》，北京：北京大学出版社，2006 年，第 5 页。

染技术逐渐提高，丝织品种日益丰富，一个完整的染织工艺体系形成，使我国的丝织生产走在了世界的前头。

尽管在我国原始社会就已经出现丝织生产，但由于技术落后，规模极小，零星分布，还算不上一种产业。那么，丝织业作为一种产业到底形成于何时？仅从考古发现的零星实物还无法做出准确的判断，从出土的甲骨文记载看，这一产业应该在殷商时期就已形成了。从卜辞记载看，这一时期已经出现了对丝的验级工作，以便因材织造，生产出质量不同的帛。此外，卜辞还记载，商王曾视察过纩事。"纩"，《说文》解释为"絮"[1]，即丝绵。这一方面说明商王对纩事的重视，另一方面也说明商代丝的生产达到了相当的规模。甲骨文中也出现了"糸"与"丝"、"帛"与"桑"字。在出土的这一时期的青铜器中还有所谓"蚕纹"，也有形态逼真的玉蚕，更重要的是一些黏附于青铜器上因铜锈渗透而保存下来的丝绸残片，其中有采用了较高级的纺织技术织成的菱形花纹的暗花绸（即文绮），说明商代的相关技术确实取得了长足的进步。

殷商时期丝织业的技术达到了什么程度？经过对已发现的这一时期的丝绸实物的研究发现，当时主要有三种织法："（1）普通的平纹组织。经纬线大致相等，每厘米30至50根。（2）畦纹的平纹组织。经线比纬线约多一倍，每平方厘米细者经72根、纬35根，粗者经40根、纬17根，由经线显出畦纹。（3）文绮。地纹是平纹组织，而花纹是三上一下的斜纹组织，由经线显花。花纹虽是简单的复方格纹，但已需要十几个不同的梭口和十几片综，这便需要有简单的提花装置的织机。三种织物的丝线都是未加绞拈的或拈度极轻的，这表示当时已经知道缫丝，利用蚕丝的长纤维和丝胶本身的黏附力，不加绞拈便可制成丝线，以供织造丝绸之用。这种不加绞拈的丝线，特别适合于刺绣之用，因为绣花后浮出的丝纤维稍为散开，使花纹更为丰满，花纹的轮廓更为柔和。"[2]这种不加绞拈或拈度极轻的丝线，强力与耐磨性较差，容易断绝，这是早期丝织技术尚不成熟的表现，符合这一时期生产力水平的实际状况。

---

① （汉）许慎撰：《说文解字》第十三上"糸"部，北京：中华书局，1963年，第276页。
② 夏鼐：《我国古代蚕、桑、丝、绸的历史》，《考古》1972年第2期，第14页。

从考古发现的这一时期丝绸的纹饰看，有菱形、方格形和回纹形花纹，这些纹饰表明当时已掌握了简单的小提花技术，织出了疏密适当、组织紧密的暗花图案。[1] 此外，在商周时期我国已初步掌握了练丝技术，即在缫丝时除去丝胶，生丝和坯绸经过精练之后才能更显洁白与柔软，才能易于染色，从而染出各种艳丽的色泽。在瑞典的斯德哥尔摩远东古物博物馆收藏有一件商代的铜钺，在铜钺上黏附了一些丝绸残片。残片中的一块系平纹织物，它的经纬丝绷得很直，丝纤维之间没有空隙，显然有丝胶的粘连。而另一块平纹地上有菱形花纹的织物，其经纬丝则显得非常松散柔软。研究认为前一块织物未经水洗精练，后一块织物经过了这一工序，除去了丝胶。[2] 除了这种菱形纹的织物外，发现的这一时期的织物中还有折角波浪纹的刺绣实物。关于商代的丝织物，文献中也有所记载，《说苑》曰："纣为鹿台、糟邱、酒池、肉林，宫墙文画，雕琢刻镂，锦绣被堂。"[3] 也在一定程度上反映了殷商时期丝织物的精美程度。

关于殷商时期是否掌握了染色技术，掌握到何种程度，仅从目前所掌握的资料分析，还无法得出明确的说法。即使使用了这一技术，恐怕也是极为原始的，还无法染印出复杂的图案和艳丽的色彩，因为丝绸的图案需要的是印花技术。

从卜辞的记载看，商代已有"戠征"，即织正，这是一种专门管理织造事务的机构与官职。此后，类似的机构更加健全，至西周时期发展成为更加完善的丝绸生产管理机构，这一点在《考工记》《周礼·天官》等书中都有详细的记载。商代丝绸生产达到了什么规模？史书缺乏明确的记载，但是从已经出现专门管理机构看，规模是不小的。此外，现已发现的黏附在青铜器上的丝织物也能说明这一点。因为青铜器在当时还是非常贵重的器物，贵族死后下葬时，往往使用丝织物包裹青铜器放入墓中，时代久远，这些丝织物被铜锈渗透，便与青铜器黏附在一起了。这种情况说明，当时丝织物比不上青铜器贵重，且产量较大，人不为贵，遂用其包裹青铜器。这些都证明在这一历史时期已经形成了一定规模的丝织业。

---

[1] 赵翰生：《中国古代纺织与印染》，北京：中国国际广播出版社，2010年，第7页。

[2] Vivi Sylwan. *Silk from the yin dynasty*, bulletin of the museum of Far Eastern antiquities (Östasiatiska Samligarna) Stockholm, 1937, No. 9, p.123.

[3]（汉）刘向撰、向宗鲁校证：《说苑校证》卷二〇《反质》，北京：中华书局，1987年，第515—516页。

另外，就是出现了结构比较简单的织机，①这也是丝织业具有一定规模的一个证明。

商代在丝绸技术发展史上是一个重要的历史时期。从现已发现的殷商时期丝织物的精美程度（尽管不能与后世相比）可以推断出在此之前一定经过了一个较长的发展时期，只是由于文献与考古资料的欠缺，无法确知其具体情况。从现已掌握的各种资料及其研究情况看，将殷商时期确定为我国丝织产业的形成时期，应该是比较可靠的。从技术的角度看，这一时期已经掌握了缫丝、织花等技术与工艺，奠定了我国丝织业进一步发展的基础。

二、丝织技术的早期发展

我国丝织技术相对比较成熟的时期应该是西周以及春秋、战国时期。从《尚书·禹贡》《诗经》《左传》《仪礼》等书的记载看，这一时期丝织业已经有了较大的发展，主要表现在如下方面：

其一，种桑养蚕地区进一步扩大了。在相当于今天的陕西、河南、河北、山东与湖北等地，都有了蚕桑生产活动。《禹贡》把天下分为九州，其中六州都以丝与丝织品为主要物产，并且向周王室进贡丝绸。这六州是：兖州，产丝与绸；青州，产丝；徐州，产黑色细绸；扬州，产手绘花纹的丝绸；荆州，产染成黑与赭色的丝彩带；豫州，产纤细的丝绸。从其分布情况看，北方是我国当时的丝织业中心，但是已扩大到南方一些地区。位于齐鲁之地的齐国丝织业最为发达，其生产的冰纨、绮绣、纯丽等高档精细丝织品名传天下。由于丝织业的发达，齐国"人民多文彩布帛鱼盐"②。其丝织品畅销于天下，以至于史书中说"故齐冠带衣履天下"③。

其二，桑蚕与丝绸生产成为主要的经济门类之一。"农桑""丝帛"等成为文献中经常出现的词汇，"治丝茧"已成为劳动妇女所从事的主要副业。在西周时期，饲养家蚕已经有了专门的蚕室、蚕架（桋或柏）、蚕箔（曲）、受桑器（筐）等工具。王后或诸侯夫人每年都要象征性地参加"亲蚕事"活动，以表示对桑蚕的重视，

---

① 夏鼐：《我国古代蚕、桑、丝、绸的历史》，《考古》1972 年第 2 期，第 14 页。
② （汉）司马迁：《史记》卷一二九《货殖列传》，第 3265 页。
③ （汉）司马迁：《史记》卷一二九《货殖列传》，第 3255 页。

发展到后世遂成为国家礼仪之一种。春秋、战国时期不少国家都先后颁布了保护桑蚕业的法律，以劝课农桑、发展生产、增强国力。考古出土了 5 件战国时期的铜器，上面均有采桑图案，其中 3 件桑树较高，采桑人需要爬上树才能工作，另 2 件桑树较低，采桑人站在树旁就可工作，说明当时很可能已培育出了低矮的桑树品种。故宫收藏的战国宴乐射猎采桑纹铜壶，图案内有一筐悬挂在桑枝上，另一筐拿在树下采桑人的手上（图 2-1）。这一切都反映了这一时期采桑生产的繁忙景象。关于西周时期的采桑情景，《诗经》中有不少诗篇都有记述，如《豳风·七月》的"女执懿筐，遵彼微行，爰求柔桑"，《周南·十亩之间》的"十亩之间兮，桑者闲闲兮，行与子还兮。十亩之外兮，桑者泄泄兮，行与子逝兮"，《大雅·桑柔》的"菀彼桑柔，其下侯旬，捋采其刘"，反映了桑蚕业普遍发展的情况。在春秋时期，国与国之间还因为争夺桑叶大打出手，据《吕氏春秋》等书记载，楚国与吴国接壤之地，两国妇女为争夺桑叶闹出了人命，楚王大怒出兵攻打了吴国，双方发生了激烈的战斗。

其三，出现了更加严密的管理制度。根据《周礼》的记载，西周对纺纱、织造、练漂、染色等都设置了专门的管理机构，相互之间有明确的分工。其以"典妇功"掌管纺织生产，下面分设"典丝""典枲""内司服""缝人""染人"等不同部门。其中"典丝"负责丝绸原材料的征集与加工，还要验收蚕丝质量，核定价格，给从事丝织生产的妇女分配原料，将生产的丝绸产品上交政府；"典枲"负责麻类原料征集与生产；"缝人"负责缝纫；"染人"负责染色；"内司服"掌王与王后的各种服饰。至春秋、战国时期，各国大都建立了类似的机构。此外，生产规格也逐渐确定，周初规定："布帛广二尺

图 2-1 战国宴乐射猎采桑纹铜壶
（陈维稷主编：《中国纺织科学技术史（古代部分）》）

二寸为幅，长四丈为匹。"①《礼记·王制》强调凡不符合规格的布帛，不能作为贡品上献和上市交易。《韩非子》一书还记载说，因为吴起之妻所织丝带的规格不符合国家规定的尺寸，又拒绝修改，遂被吴起休掉并赶回娘家。吴起是战国初期人，说明这一时期对丝织物规格的要求很严格，不合格的产品是不能出售的。

综上所述，可以明显地看出，这一时期的种桑养蚕和丝织业与商代相比都有很大的发展，并且发展成为商品上市交易。这一情况的出现，一方面是丝织业发展的必然结果，另一方面又刺激并促进了这一产业更快地发展。

关于这一历史时期丝织技术的发展情况，除了文献中有不少记载外，考古发现的丝织物也不少，通过这些方面基本上可以勾勒出这一时期丝绸织染技术的发展状况。

其一，丝绸的品种大大增加了。如罗、纱、纹、绫、绮、縠、锦、绣等，没有丝织技术的提高，这些是不可能织造出来的。以锦的织造为例，必须以染好的多种颜色的丝线，使用提花等工艺才能织成。锦多为贵族使用，要使产品达到精美的程度，靠手工编织是不可想象的，必须使用织机。我国传统的织机都是竖式机，而织锦则必须使用平式织机，就技术来说，只有平放的织机才能改进到使用吊综提花和脚踏等装置。至迟在东周时期已有了能够提花的平放织锦机，这种织机的两端安装了可以旋转、调整的轴，以卷经线和织物。《诗经》中就有"杼柚其空"的句子，所谓"杼"，就是缠上纬线的梭子，所谓"柚"，则是用来缠经线的机轴。这种可旋转、调整的轴是我国首先用于织机上的，"提花的织物，经线越长，那么牵经就织、入筘和穿综的次数可以减少，也就是越省工。所以机轴之能旋转以卷经线和布帛是织机上一个重要的技术改进"②。

考古也发现了一些这一时期的丝织实物。1957 年，河南信阳的楚墓中发掘出了织有菱形花纹的文绮。1965 年，考古人员在湖北江陵望山发掘了两座楚墓，其中一号墓出土了提花丝帛和绫，二号墓出土了刺绣，刺绣是用丝线在绢上绣出一个包着四组卷曲纹的长方形花纹。长沙五里牌的 406 号墓中发现了一片有绣花的

---

① 《汉书》卷二四下《食货志》，第 1149 页。
② 夏鼐：《我国古代蚕、桑、丝、绸的历史》，《考古》1972 年第 2 期，第 16 页。

残绢。长沙广济桥 5 号墓出土了织锦。浏城桥楚墓出土的丝织品，每平方厘米有经线 42 根、纬线 32 根，如此密集，如果不是很细的丝线是无法织成的，这是这一时期丝织技术大大提高的一种反映。此外，在苏联阿尔泰区巴泽雷克的几座公元前 5 世纪的古墓中，出土了以染色丝线绣出处在花枝间的凤凰图案的刺绣品，以及由红绿二色纬线织出斜纹显花的织锦，从图案分析应是来自中国的丝织品。这些都是这一时期丝织技术提高的具体体现，尤其值得关注的是刺绣品的出现，这在殷商时期是不可想象的。

战国时期的墓葬中还发现了罗纱，其经纬线比较稀疏，有方孔，其织法仍然是平织，而不是罗纱组织。这种纱在西周已经出现了，汉代也有这种罗纱，只是在织法上有所改进，使经纬线不易滑动。

其二，缫丝技术有所提高。由于丝绸品种的增加，质量要求更高，需要大量的优质丝线，这就需要提高缫丝工艺。比如织造锦、绫等高级织物，通常都要进行选茧，即把烂茧、霉茧、残茧等剔除，把上好的茧选出来，并按照茧色、茧形进行分类。缫丝时需要煮茧，目的是使茧胶软化，蚕丝易于解析。煮茧时要掌握好水温和浸煮时间：时间与水温不够，丝胶溶解差，抽丝困难，丝缕易断；水温高、时间过长，茧丝之间因缺乏丝胶的黏合，导致丝条疲软。此外，前后水温要保持一致，不能忽冷忽热，换水的次数也要控制，不能过勤，亦不能过少，这些都会影响到水中的丝胶含量，从而影响丝的质量，或亮而不白，或白而不亮。为了保证质量，通常还要经过理绪，即将丝盆中引出的丝摘掉粗丝头，以确保丝条粗细均匀。战国时期的文献中就已记载了"择茧""索绪"的工艺，后者就是指理绪。只有经过严格的缫丝工序，才能使抽出来的丝均匀一致，从而保证染色与织造的质量。

其三，染色工艺的专门化。丝的染色工艺也是很重要的，西周的典妇功下就设有专门负责染色的"染人"。此外还设置有掌染草、画、绘、钟、筐、幌等机构，分工主管染色的各道工序。在这一历史时期，除了矿物染料品种有所增加外，植物染料也逐渐出现了，植物染料主要用于染色与画缋这两种工艺中。关于画缋在商代是否存在，我们不得而知，但西周时期无疑已经存在了。画缋是指给王侯贵族所穿的服饰上以画缋的方式增加文彩，以不同的纹饰表示地位的尊卑高低。比如《周礼》记载的内司服所掌管的袆衣，就属于画缋品种。由于画缋工艺的复杂性，其品种难以大规模复制，所以只能一件一件地生产。大约到了战国时期，出现了型版印花制品，"据考证，此时的丝织物上已有色彩绚丽多姿的纹饰，并有一染、再染和多达六、七染的方法"①。此外，当然也对丝线进行染色，以织成各种色彩的织物，比如锦、文绫等。这一时期出现的刺绣，也需要使用不同颜色的丝线，故丝线的染色与画缋遂成为两种重要的工艺。将染色与画缋这两种工序单独分立出来，反映了当时的染色已经达到了专门化的程度，这是染色技术有所提高的表现。

其四，与染织有关的其他工具相继发明。蚕丝缕细而弱，因此在缫丝的过程中仅靠手工是不行的，于是发明了缫车；缫好的丝还得分成经线与纬线，必须将其转绕在丝筒上，然后才能加工成经、纬线，这一步骤称为络丝，在这一时期已经使用了络车（筒）。至于织制时所用经轴，在战国时期就已经使用了。

总之，西周至战国是我国丝绸生产染织技术快速发展的一个时期，尤其是战国时期的发展更为迅速。故这一时期的工艺水平在我国纺织史上占有重要的地位，为我国纺织工艺的发展做出了突出的贡献，取得了辉煌的成就。

第二节　种桑养蚕与丝织技术的发展

一、种桑养蚕技术的发展

我国古代早期人工饲养蚕时，桑叶应来自野桑，并未一开始就种植桑树。直到西周时还是兼用山桑与桑来饲蚕，前者就是一种野桑，但是已经以人工种植的桑树为主了。②在西周时期，人们只知道桑树应种植在温暖、潮湿和肥沃的土地上，而且多将桑树种在田间空地、道路两旁、房前屋后等易于管理之处，并且懂得修剪桑树枝条和保护桑树。秦汉时期对桑树的种植方法有所改进，西汉时的《氾胜

---

① 夏燕靖：《中国丝绸及印染工艺》，《南京艺术学院学报》（美术与设计版）1990年第3期，第25页。

② 陈维稷主编：《中国纺织科学技术史（古代部分）》，北京：科学出版社，1984年，第46页。

之书》说："每亩以黍椹子各三升合种之。"① 这种间作套种的方式有利于桑树的生长。南北朝时期成书的《齐民要术》载："黍桑当俱生。锄之。桑令稀疏调适。"就是要使桑树的种植疏密适度。其书又曰："桑生，正与黍高平；因以利镰摩地刈之，曝令燥。"② 意思是说：第一年桑树长到与黍一样高时，可将靠地的枝条砍下，这样次年桑树就不会疯长至太高以致不便于采摘。到后世，种桑经验越来越丰富，在土地选择方面，强调"种桑，如种葵法；土不得厚，厚即不生。待高一尺，又上粪土一遍"，明确有了对施肥的要求，强调对椹子盖土不要厚，以免影响桑苗的出芽生长。在种植时间上，汉代强调二月种之，而元人则说："四月种椹：东西掘畦，熟粪和土，耧平，下水。水宜湿透，然后布子。或和黍子同种：椹借黍力，易为生发，又遮日色。或预于畦南畦西种苘后借苘阴遮映。夏日，长至三二寸；旱则浇之。"一是强调了下籽的同时要把水浇透；二是提醒对桑苗的遮荫，明确指出与黍同种的好处是既可借助"黍力"，又可使其遮荫；三是强调及时浇水。如果没有与其他作物同时种植，则强调要搭建矮棚，"昼舒夜卷"。值得注意的是"二月种旧椹亦同"，③ 所谓"旧椹"，应是指古人所种植的老品种桑树，"亦同"是强调即使种植此类桑树，也要照此操作。此外，还有关于选种、移栽、压条、栽条、科斫、治虫、接换等技术方面的论述，集中见于《农桑辑要》一书，就不详述了。

关于蚕种需要催青之事，秦观的《蚕书》有记载，大体意思是：腊月中要将收集的蚕种浇上牛尿（可能是想杀灭蚕种上的有害物质），再在河中淘洗一下，但不能伤了蚕种的保护层，然后再悬挂起来保管，以防止霉变鼠咬。西周时是在清水中冲洗，未见有浇牛尿之举。这一工序称为"浴种"，只不过现代是用漂白粉消毒，用盐水比重法选种。当桑树生出二三叶时，将蚕种放置在暖种器具内升温保暖，开始催青。第五天蚕种变青，第六天蚕种发白，第七天幼蚕就破壳而出了。《礼记·祭

---

① （明）徐光启撰，石声汉校注：《农政全书》卷三二《蚕桑 栽桑法》引《氾胜之书》，北京：中华书局，2020年，第1142页。

② （北魏）贾思勰：《齐民要术今释》卷五《种桑柘》，北京：中华书局，2009年，第405页。

③ 以上见（元）司农司编，石声汉校注：《农桑辑要校注》卷三《栽桑》，北京：中华书局，2014年，第86页。

仪》记载说，用一种名叫"蘩"的植物煮汁浸泡蚕种，可以促其发蚁。接着就要按时给幼蚕喂食了，强调只喂一种叶子，或桑或柘，不要混用。有露水、雨水的叶子不能立即喂，风干后始可喂。对于每天喂食的次数，要根据蚕的生长情况而定。关于蚕室的问题，先秦时期强调选在近水之处，便于温度与空气的调节。东汉崔寔的《四民月令》指出："清明节，命蚕妾治蚕室：涂隙、穴，具槌、栈、薄、笼。"①即在清明节时及时整修蚕室及相关用具，杜塞隙缝和洞穴，既可防止鼠患，又可保持蚕室温度。《蚕书》亦有相关记述，并且更加详细，对各种用具的尺寸都有具体要求，提出了"居蚕欲温，居茧欲凉"②的科学论断，在居茧期间要求开窗换气，以延缓化蛹出蛾。春秋时期的蚕箔通常用萑苇编制，间或有用竹篾编制。据《蚕书》载，宋代在蔟具制作时，不再用"萑叶为篱"，而以秸秆堆积为蔟了。这是因为蔟具结构与茧的质量密切相关，"结构合理的蔟具适宜蚕吐丝营茧，不易产生'柴印、黄斑、双宫'等下脚茧"③。总之，我国古代人民在种桑养蚕方面不断地总结经验，提高技术，从而使我国在这一方面的生产水平长时间处在世界的前列。

二、缫丝技术及机具的发展

秦汉以来是我国丝织技术大发展的时期，其中缫丝技术及相关机具均有较大程度的发展。

在缫丝开始之前，首先要选茧与剥茧。古代对这一工序十分重视，在西周宫廷内还要举行向周王的献茧之礼，这是指给周王制作服饰的材料，民间则不会这么隆重。选茧除了剔除烂茧、霉茧外，还要把非常小的茧也剔除出去，以保证所抽之丝的质量。此外，还要按照茧形、茧色进行分类。剥茧是将蚕茧外层表面不适于织造的松乱的茧衣剥除掉。蚕在开始吐丝时会有一层乱丝，称为茧衣，每个茧都有这种现象。茧衣丝的强度不够，不能用来织造，必须剥去，让缫丝所用的丝绪露出来。剥下来的茧衣就是通常所说的丝絮，可以作为保暖材料。在我国古

---

① （汉）崔寔撰，石声汉校注：《四民月令校注·三月》，第26页。
② （宋）秦观：《蚕书》，载《文渊阁四库全书》，台北：台湾商务印书馆，1987年，第730册，第193页。
③ 蒋成忠：《秦观〈蚕书〉释义（一）》，《中国蚕业》2012年第1期，第83页。

代引进棉花之前，人们冬季所穿的衣服，无非是皮毛或丝绵袍。

蚕丝的主要成分是丝素与丝胶，前者是蚕丝的主体，后者则是包裹在丝素外表的黏性物质，可以溶解于水中。缫丝就是通过水煮的办法把丝素表面的丝胶去掉，把蚕丝从茧中抽出来，经过一系列的加工，如络丝、并丝、加捻等工艺，使之成为可以用来织造的丝线。我国古代的缫丝技术经过长期的探索与发展，到秦汉时期已经有了进一步的改进与完善。此时的人们已经知道控制煮茧的水温，水温过高，丝胶溶解过度，蚕丝之间缺乏丝胶的黏合，丝条不匀，抱合力差；水温过低，丝胶软化不够，缫丝时丝的张力大，茧子吊上，容易断裂。而在古代缺乏计时与测量水温的工具，对这一切的掌握全靠经验与技巧，因此难度是很大的。

在缫丝时还要将数根茧丝缩绞在一起，从而形成一根生丝，欲使生丝粗细均匀，就要适当地控制茧粒数，技术越成熟，茧粒数就越少。检测考古出土的西周早期丝绸残片，经纬线缫丝茧粒数是 14、18、21 粒；西周晚期出土的丝片经纬线缫丝茧粒数为 7—10 粒。[①] 至秦汉以来，茧粒数进一步减少并且越来越稳定了。这种工作都是由妇女承担的，她们在我国科学技术发展方面亦做出了很大的贡献。

我国南北气候条件差异很大，因此南北缫丝法并不完全相同，存在一些差异。北方地区一直沿用把茧锅直接放在灶上边煮边抽丝的方法，这种方法叫"热釜"。自宋代始，南方地区发明了"冷盆"法，即将煮茧与抽丝分开进行。这种方法的具体操作是：先将择好的茧放在热水中煮几分钟，再移入热锅旁边水温较低的"冷盆"中抽丝，这样可以避免因在热釜中抽丝不及，茧锅水温过高、茧煮过熟而损坏丝质。而且，这样抽出的丝条表面仍然包裹少量的丝胶，干燥以后，丝条均匀、坚韧有力。这可能是宋代以后南方尤其是江浙一带的生丝质量比较高的原因。（图 2-2）

在明代，为了使缫出来的丝能够快速干燥，人们采用了在缫丝架下放置炭火烘干的办法，缫出来的丝脱离丝锅后，在绕到丝车前就干燥了，可以避免缫取的丝条相互粘连，又可以保证丝质白而柔软。明代的《天工开物》把这种方法称为"出

---

① ［日］布目顺郎：《养蚕の起源と古代绢》，东京：雄山阁，1979 年，第 221 页。

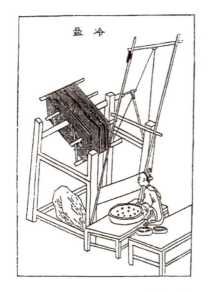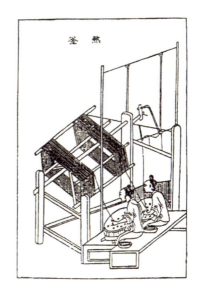

图 2-2　元代王祯《农书》所附的冷盆图（左）与热釜图（右）

水干"，现代缫丝车的蒸汽烘干设施的原理与作用与此完全相同。[1]

自秦汉以来，缫丝技术大幅度提高的标志之一，就是缫丝工具有了很大的进步。主要有以下一些工具：

首先出现了"绕丝架"。有"X"与"I"形的绕丝器，前者出现在战国时期，后者可能在商代就已有之。这些工具后世仍在使用，尤其是以家庭为生产单位时，使用更为广泛一些。

其次就是缫车。缫车虽然在西周（至迟在战国时期）就已经出现了，但进一步推广却是在秦汉时期，至隋唐时期已经普遍使用了。唐人李贺的《感讽五首》中曰："丝车方掷掉，越妇通言语。"[2] 诗中所谓"丝车"就是指缫车。直接称缫车的记载在唐诗中也是有的，如"五月虽热麦风清，檐头索索缫车鸣"[3] "尽趁晴明修网架，每和烟雨掉缲车"[4]，诗中所用的"掉"字，就是摇动的意思。这里出现了"鸣"字，说明缫车摇动会发出声音。有些缫车安装在屋檐之下。有关缫车结构的早期情况

① 赵翰生：《中国古代纺织与印染》，第 31 页。
② 《全唐诗》卷三九一李贺《感讽》，第 4411 页。
③ 《全唐诗》卷二九八王建《田家行》，第 3382 页。
④ 《全唐诗》卷六二五陆龟蒙《奉和夏初袭美见访题小斋次韵》，第 7183 页。

缺乏详细的记载，至宋人秦观所撰的《蚕书》对此始有较详的描述，其书曰：

> 车之左端，置环绳，其前尺有五寸，当车床左足之上，建柄长寸有半，
> 匼柄为鼓，鼓生其寅，以受环绳，绳应车运，如环无端，鼓因以旋。鼓
> 上为鱼，鱼半出鼓，其出之中，建柄半寸，上承添梯。添梯者，二尺五
> 寸片竹也，其上揉竹为钩，以防系。窍左端以应柄，对鼓为耳，方其穿
> 以闲添梯。故车运以牵环绳，绳簇鼓，鼓以舞鱼，鱼振添梯，故系不过
> 偏。[①]

整个装置就是为了使丝均匀缠绕，避免过偏。如果没有这一装置，丝线就会
直线运动，无法均匀缠绕。而有了这一装置，丝线在卷绕时就会在一定的范围来
回往返，自动调节，因此这一设计是极为精妙的。此书所记载的宋代缫车结构与
后世的缫车基本相同。秦观是北宋人，比其稍晚的梁楷在《蚕织图》一书中绘有
一架脚踏缫车，这是一个了不起的进步。自此以后的元、明、清时期有关缫车的
记载较多，无一不是脚踏缫车，直到现代缫丝机器的出现为止，可见其影响之大。
脚踏缫车可以把缫丝者双手解放出来，以完成索绪、添绪等工作，从而大大地提
高了缫丝工作的速度与质量，故脚踏缫车应是我国古代缫丝机具的定型产品。

关于脚踏缫车的具体结构，元人王祯的《农书·农器图谱》中有较详细的记载，
并且分为南、北两种缫车（图 2-3），可知其形状是有差异的。南缫车的踏板较长，
平放于地，一端通过连杆与轴上曲柄相连；北缫车的踏杆呈角尺状，较短的部分
与脚踏处相连，较长的部分与连杆上的曲柄相连。其他结构基本相同，数百年来

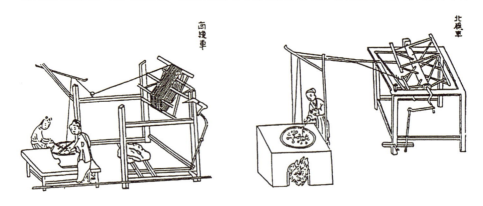

图 2-3　元代王祯《农书》所附南北缫车图

---

① （宋）秦观：《蚕书》，载《文渊阁四库全书》，第 730 册，第 194 页。

没有大的变化。

秦观的《蚕书》还记载了缫车的一些部件，有钱眼、锁星、添梯、车等。

钱眼的作用是合并丝线，所有的丝绪头从钱眼中穿过去向上牵引。其形为一孔眼，装置在茧锅上方的木架中央。之所以称为钱眼，是因为最初多以大钱镶嵌在孔眼处。

锁星，《蚕书》曰："为三芦管，管长四寸，枢以圆木。建两竹夹鼎耳，缚枢于竹，中管之转以车，下直钱眼，谓之锁星。"[1] 即用三根长四寸的芦管加以转轴，增加丝绪的阻力。"锁就是将丝加以控制，使生丝增加张力，这样就解决了旋绕到'车'上的生丝泡浮现象"，然后以车转动缠绕生丝，"它既不将丝绪扣死，亦不失去控制，合理地解决了生丝旋绕过程中的张力问题"。[2]

添梯，明代称为"送丝杆"，清代称为"丝秤"，是一种将丝分层卷绕在丝杆上的横动导丝杆。《蚕书》中说："添梯者，二尺五寸片竹也。其上揉竹为钩，以防系。窍左端以应柄，对鼓为耳，方其穿以闲添梯。故车运以牵环绳，绳簇鼓，鼓以舞鱼，鱼振添梯，故系不过偏。"[3] 所谓鼓，实为一木制鼓状物，其作用相当于今天的偏心盘；所谓鱼，指缫车上一个像鱼一样来回游动的、先后相续的配件。丝钩的作用是导丝，位于添梯上。这一装置的作用就是在缫车运转时牵动环绳，环绳带动鼓转，鼓运转起来舞动鱼，鱼穿梭摆动添梯，因此，生丝旋绕到车上就能排列整齐，不偏于一处。[4]

车，《蚕书》中说："制车如辘轳，必活其两辐，以利脱系。"[5] 这是说车的形制如同井上汲水的辘轳，可以将生丝旋绕上去，但是两辐必须是活动的，并且是可以拆卸的，以方便脱卸旋绕在车上的生丝。

缫车的使用方法：工作时将茧锅里捞出的丝头穿过集绪的钱眼，然后绕过导丝滑轮上的锁星，再通过添梯上的导丝钩，绕在丝车上。脚踏缫车的动力来自脚踏板，做上下往复运动，通过连杆带动丝车曲轴回旋运动，进而带动整个缫车运动。早期的手摇缫车则需一手摇动丝车，一手添绪索绪，工作效率较低。

---

① （宋）秦观：《蚕书》，载《文渊阁四库全书》，第 730 册，第 194 页。
② 蒋成忠：《秦观〈蚕书〉释义（二）》，《中国蚕业》2012 年第 2 期，第 79 页。
③ （宋）秦观：《蚕书》，载《文渊阁四库全书》，第 730 册，第 194 页。
④ 蒋成忠：《秦观〈蚕书〉释义（二）》，《中国蚕业》2012 年第 2 期，第 80 页。
⑤ （宋）秦观：《蚕书》，载《文渊阁四库全书》，第 730 册，第 194 页。

三、精练与纺纱技术的发展

缫丝这一工序并不能完全去掉丝的杂质和丝胶，容易使生丝和织成的坯绸显得粗糙、僵硬，所以还要进行练丝和练帛的加工，使得生丝和坯绸更加白净，易于染色，体现出丝纤维特有的光泽、柔软、滑溜的特点。我国早在战国时期就已有这种工艺，在汉代称为"湅丝""湅帛"，经过这一工序后才能够染色。汉代的"练"仍然是用热水煮，《说文》曰："练，湅缯也，从系，柬声。"① 《释名》："练，烂也，煮使委烂也。"② 即增加温度促使发生化学变化，使丝帛上的胶及杂质被清除掉。大约在汉代以后遂出现了捣练脱胶的方法。

唐诗中就有不少关于捣练的诗句，如王建《捣衣曲》："月明中庭捣衣石，掩帏下堂来捣帛。妇姑相对神力生，双揎白腕调杵声。"贾至《寓言二首》："玉砧调鸣杵，始捣机中纨。"韦庄《捣练篇》："临风缥缈迭秋雪，月下丁冬捣寒玉。"③

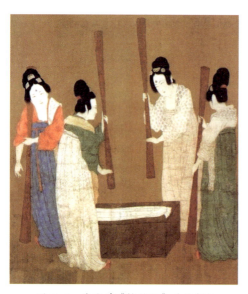

图 2-4 唐张萱《捣练图》（局部）

这里所谓的衣显然不是指制成的衣服，而是指织成的丝绸。王建诗中有"帛"，贾至诗中有"纨"，前者泛指丝织物，后者则是指白缯。加工的工具就是"杵"，关于其形状，从唐人张萱的《捣练图》（图 2-4）可以窥见，即两头粗中间细的圆木棒，棒约与人的身长相等，所加工的丝帛置于槽形石砧中，捣练的妇女站着用手握杵，上下杵捣。上引唐诗中的"丁冬"为象声词，描写了捣练时此起彼伏的声音。宋代以来，改站立执杵为两人对坐执杵，从而达到节省体力、

① 《说文解字》第十三上"糸"部，第 273 页。
② （汉）刘熙撰，祝敏彻等点校：《释名疏证补》卷四《释采帛》，北京：中华书局，2008 年，第 149 页。
③ 《全唐诗》卷二九八王建《捣衣曲》，第 3389 页；卷二三五贾至《寓言二首》，第 2593 页；卷七〇〇韦庄《捣练篇》，第 8052 页。

提高效率的目的。其工序是：先将丝或帛浸湿，然后进行捣练，再次水洗、脱干，就可以进行印染了，故这一工序也称精练。经过精练的生丝与帛称为熟丝和熟绸，分量比原丝轻了。《天工开物》中说："凡帛织就，犹是生丝，煮练方熟。……练熟之时每十两轻去三两。经、纬皆美好早丝，轻化只二两。"①原因就在于去掉了杂质与丝胶。在传统的精练法中，还有一种方法叫"灰练法"，主要是用草木灰中的碱性物质浸水溶解丝胶，这种方法操作较难，搞得不好容易损伤丝的纤维。传统的"水练法"比较稳妥，但花费时间长。捣练法日益普及，其与水练法相结合，就避免了以上两种缺点，获得了很好的效果。

此外，还有一种精练的方法，即猪胰煮练法。猪的胰脏含有大量的蛋白酶，丝胶易于被蛋白酶分解，在一般的室温下就能使生丝达到较高的脱胶率，而且还不伤纤维。这种方法最早出现在唐代，在明代的《多能鄙事》与《天工开物》两书中均有较详的记载。具体的操作方法是：先将猪胰脏掺和碎丝捣烂成团，然后阴干、发酵。使用时将其切片溶于放入草木灰的热水中，再将生丝或帛投入水中煮沸。这种工艺的脱胶效果很好，不仅可以提高脱胶效率，而且还具有保护丝条纤维、增加丝的光泽度的良好作用。我国是世界上最早使用这种方法的国家，欧洲直到1931年才开始使用这种方法，比我国晚了1000多年。

需要说明的是，尽管猪胰煮练法先进，效果很好，然而在我国古代采用捣练法的时间却最长，这主要是因为这种方法简单易行。

有唐一代，正是丝绸之路贸易繁荣之时，需要大量的丝绸用于对外贸易。李白诗曰："长安一片月，万户捣衣声。"②描写了长安地区丝织业繁荣发展的情况。岑参的《送颜平原》诗亦曰："鱼盐隘里巷，桑柘盈田畴。"③描写从今河北中部德州至北边幽燕桑柘遍野的景象。李白也有诗描写河北丝织业情况，所谓"河堤绕绿水，桑柘连青云。……缲丝鸣机杼，百里声相闻"④。在唐朝前期，河北道所产绢帛无论是数量还是质量都是天下第一，诗人的描述确非虚言。

---

① （明）宋应星：《天工开物》卷上，北京：中国社会出版社，2004年，第101页。
② 《全唐诗》卷一六五李白《秋歌》，第1711页。
③ 《全唐诗》卷一九八岑参《送颜平原》，第2036页。
④ 《全唐诗》卷一六八李白《赠清漳明府侄聿》，第1738页。

在纺纱工具方面，早在上古时期就已出现了纺轮（即纺坠），这在许多新石器时代的遗址中都有大量的发现，一般是由石片或者陶片打磨而成，有鼓形、圆形、四边形、扁圆形等，形状很不规范。此外，重量与直径也各不相同，差别很大。纺坠上有一直立的轮杆，通常用木、竹或者骨质制成。战国以后，出现了铁制轮杆，顶端置有屈钩。数千年来，纺轮的变化不大，直到近代机器生产出现为止。纺坠的工作原理是利用自身重量和旋转产生的动力，将数股丝素捻成丝线。纺轮也有着明显的缺陷，就是做功时力量大小不一，无法保证转速均匀，从而导致丝线的均匀度不是很好，因此改进生产工具遂成为一个急需解决的问题。

纺车的出现就是为了解决这一问题。从考古发现看，较为可靠的说法是，战国时期已出现了纺车，至汉代定型，这一点已为出土的汉代纺车画像石与帛画所证实。唐宋以来，直到明清时期，纺车一直在沿用，甚至在1949年后的若干年内，在广大农村仍大量存在。由于纺车可以并线、捻线、络纱、牵伸，因此在古代有许多不同的称呼，如轩车、繀车、纬车等，甚至有些地区称辂辘车、道轨等。

汉代以来出现了大量的手摇纺车，也有学者认为早在商代就已出现了[1]，但论据不足，主要是出于推测。手摇纺车通常是由车架、锭子、绳轮、手柄等部件组成，摇动手柄带动锭子与绳轮，从而极大地提高了工作效率。纺车更多地用于纺麻毛，棉花引进我国后则用来纺棉纱，对于丝来说主要起到了并捻合线的作用。

此外，还出现了脚踏纺车，时间大约在东晋以后。在装置方面增加了踏轮、凸钉、曲柄等传动装置，脚踩动踏轮，带动绳轮和锭子做连续的圆周运动，从而把原来摇动手柄的右手解放出来，可以双手进行纺纱或合线操作，使纺出来的纱粗细均匀，同时也提高了劳动效率。明清时期甚至出现了三锭、五锭脚踏纺车，主要加工棉麻，与丝的加工关系不大。

需要指出的是，元代以来出现大型丝纺车，主要分为两类：一种是水纺车，又叫"江浙式"；另一种是旱纺车，主要流行于四川一带，故称"四川式"。其实这两种纺车在两地都有使用，只不过前者江浙用得多一些，后者四川用得多一些而已。这两种纺车都是多锭型的，都由机架、出纱、绕纱与传动四部分构成，

---

① 陈维稷主编：《中国纺织科学技术史（古代部分）》，第56页。

不同的是，水纺车有水鼓辘和压水捻，旱纺车有水淋竹与搅丝竿。这两种装置的用途都是一样的，均是为了去除丝线表面的灰尘，增加丝线的湿润度。由于江浙与四川地区使用的纺织机具先进，故明清时期这两地生产的丝绸质量最高，长期处于全国的领先地位。民营丝织机构与官营织染局遍布于两地，甚至出现了专营丝织业的城镇，雇佣劳动大量涌现，故其生产关系也走在了全国前头。

四、织造技术与织机的发展

我国在远古时期实行的是手工编织法，即将丝线依次绑结在木棍上，再把经两根木棍固定的丝线绷紧，用手像编网那样有条不紊地进行编织。这种方法费时费工，而且丝线容易纠结在一起，非常麻烦。后来又发明出了原始织机，具有开口、引纬、打纬三项功能。在浙江河姆渡新石器遗址中，出土了原始织机的许多部件，如打纬的木刀、骨刀，绕线棒，以及用于织造的木棍。这种织机的形制缺乏实物依据，根据这些出土的原始织造工具，再结合少数民族保存下来的原始织造方法，可以推测出这种织机的基本构造和使用方法，即前后两根卷布棍，经轴上两根横木，一把打纬刀，一个引纬的纡子，一根分经棍，一根综杆。工作时织者席地而坐，把经丝的两端分别固定在两根横木上，其中一根横木（卷布轴）系在腰间，另一根横木用脚踏住，用分经棍形成一个自然梭口，用纡子引纬，用刀打纬。织第二梭时，提起综杆，使下层经线变为上层，形成第二梭口，纡子引纬，用刀打纬。这样不断地反复循环从而完成织造工作。由于充分利用了人的腰部的力量，故这种织机也叫腰机（图2-5）。

从汉画像石所刻的图像看，我国已经发明了斜织机。这是一种带有脚踏提综装置的织机。从其成熟程度以及战国时期诸侯大量馈赠丝帛的情况，可推测这种织机可能最早出现在战国时期，至两汉时达到成熟阶段。这种织机在原始织机的基础上增加了机架、定幅箱、经轴，从而形成了功能完整的织机。从汉画像石所载的图像可以很清楚地看出，这种织机主要分为机座与机架两部分。机座前端设有横坐板，后端是斜接着的长方形机架。机架后安置撑柱，使机架与水平机座成五六十度的角。机架为一长方形的木框，上端置有经轴，下端置有卷布轴。在经

图 2-5 腰机织造示意图

（陈维稷主编：《中国纺织科学技术史（古代部分）》）

轴与卷布轴上各置有用以控制送经和卷布的轴牙。机架中间各装一根立叉子，其上端装有提综杆，活套于中轴之上。提综杆前端系有综框，后端装有一根分经木。机座下有两根长短不一的脚踏杆，长杆联结着提综杠杆，短杆与综片下端相联结。

汉代的这种斜织机结构比较简单，尚未发展为更先进的平机形式，但在当时的世界上，与同时代的罗马织机相比已经先进得多了。

此后，历经隋唐时期的改进，这种织机进一步完善，至宋元时期已经完全定型了，近代农村所使用的织机与之相同。关于斜织机，后世有大量的文献记载，如元代的《梓人遗制》《农书》，明代的《天工开物》，清代的《蚕桑萃编》等书，均有详细的描述。从这些书的配图来看，后世的织机的结构除机身宽度、经面倾角外，筘的安置也与早期的织机略有差异。其中织机的脚踏装置是一项重要的发明，不仅使织造效率与质量有了大幅度的提高，而且对整个纺织技术也产生了较大的影响，脚踏纺车就是受其影响而创制出来的。

织机根据经面角度的不同，又可分为不同的机式，在古代主要分为水平织机与斜织机，也有立式织机出现过，但使用不是很普遍。所谓立织机主要是指其经纱平面垂直于地面，因此生产的织物是竖起来的，故又称竖机。这种立织机最早可能出现在唐五代时期，从敦煌的五代壁画所绘的立织机图像来看，可能河西、新疆一带已普遍地使用这种织机生产地毯、挂毯、绒毯等毛织物或粗纺棉织物。大约到宋元时期，立织机已经在内地流行开来，元代的《梓人遗制》中就收有立织机的图像。此书不仅绘有立织机的零件图，而且还绘有总体装配图，对每个零件尺寸大小、制造方法和安装部位也都有详尽的说明。明清时期，立织机因其经轴位于织机上方，不便于更换，也不能加装多片综织造，不能生产花色织物，只能生产平纹织物，于是在一些地区逐渐被淘汰。

此外，我国古代还发明了罗织机，其与一般织机的最大差别就在于开口机构上。商周时期主要流行二经相绞的素罗，秦汉以后出现了三经绞罗、四经绞罗以及花罗，后者指在罗纹地上起花，因此织造这类织物时所用的绞经开口机构比较复杂。据《梓人遗制》记载，罗织机是由机架、豁丝木、操纵综片的悬臂、综片、卷轴、经轴、脚踏传动杆等机件组成。由于这种机子没有竹筘、梭子，是用矸刀投纾打纬，故织造效率较低，在明代以后逐渐失传了。明代以后，织罗是在带筘的织机上进行的，出现了五梭罗、七梭罗等新的织机。《天工开物》对这些罗的织法有较详的记载："凡罗，中空小路，以透风凉。其消息全在软综之中，衮头两扇打综，一软一硬。凡五梭、三梭，最厚者七梭。之后，踏起软综，自然纠转诸经，空路不粘。若平过不空路，而仍稀者曰纱，消息亦在两扇衮头之上。直至织花绫绸，则去此两扇，而用桄综八扇。凡左右手各用一梭交互织者，曰绉纱。凡单经曰罗地，双经曰绢地，五经曰绫地。凡花分实地与绫地，绫地者光，实地者暗。先染丝而后织者曰缎。……就丝绸机上织时，两梭轻，一梭重，空出稀路者，名曰秋罗，此法亦起近代。"[1]

多综多蹑纹织机是一种结构相对比较复杂、能够织造复杂的几何花纹织物的综蹑织机，其出现要比斜织机晚。这种织机的特点是：机上有多少综片便有多少脚踏杆与之相应，一踏板（蹑）控制一综，综与蹑的数量可以根据需要进行调整。从目前所掌握的资料看，这种织机的记载最早见于汉代人刘歆所著的《西京杂记》，也有学者根据湖北江陵马山一号楚墓出土的大量楚锦织品，认为战国时期多综多蹑织机已经广泛使用了[2]。《三国志·方技传》裴松之注也有一段关于多综多蹑织机的记载，并且对这种织机进行了改进。关于这种织机的图像至今没有发现，由于近代四川双流县沿用的丁桥织机与此大同小异，故可窥见其基本面貌。胡玉瑞等著有《从丁桥织机看蜀锦织机的发展——关于多综多蹑织机的调查报告》[3]一文，详细介绍了其结构情况，并附有示意图。由于其脚踏板上的竹钉状如四川乡下河

① 郭超主编：《四库全书精华》史部第四卷《天工开物》卷二《分名》，北京：中国文史出版社，1998年，第4029—4030页。
② 赵翰生：《中国古代纺织与印染》，第134页。
③ 参见赵承泽主编：《中国科学技术史（纺织卷）》，北京：科学出版社，2002年，第192—193页。

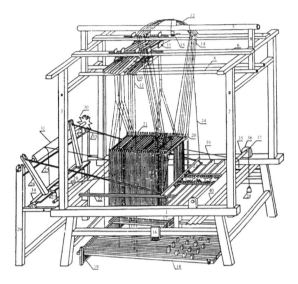

图 2-6　丁桥多综多蹑织机示意图
（赵承泽主编：《中国科学技术史（纺织卷）》）

面上排列的一个个过河桥墩，故名丁桥。其结构如图2-6所示：1—9系机架部分的机件，10—22系开口部分的机件，23—28系织筘部分的机件，29—33系轴部分的机件，34系分经棍，35—39系卷锦部分机件，40系座板。其综片分为两种，1—8片是专管地经运动的伏综，称占子。踏下踏板，通过横桥拉动占子的下边框下沉，经丝随之下沉；松开踏板，机顶弓棚弹力拉动占子恢复原位，经丝也随之恢复原位。其余综片皆为专管纹经运动的花综，称范子。这种织机踏板较多，为避免踏动时踏到相邻踏板从而影响综片的正常运动，相邻踏钉的安装位置要有差异，通常是每隔3根安在同一位置。不同位置的踏钉高度，则从机前第一排到机后第四排依次递增。由于踏板太多，全部排在一起，宽度太大，操作不便，遂将控制地综的踏板放在控制花综的踏板中央，踏右部分时，右脚管花，左脚管素。织造时加挂综片和踏板的数量，视品种花纹复杂程度而定，如织造五朵梅花边时，用综片28片，用踏板28根，平均每分钟投纬次数为110梭到80梭，视工匠操作熟练程度而定。再如生产万字花边时，用综56片，用踏板56根。使用这种织机可以织造凤眼、散花、潮水、冰梅、缎牙子、鱼鳞杠金、大博古等几十种花纹花边以及五色葵花、万字、水波、桂花、龟纹等十几种花绫与花锦。

　　花楼提花织机是我国古代人民在多综多蹑织机的基础上发明的一种提花织机，可以织造大型花纹与动物等纹样。关于其出现的时期，学术界存在争议，有人认为早在战国、秦汉时期已有之，也有人认为在东汉时期才发明了这种织机。后一种观点因为有《机妇赋》为文献依据，是肯定无疑的。至于前一种观点，主要是以出土的战国、西汉时期的舞人、动物纹锦推测的。花楼提花织机最大的特点是，提花经线不用综片控制，而是改用线综控制，即有多少根提花经线，就需要多少根线综，升降运动相同的线综束结在一起吊挂在花楼之上。东汉以后，花楼提花机普遍流行，再经过数代的改进，至宋代时已经完全定型，称为小花楼织机。

小花楼织机的图像资料最早见于南宋时期的《蚕织图》（图2-7）。这种织机的特征是机身平直，中间耸立小花楼，楼上一人侧向拉花。元代《梓人遗制》对其结构有详细的记载，称其为"花机子"。明代的《天工开物》称其为"均平不斜之机"。《天工开物》除专记这种斜身提花织机外，还在"边维""经数""花本""穿经""分名""龙袍"等篇中记载了与提花机有关的内容，为研究这种织机提供了可贵的资料。根据这些机架结构的记载以及运动原理，可以完整地复原出斜身织机图（图2-8）。

为了适应更复杂的图案及花纹的织造，我国古代又发明了大花楼提花机，这是古代提花织机发展的顶峰。其特点就是能够织造大图案、多色彩、变化丰富的各类提花织物。其纬向纹样宽度可达全幅，甚至可以实现拼幅与巨型阔幅。经向纹样长度，可不受花本长度的限制而无限扩大。再通过"分铲挖花"工艺，使织物的花色五彩缤纷。其自由更换花本的功能，使织造更加复杂的帝王龙袍成为可能。至明清时期，这种织机达到了成熟期，尤其是官办织造机构利用充足的财力和丰富的人力资料，更是生产出了价值连城的珍贵织物，同时也把大花楼提花机技术和织造技术发展到了一个新的高

图 2-7　南宋《蚕织图》
（赵承泽主编：《中国科学技术史（纺织卷）》）

度，使我国古代丝织技术走向顶峰。大花楼提花机的代表性机型是南京的云锦妆花机，在清代的《桑蚕萃编》与《风麓小志》中有不少记载，这些都是十分珍贵

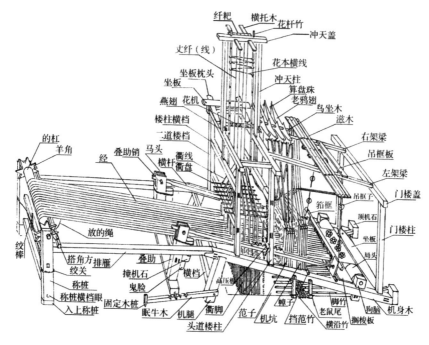

图 2-8 《天工开物》提花织机复原图

（赵承泽主编：《中国科学技术史（纺织卷）》）

的大花楼提花机的资料，可以参阅，此处就不详述了。（参图 2-9）

要想织造出美丽的纹饰，必须要有"花本"。所谓"花本"，是纹样由图纸过渡到织物的桥梁。其出现于何时，不见于记载，可能在汉代就已有之，因为有花楼的织机则必须用到花本。有明确文字记载的时期是明代，在当时成都的市场上已有人售卖花本了。花本可分为两种，一种是花样花本，另一种是花楼花本。前者适合织造经密较低、纹样变化较简单的丝织物；后者适合织造经密较高、纹样变化复杂的织物。它们都是纹样设计的图案依据。织工接到花本后，以花本小样为准，进行进一步的绘制设计。清代成书的《蚕桑萃编》对挑花纹样设计制作过程有详尽的记载，共分为五道工序：第一道，先画出式；第二道，照式画好；第三道，择画工好样式并四镶安置玲珑者，套画一张；第四道，用底纸粘放花样，大小合式；第五道，用薄亮细纸将花样描画干净，然后打横顺格式，用铅粉调清凉水，用笔全抹一遍，再用红绿洋膏子色，记清楚码号，然后才能挑花。实际上可分为三道程序：首先，将花本上的图案分解成裁剪小样稿进行排料，也就是搞出指导生产织造的工程图；

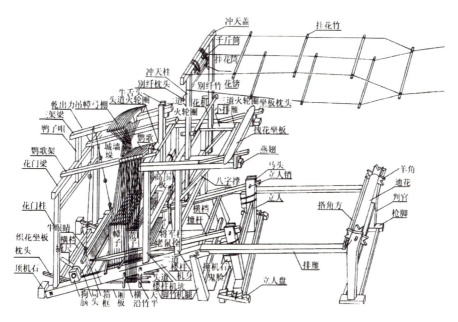

图 2-9 大花楼云锦妆花缎机结构图
（赵承泽主编：《中国科学技术史（纺织卷）》）

其次，将纹样按裁剪的片料分别进行放大填色，通常与织物的实际尺寸大小相当；最后，放大图样完成后，用透明油纸拷贝图稿，由于每个品种规格不一，故要分别拷贝，再做分铲色稿，按品种具体规格计算分格，进行挑花。[①]

我国古代丝织技术对世界贡献颇大。大约在公元 11—13 世纪，中国的提花技术传到欧洲，欧洲人吸收了这些技术加以发展，并进行了机械革新。18 世纪末，法国人贾卡参照花楼提花机的原理，制造了纹板提花机，实现了提花的自动化。此后，又出现了利用现代计算机编程处理提花的技术。

五、印染技术的发展

丝绸上的早期图案均为手绘，虽然目前尚未发现早期的有手绘图案的丝绸实物，这是由于此类产品不易保存。可以肯定的是，丝织物的手绘装饰要早于刺绣，更早于提花与印花。从目前发现的手绘实物看，其手法大体可以分为两类，即直

[①] 赵承泽主编：《中国科学技术史（纺织卷）》，第 223—225 页。

接绘与复合绘。2003 年，楼兰故城北一号墓出土了一件大约为公元 25 年的绢地袍衫，通体彩绘装饰，工笔描绘。吐鲁番阿斯塔那也发现过不少唐代手绘丝绸服饰与绢画。内蒙古的辽代墓葬中也发现了不少直接绘和提花加手绘的丝绸。1970 年，工作人员在修复山西应县辽代木塔时，发现了 3 幅南无释迦牟尼夹缬绢，这是迄今为止发现的唯一用三套色夹缬的辽代夹缬丝织品，其中部分图案用手绘方式完成。福建南宋黄昇墓出土的丝绸中，既有直接绘的实物，也有凸版印花与彩绘工艺结合的实物。其实印花与手绘相结合的丝绸实物早在西汉时期就已有之，如长沙马王堆出土的印花敷彩纱。直到清代，刺绣、提花、印花工艺已经非常成熟了，然而手绘丝绸并没有退出市场，在输往欧洲的丝绸面料上经常采用手绘的方法画出花卉、枝叶等，其纹样颇具洛可可风格。[1] 目前除了少数偏远地区外，手绘丝绸已经完成其历史使命，被市场淘汰了。

无论是手绘还是印染都离不了颜料和染料，我国古代所使用的此类东西，大体上可分为矿物颜料与植物染料两大类。矿物颜料主要有赤铁矿、朱砂、胡粉（粉锡）、石黄、白云母、金银粉箔、雄黄、黄丹、各种天然铜矿、石墨以及墨等。需要说明的是，墨不是矿物，我们主要是从其使用方法的角度将其划入这一类。植物染料主要指蓝草、茜草（茹藘）、红花、苏木、栀子、槐花、郁金、黄栌、鼠李（臭李子）、紫草、荩草、狼尾草、鼠尾草、五倍子等，有数十种之多。矿物颜料和植物染料的作用是不同的，前者是通过黏合剂黏附于织物的表面，所施之色经不起水洗，遇水后会脱落；后者在染色时，色素分子通过化学吸附作用与织物纤维紧密结合，从而改变了纤维的颜色，虽经日晒水洗，但不会脱落或极少脱落。至于合成化学染料那是近代以来的发明，然人工炼制化学染料早在秦汉时期就已出现了，主要出现在官营染色业中。[2]

所谓染色无非是对丝线和织物进行染色，而印色则是指在织物上印上各种图案、花纹，这是两种明显不同的工艺。在西周时期，色彩分为两大类，即正色与间色。

———————

① 裘海索等：《我国丝绸手绘产品的历史、工艺与艺术表现》，《浙江工艺美术》2009 年第 2 期，第 6 页。

② 夏燕靖：《中国丝绸及印染工艺》，《南京艺术学院学报》（美术与设计版）1990 年第 3 期，第 25 页。

前者指青、赤、黄、白、黑，后者指绿、红、碧、紫、骝黄。春秋战国时期，由于染料的增多和染色方法的普遍使用，织物色彩丰富起来，仅丝织物就有红、黄、绿、蓝、紫、绀、绯、缁、缇（橘红）、纁（浅红）、緅、綦（苍艾色）等多种色谱。秦汉时期，由于植物色素提纯技术的提高与不同染料套染、媒染技术的发展，织物的色谱进一步增加。其中：

红色近似调有：红、缙、然、绯、绛、纁、绌、绾、綪、絑。

橙色近似调有：缇、縓。

绿色近似调有：绿、綟、緂。

青色近似调有：青、缥、绀、綟。

蓝色近似调有：蓝、缅。

紫色近似调有：紫、绀、缲、緅。

黑色近似调有：缁、皂、纔、缫。

白色近似调有：皫、纨、缚、纻、缟。[1]

隋唐时期，染色技术又有了进一步提高。《唐六典》记载："练染之作有六：一曰青，二曰绛，三曰黄，四曰白，五曰皂，六曰紫。"这是指官办印染机构的分工，共有六个不同的作坊。关于其职能，该书记载说："凡染大抵以草木而成，有以花、叶，有以茎、实，有以根、皮，出有方土，采以时月，皆率其属而修其职焉。"[2] 可知唐代的官办机构皆以植物染料作为染色的原材料。仅据吐鲁番出土的丝织物色谱分析，其色谱就有 24 种不同的色彩，比如银红、水红、绛紫、菊黄、杏黄、金黄、茶褐、蛋青、天青、宝蓝、藏青、豆绿、叶绿、墨绿等。自宋代以来，尤其是明清时期，染色技术空前提高，植物染料也增加到数十种，从而使配色、拼色所用的色调范围有了更多的选择余地，使织物的色谱衍生得更为广泛，据《天工开物》《天水冰山录》《蚕桑萃编》《苏州织造局志》等书记载，约有 60 多种，而且这还远远不是这一时期色彩的全部。张謇在《雪宧绣谱》一书中说，把天地、山水、动植物等自然色彩进行搭配，可以调配出 704 种色彩，说明当时的染色技

---

① 赵翰生：《中国古代纺织与印染》，第 160 页。
② 《唐六典》卷二二《少府监》，第 576 页。

术水平已经达到了相当高的程度。此外，各地都有自己最擅长的染色技术，如蜀锦就以染红色最为著名，被誉为"蜀红锦"，色彩艳丽，经久不褪。流传到日本的"格子红锦""赤狮凤纹蜀江锦""唐花纹锦""铺石地折枝花纹蜀江锦"等，均是红色或经红色为地色。[①]

给丝织物染色早在商周时期就已经流行了，其图案花纹则只能通过手绘的方法进行加工，而印花技术的出现则要晚一些，大约在战国以后。此后，印花得到了快速的发展，即使在已经掌握了织造复杂花纹的技术后，印花技术也没有停滞不前。

在我国古代，流行的印花方法主要有画缋、凸版印花、夹缬、蜡缬、纹缬、碱剂印花等数种，现将这些方法简介如下：

画缋。《考工记》记载设色之工有五，即"画、缋、钟、筐、㡛"。画与缋两种工艺性质相近，因此连用。所谓画，就是在织物上描绘图案。所谓缋，学术界的解释是修饰衣物边缘的赤色织物，马王堆出土的绒圈锦，从着色均匀程度看，应是先织后染的。这种工艺通常多用于天子、诸侯以及各级官员的服饰图案，用不同的图案花纹来代表其政治地位的尊卑高下。以西周天子朝服图案为例，其共有 12 种，即日、月、星、山、龙、华（花）、虫、藻、火、粉米、黼、黻等。这些图案都是画上去的，具体方法是先将织物用染料浸染成一色，再用另一色丝线绣花，然后才用矿物颜料绘画。画缋的方法费时费工，而且着色度差，后来就被印花技术所取代。但是由于其具有一种与其他染色方法不同的效果，因此历代仍有人进行生产，只是数量极为有限。清代前期，手绘织物大量输往欧洲，促使这种技法一时兴盛，但随着输出量的衰减，这种技法最终走上了衰落的道路。

凸版印花。这种印花技法并不复杂，事先在一块平整光洁的木板或者其他材料上雕刻出各种花纹图案，再在花纹的凸起部分印上染料，然后对正花纹，施压于织物上，就可印出相应的纹样。这种技法始于何时尚未有定论，从发现的西汉

---

① 王斌、王君平：《蜀锦丝绸传统染色工艺——植物色素染色研究（上）》，《四川丝绸》2001 年第 1 期，第 12 页。

时期的织物看，当时已经具有相当高的水平，据此推断应该创于西汉之前。从西汉出土的织物看，当时已将凸版印花与手绘的方法结合起来生产各种衣物，其丰富的色彩是用手绘的方法画上去的，用白、朱红、灰蓝、黄、黑描绘出花朵、花蕊、枝叶等不同图案，从而使整个织物用色厚而立体感强，比较充分地体现出了凸版印花的良好效果。此外，套印的方法也在西汉出现了，马王堆出土的金银色印花纱，就是用三块凸版分三步套印而成的。这种技法一直保留了下来，在我国一些少数民族地区比较流行，而且技术更加娴熟，如新疆维吾尔族人民就善用此法，主要是用木戳与木液印花，很有特色。

夹缬。镂空版印花就叫夹缬，是用两块雕镂图案相同的花版将织物紧紧夹在中间，然后在镂空处涂刷染料。染成后除去夹版，对称的图案就可显现出来了。也有用多块镂空版，用两三种染料进行重染的技法。夹缬出现于秦汉时期，至隋唐时期已经比较流行了。至唐朝中期时，用夹缬法印染的织物已经遍于天下，乃至于为下层百姓所穿戴，《开元礼》甚至规定夹缬印花品可作为士兵的标志号衣。另据记载，剑南西川一带的少数民族亦颇盛行此法，所谓"酋长衣虎皮，余皆红髦束发，锦缬袄、半臂"①。此外，唐代夹缬织物遗存至今者颇多，日本正仓院就保存了多件唐代夹缬五彩屏风。宋代以来夹缬制品推陈出新，比如木质的镂空印花版逐渐为桐油涂竹纸版所代替，并在液体染料中加入胶粉，以防止其渗化从而导致花纹模糊。至于印金、描金、贴金等工艺与夹缬的结合，更是创制出了精美昂贵的高级产品。这一切已为南宋墓中出土的纺织品所证实，出土的许多衣袍不仅色彩绚丽、金光闪闪，采用夹缬工艺所印的花纹更加清晰美观。

蜡缬。又称蜡染，是我国古代三大染缬工艺之一。其方法是先把蜜蜡加热熔化，用蜡刀蘸上蜡液在织物上绘出各种图案，冷却后浸入染液。由于蜡的防水性特点，染液不能浸入涂蜡部分，只能在未涂蜡部分染色，然后再用沸水煮去蜡液，未经染色的部分就形成了图案。在古代，蜡染以靛蓝制品为多，故蜡染一般为单色调的，但偶尔也有彩色蜡染，如贵州就发现过宋代七彩蜡染裙。关于蜡染始于何时的问题，目前尚无定论。在新疆民丰的东汉墓中曾发现了两块蓝白蜡染花布，从其图案纹

① 《新唐书》卷二二二下《南蛮传下》，第6324页。

样的精巧细致程度看，东汉时蜡染技术已经非常成熟了。至隋唐时期，蜡染更加普遍，不仅能够染丝织物，也可以染布匹。此外，这一时期蜡染制品也流传到国外，日本正仓院就藏有数件唐代的蜡染品，有蜡缬象纹屏、蜡缬羊纹屏等，均是设计精美并采用画蜡、点蜡等工艺染制而成。宋代以来，蜡染技术在内地得到了很大的发展，但由于其色调比较单一，逐渐为其他印花技术所取代。不过在边远的少数民族地区，蜡染技术仍然继续流行，尤其是西南地区的苗族、瑶族、仡佬族、水族、布依族、土族、壮族等，都形成了各自独特的民族风格。在今贵州、四川等省都先后发现过不少明代当地少数民族生产的蜡染织品，除了传统的蓝靛色外，也有彩色蜡染织品被发现。

纹缬。又称扎缬、撮缬，也是我国古代常用的一种染色工艺。其方法可分为三种：一种是先在织物上设计好图案，用线将织物图案边缘缝好抽紧，再将图案所在部位的织物用线结扎成各种小纹；一种是将织制巧妙折叠起来，再用几何小板块将其缚扎夹起；另一种则是将织物做经向或对角折叠，在不同部位上将织物打结抽紧或以绳捆绑。织物整理好后，将其浸入染液中，染色后再将线拆开，扎结部位因染液没有渗进或者没有充分地渗入，于是就会呈现出着色不充分的花纹。使用这种染色方法染成的织物，由于花纹边缘受到染液的浸染，自然地形成了从深到浅的色晕，看起来层次更加丰富，具有变幻迷离的艺术效果。

纹缬制品早在魏晋时期就已经普遍生产了，比较流行的花纹有鱼子纹、海棠、蝴蝶、蜡梅、鹿胎纹等，其中最后一种最为昂贵。[1] 唐宋时期纹缬制品更加流行，已经成为广大妇女日常所穿着的服饰了。元明时期流行所谓檀缬、蜀缬、锦缬等不同品种的纹缬产品。在古代西北少数民族聚居地区有一种将扎缬与织造结合起来的染色工艺，可以多次捆扎、多次套染，从而获得多种色彩。这种工艺从唐代一直延续至今，新疆维吾尔族与哈萨克族喜爱的玛什鲁布、艾得丽斯绸就采用这种工艺，色彩十分艳丽。这种工艺在隋唐时期也传到了日本。[2]

碱剂印花。这种方法始见于唐代，亦称助剂印花或隐纹印花。这种印花技术

---

① 沈从文：《蓝地白花布的历史发展》，《文物参考资料》1958 年第 9 期，第 15 页。
② ［日］明石染人：《染织史考》，东京：矶部甲阳堂藏版，1927 年，第 79 页。

使用助剂配制强碱性印浆，通常用草木灰或石灰进行调配，在生丝坯绸上印花。生丝在强碱作用下，丝胶发生膨胀，印花后再水洗，花纹图案部分的丝胶被除去，花纹图案遂呈现出熟丝光泽，形成深浅不同的色光。新疆吐鲁番阿斯塔那唐墓曾出土了不少唐代印花丝织品，其中有一些就是使用这种方法印制的，尤其引人注目的是一件本色地丝光花的"原地印花纱"，具有特殊的手感和外观，属于典型的碱剂印花制品，敦煌出土的"白色团花纹纱"工艺与之相同。此外，吐鲁番出土的另一件"绛地白花纱"则采用先碱印再入红花染液中进行染红的工艺制成[1]，其原理是：有图案花纹的部位有碱浆，红花染液不能渗入，故呈现出白色花纹，而地色则被染成了绛色。至宋代，这种工艺有了进一步的发展。有名的产品"药斑布"是用来做被单和蚊帐的碱性印花产品，其使用的是石灰和豆粉调制而成的胶体状强碱性印浆，十分方便涂绘和防染，也方便洗去或刮去，产生的效果与蜡染相同，在蓝白之间呈现出人物、诗词、花鸟等各种图案，十分醒目。

六、整理技术的发展

整理是织物加工的最后一道工序，其目的是改善织物的外观与手感，并使尺寸稳定，增加服用功能。整理方法主要有熨烫、涂层、砑光、薯莨等工艺，分别简介如下。

熨烫，至迟在汉代就已使用这种方法整理丝绸了。熨斗通常为铜制或铁制，碗形平底，斗内装有火炭，利用热传导进行熨烫。出土的古代熨斗主要有西汉浅腹熨斗，底部写有"张端君熨斗一"的字样，这是目前见到的最古老的熨斗。此外，还出土了西晋黄铜带柄熨斗，体积较大，除了熨烫整理织物外，也用于熨烫服饰。唐人张萱的《捣练图》中有几位妇女熨烫帛的画面（图 2-10）。河北井陉县柿庄宋墓的壁画中亦有捣练画面，其中就画有三个熨帛的妇女。[2] 明清时期，由于染坊规模的扩大，使用熨斗作为整理工具显然已不适应扩大的生产情况了，所以在清代使用轴绸生产工艺。这是一种被称为"轴床"的木质工具，操作时工人口中

---

[1] 武敏：《吐鲁番出土丝织物中的唐代印染》，《文物》1973 年第 10 期，第 46 页。

[2] 唐云明：《河北井陉县柿庄宋墓发掘报告》，《考古学报》1962 年第 2 期，第 31 页。

图 2-10　唐张萱《捣练图》（局部）

喷水，双手拉持帛边，使织物充分平挺，然后用肘推动轴徐徐转动，使帛纱紧卷于轴，反复进行使织物卷成绸轴，最后晒干或者用一昼夜的时间低温烘干，将帛纱定型。

涂层，即在织物表面涂覆一层高分子化合物，使其具有独特的功能。早在春秋之前，我国已掌握了髹漆的方法，即在纱或者布上涂上黑漆。西汉以来这种方法的使用更加普遍，还用刮漆和髹漆相结合的方法，将织物加工成漆布，作为御雨蔽日的用品。此外，纱罗织物涂以漆液，还可以制成富有弹性的漆纱，西汉以来的许多官吏的帽子，就是经过涂漆工艺制作的漆缅冠。这种漆布与漆纱工艺一直流传至今，在今四川、湖南产漆地区仍有不少利用漆布制作的日用品。生漆的主要成分是漆酸，漆酸涂在织物上后与空气中的氧化合，就会固化为光亮的薄膜，从而制成防雨防晒的日用品。

除了涂漆，古人还发明了油布生产工艺。秦汉时期人们就已发现荏子与苏子果实中的籽可以榨油，将这种油涂在织物上，干燥后就成为油布，可以用来防雨，而且具有耐腐蚀的特点。隋唐时期出现了在涂层用油中添加颜料的工艺，使这种涂层织物具有了五光十色的特点。帝王后妃所乘车上的青油幢、绿油幢、赤油幢等防雨防尘设施，就是利用这一技术制成的。隋炀帝时还利用涂油织物制成了遮雨的油衣。至宋元时期，人们已经掌握了制作宽幅油绢布帛的技术，使这种产品的用途进一步扩大。明清时期这种技术进一步提高，人们生产了明黄色和红色的油绸油绢，所制成的油伞、油布、雨衣、雨冠等，成为当时上等的防雨用品。

研光，就是利用石块的光滑面在织物上进行碾压加工，从而增加织物的外观效果。这种工艺早在西周时期就已有之，这一点已为考古出土的这一时期的丝绸残片所证实。秦汉以来，这种技术得到了广泛的推广，长沙马王堆汉墓中就出土过经过研光整理的布片。研光整理的对象最初是丝帛与毛织品，宋元以来，随着棉纺织业的发展，这种工艺遂更多地用于棉布处理上，称之为碾布。经过加工的布组织紧密，坚实而不松懈，并富有光泽。清代把这种工艺称为"踹"，踹布业一时成为十分兴旺的行业，直到近代机械研光整理发明为止。

薯莨，属于莨纱类产品。薯莨是多年生的薯蓣科植物，其块茎含有酚类化合物及鞣质。其加工方法是：将薯莨磨成小粒，经过多次的浸渍，滤出棕色液体，作浸涂织物之用。由于其有效成分鞣质不能被水溶解，与染料发生络合作用，在空气中氧化而变性，在纤维上形成高聚物，故整理效果良好。用纱类坯绸加工的，称为香云纱；用平纹坯绸加工的，称为拷绸。这些制品很适合作为夏季服装的材料，是我国南方有名的丝织产品。这种整理技术最早见于南北朝时期，唐宋时期亦有记载，并为以后历代沿袭，是染整丝绸的主要技术之一。

第三节　丝织技术与工艺的成熟

一、缂丝工艺的发明与成熟

缂丝是我国一种重要的丝织技术，即以生丝为经线，以各种染色熟丝为纬线，用通经断纬的方法制造出来的精美的丝织品。缂丝在古代又有刻丝、克丝、刻丝、刻色作等不同的名称，而缂丝是明代以来才有的称呼。缂丝是受西域地区缂毛技术影响发展而来的一种丝织技术，产生时间大约在汉魏时期。也有人根据新疆发现的以羊毛为原料的缂毛斗篷，认为早在商周时期就已经发明了这一技术①，但不为大多数学者认可。其产生于汉魏时期的说法，也是大可怀疑的，因为还未发现这一时期的缂丝实物。目前所知最早的缂丝织物为唐代生产②，在新疆吐鲁番阿斯塔那唐墓中就发现过一条缂丝束腰带，敦煌藏经洞也发现了一件唐代幡首缂丝边饰，是佛教用品，都可以证明这一点。由于纱线较细，缂丝难度远大于缂毛，故从缂毛到缂丝的发展仍然是一个很大的技术进步。

织造缂丝时要先布好经线，纬线按照事先设计好的图案用多把小梭子分别挖织，要交替使用各种工具和不同织法，根据图案的轮廓或画面色彩的变化，不停地换梭，使纬线在经线上织成各种花纹图案。由于缂丝采用局部回纬织制的方法，因此会在织物上的花纹与素地、色与色之间的交界处呈现出许多互不相连的断痕，好似刀镂刻状，故缂丝又被称为"雕刻了的丝绸"。古代缂丝作品大都结构严谨、技艺精湛，如果是缂丝名家的大幅缂丝作品更是典雅、富丽，价格超过黄金，有"一寸缂丝一寸金"之美誉。缂丝的技法主要是结、掼、勾、戗、绕、盘梭、子母经、压样梭、压帘梭、芦菲片、笃门闩、削梭、木梳戗、包心戗、凤尾戗等，其中结、掼、勾、戗为基本技法。其工序多达 16 道。③

缂丝技术至两宋进入大发展的时期，出现了一批缂丝名家和著名的作品。如云间人朱克柔，技法精湛，创造了"朱缂法"，其作品主要有《莲塘乳鸭图》（图2-11）、《碧桃蝶雀图》、《山雀图》、《鹡鸰红蓼》、《花鸟》、《梅花画眉》、《牡丹图》、《山茶蛱蝶图》等，现分藏于大陆各博物馆与台北故宫博物院。其作品大获时人赞誉，宋徽宗亦赞不绝口，并在《碧桃蝶雀图》上题诗曰："雀踏花枝出素纨，曾闻人说刻丝难。要知应是宣和物，莫作寻常刺绣看。"④吴郡人沈子蕃也是一位缂丝名家，其作品大都表现萧瑟的秋冬景色和寂静的山水之景，代表作有《山水图》、《秋山诗意立轴》、《青碧山水轴》（图2-12）等，其

① 宫雪、徐红：《从新疆出土文物看缂丝的起源与发展》，《江苏丝绸》2018年第6期，第16页。

② 转引自尚刚：《元代工艺美术史》，沈阳：辽宁教育出版社，1999年，第102页。

③ 苏扬帆、葛明桥：《略论缂丝的历史发展与艺术特点》，《浙江纺织服装职业技术学院学报》2017年第2期，第58页。

④ 转引自王浩然：《中国缂丝工艺之美》，《收藏》2010年第3期，第104—108页。

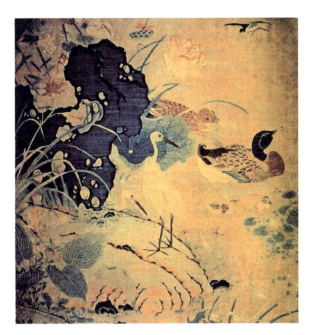

图 2-11　朱克柔《莲塘乳鸭图》
（现藏上海博物馆）

图 2-12　沈子蕃《青碧山水轴》
（李斌、李强：《宋代缂丝大师朱克柔
与沈子蕃作品的比较研究》）

花鸟作品有《桃花双鸟图轴》《梅花寒鹊图立轴》等，颜色古朴，生动传神，充分地表现了宋代花鸟画写实沉静的风格。[①] 宋代缂丝以河北定州、苏州所制最佳，而以宋徽宗宣和时制作最盛。现藏辽宁博物馆的北宋缂丝《紫鸾鹊谱》，是成匹的缂丝织品，图案有成对的鸟雀九种，成对的花卉也有四五种，说明北宋的缂丝长于制作花纹图案较大的匹料。西南大学历史博物馆收藏的缂丝《明昌御览双冠图》具有极高的艺术价值，经鉴定为北宋晚期宣和时期的作品[②]。从南宋开始，中国缂丝织造大体可分为实用品、欣赏品两类，其中欣赏品的制作更加繁荣，并沿续至今。此外，生活在北方的辽人也善于缂丝，其皇帝常在宋帝生辰时以缂丝

[①] 李斌、李强：《宋代缂丝大师朱克柔与沈子蕃作品的比较研究》，《服饰导刊》2015年第4期，第44—49页。
[②] 卞兆明：《馆藏缂丝〈明昌御览双冠图〉和〈仙山祥云金龙图〉赏析》，《文物鉴定与鉴赏》2018年第17期，第8页。

图 2-13　西南大学藏《仙山祥云金龙图》
（卞兆明：《馆藏缂丝〈明昌御览双冠图〉和〈仙山祥云金龙图〉赏析》）

御衣作贺礼①，迁入内地的回鹘人则擅长缂织五色袍以及捻金线背织花树。②

　　元代前期的缂丝一反南宋的鉴赏性，向实用性转变，元后期由于受汉地文化的影响，则又向鉴赏性转变，尤其是宫廷中的变化趋势更为明显，其缂丝扇面的南宋化风貌十分显著。同时其继承了宋代缂丝佛像的传统，并形成了缂织帝王、后妃、祖先像的新风，有些典型的作品现收藏于美国大都会博物馆。西南大学收藏的缂丝《仙山祥云金龙图》（图 2-13），又名《绣云龙片》，构图繁复密实，色彩浓艳靓丽，主体图案为仙山和金龙，龙身旁有两道火纹，具有很强的装饰意味，经鉴定为元代的产品③。故宫博物院还收藏了一幅名为《东方朔偷桃图》的缂丝作品，也是元代的精品，并钤有"乾隆御览之宝""乾隆鉴赏""三希堂精鉴玺""宜子孙"和"秘殿珠林"五方印章。

　　明清时期是缂丝工艺发展的又一高峰时期，缂丝的用途更加广泛，不论是帝王官僚的服饰，还是书画装裱，都大量地使用了缂丝技术。其中不乏名家作品，如故宫博物院收藏的《瑶池献寿图》就出自名匠朱良栋之手。还有根据画家仇英《水

————————
　　① （宋）叶隆礼：《契丹国志》卷二一《契丹贺宋朝生日礼物》，上海：上海古籍出版社，1985 年，第 200—201 页。
　　② （宋）洪皓：《松漠纪闻》，载《宋元笔记小说大观》本，上海：上海古籍出版社，2007 年，第 2792 页。
　　③ 卞兆明：《馆藏缂丝〈明昌御览双冠图〉和〈仙山祥云金龙图〉赏析》，《文物鉴定与鉴赏》2018 年第 17 期，第 9 页。

阁鸣禽图》创造的缂丝作品，淡雅纤细，堪称精品。在明定陵也出土了万历皇帝的缂丝龙袍，用金线缂制，团龙图案则用孔雀毛捻线缂成，十分华美昂贵。明代的苏州人文荟萃，大画家沈周、唐寅、文徵明等人的作品，均成为缂丝工匠创作的素材。如缂丝名家吴圻缂织的沈周《蟠桃仙图轴》，人物表情闲适，画面简洁，诗文书法遒劲，保持了原作的神韵。清代除了生产实用性缂丝产品外，还生产了不少长、宽近两丈的大型作品，如颐和园仁寿堂陈列的《寿星图》《仙山聚会》等都是宽过一丈、长近二丈的大型缂丝作品。故宫博物院收藏的清代《李白夜宴桃李图》，可与宋代朱克柔的作品相媲美。苏州生产的缂丝产品还常常作为贡品，除了进贡实用产品如袍褂、官服、补子、挂屏、屏风、坐褥、靠垫、围幔、桌帏、椅披、香袋、扇套、迎手、荷包、包首等以外，还生产了书画、诗文、佛像等题材的欣赏品贡入宫廷。清代的苏州还发明了一种新技法，即缂绣混色法，将缂丝、刺绣和彩绘结合，进一步强化了织物的装饰效果，丰富了画面层次，提高了艺术表现力。藏于故宫的《缂丝加绣九阳消寒图轴》，就是缂绣混色法的典型代表作[1]。需要指出的是，清代缂丝人物表情比较呆板，时用画补笔，艺术水平不如宋代精湛。

藏传佛教的唐卡（图2-14）也有使用缂丝技术织造的，但数量不多，且大都是内地织造后由朝廷赐给藏地。主题有宗教、传记、历史、生活习俗，

图 2-14　缂丝唐卡菩萨像
（苏扬帆、葛明桥：《略论缂丝的历史发展与艺术特点》）

① 苏扬帆、葛明桥：《略论缂丝的历史发展与艺术特点》，《浙江纺织服装职业技术学院学报》2017 年第 2 期，第 59 页。

也有天文历算和藏医藏药、人体解剖图等。大都是明清时期的作品，如明代的《罗汉像》、清代的《三世佛像》，都是很优秀的作品。其彩地有红、黑、蓝、金、银五种，红唐多织佛像，黑唐多织护法神、金刚，蓝唐多织欢喜佛、胜乐金刚，金、银唐则多表现天界与菩萨，色彩明快、质地细密，极具艺术感染力。[1]需要强调的是，缂丝不仅有实用性和鉴赏性，还用于书画装裱保护，早在唐代就已如此，一直延续至今。

二、金银饰工艺的应用

金银作为贵金属在美化人们的生活方面发挥了重要的作用，在我国古代，贵族官僚曾大量地将金银与丝绸结合，生产出昂贵的产品，以炫耀其高贵的社会地位。丝织物中使用的金料分为三种，即金箔、金线、金粉，此外还有使银的情况。

金（银）箔法。在其他器物上使用金箔的时代很早，考古人员在商周时期的金属、玉质、木质器物和漆器上都有许多发现，而将其使用在丝绸上最早始于东汉时期。瑞典学者贝格曼在新疆小河6号墓发现的圆形的原色丝绸口袋及环绕口袋的丝带上面就贴有金箔，还有一面铜镜上覆有一条带有方格纹的米色丝袋，丝带上有一排小点状金箔黏附痕迹。[2]因此瑞典专家西尔万认为，将锤就的金箔黏附于软物质材料上的技术可能起源于中国。[3]1987年，在陕西法门寺地宫考古发掘中，出土了大量的丝绸织物，其中有些织物表面贴有金箔，其中部分捻银线由无背层的银箔条捻成，极少部分由带纸背层的银箔条捻成。其中以捻金线为主，捻银线次之，剪成不同形状的金箔贴饰于织物表面的工艺在这批织物中也有少量使用。[4]在今山西、内蒙古、辽宁等地的辽代墓葬中也发现了不少丝绸织物，其中也有使用金箔黏附工艺的。古

---

① 谢顺利、谢亚萍：《缂丝唐卡——汉藏文化的瑰宝》，《山东纺织经济》2017年第9期，第45—46页。

② （瑞典）沃尔克·贝格曼著，王安洪译：《新疆考古记》，乌鲁木齐：新疆人民出版社，2013年，第157—173页。

③ 转引自胡霄睿、于伟东：《中国古代丝绸饰金工艺及品种的历史传承》，《纺织学报》2016年第8期，第66页。

④ 路智勇：《法门寺地宫出土唐代丝绸用金装饰工艺研究》，《考古与文物》2015年第6期，第110页。

代金箔制作的唯一方法就是锻造，《天工天物》对此有详细的记载，即先将黄金熔化后倒入铁槽冷却为金条，然后将金条打造成极薄的金叶，还要再进行多次锤打，锤打时要使用乌金纸隔开，最后裁成所需要的各种形状的金箔。将金箔黏贴在丝绸表面，起到美化的作用。银箔的制作方法与此相同，但远不如金箔的使用广泛。此外，法门寺出土的金箔织物，经化验应为金银合金，金的含量为70%—94%、银的含量为6%—30%，金银合金中金银比例的不同会导致金箔颜色出现差别。[1]

金（银）线法。用黄金制成的线，称金线；用白银制成的线，称银线。我国早期的金线通常是由掐丝与拔丝两种工艺制造而成，掐丝是将锤打的金叶裁成细条，再经锤锻搓扭制成金丝；拔丝是利用拔丝板的针孔，通过压力挤出较细的金丝，但使用这些方法制成的金丝直径、长度与后来纺织专门化生产的金线差距甚大，并不适合与丝线结合纺织。纺织所用的金线分为两种，即片金线与捻金线。片金线是把金箔切成细丝，若再以丝线为芯就可制成捻金线。[2]（图2-15、2-16、2-17）我国发现较早的捻金线是在新疆库车魏晋十六国墓和新疆山普拉墓地出土的。现代金线的制造工艺基本延续了古法，只是使用了机械和黏合剂而已。使用捻银线制作织物远不如金线普遍，在法门寺出土的唐代丝织品中，有一件土红色地刺绣夹包袱就使用了捻银线。[3]（图2-18）

金粉法。所谓金粉法就是把金研磨成粉末，再将其涂在或印制在丝织物上的一种方法。金粉的制法主要有两种：一种为磨削法，另一种为助剂研磨法，后一种方法要加入中药等作为辅助剂进行研磨。金粉用于织物的常见方式是泥金，即将金粉与胶液混合，将其作为颜料描绘或印制在织物上。现在可以知道的是，早在东晋时期已经使用泥金于服饰之上了，并为历代所沿袭。

从我国古代出土的金饰丝织物的情况看，金银饰工艺大体上可分为两大类：

① 杨军昌、张静、姜捷：《法门寺地宫出土唐代捻金线的制作工艺》，《考古》2013年第2期，第103页。

② 路智勇：《法门寺地宫出土唐代捻金线的捻制工艺研究》，《华夏考古》2018年第2期，第106—113页。

③ 杨军昌、张静、姜捷：《法门寺地宫出土唐代捻金线的制作工艺》，《考古》2013年第2期，第97页。

图 2-15　模拟制作的捻铜线

（路智勇：《法门寺地宫出土唐代捻金线的捻制工艺研究》）

图 2-16　法门寺出土的捻金线电子图像

（杨军昌、张静、姜捷：《法门寺地宫出土唐代捻金线的制作工艺》）

图 2-17　法门寺出土的唐代捻金线与捻银线丝织品

（杨军昌、张静、姜捷：《法门寺地宫出土唐代捻金线的制作工艺》）

一类为印金丝绸，包括金箔法与金粉法，另一类为金线织造丝绸，包括织金与绣金在内。印金属于我国传统丝织品的印花工艺，有贴金、泥金、描金、洒金等多种形式。[①] 目前发现最早的印金丝绸为长沙马王堆汉墓出土的金银粉印花纱，其颜料配色十分精湛。法门寺出土有唐代贴金蝴蝶纹样纱罗。辽代墓葬中出土的印金类丝绸包括了线描、描金、彩绘、贴金等多种工艺。[②] 福州南宋时期黄昇墓出土的 250 多件女性服饰上出现了贴金加彩绘花边和金粉印花小花边等多种饰金装饰。[③] 此类文物出土甚多，其花纹主要有牡丹、莲花、菊花、兰花等。需要说明的是，在唐宋时期，印金丝绸服装的数量大大增加，但是印金只限于部分位置，如衣领、衣襟、

———————

　① 陈朝志：《古代纺织品中的印金技艺及金织技艺》，《中国纺织》1995 年第 1 期，第 47—48 页。

　② 路智勇：《新发现辽代丝绸装饰材料及工艺研究》，《文物》2011 年第 2 期，第 59 页。

　③ 曹振宇：《中国古代纺织品印花》，《河南工程学院学报》（自然科学版）2008 第 2 期，第 51—54 页。

图 2-18　法门寺出土的捻银线刺绣轮廓
（路智勇：《法门寺地宫出土唐代丝绸用金装饰工艺研究》）

袖口等部位的边缘处。至辽金元时期，印金转为服装的大部或者全部，这可能与少数民族的某些风尚有关。

织金类丝绸在我国出现也比较早，有一种说法认为这种织法来自罗马帝国，其文献依据主要是《后汉书·西域传》与《晋书·西戎传》。《梁书》也提到大秦、天竺国的织金织物，称其为"金缕织成"。这种"金缕"与"金薄"是有区别的，沈从文先生认为，金缕即捻金，是西域传统的金线，而金薄是片金，即明金，是中国传统的金线。其织品色彩丰富，表现力强，在汉魏时期很受上层社会推崇。[1]也有说早在西汉就已有之，《汉武帝内传》载，汉武帝时"西域曾献蛱蝶罗，金光炫人耳目"。但是这种织物到底是织金还是金箔，因为没有实物还不好论定。

中国内地织造的织金类织物，始见于《隋书》，其书载：太府丞何稠"博览古图，多识旧物。波斯尝献金绵锦袍，组织殊丽，上命稠为之。稠锦既成，逾所献者，上甚悦"[2]。出土实物最早的是青海都兰热水唐墓中出土的龟甲纹织金锦小带，是用片金线织就的。此外，法门寺出土有捻金线蹙金绣、斜菱格对凤织金锦、

① 转引自孙丽英：《试论中国古代织金织物的发展》，《丝绸》1994年第4期，第51页。
② 《隋书》卷六八《何稠传》，第1596页。

紫红罗地蹙金袈裟等多件。日本正仓院也有两件唐代捻金线丝带，一条为几何纹捻金线缂丝带，另一条为几何朵花纹片金线缂丝带。元明时期，织金锦的水平又有了进一步的提高，尤其是明代的南京云锦最为著名，其以锦中大量织金为特征，捻金线织地非常结实坚厚，片金线显花使得织锦更加金光闪闪，光彩夺目。

　　绣金类丝绸也是我国古代丝绸中的佳品，其中以蹙金绣最为典型。蹙金绣就是用金丝盘结成花朵的纹式再固定到丝绸的上面，故这种织物也称簇金绣。法门寺地宫就出土了不少这种丝绸，如紫红罗地蹙金绣案裙、紫红罗地蹙金绣半臂、紫红罗地蹙金袈裟、紫红罗地蹙金绣拜垫等。[1]（图2-19、2-20）发现的辽代绣金类丝绸种类有钉金绣、蹙金绣、压金彩绣、平针绣、锁绣、直针绣等，技法更多一些。[2] 关于绣金丝绸的花纹，杜甫诗曰"蹙金孔雀银麒麟"[3]，就是指唐代贵妃所穿的丝绸衣服上的蹙金、蹙银花纹。除了以动物为纹外，常见的还有以各种花朵为纹的。此外，还有所谓盘金绣，"二者不同之处在于盘金法用金线在纹样的

图2-19　法门寺出土的唐代紫红罗地蹙金绣拜垫
（杨军昌、张静、姜捷：《法门寺地宫出土唐代捻金线的制作工艺》）

图2-20　法门寺出土的盘金绣织物
（路智勇：《法门寺地宫出土唐代丝绸用金装饰工艺研究》）

---

　　[1] 杨军昌、张静、姜捷：《法门寺地宫出土唐代捻金线的制作工艺》，《考古》2013年第2期，第98页。
　　[2] 路智勇：《新发现辽代丝绸装饰材料及工艺研究》，《文物》2011年第2期，第59页。
　　[3]《全唐诗》卷二五杜甫《丽人行》，第336页。

轮廓处绣金线，用短针钉扎固定，针距十分均匀；而蹙金则在刺绣过程中故意制成皱纹状，要先用金线平铺在垫有丝棉的纹样上，再用绣线钉扎出分界线"[1]，故盘金绣也叫钉金绣。总的来看，蹙金绣更为精细，在绣制纹样时更加逼真、连贯和精细。[2] 盘金绣的实物也见于法门寺出土的文物中，是用捻金线做刺绣花纹的轮廓。需要说明的是，除了蹙金绣外，其他如钉金绣、盘金绣、压金彩绣等类的实物发现较少。

元朝进一步吸取了西域纳石失织造技术中的合理因素，使中西织金技术和风格实现了大整合，织金织物的生产和使用达到了极盛。元代的织金锦可分为两大类：一是中国传统风格的金段子，一是伊斯兰风格的纳石失。[3] 纳石失是元代蒙文对波斯语"Nasich"的音译，也作纳失失、纳什失、纳赤思等，清朝还常称为纳克实，均指织金锦。元朝人对纳石失极为热衷，不仅在西征时劫夺西域的纳石失成品，也掳掠中亚的工匠到官营作坊以生产和教习纳石失。《元史》中记载："先是，收天下童男童女及工匠，置局弘州。既而得西域织金绮纹工三百余户，及汴京织毛褐工三百户，皆分隶弘州，命镇海世掌焉。"[4] 西域金绮纹工的流入，不仅进一步提高了中国织金的显金技术，也使中国织金织物染上了浓郁的伊斯兰风格。如现藏柏林国立博物院的对鹦鹉纹纳石失，主纹形象和图案结构与圣彼得堡国立艾尔米塔什收藏的一片13世纪的叙利亚丝绸相近，阿拉伯文织在鹦鹉翼上，但多棱团窠之外的辅纹却是中国传统的盘龙。而伦敦维多利亚和阿尔伯特博物馆收藏的双狮戏球纹纳石失，主纹为极富中国特色的双狮戏球，主纹两侧的宝相花花心内则以阿拉伯文织出工匠的姓名，也是典型的中西合璧的图案风格。[5] 明朝进一步消化吸收了西域的织金风格并将其融入中国传统文化之中，使中国传统清秀典雅

---

① 胡霄睿、于伟东：《中国古代丝绸饰金工艺及品种的历史传承》，《纺织学报》2016年第8期，第69页。

② 胡可先、武晓红：《"蹙金"考：一个唐五代诗词名物的文化史解读》，《浙江大学学报》（人文社会科学版）2011年第4期，第46—55页。

③ 尚刚：《元代的织金锦》，《传统文化与现代化》1995年第6期，第64页。

④ 《元史》卷一二〇《镇海传》，第2964页。

⑤ 尚刚：《元代的织金锦》，第65页。

的织金纹样变得劲道有力；织金材料捻金线和明金线在同一织物上相互辉映；其织造方式更是通梭与挖梭、地结与特结、全越与半越交错使用，灵活多变，共同造就了中国织金织物的顶峰。

三、对外来工艺及图案的吸收

我国丝织技术之所以历久弥新，技术创新不断出现，除了我国历代工匠的勤奋努力外，注意吸收外来工艺的长处，也是一个比较重要的原因。

丝绸无疑是中国对世界文明的伟大贡献，丝织技术的外传使得许多国家都掌握了这种技术，并结合当地物产与文化，创造了各具特色的丝织品。随着中外政治、经济、文化交流的发展，大批外来的丝织物又回流到中国，持续时间将近二千年，并且对中国的丝织业带来了较大的影响。

根据文献记载以及对出土实物的研究，我国自汉代以来就不断地接受各国进贡和商贾输入的丝织物，种类繁多，图案丰富，这些丝织物深受中土人士的喜爱。关于外国向中国输入丝绸的记载很多，如日本在正始元年（240）派使者向曹魏进献"生口、倭锦、绛青缣、绵衣、帛布、丹木、狌、短弓矢"[1]，其中倭锦、绛青缣、帛等皆为丝织品。曹魏正始四年（243），倭王复派大使 8 人，来献倭锦、绛青缣、绵衣、帛布等丝绸产品，正始八年（247）又来献异文杂锦 20 匹。[2] 此后日本在唐宋至明清时期仍不断地向中国输出丝织品，主要有美浓绅、水织绅、真珠绢、细绢、倭缎等。宋应星的《天工开物·乃服篇》中也云："凡倭缎制起东夷，漳泉滨海效法为之。……其织法亦自夷国传来。"[3] 可见这种织造工艺是从日本传到我国东南沿海地区的，后来漳、泉等地纷纷效仿。倭缎的具体制法是："则斩绵夹藏，经面织过，刮成黑光者也。"注曰："白下仿倭缎，先纬铁丝而后刮之。"[4]

---

① 《三国志》卷三〇《魏书·乌丸鲜卑东夷传》，第 857 页。
② 《三国志》卷三〇《魏书·东夷传·倭》，第 857—858 页。
③ 《天工开物》卷二《倭缎》，第 4031 页。
④ （明）方以智：《物理小识》卷六《衣服类》，载《文渊阁四库全书》，第 867 册，第 875 页。

就是织造前先将丝染色,织时一边织一边用织刀削断丝,使之起绒,然后刮出光泽,最后成为质地厚实、富有光泽的丝织品。明朝时福建漳州所织的倭缎最为出名,《中国工艺沿革史略》载:"漳缎,自明以来始有之。其制起于东夷,故亦名倭缎。漳泉海滨效法为之,故有漳缎之名。"① 到了清朝,江宁、苏州等地也成了织造倭缎的主要地区。清代时,倭缎是皇室的御用丝织品,《国朝宫史》卷一七《经费·年例》中记载,从皇太后到嫔及皇子福晋的年例中均有倭缎。皇太后、皇后均为"倭缎四匹",皇贵妃、贵妃、妃均为"倭缎二匹",嫔、贵人、皇子福晋、皇子侧福晋均为"倭缎一匹",可见倭缎是清朝宫廷贵妇必备的丝织品。为了满足皇室的需求,清朝在江宁织造衙门内设立了专门织造倭缎的机构"倭缎堂",每年由国家拨款进行机房的修整和机器的购置。

朝鲜半岛由于靠近中国,早在商周时期就已掌握了种桑养蚕和丝织技术,因此不断地有向中国进贡丝织物的情况见于记载,进贡的主要品种有:朝霞绸、鱼牙绸、金罽腰、白纻、罽锦袍褥、罽锦衣褥、银罽、红绵绸、绿绵绸、白绵绸以及绫、罗等。唐朝时,新罗与中国关系密切,新罗的织锦曾多次输入中国。《旧唐书》载,大历八年(773),新罗"遣使来朝,并献金、银、牛黄、鱼牙绸、朝霞绸等"②。当时的朝鲜人织锦技术也达到了较高的水平,宋人徐兢的《宣和奉使高丽图经》卷三"贸易"条云"丹漆缯帛,皆务华好";南宋御府书画装裱用绫的二十六种名目中的白鹭绫和花绫就是高丽国所产或为中国仿高丽产品;③ 清朝建立后,敕令朝鲜每年进贡一次,其方物除了黄金、貂皮等物外,还有大量的各种丝织品,说明当地丝织行业的发展还是比较迅速的。

越南在学习中国的丝织技术后,其丝织品也曾流入中国。宋人周去非的《岭外代答》卷六《安南绢》载:"安南使者至钦,太宗用妓乐宴之,亦有赠于诸妓,人以绢一匹,绢粗如细网,而蒙之以棉。交人所自着衣裳,皆密绢也,不知安南

---

① 许衍灼编:《中国工艺沿革史略》,上海:商务印书馆,1918年,第43页。
② 《旧唐书》卷一九九《东夷·新罗传》,第5338页。
③ (元)陶宗仪:《南村辍耕录》卷二三《书画裱轴》,上海:上海古籍出版社,2007年,第6424页。

如网之绢何所用也。余闻蛮人得中国红绉子，皆拆取色丝，而自以织衫。此绢正宜拆取其丝耳。"据此可知越南在学习中国丝织技术的同时，也沿用了古代中国用丝绸作为礼物馈赠异国贵客的传统。不过从这段文字来看，越南仍然在进口中国的丝织品，并对中国的丝织品进行了改造，加入了自己的特色，即"拆取色丝""自以织衫"。东南亚在宋代向中国进贡的"安南绢"通常为白绢、白抹绢。宋人所撰的《桂海虞衡志》一书说："得中国锦彩，拆取色丝，间木绵挑织而成。"[1] 说明其是一种丝棉混纺织物。暹罗国在明清时期向中国进贡丝绸，主要有暹罗红纱、剪绒丝、织杂丝、红花丝、红花文丝和兜罗锦等，多用于制作被面、手巾、帷幕等。

西洋地中海沿岸诸国输入中国的丝织物主要有西洋闪金缎、西洋金缎、西洋金花缎、西洋锦缎带、大西洋阔宋锦、绞绡等。尤其是 16 世纪以来，中外海路交通繁荣，大量的欧洲丝绸经过海路输入中国，如大花缎、荷兰花缎、大紫金缎、红银缎、织金花缎、织金线缎、金银丝缎及西洋闪金缎等。随着棉织业的发展，欧洲输入中国的还有不少棉丝混纺商品，如大哗叽缎、哗叽缎、大红羽缎和其他各色羽缎等，锦绸类织品主要有大西洋阔宋锦、蕃斜纹、绞绡等。

西域诸国也向中国进贡过大量的丝绸，著名的有波斯锦，织造精美，色泽艳丽，有学者认为它是一种织金锦。[2] 它是由波斯国（今伊朗）生产的，不仅直接向中国进贡，也向中亚、西亚、南亚诸国以及归义军输出，史籍中也记载了这些地区的国家向中国进贡波斯锦的情况。大食国（古阿拉伯）出产蕃锦、百花锦、兜罗锦，其中蕃锦又称重锦，史载："大食有重锦，其载二十橐它乃胜，既不可兼负，故裁为二十匹。"[3] 百花锦是"以真金线夹五色丝织成"，多用于制作帷幕。[4] 兜罗锦可能是毛丝混纺织品。开元十五年（727）七月，"突厥骨吐禄遣使

[1]（宋）范成大撰，严沛校注：《桂海虞衡志》，南宁：广西人民出版社，1986 年，第 42 页。
[2][美]劳费尔著，林筠因译：《中国伊朗编》，北京：商务印书馆，1964 年，第 316 页。
[3]《新唐书》卷二一七下《回鹘传下》，第 6149 页。
[4]（宋）赵汝适著，杨博文校释：《诸蕃志校释》卷上，北京：中华书局，2000 年，第 89 页。

献马及波斯锦"。①在唐人的记载中，波斯的丝织水平较高，《大唐西域记》卷一一《波剌斯国》载波斯"工织大锦、细褐"等类。到明朝时，波斯及周边很多地方都有丝织业，如明朝人陈诚的《使西域记》载：哈烈国"多育蚕，善为纨绮"②，且其地所织丝绸细密程度超过了中国。隋唐长安和洛阳的官办手工作坊内集中了全国最优秀的工匠，他们对波斯锦进行仿制，织出了不论是色彩还是纹饰都超过波斯锦的织品。不仅是都城，中原的其他地区在不断扩大蚕织生产规模的基础上，织造技术也有了显著提高，如越州生产的耀光绫，绫纹突起，时有光彩，其织造之精美，绝不亚于京城仿制的波斯金线锦。且中国为了满足西方市场的需要，在丝织品的题材、图样和色彩上采用波斯的风格，甚至在织锦技术方面也受到波斯锦的影响。

外来丝绸技术对中国的影响主要表现五个方面，即织造技法、织造材料、花纹图案、染色工艺与桑蚕技术，分别介绍如下：

（一）织造技法

前面已经提到隋朝仿制波斯金线锦，说明当时的中国尚未掌握此类技法。关于织金类丝绸的技术源自罗马帝国（大秦）及其技术要点，前面已论述过了，就不多说了。

关于缂丝技术，前面也提到是受西域缂毛技术的影响而发展起来的。从新疆发现的丝绸实物看，西域丝绸底纹是斜纹组织，图案花纹采取纬线起花，内地早期丝绸底纹均为平纹织法，两者明显不同，因此有人认为这一技术是外来的。③夏鼐先生认为在公元6世纪左右，西方才学得中国的养蚕法，因此在新疆乃至于苏联境内发现的汉代、十六国时期的绢、锦衣物，"基本上都是平纹组织和都是采用经线起花"，不少织物上还织有汉字，这些织物无疑都是从中国内地输出的。④

---

① 《册府元龟》卷九七一《外臣部·朝贡第四》，第 11239 页。
② 转引自朱杰勤：《中国和伊朗关系史稿》，乌鲁木齐：新疆人民出版社，1988 年，第 38 页。
③ 刘永连：《外来丝绸与中国文化》，《丝绸》2006 年第 4 期，第 50 页。
④ 夏鼐：《新疆新发现的古代丝织品——绮、锦和刺绣》，《考古学报》1963 年第 1 期，第 45—74 页。

西亚的纺织材料是羊毛、亚麻，故其纺织技术一般都采取斜纹组织，纬线起花，其获得中国丝绸技术以后，肯定也会把传统纺织技术用于丝绸织造。英国学者斯坦因在阿斯塔那墓地发掘出土的猪头纹锦和颈有绶带的立鸟纹锦，都是斜纹纬锦，故认为其可能是萨珊朝波斯东部即中亚地方所织制的。[①] 夏鼐先生也指出：纬锦较经锦的优越点是，经锦靠经线起花，经线固定于织机上后，便难加改动。纬锦靠纬线起花，织制过程中随时可以改用不同颜色的纬线，可以织出五颜六色的花纹。从唐代起，我国的织锦逐渐采用了纬锦的方法，后来几乎完全放弃经锦，专用纬锦。夏鼐先生明确地说我们吸收了西方纺织技术上的这一优点。[②] 从考古发现的缂丝织物看，最早为唐代的产品，不论是内地还是西域均是如此。

自隋唐以来，随着中外经济文化交流的加强，许多外来的珍稀物品相继传入中国，包括丝织品在内。唐宪宗元和八年（813），"大轸国贡重明枕神锦衾。……神锦衾水蚕丝所织，方二尺，厚一寸，其上龙文凤彩，殆非人工"[③]。唐宣宗时，女蛮国贡明霞锦，"光辉映曜，芬馥著人，五色相间，而美于中华锦"[④]。这一时期，"女王国贡龙油绢，形特异，与常缯不类。云以龙油浸丝织出，雨不能濡。又宝库中有澄水帛，亦外国贡。以水蘸则寒气萧飀，暑月辟热，则一堂之寒思挟纩。细布明薄可鉴，云上傅龙涎，故消暑毒也"[⑤]。中国是否仿造过这些珍稀的丝织品，不得而知。但是对来自日本的倭缎，前面已论到，中国曾广泛仿造。[⑥] 在清代，大量的西洋绸缎流入中国后，中国也曾加以仿造，并出口到西洋诸国。

---

① P.Ackerman：《波斯纺织技术》，载 A.U.Pope 主编：《波斯艺术综览》(Survey of Persian Art) 第 3 卷，1939 年，第 706—714 页。

② 夏鼐：《新疆新发现的古代丝织品——绮、锦和刺绣》，《考古学报》1963 年第 1 期，第 73—74 页。

③ （宋）李昉等：《太平广记》卷二二七《重明枕》，北京：中华书局，1961 年，第 1742 页。

④ 《太平广记》卷四八〇《女蛮国》，第 3955 页。

⑤ （宋）钱易：《南部新书·辛》，北京：中华书局，2002 年，第 129 页。

⑥ （明）宋应星著，潘吉星译注：《天工开物译注》，上海：上海古籍出版社，1993 年，第 258 页；（明）田汝成辑撰：《西湖游览志余》卷二三，上海：上海古籍出版社，1998 年，第 333 页。

（二）织造材料

这方面的影响主要表现在将金银线用于丝织物上，这一点前面已有详述，就不多说了。此外，毛丝混纺也是受西域地区影响，并为中国所接受。丝棉混纺的织物也有不少输入中国，当中国内地广种棉花后，丝棉混纺的织物也就为中国所生产了。总的来说，在丝织材料方面，与花纹图案相比，中国引进的并不算多。

（三）花纹图案

对我国产生影响的外来图案主要有三类：一是植物图案，二是动物图案，三是其他图案。

对中国丝织物影响较大的外来植物图案主要有葡萄纹、枣椰纹、石榴纹、忍冬纹、莲花纹、宝花纹、唐草纹、树纹等。

葡萄传入中国后，由于其枝叶繁复、果实累累，遂被赋予多子多福的寓意，其纹饰被广泛地运用于各种器物。从出土的文物看，其被用于丝织物是在南北朝时期，时人在锦上用刺绣的手法织出了排列均匀的葡萄籽粒以及葡萄树叶的图案。在敦煌莫高窟唐代壁画的人物衣服上也有葡萄缠枝图案（图2-21）。直到明清时期，葡萄纹仍是提花丝绸中常见的图案之一，葡萄暗花纹若隐若现，表达了对子孙生生不

图2-21 敦煌莫高窟唐代壁画人物衣服葡萄纹临摹纹

（解晓红：《外来文化影响下的中国传统丝绸植物纹样的流变研究》）

图2-22 隋代枣椰纹、狮子与凤凰纹织锦

（解晓红：《外来文化影响下的中国传统丝绸植物纹样的流变研究》）

息的期盼。

枣椰纹即棕榈纹，据说源于古埃及，是掌状式棕榈叶花形，传入中国后，在丝绸纹饰中运用较多，或与其他植物搭配，或与动物搭配，呈现出一种典丽的风格。如新疆出土的唐代丝绸，中间织有中国传统的双龙纹，四角则是放大的枣椰纹。另一件出土于新疆的唐代织锦上的图案，则是小团花与枣椰纹搭配排列，错落有致。此外，还出土有波斯风格的枣椰纹图案衬托着狮子、凤凰等动物纹的隋代织锦（图 2-22）。

石榴纹也是中国丝绸常见的纹饰之一，因为多籽与多子寓意相同，加上其在波斯、拜占庭具有王者权威的象征意义，所以传入后很快就被中国文化所接受。出土或存世的不少丝织物中都有这种图案，如山东曲阜孔府有一件蟒袍，上有蟒纹、石榴、桃花、佛手组成的纹饰；存世的清代荷包上，有"榴开百子"的图案，也有石榴、桃子、佛手组成的图案，寓意"三多"，是一种吉祥的纹饰。

忍冬纹源于古希腊，后来传入东罗马、波斯、印度等国，形成了独特的装饰风格。传入中国后，因忍冬具有清热解毒、久服身轻的功效，所以其文化内涵又具有了强身健体的意蕴。在唐代以来的丝绸服饰上时有忍冬团窠纹出现，多为蓝黄相间的色彩。[1]

莲花纹具有强烈的佛教色彩，有的丝绸上还有佛教化生故事的纹饰，反映了佛教文化对中国文化的深刻影响。

宝花也叫宝相花，杂糅了中外多种植物纹样元素，以某一种花纹为主体，由其他花叶以及果实任意组合而成，显得富丽堂皇、花团锦簇，极具装饰性。这一纹样出现于唐代，并为以后历代所沿袭，成为东西方文化融合的典型纹样（图 2-23）。宝花纹在敦煌壁画中大量出现，在新疆出土的唐代丝绸中也有不少宝花纹饰。日本正仓院收藏的唐代琵琶锦袋上的纹样非常典型，汇集了石榴、莲花、牡丹等不同纹样，组成了色彩艳丽、富丽堂皇、雍容大度的宝花图案。出土的唐

---

① 解晓红：《外来文化影响下的中国传统丝绸植物纹样的流变研究》，《现代丝绸科学与技术》2017 年第 2 期。

代绢画中的女性胸前宽带上多饰有宝
花，在新疆阿斯塔那唐墓中出土的绢、
锦等丝织品和锦鞋上，大都织有宝花
图案，并以多种色彩如红、绿、赭、
白、蓝的丝线织成。

　　所谓唐草，是缠枝卷草花卉图案
的总称，传入日本后被称为唐草。西
方卷草纹偏重于叶子的叠合反转，与
中国纹样有很大的不同。而中国唐草
纹样变化颇多，以藤蔓花朵为主，缀
有叶、果，甚至将飞禽走兽的纹饰穿
插其间，生机勃勃，灵动自然。唐草
通常装饰在女性的披帛、领边、袖缘。

图 2-23　唐代宝花纹琵琶锦袋
（解晓红：《外来文化影响下的中国传统丝绸植物纹样
的流变研究》）

收藏于法国巴黎吉美美术馆的唐代织锦残片，有葡萄、莲花、茱萸等组合而成的
唐草纹样。后世丝绸上也时有唐草纹样出现，如故宫博物院收藏的一件元代织金锦，
在墨绿色地上织就了金黄的唐草纹样。

　　在植物图案中值得注意的还有树纹的变化。中国古代丝绸上就有树纹，但秦
汉及先秦的本土树纹往往造型简朴，以表现中国古代神树崇拜为主，随着域外树
纹的流入，具有异域风格、重装饰的树纹造型成为丝绸树纹的主要表现形式。[1] 考
古出土的春秋战国时期的树纹造型的丝绸数量极少，且多与植物花草纹或神鸟、
神话人物等纹饰穿插而成，树纹尚未能以一种独立的题材呈现在丝织品中。而相
对于同期其他纹饰的丝绸来说，这些树纹单调而朴素。西亚苏末尔文化生命树的
对称结构模式，"由中部图纹——通常是一棵两边对称的树——和树两侧的动物、
人或守护神所组成"[2]，不仅是古希腊罗马和西方生命树的特定模式，也向东传播

---

　　① 张晓霞：《漫谈中国古代丝绸上的树纹》，《丝绸》2010 年第 6 期，第 47 页。
　　② ［英］E.H.贡布里希著，范景中等译：《秩序感——装饰艺术的心理学研究》，长沙：
湖南科学技术出版社，2003 年，第 269 页。

影响到中国，成为中国西部民间艺术生命树的特定模式。①从考古出土的实物来看，这种生命树织物的异域色彩非常浓厚。如新疆尉犁营盘汉晋墓出土的一件罽袍，上面的图案是对牛、对羊、对人与树的组合，树上结有圆硕的石榴——石榴树被古罗马称为"太阳的圣树"。而吐鲁番阿斯塔那出土的高昌对鸟对羊树纹锦，上面依次为颈系红色带饰、跪卧着的大角双羊；黄色放白光的"灯树"，树上部有一对小鸟，还有一组背对树站立的小鸟；树冠呈塔状，似希腊石砌柱头，分为三层，每层都有花型装饰。②诸如此类的丝织品还有很多，这些织物与传统的本土树纹造型形成鲜明对比，表明树纹已经作为一种独特题材成为装饰的主角。到了唐朝，中间为生命树，左右对称分布狮子、骑士等形象的波斯萨珊朝风格丝绸成为当时流行的树纹纹样，这些生命树造型多向上分为三枝，被称为"三枝树"。除了以上充满装饰色彩的树纹造型外，唐朝还有一些造型生动真实的另类树纹织物。如现今收藏在日本正仓院的唐代树纹丝绸蜡缬屏风，一幅以羊为主纹，另一幅以象为主纹，羊、象相向而行，树枝间还有嬉戏的猴子，生趣盎然。

外来的动物图案主要指狮子、对雉、对羊、对鹿、格力芬、马、鹿、象、骆驼、孔雀等纹样。

狮子纹是受西方文化影响而经过中国文化改造的典型纹样。早期传入中国的狮子纹样带有飞翼，自唐代以来，随着狮子的大量入贡，中国人看到了真实的狮子，于是狮子纹样便逐渐褪去了双翼。无论是蹲狮还是走狮，在雕塑和器皿上最为常见，丝绸中狮子纹样的数量远不能与之相比，不过在丝绸之路沿线仍有一些发现。如在瑞士阿贝克基金会收藏的唐代织锦残片中有团窠对狮纹图案，该织锦被认为是公元8世纪后期至9世纪前期吐蕃所生产的行销丝路的商品。此外，人们在敦煌藏经洞发现过一件佛幡，用黄地对狮纹织锦缝制，法国凡尔登教堂也收藏一件有对狮纹的织锦。③这些狮纹丝绸也曾在中国内地流行，日本正仓院的藏

---

① 靳之林：《生命之树与中国民间民俗艺术》，桂林：广西师范大学出版社，2002年，第267页。
② 郭廉夫、丁涛、诸葛铠：《中国纹样辞典》，天津：天津教育出版社，1998年，第179页。
③ 林梅村：《西域考古与艺术》，北京：北京大学出版社，2017年，第214、223页。

品中就有联珠天王狩狮纹锦，日本法隆寺也收藏有一件四天王狩狮纹锦，图案中狩猎的天王骑在长有飞翼的马背上。这些织锦当是日本人从唐朝内地获得并运到日本的，都具有浓郁的波斯风格，被认定为隋代织锦名家何稠的作品。宋元以来有狮子戏绣球的图案，但是最值得关注的是内蒙古包头市达茂旗明水墓出土的一件辫线袍的图案。这件元代袍服的底襟、下摆和袖口均织有头戴王冠的人面狮身纹团窠。这种辫线袍被称为"纳石失"。"纳石失"是波斯语的音译，是指片金线与捻金线织出图案，属于织金锦织物。有学者认为这是来自西域的织工织造的。元朝军队曾在战争中俘获了大批西域的工匠，因此其织出的图案往往带有浓郁的西亚风格。[①]

中国丝织物上的对雉、对羊图案，则是在西域对鸟、对马图案的基础上发展与变化而来。中国丝绸中也有不少对鸟、对羊纹图案，如美国克里夫兰艺术博物馆就收藏有唐代的一双联珠对鸟纹小孩锦靴；美国收藏家普里查克也收集有联珠对鸟纹小孩锦服；北京大学考古队在青海都兰吐蕃墓中发现了一件有暗花联珠翼羊纹图案的锦残片，被认为是吐蕃所产，只是受中亚粟特风格影响而已。在青海都兰吐蕃墓与敦煌藏经洞均发现过对鹿纹织锦残片。2007 年，纽约拍卖会拍卖过一件用鹿纹锦缝制的袍子。这些织锦都是公元 8—9 世纪的产品，应为吐蕃人所织造。[②]

格力芬图案的丝绸制品出土于内蒙古乌兰察布察右前旗集宁路故城窖藏中，是一件长 204 厘米、宽 118 厘米的织锦被面，框外饰一周缠枝牡丹纹，内芯以格力芬瓣窠图案为主，以龟背纹为地（图 2-24）。所谓格力芬是西方传说中的神兽，长有两角，有着似羊蹄的四足，尖嘴似鹰，身上长翅。早在唐代就有这种图案存在。此次发现是元代制品，图案中的格力芬是鹰首、羊身带翼的怪兽，兽体相背、头部反转相对，匠人将羊身、足蹄刻画得憨态可掬，[③]应是元代丝织品中的精品。

---

① 张彤、杜汉超：《丝绸之路上的西风古韵——内蒙古元代文物外来文化因素考》，《文物鉴定与鉴赏》2018 年第 3 期，第 54 页。

② 林梅村：《西域考古与艺术》，第 206、216—217 页。

③ 张彤、杜汉超：《丝绸之路上的西风古韵——内蒙古元代文物外来文化因素考》，《文物鉴定与鉴赏》2018 年第 3 期，第 57 页。

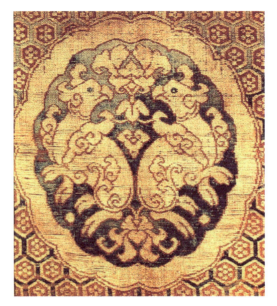

图 2-24　内蒙古发现的元代格力芬纹织锦被
（张彤、杜汉超：《丝绸之路上的西风古韵——内蒙古元代文物外来文化因素考》）

　　丝织品中的象、狮、牛等图像一般都背上铺着莲座撑着华盖，这显然是佛教影响的结果。而六朝以后丝织物中的马的形象大都高大魁梧，且多生有翅膀，也称翼马或天马，这与中国传统纹样中的东方矮种马形象有很大差距。这种翼马是典型的波斯装饰题材，也屡见于粟特壁画和织锦。在萨珊波斯，祆教是他们的国教。在祆教中，翼马被看作日神米特拉的化身，是波斯人极度崇拜的天神，它随着丝绸之路的交流被移入了中国的织锦装饰。唐代丝织品中还出现了不少以野猪头纹为主的兽首纹，这也是一种独特的萨珊式纹样。在祆教经典里，军神维尔斯格拉纳的化身就包含着"精悍的猪"，对野猪的崇拜反映了波斯人对武功之神的崇拜。在 7 世纪中叶之前，野猪头纹样大量出现在整个西亚地区的壁画及各种工艺品中；7 世纪中叶以后，野猪头纹锦逐渐在中亚地区消失，继而在中国也逐渐消失，有的织物中甚至出现了西方神的形象，如北朝至隋的四云珠日神锦中就出现了希腊神话中的太阳神（图 2-25）。织锦中的太阳神头戴宝冠，冠顶有华盖，穿交领衫，腰间束紧，双手持定印放在身前，双脚相交，头后托以联珠头光，坐在莲花宝座上，而宝座是由六马所驾。这幅织锦中包含着希腊、印度、波斯、中国等文化因素，是中外文化交融的产物。

古代丝织物上还有不少植物、动物纹之外的其他图案。比如联珠纹，中外皆有之，并非皆来自域外。从现已发现的联珠纹图案看，有些明显带有域外风格。联珠纹就是排列整齐的小圆珠，往往围成一圈或两圈，故也称联珠圈。隋唐时期丝织物上的联珠圈中有的有胡人图案，有的则有大象、狮子、翼马、野猪头、鹿、羊等动物图案，有的是狩猎场面。很多图案带有明显的萨珊波斯文化风格，甚至具有萨珊波斯国教祆教的含义。1959—1960 年，在新疆吐鲁番附近的阿斯塔那墓中，考古人员发现了大批 6—7 世纪的丝织品。这些丝织品中有一件"球路对马"纹织锦，是该地 302 号墓中出土的，墓中有永徽四年（653）墓志，可以确定织物的年代。该织锦是橙黄色地，以深蓝、草绿和白色三色作为花纹，织法仍是汉代经线起花的三色织锦法，但花纹的位置对于经线的方向而言，却做了九十度的倒转，容易使人误以为纬线起花。它的花纹图样，主要是由两横列的椭圆圈组成，圆圈的边圈色蓝或绿，厚约 0.8 — 0.9 厘米，边内布满 16 个白色的圆球。圆圈中是白身深蓝轮廓线的对马纹，但两组马纹和陪衬的花纹都不相同。上面一横列各圆圈

图 2-25　四云珠日神锦

（孙苏：《丝绸之路对中国染织图案的影响》）

中的对马——马有翅膀，当为"天马"——昂颈相对，一前足向上腾起，作疾步前行的姿态。马颈上有一对向后飘的绶带，四足也扎缚有绶带。这种颈和足有绶带的天马，在埃及安丁诺的6—7世纪的丝织物上也有发现，一般认为是受波斯的影响。马头以上的空白处，有一对蝴蝶结状物和两朵六瓣梅花纹。马足以下是一组蓝色和绿色的花卉图案，由中央一个莲蓬形物、下垂三瓣莲花和两侧蔓生的卷叶组成。下一横列各圆圈中的对马，俯首作食草的姿态，肩上也有翅膀，但颈部和四足没有绶带。两马中间有一竖直的树干，到马背以上分枝，有七丛绿色树叶，分为二列，上三下四。马脚下是几朵仰着的莲花纹。每两个毗连的圆饰之间，都以一朵八瓣的梅花纹相连。四个圆饰之间的空隙处，有四朵绿色或蓝色的忍冬花纹，由一个六点组成的中心向四面射出。这些花卉图案，有的也是受了外来的影响。同样花纹的"球路对马"锦，斯坦因在该片墓地中的 IX·3 号墓内也有发现，其墓也有墓志，表明是延寿五年（625）的。这大概是中国织工采用西方图案织制的。

唐太宗时的技师窦师纶还将中国文化融入了萨珊王朝的联珠纹样，设计出名为"陵阳公样"的新图案。这种新图案是用环式花卉或卷草代替联珠纹，以中国传统动物主题替代西域诸神。这种纹样在中国延续了数百年之久。出土于新疆吐鲁番阿斯塔那墓中的宝相花水鸟纹印花绢就是典型的"陵阳公样"。它以宝相花做环，花环中的图案以水鸟为主题。

除了联珠纹外，在阿斯塔那6世纪末至7世纪的墓葬中，还发现了不少中国仿制的具有中亚、西亚织锦特征的实物，有以中国织法而用萨珊式花纹的产品，也有采用萨珊织法和萨珊花纹的中国织锦产品。[①]这些都是中外丝织技术交流的最好证据。

此外，1912年，日本大谷探险队在新疆吐鲁番阿斯塔那墓发现了一件织有新月纹的丝绸残片，在新疆巴楚县托古孜沙来古城也出土了一件有新月和兔子图案的唐代织锦，由于新月纹是伊斯兰风格的艺术题材，所以这两件织物被认为是伊

---

① 李斌城主编：《唐代文化》下册，北京：中国社会科学出版社，2002年，第1909页。

斯兰艺术品，[①] 当是阿拉伯人输入的丝绸制品。在唐代及以后各朝，中国境内都有大量的阿拉伯人生活，其艺术风格不可能不对中国产生影响，更何况元代以来许多中国人也信仰伊斯兰教，从常理推测应该有中国本土生产的新月纹丝绸，只是实物尚有待于进一步发现。

此外，几何纹也是丝绸常见纹饰之一。以外来植物图案如葡萄、忍冬等组成的几何纹就可归于外来几何纹一类中。关于这一点就不多说了。

（四）染色工艺

日本江户时代的染色工艺卓绝非凡，由于它染色后不易褪色，所以很多中国商人把白布运到长崎的染坊托染，然后再运销各地。到元禄时期（1688—1704），日本还形成了著名的友禅染，就是利用糊料做防染剂，用毛刷着色形成纹样，图案自由而多彩，很受大众欢迎。

在丝织物的染料方面，中国传统多采用植物染料染色，这就使得染色的季节性特别明显，中国古代月令类著作中都有在固定季节进行染色的记载。受交通条件和贮存技术的限制，染料的地域性也特别明显。汉代织锦的染料配色主要是茜草染红、靛青染蓝、黄檗和木樨草素等染黄。[②] 而西北早期的羊毛染色中，常用的靛青由菘蓝制成；茜草是西茜草，红色染料中还使用了紫胶虫和胭脂虫等动物染料；而黄色染料更为丰富，其中还有新疆当地的胡杨木。在这一方面，来自丝绸之路的红花、靛蓝制作技术，以及紫胶虫和胭脂虫等对唐代丝绸染色产生了巨大的影响。[③]

---

① 赵丰：《魏晋织锦中的异域神祇》，《考古》1995年第2期，第179—183页；贾应逸：《新疆丝织技术的起源及其特点》，《考古》1985年第2期，第173—181页。

② J. Liu and F. Zhao. *Dye Analysis of Two Polychrome Woven Textiles from the Han and Tang Dynasties. In Color in Ancient and Medieval East Asia*. Mary M. Dusenbury(ed.).Lawrence，KS: The Spenser Museum of Art，the University of Kansas，2015，pp.113–119.

③ R.Laursen. *Yellow and Red Dyes in Ancinent Asian Textiles. In Color in Ancient and Medieval East Asia*.Mary M. Duserbury(ed.). Lawrence，KS: The Spenser Museum of Art，the University of Kansas，2015，pp.81–91.

（五）蚕桑技术

晚清时，西方近代化的蚕桑技术传入了中国，为中国养蚕业带来新的血液。西方人用巴斯德的方法精选蚕种，使收茧量提升2倍以上，日本也通过学习这种方法使本国的丝产量大大增加。受其影响，我国也开始积极向外国学习，通过翻译外国蚕学著作和派遣学生等方式，了解了蚕体解剖学、蚕体病理学、巴氏制种法、栽桑与养蚕技术等。光绪二十三年（1897），时任杭州知府林启创办了国内最早的制造蚕种、培养蚕业人才的学校——蚕学馆，此馆创办的宗旨是除蚕病，制良种，精求饲育，兼讲植桑、缫丝，传授学生，推广民间。[①]蚕学馆于1898年3月开学，开设了理化，动植物，蚕体生理、病理，解剖，气象，土壤，养蚕，栽桑，制丝，显微镜检查等课程，包括实习在内，学制两年。蚕学馆的开设有效地普及了先进的选种和养蚕技术，对中国蚕桑业的近代化具有重要意义。

除了欧洲，日本在明治维新后确立了以生丝贸易为基轴的对外贸易体制，逐渐抛弃传统的养蚕、缫丝方法，引进西方先进的蚕丝技术和机具，兴办蚕丝教育，学习法国、意大利等国先进的蚕业技术，蚕桑技术得到了迅猛发展，成为当时中国人学习的榜样。19世纪末，蚕瘟（微粒子病）蔓延，中国蚕业严重衰退，而日本因为学习了法国人用显微镜检查蚕种、淘汰带病蚕种的新技术，有效控制了蚕瘟。故蚕学馆专门聘请日本人前岛次郎和西原德太郎二人为教习，教授学生养蚕缫丝方法，还先后派嵇侃（慕陶）、方志澄等赴日本学习养蚕、制种和制丝新法。此外，中国近代创刊最早、影响较大的农业专门刊物《农学报》，从光绪二十三年（1897）四月首刊发行，到光绪三十一年（1905）十二月停刊，累计刊行315期，共载译日本蚕业科技文章82篇。日本许多育蚕新法经《农学报》报道后，人们即试验采用。如农学会为检验《农学报》所载译文是否有效，专门用中国传统选蚕和养蚕之法与日本选蚕养蚕法做了饲养对比试验，实验结果是："以日本小金丸为最，新昌澄潭镇次之，湖州王银寿所制种最劣。今年蚕病，多脓蚕、高节、黄软、腐烂等病，

①《各省事状：浙江蚕学馆表》，《农学报》第41期，1898年（光绪二十四年），第5—7页。

湖蚕最剧，上蔟死者甚多。日本茧最坚厚，绍兴次之，湖种茧薄不洁。……本年用日本法制精良绍兴种及日本绍兴挂合种，以便次年饲养焉。"[1] 此后中国陆续从日本购进优良蚕种，改良中国蚕种，可见近代日本蚕业科技对中国影响之大。当然，直到民国时期，日本的许多优良新蚕种还都是以引入的中国蚕种作为基础材料的。[2]

明清时期还引入了许多外国的农书，为中国蚕桑技术注入新鲜血液。如意大利人丹吐鲁著的《意大利蚕书》，经英国人傅兰雅口译，清人汪振声笔述、赵元益校录，于光绪二十四年（1898）由江南制造局刊印发行。《意大利蚕书》共15章，其中既有外国的植桑技术，也有关于桑叶的成分分析，还有关于蚕的选种、饲养及缫丝等内容，全书使用了分析、化验加试育等近代化方法，条理清晰，数据翔实，具有重要的理论价值和实用价值。虽然其中有些技术和方法并未超越中国传统的养蚕种桑技术，但与中国传统的农书相比，其更有科学性和规范性。[3] 这一时期还有《奥国饲蚕法》《蚕体解剖讲义》《农蚕》《秋蚕秘书》《蚕桑实验说》《喝茫蚕书》等涉及蚕桑技术的外国著作传入中国，促进了中国蚕桑技术的转型。

近代以来，随着工业革命的兴起，纺织业率先进行了技术革命。1828年，法国发明了利用蒸汽机为动力的缫丝机，后来意大利又对这种缫丝机进行了改进，使其生产效率和产品质量都大为提高，缫丝业在西方许多国家迅速发展起来。1840年前后，随着西方国家机器缫丝业的发展，中国的蚕丝出口量一度有了大幅增长。但随着外商在上海等通商口岸开设丝厂，在中国买茧缫丝，中国民间手工生产的蚕丝因粗细不一达不到大机器生产的要求而日渐衰落，再加上日本丝织业的崛起，中国的蚕丝在国际市场上占比急剧下降，丧失了竞争地位。为了改变中国蚕丝业的不利形势，清朝末年开始，中国积极向外国学习，购入优良的蚕种，设立专门的蚕业教育机构，普及蚕业科学技术知识，中国蚕丝业开始走上现代化道路。

---

[1] 萧文立：《罗雪堂述丛稿》（下），沈阳：万卷出版公司，2012年，第797页。

[2] 蒋猷龙：《浙江蚕种生产发展史》（上编），载《浙江蚕业史研究文集》（第一集），湖州印刷厂，1980年，第151页。

[3] 齐赫男：《〈意大利蚕书〉初探》，《农业考古》2012年第1期，第212页。

外来丝织技术的传入，丰富了中国人的科学认知，推动了中国丝织技术的进一步发展。在融入了西方新题材和新图案后，我国的丝织物更趋完美。所以在中国的丝绸技术东传西渐后，虽然有些国家已经能够生产出漂亮的丝绸，但中国作为丝绸生产最早的国家，又不断兼容并包，丝织技术更是日新月异，所以古代中国的丝织技术始终走在同时期世界各国的前列，成为各国不断学习的对象，引领着世界丝织技术的不断进步。而中国的丝绸也仍然能够长期作为一个重要产品，支撑起横跨亚欧大陆的丝路贸易，使中国的声名随着丝绸等物品，沿着丝绸之路远播世界各地。

第三章

丝织技术的
外传及其影响

丝绸是中国古老的物质文明之一。自新石器时代开始，人们就不断地探索和改进织造工艺，织造出精美无比的丝织品，这使得中国的丝绸在古代世界独树一帜，成为享誉东西方的名品。随着中外文化交流的不断加深，大批的中国丝绸源源不断地输入异国他乡，不但丰富和美化了输入地人民的生活，也将中国的蚕桑和丝绸织造技术传入当地，促进了传入国丝织技术的提高，极大地影响了世界服饰文化。

第一节 在亚洲的传播

受地缘关系的影响，中国的养蚕缫丝技术最早传入周边的朝鲜、越南、日本等国，然后向四周扩散开来，形成了亚洲世界的丝绸文化。

一、在东亚地区的传播

（一）在朝鲜半岛的传播

朝鲜半岛与中国山水相连，其与中国交往的历史最早可追溯至商周时期，据《尚书》记载，周武王灭商，箕子"走之朝鲜，武王闻之，因以朝鲜封之"，箕氏在朝鲜半岛建立了箕子朝鲜。战国到秦末这一时期，中原战乱不断，又有不少中国人为避战乱，流亡朝鲜，他们在朝鲜东南沿海的地方定居下来，与当地居民交错杂居，共同建立了辰韩，这些秦人的后代直到汉晋时期仍保持着秦人的语言和生活习俗。《后汉书·东夷列传》载："辰韩，耆老自言秦之亡人，避苦役，适韩国，马韩割东界地与之。其名国为邦，弓为弧，贼为寇，行酒为行觞，相呼为徒，有似秦语，故或名之为秦韩。"[1]

从文献记载来看，中国的丝织技术在箕子入朝时便传入朝鲜。《汉书·地理志》载："殷道衰，箕子去之朝鲜，教其民以礼义，田蚕织作。"[2]可知箕子在去往朝鲜时，将中国的养蚕与丝织技术也带到了朝鲜，并教给当地人民，打下了朝鲜半岛蚕桑业发展的基础。而秦末流亡朝鲜的秦人也将中国的蚕桑技术传入当地，《后汉书》载，汉代时位于朝鲜半岛南部的三韩部落中的辰韩已经"知蚕桑，作缣布"[3]。此后，随着中国人口的不断输入和中朝交往的日益密切，中国的丝织品和丝织技术不断流入朝鲜。西汉时，燕国人卫满带领一部分中国民众前往朝鲜，进一步将

---

[1]《后汉书》卷八五《东夷列传》，第 2819 页。
[2]《汉书》卷二八下《地理志下》，第 1658 页。
[3]《后汉书》卷八五《东夷列传》，第 2819 页。

中国的丝织技术传入当地。元封三年（前108），汉武帝出兵打败卫满的孙子卫右渠，将朝鲜北部纳入中原王朝的直接统治之下，直到4世纪。在中原王朝直接统治朝鲜的数个世纪里，朝鲜北部地区可以自由地吸取中原地区先进的农桑技术。《三国志·魏书》亦载：“桓、灵之末，韩濊强盛，郡县不能制，民多流入韩国。”①

除了人口流动外，中国蚕桑技术还通过古农书传入朝鲜并促进朝鲜半岛蚕桑业的发展。韩国学者研究认为，朝鲜半岛早在“新罗时代可能已经引进《齐民要术》而加以利用”②，虽然朝鲜是一个农业国家，但至今未发现高丽时期以前的独自性农书，当时主要以使用中国农书为主。这些农书具体的传入途径虽不可考，但隋唐时期新罗半岛有大量的遣隋使和遣唐使来中国学习，他们回国时携带了大量中国书籍，这其中必然有大量的农书。这些农书都载有蚕桑技术，尤其是《齐民要术》有专篇介绍如何养蚕。中国传入的农书不但在朝鲜境内得以长期保存，还被大量印刷发行，以普及中国的农学知识。《高丽史》卷一〇《宣宗世家》载，高丽宣宗八年（1091），李资义作为使臣去中国时，宋哲宗要求他在高丽复刊的诸多中国古籍的目录里有中国前汉末编辑的《氾胜之书》。③高丽毅宗十三年（1159），毅宗命令将北宋初年的《孙氏蚕书》翻译成吏读，以便普及种桑养蚕技术。1349年、1372年，高丽两次再版元朝官修的《农桑辑要》，其中后一次是在庆尚南道江阳（今陕川）开刻的，书名全称《元朝正本重刊农桑辑要》。李朝太宗十五年（1415），太宗又令人专门将《农桑辑要》中有关种桑养蚕的部分翻译成吏读的《养蚕经验撮要》，并在两年后再次翻刻《农桑辑要》。④明万历十八年（1590），朝鲜蔚山郡下厢面又翻刻了记有一定蚕桑技术的唐代重要农书《四时纂要》。

除了农书以外，随着中国和朝鲜的密切往来，中国不断改良的丝织品也源源不断地流入朝鲜，对其丝织技术的提高发挥了重要作用。《新唐书》记载到，唐

---

① 《三国志》卷三〇《魏书·东夷传·韩》，第851页。
② ［韩］崔德卿：《韩国的农书与农业技术——以朝鲜时代的农书和农法为中心》，《中国农史》2001年第4期，第82页。
③ 胡道静：《朝鲜汉文农学撰述的结集》，载《农书·农史论集》，北京：农业出版社，1985年，第99页。
④ ［韩］崔德卿：《韩国的农书与农业技术——以朝鲜时代的农书和农法为中心》，《中国农史》2001年第4期，第83页。

玄宗开元中，新罗王多次遣使入朝，玄宗"赐兴光瑞文锦、五色罗、紫绣纹袍、金银精器"①。《宋史》中也有提到当时的中原王朝大量赏赐丝织品给朝鲜，如元丰八年（1085），宋哲宗继位，高丽特地"遣使金上琦奉慰，林暨致贺"，宋廷赐以大量的锦绮、金帛。

考古出土的实物资料也可以证明中国丝织品和丝织技术的东传。东晋时，江南的织锦传入高句丽，1972 年发掘的吉林集安地区长川 2 号墓出土了一块织锦残片，在橘黄色底子上织出绛红和深蓝色纹样，其组织细密，由经线显花。经考证，这种织锦是中国江南地区的产品。另外，在 1966 年发掘的山城下 332 号墓、1971年发掘的长川 1 号墓，以及 1972 年发掘的长川 2 号墓中，墓壁均绘有模拟织锦图案。②以上说明高句丽与当时的中国在丝织品和丝织技术方面均有交流。

（二）在日本的传播

中日两国的文化交流历史久远。考古证实，至少在周秦时代，中日两国人民就有了接触，中国的文化和生产技术也已经传到了日本，对日本的文化形成产生了重大影响。丝绸文化作为文化的重要组成部分，也是中日文化交流中的重要内容之一。

据《史记》载，公元前 219 年至前 210 年，秦始皇为寻找长生不老的仙药，遣方士徐福率"男女三千人，资之五谷种种百工而行"③，入东海访求仙人。虽然徐福后来不知所踪，但从中日两国都有徐福东渡日本的传说和史籍记载以及日本留存的大量与徐福有关的遗址来看，徐福当年很可能去往日本。在日本，徐福也被尊为蚕桑神和丝织神，至今都受到日本人的祭祀和膜拜。可见早在公元前二三世纪时，中国的先民就将丝织技术传到了日本。

根据《三国志》的记载，日本在 3 世纪以前已经开始养蚕，但其抽茧成丝的技术却很幼稚。④据《日本书纪》卷一《神代上》记载，日本当时是采用"口里含蚕得抽丝"的方法，把茧一个个含在口中抽出丝来。这种方式使得丝工日产量很低，

---

① 《新唐书》卷二二〇《东夷传·新罗》，第 6204—6205 页。
② 中国社会科学院考古研究所：《新中国的考古发现和研究》，北京：文物出版社，1984 年。转引自卢海鸣：《中国古代江南与朝鲜半岛的交流》，《南京社会科学》1997 年第 8 期，第 10 页。
③ 《史记》卷一一八《淮南衡山列传》，第 3086 页。
④ 严勇：《古代中日丝绸文化的交流与日本织物的发展》，《考古与文物》2004 年第 1期，第 65 页。

很难满足人们的日常需求。所以在《古事记》《日本书纪》和《古语拾遗》等文献的记载中，直到弥生时代，日本人的服装还多采用楮布、棉粗布、麻布和藤布等植物纤维材料制作。粗糙低下的织造技术使得当时日本的衣着非常简陋，男性"皆露紒，以木绵招头"，女性"作衣如单被，穿其中央，贯头衣之"。① 但随着中日交流的不断加深，中国的丝织品和织造技术不断流入日本，改变了日本的衣着习惯，形成了其服饰文化。

曹魏时期，日本的邪马台国不断遣使来中国。景初二年（238），邪马台女王遣使难升米和都市牛利来朝，进献的物品里有"班布二匹二丈"。② 据严勇先生研究，班布是一种粗疏杂色的麻织物。③ 能作为国家礼物来交换的，一定是代表了国家在这一行业的最高水平，从邪马台国选用班布作为国礼来看，其纺织行业的总体水平不高。作为回报，曹魏则回赠了大量精美的丝织品。难升米和都市牛利归国时，魏明帝赐给其"绛地交龙锦五匹、绛地绉粟罽十张、蒨绛五十匹、绀青五十匹"④，还单独赐给邪马台女王卑弥呼"绀地句文锦三匹、细班华罽五张、白绢五十匹……"⑤。绛地交龙锦是以绛色作铺地锦，上饰交龙花纹。绀地句文锦则是以绀色作铺地锦，上饰句曲花纹。与日本国的班布相比，中国的丝织业纺织水平之高可见一斑。曹魏的丝织业在当时是非常发达的，马钧对传统织绫机的改造，使织绫机不仅更简单精致，生产效率也比原来提升了四五倍，织出的提花绫锦更是花纹图案多样，异常精美。这些工艺精良的丝织品无疑是最好的礼物，使得卑弥呼女王于正始四年（243）不远万里、不畏艰险再度遣使来到中国。卑弥呼去世后，继立的邪马台女王继续与魏保持了友好往来。除了同曹魏保持友好往来外，日本还与同时期的吴国密切往来，相传日本传统的"和服"就是当时吴国传入的"吴服"，今天日本人仍将"和服"称为"吴服"，将缝制和出售和服的丝绸服装店称为"吴服座"。

① 《三国志》卷三〇《魏书·东夷传·倭》，第855页。
② 《三国志》卷三〇《魏书·东夷传·倭》，第857页。
③ 严勇：《古代中日丝绸文化的交流与日本织物的发展》，《考古与文物》2004年第1期，第66页。
④ 《三国志》卷三〇《魏书·东夷传·倭》，第857页。
⑤ 《三国志》卷三〇《魏书·东夷传·倭》，第857页。

西晋末年，中国战乱频繁，许多中国人为躲避战乱通过朝鲜半岛移居日本。应神天皇二十年（289），百济境内有自称为秦始皇后裔的弓月君，带领一百二十七县之民移居日本，还有汉灵帝的后裔阿智王，携其母亲、弟弟及七姓之民从带方移居日本。[①] 秦氏到日本后主要从事养蚕、制丝的工作，他们的到来改变了日本口含抽丝的方法，使丝织业大为发展，所织的绢帛质地柔软。[②] 弓月君也因此被日本史书誉为养蚕织绸第一人。仁德天皇还"以百二七县秦民，分置诸郡，即使养蚕织绢贡之"，因其"所献丝绵绢帛，朕服用柔软，温暖肌肤"而赐秦民姓波多。[③]"波多"即今秦字之训也，日语发音与"机"字相同，以示秦人擅长机织。这些秦人推动了日本丝织业的发展。不过，在这之前，朝鲜也有不少移民前往日本。应神天皇十四年（283），百济的融通王率秦一族移居日本，并献上绢帛。天皇赐其大和的朝津马土地，令其织绸布，并传授中国的绢织品织制技术。[④] 此后，在应神天皇当政时期，除了中国和朝鲜人民源源不断地移居日本外，日本也主动派遣织工前往中国江南学习绢纺技术。[⑤]

南朝时，日本又三次遣使去中国，带回汉织、吴织及衣缝兄媛、弟媛等长于纺织、缝纫的技术工人，促进了本国纺织、缝纫技术的发展。[⑥]"汉织、吴织衣缝，是飞鸟衣缝部、伊势衣缝之先也。"[⑦]5世纪初，百济吞并了乐浪、带方郡，日本从当地的汉人中招聘了优秀的工匠到日本，将其按所经营的行业分为陶部、鞍部、画部和锦部等，从事各种生产。雄略天皇十五年（470），雄略天皇将散居各地的秦汉遗民92部1800余人集中起来，赐姓秦酒公，令他们从事养蚕织绸。不久，

---

① ［日］大隈重信：《日本开国五十年史》卷一一"工业卷"，转引自蒋猷龙：《中日蚕丝业科技和文化的交流》，《农业考古》1983年第2期，第292页。

② 周一良主编：《中外文化交流史》，郑州：河南人民出版社，1987年，第311页。

③ ［日］万多亲王等编：《新撰姓氏录》第三帙《左京诸藩上》，文化四年（1807）刊本，第1页。

④ ［日］上田正昭：《归化人》，东京：中央公论社，1969年。转引自严勇：《古代中日丝绸文化的交流与日本织物的发展》，《考古与文物》2004年第1期，第66页。

⑤ 张星烺编注，朱杰勤校订：《中西交通史料汇编》第一册，北京：中华书局，1977年，第131页。

⑥ 周一良主编：《中外文化交流史》，第310页。

⑦ ［日］舍人亲王：《日本书纪》卷一四《雄略纪》，载《国史大系》卷一，东京：经济杂志社，1897年，第253页。

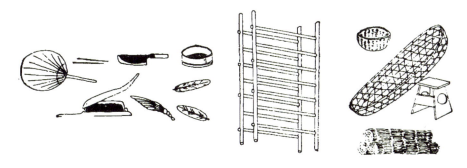

图 3-1　从中国传往日本的蚕具
（蒋猷龙：《中日蚕丝业科技和文化的交流》）

他们所献的绢缣在国库内堆积如山，因赐姓太秦公。第二年，天皇把这些移民分置到适合蚕桑的国内各地，进一步扩大了丝织技术的传播。[①] 这样随着中国纺织匠人的不断移入，先进的织造技术、织机和织物源源不断地传入了日本（图 3-1）。

隋唐时期是日本吸收中国文化最多的时期。这一时期，日本多次派遣包括留学生、学问僧和锻工等各行业工匠在内的大规模使团来到中国，学习中国的政治、经济和文化。这些使团回国时，唐朝政府往往以大量精美的丝织品作为馈赠。虽然隋唐时期每次回赠日本的物品在史书中并没有完全记载下来，但至今仍被日本收藏的许多唐代丝织品却能够证明，丝织品一定是当时双方往来中的重要物品之一。如日本法隆寺就收藏有唐代的蜀江锦，神户寺收藏的经帙上也有许多唐代蜀江小幡。蜀江锦是隋唐时期蜀地生产的一种极负盛名的经锦，这种锦的织造和印染都在蜀地完成，因而得名。蜀江锦光泽鲜亮，故曾被唐王室作为国礼赠予遣唐使。法隆寺所珍藏的蜀江锦中有一幅是隋朝的"四天王狩猎纹锦"，是今天传世的唐锦中花回最宽大、保存最完好的一件。此锦饰有猎狮骑士、翼马、联珠等与波斯艺术相关的纹样，又包含日月纹、唐草等汉文化元素，是中国文化兼容并包的见证性作品。法隆寺是圣德太子创建的南都七大寺之一，在日本佛教寺院中拥有崇高的地位，其所藏物品必然是与皇家相关的。此外，日本奈良东大寺内的正仓院更是收藏了大量的皇家物品，这些物品一半以上都来自中国、朝鲜等国。在正仓

---

① 严勇：《古代中日丝绸文化的交流与日本织物的发展》，《考古与文物》2004 年第 1 期，第 67 页。

院所收藏的大量唐朝物品中，有许多唐代的丝织品，如凤纹锦扶手，是在紫地上用白、绿、红等色丝织出凤凰图案，色彩绚丽，纹饰精美；此外还葡萄唐草纹绯绫、狮子唐草奏乐纹锦、唐花山羊纹锦、鸳鸯唐草纹锦、狩猎纹锦、宝相花纹锦等，代表了唐朝先进的丝织业水平。这些物品作为日本圣武天皇的最爱，在其去世后，被收藏在皇家寺院中，成为中日友好往来的见证。这些精美的丝织品不但促进了中日友好关系的发展，也成为日本仿制中国丝绸的样板。在正仓院的藏品中，还有许多兼具唐代风格和日本特色的丝织品，可以明显看出织匠们对中国丝绸花纹样式的模仿和改造。除了官方交往外，日本民间也积极学习中国的丝织技术。如日本的僧侣就将在台州获得的青绫带回日本作为样板进行仿制；鉴真东渡日本时就携带了绣师，将中国的丝绸刺绣技术带到日本。《唐大和上东征传》记载崇敬佛法的日本国长屋王织造了千件袈裟，用来赠送给国中的大德众僧，每件袈裟边上都绣着四句话："山川异域，风月同天；寄诸佛子，共结来缘。"① 能在袈裟上绣 16 个字，可见当时日本的刺绣技术也达到了较高水平。

唐代中后期，中国发明了以纬线显花的技法，所织物称纬锦。这种技法能织出八色的大型花纹图案，色彩丰富，花纹复杂。这种织物传入日本后，日本很快学习并掌握了这种织法，如《续日本纪》载，元明女皇（707—715 年在位）在和铜四年（711）向各地派遣织部司的技术专家——挑文师，教人民学习先进的织锦技术，并于次年在六道二十一国开始织制锦绫。与此同时，中国的染色技术也对日本产生了巨大影响。当时中国流行的染色技法有臈缬、夹缬和绞缬三种。臈缬就是今天说的蜡染，是先在织物上画出图案，然后依样布以蜜蜡，再入染，最后沸煮去腊，显出花样，成为色底白花的印染品；夹缬则是用两块雕镂相同图案的花板将浅色织物紧紧夹在其中，然后入染，镂空部分被染色，被夹紧的部分则保留了本色；绞缬是用线将布扎成各种花纹，钉牢后入染，钉扎的部分不能染色，形成色地白花图案，具有晕染的效果。这三种印染技法于日本天平时期（724—781）被日本成功仿制，并应用到丝织品印染中。同时，唐代中国的桑种及以桧木

---

① ［日］真人元开著，汪向荣校注：《唐大和上东征传》，北京：中华书局，1979 年，第 40 页。

灰或椿木灰作为媒染剂的方法也传入了日本。正如日本《正仓院刊》中所言："唐代运去了彩色印花的锦、绫、夹缬等高贵织物，促使日本的丝织、漂印等技术获得启发。"

唐代还有被称为藕丝的极细蚕丝，由其织制的藕丝衫、藕丝裳、藕丝灯等在晚唐的诗文中屡见不鲜。日本古文书中也有类似的藕丝曼荼罗、藕丝袈裟等。日本学者布目顺郎对日本东大寺保存的藕丝袈裟做了分析研究后认为，其与历代日、中、欧丝纤维比较并不珍贵，可能是中国华中产的丝，定料 10 颗茧左右，为丝粗、丝量多的茧缫制而成。①

隋唐时期的日本除了学习和引进中国先进的丝织技术外，还积极引进中国优良的桑树品种。白凤六年（679），日本由中国引进优良桑树种子。②1300 年后，中国的传统桑树良种鲁桑又于明治初年传入日本。"鲁桑，原中国之所产也，二十二年前，日本始得其秧于杭州之桐乡，栽之内藤新宿试验处。今各地皆有之。"③鲁桑叶质好，产量高，成为日本近代主要桑树品种。20 世纪初，中国的桑苗袋接法也传至日本。④

随着对唐朝蚕桑技术的学习和引进，这一时期日本的丝绸产区数量急剧增多，织物的品种、质量和织造技法都有了显著发展，出现了缯、绸、罗、绫、绮、锦等丝织品。这些产品不仅在日本国内广泛使用，有的还流入了中国。玄宗开元二十二年（734），"日本国遣使来朝，献美浓绝二百匹，水织绝二百匹"⑤。唐朝大诗人李白因得到了日本朋友阿倍仲麻吕所赠的日本布裘，还作诗一首："身著日本裘，昂藏出风尘"⑥。另据日本文献《延喜式》记载，公元 901 年，遣唐使到中国时，赠送给唐朝皇帝的礼物有水织绝、美浓绝各 200 匹，细绝、黄绝各 300 匹，

---

① ［日］布目顺郎：《养蚕の起源と古代绢》，东京：雄山阁，1979 年。转引自蒋猷龙：《中日蚕丝业科技和文化的交流》，《农业考古》1983 年第 2 期，第 294 页。
② 蒋猷龙：《中日蚕丝业科技和文化的交流》，《农业考古》1983 年第 2 期，第 293 页。
③ ［日］松永伍作著，德岛藤田丰八译：《蚕桑实验说》，载《农学丛书·初集》。转引自韩辉：《桑树栽培技术的传出与中外交流》，载《中国生物学史暨农学史学术讨论会论文集》，2003 年，第 3 页。
④ 蒋猷龙：《中日蚕丝业科技和文化的交流》，《农业考古》1983 年第 2 期，第 297 页。
⑤ 《册府元龟》卷九七一《外臣部·朝贡第四》，第 11241。
⑥ 《全唐诗》卷一七五李白《送王屋山人魏万还王屋》，第 1789 页。

彩帛 200 匹，叠绵 200 贴，细屯绵 1000 屯，木棉 100 贴等。① 可见这时日本的丝织产品数量已很可观，技术也较高超。

唐朝以后，日本与中国的官方往来减少，但民间贸易依然频繁，丝织品仍是中日交往中的重要物品。宋代中国出口日本的有锦绫、缬绢、皂绫、色绢、丝绢、红吉贝等，这些都丰富了日本丝绸的织法和纹样。此外，日本来华僧侣也对两国丝绸文化的交流发挥了独特作用。如：1072 年，日僧成寻来华，其弟子赖缘带回精致的缂丝裱装《法华经》7 卷，蜀锦 10 种共 20 匹；1168 年，日僧重源又带回代表着当时中国刺绣最高水平的 9 件袈裟；1235 年，日本丝织匠满田弥三右卫门曾随僧人圆尔辩圆入宋，学习了纺织广东绸和缎子的技术，回到日本后在博多创制了"博多织"。这种织物模仿了宋朝的绫锦风格，以经疏纬密、半透明状和呈间疏横带状的绫纹等为鲜明特色，盛极一时。此后这一技术又在京都等地被推广，使日本的丝织技术大幅提高。② 宋末到明末时，由于战乱，不少中原汉人亡命日本，这中间包括僧侣、文人和工匠等，他们也在客观上起到了传播中国文化的作用。

虽然日本的丝织技术有了长足的长进，但直到明朝时，中国的丝织品还在大量流入日本。如永乐三年（1405），以日本国王源道义捕倭寇献俘，"赐九章冕服，……织金文绮纱罗绢三百七十八匹。明年又赐……织金诸色彩币二百匹，绮绣衣六十件……，锦纻丝纱罗绢四百十三匹，僧衣十二袭，帷帐、衾褥、器皿若干事"③。不独丝绸，随着丝织技术的提高，日本对生丝的需求量也大大增加。日本的缫丝技术一直比较落后，所缫生丝多为质量低劣的黄丝，生产高级丝绸所需的优质白丝很少，因此，从中国进口生丝是日本丝绸业发展的必要条件。从明朝开始，中国的生丝大受日本欢迎，"湖之丝、绵，尤为日本所爱好"。清朝初年出口至日本的丝织品数量更是空前，如康熙三十七年（1698），从杭州至日本长崎的一艘中国商船所载丝织品有：白丝 47 包（每包 56 斤）、大花绸 1050 匹、中花绸 930 匹、小花绸 1600 匹、大红绉纱 61 匹、大纱 890 匹、中纱 1001 匹、小纱 2540 匹、

---

① 严勇：《古代中日丝绸文化的交流与日本织物的发展》，《考古与文物》2004 年第 1 期，第 68 页。
② 蒋猷龙：《中日蚕丝业科技和文化的交流》，《农业考古》1983 年第 2 期，第 294—295 页。
③ （明）王士贞：《弇山堂别集》卷一四，北京：中华书局，2006 年，第 261 页。

色绸 56 匹、东京丝 160 斤、东京缟 402 匹、大卷绫 610 匹、东京䌷 200 匹、中卷绫 705 匹、素绸 1310 匹、绵 400 斤、色缎 200 匹、金缎 32 匹、嘉锦 90 匹、杭罗 350 匹、大宋锦 13 匹、西绫 300 匹、花纱 210 匹、轻罗 100 匹等。[①] 中国生丝的大量进口，为日本丝织业的迅速发展创造了条件。

　　日本在学习中国蚕丝织造技术的同时，还大量引进了记载蚕桑技术的中国古农书，推动日本蚕桑技术的理论化。记载有种桑技术的《齐民要术》最迟在唐后期就传入了日本，日本宽平年间（889—897）藤原佐世编撰的《日本国见在书目》中就著录有《齐民要术》。古代日本还保留有《齐民要术》北宋崇文院刻本第五、第八两卷和德川幕府家旧藏《齐民要术》手抄本（金泽本），[②] 其中第五卷首篇就是"种桑、柘第四十五（养蚕附）"篇。被誉为中国古代技术百科全书的《天工开物》，其第二卷"乃服"专门介绍了养蚕、缫丝、丝织和印染等技术，还配有精美的插图，该书也在明末清初流传到了日本，1771 年日本出现了管生堂刻本。此后更是被翻译成日本文字，日本国内学者对其多有研究。为了更好地发展蚕桑业，元禄年间（1688—1704），日本还将中国农书和技术书中有关养蚕、缫丝等内容进行收集整理，编入本国刊印的《蚕饲养法记》等多种古书，传承蚕丝技术。这一时期，中国的蚕桑专著也被大量地引入日本国内，并刊刻发行。如明治五年（1872），刊刻了中国蒯德模所著的《蚕桑实际》一书，书中列有鲁仲山《蚕桑心悟》二十四蚕症。[③] 明治十年（1877），又翻译了清沈秉成的《蚕桑辑要和解》三卷。[④] 明治二十一年（1888），日本井上陈政著《禹域通纂》，其下卷附录《清国养蚕详述》记载了中国的蚕桑培育方法等。作者在"凡例"中阐明了附录此章的目的："因养蚕为清国民业中最发达者，对邦人参考也有可取之故。"[⑤] 这些农书的传入充分展现了日本对中国蚕桑技术不断吸收的过程。

　　① 转引自严勇：《古代中日丝绸文化的交流与日本织物的发展》，《考古与文物》2004 年第 1 期，第 71 页。
　　② 缪启愉：《〈齐民要术〉主要版本的流传》，北京：中国农业出版社，1998 年。转引自韩辉：《桑树栽培技术的传出与中外交流》，载《中国生物学史暨农学史学术讨论会论文集》，第 3 页。
　　③ 蒋猷龙：《中日蚕丝业科技和文化的交流》，《农业考古》1983 年第 2 期，第 297 页。
　　④ ［日］天野元之助著，彭世奖、林广信译：《中国古农书考》，北京：农业出版社，1992 年，第 346 页。
　　⑤ ［日］天野元之助著，彭世奖、林广信译：《中国古农书考》，第 348 页。

为了不断提升本国的蚕丝质量，日本在近代以来还不断从国外引入优良蚕种和先进的养蚕技术。据伊藤斌《中国蚕丝业研究》第三编载："明治七年（1874）北海道开拓使厅长官黑田清隆致文上海领事品川忠道购买中国三眠蚕种，进行试验。领事委托郑书记办理，郑书记转托郑福勋，由浙江省湖州府南浔精选蚕种十张送去。次年，开拓使分配于札幌及东京分所与其他各府县饲育，皆变四眠蚕，惟东京分所饲育者有极少数的三眠蚕。由此制种，又变四眠蚕，这是普通的四眠蚕。其后明治二十一年（1888）又试养湖州蚕种。"[①] 所谓三眠蚕即在幼虫期三次停止食桑就眠蜕皮，经过 4 个龄期即上蔟结茧的蚕种。这种蚕幼虫期短，食桑量少，蚕茧的茧形小，丝量少，茧丝纤度细。用这种丝编织的布料具有高度透光、极度轻巧的特点。而四眠蚕则是在幼虫期四次停止食桑才就眠蜕皮，经过 5 个龄期才上蔟结茧的蚕种。这种蚕食桑多，茧形大，丝量丰富，但茧丝纤度较粗，故织物质量不及三眠蚕织物。根据中日之间蚕桑技术的交流史来看，伊藤斌所谓"此为日本输入中国蚕种之嚆矢"虽有待商榷，但足以说明日本在明治维新后仍从中国引进优秀的蚕种是不争的事实。据日本学者横山忠雄研究，"日本明治（1868）后期的中系品种，都是从中国引进的一化性白茧种，有青白、青桂，系中国杭州蚕学馆从青熟♂×桂元♀培育出来的一化性白茧种。还有桂元、大圆头、诸桂等纯系新种。"[②] 优良的蚕种，加上对西方先进的蚕业科学技术的吸收，使日本近代丝织业迅速走向现代化。

二、在南亚及东南亚地区的传播

我国与东南亚各国是近邻，自古以来就关系密切。随着航海技术、造船技术的发展和指南针在航海上的应用，中外海上交通日益发达，形成了闻名中外的"南海丝绸之路"。

---

① 转引自《浙江丝绸史》编委会：《浙江蚕丝业简史》，载《浙江蚕业史研究文集》（第一集），第 25 页。

② 蒋猷龙：《浙江蚕种生产发展史》（上编），载《浙江蚕业史研究文集》（第一集），第 133—134 页。

（一）在印度的传播

印度离中国较近，自古以来与中国来往密切，故中国的丝绸和蚕丝技术在印度也得到了传播。

季羡林先生根据印度古书《治国安邦术》指出，中国丝传入印度的时间应该是在公元前4世纪。《治国安邦术》是古印度孔雀王朝月护大王的侍臣㤭胝厘耶所著，书中有 Chinapatta 这个字，它的汉语意思是"丝"，这个字是合成的，其中 China 就是中国，patta 则是"带""缘"的意思，合起来就是"中国的成捆的丝"。[①] 这表明印度人对中国的印象是建立在丝绸的基础上的。

关于中国丝的传入过程和地点，有两种说法。一种认为是先从中原传到新疆古高昌国、于阗国、吐蕃国，然后传到印度。季羡林先生曾指出：中国蚕丝的输出并不停留在西域，西域只能算是一个过道，通过这个过道，更向西方传去，一直传到波斯、希腊和罗马，一直传到印度。[②] 可见西域道是中国丝传入印度的一个途径。另一种观点则认为是通过四川、西藏传入印度。徐治、王清华等人所著《南方陆上丝绸路》一书中就指出，早在公元前4世纪，中国的蜀地就有商队带着丝绸，沿着南方陆上丝绸之路，到印度去销售。

随着丝和丝绸一起传入印度的，还有中国的桑蚕技术。印度人在与中国的丝绸贸易中渐渐了解并学习中国的丝绸生产技术，是情理之中的事。印度史学家魏陶斯·德克尔也认为印度的蚕丝技术是学自中国。[③] 当然，在中国的桑蚕传入印度以前，印度也有野蚕丝，但根据玄奘和慧超的记载，印度诸国所产多为棉布、马、象等物，"至于绵绢之属，五天总无"[④]。而其国民所着服装也多为布衣，只有戒日王"以诸珍宝、㤭奢耶衣数十百千而为供养"[⑤]，"㤭奢耶"即野蚕丝。中国家

---

① 季羡林：《中国蚕丝输入印度问题的初步研究》，《历史研究》1955年第4期，第75页。

② 季羡林：《中国蚕丝输入印度问题的初步研究》，《历史研究》1955年第4期，第56—96页。

③ 陈炎：《南海"丝绸之路"初探》，载北京大学东方语言文学系编：《〈东方研究〉论文集》，北京：北京大学出版社，1983年，第35页。

④ 《大正新修大藏经》卷五〇，第976页上。转引自季羡林：《中国蚕丝输入印度问题的初步研究》，《历史研究》1955年第4期，第91页。

⑤ 《大正新修大藏经》卷五一，第895页中。转引自季羡林：《中国蚕丝输入印度问题的初步研究》，《历史研究》1955年第4期，第92页。

蚕丝纤细、光亮、柔软，具有较强的韧性和弹性，据实测，中国汉代的蚕丝直径为 0.02—0.03 毫米，而印度野蚕丝则是 0.08—0.09 毫米，色泽和柔软度与中国家蚕丝差之甚远。野蚕丝虽较粗糙，但却坚韧耐用，因此印度有些国家长期以野蚕丝作为衣物原料。印度的这种野蚕丝后来还输入欧洲，可惜其货运往欧洲后无人顾问也，原因是"欧人用之织绸，诸多不便，只可本地机织"①。印度人民因多以棉布为衣，且兼有野蚕丝，所以对中国蚕丝的需求不是特别迫切。因此饲养家蚕及缲丝之法传入印度的时间较罗马要晚一些。虽然没有确切的资料证实印度何时开始植桑养蚕，但通过米儿咱·马黑麻·海答儿所著的《中亚蒙兀儿史——拉失德史》可知，克什米尔在 16 世纪时蚕桑业已经非常兴盛："克失迷儿（克什米尔）的桑树之多，也蔚为奇观。他们（种）桑树是为了摘叶养蚕取丝。"②

蚕丝只是织造丝绸的原料，有了蚕丝，还要有相应的技术才可以织成精美的丝绸。古印度还有些国家虽然很早就有蚕桑和蚕丝，但直到明代时也并未有将其织成丝绸的传统。如马欢的《瀛涯胜览》中记载，榜葛剌国在明代时纺织技术已相当高超，且桑柘蚕丝皆有，但仍然只会金织丝嵌手巾并帽棉，不晓成锦。

唐朝以后，随着中印经济交流的进一步加强，中国的丝绸不断流入印度。如《新唐书》卷二二一《天竺传》载唐玄宗赐给南天竺锦袍。《宋史》卷四九〇《天竺传》也载，天圣二年（1024），西印度僧爱贤、智信护等来献梵经，各赐紫方袍、束帛。这一时期除了中国皇帝不断赏赐给贵族或特殊人群的丝绸，印度普通百姓尤其是靠近通商口岸的人民也可以穿上丝织衣服了。宋代赵汝适的《诸蕃志》卷上载：辇国"女家复以金银指环、越诺布及女所服锦衣遗婿"。明朝郑和下西洋时，更是将中国的丝织品遍撒古印度各国，丝绸在印度的使用也更为广泛。马欢的《瀛涯胜览》中记载，锡兰国民俗饶富，男子上身赤膊，下围色丝手巾，加以压腰。柯枝国、古里国也是如此。

（二）在越南的传播

越南在历史上与中国关系密切，中国先进的科技文化制度早已在越南的历史

---

① 转引自张保丰：《中国丝绸史稿》，上海：学林出版社，1989 年，第 262 页。

② （明）米儿咱·马黑麻·海答儿：《中亚蒙兀儿史——拉失德史》第二编，乌鲁木齐：新疆人民出版社，1986 年，第 402 页。

上打下了深深的烙印。

中国的蚕丝技术传入越南较早。秦始皇灭六国后，南下五岭，平定百越之地，并设置桂林、南海、象郡三郡。其中象郡的范围包括当今越南中部、北部和广西南部的一部分地区。从此，越南的北部和中部直接隶属于秦王朝统治。西汉时，武帝平南越国，在其故地置九郡，其中交趾、九真、日南三郡都在今越南境内，其与中原地区交流频繁，内地先进的生产技术不断流入当地。两汉时，时称交趾的越南人民养蚕丝织业已经发展起来，《安南志略》称：交趾两汉以来"男耕贾，女蚕绩"[①]。九真郡太守任延，在当地"始教耕犁，俗化交土，风行象林。……桑蚕年八熟茧，《三都赋》所谓八蚕之绵者矣"[②]。在两汉的大力经营下，伴随内地移民带来的先进生产工具和生产技术的推广，到晋代时，交趾地区出现了"一岁八蚕茧"，即养蚕一年可以收茧八次。"桑则大小二种：小桑孟春培之，枝叶繁茂。自三月至八月，皆养蚕，收丝事织"[③]，桑树则从春天开始就枝繁叶茂，从三月到八月都可以给养蚕提供充足的桑叶，为本地丝织业的发展提供了可能。

唐朝时，越南民间已经普遍养蚕种桑。唐朝实行租庸调制，其中调随乡土所产，越南百姓给唐政府交纳的调便是丝。《旧唐书·食货志》载："扬租调以钱，岭南以米，安南以丝，益州以罗绸绫绢。"可知丝是越南地区的主要产品。

到了宋朝时，中国著名的丝锦传到了越南，越南人很快掌握了织锦技术。公元968年，越南正式脱离宋朝，成为独立王国，为了满足本国对丝绸的需求，李太宗积极组织宫女研究和学习中国的织锦技术。在宫女学得中国的织锦技术后，李太宗于1040年下诏："尽发内府宋国锦绮为衣服，颁赐群臣，五品以上锦袍，九品以上绮袍，以示不服御宋国锦绮也。"[④]但事实上直到清朝时，越南还在江宁大量定制丝织袍服采章，交易额一次达银数万两之巨。

虽然越南的织锦技术有了发展，但直到19世纪，越南工匠仍然不断向中国学

① ［越］黎崱：《安南志略》卷一《风俗》，北京：中华书局，2000年，第41页。
② 陈桥驿校证：《水经注校证》卷三六《温水注》，北京：中华书局，2007年，第839页。
③ （晋）刘欣期：《交州记》卷一，《丛书集成初编》，据《岭南遗书》本排印，上海：商务印书馆，1937年，第2页。
④ 陈荆和编校：《大越史记全书》本纪卷二《李太宗纪》，东京大学东洋文化研究所，1984年，第229页。

习织锦技术。越南史书《皇越地舆志》卷一载："香茶县有操芒坊，居富春江东柑之后间，山西、宜春、万春三社地分为三邑，每邑十家，织工十五人，学织于北客，世传古花彩缎锦绣诸花样，皆巧妙。抉宅社织锦为席，俗名簟席，亦以作帆，其席亦如京北广览席。"[①] 在不断向中国学习的情况下，越南的织造技术也达到了相当高的水平，织出了精美的丝织品，如越南广南府的织造，"人工精巧，所织绢布绫罗，华彩巧丽，不减广东"[②]。

除了主动向中原王朝学习丝织技术，宋、元、明、清时期，大量南下的中国人也为越南的手工业技术发展注入了新鲜的血液。如郑思肖《心史》所载，宋末元初，"诸文武臣流离海外，或仕占城，或婿交趾，或别流远国"。明末著名学者朱之瑜也两度侨居越南。这些南下的中国人大多得到了越南政府的妥善安置，为其包括丝织业在内的手工技术发展做出了贡献。

（三）在东南亚其他国家的传播

除了越南外，东南亚的其他国家也多通过各式方式求取中国的丝绸。两汉时，汉人"赍黄金杂缯而往"[③]，将中国的丝绸传到印度尼西亚。从唐朝开始，中国人开始侨居印尼，至1870年，前往印尼的华侨已达259560人[④]，这些人带去了中原的丝织品和先进的生产技术。武德年间，林邑国王遣使来朝，并贡献方物，唐高祖赐其王采绵等若干。随后，其他东南亚国家也纷纷遣使来朝，唐朝各赐以数量不等的丝绸。宋朝积极开展海外贸易，曾遣内侍携带敕书和金帛前往南海诸国，以换取各地的物产。元朝中外交通发达，与东南亚各地的贸易更为频繁。中国的丝绸也通过各种贸易形式流向东南亚各国。《岛夷志略》中就记载了中国丝绸在东南亚各国的传播情况，其中输入中国丝绸的国家和地区主要有：交趾（越南北部）、占城真腊（越南中部）、真腊（柬埔寨）、彭坑（马来西亚彭亨）、龙牙门（新加坡）、

---

① ［越］佚名：《皇越地舆志》卷一《顺化》，越南国家图书馆藏明命十四年（1833）刻本，第5a页。
② 周一良：《中外文化交流史》，第698页。
③ 《汉书》卷二八下《地理志》，第1671页。
④ 《荷印统计年鉴》，1938年，第41页。转引自孔远志：《中国印度尼西亚文化交流》，北京：北京大学出版社，1999年，第320页。

爪哇（印度尼西亚爪哇）、勃泥（印度尼西亚加里曼丹）、文诞（印度尼西亚班达岛）、三佛齐（印度尼西亚巨港）、须文答腊（印度尼西亚苏门答腊）、麻逸（菲律宾格兰岛）等，输入这些地区的丝绸种类很多，有诸色绫罗匹帛、诸色绢、水绫丝布、五色缎丝布等。明朝时，丝绸依然是对外贸易中的畅销品，暹罗、吕宋等东南亚国家，"皆好中国绫罗、杂缯"，他们纷纷遣使与中国往来，以换取丝绸等物品。洪武四年（1371），明太祖赐暹罗国王参烈昭毗牙"锦绮及使者币帛有差"[1]；洪武十六年（1383），太祖"遣使赐织金文绮三十二、磁器万九千"[2]；郑和下西洋时更是每到一地便以中国的丝绸、瓷器等物相馈赠，使得中国丝绸名满东南亚。

　　随着中国丝绸的流入，这些国家也先后得到了中国的蚕桑和丝织技术，出现了丝绸业。如老挝，唐朝时该国人民尚"无衣服，见衣服者共笑之。无盐铁，以竹弩射鸟兽自给"[3]。后来随着与中国的密切交往，得到了中国馈赠的锦缎、棉纱等，其国的服饰文化才有所改观。到了明清时期，大批华人南下，带去了先进的生产技术和经验，侨居老挝的华人还教会了当地人民"制酒醴、养蚕丝"[4]之法，老挝才出现了丝绸业，织出了"绵""绢""绸"等丝织品。

　　印度尼西亚的丝织技术也来自中国，这一点印尼学者和西方学者都表示认可。印尼学者陶威斯·德克尔说："我们的祖先确实是从中国学习用蚕丝织绸的。不久，不仅中国的丝绸出口，我们的丝绸也出口了。"[5]荷兰学者舍利克也说："中国的种桑、养蚕和织丝的方法传入巴厘、楠榜、巨港和加里曼丹地区，成为这些地区的家庭手工业。"[6]随着中国的丝织品及相关技术的传入，东南亚这些国家和地区不仅学会了织绸，而且丝织业逐渐成为当地重要的家庭手工业。印尼语言中有关蚕桑的词汇也体现了其蚕桑技术与中国的关系，据孔远志先生研究，印尼语中的 gin（锦）、

① 《明史》卷三二四《外国传·暹罗》，第 8396 页。
② 《明史》卷三二四《外国传·真腊》，第 8394 页。
③ 《新唐书》卷二二二下《南蛮下·真腊》，第 6302 页。
④ 《清史稿》卷五二八《南掌传》，第 14701 页。
⑤ ［印尼］陶威斯·德克尔：《印度尼西亚历史纲要》，1949 年，第 53 页。转引自孔远志：《中国印度尼西亚文化交流》，第 256 页。
⑥ ［荷］舍利克：《印度尼西亚社会学研究》，1955 年，第 234 页。转引自韩辉：《桑树栽培技术的传出与中外交流》，载《中国农业历史学会会议论文集》，第 6 页。

kimka 或 kimkha（锦缎）、loling（罗绫）、lokcuan（罗绢）、pangsi（黑丝绸）、setiauw（丝绸）均是闽南方言的借词[①]，即外来语——一国语言中所羼杂的外国语成分。从《宋史》等相关史料记载来看，至少在宋代以前，爪哇"亦务蚕织，有薄绢、丝绞"[②]，说明中国的蚕桑技术已经在印尼得到了推广。清朝时，广东华侨还将桑基鱼塘这种桑田模式带到了印尼。英国人贝尔在《荷法远东殖民地行政》一书中写道：中国蚕农用湖桑叶养蚕。栽桑树处分为两部分，一部分挖成三英尺深的水池，将挖出的泥土盖于另一部分。在高出地方凿沟槽，种桑树，而在小池内养易长的小鱼。将蚕屎作鱼食，鱼粪沃池底之土，而池底之土又可作桑肥。三四年后将桑树田的泥土倾入池中，另辟新池。印尼也采取了这种植桑和养鱼相结合的方法。[③]

三、在中亚和西亚地区的传播

两汉时中国的丝绸已独步世界。丝路贸易兴起以后，华丽多彩、风格多样的丝绸博得了西方各民族的喜爱，丝绸成为当时丝绸之路上举世瞩目的大宗商品。中国的丝织品在异域用途很广，既可以供衣着和礼仪之用，也充作军饷和支付手段，在中亚和西亚地区成为最受信任的通货和高级馈赠品。

张骞通西域之前，中国丝绸已零星传入西域。考古人员在阿尔泰地区卡童河、伯莱利河、乌尔苏耳河和乌拉干河流域发现的公元前 5 世纪左右（相当于春秋战国之际）的贵族石顶巨墓中出土了一批中国织造的丝织物，这是用捻股细丝线织成的平纹织物。据夏鼐先生研究，中国在汉代及以前的丝织技术是所谓的"经线起花的平纹重组织"，不管在汉锦还是汉绮中都采用了经线起花，而西亚古代传统的纺织技术则是斜纹组织（当然也有平纹组织）以及纬线起花。虽然他们后来从中国学去了养蚕法和提花机，但是不仅花纹图案常保留他们自己的传统，便是

---

① 孔远志：《中国印度尼西亚文化交流》，第 257 页。
② 《宋史》卷四八九《外国传·阇婆传》，第 14091 页。
③ ［英］贝尔著，苏鸿宾、张昌祈译：《荷法远东殖民地行政》，上海：商务印书馆，1934 年，第 57 页。

织锦的技术方面，也保留了他们的纬线起花和斜纹组织。[①] 所以有理由相信这批平纹织物是从中国传入的。更突出的是，巴泽雷克 5 号墓出土的鞍褥面是一块施有刺绣的平纹绸（每平方厘米为 40×52 支纱），刺绣图案是色调优美的凤凰、孔雀缠枝纹。凤凰、孔雀都是中国古代传统的吉祥之物，特别是凤凰，更是中国独有的祥瑞动物，在中国有着特殊的寓意。与新疆比邻的今俄罗斯联邦戈尔诺·阿尔泰州乌拉干区巴泽雷克公元前 1 世纪中叶的古墓葬中也曾出土过汉地丝绸。这证明，中国内地与阿尔泰山以西的居民发生联系早于公元前 1 世纪中期。这些随葬的丝绸见证了中国丝绸对外传播的历史。

虽然丝绸传入西域很早，但直到两汉时期，从大宛以西直到安息尚没有丝织业。《史记·大宛列传》载，自大宛以西，"其地皆无丝漆"。直到唐朝，西域有些国家仍不知道如何用生丝来织造丝绸，也不会用丝绸来缝制衣服。据唐前期僧人道世的《法苑珠林》卷四记载："胡人见锦，不信有蚕食树吐丝所成。"[②] 新罗僧人慧超也说，克什米尔一带的国王常遣人在今帕米尔一带抢劫，"纵劫得绢，积在库中，听从烂坏，亦不解作衣着也"[③]。直到元朝时，丝织业在西域的发展仍然很有限。耶律楚材曾在寻思干（撒马尔罕）看到当地有很多桑树，但会养蚕的人却很少，故丝织业很难发展起来。

在丝织业发展起来以前，古代西域贵族消费的丝织品主要通过中原皇帝的赏赐或与中国人贸易的形式得到。如汉成帝曾经赐给南匈奴单于"黄金锦绣，缯布万匹"，又赐"彩缯千匹，锦四端"，赐单于母亲及诸阏氏、单于子等人"缯彩合万匹"，且"岁以为常"。[④] 西汉哀帝曾一次性赐给匈奴单于衣 370 袭、锦绣缯帛 3 万匹、絮 3 万斤。东汉光武帝先后赐给南匈奴单于锦绣、缯布 1 万匹，彩缯

---

① 夏鼐：《新疆新发现的古代丝织品——绮、锦和刺绣》，《考古学报》1963 年第 1 期，第 54—66 页。

② 《大正新修大藏经》卷五三，第 296 页上。转引自季羡林：《中国蚕丝输入印度问题的初步研究》，第 91 页。

③ 《大正新修大藏经》卷五三，第 979 页上。转引自季羡林：《中国蚕丝输入印度问题的初步研究》，第 91 页。

④ 《后汉书》卷八九《南匈奴传》，第 2944 页。

1000匹，赐给单于家属和臣僚缯彩万匹，此后更是"岁以为常"。

中国的丝绸和丝织技术西传是先由中原传到西域，再由西域传往阿拉伯、欧洲。与早期通过人口迁移或官方馈赠这些方式向东方邻国传播不同的是，中国丝织品和技术早期传入西方是通过和亲与贸易形式完成的。

中国丝织技术最早向西传播的记载见于《史记》。在《史记·历书》中记载，西周厉王和幽王时期，"畴人子弟分散，或在诸夏，或在夷狄"，很多精通天文、丝织技术的技术家和工匠已经成批迁入西北少数民族地区，将内地的天文、历法和丝织技术传入西北以及更远的西方。

西域国家中较早掌握养蚕缫丝技术的是高昌和于阗。《大唐西域记》卷十二记载了中原桑蚕技术的西传情况。古代西域于阗地方有个叫瞿萨旦那的国家，本国没有桑蚕，听说中原有桑蚕，便向中原皇帝求取蚕种，但被拒绝。为防使者私自夹带蚕种出境，中原皇帝还下令边境严加防范。无奈之下瞿萨旦那国王想到用联姻的手段获取桑蚕种子的办法。于是瞿萨旦那国王便向中原的公主求婚，得到允许之后，瞿萨旦那国王便让前往迎娶公主的使者请求公主设法带些桑蚕种子入境，以便公主将来可以继续穿着丝绸衣服。公主便暗中将桑蚕种子放置在自己的帽子中带入了瞿萨旦那国，为了保护桑蚕，公主还在该国刻石为制，令任何人不许损伤桑蚕，只有在蚕蛾飞尽后，才可以处理蚕茧，否则得不到神明的保佑。公主还为这些最早的蚕种修建了一座寺庙——先蚕伽蓝，即蚕种寺。唐朝时，该寺还有几株枯萎的桑树，据说是最初种植的几株种桑。那些跟随公主前去的懂得养蚕织丝的侍女则被专门供养起来，负责教授当地妇女养蚕和丝织技术。此后，当地人便开始栽桑养蚕，不几年就桑树成林，育蚕遍地。类似的故事在《新唐书·西域传》和藏文的佛教经典中也有记载。只不过，此东国公主是谁，偷蚕种发生于何时都没有具体说法。

不独文献，考古发掘中也有与蚕种西传故事相关的发现。20世纪初，英国探险家斯坦因在和田一个被当地人称作丹丹乌里克（Dandan-Uiliq）的地方，发现了一大片古代居民的遗址和遗物，在众多的遗物中，有一幅来自佛寺的木版画最为引人注目（参图 1-7）。这幅画上有四位人物，最左边的女子左手高举，指着位于最中间的女子的头冠，右手下垂，手臂上挎有类似竹篮的物品。她所指的最中间女子的头冠镶满珠宝，精美华丽。画中位于最右边的女子则坐在一架织机旁，手执纺织工具，她的身后还有其他类似纺织的器具。她与头戴宝冠的女子之间坐着一个男子模样的人，男子头有光环，跏趺而坐，四只手臂中有三只手各执一件器物，看起来类似剪刀、纺锤和锥子。这幅画中的人物和形象与《大唐西域记》中讲到的蚕种西传故事极相配，头戴宝冠的女子，显然就是蚕种西传故事中的"东国公主"；女子手指公主宝冠则意味着宝冠中藏有物品；最右边正在纺织的女子应该就是公主随身带来的织女；而手持各种纺织工具、跏趺而坐的四臂男子则可能是主管蚕桑和纺织的天神。故而斯坦因判断此画的内容讲的就是东国公主和蚕种西传的故事，可见文献记载并非虚言。斯坦因还在《古代和阗》一书中进一步将这块木版画与同时出土的木简刻文和货币进行对比考证，认为此画应该是公元 3 世纪时的遗物。[1] 这就将蚕种西传的时间推至 3 世纪或以前。日本学者布目顺郎进一步指出，这幅画是 3 世纪时的遗物，画中王妃面前陈设的是一篮蚕茧，而无论是茧形还是茧色，都表明这是中国家蚕品种的白茧。[2]

虽然东国公主和蚕种西传时间都不明确，但根据以上各种文献的记载来看，缫丝技术与蚕种的西传并不是同步的。在蚕种西传后，当时的中亚、西亚并没有像中原地区一样在蚕结茧后、蚕蛾未飞出以前就煮茧缫丝以抽取长长的丝线，而是等蚕蛹化蛾破茧之后，再用蛾茧抽丝织绸。"王妃乃刻石为制，不令伤杀。蚕蛾飞尽，乃得治茧。敢有犯违，明神不佑"[3]，蚕蛾从茧中飞出再缫丝的话，因为茧有裂口，就很难缫出细细的长丝，只能捻出较粗的丝线。从新疆一带出土的大量纺织物来看，三四世纪时，当地茧丝的生产方式主要是捻丝成线。这可能是因为中原的缫丝技术并没有随着蚕种同时西传，也可能是当时当地蚕种数量较少，

---

① Stein A. *Serindia*. New Delhi:Motilal Banarsidass Pub，1980.

② ［日］布目顺郎：《养蚕の起源と古代绢》，东京：雄山阁，1979 年。

③ （唐）玄奘、辩机原著，季羡林等校注:《大唐西域记校注》，北京：中华书局，2000 年，第 1022 页。

为了保护这来之不易的蚕种，所以要等蚕蛾飞出后再缫丝——因为蚕蛾只有从茧中飞出才会产卵。当然，中亚一带盛行的佛教不杀生的传统也可能对这一行为产生影响。到了 5—6 世纪时，中亚和西亚一带应该才真正掌握了缫丝技术，因为这一时期当地生产的织锦丝线已经十分平直，明显为缫丝所得。[①]

由于于阗的气候环境适宜蚕桑业，再加上其国对丝织业的保护，到魏晋时期，它已经能够织出红底白花的绞缬绢。唐朝时，于阗的丝织水平达到了空前的高度，其丝织品被中原称为"胡锦""西锦"。

因为古代于阗是丝绸之路上的一个重要国家，东西方之间的商贸往来都绕不开它，所以于阗成为蚕桑业进一步西传的中转站。随后，天山以南的高昌、龟兹、疏勒都能纺织丝锦了。北齐的魏收在《魏书》中记载，高昌气候温暖，土地肥沃，且"宜蚕"[②]，说明当时该地已经能养蚕了。高昌考古发掘也发现有大量精美的丝织品，这些织物花色品种多样，有红地团花纹、彩条纹、对鸡对兽"同"字纹、棋纹，也有联珠天马骑士纹、鹿纹、双人纹、小联珠对鸭纹等图案。在织造技术上，有经线显花，也有纬线显花。这些丝织品除了少量本地或西方的产品，大多来自中原地区。

中国传统的织锦技术是平纹经锦。在平纹经锦技术传到中亚、西亚之后，他们虽然仿制了平纹重组织，但在提花技术方面，由于当时不可能看到中国的织机，他们就在自己的纬线显花织造体系中重新创造了一种织机。这种织机的最好参考资料就是兹鲁（Zilu）织机，它是一种使用挑花方法的织花机，目前在伊朗乡村仍然被用来织造图案在纬向上进行循环的大型织物。这种织机的关键机构是一套挑花装置及在经线和挑花线之间相连的多把吊的提综装置，通过这个装置，一个图案单元可以在纬向得到循环。这一织花方法只能控制图案的纬向循环而无法控制其经向循环，所有出土的平纹纬锦和中亚风格的斜纹纬锦的图案结构与之相符，这种织机是丝路沿线的西域织工的一项非常重要的织花技术发明。[③]

中国的丝绸和丝织技术也传到了中亚的撒马尔罕。撒马尔罕曾是西辽统治下

---

① 赵丰主编：《丝路之绸：起源、传播与交流》，杭州：浙江大学出版社，2015 年，第 28 页。
② 《魏书》卷一○一《高昌传》，第 2243 页。
③ 赵丰主编：《丝路之绸：起源、传播与交流》，第 16 页。

的河中府首府，其繁华富庶程度位居中亚之首。随着元朝中外交通的进一步扩大，中国的工匠和丝织技术也传入了撒马尔罕。1221 年长春真人丘处机在撒马尔罕看到"汉人工匠杂处城中"①，人数非常可观，其丝织业、造纸业、陶瓷业等手工业多依靠汉人工匠。不过直到明朝时，撒马尔罕对中国的丝绸需求量仍然很大。明朝采用"绢马贸易"和"绢石贸易"等方法与撒马尔罕进行贸易。《明史》卷三三二《撒马尔罕传》载："景泰七年贡马驼、玉石。礼官言：'旧制给赏太重。今正、副使应给一等、二等赏物者，如旧时。三等人给彩缎四表里，绢三匹，织金纻丝衣一袭。其随行镇抚、舍人以下，递减有差。所进阿鲁骨马每匹彩缎四表里、绢八匹，驼三表里、绢十匹，达达马不分等第，每匹纻丝一匹、绢八匹、折钞绢一匹，中等马如之，下等者亦递减有差。'"②对所贡玉石，则"每五斤赐绢一匹"③。据此可知明朝对撒马尔罕以马和玉石换取中国丝绸已经形成详细制度，说明这种朝贡贸易是长期存在的。除了朝贡贸易中的以物易物，明政府还多次回赐撒马尔罕使者以丝绸。《明史》卷三三二《撒马尔罕传》载："宣德五年秋、冬，头目兀鲁伯米儿咱等遣使再入贡。七年遣中官李贵等赉文绮、罗锦赐其国。"④这使得中国的丝绸大量流入撒马尔罕。

叙利亚东部沙漠中的绿洲国家帕尔米拉（Palmyra）境内也出土有汉字纹锦，它的纹样和织入的汉字与斯坦因在新疆楼兰等地发现的丝织品类似或相同，都是汉代的绫锦、彩缯。⑤这是中国与西亚地区频繁往来的最好证明。

古代伊朗似乎是较早掌握丝织技术的国度，《南史》卷七九"滑国"条就记载，普通元年（520）滑国遣使献黄师子、白貂裘、波斯锦等物，⑥《大唐西域记》卷一一《波剌斯国》也记载波斯"工织大锦、细褐、氍毹之类"⑦，季羡林先生据

---

① 张星烺编注，朱杰勤校订：《中西交通史料汇编》第一册，第 201 页。
② 《明史》卷三三二《西域传·撒马尔罕》，第 8599—8600 页。
③ 《明史》卷三三二《西域传·撒马尔罕》，第 8600 页。
④ 《明史》卷三三二《西域传·撒马尔罕》，第 8599 页。
⑤ 周一良：《中外文化交流史》，第 746 页。
⑥ （唐）李延寿撰：《南史》卷七九《西域诸国·滑国》，中华书局，1975 年，第 1984 页。
⑦ （唐）玄奘、辩机撰，范祥雍汇校：《大唐西域记汇校》，上海：上海古籍出版社，2011 年，第 564 页。

此认为："至迟在公元后六世纪初叶以前波斯已经能织绫锦。"① 波斯人的织锦技术来自哪里呢？美国学者劳费尔认为："中国的绸料经过中亚细亚之后，到了伊朗帕提亚人手里，这些人又充当中国与大秦做这项买卖的中间人。据推测养蚕业传到波斯，尤其是传到至今此业还很发达的吉兰，是发生于萨珊王朝的后期。由于一位中国的公主在 419 年所介绍，和阗人懂得了养蚕，很可能因此促进了这个新工业更向西面发展，渐渐传播到叶尔羌、拔汗那和波斯。"② 劳费尔还认为，所有的认为由希腊语"ser"（"蚕"，由此有了 Seres，Serica）而源生出的同一类词语，"可能出源于一个中国字，然而其根源绝非'丝'字。……我们毫无理由把希腊字 Ser，Sera，Seres 等说成是由汉语来的。这一系列字最初是伊朗人传播的，我认为它们的语源是伊朗语（参照新波斯语 sarah '丝'，从而有了阿拉伯字 sarak）"③。研究古于阗文的学者段晴先生也认为，波斯语中的蚕茧的茧字很可能即源于于阗文："波斯文里有 pile 一词，意作茧，维吾尔语中有 pile 或 pille，意作茧，这些作茧字解的词，都可能和于阗语的 bira 有关，可能源于于阗语。"④这说明波斯饲养的家蚕很可能是通过于阗传入的。

第二节　在大食的传播

阿拉伯帝国是一个横跨亚、欧、非三洲的多民族的伊斯兰国家。中国依据波斯人的习惯，称阿拉伯为大食或大石。

从史料记载来看，大食与中国遣使通好最早发生在唐朝贞观年间。此后，有唐一代大食多次遣使与唐通好，从公元 651 年第一次通好，到 798 年最后一次往来，

---

① 季羡林：《中国蚕丝输入印度问题的初步研究》，《历史研究》1955 年第 4 期，第 70 页。
② ［美］劳费尔著，林筠因译：《中国伊朗编》，第 366—367 页。
③ ［美］劳费尔著，林筠因译：《中国伊朗编》，第 368 页。
④ 段晴：《于阗文的蚕字、茧字、丝字》，载李铮、蒋忠新主编：《季羡林教授八十华诞纪念论文集》（上），南昌：江西人民出版社，1991 年，第 45—50 页。

大食使节共 41 次来到中国。① 虽然这一时期两国使节往来频繁，但唐玄宗天宝十载（751），唐朝和来自大食帝国的阿拔斯王朝（黑衣大食）还是在中亚地区发生了一场战争，即怛罗斯之战。这场战役以唐朝的失败而告终，一批中国士兵也被俘虏。在被俘的士兵中，不乏熟悉丝绸纺织、绘画技艺的技工。同在这场战役中被俘的杜环后游历大食各地多年，他在《经行记》一书中提到流落在大食都城附近亚俱罗（今伊拉克境内）的一些中国技术工人，"绫绢机杼，金银匠、画匠、汉匠起作画者，京兆人樊淑、刘泚；机络者河东人乐隈、吕礼"②。这些技工被带到两河流域服役，将中国的造纸术和丝织技术等传到了当地，推动了阿拉伯丝织业的迅速发展，阿拉伯的丝织作坊因而控制了当时欧洲的丝绸市场。

有唐一代，阿拔斯王朝曾三易都城，不过新都城都面向东方，这为其沟通中国、加强同中国的贸易往来提供了便利。公元 762 年，阿拔斯王朝的都城位于底格里斯河中游的巴格达，当时的巴格达市场上充斥着来自世界各地的货物，其中外来货物的数量远远超过本地产品的数量。巴士拉学者扎希兹（al-Jahiz，776—868）在《商务的观察》一书中开列了从世界各地输入巴格达的货品，其中从中国输入的有丝绸、瓷器、纸、墨、鞍、剑、香料、麝香、肉桂、动物中的孔雀等等。③ 另一位著名的阿拉伯学者伊本·胡尔达兹比赫（Ibn Khurdahbeh，820—912）在《道里邦国志》一书中对 9 世纪时的世界贸易路线和各地的商品、价格、质量，以及商路上的食宿条件等都有详细描述，其中对中国的诸港口、河流、物产以及海上航程等情况也都有具体的记述，还列举了中国输往阿拉伯世界的商品名目，有白绸、彩缯、金花锦、瓷器、麻醉药物、麝香、沉香木、马鞍、貂皮、肉桂等。④

除了巴格达，阿拉伯地区的报达、谷尔只、毛夕里、忽鲁谟斯等也都发展成为重要的丝绸产区或集散地。《马可·波罗游记》中记载西亚地区的丝织业发展情况，说"报达城纺织丝绸金锦，种类甚多"，谷尔只"其地多城堡，产丝甚富。制种

---

① 沈福伟：《中西文化交流史》，上海：上海人民出版社，1985 年，第 131 页。
② （宋）乐史：《太平寰宇记》卷一八六《四夷·西戎·大食国》，北京：中华书局，2007 年，第 3576 页。
③ 转引自周一良：《中外文化交流史》，第 751 页。
④ ［古阿拉伯］伊本·胡尔达兹比赫著，宋岘译注：《道里邦国志》，北京：中华书局，1991 年，第 71—74 页。

种金锦丝绸，极丽"，突厥蛮州（在小亚细亚）"制造世界极美极富之各色丝绸，所制甚多"，毛夕里国"一切金锦同丝绸名曰毛夕里纱，有许多名曰毛夕里商之商人，从此国输出香料、布匹、金锦丝绸无算"，帖必力思城"制作种种金丝织物，方法各别，价高而奇丽也"，耶恩德大城"居民制作丝织物名曰耶思的（yazdi），由商人运赴各地，贩卖牟利"。

第三节　在欧洲和美洲的传播

中国的丝绸在先秦时期已经传入欧洲，成为地中海市场上较常见的物品。但这一时期西方对中国的丝绸生产和技术基本一无所知。[①] 根据学术界的一般看法，罗马人第一次见到中国的丝绸是在公元前 53 年的卡莱之战中，当时克拉苏率领罗马军队进攻帕提亚，结果却是克拉苏阵亡，罗马军队全军覆灭。据说罗马军队惨败的原因是波斯人使用的是丝绸军旗，色彩斑斓、光泽鲜亮的丝绸令罗马人眼花缭乱，他们不清楚波斯人拿的是什么武器，也不知道波斯人为什么勇气十足，以为波斯人得到了神的保佑，所以兵败如山倒。这些使罗马军团眼花缭乱的军旗，历史学家弗罗鲁斯认为就是罗马人前所未见的第一批丝绸织物。[②] 欧洲人在见识到图案精美的丝绸后，不禁对其产生了许多奇异的想象，但无一知晓中国的丝绸源于蚕虫，而不是采自"羊毛树"。

公元初，罗马最博学的学者普林尼（Pline L'Ancien，23—79）在他堪称百科全书式的著作《自然史》中专门提到了丝绸。普林尼在书中把中国称为"赛里斯"（Seres），赛里斯的拉丁语意思就是"丝"。[③] 普林尼说丝是生长在赛里斯树上的一种绒毛，人们把这种白色细绒毛从树叶上梳爬下来，漂洗后纺织成丝绸，然后再

---

① 张星烺编注，朱杰勤校订：《中西交通史料汇编》第一册，第 58 页。
② ［法］布尔努瓦著，耿昇译：《丝绸之路》，济南：山东画报出版社，2001 年，前言第 3 页。
③ ［法］戈岱司编，耿昇译：《希腊拉丁作家远东古文献辑录》，北京：中华书局，1987 年，第 10 页。

万里跋涉运往罗马。所以，在华贵的丝绸成为罗马贵族最为青睐的服饰后的很长一段时间里，欧洲人仍然不知道丝绸是从蚕丝而来，更不知道养蚕缫丝之说。他们只知道，中国就是丝之国。据姚宝猷先生考证，公元前后，欧洲人对于中国的称呼大多和"丝"的发音有关：赛里克（Serice）、赛里斯（Seres）、赛里亚（Seria）、赛拉斯（Seras）、赛里可斯（Sericus），称产地的居民或者产丝绸的地方为赛里斯、"秦（Sin 或 Thin）"或者秦那（Sinai 或 Thina），称贩运丝绸的路线为"赛里斯之路"（Road of the Seres），称中国的国都为赛拉（Sera）或秦那（Thinae），称中国的河流为赛尔（Ser），其中和秦发音相关的多是因为秦朝的强大影响。赛里克、赛里亚、赛里斯、塞拉斯、塞里可斯等则是由希腊语"Ser""Serikon"和拉丁语"Sericum"演变来的。"Ser""Serikon""Sericum"都是希腊罗马人对中国名产丝绢的称呼。[①]因此可见中国丝绸在当时欧洲的影响。

直到公元 2 世纪大秦王安敦执政时期，希腊学者包撒尼亚斯（Pausanias）在撰写《希腊志》时，才了解到中国的丝产自于一种称为 Ser 的昆虫，即蚕。他说："赛里斯人用作制作衣装的那些丝线，它并不是从树皮中提取的，而是另有其他来源。在他们的国内生存有一种小动物，希腊人称之为'赛儿'，而赛里斯人则以另外的名字相称。"包撒尼亚斯所说的这种与蜘蛛相似的小动物毫无疑问就是蚕。从包撒尼亚斯的描述来看，显然这一时期西方人对中国丝绸的认识仍是通过间接途径得到的。

古希腊人和罗马人都喜好中国丝绸，中国丝绸最大的主顾也是罗马帝国，古罗马皇室、贵族和教会等上层社会均以穿丝绸服装来标榜其高贵的身份，从而使丝绸在西方一度与黄金等价，成为奢侈品。罗马共和国末期，恺撒曾穿着绸袍出现在剧场，被当时人认为奢侈至极。罗马城内也开设了专售中国丝绸的市场。曾是古丝绸之路上最繁荣的城市之一。位于地中海东岸的帕尔米拉（今叙利亚），在 1933 年发现的建造于公元 83 年和 103 年的古墓中出土了大量织物残片，其中出土的丝织品明显带有汉代的丝织样式和特征，学者普菲斯特断定，这些丝织品

---

① 姚宝猷：《中国丝绢西传史》，上海：商务印书馆，1944 年，第 37—38 页。

所用的丝就是中国的家蚕丝。^①在罗马帝国辖境埃及的卡乌和幼发拉底河中游罗马
边境城市杜拉欧罗波，都曾发现公元 4 世纪左右由中国丝制成的织物。5 世纪以后，
罗马境内出土的利用中国丝在叙利亚和埃及织造的丝织物就更多了。为了限制人
民对丝绸的过度消费，罗马元老院不仅限制妇女使用丝绸，还下令禁止男性公民
穿着丝绸。

在相当长的时期内，罗马的丝绸主要依赖从东方输入，其国内虽然也有丝织业，
但其原料也主要由东方输入。由于丝绸来之不易，罗马人起初多用丝绸制作花边
饰品或襟边装饰，这一点，布尔努瓦根据 A. 瓦隆的《丝绸古代史》、M. 博利厄的
《上古和中世纪的服装》及 E. 巴利塞的《丝绸历史》等书的记载，在《丝绸之路》
一书中说："当时罗马人只是把丝绸用来做一些小装饰品，并且染成紫红色或刺
绣，然后嵌饰在内长衣上，或绣在白毛线的托加（tage，罗马人穿的宽外袍）上，
有时也缀在从埃及进口的柔软的棉织品衣衫或来自巴勒斯坦的亚麻布衣服上。"
罗马人还将中国丝绸进行拆解，将多股丝分解成单股丝，以编织自己的丝织品。
普林尼的《自然史》指出："罗马人顺便把所有的零碎丝绸小片拆开，以便把丝
线从中抽了出来，然后再织成更薄的绸布。"石云涛也认为，"由于原料缺乏，
罗马人甚至把零星的丝绸边料拆开，抽取其中的丝来用"^②。但从拜占庭当时国内
的情况来看，对中国丝绸的拆解似乎不仅局限于边角料，而是包括了大幅的丝绸，
并因此而形成了一种新行业。据西方学者的记载，拜占庭丝织工艺的一般流程是：
女人们拆丝，男人们负责染色配料、纺织裁剪。^③可见拆丝工作是拜占庭丝织工业
中必不可少的一个环节，这绝不是靠拆解一些零碎的边角料可以支撑起来的。因此，
拆解中国丝绸并重新纺织新产品应该是中国丝绸流入罗马后，拜占庭丝织业中出
现的一种新工艺，而不是废物利用。中国丝绸在罗马被拆解再加工在中国的史书
中也有记载，如《魏略》载，大秦"又常利得中国丝，解以为胡绫"^④。在上面提

① Otto Maenchen-Helfen, *From China to Palmyra*, The Art Bulletin,Vol 25, 4(1943), pp.358-362.
② 石云涛：《文明的互动——汉唐间丝绸之路与中外交流论稿》，兰州：兰州大学出版社，2014 年，第 198 页。
③ Lopez R S.*Silk Industry in the Byzantine Empire*.Spec-ulum,Vol xx Jannuary, 1945, p.6.
④《三国志》卷三〇《魏书·东夷传》裴松之注引《魏略》，第 861 页。

到的帕尔米拉古墓出土的羊毛织物中，就有中国家蚕丝和羊毛混纺的情况。这证明中国丝绸传入西方后确实存在重新纺织的情况。但当时东西方的交通为波斯所阻隔，波斯商人垄断了东西方的贸易，罗马人在没有掌握养蚕缫丝技术之前，主要通过波斯购买中国的丝绸，为此不得不付出高昂的代价。普林尼曾粗略估算过，罗马每年向阿拉伯半岛、印度和中国支付的用于购买丝绸的货款，在 1 亿赛斯特（sesterces）上下，约合 10 万盎司黄金。①

为了打破波斯对丝绸贸易的垄断，欧洲人努力寻找新的路径得到丝绸。中国的桑蚕传入西方在公元 6 世纪左右。罗马帝国历史学家普罗柯比（Procopius，500—562）在《战记》（History of the Wars）一书中指出："蚕于公元 500—562 年传来东罗马帝国。"有一个故事说，当时有两位曾到过中国的印度僧人，听到罗马皇帝很想与赛尔斯国直接贸易取得丝绸，并想在罗马帝国自己生产丝绸后，就向东罗马皇帝查士丁尼（Justinian）讲述了养蚕缫丝的方法，并表明他们可以把中国的蚕茧带到东罗马，然后用粪盖着就能孵化出蚕虫来，而每条蚕虫又能生出无数的卵，这样蚕种就可以无限传播下去。罗马皇帝和他们约定，如真能带回蚕虫，便予以重赏。后来这两位印度僧侣果然把蚕种带到了罗马，献给皇帝，并用上述方法成功地孵化出蚕虫，使罗马人掌握了蚕丝技术。蚕种西传的故事还有另一种说法：时间仍然是 5—6 世纪，有个波斯人从赛尔斯来，他把产丝的卵秘密藏在手杖中带到了罗马，到了春天他将卵虫孵化，并给蚕虫喂以桑叶，从而使其国出现了家蚕。通过以上两个故事，可知罗马拥有的桑蚕确实是从东方传播而来的。在桑蚕传入后，罗马的丝织业开始蓬勃发展起来，此后拜占庭开始出现庞大的皇家丝织工场，当时的拜占庭、埃及和叙利亚成为西方三个重要的丝织业中心，能够织出华丽的丝绸锦缎。所产丝绸除了供东罗马帝国消费外，还运往欧洲各地销售。

中国的蚕种传入欧洲后，欧洲有了真正的家蚕，建立起了养蚕业，桑树也在罗马的许多城市普遍种植，伯罗奔尼撒半岛由于种桑养蚕事业的繁荣，被誉为"莫里亚"（即桑树之地）。但值得一提的是，在养蚕术传入欧洲后很长一段时间内，

① 沈福伟：《中西文化交流史》，第 59 页。

其饲蚕所用的桑树都是当地自古以来就有的黑桑，黑桑在地中海一带分布很广。而东方的桑树品种主要是白桑。直到 15 世纪初，欧洲人才明白他们的生丝质量不高与桑树的品种有关，于是他们从东方引进白桑，以提高生丝质量。这一记载最早见于 1410—1420 年之间意大利的皮埃蒙特和托斯卡纳，但白桑取代黑桑养蚕的过程直到 18 世纪才完成。[1]

在中国的养蚕缫丝技术已经发展了上千年后，罗马人才辗转多方得到了东方的养蚕术，发展出自己的丝织业。罗马之所以迟迟不能得到养蚕术，在西方的学术界看来，主要是中国对育蚕术严格保密，不愿与其他国家分享这一重要成果，禁止蚕种外传，才导致养蚕术长期不为他人所知。[2]而雷海宗等中国学者经研究后指出，欧洲学术界的这种说法是没有任何依据的，中国向来没有对养蚕法保守过秘密，中国的文献中找不到任何关于禁止养蚕法外传的记载，且事实上中国从不吝惜将自己的先进技术文化外传，这一点从日本以及所有远东国家桑蚕业的发展上可以得到证明。众所周知，日本以及所有远东国家的桑蚕业，都是起源于中国，且今日全世界的养蚕技术，也无不直接或间接地源于中国。在历史上，中国既未反对外人学习养蚕法，也无人主动向外传播养蚕法。所以拜占庭帝国迟迟未得到养蚕技术并非是中国的原因。反而是拜占庭政府在得到养蚕法之后，为了垄断这一行业，立即将其定为国家秘密，禁止外传，所以中国禁止养蚕术外传的故事可能是拜占庭统治集团少数人的编造。[3]关于这一问题，齐思和教授也持相同看法，认为西方学术界在养蚕术西传的问题上持有偏见。[4]古代中原王朝虽没有禁止养蚕术外传的规定，但由于巨大的空间距离所造成的交流障碍却是导致技术外传缓慢的主要因素。

事实上，虽然西方在 6 世纪时便得到了中国的育蚕术，但直到清朝末期，欧洲的养蚕法仍然远远落后于中国。1837 年博韦为著名汉学家儒莲的《有关养蚕业

① R. Comba. *Produzioni tessili nel Piemonte tardo-medievale (Textile Production in Late-Medieval Pidemont)*. Bollettino Storico-Bibliografico Subalpino, 1984, 72, p. 344.

② ［美］德克·卜德：《中国物品传入西方考证》，载中外关系史学会编：《中外关系史译丛》第 1 辑，上海：上海译文出版社，1984 年，第 214 页。

③ 雷海宗：《世界史上一些论断和概念的商榷》，《历史教学》1954 年第 5 期，第 33 页。

④ 齐思和：《中国和拜占庭帝国的关系》，上海：上海人民出版社，1956 年，第 22 页。

的汉文文献》的译文写了一篇导论，文中明确指出，无论养蚕家们或学者们的看法如何，他都认为：中国人在育蚕的所有实践问题上都具有无可怀疑的优越性，并取得了惊人的成就。他还用一组数据来说明中国人的养蚕法相较于欧洲养蚕法的优越性："他们的蚕虫损失率只有1%，而在我们这里，死亡率却大大地超过了50%。"[1]19世纪时，欧洲养蚕业曾暴发过微粒子病，给欧洲养蚕业带来了巨大损失，但这种病并没有在中国发生，于是欧洲人大量前来中国购买蚕种。1850年前后，意大利人卡斯特拉尼（G.B.Castellani）专程到中国湖州来养蚕，并试图将所养蚕种带回欧洲。结果是蚕养成了，但带回去的蚕种并不是最优秀的。[2]这证明中国的蚕种在防微粒子病方面并没有什么特性。而中国养蚕业在几千年来能稳定并快速地发展，保证中国丝绸对全世界的供应，一个很重要的因素就是中国高超的养蚕技术。在长时间的饲养活动中，中国人不仅对蚕的习性、特点了如指掌，掌握了养蚕的基本技能，还在防止蚕虫感染疾病方面积累了丰富的经验。据载，西周时已经有专门的蚕室用来养蚕，许多养蚕区在育蚕的季节停止一切交际活动，陌生人未经许可不能随便进入别人的育蚕房。为了防止他人误入育蚕房，人们通常在育蚕房的门口放上一枝桃枝，以示"禁止入内"。[3]这一措施可以有效隔绝外来疾病，为蚕虫生长营造一个相对独立安全的环境。西晋时人们对于蚕虫常见的疾病——微粒子病和软化病已经有所认识，并通过种茧的选择和盐腌、日晒、笼蒸等贮藏方式来进一步防治蚕病。明朝还采用了杂交方法来培育优良蚕种，进一步提高蚕虫的防病能力。这些养蚕技术是中国人长期养蚕的技术积累，也是保证中国养蚕业高速大规模发展的必要条件。卡斯特拉尼在湖州用中西两种方法进行养蚕实验后，最终肯定中国养蚕法具有优越性，他还在《中国养蚕法：在湖州的实践与观察》一书中提炼了他所认为的中国养蚕体系中最重要的几条规则。[4]

---

① ［法］布尔努瓦著，耿昇译，《丝绸之路》，第148页。

② G. B. Castellani. *Dell'allevamento dei bachi da seta in China fatto ed osservato sui luoghi (On the Raising of Silkworms Performed and Controlled in China).* Firenze, 1860, pp.VIII,216 with VIII Figg.

③ R. Lopez. Silk Industry of the Byzantine Empire. In Speculum, 20/1(1945), pp. 41-42. R. Lopez, By-zantine and the Word around it: Economic and Institutional Relations, Variorum Reprints, London 1978, III.

④ ［意］乔凡·巴蒂斯塔·卡斯特拉尼著，楼航燕、余楠楠中译：《中国养蚕法：在湖州的实践与观察》，杭州：浙江大学出版社，2016年。

　　除了卡斯特拉尼外，法国微生物学家、化学家巴斯德（Louis Pasteur，1822—1895）在研究家蚕软化病的预防措施时，也是通过查阅中国文献，了解了软化病的历史，找到控制蚕房温度最简单的方法——即蚕妇穿单衣以亲身感受温度，并提倡将这些东方的传统经验付诸实践。[①]

　　在缫丝技术方面，根据前文所述，在蚕种西传几个世纪后，中亚和西亚地区才掌握了中原的缫丝技术，生产出了平直的细丝。缫丝车和缫丝技术传入欧洲的时间则要更晚，应该是在 10 世纪前后，缫车图像则迟至 17 — 18 世纪才能看到，与中国成书于 14 世纪初的《农书》中的缫丝车基本一样（图 3-2、3-3）。[②]

　　除了养蚕缫丝技术，中国的织造技术也传入了西方。在织物结构上，中国传统的织造技术是典型的平纹经二重织锦组织，而西方则一般是斜纹纬线起花。在以色列马萨达遗址中，发现了距今最早的平纹纬二重毛织锦，这种织锦组织显然是对中国平纹织锦的经纬方向交替的效仿，体现了织造技术的传播。[③] 而叙利亚的杜拉欧罗普斯（Dura-Europos）出土的平纹纬二重织物，其材料已是丝线。[④] 这类使用加捻丝线生产的平纹纬锦在丝绸之路沿途的许多地方都有发现，特别是中国西北的营盘、扎滚鲁克、山普拉，一直到乌兹别克斯坦的蒙恰特佩（Munchak-tepe），这类织锦可以看作是中国新疆或邻近的中亚地区生产的产品。这类织锦不仅是织物结构发生了变化，也是织机装造变化的结果。[⑤]

　　据中西方学者的研究，中国先进的纺织工具也传入了西方。汉代纺织技术高超，刺绣和织锦都是当时的珍品。尤其是刺绣，它的花纹不是织成的，而是在已织好的织物上面以针刺添附各色丝线，绣出各种绚丽的彩色花纹，所以它的艺术性比织锦更高。又因为它的艺术性比织锦高，且不是由机械化的织机所制，而是完全由手绣

---

① ［法］帕特里斯·德布雷著，姜志辉译：《巴斯德传》，北京：商务印书馆，2000 年，第 202 — 246 页。

② D. Digilie. *L'Arte della Seta a Lucca, Sulla via del Catai: Rivista semestrale sulle relazioni culturalitra Europae China*.Centro Studi Martino Martini，2010，Luglio，pp.195-202.

③ Isreal Exploration Society.*Masada: The Yigael Yadin Excavations 1963-1965*，*Final Reports.* Jerusalem:Hebrew University of Jerusalem，1989.

④ L. Brody and G. Hoffman.*Dura-Europos:Crossroads of Antiquity*.Boston:McMullen Museum of Art，2011.

⑤ 赵丰：《新疆地产绵线织锦研究》，《西域研究》2005 年第 1 期，第 51—59 页。

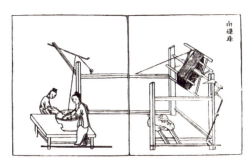

图 3-2 元代王祯《农书》中的南缫车

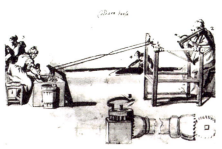

图 3-3 1745 年前后的意大利缫车
（赵丰：《丝绸之路：起源、传播与交流》）

刺出来的，故其比织锦要更费精力，价格也更昂贵。这样费时而昂贵的织物，在汉代的对外传播中数量较少，而传播最多的是汉锦。汉锦的花纹也很精致繁复，整幅织锦所用的经线常常达五千余根。花纹的每一循环，繁复的须要五十至七十五综，简单的织机是不能胜任这项工作的。所以汉代的织机相当高级，《三国志》中记载曹魏时期的织机有五十至六十综和五十至六十蹑的，更有多到一百二十蹑的。[1] 这里的蹑泛指提花工具。当汉代繁华富丽的丝织物传入罗马时，不仅其柔软而富有光泽的质地深为罗马人民所赞叹，其精美的花纹更是引起了他们的惊叹。所以西方一边大量进口中国的丝绸，一边努力学习如何织制这种美丽的丝绸。西方出现类似提花机的时间较晚，有人认为是 7 世纪以后[2]，或以为 6 世纪[3]，或以为早到 3 世纪在波斯、拜占庭、叙利亚和埃及可能便已开始应用简单的提花机，到 13 世纪末期趋于完善。[4] 但他们都承认西方提花机的出现比中国晚，并且可能是受到中国的影响。除了提花设备，织机上的踏蹑设备，中国最晚在汉代时已经出现，汉代画像石上的织机中已有这种设备，但欧洲到 12 至 13 世纪织机上才出现了踏蹑。故其也很有可能是受到中国的影响。因为中国古代使用的织机是平机，而西亚和欧洲古代使用的则是立机，立机上很难采用踏蹑，所以很早便使用平机的中国可能最先发明了踏蹑

---

① 《三国志》卷二九《魏书·杜夔传》，第 807 页。

② ［瑞典］西尔凡等：《公元五—六世纪的希腊晚期花纹的一件中国丝织物》，《东亚杂志》第 21 卷，1935 年，第 22 页。

③ ［美］J. Lowry：《汉代织物》，《东方美术》第 6 卷，1960 年第 2 期，第 69 页。

④ 西蒙斯：《中国纺织物研究的新发展》，《远东博物馆馆刊》1956 年第 28 期，第 22 页。

设备，西方后来也发展了平机，并可能由于中国的影响而采用了踏蹑这一设备。①

大食帝国兴起后，蚕桑业沿北非一直向西传播，并于五代后期跨越直布罗陀海峡传入时为大食控制的今西班牙地区。1146年，斯加里野（今意大利西西里岛）的国王俘获了掌握蚕桑技术的拜占庭希腊工匠，命其在斯加里野生产丝绸，后来蚕桑业又从斯加里野传到意大利和欧洲其他地方。

北宋时期，意大利人从东罗马帝国的君士坦丁堡（今土耳其的伊斯坦布尔）引进中国蚕桑技术，并逐步进行蚕桑生产，不断发展丝织业。继而，南意大利王罗哲尔二世强驱境外的两千多名丝织工人西进，把他们带回意大利去养蚕、缫丝、织绸，这使得意大利的丝绸技术迅猛发展，并逐渐成为欧洲丝绸产业的中心。意大利的那不勒斯、卢卡、锡耶纳、佛罗伦萨、热那亚、威尼斯等城市的丝织业都相当兴盛，卢卡更是成为意大利丝绸生产和贸易中的一匹黑马。据载，卢卡在11世纪初已经有丝织工业，但其规模较小，产品也较单调。12世纪中期后，卢卡的丝织工业规模宏大，各种丝织品精美绝伦。卢卡商人还在1166年同热那亚人签订协议，被获准自由出入热那亚港，并与热那亚人享有同等的出海贸易特权，这保证了其丝织品的顺利出口。卢卡加工的每一种丝绸在中世纪都很出名，尤其是用金银线织成的丝织品。其华盖、锦缎、卡穆纱提花织锦等的需求量都很大，最流行的一种轻薄丝绸叫"绢"，可以用来制作旗帜、服装、帘帷、靠垫和衬料等。②1272年，卢卡织工还发明了水力绕丝机，用水力驱动大型水车完成拈丝工序的自动化，通常一部水车带动200个锭子，效率是人工操作的2倍以上，这使其生产效率和产品质量都得到大幅度提高。③卢卡人利用这种优势占据欧洲丝绸霸主的地位达一个多世纪之久。1581年，佛罗伦萨的丝织女工使用丝纺机可独立管理500个"纺锤"④，18世纪初，两位丝织工人把此类丝纺机的设计图偷偷带回英国，成为大规

① 夏鼐：《新疆新发现的古代丝织品——绮、锦和刺绣》，《考古学报》1963年第1期，第65—66页。
② ［美］詹姆斯·W.汤普逊著，徐家玲等译：《中世纪晚期欧洲经济社会史》，北京：商务印书馆，1992年，第341页。
③ 赫伯特·希顿：《欧洲经济史》，纽约，1948年，第139页。
④ ［意］卡洛·M.奇波拉主编，贝珑、张菁译：《欧洲经济史》第二卷《十六和十七世纪》，北京：商务印书馆，1988年，第190页。

模水动抽丝机的雏形。

　　继卢卡之后，意大利其他城市的丝织业也逐渐发展了起来。14 世纪以后，卢卡人开始在意大利其他城市建立工业侨居地，大批卢卡人背井离乡，散落各地。身怀绝技的卢卡丝织工人在佛罗伦萨、威尼斯、波洛尼亚等地受到了热烈欢迎，他们被赋予与当地人同等的公民权，甚至还有一些特权。技术工人的流入，使得这些城市的丝织业更加繁荣，尤其是威尼斯的丝织业在中世纪后期获得了极大发展。由于威尼斯与很多地区建立了贸易联系，再加上其雄厚的海军实力，他们的丝织产品在从欧洲到近东之间的广阔地带随处可见。不过 15 世纪的威尼斯虽已开始养蚕，但仅凭国内的生丝原料远远不能满足生产的需求，所以仍需要从东方和西地中海盆地进口原料。但到 1847 年时，意大利的产茧量达到了 6 万吨以上，仅次于中国，位居世界第二。康有为 1904 年游历欧洲时发现，"意之蚕桑，既最先与中国通，久传于意土。今则桑麻铺菜，遍于原野矣。可磨埠为织丝厂地，机凡一百五十万，岁出丝织料四千吨，值九百万磅，倍于吾祖国矣。闻皆运于法国为多，以法之妇女甚侈，好衣丝也"[1]。可知意大利的蚕桑业发展很快，成为近代中国的强劲对手。

　　近代意大利的蚕桑业虽然规模较大，但在品质上与中国尚有差距。1876 年，在美国费城举办的世界博览会上，意大利展厅"蚕丝甚多，茧亦大小咸备"，但前往参会的中国海关代表李圭（1842—1903）认为他们的蚕丝"虽白洁，究不若华产光亮，地土使然"，其丝产量"年盛一年，别国争购之。以做法匀净，非若华丝间有掺杂也。而其蚕桑之法，亦得自中国，仿效而成，即用以夺中国之利，可不虑哉？"[2]可见，近代意大利蚕丝虽品种和数量都不少，且粗细均匀，但受地理环境影响，丝的光亮度不如中国产品。

　　意大利的丝织品风格融合了中国、波斯、近东和北非的风格，并逐渐形成一种新的式样，如 15 世纪意大利丝织品中最流行的一种花样，其实是吸收了中国的莲花图案和波斯的棕榈叶图案中的有益元素搭配而成的。

---

① 康有为：《欧洲十一国游记二种·意大利游记》，长沙：岳麓书社，1985 年，第 176 页。
② 李圭：《环游地球新录》，长沙：岳麓书社，1985 年，第 220 页。

明朝前期，蚕种和桑种流入法国，从此法国也开始栽桑养蚕织丝，并很快成为近代欧洲令人瞩目的新兴丝织业中心。早在 11 世纪，养蚕业已传入法国南部，但当时法国生丝的产量有限，丝织业并不发达，其丝织业的真正繁荣是在法王路易十一以后。路易十一时期（1461—1483）是法国君主专制制度的形成时期，这一时期的法国国家统一、权力高度集中，国家对经济发展非常关注。当时法国王室和贵族对丝绸制品非常青睐，常花费巨资从意大利或近东购买丝绸服装。为了减少货币流失，发展本国经济，路易十一开始积极开创和扶植本国的丝织业。1466 年，路易十一向里昂市民发出通告，宣布要在市民中集资 2000 图尔锂建立丝织业，以使里昂富裕起来。他在公告中指出了建立丝织业的好处："振兴此业将使各等级之男女合法地从业……从而令彼等于今尚属无用的教会人士、贵族及其他宗教界妇女将据有体面而有益的职业。"① 随后他积极从意大利的丝织工业城市热那亚、佛罗伦萨和威尼斯招来大批丝织工人，将他们安置在里昂市，并给予他们重要特权。但是里昂人民对国王的这一计划并不热心，于是路易十一辛苦建立起来的丝织业在 4 年之后全部迁往图尔。所幸，丝织业在图尔牢牢扎下了根，并在查理八世禁绝输入金银线锦、绸缎等政策的帮助下发展了起来。② 随着欧洲社会财富的增加，人们对奢侈品的需求越来越大，丝织业的发展也愈加繁荣。到 16 世纪中叶，里昂的丝织业也发展起来了，并成为近代欧洲丝织业的中心。17 世纪后期，里昂已拥有 8000 台织机，其丝织品和时装成为欧洲各国上流社会共同的追求。同时，丝绸织造业也通过多种渠道向欧洲各地传播——由意大利到德国，由法国到英国，由西班牙到荷兰。

不过，法国的丝织品虽然在欧洲独占鳌头，但其质地与中国的产品比起来还是要略逊一筹。同治九年（1870），出访欧洲的清朝官员志刚参观了法国的提花织机，在赞叹其织品纹样新颖华美的同时，也看到其产品质地上的缺陷："观其织法，实费心思。惟所出之绸，采色闪烁鲜艳，柔脆而不坚，由于丝性不如湖产。

---

① ［美］詹姆斯·W.汤普逊著，徐家玲等译：《中世纪晚期欧洲经济社会史》，第642页。
② ［美］詹姆斯·W.汤普逊著，徐家玲等译：《中世纪晚期欧洲经济社会史》，第642页。

而丝性之劣，又由桑性所生之，水土不同也。故西人从前由中国贩运蚕子，由水路则南伤于热，由陆路则北伤于寒。所存寒热之余，食里庸之桑，则又仍是里庸之丝。则是其所能者，人也；所不能者，天也。而欲以人力胜之，惜乎，至今犹未思得胜之术也。"[①] 据此可见，随着工业技术的提高，近代法国因为拥有能织出更为复杂花纹的提花织机，故所织产品外表华美，但柔韧性较差。志刚认为这是由于地理原因造成的，虽然西方人从中国运来了蚕子，但受贩运途中气候的影响，再加上当地桑叶不好，导致丝性不如中国湖州之丝，所织产品质地自然不好。

明朝后期，蚕桑技术从中国间接地传到美洲大陆。最先将中国的蚕桑技术传播到美洲的是欧洲人，美洲大陆最早的印第安人并不知蚕桑，欧洲人到达后，认为美洲气候适宜，土地肥沃，为图蚕桑之利，于十六七世纪在美洲殖民地大规模开展养蚕试验，发展丝织业。乔治亚州和南卡罗来纳州率先开启了美国的蚕桑产业，当地生产的蚕茧和生丝出口到英国被加工成丝织成品。美国的生丝产量在 1759 年前后达到了顶峰，仅乔治亚州每年出口英国的生丝就超过 5000 公斤。[②]

美国独立战争爆发后，美国的蚕桑业一度衰落，几至消失。18 世纪中后期，在政府对栽桑和生丝生产的奖励刺激下，蚕桑业开始在康涅狄克州兴起，甚至在该地区出现"植桑热"，各行各业的人为了追逐高回报纷纷加入植桑行业。如 1825 年，曼斯菲尔德市有 3/4 的家庭从事蚕桑业，哈特福德市的一个普通苗圃一年能卖出 30 万株桑苗。该风潮影响了附近的马萨诸塞州、纽约州和新泽西州等地区。植桑行业的发展还带动了缫丝和绢纺行业的发展。但随后 1840 年以来的严寒和桑树枯萎病使得美国的蚕桑业陷入停顿之中。[③] 直到 19 世纪中叶，一位来自法国的移民 Louise Prevost 来到加利福尼亚州，他通过对加利福尼亚州自然环境和生产环境的分析，指出在该地种桑养蚕的可行性及有利性，并指出可以通过雇佣中国移民来弥补劳动力费用上的差距。他的倡议得到了包括当地政府在内的社会各界的支持，自 1850 年起，

---

① （清）志刚：《初使泰西记》，长沙：岳麓书社，1985 年，第 369 页。

② 王菲、夏庆友：《近现代蚕桑业在美国加利福尼亚州的兴衰启示录》，《蚕业科学》2013 年第 4 期，第 793 页。

③ Brockett L P. *The silk industry in America*, New York:George F.Nesbitt&Company, 1876:26-45.

中国移民开始大量涌入美国，而这些华工也将中国的桑树栽培技术直接传入了美国。1870 年，加利福尼亚圣加布里埃尔的一家公司开办了一个桑树种植园，与 40 名华人签订合同，想以华人的蚕桑技术来兴办养蚕业。①1870—1880 年间，华侨响应政府广开农田的号召，将加利福尼亚州的许多沼泽变成了桑田。② 华侨把中国传统的蚕桑技术带往加利福尼亚州后，在那里建设了大大小小的桑园。随着桑树种植面积的扩大，美国的蚕茧产量在 18 世纪后期的欧洲达到了惊人的水平，但其缫丝和丝织品织造技术却始终未获得发展，其丝织厂所用的绝大部分原材料来自进口，而非本土生产。这缘于蚕桑业是个"无法用机器完全取代熟练技工的产业"③，许多美国人不愿接受缫丝工作低廉的工资，而事实上，他们在缫丝过程中因操作技术的原因产生的废丝也远远多于熟练工。此后，随着人造丝工业的兴起和美日关系恶化，美国禁止从日本进口生丝，使得美国丝织厂逐渐倒闭，蚕桑业也停滞不前。虽然美国并没有因此而走上养蚕缫丝的道路，但往日种植的桑园却成为当今美国各地常见的风景，并为现在的美国人提供了美味的桑椹。

明清时期，美洲的墨西哥也开始养蚕。光绪年间（1875—1908）出任美国、西班牙等国大使的崔国因道："美国农部考究蚕丝，上议绅满得胜函询中国蚕丝出产，本日又面究一切，方知墨西哥国近已留意养蚕，蚕丝共有十二种云。"④

在国外关注中国养蚕术的同时，中国养蚕术的相关著作也传到了国外，并被翻译成西方文字，影响着国外的蚕桑业，这种影响一直持续到晚清时期。咸丰九年（1859）出洋的郭连城曾在《西游笔略》中写道："（十月）初五，……是晚有客示余以《蚕桑辑要》一书，言此书出自中国，后译以西言，故至今西洋诸国亦能养蚕为帛。"⑤这充分说明随着中国的养蚕术外传，西方诸国才学会了养蚕缫丝。

---

① ［美］陈依范：《美国华人史》，北京：世界知识出版社，1987 年，第 110 页。
② 成露西：《美国华人历史与社会》，载暨南大学华侨研究所编：《华侨史论文集》（第一集），广州：广东省农垦总局印刷厂，1981 年，第 276 页。
③ Brockett L P.*The silk industry in America*, New York:George F.Nesbitt&Company, 1876:26-45.
④ （清）崔国因：《出使美日秘国日记》（二），载沈云龙主编：《近代中国史料丛刊正编》第 28 辑，第 275 册，台北：文海出版社，1968 年，第 932 页。
⑤ （清）郭连城：《西游笔略》，载沈云龙主编：《近代中国史料丛刊正编》第 28 辑，第 275 册，第 932 页。

除了养蚕术专著的外传，古农书也是中国蚕桑技术向西传播的重要途径。1706 年来华的耶稣会士殷弘绪对徐光启的《农政全书》卷三一至三四蚕桑部分进行了翻译，并以《一部教人更多更好地养蚕方法的中国古书之摘要》为名，将其收录在 1735 年由杜赫德编辑出版的《中华帝国全志》一书中。此书当时被翻译成多种文字，畅销欧洲，影响巨大。1849 年，《农政全书》的蚕桑部分再次被具有良好汉学基础的英国传教士麦都思译成英文，并取名为《制丝与植桑专论：译自阁老徐光启的著作》。该书的内容包括了养蚕、缫丝、丝织及种桑的全部内容，32 开单行本，共 108 页，并摘录有来自原著的 16 幅插图。19 世纪俄国汉学家安东尼也将《农政全书》的蚕桑部分和元朝的《农桑辑要》的养蚕部分翻译成俄文，并将其合二为一，命名为《论中国人的养蚕术：译自〈农政全书〉及〈农桑辑要〉》，在 1865 年发表于俄国圣彼得堡的《俄国昆虫学会会刊》。1837 年，法国汉学家儒莲也根据法国政府工部及农桑部长的命令，将《授时通考》卷四二至七八的蚕桑部分翻译成法文，命名为《论植桑养蚕的若干主要中国著作提要》。该书由法国政府出版，为 32 开精装本，全书共 247 页，配有插图 10 幅。[1] 法国耶稣会士、植物学家韩国英也对中国的园艺植物进行了研究，曾著有《园艺之研究》，书中重点研究了中国的桑树、茶叶和水稻等的栽培技术。该书抄本现珍藏于巴黎。[2]

第四节　丝织技术外传的影响和意义

一、促进了传入国丝织技术的进步

中国丝绸和丝织技术的外传，对世界养蚕、织绸生产做出了重要贡献。中国丝绸及蚕桑技术外传后，传入国先后发展起了本国的养蚕业和丝织生产。

中国养蚕业的外传，促进了世界养蚕业的发展，而中国在养蚕技术上的经验

---

① 冷东：《中国古代农业对西方的贡献》，《农业考古》1998 年第 3 期，第 174—175 页。
② 吴孟雪：《明清时期——欧洲人眼中的中国》，北京：中华书局，2000 年，第 150 页。

积累更是为世界养蚕技术的革新奠定了基础。众所周知，法国的丝织业起步较晚，但到 18 世纪时，法国的丝织业已经超过了意大利，成为欧洲国家的翘楚。这一方面与法国政府的积极扶持有重要关系，另一方面也与法国养蚕业技术的发展有关。就养蚕技术来说，19 世纪的法国在蚕种的优选和蚕病的预防方面走在了欧洲前列，不但成为欧洲其他国家学习的榜样，也吸引了日本、印度、中国等东方国家前往学习。法国人在养蚕技术上之所以能够后来者居上，与他们对中国丝业的重点关注密不可分。19 世纪中叶，欧洲突然暴发了蚕微粒子病，对整个欧洲的养蚕业造成了巨大冲击。法国作为欧洲的一个养蚕大国，其养蚕业损失严重。为了解决这次危机，欧洲国家纷纷将目光投向亚洲，意大利人卡斯特拉尼、佛莱斯奇和法国微生物学家、化学家巴斯德都对中国传统的养蚕法进行了深入了解，肯定了中国养蚕法的优越性。巴斯德不但发明了袋蛾制种法，利用显微镜淘汰病蛾所产的蚕卵，杜绝了微粒子病的继续传播，还根据中国文献了解了伴随蚕微粒子病而来的另一种无法治愈的疾病——软化病，并从中国文献中找到了预防软化病最简单的方法。[①]巴斯德的研究成果极为重要，拯救了整个欧洲的养蚕业。1882 年的《万国公报》转引了英国媒体的报道，盛赞巴斯德的养蚕新法："伦敦西七月二十八日新报云，法国向来养蚕缫丝之法未臻至美善，近年已得新法，今岁收成甚佳，用显微镜细窥蚕蛾，凡有疵者，悉去之，盖格物之功以免后患也。"[②]除了巴斯德外，法国商界人士也特别关注中国的蚕桑业。曾任里昂商会代表的纳塔利斯·郎多（Natalis Rondot，1821—1900）从年轻的时候起就密切关注中国的蚕桑问题，1844 年 8 月他还作为法国拉萼尼（Théodore de Lagrené，1800—1862）外交使团附属商业考察团中的毛纺业代表到过中国，考察了中国多地的蚕桑产业，回国后撰写了很多有关中国丝绸、蚕桑的论著，在欧洲引起了巨大反响。正是在法国各界人士对中国蚕桑业的持续密切关注下，19 世纪下半叶的法国才能在养蚕技术上走在前列，成为欧洲养蚕业的中心，成为当时各国积极学习的对象。

---

① ［法］帕特里斯·德布雷著，姜志辉译：《巴斯德传》，第 202—246 页。

② 《大法国：养蚕得法》，《万国公报》1882 年第 707 期。转引自宋元明：《晚清中西蚕学知识的交流与互动——以蚕微粒子病防治为中心》，《中国农史》2018 年第 3 期，第 25 页。

中国的丝织技术传入朝鲜后，朝鲜的丝绸生产技术有了明显进步。8世纪时，新罗官营手工业中的丝绸生产十分发达，设有朝霞房（专织朝霞䌷）、染宫、红典、苏芳典、攒染典、漂典、锦典、绮典、机概典等丝绸染织专业工场。① 生产的丝绸产品也很丰富，有朝霞䌷、鱼牙䌷、野草罗、乘天罗、小文绫、二色绫、纱、绝等，装饰手法有染缬、刺绣、金银泥、金银丝、孔雀羽等，染色色彩也十分丰富。② 其中如红花染法、扎染方法、锦绫织法、夹缬等方法明显都受到中国的影响，③ 特别是在织造和染缬方面。徐兢说，朝鲜人不善蚕桑，却"颇善织文罗、花绫、紧丝、锦罽。……染色又胜于前日"；④ 王云也说："高丽善染彩，红、紫尤妙，紫草大梗如牡丹，捣汁染帛。"⑤ 高丽在从中国进口大量生丝原料后，将其加工成精美的丝织品投放到中国市场。如太平兴国七年（982），高丽国王遣使金全奉金银线罽锦袍裤等来贡；绍兴二年（1132），高丽王遣使南宋，入贡绫罗二百匹。

如前所述，蚕桑技术的传入改变了日本落后的"口里含蚕得抽丝"的抽茧成丝技术，而丝织、漂印等技术的传入，更使日本的丝织技术有了显著发展。通过对中国蚕丝技术的不断学习和引进，日本形成了著名的西阵织。西阵织源于1200年前的日本京都，是日本国宝级的传统工艺品，有日式蜀锦之称，与我国的云锦、壮锦、蜀锦、宋锦齐名，同为"东方五大名锦"。西阵原为战乱时地方诸侯山名宗全军队驻防京都之西部大本营，西阵织便是西阵生产的织品。日本京都的丝织业在公元五六世纪中国丝织技术传入时就已起步，平安时期在此设立了负责管理宫廷织物的"织部司"，其丝织业得以迅速发展。平安后期，虽然官营的织物作坊开始衰退，但脱离了宫廷管理的丝织匠们获得了更加广阔的自由生产空间，他们不但制造出"大舍人之陵""大宫之绢"等高级丝织品，还通过钻研从中国宋朝传来的绫织技术，

---

① 金富轼著，杨军校勘：《三国史记》卷三十九"职官中"，长春：吉林大学出版社，2015年，第572—578页。

② 金富轼著，杨军校勘：《三国史记》卷三十三"色服"，第452—459页。

③ 赵丰：《古代中朝丝绸文化的交流》，《海交史研究》1987年第2期，第64页。

④ （宋）徐兢：《宣和奉使高丽图经》卷二三"土产"，载《文渊阁四库全书》，第593册，第867页。

⑤ （清）李有棠：《辽史纪事本末》卷七《征抚高丽》考异引王云《鸡林志》，北京：中华书局，2015年，第197页。

开发出独特的唐绫，受到日本上层社会的喜爱。应仁之乱（1467—1477）时，京都许多工匠为避战乱，出逃至堺市。这场战乱持续了 11 年之久，对日本的蚕丝业打击很大。但此时的堺市却成为日本丝织技术的中心，这里云集了大量的来自中国的丝织工匠，他们在这里传授金襕、缎子、朱子、缩子、纹纱的织造技艺，使堺市的丝织水平达到新高度。战乱结束后，重返京都的丝织工匠们则在原西军的大本营大宫重新发展纺织业，形成有名的西阵织。西阵织后因得到了朝廷的认可，受到官方保护。工匠们自主引进中国明朝的纺织技术，生产出织金、缎子、唐绫、纱绫等高档织物，进一步推动了西阵织的发展，使其成为日本丝业的代表。江户时代的西阵已是全国最大的丝绸生产中心，元禄—享保年间（1688—1735），西阵拥有织街 160 余条，专司丝绸织造的机屋 1177 家，织机 7000 余台。[1] 西阵周边的博多、堺市、丹后、桐生、足利、仙台等地的丝织业亦受其影响，获得了飞速发展。此时的日本丝织技术和生产规模虽已达到了较高水平，但仍在不断学习和吸收中国的丝绸文化。据王翔教授研究，江户时代西阵织的 12 种代表性产品中，有 9 种是从中国传入的。[2] 西阵织后虽遭遇火灾等挫折，但明治时期工匠们抓住机遇，不断向外国学习新的织造技术，并与传统手织工艺结合起来，确立了日本代表性高档绸缎的地位。

中国的养蚕缫丝技术传入欧洲后，促进了欧洲地区丝绸的生产和贸易，而欧洲社会对丝绸的大量需求也促进了当地丝织技术和工具的提升及改进。如在意大利丝织业崛起的过程中，卢卡的缫丝机就是其中最重要的技术发明之一。这种缫丝机外部有一个固定的圆柱形支架，内部也有一个支架，两个支架共同围绕一个垂直的轴运转，这可以在同一时间内完成两次缫丝，大大提高了生产的效率，一台缫丝机一天的缫丝量相当于 10—20 个工人的工作效率。这项新技术不仅在卢卡得到了广泛推广，在威尼斯和佛罗伦萨也被争相使用。15 世纪时，这种昼夜不停运转的缫丝机还被带到阿尔卑斯山以北的地区。[3]

---

[1] 王翔：《中日丝绸业近代化比较研究》，石家庄：河北人民出版社，2002 年，第 297 页。

[2] 王翔：《中日丝绸业近代化比较研究》，第 300—303 页。

[3] Becker, John. *Pattern and Loon: A Practical Study of the Development of Weaving Techniques in China, Western Asia and Eruope.* Kopenhagen: Rhodos, 1987, p. 15.

中国丝织机的传入还促进了 14 世纪时欧洲织造业的整体发展。先进的卧式织机在丝织业中的使用是掀起纺织业发展高潮的主要因素。早在中世纪时，意大利人就已经使用一种能织出各种图案的织机，这种织机最初是由东方传入的，以后经由意大利传到法国，17 世纪下半叶（1687）法国的加朗蒂埃与布拉什改进了这种织机。同一年，约瑟夫·梅森的发明传入了英国。17 世纪初，里昂织工克劳德·丹贡的发明使织机上的纱线数目增加到 2400 根，织机可以织出大幅的多彩图案。在 18 世纪的前 25 年中，法国人又为实现织造机械化做出了进一步的贡献。[①]

在丝织工艺上，中国在西周末已经有了经线显花的提花技术，织出的是平纹经锦。而西方早期只有采用缂织技术的纹织物，采用通经回纬的方法织出图案花纹，即经线连续不断，彩色纬线以回纬的方式与经线以平纹或斜纹交织，形成花纹，所织织物为单层。这种缂织技术并非提花技术，所需织机结构十分简单，主要依靠织工的技艺发挥，构图自由，纹样重复性差。中国不论是在织机方面还是在织品效果方面，都要比西方的缂织技术先进。西方之所以采用纬线显花，缘于西亚古代的织物原料主要是亚麻、羊毛和棉花，它们纤维短，必须捻成毛线，而毛线易于纠缠和松散，所以用它做经线，密度需要疏朗，故须要拉紧。毛线的纬线须捻得较松，较便于屈曲，绕着张得很紧的经线，呈现出纬面凸纹，如有花纹，便是纬线显花。而我国使用的丝线不但很长，且强韧光滑，还不会纠缠，无须加捻便是最好的经线材料，故我国的织物是经线紧密，而纬线较疏且不显露，因此是经面组织。如有花纹，也是经线显花。后来西方采取了我国的蚕丝做原料，也采用了简单的提花机，他们还仿照中国的平纹组织，参照汉锦的平纹"重组织"法织锦。但基于传统习惯的不同，他们对经线仍常加紧捻，故保留了传统的纬线显花法。所以他们对中国的平纹经锦加以变化，发展成斜纹组织的织锦。[②]中亚地区出土的 4 世纪晚期至 6 世纪早期的丝织物中，发现了大量的平纹纬锦，形成了

---

① ［意］卡洛·M. 奇波拉主编，贝昱、张菁译：《欧洲经济史》第二卷《十六和十七世纪》，第 191 页。

② P.Ackerman：《波斯纺织技术》，载 A. U. Pope 主编：《波斯艺术综览》（Sruvey of Persian Art）第 3 卷，第 702—714 页、2183—2184 页。

一个新的技术体系。从阿斯塔那 170 号墓出土的文书来看，这类织锦都被看作是波斯锦，即从西方来的织锦。[①]

唐代时丝织品中还出现了夹金银丝、夹羽毛织锦的方法。这种方法是在织绵过程中，按照图案的要求，在衣裙的不同部位夹织细如丝线的金丝、银丝或各色羽毛，使织物流光溢彩，如唐中宗之女安乐公主就让人用此法织成百鸟毛裙。这种工艺在中世纪时传入大马士革、埃及，深受阿拉伯人的珍爱，专门用来织作金线锦丝绸大衣。

不仅是中国的丝织工艺，中国的纹饰也传入了西亚。在十五六世纪的伊朗丝织业中，出现了凤凰、龙、麒麟等在中国传统中寓意吉祥如意的图案。而中国的牡丹、芍药等植物也成为伊朗莲花、忍冬纹和团花纹饰吸收的图案。[②]

二、丰富和美化了传入国人民的生活

中国丝绸的传入，不仅丰富了传入地人民的衣着，还改变了一些地区的着装习惯。"吴时遣康泰、朱应使于寻国，国人犹裸，唯妇人著贯头。泰、应谓曰：'国中实佳，但人亵露可怪耳。'寻始令国内男子著横幅，今干漫也。大家乃截锦为之，贫者以布。"[③] 这里的寻国指的是范寻统治下的扶南王国。据此段史料可知三国时扶南国的女子服饰形制极为简单，是在一块布的中央开一个孔洞，将头颈从中伸出便可，而男子还是裸体。在康泰和朱应的建议下，范寻才命男性穿上丝绸或布匹制作的筒裙。费信在《星槎胜览》里多处记载了中国丝织品传入东南亚地区的情况，说当地人民"皆好中国绫、罗、杂缯。其土不蚕，惟借中国之丝到彼，能织精好缎匹，服之以为华好"。中国文化的传入，改变了当地的生活习惯。

---

① F. Zhao and L. Wang. *Reconciling Excavated Textiles with Contemporary Documentary Evidence: A Closer Look at the Finds from a Sixth-Century Tomb at Astana*. In Journal of the Royal Asiatic Society, 2013, 23(2), pp. 197-221.

② 李喜所主编，林延清、李梦芝等著：《五千年中外文化交流史》（第二卷），北京：世界知识出版社，2002 年，第 584 — 585 页。

③ 《通典》卷一八八《边防·南蛮下·扶南》，第 5094 页。

无独有偶，汉代时的朝鲜人民也"大率皆魁头露紒，布袍草履"①，到 3 世纪时开始逐渐着布帛，但"公会，衣服皆锦绣金银以自饰"②。弥生时代的日本也因为受低劣的织造技术影响，人民多采用楮布、棉粗布、麻布和藤布等植物纤维材料制作服装，衣着简陋，《三国志》载：日本"男子皆露紒，以木绵招头。其衣横幅，但结束相连，略无缝。妇人被发屈紒，作衣如单被，穿其中央，贯头衣之"③。可见当时男子用"木绵"缠头，身上则用一块连缀而成的整幅大布包裹。女子则散头发，在一块被单似的布匹中挖出一个洞，将头颈从中伸出，用以遮掩身体。此后，随着日本和中国的密切交往，中国的织工、养蚕缫丝能手及裁缝师等移居日本，将先进的纺织技术带入日本，引起了日本的服装革命。到隋唐时期，其流传已久的"衣横幅"习惯终于被改变，"其王开始制冠，以锦彩之，以金银花为饰"，"妇人衣纯色裙，长腰襦，结发于后。至炀帝，赐其民锦线冠，饰以金玉，文布为衣，左右佩银花，长八寸，以多少明贵贱"。丝织品和丝织技术的流入，不但改变了日本人民粗陋的衣着习惯，还影响了日本服饰文化的形成，使日本也建立起了如中国一样的冠服之制。如推古女皇十一年（603），圣德太子制定并颁布了"冠位十二阶"，用十二种颜色的帽子来区别官位的高低，并用仁、礼、信、义、智加上德，再各分"大""小"，分别与紫、青、赤、黄、白、黑的浓淡两色对应，分为十二级官衔，各按阶位用冠。④圣德太子之后的日本天皇也纷纷仿效唐代的服饰制度，对日本的冠服制度做了进一步完善和细化，使其进一步与唐制靠近。仁明天皇于承和九年（842）甚至下诏："天下仪式，男女衣服，皆依唐法，五位以上位记，改从汉样。"⑤从古画像和实物看，日本的服饰文化确实体现了深厚的唐风。如日本著名的古画圣德太子像，画中的太子头戴幞头，身穿唐式缺骻袍，手持笏板，

① 《后汉书》卷八五《东夷列传》，第 2819 页。
② 《三国志》卷三〇《魏书·东夷传·高句丽》，第 844 页。
③ 《三国志》卷三〇《魏书·东夷传·倭》，第 855 页。
④ 武安隆：《文化的抉择与发展——日本吸收外来文化史说》，天津：天津人民出版社，1993 年，第 104 页。
⑤ 转引自马兴国、宫田登主编：《中日文化交流史大系·民俗卷》，杭州：浙江人民出版社，1996 年，第 97 页。

脚着皮靴，一副唐人风范。

中国丝织品还影响了传入国的生活方式及价值信仰，为传入国注入中国文明的内涵。如罗马人对于中国的丝绸尤其喜爱，丝绸成为罗马贵族的奢侈品和政治身份的象征。以奥古斯都身着长袍的经典塑像为例，历代罗马皇帝都视丝绸加身为权力的象征，禁止他人穿着类似的丝绸服饰。公元 395 年，皇帝狄奥多西一世更是规定：紫色的丝绸是皇室的专用品。①查士丁尼法律更规定"以穿着标示等级"，从颜色、质量、型号等方面对不同阶层可以穿着的丝制品进行规定。②因为丝绸与政治地位相连，所以在罗马的价格极为昂贵，马尔库斯·奥利略元首时代（Marcus Aurelius，161—180），上等的中国丝绸每磅值黄金 12 两。尽管丝绸如此昂贵，但仍然抵挡不住罗马人对它的喜爱，不仅贵族竞相穿着丝绸，连普通百姓也以穿着丝绸为荣。公元 401 年，在为罗马君主狄奥多西二世举行洗礼时，"全城（指君士坦丁堡）的人都头戴花环，身穿丝绸袍服，戴着金首饰和各种饰物，没有人的笔墨能形容全城的盛装"③。丝绸不再仅是普通的商品，而是与罗马人的政治地位、社会身份紧密联系起来，成为身份地位的象征。像罗马这样以穿着丝绸作为身份地位象征的还有暹罗、吕宋等"其土不蚕"之国，更是只有得到中国生丝才能织出绸缎，故以穿着绸缎为贵。丝绸的这种尊贵地位，引起了全社会各阶层的向往。当丝织业在传入国普及后，一些新兴资产阶级乃至下层平民便不惜利用丝绸服饰来改变自己的形象，以与上流社会的贵族阶级平起平坐。④而上层社会则不断更新服饰以与"下层等级"拉开距离，这使得各国的丝绸品不断更新设计以迎合更多的消费者。各国消费者对丝绸的热情追求刺激了服装业和丝织业工人的想象力和创造力，创造出了绚丽多彩的丝绸新品种和新花色，服饰剪裁式样也不断翻新。

---

① 吴琼：《早期拜占庭帝国的丝织业》，《科学技术哲学研究》2011 年第 2 期，第 105 页。
② 吴琼：《早期拜占庭帝国的丝织业》，《科学技术哲学研究》2011 年第 2 期，第 106 页。
③ 杨共乐：《罗马史纲要》，北京：商务印书馆，2007 年，第 239—240 页。
④ ［意］卡洛·M.奇波拉主编，贝昱、张菁译：《欧洲经济史》第二卷《十六和十七世纪》，第 117 页。

除了用来制作服装，丝绸在流入国的使用非常广泛。东南亚人民还用丝绸来制作头饰，"蒲甘国官民皆撮髻于额，以色帛系之"，这种头饰后来发展成为包头巾，就是现在缅甸男子喜爱的"岗包"，这也成为他们的民族服饰；而妇人使用绢伞、绢扇更是成为流行时尚。在社会生活中，用丝绸来抄写经文、用丝线来装订书籍者亦比比皆是。

中国丝绸的传入还改变了一些国家对蚕丝的看法。如缅甸，《唐史》云其国人"衣服悉以白氎与朝霞，绕腰而已，不衣缯帛，云出于蚕而伤生也"[①]（白氎是一种细棉布）。而近代缅甸丝织工业区阿摩罗补罗生产的最名贵的丝绸"仑德耶"（Lun-taya），其纺织技术就是从中国传入的。

三、对传入国政治、经济、文化的积极影响

中国的丝绸和蚕丝技术的外传，对传入国的政治、经济和文化均产生了很大影响，使得传入国创办或发展了本国的丝绸业，增加了财政收入，改善了人民的物质生活，还带动了其他行业的发展。

中国丝织品的外传，提升了传入国的国际地位，促进了其对外贸易的发展。如波斯曾是转运中国丝绸最多的民族之一，传入古罗马的丝绸有很大一部分是通过波斯商人的转口实现的。尤其是当罗马帝国分裂后，其实力衰微，西方与远东贸易的主导权便落入波斯和阿拉伯人手中，波斯成为主要的获利者和远东商品的重要集散地，波斯商人通过向西亚和欧洲贩卖中国的丝绸，获得了巨额利润。

越南也因中国的丝绸而获益。两汉时期，为了得到中国的丝织品，罗马帝国曾取道越南与中国沟通。《后汉书》载："大秦国一名犁鞬，以在海西，亦云海西国。……其王常欲通使于汉，而安息欲以汉缯彩与之交市，故遮阂不得自达。至桓帝延熹九年，大秦王安敦遣使自日南徼外献象牙、犀角、玳瑁，始乃一通焉。"[②]《越史要》也载："中国艺业，首在蚕丝，故所纺织极为精巧。亚历山大王希腊

---

① 《太平寰宇记》卷一七七《四夷·南蛮·骠国》，第 3387 页。
② 《后汉书》卷八八《西域传·大秦国》，第 2919—2920 页。

辟东土，罗马得此绢而珍惜之，以转贩多，价日陡贵。东汉，罗马帝得领土在亚细亚之西，渐欲与中国通，迨取波斯，航路始便。"①可知罗马为了躲避安息帝国的刻意阻挠和高利盘剥，便从海路通过越南与中国直接交通。不独罗马，印度也因陆路交通的阻隔，转而取道越南与中国往来。纵览东汉一代，不仅中南半岛、南洋群岛各国的商人纷纷到越南从事此项贸易活动，来自波斯、安息、天竺、大秦的商人也多在此驻足，他们都是经由这里前往汉王朝的腹心地带。②而大批中原内地的商人也辗转于此，或与滞留在此的海外商人交易，或携带商品出海贸易。如此一来，越南成为沟通中外贸易的中转站，在汉代对外贸易往来中的地位日益重要，其经济也因此而日益繁荣。

同样从转运中国丝绸中获得丰富利润的还有葡萄牙。16世纪时，葡萄牙人掌握了中日生丝贸易的主导权。葡人每年从澳门运往长崎的生丝，少则1500担，多则3000担，而由长崎运往澳门的白银，在16世纪后期每年约为五六十万两，到17世纪前期每年约为一百多万两，个别年份能达到二三百万两。自1599年到1637年，葡萄牙商船从长崎输出白银共5800万两，这些白银大部分用来购买中国的生丝及其他商品，每年在广州购货所用白银多达一百万两以上。③为了打破葡萄牙人对中日丝银贸易的垄断，日本政府开始谋求与明朝的商业往来，但因无法打破明政府禁止与日本通商的禁令，日本商船便转而与琉球及东南亚地区的中国商人进行第三地贸易，以便购买中国的生丝及其他商品运回日本。从1604年到1635年，日本商船每年约出口白银60万至80万两，进口中国生丝1400担至2000担。④葡萄牙人经营中日丝银贸易获得的丰厚利润令西方其他国家的殖民主义者垂涎不已，此后荷兰人也加入中日丝银贸易中来，其销往日本的中国生丝数量庞大，仅1636年就有1422担生丝销往日本，当年从日本运出的白银则有70余

① ［越］黄高启：《越史要》卷一，1914年新镌刊本，第33页。

② 冼剑民：《汉代对岭南的经济政策》，《暨南学报》（哲学社会科学版）1989年第4期，第34页。

③ 全汉昇：《明代中叶后澳门的海外贸易》，载《中国近代经济史论丛》，北京：中华书局，2011年，第150—153页。

④ 全汉昇：《明中叶后中日间的丝银贸易》，载《中国近代经济史论丛》，第171—172页。

万两。①

　　中国丝织品输入西班牙和美洲，还为墨西哥的丝织工业提供了廉价的原料，使 14000 多人获得了就业机会。

　　中国蚕丝技术的外传，使传入国发展起了本国的丝织业，丰富了本国的产品市场，扩大了对外贸易往来。如朝鲜半岛丝织品生产得到发展后，其国内外市场上流通的丝绸产品日益增多，除了一部分流向中国外，还流向了远在中东地区的阿拉伯等国家。史载，1024 年、1025 年、1040 年先后三次有大食商人带来水银、香料、染料等产品，换取高丽生产的绸缎。②

　　拜占庭在得到了中国的养蚕技术后，其丝织业达到了很高的水平，无论是丝织品的产量还是流通都达到了相当规模。而政府为了保护丝织业带来的高额利润，也建立起一套严格的管理体系，以保证丝织业在拜占庭社会的独特地位。查士丁尼大帝时期，君士坦丁堡作为罗马帝国最大的市场，丝织品、纺织业是其最重要的部门。养蚕术传入前，拜占庭丝织品的原料生丝主要从东方进口，用以供给国内各地的制造工场。拜占庭常将中国丝织品进行拆解，然后再进行加工染色。这种拆解中国丝绸并重新进行纺织加工成新产品的模式几乎成为当时丝织工艺的一般流程。在这个流程中，女人们拆丝，男人们负责染色配料、纺织裁剪，③ 行业内男女分工明确。亚历山大城集中了全世界最好的商品，吸引着各地的商人，其交易量极大，被称为"忙城"④。它进口大量生丝，加工成精美的丝绸制品出口到地中海沿岸各地，甚至到远东一带。"5—6 世纪时，拜占庭国内的主要工业是制造丝织品。"⑤

　　因为能带来高额利润，所以丝绸进入罗马后很快成为特殊商品，查士丁尼大

---

　　① （清）孙承泽：《山书》卷十二，载《续修四库全书·史部》第 367 册，上海：上海古籍出版社，2002 年，第 227 页。

　　② 朝鲜科学院历史研究所：《朝鲜通史》卷上，长春：吉林人民出版社，1975 年，第 102 页。

　　③ Lopez R S. *Silk Industry in the Byzantine Empire*. In Spec-ulum, Vol xx Jannuary,1945, p. 6.

　　④ ［美］汤姆逊著，耿淡如译：《中世纪经济社会史》，北京：商务印书馆，1997 年，第 203 页。

　　⑤ ［美］汤姆逊著，耿淡如译：《中世纪经济社会史》，第 211 页。

帝颁布法令，将丝织品纳入国家专营，并对其采取了垄断性管理措施。如丝绸不能卖给没有权力购买的人；君士坦丁堡《市政书》的法令中要求防止制作秘方泄露；而丝织品的技术工人则作为一个特殊的职业阶层，世代永传，不许离职，以保持较高的织造水平。[①] 通过这种强制的方法，帝国的工厂拥有了一支身份世袭的织工队伍。为了便于监管丝织工匠，丝织品生产工场一般都集中在深宅大院，如君士坦丁堡的政府制衣工场和裁缝工场就在帝国皇宫的旁边。这种垄断措施使拜占庭的丝织业繁荣了几个世纪之久。

养蚕技术传入拜占庭后，拜占庭国内的生丝生产也发展起来。养蚕技术的传入大大加快了当地丝织业的发展。君士坦丁堡、安条克、贝鲁特、泰利、底比斯等城市很快成为地中海地区丝织品加工的中心，成为中国蚕桑丝织技术西传的中继站。拜占庭生产的丝织品不仅满足国内市场，还远销国外。而国内生丝生产的兴盛，也使得查士丁尼时代的国家垄断无法维持，私人开始开办丝织工场、制衣行等，且丝绸制品开始向大众出售，而法律对此也不再限制。

丝织品作为拜占庭帝国国际贸易中的重要货物，拜占庭国王根据不同的政治目的制定了丝织品的出口计划，以获取对外贸易中的顺差地位。

中国丝绸和丝织技术的外传不仅刺激了西欧城市手工业的繁荣，也推动了传入国管理方式的变革。意大利在丝绸业发展起来后，为了寻找更廉价丰富的生丝原料产地和更广大的消费群体，从事丝绸贸易的一群人率先组织起来，成立行会，也称"基尔特"，以集中雄厚的资金和技术支持。公元 1256 年，威尼斯成立了世界上第一个丝织工人协会，类似的机构在接下来的一个世纪在卢卡、波洛尼亚和佛罗伦萨相继成立。在意大利的很多城市，丝织工人协会的势力很大，他们代表工人的利益，反对工场主的任意剥削，工场主为了利润不得不寻求新的管理方式。所以丝织业行会的建立使得工场主和技术工人都面临持久的压力和对方的制约，这成为推动丝织行业技术进步和管理方式创新的一个重要动因，使威尼斯人于 14

---

① Lopez R S. *Silk Industry in the Byzantine Empire*. In Spec-ulum, Vol xx Jannuary,1945, p. 5.

世纪时就建立了早期资本主义工业的管理方法。①而技术进步和管理方式的创新又使威尼斯的单件丝织品的成本大大降低，从而在竞争中具有价格优势，再加上政府的支持和鼓励，威尼斯的丝织业日渐繁荣。

丝绸技术的传入，使一些传入国仿照中国官营丝织业的生产管理体制建立起了自己的丝绸生产管理机构。大化革新后，日本建立起了负责宫廷织物生产和分配的大藏省织部司。织部司掌管着位于京都西阵织部町的官营丝织手工业，督促工匠们织造各种高档丝绸以满足贵族的需求。由于官营生产能够最大限度地集中人力物力，且不以营利为目的，所以京都西阵的丝织品质量高、数量多，能够生产绫、罗、锦、纱等不同种类的丝绸。

通过丝绸，中国也与世界各国建立起了友好关系。在中国古代历史上，域外国家或地区来中国朝贡，统治者回赠的物品中总有丝织品的身影。因对丝织品的喜爱和追求，域外各国更为主动和频繁地与中国往来。如明成祖永乐三年（1405），浡泥国遣使入贡，成祖"赐印诰、敕符、勘合、锦绮、彩币。王大悦，率妃及弟妹子女陪臣泛海来朝"，成祖又赐"金织文绮、纱罗、绫绢衣十袭"，"十月，王卒于馆。帝哀悼，辍朝三日，遣官致祭，赙以缯帛"。②所以中国的丝织品不仅仅是一种商品，更具有深厚的政治色彩，是中外友好往来的使者和见证者。

中国丝绸的传入也取代了一些国家传统的丝织行业，为其注入中国元素。中国的丝绸主要产自家蚕，目前所公认的中国的家蚕传入地中海地区的时间是在公元6世纪中期。③在中国的蚕桑技术传入西方以前，地中海东部地区也生活着几种能够吐丝的昆虫，如天蚕蛾科中的食梨蛾和枯叶蛾科中的叙利亚野蚕。食梨蛾主要分布在法国南部到小亚细亚乃至伊朗的广大地区，叙利亚野蚕主要分布在意大利南部经希腊直到以色列的地中海东部地区。它们都能吐出白色的

---

① 苏聪：《中世纪后期意大利丝织业的崛起》，《社会科学家》2013年第9期，第133页。
② 《明史》卷三二五《外国传·浡泥》，第8412页。
③ ［法］L.布尔努瓦著，耿昇译：《丝绸之路》，乌鲁木齐：新疆人民出版社，1982年，第164—165页。

丝线，并织成厚茧。地中海东部的一些地区直到19世纪还利用这些野茧来织丝。在意大利的一些地方，从1860年到1875年间，这种野茧所产的丝也仍然相当重要。所以说古代地中海地区可能已利用野蚕丝来进行纺织。在西方古典文献中曾提到"科斯丝绸"，它是地中海东部的科斯岛所产的丝织品，有学者认为这种丝绸是将来自中国的丝绸解开后重新纺织而成的丝织品。①但据普林尼的《自然史》对"科斯丝绸"的描述来看，这种丝绸的原料来自一种特大蛆虫。这种蛆虫先变成毛虫（毛虫身上有一对突起的角），然后变成茧，再变成蛹，6个月后又变成蚕蛾，它们像蜘蛛一样织网。这种蛆虫变成的蚕蛾会在石头上用烂泥建造窝穴，十分坚固，用标枪也很难打破。为了御寒，这些蚕蛾长出了蓬乱的毛发，并用粗脚将树叶上的细绒刮聚在一起，压成细毛，再用爪子对这些细毛进行梳理，从中抽出丝线，一圈圈地绕在自己身上，做成巢。人们将这种带巢的蚕蛾采集起来，放在陶盆中饲养，经过加温、用糖喂养后，就会长出一种特殊的绒毛。人们对这种绒毛进行加工后就可以成为衣料，用它缝制的衣服穿在身上非常轻柔，连男子都非常喜欢。最早将蚕蛾缠绕在身上的网（茧）解开然后用它的丝织成衣服的人，是科斯岛上的一个女子，叫帕姆菲尔，她是普拉特的女儿。②从普林尼对这种蚕蛾的外形及所织衣物的描述来看，这种丝绸可能就是用叙利亚野蚕所产的丝织成的。再结合考古学家的发掘和论证，爱琴海文明中确实有丝绸，只不过可能是由野蚕丝织成的。③但西方的这种野蚕丝与中国丝绸是不能相提并论的，因为中国的丝绸生产有一个完整的生产体系。产丝的家蚕是人工饲养的，且为此专门种植桑树；而西方产丝的蚕则是野生的，也没有专门种植的桑园，故西方的野蚕丝不可能有大的产量。而从丝织技术上来说，中国的缫丝技术很特别：通过沸水浸泡蚕茧再抽丝，可以使蚕丝脱胶且

① ［德］夏德著，朱杰勤译：《大秦国全录》，北京：商务印书馆，1964年，第110—113页。
② Pliny. The *natural history*, The Loeb Classical Library, XI. Xxv-xxvII, VI, xx, P54-55.
③ E. Panagiotakopulu et al. *A Lepidopterous Cocoon from Thera and Evidence for Silk in the Aegean Bronze Age. Antiquity*，1997年第71期，第420—429页。

抽出的丝很长，一个普通家蚕茧的丝长度在 1000 米以上。[①] 这种脱胶后的丝织出的织物柔和而有光泽，且织物更易着色。这也是中国丝绸长期蜚声世界的一个决定性因素。而古代西方没有此项技术，只能手工拆解野蚕茧，这样的蚕丝容易断裂，为了便于纺织只好将断丝捻成较粗的丝线。因此，西方野蚕丝织出的织物比较厚，且缺乏弹性与光泽，再加上其产量有限，所以随着中国丝绸的传入，科斯丝绸这样的野蚕丝织物就逐渐减少或消失了。[②] 取而代之的则是大量来自中国的精美丝绸。

　　中国的丝绸技术向西传播，进入法国、英国等欧洲国家后，使得这些国家也有了高超的丝织技术、建立起了各自的丝绸工业，但这并没有减少西方人对中国丝绸的喜爱。16 世纪以来，随着东方贸易的再度兴起，中国的各种工艺品大量远销到欧洲，受到了欧洲社会各个阶层的追捧，开启了欧洲世界再度迷恋中国文化的热潮。法国 17 世纪的资料记载到：来自南京的丝绸是最精致最华丽的。虽然这些丝绸与我们自己的产品类似，但其织造技术总有些地方超过我们，如丝绒、天鹅绒、金丝薄纱、缎子、塔夫绸、绉和其他产品等。法国的贵妇们尤其喜欢中国丝绸，她们用中国丝绸制作服装、鞋面、床罩、帷幔、窗帘等，甚至家具的罩布也采用丝绸和刺绣织物。为了迎合社会需求，欧洲本地的丝织厂开始大量设计生产具有中国风格的丝绸产品。18 世纪的法国里昂、都尔等城市是中国风丝绸织物的生产重镇，设计师们将当时流行的装饰艺术中的罗可可样式与欧洲人想象中的中国风情相结合，制作出了多种题材的中国风产品，如身穿长袍的中国人物、雕梁画栋的亭台楼阁、山清水秀的田园风格、中国禽鸟和龙凤等。法国的中国风丝绸图案还影响了欧洲其他国家和地区，继法国之后，英国、荷兰和德意志等国的丝绸企业也生产了不少中国风丝绸织物。为了得到更加原汁原味的中国风产品，17—18 世纪的欧洲各国还以来样加工的方式，向

---

　　① 中国农业百科全书编辑委员会：《中国农业百科全书·蚕业卷》，北京：农业出版社，1987 年，第 49 页。

　　② 龚缨晏：《西方早期丝绸的发现与中西文化交流》，《浙江大学学报》（人文社会科学版）2001 年第 5 期，第 79 页。

中国定制了大量的中国风丝绸织物。这类织物一般是根据欧洲的流行时尚，由欧洲设计师设计好纹样，中国工匠加工生产，这类产品的数量也很大。[①]虽然这类中国风图案与中国同时期的丝绸纹样风格有较大差距，但它反映了中国文化的世界影响，同时，这些丝织品也将中国文化深深印入西方人的心里，促进了中外思想文化的交流和融通。

---

① 袁宣萍：《17—18世纪欧洲丝绸中的"中国风"》，《丝绸》2003年第8期，第49页。

第四章

陆上丝路的丝绸贸易

丝绸是中华文明的标志物之一。古代丝绸之路是东西方商贸往来和文化交流的大通道，通过丝绸之路，中国丝绸、瓷器、茶叶等物品输出到沿线国家和世界各地；来自域外的珠宝、药材、香料、葡萄、胡麻、胡桃、胡萝卜、胡瓜等源源不断地输入中国。其中，丝绸是古代国际贸易中最主要的货物。在东西方海上交通发展起来之前，陆上交通扮演着主要角色，中国丝绸起初主要是通过欧亚草原之路和沙漠绿洲之路传入西方。

第一节　张骞出使西域之前丝织业及其贸易

一般认为，张骞出使西域开辟了丝绸之路。其实东西方之间的丝绸贸易早在张骞出使西域之前已经产生。中国蚕桑丝织技术早在新石器时代已经产生，至迟商周时已经进入商品流通领域，春秋战国时已经传至遥远的希腊。丝绸贸易很早就在东西方文明互动中发挥作用。

一、商周时期的丝绸贸易

中原地区与西域交通的开拓时间很早。根据考古资料和文献记载，从中原地区西行，早期的交通道路主要有两条：一条经祁连山南柴达木盆地进入今新疆和中亚，古代这里是羌人聚居区，所以这条道路被称为"羌中道"，早在新石器时代这条道路就已经存在。裴文中先生据湟水流域出土的大量遗物推测，古羌族就活动在青海东部和新疆若羌之间的交通线上。[①]另一条路线则是由祁连山北经河西走廊进入西域。中国丝绸早期西传便是沿着这些路线进行的。

考古研究发现，中国先民最早驯养家蚕，逐渐摸索并掌握"治丝"技术的时期最早可以追溯到新石器时代。仰韶文化遗址曾出土世界上时代最早、带有色泽的丝织物，这一重大发现直接证实了这一推断。新石器时代先民为何制作丝绸，考古界没有相对统一的说法。据说在商代，先民对自然界"鬼神"十分敬畏，经常举办各种各样的祭拜仪式，使得人们对丝绸的需求迅速增加，这直接推动了丝绸织造业的发展。《管子》称桀之时女乐"无不服文绣衣裳""薄之游女工文绣纂组"[②]，可知夏商已有纹织。商代丝绸生产已经初具规模，出现

[①] 裴文中:《中国西北甘肃走廊和青海地区的考古调查》,载《裴文中史前考古学论文集》,北京:文物出版社,1987年,第256—273页。

[②]（汉）刘向编:《管子》卷二三《轻重甲》,载《二十二子》,上海:上海古籍出版社,1986年,第184页。

了复杂的织机和相当高超的织造技艺，当时生产的丝绸主要用途，一是服用，二是"敬鬼神"，即各种丧葬和祭祀。[①] 那么为什么丧葬和祭祀需要用到大量的丝绸呢？这是因为古时候先民比较迷信，对自然界现象并不理解，再加上对蚕十分崇拜，而丝绸之丝来自蚕，古时候讲究羽化升仙，所以先民们认为用丝绸"敬鬼神"是对鬼神的崇敬，而后来丝绸被用到服饰上更是希望自己长命百岁、羽化升仙。但随着生产的发展和社会分工的扩大，商代的商品交换中已经有了丝绸的内容。

商代甲骨文中有不少与蚕桑丝织有关的字，如桑、蚕、丝、帛等字，并有祭祀蚕神的内容；殷墟出土的青铜器、玉器常有细丝纹痕迹，都反映了丝织品在商人生活中的用途。丝绸作为商品之一，在商代确实已经参与到物品交换的贸易活动之中。据说商的先人王亥曾"服牛"[②]，即驾牛车，从事贩贸。王亥是商朝开国帝王成汤的七世祖，先商部落首领中的重要人物。商部落活动的中心在今商丘。商朝始祖叫契，王亥是商契的六世孙，甲骨卜辞中称之为"高且（祖）亥""王亥""高且（祖）王亥"。王亥服牛从事贩贸，主要商品就是丝帛。《管子》云："殷人之王，立帛牢，服牛马，以为民利，而天下化之。"[③] 说的就是王亥的事迹，所谓"帛牢"就是喂养从事贩贸丝帛的牲畜圈。这段记载还反映了商人从丝帛贸易中获得的巨大利益。正是因为商人本来就有的商业活动，武王克殷以后，周公叮嘱殷之遗民："肇牵车牛，远服贾，用孝养厥父母。"[④] 反映当时已经存在丝绸的远途贩运。由于丝织品轻便，价格昂贵，成为商人们乐于进行长途贩运的货物，但当时商贾的足迹远至何处并无记载。

当时，殷人已经与西北地区和西域各地建立起商业联系。成汤时四方朝献，

---

① 卫斯：《中国丝织技术起始时代初探——兼论中国养蚕起始时代问题》，《中国农史》1993 年第 2 期，第 86—92 页。

② （汉）宋衷注，（清）秦嘉谟等辑：《世本八种·作篇》，上海：商务印书馆，1957 年，第 25 页。

③ （汉）刘向编：《管子》卷二四《轻重戊》，载《二十二子》，第 191 页。

④ （汉）孔安国传，（唐）孔颖达等正义：《尚书正义》卷一四《酒诰》，载《十三经注疏》，第 438 页。

有西方的"昆仑、狗国、鬼亲、大夏、莎车"①等，他们带来了各自的特产。礼尚往来，他们从商人手中获得的应该是丝帛。1976 年，河南安阳殷墟考古发掘了殷王武丁的配偶妇好的墓，发现 750 多件玉器，其中大部分来自今新疆和田。商人用于交换玉石的商品只能是丝绸。考古工作者在新疆哈密五堡、吐鲁番阿拉沟墓地发现不少"海贝"，这是商人使用的货币。这些说明当时商人可能已经远行至中国的西北地区，在河西走廊、今新疆一带与当地的部落方国有了来往，其贸易活动也到达这些地区。《人民日报》1990 年 8 月 22 日海外版以《丝绸古道又有新发现》为题，报道在乌兹别克斯坦南部的墓葬中发现了约公元前 1700 年至前 1500 年之间的中国丝绸碎片。1993 年 3 月 21 日，《光明日报》又发文称古埃及一具距今约 3000 年左右的木乃伊上发现了丝绸残片。②这些可能还需要科学研究进一步确认。

丝绸西传最早大概在西周中期。③《竹书纪年》《穆天子传》和《史记》中之《秦本纪》《赵世家》皆记载穆王西征故事，据说周穆王西巡，直到西王母居住的地方。"十七年，王西征昆仑丘，见西王母。"④其事在公元前 993 年。穆王从成周⑤（今河南洛阳）出发，率六师西行。他带有大量丝帛，沿途馈赠各部落酋长，各部落酋长也向他赠送马、牛、羊、酒和穄麦。最后到西王母之邦，穆王赠以丝绸，并与西王母会宴于瑶池之上。"吉日甲子。天子宾于西王母。乃执白圭玄璧，以见西王母，好献锦组百纯，□组三百纯，西王母再拜受之。"⑥周穆王西巡拜见西王母，进献锦、组，精美的丝织品被作为国礼赠送给西王母。有学者指出《穆天子传》所云之昆仑山应指今天的阿尔泰山，其所述周穆王西行的行程，背景应是横跨欧

① 《逸周书》卷七《王会解·伊尹朝献》，载（明）程荣纂辑：《汉魏丛书》，长春：吉林大学出版社，1992 年，第 288 页。
② 转引自西安市地方志办公室编：《古丝路与新西安——西安与丝绸之路经济带》，西安：三秦出版社，2015 年，第 2 页。
③ 石云涛：《汉唐间丝绸之路起点的变迁》，《中州学刊》2008 年第 1 期，第 183—193 页。
④ （清）徐文靖：《竹书纪年统笺》卷八，载《二十二子》，第 1079 页。
⑤ 《穆天子传》作"宗周"。李学勤据西周青铜器铭文指出，周穆王西行的起点和终点都是成周。见《洛阳——丝绸之路的起点》，郑州：中州古籍出版社，1992 年，序第 4 页。
⑥ 参见郭璞注：《穆天子传》，载（明）程荣纂辑：《汉魏丛书》，第 294—299 页。

亚的草原交通要道。《穆天子传》可以说是中国最早的关于草原丝绸之路的记载。[①]
周穆王西征的传说，不仅反映了西周时期的交通往来已经抵达中亚一带，也说明
中国的丝绸已经传入当时的中亚地区。过去认为《穆天子传》的内容属小说情节，
现在学者一般认为其中的记载应该有一定的根据。

二、春秋战国时期的丝绸贸易

春秋时期，中国的丝绸开始传到欧洲。当时丝绸外传的主要路线是横贯欧亚
的草原丝绸之路。[②] 草原丝绸之路也称玉石之路，开辟于我国史前时期。考古发掘
证实距今五六千年前，玉文化遍布全国各个新石器时代遗址，而玉石产地位于辽
宁岫岩、新疆和田、陕西蓝田、河南独山、内蒙古阴山、青海乐都、浙江青田等地，
玉文化中心与玉石产地不尽一致，需要从玉石产地采石运输到异地，客观上促使
玉石之路形成。[③]1976 年在保存完好的殷墟妇好墓中出土了大量玉器，大部分属于
新疆和田产的青玉、白玉、黄玉及墨玉等[④]，应是从新疆沿玉石之路辗转至河南殷
都。学界推测，史前时期，从玉石产地到玉文化中心可能存在多条玉石之路。"昆
山之玉"多次出现在先秦文献里，其产于昆仑山。近年来的考古研究表明西亚的
青铜文化可能汲取融合西北的齐家文化后传入中原。春秋中期，僻处西陲的秦国
在秦穆公时代进军戎族，先后征服吞并西戎八国，开拓了西北疆土，打开了河西
走廊的交通，秦与西北民族之间的贸易得以发展。中原的丝织物在秦国与西北民
族的贸易中辗转至西方。德国南部霍克杜夫村的古墓葬中，考古发现了距今 2500
多年的中国丝绸衣服残片。1929 年至 1949 年在阿尔泰地区的乌拉干河畔及卡通河
与比亚西河上游先后发掘了一批古墓，出土了中国制造的丝织品，墓群时间为春
秋战国时代。这些说明此时我国的丝织品已经通过草原丝绸（玉石）之路远销到

① 余太山：《〈穆天子传〉所见东西交通路线》，载《传统中国研究集刊》（第三辑），
上海：上海人民出版社，2007 年，第 192—206 页。
② 朱新予主编：《中国丝绸史（通论）》，第 39—41 页。
③ 逯宏：《先秦时期北方草原玉石之路新考》，《内蒙古社会科学》（汉文版）2017 年
第 4 期，第 78 页。
④ 中国社会科学院考古研究所：《殷墟妇好墓》，北京：文物出版社，1980 年，第 114 页。

中亚和西亚地区。[①]

春秋时蚕桑丝织业的分布已经十分普遍，在今陕西中部、山西南部、河南东部、山东西南等地皆很兴盛。鲁国盛产一种低矮桑树，被称为"地桑""鲁桑"，叶肥鲜嫩，营养丰富，产量又高，宜于蚕食。地桑的种植反映鲁地蚕桑丝织业已经很发达。战国时随着经济的发展，作为农副业的蚕桑事业得到进一步发展，黄河流域的蚕桑业非常普遍，形成齐鲁、陈留、襄邑等几个丝织业中心，南方楚越之地丝织业也很兴盛。绮、锦之外，纱、縠、罗等轻薄织物均已出现。《诗经》中屡见"锦"字[②]，锦属色彩织物；出土周器中常见绮纹痕迹，绮属斜纹织物。

丝绸大量应用到服饰上是在春秋战国时期，最初流行在王公贵族间。春秋战国时期，各诸侯国大力发展农桑以求富国强民，甚至将其作为评判百官业绩的指标之一，这使得丝绸的产量和质量均大幅度提高。绫罗绸缎成为王公贵族、达官贵人特有的衣料。在礼乐文明昌盛的西周，作为上等织品的丝绸成为"分尊卑、别贵贱"的标志。按照传统的舆服制度，穿戴丝绸是一种显赫的特权。在古代所谓士、农、工、商的"四民"结构中，商人虽有钱，但却不可以穿丝绸衣物。这种禁令在秦汉时就严厉实行，至汉代，战事平息，统治者劝民归农，奖励农桑，丝织业迅速发展起来，丝绸服饰才得以进入寻常百姓家，也自然解除了对商人的限制。由此可见，丝绸从最初的用于敬鬼神到后来的用于服饰，走入寻常百姓家，经过了漫长的过程。

春秋战国时期，中原与西域的联系也更为密切和频繁了，中原地区的丝绸通过河西走廊进入西域，通过西域流入中亚、西亚和更远的地区，甚至远达欧洲。欧亚草原上游牧民族的活动沟通了东西方之间的联系，他们的活动线路成为当时东西方文明互动的重要通道。公元前5世纪"欧洲史学之父"希罗多德所著《历史》一书中记载了许多游牧民族部落，其中"斯基泰人"是这些民族的代表，因此这条通道被称为"斯基泰人贸易之路"。

---

① 王震亚：《春秋战国时期的蚕桑丝织业及其贸易》，《甘肃社会科学》1992年第2期，第85页。

② 如《诗经·葛生》："角枕粲兮，锦衾烂兮"；《诗经·丰》："衣锦褧衣，裳锦褧裳。叔兮伯兮，驾予与行。裳锦褧裳，衣锦褧衣。叔兮伯兮，驾予与归。"

　　根据希罗多德《历史》一书的描述和欧亚草原游牧民族的活动可知，通过欧亚草原进行的中西间交通的路线，西至多瑙河，东至巴尔喀什湖，是宽广的草原道，中间需要越过第聂伯河、顿河、伏尔加河、乌拉尔河或乌拉尔山。[①]往东与蒙古高原相通有三条大道。第一条东及巴尔喀什湖西缘时，从东南折向楚河谷地，而后进入伊犁河流域。从此沿着天山北麓一直向东，直到东端的博格达山以北。从博格达山北麓向北，还可以走向蒙古高原的西部。第二条从伊犁河流域偏向东北，穿过准噶尔盆地，直抵阿尔泰山西南山麓；或者从东钦察草原东进至额尔济斯河中游，沿着其支流的河谷和宰桑湖南缘进至阿尔泰山。在绵亘的阿尔泰山脉上，有不止一处可以越过的通道，著名的达坂（山口）有三个，即乌尔莫盖提、乌兰和达比斯。第三条从东钦察草原东缘向东，渡过额尔济斯河抵达鄂毕河，然后沿着鄂毕河上游卡通河谷地进至蒙古草原。此道有阿尔泰山和唐努乌梁山之间的崎岖山地，相当艰险。相对而言，第一条是最易通行的道路。考古材料证明了这条通道的存在。[②]

　　在吐鲁番盆地西缘一带，天山阿拉沟东口曾经发现了一批墓葬，其时间跨度为春秋战国时期，最晚到汉朝。1977 年，考古工作者在新疆阿拉沟东口发现了春秋战国时期的丝织品和漆器，其中的菱形链式罗是战国时内地的新产品。在第 28 号春秋墓中，一件凤鸟纹刺绣被发掘出土。在长、宽均为 20 多厘米的绢地上，绿色丝线绣出凤鸟图案。原件虽已残破，但仍可见到凤鸟的躯体、微曲的腿、爪。从刺绣丝绢与凤鸟图案分析，这无疑是中原地区的产品。在新疆乌鲁木齐鱼儿沟也发现过战国时代中原地区的丝织品。[③]从 1929 年至 1949 年，在今俄罗斯戈尔诺阿尔泰地区乌拉干河畔，考古人员发掘了一批时间相当于中国春秋战国时代的古墓，其中巴泽雷克 3 号墓和 5 号墓出土的绢、绸是来自中国的丝织品，绣有形态优美的凤凰图案，在一幅绣帷上绣着非本地所有的飞鹤。从图案风格与刺绣技法看，俄罗斯阿尔泰巴泽雷克墓出土的凤鸟纹刺绣与天山阿拉沟东口墓葬丝织品是一致的。巴泽雷

　　① ［古希腊］希罗多德著，王以铸译：《历史》，北京：商务印书馆，1997 年，第 265—344 页。
　　② 石云涛：《欧亚草原与早期东西方文明互动》，《中国社会科学报》2018 年 12 月 14 日第 4 版。
　　③ 屠恒贤、张实：《商周时期丝绸的外传》，《东华大学学报》（社会科学版）2006 年第 2 期，第 43—46 页。

克古墓葬中出土的中国织物，是用大量的捻股细线织成的普通平纹织物。这些织物，有的是小块的，有的整幅铺盖在其他衣服的上面。其中，图案和制作技术最为突出的，是巴泽雷克3号墓出土的一块有花纹的丝织物。巴泽雷克5号墓出土的茧绸十分精致。上面的刺绣使用彩色丝线，以链环状的线绣制，主题和形象是极其多样化的。这些丝织品和凤凰图案刺绣出现在阿尔泰山巴泽雷克墓葬群中，说明春秋战国时通往此地的商贸之道已经开通。联系周穆王西游的故事，可知西周中叶这条丝绸之路即已延伸到中亚地区。在巴泽雷克墓葬发现有刺绣的5号墓中，还发现了西亚织物，即羊毛绒毯和细密的羊毛织品，不仅为墓葬年代断定提供了依据，也证实巴泽雷克是古代东西方丝绸之路的一个中转站，西亚毛织品通过欧亚草原运抵这里，中国丝绸也由斯基泰商人经此地转运至西亚。克里米亚半岛的刻赤附近有中国早期丝绸出土，从同出器物铭文可以判断其属于公元前3世纪的产品。① 考古学家在德国斯图加特市西北霍克杜夫村发掘一座公元前500多年的凯尔特人墓葬，发现有中国蚕丝绣品，② 可见中国丝和丝织品那时已远销此地。③ 这些考古发现，为春秋战国时期中国丝绸西传勾画了一幅路线图。

产于中国的丝绸，在古代西方国家十分名贵。在古希腊购丝绸、穿丝绸成为富有和地位的象征。里希特《希腊的丝绸》（G.M.A.Richter, Silk in Greece）一文认为，雅可波利斯的科莱女神大理石像，胸部披有薄绢，是公元前530年至前510年的作品。雅典卫城巴特农神庙"命运女神像"（前438—前431）、希腊雕刻家埃里契西翁的加里亚狄像等公元前5世纪的雕刻作品，人物都穿着透明的长袍，衣褶雅丽，质料柔软，皆丝质衣料。④ 希腊绘画中的人物也有类似的丝质服装，公元前5世纪雅典成批生产的红花陶壶上彩绘的人像，身着细薄的衣料。公元前4世纪中叶的陶壶上葡萄酒之神狄奥希索斯和彭贝像更是显著的例子。⑤ 克里米亚半

---

① 参见戴禾、张英利：《中国丝绢的输出与西方的"野蚕丝"》，《西北史地》1986年第1期。
② 美国《国家地理》杂志1983年3月号。
③ 参见杜石然等编著：《中国科学技术史稿》上册，北京：科学出版社，1982年，第229页。
④ ［美］里希特：《希腊的丝绸》，载《美国考古学报》（AJA），1929年，第27—33页。
⑤ ［美］里希特：《希腊艺术指南》，伦敦，1959年，图460。

岛库尔·奥巴（Kul Oba）出土公元前 3 世纪希腊制作的象牙版，绘有"波利斯的裁判"，将希腊女神身上穿着的纤细衣料表现得十分逼真，透明的丝质罗纱将女神的乳房和脐眼完全显露出来。[①] 希腊的服饰不经裁剪缝制，披挂包缠在人体上，简洁、清纯，以衣褶来表现飘逸的动感美。著名的赫格索墓碑上的人物衣着就体现了丝绸衣服这种轻薄简洁的美感（图 4-1）。雅典卫城巴特农神庙里，公元前 5 世纪的"雅典娜女神"浮雕中，可以看到人体的衣着透明轻薄。悬垂的衣褶，飘逸的动感，均体现了丝绸的特点，希腊人常用的亚麻织物很难有如此的质感。在西方的文献资料中，希罗多德所著《历史》描述在中亚地区的东北部分布着不同的民族，并且多次

图 4-1　古希腊赫格索墓碑（石云涛摄）
（希腊国家博物馆收藏）

提到帕提亚人穿着华丽、昂贵、奢侈的丝织品制成的米底式长衣。希罗多德并不了解丝的产地在遥远的中国，认为它们来自地中海南端的小亚细亚，或者来自地处伊朗高原的波斯一带。

　　春秋战国时期，中国的丝织品还输出到波斯地区，公元前 5 世纪后半叶，中国产的丝织品已见于波斯的市场。与米底人同住在伊朗高原的波斯人，于公元前 550 年消灭了米底，建立了阿赫门尼德波斯帝国，其国境东达印度河与帕米尔高原，西至小亚细亚、地中海东岸。希罗多德提到的身着华丽丝质米底式长衣的帕提亚人，也居住在伊朗高原，当时为波斯帝国的一个行省。事实上，中国的丝绸都是通过波斯转运到西方的。所以，希腊人认为丝织品来自西亚。公元前 247 年，帕提亚人建

---

　　① ［英］明斯（E. H. Minns）：《斯基泰人和希腊人》（*Scythians and Greeks*），剑桥，1913 年，第 204 页，图 101；参见沈福伟：《中西文化交流史》，第 22—23 页。

立了安息王朝，在两汉时期成了丝绸之路上一个重要的集散地，垄断了中国丝绸的西运，直至公元 6 世纪，拜占庭帝国找到了养蚕的方法后，才结束了波斯的垄断。

公元前 4 世纪中国与印度间是否存在直接的商贸往来的道路，尚无出土实物证实，但印度与中亚之地自公元前 6 世纪后期为波斯帝国所统治，在公元前 4 世纪时，受马其顿王亚历山大势力影响，印度与中亚各国之间的交流已经存在。印度早期文献考第亚（Kautilya）的《政事论》中提到"中国和中国布（Cinapatta）"[①]。汉武帝时张骞出使西域，在大夏（今阿富汗巴尔赫）见到了来自"身毒国"（印度）的邛竹杖和蜀布。[②] 大夏作为中亚古国，位居当时东西方交通的要冲。公元前 2 世纪，原来在中国西北地区游牧的大月氏西迁，征服大夏。张骞出使时，在大夏见到了由印度输入的蜀地商品，证实在此之前印度与大夏之间已存在商贸之道。至于这条通道的存在时间，大约可以向前推至春秋战国时期。

三、秦代和西汉前期的丝绸贸易

中国的丝绸早在先秦时期就通过草原丝绸之路传播到西亚和欧洲。上古时期的欧亚草原之路是由中国西北和中西亚地区的游牧民族开创的，但因游牧民族的流动性和其文化相对于农耕文明的落后性，草原丝绸之路没能成为东西方文明交流的主要渠道。战国秦汉时期中国丝织业的迅速发展，客观上促进了以丝织品为中心的中西贸易和文化交流。陆上丝绸之路在汉武帝时由张骞开通，以长安为起点，经甘肃、新疆，到中亚、西亚及欧洲，这是中原到西域、中西亚和欧洲的重要陆上贸易商路。海上丝绸之路也在战国秦汉时期形成，代表人物有徐福等，且分为北方海上丝绸之路和南方海上丝绸之路。北方海上丝绸之路从山东沿海北上，经辽东和朝鲜到日本列岛并向北延伸至南千岛群岛和库页岛地区；南方海上丝绸之路从南方沿海到东南亚地区及印度洋沿岸和西亚地区[③]。秦汉王朝与罗马帝国、日本、朝鲜等地通过陆

---

① ［印度］Haraprasad Ray 著，江玉祥译：《从中国到印度的南方丝绸之路——一篇来自印度的探讨》，载江玉祥主编：《古代西南丝绸之路研究》（第二辑），成都：四川大学出版社，1995 年，第 269 页。

② 《史记》卷一二三《大宛列传》，第 3166 页。

③ 朱亚非：《论古代北方海上丝绸之路兴衰变化》，《山东师范大学学报》（人文社会科学版）2019 年第 6 期，第 66—76 页。

路和海路丝绸贸易逐步建立起了联系，中国丝织品不断进入欧洲市场，并为其社会文化注入了新的内涵。实际上陆上丝绸之路的西段，在张骞到达中亚之前，已经因亚历山大东征将希腊化的影响带到东方，张骞到达中亚后对此也有观察。《史记·大宛列传》记载，张骞观察到大宛"其俗土著，耕田，田稻麦。有蒲陶酒"，安息"在大月氏西可数千里。其俗土著，耕田，田稻麦，蒲陶酒。城邑如大宛。其属小大数百城，地方数千里，最为大国"。[①] 中亚地区产葡萄、酿葡萄酒，这是希腊人带来的影响，对此西方文献也有记载[②]，同时中亚地区城邦众多也与亚历山大倡导的建城运动有关。张骞还了解到当地使用希腊化的铸币，见到了罕见的羊皮纸。由此可知，陆上丝绸之路是东西方共同开创的。自此，中国的丝绸、漆器、铁器、皮制品，以及杏树、桃树的种植技术都开始向西方传播；西域的特产、奇物、乐舞、宗教也传入中原，其中最具希腊化特征的就是印度犍陀罗艺术。丝织品已成为秦汉时期中外国际贸易中的主要商品，在西域各城邦国家中享有极高声誉，因而古希腊罗马人称中国为"赛里斯国"（即"丝国"），称中国人为"赛里斯人"。张星烺引亨利玉尔《古代中国闻见录》中古希腊历史学者包撒尼雅斯曾描述的中国丝绸的内容，其中说道："赛里斯人用织绸缎之丝，则非来自植物，另有他法以制之也。其法如下：其国有虫，希腊人称之为赛儿。赛里斯人不称之为赛儿，而别有他名以名之也。虫之大，约两倍于甲虫。他种性质，皆与树下结网蜘蛛相似。……赛里斯人冬夏两季，各建专舍以畜养之。虫所吐之物，类于细丝。"[③]

　　史书上虽不见有关秦与西域官方的往来，但有史料说明两地之间有人进行着贸易活动。《史记·货殖列传》记载："乌氏倮畜牧，及众，斥卖，求奇绘物，间献遗戎王。戎王什倍其偿，与之畜，畜至用谷量马牛。秦始皇帝令倮比封君，以时与列臣朝请。"[④] 在《汉书·货殖传》乌氏倮作"乌氏嬴"，"求奇绘物"作"求奇缯物"。[⑤] 绘、缯都是指丝织品。据《史记集解》引韦昭曰："乌氏，县名，属安定。倮，名也。"《史记正义》则云乌氏县"古城在泾州安定县东四十里"。泾州安定县秦时属边境

---

① 《史记》卷一二三《大宛列传》，第3160、3162页。
② 杨巨平：《亚历山大东征与丝绸之路开通》，《历史研究》2007年第4期，第150—161页。
③ 张星烺编注，朱杰勤校订：《中西交通史料汇编》第一册，第36页。
④ 《史记》卷一二九《货殖列传》，第3260页。
⑤ 《汉书》卷九一《货殖传》，第3685页。

地区。倮是人名，所以《史记》说他"鄙人牧长"。《史记》中所谓西戎，是西北戎族的总称，分布在黄河上游和甘肃西北部。这段记载是说乌氏人倮从事畜牧，贩卖马牛，换取中原之丝织品，又将丝织品献于戎王，戎王则偿之以十倍的牛羊。乌氏倮因此成为巨富，秦始皇以封君视之，请参与朝事。这件事说明乌氏倮与西戎的贸易活动得到朝廷的鼓励，秦代的丝织品通过私人贩运传至西北戎人部落。秦代器物也有向更远的西域地区传播的迹象。据苏联考古学家鲁金科的文章《论中国与阿尔泰部落的古代关系》介绍，在阿尔泰山北麓巴泽雷克 3 号墓发现有花纹的丝织品，制作精美；在 6 号墓出土一面中国铜镜，其由白色金属制成，镜体已经损坏，乃秦式镜的变形之一，阿尔泰山西麓的一个墓室曾出土过形制相似的镜子。[1]有学者认为此铜镜的年代最晚可能是公元前 2 世纪时。古阿尔泰部落居于中亚地区，在这里发现的中国丝织品和铜镜反映了秦时中亚与中国中原地区经济文化上的联系。2019年 12 月 30 日，秦始皇帝陵博物院发布消息称，该院通过对秦陵外城西侧陵区进行详细考古调查与勘探，发现墓葬 20 多座、灰坑 120 多座、陶窑 4 座、古河床 4 条。新发现墓葬陪葬坑 14 座，其中一座墓葬出土了目前国内所见最早的单体金骆驼。这个金骆驼引起我们对秦朝与北方草原民族和西域关系的思考。秦朝虽然短暂，史书上关于它与域外交通的记载很少，但绝不是闭塞不通的。[2]

汉代前期（汉武帝之前），其西北和北方草原地区被游牧民族匈奴人控制，汉匈之间进行了长期的战争，匈奴人阻断了汉朝与西域之间的联系。但匈奴人在中西交通和文化交流中发挥了中介作用。汉朝建立不久就与匈奴建立和亲关系，新单于继位，汉朝都要嫁公主至匈奴，并陪送大量绢帛。在匈奴和汉朝边境地区，双方建立"关市"进行贸易，"夫关市者，固匈奴所犯滑而深求也，愿上遣使厚与之和，以不得已，许之大市。……则胡人著于长城下矣"[3]。从汉高祖刘邦与匈奴和亲开始，这种关市就已存在，成为"故约"。此后各帝都继承这一传统，"景

---

① ［苏联］C. И. 鲁金科著，潘孟陶译：《论中国与阿尔泰部落的古代关系》，《考古学报》1957 年第 2 期，第 39—40 页；又见张志尧主编：《草原丝绸之路与中亚文明》，乌鲁木齐：新疆美术摄影出版社，1994 年，第 315—326 页。

② 石云涛：《早期中西交通与交流史稿》，北京：学苑出版社，2003 年，第 131—134 页。

③ （汉）贾谊：《新书》卷四《匈奴》，载《二十二子》，第 743 页。

帝复与匈奴和亲，通关市，给遗匈奴，遣公主，如故约"①。"匈奴好汉缯絮食物"②，匈奴在关市贸易中总是获得汉之"缯絮"。汉朝皇帝与匈奴单于互赠礼物，匈奴送给汉朝的是马、车和骆驼，汉朝送给匈奴的常常是丝帛。

　　西汉前期，匈奴与中原地区经济上的联系日益加强，他们把从汉朝获得的丝织品贩运到西域、中亚、西亚乃至欧洲，在丝绸西运中扮演了重要角色。在匈奴地区的墓葬考古中发现的文物揭示了匈奴与中亚、西亚乃至欧洲之间的文化交流和物质交换的史实。英国学者道森指出："草原上的这些帝国，绝不像它们的在文明世界的被害者们所认为的那样野蛮。它们有它们自己的古老的文化传统，尽管在人种和语言方面发生种种变迁，这些传统从来没有完全丧失。1924年在乌盖泊附近的诺音乌拉发现的匈奴诸汗的坟墓说明：早在公元初年，匈奴就已与外界有广泛的文化上的接触，不仅同中国，而且和伊朗、叙利亚和东欧都有接触。"③诺颜山（诺音乌拉）6号墓出土的纺织物，是在深棕色毛织品上用中原地区的各色丝线绣出图案，画中一人骑白马。苏联考古学家认为画面中的人物跟里海北岸出土的斯基泰人金银器和陶器上的人物完全相同，反映了匈奴人通过欧亚草原民族获得了希腊式和巴伐利亚式的工艺品。诺颜山12号墓发现的两幅刺绣，画面就是希腊式的。④诺颜山匈奴墓葬中出土的大量丝织品，"图案之希腊风甚为显著，几可视为希腊工匠所作"⑤。学术界一般认为，匈奴人被汉朝击溃后，一部分西迁到了欧洲，考古发现罗马法内塞宫附近的一座别墅，壁画成于希腊工匠之手，与北匈奴墓葬中的绣品图案非常相似。⑥这些说明，匈奴人曾经在东西方经济和文化交流中发挥了中介作用。

---

① 《史记》卷一一〇《匈奴列传》，第2904页。
② 《史记》卷一一〇《匈奴列传》，第2899页。
③ ［英］道森编，吕浦译，周良霄注：《出使蒙古记》，北京：中国社会科学出版社，1983年，第4页。
④ ［蒙古］策·道尔吉苏荣：《北匈奴的坟墓》，载乌兰巴托科学委员会编：《科学院学术研究成就》1956年第1期，转引自林幹：《试论匈奴史中的若干问题》，载《社会科学战线》编辑部编：《民族史论丛》，长春：吉林人民出版社，1980年，第79—89页。
⑤ ［英］耶兹著，向达译：《俄国科斯洛夫探险队外蒙考古发现纪略》，《东方杂志》1927年第24卷第13期，转自林幹编：《匈奴史论文选集（1919—1979）》，北京：中华书局，1983年，第446—460页。
⑥ 齐思和：《匈奴西迁及其在欧洲的活动》，《历史研究》1977年第3期，第135—139页。

第二节　汉代丝路交通与丝绸贸易

一、汉代丝绸之路的开拓

公元前 140 年，中国的西汉王朝日趋强大，汉武帝酝酿削弱北方强大的游牧民族——匈奴对自身的威胁，希冀联合西迁的大月氏共同夹击匈奴。当时，河西走廊是中原地区向西而行的必经道路，但是这一咽喉要道却被控制在匈奴人手里。因此，被派出前往沟通大月氏的，必须是一位有勇有谋、百折不挠的贤能之士。汉武帝下达诏令后，在朝廷担任侍从官的青年张骞欣然应募，毫无惧色，奋勇前行，踏上了万里征途。张骞前后两次出使西域，第一次在公元前 139 年，第二次在公元前 119 年，开启了西域诸国与汉朝的交流往来。丝绸之路的历史在张骞西行的壮举之下，掀开了新的篇章。

为了保证这条新开辟的丝绸之路畅行无阻，阻断匈奴与羌人的联系，汉武帝在河西走廊设置武威、张掖、酒泉、敦煌四个郡，统称"河西四郡"，驻军移民，控制河西交通。从长安出发，途经河西走廊、新疆地区，进入中亚，而后通往南亚、西亚和欧洲，这条道路因为沿途经过许多沙漠和绿洲地带，被称为"沙漠绿洲路"。中国的新疆地区有塔克拉玛干大沙漠，条件恶劣，道路艰险。大沙漠南缘有若干绿洲，古代形成鄯善、且末、于阗、莎车等绿洲小王国，构成西域南道。在大沙漠北缘有若干绿洲，分别形成焉耆、龟兹、姑墨、疏勒等绿洲小王国，构成西域北道。从西域继续西行，越过帕米尔高原，进入中亚地区和西亚，也是广阔的沙漠地带，分布着一个个绿洲国家，构成丝绸之路的西段。今天的哈萨克斯坦、吉尔吉斯斯坦、塔吉克斯坦、乌兹别克斯坦、土库曼斯坦、阿富汗、巴基斯坦、伊朗、伊拉克、叙利亚、土耳其等国家，皆在沙漠间的绿洲之上，因此成为古代丝绸之路绿洲路沿线重要国家，并都在古代丝绸之路贸易中获得了利益，也为丝绸之路的发展和古代国际间贸易做出了贡献。

汉朝与西域国家建立起密切联系，但匈奴人操纵西域国家阻挠汉朝与西域之间的贸易往来，通往西域的道路常常断绝。公元73年，东汉的班超毅然投笔从戎，随窦固出击北匈奴，奉命出使西域。在此后的31年时间里，班超在西域进行了艰苦卓绝的斗争，打通西汉时期通往西域的丝路故道，官至西域都护，封定远侯，世称"班定远"。

班超还曾派甘英出使大秦（罗马），甘英远至安息（今伊朗）西界，虽到波斯湾而返，但他到达了前人从未到达的远方，在沟通中国与西亚地区方面做出了贡献。后来，班超回朝，新任西域都护抚御失败，匈奴反攻西域，西域道路再次断绝。安帝时朝廷派班超的儿子班勇再次出使西域，再次打通了西域道路。

《后汉书·西域传》记载："自建武至于延光，西域三绝三通。"① 在这个过程中，班超父子做出了巨大贡献。班超凭借自身的智勇，成功镇抚了西域诸国，维护了西域的稳定，加强了与西域地区各民族的联系。正是由于班超的卓越贡献，以及汉朝对匈奴战争的胜利，丝绸之路在东汉时期继续延续，并且重新进入繁荣期。

二、汉代丝织业的发展

汉代是丝织业发展的鼎盛时期，齐鲁和中原地区丝织业的发展尤其迅速，丝绸技术有较大发展，复杂的提花织机已基本定型。齐鲁、中原之外，蜀中成为重要产地。国家重视蚕桑，在蜀地设立官织室，置官管理，并从事国内外丝绸贸易。此后蜀地一直是丝织业中心，蜀锦驰名中外，声誉日隆。江南丝织业发展亦快。丝绸在国家财政中的地位也更重要，租调收绢（帛）绵（丝），帛甚至流通为货币。丝织品产量甚丰，武帝元封四年（前107），均输收帛达500余万匹，通好匈奴时动辄赐"彩缯千匹"。丝织品品种繁多，见于文献者已有十数个丝绸品种。

汉代丝织品的制造和贸易主要是官办的，西汉时都城长安有东织和西织两大织室，承办郊庙之服；齐郡之临淄（今山东淄博）和陈留郡襄邑（今河南睢县）各有官营作坊，专供皇帝穿用。《汉书·元帝纪》"初元五年"条提到元帝罢"齐三服官"，颜师古注云：

---

① 《后汉书》卷八八《西域传》，第2912页。

李斐曰："齐国旧有三服之官。春献冠帻縰为首服，纨素为冬服，轻绡为夏服，凡三。"如淳曰："《地理志》曰齐冠带天下。胡公曰服官主作文绣，以给衮龙之服。《地理志》襄邑亦有服官。"师古曰："齐三服官，李说是也。縰与纚同，音山尔反，即今之方目纱也。纨素，今之绢也。轻绡，今之轻纱也。襄邑自出文绣，非齐三服也。"①

服官是负责管理丝织制衣的政府官员，据此条记载，汉于齐与襄邑两处置服官。齐三服官制春、冬、夏三服，襄邑则专制衣绣。元帝罢齐三服官，只是一种临时的举措，那是因为遭受天灾，是皇帝为厌天意而节用的表示。直到东汉章帝时，齐仍有三服官。《后汉书·章帝纪》记载，建初二年（77）四月"癸巳，诏齐相省冰纨、方空縠、吹纶絮"。唐章怀太子注云：

纨，素也。冰言色鲜洁如冰。《释名》曰："縠，纱也。"方空者，纱薄如空也。或曰空，孔也，即今之方目纱也。纶，似絮而细。吹者，言吹嘘可成，亦纱也。前书齐有三服官，故诏齐相罢之。②

这与西汉元帝时一样是临时性举措，并不是撤销此职。据《汉书·贡禹传》，元帝时长安、齐郡临淄、陈留郡襄邑设立的官营手工业作坊有相当大的规模，织工皆达数千人之多，一年所费巨万。东织废后，仅留西织，称织室。

除了官营，各城市通常都有富商大贾经营私营手工业作坊，从事丝织品商品生产；还有农民家庭手工业，他们主要纺织麻布、葛布和绢帛以供自己穿用和缴纳赋税，也有一小部分纺织品出售。齐地本来就以丝织著称，秦时李斯《上书谏逐客》中提到秦国所得其他诸侯国产品有"阿缟之衣，锦绣之饰"③，所谓"阿缟"就是齐国东阿出产的白色丝织品。司马迁《史记》说"齐冠带衣履天下"④，说明齐地丝织品行销范围之广。晁错《论贵粟疏》云："人情一日不再食则饥，终岁不制衣则寒。"⑤当时民间丝织业之发达，实际上是无家不从事丝织。据《西京杂

① 《汉书》卷九《元帝纪》注七，第 286 页。
② 《后汉书》卷三《章帝纪》，第 135 页。
③ （清）严可均校辑：《全上古三代秦汉三国六朝文》，北京：中华书局，1958 年，第 1186 页。
④ 《史记》卷一二九《货殖列传》，第 3255 页。
⑤ （清）严可均校辑：《全上古三代秦汉三国六朝文》，第 2286 页。

记》记载，连富贵之家主妇也从事丝织之事，如霍光妻、陈宝光妻织的绫工序复杂，品质优良，都是"六十日成一匹，匹值万钱"[①]，《史记·货殖列传》说："其帛絮细布千钧，文采千匹"，其人"比千乘之家"。[②]有人做过估算，如果全国织丝者以百万计，一年即织绫六千万匹。《汉书·张阳传》记载，张安世尊为公侯，其夫人亲自纺织，又率七百家僮共织而成大富，超过了霍光。[③]由于丝织品的大量生产，丝绸成为百姓的日常用品。晁错《论贵粟疏》云："男不耕耘，女不蚕织，衣必文采，食必粱肉。……千里游敖，冠盖相望，乘坚策肥，履丝曳缟。"[④]桓宽《盐铁论》记载贤良的话云："今富者缛绣罗纨，中者素绨冰锦。常民而被后妃之服，褒人而居婚姻之饰。"[⑤]

汉代纺织技术有新的提高，纺车、织布机成为普遍的纺织工具，丝织品种类很多，官营作坊主要生产比较贵重的锦、绣、绮、縠（有皱纹的纱），这是几种高级的丝织品。日本原田淑人测定汉代丝径为 0.008—0.013 毫米。[⑥]而据甘肃省博物馆《武威磨咀子三座汉墓发掘简报》，标号 19 的方孔纱丝径细到 0.0055—0.006 毫米，超过现代各国的家蚕丝。[⑦]1972 年长沙马王堆汉墓出土的一件素纱禅衣，薄如今日之尼龙纱，透明如蝉翼，轻如烟雾，重量仅有 49 克。[⑧]

汉代的丝织物总称"缯"和"帛"，其中汉锦是五彩缤纷的多彩织物，代表了汉代丝织物的最高水平。对汉代丝织品进行化学分析，可知汉代是用茜草素和蓝靛做染料，可以染成绿、褐、红等色，比战国时期用温水涑帛的染色工艺提高了一步。

纺织技术有重大进步，丝产量也有增加。光武帝刘秀赐卢芳缯二万匹、樊宏布万匹、单于缯采四千匹；明帝赐邓皇后布三万匹，赐东平宪王苍布一次十万匹，

---

① （晋）葛洪：《西京杂记》卷一，北京：中华书局，1985 年，第 4 页。
② 《史记》卷一二九《货殖列传》，第 3274 页。
③ 《汉书》卷五九《张阳传》，第 2652 页。
④ （清）严可均校辑：《全上古三代秦汉三国六朝文》，第 229a 页。
⑤ 王利器校注：《盐铁论校注（定本）》卷六，第 350 页。
⑥ ［日］原田淑人：《东亚古文化研究》，东京：座右宝刊行会，1940 年，第 427—434 页。
⑦ 甘肃省博物馆：《武威磨咀子三座汉墓发掘简报》，《文物》1972 年第 12 期，第 18—19 页。
⑧ 湖南省博物馆、中国科学院考古研究所编：《长沙马王堆一号汉墓》（上），第 46—47 页。

又一次二十五万匹，又四万匹、九万匹；章帝赐昆明夷卤承帛万匹。这些数字都是惊人的。东汉初年，已能用织花机织成色彩斑斓、花纹复杂的织锦。蜀锦已驰名全国，朝廷设有专门管理丝织业的官吏，故成都有"锦官城"的美称。西晋左思《蜀都赋》云："百室离房，机杼相和。贝锦斐成，濯色江波。"[①] 蜀地蚕桑丝织业发达当甚早，"蜀"字即指蚕丛，说明蚕桑之业虽不一定起源于蜀，而汉代以前蜀地早已成为蚕桑丝织业兴盛的地区。汉末刘备入益州，诸葛亮、法正、张飞、关羽等人各获赐"锦千匹"[②]。此时，临淄和襄邑的丝织业依然兴盛不衰。新疆地区的丝织业也有很大发展，民丰县汉墓出土的红色杯纹罗、织花毛织品，显示出当时西北地区高度发展的纺织工艺。

汉代官营丝织品的消费分别为隶属少府的御府和内者、隶属大长秋的中宫私府及大司农管理。御府主管天子的衣服，内者掌中布张诸衣物。中宫私府是专门为皇室提供丝织品的场所，属大长秋。汉代宫廷日常生活丝织品的消费主要是由少府属下的御府令、内者令或大长秋属下的中宫私府令管理。国家丝织品消费的管理机构主要是大司农，地方上贡的丝织品也主要由大司农管理。大司农府藏丝织品，除有一部分是各郡国服官上贡的官营丝织品外，其绝大部分是民间私营生产的。大司农府藏的丝织品往往不够国家消费之用，因此常常需要借于少府。汉代官营丝织业大多采用手工业作坊的方式进行生产，规模比较大，生产人员主要由织师和刑徒／奴婢两部分组成。

两汉缫丝技术仍旧使用先秦时期的沸水煮缫丝技术。《淮南子·泰族训》云："茧之性为丝，然非得工女煮以热汤，而抽其统纪，则不能成丝。"[③] 与此同时，在手摇缫车的基础上发明了脚踏缫车，这就使得汉代的缫丝效率有了很大的提高。伴随着丝织品产量的增长，汉代的丝织技术也有了很大的改进。据《西京杂记》记载，陈宝光家所使用的织机有一百二十镊，由此可推想其织机的精巧程度。丝织机的改良使得汉代丝织品的品种、数量和精密度也大大提高，仅丝织品的种类就有锦、绣、绮、绢、缟、绛、缣、罗、纵、纬、细、素、练、纱、缎等数十种。1972 年

---

① （梁）萧统编：《文选》卷四，上海：上海书店，1988 年，第 60 页。
② 《三国志》卷三六《张飞传》，第 943 页。
③ （汉）刘安：《淮南子》卷二〇《泰族训》，载《二十二子》，第 1301 页。

长沙马王堆汉墓出土了平纹的绢、纱，素色提花的绮和罗绮，以及彩色提花的锦。

此外，汉代私营丝织业的生产也较为普遍，大都是个体小手工业作坊式的生产。汉代小作坊的丝织业生产以齐地、蜀地和江浙一带为盛，民间丝织业因其丝织品的生产质量高、消费需求大，遂产生了一批以专门生产丝织品为主的小作坊及手工业者。如《西京杂记》记载："霍光妻遗淳于衍蒲桃锦二十四匹，散花绫二十五匹。绫出钜鹿陈宝光家，宝光妻传其法，霍显召入其第，使作之。机用一百二十镊，六十日成一匹，匹值万钱。"①陈宝光妻即为专业的丝织手工业者。上自皇室贵族之家，下至百姓，女性都从事丝织。如新室文母太后"蚕于茧馆，躬执筐曲，帅导群妾，咸修蚕蔟，分茧理丝"。②在河南，乐羊子妻告诫丈夫不要半途而废，云："此织生自蚕茧，成于机杼，一丝而累，以至于寸，累寸不已，遂成丈匹。"③齐地平民"故其俗弥侈，织作冰纨绮绣纯丽之物，号为冠带衣履天下"，鲁人"身善织屦，妻善织缟"，等等，这些都是普通百姓从事丝织业生产的记载。又如《淮南子·说林训》云："临淄之女，织纨而思，行者为之悖戾。室有美貌，缯为之纂绎。"④《论衡·程材》称，齐郡的恒女、襄邑的钝妇都是织锦的好手。⑤可见从事丝织品生产在汉代社会生活中十分普遍，上到达官贵族，下至平民百姓，都从事丝织业活动。

三、汉代丝绸贸易与西传

汉代的丝织品质量很高，富人以穿"襄邑锦绣"为阔气和时尚，丝织品极为闻名，并在对外贸易中成为主要商品，通过丝绸之路远销欧亚各地。丝绸在本土本来就是贵重商品，《释名》释"锦"云："锦，金也，作之用功重，其价如金。

① （晋）葛洪：《西京杂记》卷一，第4页。
② （汉）扬雄：《元后诔》，载（清）严可均校辑：《全上古三代秦汉三国六朝文》，第842页。
③ 《后汉书》卷八四《列女传》，第2793页。
④ （汉）刘安：《淮南子》卷十七《说林训》，载《二十二子》，第1301页。
⑤ （汉）王充著，黄晖撰：《论衡校释》卷十二《程材篇》，北京：中华书局，1990年，第539页。

故其制字从帛与金也。"①中国的丝织品销往遥远的国家，更是"价等黄金"，故大秦（罗马）"常欲通使于汉，而安息欲以汉缯彩与之交市"，赚其利润。②在古代丝绸之路上发现的大量汉代丝织品，都是从中国内地传出的，有许多是官营丝织品。在中国与西方各个国家和地区的商品贸易中，丝织品是主要的货物。两汉时在中国与东南亚诸国的贸易中，出口商品也主要是"杂缯"或"缯帛"。③汉朝生产的丝织品深受世界各地人民的喜爱，销路很广，所以汉朝对外丝绸贸易非常发达。

丝织品对汉代中国与域外的文化交流起到了推动作用。汉武帝的拓边战争使汉代版图迅速扩大，陆路和海上丝绸之路的开通使得中国丝织品传递到远方绝域，通过丝织品贸易，中华文明远播世界。同时，海外贸易促使汉代丝织业进入一个良性循环并快速发展的轨道，使汉朝国力更加强盛，声名远播海外，中国因此被称为"赛里斯"，意谓丝国。丝织品成为先进文化的象征，成为汉帝国强盛文明的标志。

司马迁《史记·大宛列传》记载，葱岭东西各国"其地皆无丝漆"④。在汉朝中国，由于蚕桑丝织业的发展，丝织品不仅供衣着之用，而且成为重要商品大批西运，成为深受西域各国人民喜爱之物，当时的生产量也足以供应大量外销。河西走廊和新疆地区是中原丝绸西运的主要通道，沿途考古发现不少汉代丝织品遗物，在武威、敦煌、额济纳和位于新疆北道沿线的吐鲁番、库车、拜城、巴楚，以及南道的楼兰、尼雅等地，都曾发现汉代彩绢、锦绮、纱罗。在甘肃武威磨咀子汉墓和诺音乌拉汉墓中，考古人员发现了与长沙马王堆一号汉墓同样的汉代菱纹起绒锦。敦煌古长城烽燧遗址出土的一件丝绢上署有"任城国亢父（今山东济南）缣一匹"的字样，另一件西汉末年绢的末端则有波罗谜文，说明这些丝织物来自今山东地区，而运输的目的地则是中亚。民丰东汉墓还出土了整件锦袍。葱岭以西的中亚地区的肯科尔、撒马尔罕也发现了汉代的丝织品。

① （汉）刘熙撰，（清）毕沅疏证，（清）王先谦补：《释名疏证补》卷四，北京：中华书局，2008年，第150页。
② 《后汉书》卷八八《西域传》，第2919—2920页。
③ "缯"是汉代丝织品的总称，包括锦、绣、素、练、绢、缟、纱、绮、纵等。
④ 《史记》卷一二三《大宛列传》，第3174页。

两汉时丝绸的西传有几条主要途径：

一是充作军饷发给驻守西域的将士和充作旅费供使节作为支付手段，通过当地和沿途交换而传播至西域。丝绸在西域、中亚、西亚成为最受信任的通货和馈赠品。《史记·大宛列传》写汉使路经西域，途中被诸国刁难的情形，云："及至汉使，非出币帛不得食，不市畜不得骑用。"①说明帛是用作旅费的，汉使用帛可以换取路途上的食物。

二是作为贵重礼品，通过对匈奴和天山南路诸国的赠送而流到国外。为了发展与匈奴和西域诸国的友好关系，有时也是为了缓解匈奴对汉朝西北边境地区的军事进攻，汉统治者不断赠给匈奴贵族以大量贵重物品，其中包括精美的丝绸制品。周边民族与域外国家"来朝""进献"，汉朝的赏赐赠予异常慷慨，赏赐之物主要是丝帛。汉武帝征和四年（前89），匈奴单于欲与汉和亲，求索"杂缯万匹"②。宣帝甘露二年（前52）正月，呼韩邪单于"朝天子于甘泉宫，汉宠以殊礼"，赐"衣被七十七袭，锦绣绮縠杂帛八千匹，絮六千斤"。③甘露三年（前51）"呼韩邪单于复入朝，礼赐如初，加衣百一十袭，锦帛九千匹，絮八千斤"④。东汉光武帝建武二十六年（50），匈奴南单于来朝，诏赐"黄金、锦绣、缯布万匹，絮万斤"⑤。汉文帝在《遗匈奴书》中讲道："使者言单于自将伐国有功，甚苦兵事。服绣袷绮衣、绣袷长襦、锦袷袍各一，比余一，黄金饰具带一，黄金胥纰一，绣十匹，锦三十匹，赤绨、绿缯各四十匹，使中大夫意、谒者令肩遗单于。"⑥在《遗匈奴和亲书》中又云："匈奴处北，地寒，杀气早降，故诏吏遗单于秫蘖、金帛、绵絮、它物岁有数。"⑦武帝《欲伐匈奴诏》云："朕饰子女，以配单于。金币文绣，赂之甚厚。"⑧《史记·大宛列传》记载，大宛使者到汉，"是时上方数巡狩海上，乃悉从外国客，大都多

① 《史记》卷一二三《大宛列传》，第3173页。
② 《汉书》卷九四上《匈奴传上》，第3780页。
③ 《汉书》卷九四下《匈奴传下》，第3798页。
④ 《汉书》卷九四下《匈奴传下》，第3798—3799页。
⑤ 《后汉书》卷八九《南匈奴传》，第2943页。
⑥ 《史记》卷一一〇《匈奴列传》，第2897页。
⑦ （清）严可均校辑：《全上古三代秦汉三国六朝文》，第137b页。
⑧ （清）严可均校辑：《全上古三代秦汉三国六朝文》，第142a页。

人则过之，散财帛以赏赐，厚具以饶给之，以览示汉富厚焉"①。尼雅发现的一些汉地丝织品，有的用作男锦袍下摆底襟（图4-2），有的是男用锦袜，还有手套，上面绣有"延年益寿大宜子孙锦"等字样。斯坦因在罗布淖尔也得到几件同类的织品，在叶尼塞河畔奥格拉赫提公元2世纪的墓中也发现此类织品，其上残存"益""寿""三"等字。以上这些都是作为礼品赠送的。

图4-2　新疆尼雅遗址出土的"长乐大明光"锦裤（石云涛摄）

三是官方贸易。汉代商业活动非常活跃。一是与边境地区"关市"的开放和发展促进了汉朝与边境诸族贸易的发展，促使中原地区的丝织品不断运往周边地区进行销售。在北方、西北诸族中，汉朝与匈奴的丝织品贸易最为频繁。汉朝为了搞好与匈奴及边境各族的关系，换取边境安宁，采取和亲及通关市的政策，以丝绸交换周边民族的物产。二是与远方国家的商贸往来。从汉武帝时起，汉朝商使已经进入印度洋区域开展贸易，丝绸是汉使所携主要货物之一。②张骞出使西域后，汉朝于武帝元狩二年（前121）设置武威、酒泉二郡，汉与西亚、中亚的贸易广泛开展。汉代运丝的商队通常由政府主管，称为使节。汉朝每年都派出成批的

---

① 《史记》卷一二三《大宛列传》，第3173页。
② 《汉书》卷二八下《地理志第八下》，第1671页。

使团携带大量缯帛和黄金，与远方的国家和民族交换商货。从中国出发的商队，在西汉时期已经跨过阿姆河，进入里海北部、伊朗高原、两河流域、叙利亚和北天竺，有的还到达了地中海海滨的安提阿克，充当了"赛里斯国"的使者。据《史记·大宛列传》记载，他们往返一次，近的要三五年，远的长达八九年。在翻越帕米尔高原和伊朗高原的远途运输中，新疆和内蒙古出产的双峰骆驼起了沙漠轻舟的作用，这些商队也常常使用马和驴子。汉朝派往西域诸国进行贸易的使者，通常并非普通的政府官吏，而是通过召募和察举的方式组成出外商团。武帝元封五年（前106）四月《求贤诏》有云："其令州郡察吏民有茂材异等可为将相及使绝国者。"①所以出使人员比较复杂，《史记·大宛列传》记载：

> 吏卒皆争上书言外国奇怪利害，求使。天子为其绝远，非人所乐往，听其言，予节，募吏民毋问所从来，为具备人众遣之，以广其道。来还不能毋侵盗币物，及使失指，天子为其习之，辄覆案至重罪，以激怒令赎，复求使，使端无穷，而轻犯法。其吏卒亦辄复盛推外国所有，言大者予节，言小者为副。故妄言无行之徒皆争效之。其使皆贫人子，私县官赍物，欲贱市以私其利外国。②

根据此段记载，不论吏民、贫人子、妄言无行之徒，甚或犯法抵罪之人，都是以政府派遣的身份西行的。在西行中，汉使随带大量的牛羊和币帛，以便与沿途各国交换他们旅途中所必需的生活用品。汉代商贾在北方边境地区长期从事丝绸贸易，交易量巨大。当边境地区"互市"贸易开展之时，双方的交易活动热闹非常。居延汉简记载的"日食时贾车出，日东中时归过"云云，很可能反映的是多民族商贸活动。③边境关塞上的商贾也来自各地，据敦煌汉简记载，有"远客""东方来客"等等。这些在河西地区活动的商人，大都与通关市有关，而通关市的大宗商品主要是丝织品。今西北边境出土了不少丝绸遗物，如罗布淖尔出土了"登高明堂四海锦"，民丰出土了"延年益寿宜子孙锦"等。据考证，这些锦大多产

---

① 《汉书》卷六《武帝纪》，第 197 页。
② 《史记》卷一二三《大宛列传》，第 3171 页。
③ 王子今：《汉代河西长城与西北边地贸易》，载《长城国际学术研讨会论文集》，沈阳：吉林人民出版社，1995 年，第 125—126 页。

于内地襄邑，可能是通过关市贸易输出的。

四是外国商人的贩运，这是数量最大的外销。公元 1 世纪的罗马作家普林尼在他的《自然史》一书中说赛里斯人"不与别人交往，坐等贸易找上门来成交"，罗马人"远赴赛里斯以换取衣料"。① 成书于公元 1 世纪末的拉丁文著作《厄立特里亚航海记》的作者是一位定居亚历山大里亚的希腊人，他曾到过斯里兰卡。据他记载，中国的丝绸在印度的港口装船。② 托勒密《地理志》引用马利努斯的说法，说有一位叫马埃斯的人，原籍马其顿，和他的父亲以经商为业，曾派遣手下的一批人到赛里斯经商。③《史记》记载，西北外国使"日款于塞下"，中亚细亚和安息国人"善市贾，争分铢"。④ 罽宾在与汉朝交往中"实利赏赐贾市"⑤，故遣使至汉从事贸易。

汉代中国丝绸最远、最大的主顾是罗马帝国。据说丝绸最早是通过叙利亚传入罗马。公元前 53 年，罗马三位执政官之一的克拉苏以叙利亚总督的身份率 7 个军团，跨过幼发拉底河，发动了对帕提亚的战争，与从安息赶来的波斯军队展开了卡尔莱之战，罗马军队战败。"至于那些在这次毁灭性的战役中使罗马军团眼花缭乱的、绣金的、颜色斑斓的军旗，历史学家弗罗鲁斯（Florus）认为这就是罗马人前所未见的第一批丝绸织物。"⑥ 自此以后，中国丝绸便开始输入罗马，在欧洲人心目中形成了一种神奇的印象。

公元前 64 年，罗马人侵占叙利亚，在这里获得中国丝绸，刺激了罗马人对中国丝绸的渴望，对丝织品的需求日益增加。德国地质学家李希霍芬在《中国》一书中说："中国丝虽在公元前 1 世纪已发现于罗马，但丝之贸易，则须迟至公元后 1 世纪。且因西域交通中断，故由海道经印度而来。及公元后 100 年左右，班超征服葱岭东西各国，于是陆上交通再兴。布里尼乌斯（普林尼）谓中国输往之货以丝、铁为大宗，即指此时。由罗马东来者，则为金、银、玻璃、珊瑚、象牙等。"1938

---

① ［法］戈岱司编，耿昇译：《希腊拉丁作家远东古文献辑录》，第 10 页。
② ［法］戈岱司编，耿昇译：《希腊拉丁作家远东古文献辑录》，第 18 页。
③ ［法］戈岱司编，耿昇译：《希腊拉丁作家远东古文献辑录》，第 21 页。
④《史记》卷一二三《大宛列传》，第 3174 页。
⑤《汉书》卷九六上《西域传》，第 3887 页。
⑥ ［法］布尔努瓦著，耿昇译：《丝绸之路》，北京：中国藏学出版社，2016 年，前言第 2 页。

年，希克斯（Sir Percy Sykes）著 The ouest Gathay，认为中国丝之出现于罗马，当为公元前 1 世纪之事，乃由陆路运至底格里斯河畔之塞琉基亚城（Seleukia）及叙利亚之拉塔基亚城（Lattakia）。

罗马通过海陆两路沿途各国转手贸易得到中国丝绸，安息是中国丝绸传至罗马的重要中介国。安息为了垄断丝路贸易，甚至阻挠罗马与汉朝的通使。因此运至遥远的罗马帝国的丝绸异常珍贵。罗马人喜欢紫红色，地中海东岸推罗地区的工匠用某种贝类液汁来制造紫红染料，丝料极易着以这种颜色。法国汉学家布尔努瓦在《丝绸之路》一书中根据 A. 瓦隆《丝绸古代史》、M. 博利厄《上古和中世纪的服装》和 E. 巴利塞《丝绸历史》等书的记载，说："他们既不是用丝绸裁制长大而柔软的服装，这是从希腊时装中借鉴的样式，更不做面纱或宽外袍托加（toge，罗马人穿的宽外袍）。只是在两个世纪之后，一位罗马皇帝才穿上了整套丝绸服装，此人似乎就是赫里奥加巴尔（Héliogabale）。当时罗马人只是把丝绸用来做一些小装饰品，并且染成紫红色或刺绣，然后嵌饰在内长衣上，或绣在白毛线的'托加'上，有时也缀在从埃及进口的柔软的棉织品衣衫或来自巴勒斯坦的亚麻布衣服（人们怀疑这是一种纤细的亚麻或棉布衣）上。这些装饰品都是平行罗带，垂直缝绣在长衣的前襟。"他还据普林尼《自然史》指出，丝绸在罗马人手里"有时还作以边饰，方形或圆凸形的装饰品。人们也顺便把所有的零碎丝绸小片拆开，以便把丝线从中抽出来，然后再织成更薄的绸布。这些都是由当时罗马追求时髦的社会风气所致，罗马的风纪监察官们曾批评这种服装过分下流猥亵了"[①]。据说，制作紫红色染料需要大量的活贝类动物，又需要长期的操作和必要的护理，所以染成红色的布匹价格昂贵。奥古斯都时紫红色丝绸虽然使用量很小，但却价值千金，与当时同重量的纯金几乎等价。公元 2 世纪时，在罗马，一磅上等丝织品售价 12 盎司，454 元罗马币的丝绸等价于 360 克黄金。罗马在丝绸贸易中每年至少花费 5000 万赛斯特斯，相当于 42.5 万金磅。公元 301 年，罗马皇帝戴克里先曾强行制定生丝价格，每磅约合 274 个金法郎，企图遏制人们对丝绸的狂热消费。

随着中西交通的开展，输入罗马的丝绸越来越多，上层贵族开始有条件穿丝

---

① ［法］布尔努瓦著，耿昇译：《丝绸之路》，第 28 页。

绸衣服。公元 1 世纪中叶，罗马史学家卢卡努斯（Lucanus）记载，埃及女王克利奥巴特拉（前 48—前 30 在位）因为拥有较多的丝绸衣服而为人所羡慕。罗马共和末期恺撒皇帝穿绸袍出现在剧场，被批评为奢侈之极。他们所穿的衣服都是把中国的绫绮用针拆开后重新织就的。恺撒还使用过丝绸伞。此后罗马贵族不论男女都争穿绸衣，普林尼书中提到，穿着中国丝绸衣服的罗马少女的体态显得分外婀娜多姿。唐代杜佑《通典》中记载大秦人"常利得中国缣素，解以为胡绫绀纹"①，大概就是指罗马工匠这种拆解中国丝绸重新编织的做法。缣是一种多股丝织成的绢，十分致密。罗马工匠把这种难得的原料拆解，以单股丝织出更多的轻薄绸缎。

到罗马帝国初期，即中国东汉时，罗马人穿丝绸衣服已经蔚成风气。皇帝梯皮留斯（Tiberius）曾下令禁止男子穿绸衣，以为女人气太重，以限制奢靡之风。但丝绸已然大量运入，此风禁而不止，锦衣绣服成为富室风尚，连教堂也习惯于用丝绸做帘幕。图拉真（Trajanus）虽曾禁止一切靡费，而丝之贸易并没受到影响。罗马城内的托斯卡区开设了专售中国丝绢的市场，有叙利亚妇女以此为业而致富。2 世纪时，在罗马帝国极西的海岛伦敦，丝绸风行的程度竟然"不下于中国的洛阳"②。暴君尼禄火葬其第二任妻子波佩亚（Pappaea）时，丝及丝服用如泥沙。韦尔斯《世界史纲》云："罗马王安敦时代（161—180），须经遥远而迂回路程才能运抵罗马的丝，价值高于黄金，然而罗马人恣意滥用，财源东流。……至于丝为何人所织，并不过问。"③普林尼曾列奢侈品和贵重物品表，其中有丝绸。他进行了一项计算，认为罗马每年向阿拉伯半岛、印度、中国支付的香料、丝绸等货款，在 1 亿赛斯特斯（sesterces）上下，约合 10 万盎司黄金。④所以普林尼感叹道："此即吾穷奢极欲之妇女所付出之代价！"中国境内考古发现过公元 14 年至 275 年间的罗马钱币。这是罗马黄金流入中国的物证。从公元前 31 年到公元 192 年间，罗马在与东方贸易中付出的价值约相当于 1930 年的一亿英镑。有人甚至认为中国丝的输入，是罗马帝国经济衰退的原因之一。

①《通典》卷一九三《边防九》，第 5265 页。
② 沈福伟：《中西文化交流史》，第 58 页。
③［英］赫·乔·韦尔斯著，吴文藻等译：《世界史纲：生物和人类的简明史》，桂林：广西师范大学出版社，2001 年。
④ 沈福伟：《中西文化交流史》，第 59 页。

第三节　魏晋南北朝时期的丝路交通与丝绸贸易

魏晋南北朝时期，中国长期处于分裂动荡之中，但是丝路交通和中外交流并未中断。由于两汉以来的丝路贸易为东西方国家和民族都带来巨大利益，丝路沿线国家积极参与其中，因此这一时期的丝绸贸易进一步发展。

一、魏晋南北朝时期的丝路变迁

从中原地区赴西域，自张骞出使西域以来通常经陇右和河西走廊，过玉门关或阳关进入今新疆地区。由于战乱和各割据政权的存在，河西走廊的交通受到影响，时通时阻。大体说来，曹魏时期曾经恢复了河西走廊的交通，仓慈任敦煌太守，保证丝路安全和畅通，鼓励西域胡商进入中原进行贸易，中原政权对西域国家维持着两汉以来的局面——西域国家接受曹魏政权的封号。西晋继承了这一局面，中亚各国纷纷入贡。杨颢曾奉命出使大宛，大宛国接受晋朝的册封，进贡汗血马。魏晋都在西域置西域长史，维持着对西域的统治。五胡十六国时，河西走廊动荡不宁，先后出现过前凉、后凉、北凉、西凉、南凉等所谓"五凉"政权，在政权更迭过程中，丝路交通受到严重影响。北魏统一北中国后，经过河西走廊入西域的道路再次通畅。北魏分裂为东西魏，后又分别为北齐、北周所取代，而利用河西走廊交通的主要是地处北中国西部的西魏和北周。[1]

魏晋南北朝时期，吐谷浑道也得到了利用发展，这是与河西道平行的一条贸易路。吐谷浑道也称羌中道或青海道。这条道路很早就存在，张骞通西域，从大月氏返回汉朝，"欲从羌中归"[2]，就是指这条通道。两汉时羌中经常发生动乱，汉朝控制着河西走廊，河西道安全便捷，故这条道路在当时基本上没有在中西交往中发挥作用。南北朝时，南北对峙，北中国东西分裂，河西走廊时有阻塞，这

---

① 石云涛:《三至六世纪丝绸之路的变迁》，北京: 文化艺术出版社，2007年，第60—72页。
② 《史记》卷一二三《大宛列传》，第3159页。

条道路被更频繁地利用。来自东北地区的鲜卑慕容氏吐谷浑政权，有效地控制了以今青海为中心的地区，占据若羌、且末等地，形成由青海往西不经过河西走廊便直达西域的通道，时称"吐谷浑道"。吐谷浑人在东西方商旅过境贸易中获得很大利益，反过来也保障了道路的安全和通畅。吐谷浑政权曾臣服于南朝，被封为河南王，故此道又称"河南道"。其大致路线为：从中原地区西行至陇右，由临夏过黄河，经青海至阿尔金山噶斯山口进入若羌，与丝绸之路中段的南道相接。地处南方的南朝政权与西域的联系也利用了这条道路。[①] 吐谷浑与前秦、西秦、北魏、东魏和南朝梁、宋等政权都有密切的政治、经济联系。《北史·吐谷浑传》记载北魏通过吐谷浑获得西南地区和西域物产，"终宣武世至于正光，牦牛、蜀马及西南之珍，无岁不至"[②]。《梁书·河南传》载："其（吐谷浑）使或岁再三至，或再岁一至。其地与益州邻，常通商贾，民慕其利，多往从之。"由于吐谷浑占有若羌、且末等地，实际上也具有西域国家的性质，与西域联系很密切。北魏太武帝时，吐谷浑王曾率众西征于阗、罽宾，在那里住了七年才返国，丝路中段的南道完全为其所控制。吐谷浑与波斯亦有直接联系，《北史·吐谷浑传》记载："吐谷浑尝得波斯草马。"[③] 西宁出土有波斯萨珊王朝的银币，反映了域外商旅往来于吐谷浑道的盛况。吐谷浑东通关陇，西通西域，成为沟通南北东西的中介，吐谷浑道在南北朝时成为中原地区与西域、中亚和西亚诸国经济联系的重要通道。

　　丝绸之路的中段处于西域地区，其路线与西域自然、地理环境有密切关系，自古以来形成南道、中道、北道三条路线。北道乃天山以北通向乌孙、康居的草原路，在塔克拉玛干大沙漠南北的则为南道和中道。

---

　　① 关于吐谷浑之路，不少学者的论著有深入探讨。参见裴文中：《中国西北甘肃走廊和青海地区的考古调查》，载《裴文中史前考古学论文集》；黄文弼：《古楼兰国历史及其在西域交通上之地位》，原载《史学集刊》第 5 期，后收入《西北史地论丛》，上海：上海人民出版社，1981 年；夏鼐：《青海西宁出土的波斯萨珊朝银币》，《考古学报》1958 年第 1 期；唐长孺：《南北朝期间西域与南朝的陆道交通》，收入《魏晋南北朝史论拾遗》，北京：中华书局，1983 年；陈良伟：《丝绸之路河南道》，北京：中国社会科学出版社，2002 年；周伟洲：《吐谷浑史》，桂林：广西师范大学出版社，2006 年。
　　② 《北史》卷九六《吐谷浑传》，第 3185 页。
　　③ 《北史》卷九六《吐谷浑传》，第 3186 页。

　　南道和中道分别处于塔克拉玛干大沙漠南北两缘，因为远离北方游牧民族而较安全，汉朝经营西域基本上是在确保南道的基础上开通中道。魏晋南北朝各政权皆循汉例，极力维护南北两道的畅通。南道西出阳关，至若羌。汉昭帝时楼兰国改名为鄯善，若羌在鄯善国境内。从阳关到若羌有两条路线，一从罗布泊西北过楼兰城南下，一从罗布泊南岸向西南行，后一条更为近便。西汉时商旅多经行前一条，东汉时后一条正式开通，但得到更大发展则是在北魏于若羌设置鄯善镇以后。太平真君六年（445），北魏出兵击败鄯善，在此设鄯善镇，对鄯善的统治"比之郡县"①。在北魏统治时期，此道安全易行，往来的行人大都走这条道，前一条线路则逐渐衰落。

　　在中道的开通过程中，成就最大的是前秦。西域大国焉耆和龟兹控制着许多小国，抵制前秦向西扩展，阻隔丝路。苻坚派将军吕光率兵七万远征西域，焉耆王不战而降，龟兹国王出逃，"王侯降者三十余国"，"诸国惮光威名，贡款属路，……光抚宁西域，威恩甚著，桀黠胡王昔所未宾者，不远万里皆来归附"。②吕光"以驼二万余头致外国珍宝及奇伎异戏、殊禽怪兽千有余品，骏马万余匹"返中原。③吕光西征是自西汉李广利伐大宛以来，中原政权对西域进行的最大一次战役，西域中道随即顺畅。北魏初，焉耆"恃地多险，颇剽劫中国使"④，阻遏丝道，北魏太武帝命万度归率骑兵五千击败焉耆，在焉耆设军镇，万度归奉命驻守焉耆数年，以经营中道。

　　北道沿天山北麓和古尔班通古特沙漠南缘至伊犁河流域，这是欧亚草原通道东段，当时被称为北新道，以区别于两汉时的北道（即中道）。天山以北往西即为乌孙，当年乌孙、月氏人由河西走廊迁往伊犁河流域，走的应该就是这条路线。匈奴势力侵入天山以北，北道要冲均受匈奴控制，中西交往及内地与西域的交往便主要通过南道和中道，北道实际中断。张骞第二次出使西域后，乌孙与汉朝交往渐多。东汉时击败北匈奴，匈奴势力西迁，此道才正式开通。东汉明帝在伊吾

① 《魏书》卷一〇二《西域传》，第 2262 页。
② 《晋书》卷一二二《吕光载记》，第 3055 页。
③ 《晋书》卷一二二《吕光载记》，第 3056 页。
④ 《魏书》卷一〇二《西域传》，第 2265 页。

置宜禾都尉，置兵护卫北道，但因距匈奴太近，又处于匈奴入西域的孔道，屯田未能持续下去，在与匈奴的较量中北道时通时闭。北道通塞的关键是能否控制伊吾。伊吾是通往天山以北的门户，控制伊吾，才能建立与天山以北地区的联系。曹魏时设立伊吾县，西晋时置伊吾郡，郡治寄居敦煌，由敦煌太守兼理。北道在魏晋时得到很大发展，商旅往来多取道于此，甚至一度有取代中道的趋势。十六国时，中原地区分裂动乱，对伊吾的管理时松时紧。北魏统一北中国，北方柔然、嚈哒等游牧民族逐渐强盛，相继控制西域。北魏与之长期争夺伊吾要冲。太平真君九年（448），北魏联合北道大国悦般出兵打击柔然，丝路北道于当年复通。6 世纪上半叶，嚈哒控制北道，以北魏为宗主国前来进贡和经商的使者、商人在北道上络绎不绝。

东汉灭亡后，鲜卑、柔然、高车、突厥都在草原丝路上发挥过影响。匈奴政权崩溃，鲜卑人据匈奴故地，后建立北魏，统一中国北方。早在平城时代，北魏便努力打通了从蒙古鄂尔多斯沙漠南缘至武威的道路。其势力向西发展，控制了天山以北直至巴尔喀什湖一带，与西域诸地建立起密切联系。其后柔然逐渐强大，取代鲜卑控制了蒙古高原至天山以北地带，成为草原丝路霸主。突厥原为柔然属部，于 6 世纪中叶摆脱柔然统治，建立突厥汗国，"东自辽海以西，西至西海万里，南自沙漠以北，北至北海五六千里，皆属焉"①。突厥完全控制了草原丝路。突厥汗国建立前就与中原王朝、中亚诸国频繁往来，首领阿史那土门曾娶西魏公主，双方结成联盟，从事绢马贸易。突厥建国时中原地区正值北齐与北周对峙，北周担心突厥支持北齐，"岁给缯絮锦彩十万段。突厥在京师者，又待以优礼，衣锦食肉者，常以千数。齐人惧其寇掠，亦倾府藏以给之"②。突厥利用中原的分裂局面坐收渔人之利，每年获丝绸数十万段，将其中大部分通过草原丝路运往西域各地，牟取厚利。突厥将丝绸大量西运，取代了中亚和波斯商人的中转地位，直接与东罗马做买卖，草原丝路的重要性可想而知。当突厥建立起东起辽东、西至里海的草原帝国时，善于经商的中亚粟特人在突厥人支持下，往来于中国中原地区、

---

① （唐）令狐德棻等撰：《周书》卷五〇《突厥传》，北京：中华书局，1971 年，第 909 页。
② 《周书》卷五〇《突厥传》，第 911 页。

波斯和拜占庭之间，从事丝路贩贸活动。

二、魏晋南北朝时期中西丝绸贸易

张骞出使西域以后，丝路贸易日益繁荣。曹魏统一北方，平定河西走廊一带的叛乱，积极推动和开展与西方的贸易活动。敦煌自汉代以来就成为丝绸之路的咽喉要道，汉末战乱，敦煌长期未置太守，当地豪强大族垄断丝路贸易，敲诈胡商，胡人怨愤。仓慈任太守，打击豪强，与胡商公平交易，保证丝路的通畅。他鼓励西域胡商进入中原地区从事贸易，发给"过所"，保护他们的安全，"民夷翕然称其德惠"。[①]凉州成为丝路重镇，凉州刺史辖今甘肃兰州、河西走廊和今青海的湟水流域，兼领西域戊己校尉，管理西域事务。徐邈任刺史，"上修武威、酒泉盐池以收虏谷，又广开水田，募贫民佃之，家家丰足，仓库盈溢。乃支度州界军用之余，以市金帛犬马，通供中国之费。以渐收敛民间私仗，藏之府库。……进善黜恶，风化大行，百姓归心焉。西域流通，荒戎入贡，皆邈勋也"[②]。于是通过河西走廊通往西域的丝路贸易又活跃起来，这种局面一直维持到曹魏末年。史载："魏兴，西域虽不能尽至，其大国龟兹、于阗、康居、乌孙、疏勒、月氏、鄯善、车师之属，无岁不奉朝贡，略如汉氏故事。"[③]

西晋继承了曹魏时的局面，河西道路畅通，与西域保持着密切联系。晋武帝太康年间，焉耆王龙安遣其子熙入侍，后龙熙归国为焉耆王。[④]太康六年（285），大宛国王蓝庾接受晋朝册封。蓝庾死，其子摩之继位，遣使入晋，进贡汗血马。[⑤]晋武帝泰始年间，康居国王那鼻"遣使上封事"，献善马，求封赐。[⑥]考古材料也证明西晋与丝路沿线国家的密切关系。古鄯善国楼兰、尼雅遗址出土的魏晋时期的木简文书，其中有"晋守侍中大都尉奉晋大侯亲晋鄯善、焉耆、龟兹、疏勒""于

① 《三国志》卷一六《仓慈传》，第 512 页。
② 《三国志》卷二七《徐邈传》，第 739—740 页。
③ 《三国志》卷三〇《乌丸鲜卑东夷传》，第 840 页。
④ 《晋书》卷九七《四夷传》，第 2542 页。
⑤ 《晋书》卷九七《四夷传》，第 2544 页。
⑥ 《晋书》卷九七《四夷传》，第 2544 页。

阗王写下诏书到""西域长史营写鸿胪书到，如书罗捕，言会十一月廿日，如诏书律令"等语，[1] 反映了塔里木盆地诸国国王均接受中原政权的官衔和爵位，西晋王朝的政令和法律行之于西域。中国的丝织品是丝绸之路上主要的商品，吐鲁番地区出土的丝织品有锦、绢、绮、罗、纱和绣品。从楼兰、尼雅出土的"过所"文书可知，丝路上的商旅大多为胡商。有一个"过所"文书上写明："月支国胡支柱年卅九。"[2] 魏晋时中亚粟特人商队已经在丝路上活跃起来，斯坦因在敦煌附近长城遗址发现的八封粟特语文书，就是西晋时期到中国经商的中亚商队写给家乡人的信，反映了他们在中国进行贩贸的情况。敦煌粟特文二号信札经英国学者亨宁释读，又经中国学者译为中文，让我们知道这是一封在中国活动的粟特人商队写给他们在家乡的主人的信。在这封信里，他们告诉"尊贵的老爷"，他们已经为他获得"成捆的丝绸"。据考证，这些书信写作的年代应该是晋末战乱之时。[3]

五胡十六国时，虽然北方战乱，但与西域的交通并未中断，有时甚至相当兴盛。如前秦与西域的交往就很频繁。车频《秦书》记载："苻坚时，四夷宾服，凑集关中。四方种人，皆奇貌异色。"[4] 苻坚遣使西域，称扬坚之盛德，并以缯彩赐诸国王。于是朝献者十有余国，大宛献天马、千里驹，皆汗血，朱鬣五色，凤膺麟身，及诸珍异五百余种。建元十七年（358），"鄯善王、车师前部王来朝，大宛献汗血马，肃慎贡楛矢，天竺献火浣布……。康居、于阗及海东诸国，凡六十有二王，皆遣使贡其方物"。[5] 河西走廊先后出现过所谓"五凉"的割据政权，其间伴随着连年不断的战乱，曾经影响到丝路交通。但是河西走廊处于丝路要道，各割据政权都想从丝路贸易中获得利益，因此都注意发展对外交往。前秦将军吕光远征西域，克龟兹，招来西域商使直达中原，"王侯降者三十余国"，"诸国惮光威名，

---

① 李明伟主编：《丝绸之路贸易史》，兰州：甘肃人民出版社，1997 年，第 117 页。
② 林梅村编：《楼兰尼雅出土文书》，北京：文物出版社，1985 年，第 86 页。
③ 陈国灿：《敦煌所出粟特文信札的书写地点和时间问题》，武汉大学历史系魏晋南北朝隋唐史研究室编：《魏晋南北朝隋唐史资料》（7），香港：香港中华科技（国际）出版社，1992 年，第 10—11 页。
④ （宋）李昉等撰：《太平御览》卷三六三《人事部四》，北京：中华书局，1960 年，第 1672a 页。
⑤ （北魏）崔鸿撰，（清）汤球辑补：《十六国春秋辑补》卷三五《前秦录》，北京：中华书局，2020 年，第 454 页。

贡款属路"。①这一时期河西走廊上之武威和敦煌成为中原与西域的贸易集散点，西域商胡往往聚集此地，从事贩贸活动。

北魏太武帝统一了中国北方，夺取了河西走廊，结束了北方一个多世纪的战乱，并迅速恢复了与西域各国的联系。董琬等人出使西域，西域十六个国家的使节随同而来。首都平城成为联结东西方草原之路的枢纽城市。孝文帝迁都洛阳，洛阳重新恢复了其丝路起点城市的地位，沙漠绿洲路日益繁荣。北魏宣武帝时中西经济文化交流呈现出前所未有的兴盛局面，洛阳成为闻名于世的国际都市。邺城和长安在东西方贸易中重新焕发活力，出现了"四疆清晏，远迩来同，于是蕃贡继路，商贾交入"②的盛况。北魏时经河西走廊入西域的草原路、通西域北道的伊吾路和通西域南道的鄯善道都畅通无阻。北魏使节远达天竺、波斯和拂菻（东罗马），来北魏进行外事交往的国家和地区多达九十多个。③经丝绸之路来中国进行贩贸的胡商络绎于途，北魏都城洛阳成为四方商使荟萃之地。杨衒之《洛阳伽蓝记》对洛阳交通四方的景象有生动描述：

> 宣阳门外四里，至洛水上，作浮桥，所谓永桥也。……永桥以南，圜丘以北，伊、洛之间，夹御道，东有四夷馆。一曰金陵，二曰燕然，三曰扶桑，四曰崦嵫。道西有四夷里，一曰归正，二曰归德，三曰慕化，四曰慕义。吴人投国者，处金陵馆。三年已后，赐宅归正里。……北夷来附者处燕然馆，三年已后，赐宅归德里。……东夷来附者，处扶桑馆，赐宅慕化里。西夷来附者，处崦嵫馆，赐宅慕义里。自葱岭已西，至于大秦，百国千城，莫不款附。商胡贩客，日奔塞下。所谓尽天地之区已。乐中国土风因而宅者，不可胜数。是以附化之民，万有余家。门巷修整，阛阓填列。青槐荫陌，绿树垂庭。天下难得之货，咸悉在焉。④

此"日奔塞下"之商胡贩客，主要就是奔着中国丝绸而来。

北魏分裂为西魏和东魏，后来又分别为北周和北齐所取代，地处北中国西部

① 《晋书》卷一二二《吕光载记》，第3055页。
② 《魏书》卷六五《邢峦传》，第1438页。
③ 石云涛：《三至六世纪丝绸之路的变迁》，第154—156页。
④ （北魏）杨衒之撰，周祖谟校释：《洛阳伽蓝记校释》卷三，北京：中华书局，2010年，第112—117页。

的西魏、北周仍然利用传统的丝路与西域进行交流，与西域地隔西魏和北周的东魏和北齐则经过北方柔然、突厥控制的草原地区与西域交通，因此丝路贸易并未中断。西魏时突厥"始至塞上市缯絮，愿通中国"①。北周"赵、魏尚梗，则结姻于北狄；厩库未实，则通好于西戎。由是德刑具举，声名遐洎。卉服毡裘，辐凑于属国；商胡贩客，填委于旗亭"②。敦煌莫高窟第 285 窟、第 296 窟西魏、北周壁画反映了丝路贸易的景象，画面上深目高鼻的胡人商队驮载成捆的丝绸与北周商队在桥头相遇，便是当时丝路贸易活动在艺术中的反映。西域商人多至河西走廊一带从事贩贸。韩褒任凉州刺史，"每西域商货至，又先尽贫者市之，于是贫富渐均"③。在北齐有胡商的活动。史载，北周武帝时，太后崩，北齐后主欲从北周获得真珠，便遣使吊唁，并"遣商胡赍锦彩三万匹与吊使同往，欲市真珠为皇后造七宝车"④。可见那些在北齐活动的胡商主要经营的就是丝绸。

在魏晋南北朝大分裂时期，地处南方的东晋和南朝诸朝在与西域交通方面，不能通过北方政权所利用的传统的河西通道，只能通过以今青海为中心的吐谷浑政权保持着与西域的联系。南朝梁朝时，吐谷浑疆域扩大，南部与梁朝之益州为邻，故与梁朝交往频繁。西域商队经过吐谷浑之地交通南朝，吐谷浑人为之提供向导和翻译服务，"其地与益州邻，常通商贾，民慕其利，多往从之，教其书记，为之辞译"⑤。梁元帝《职贡图序》中称入梁朝贡的西域国家有滑国、波斯、龟兹、周古柯、呵跋檀、胡密丹、白题、末国等。⑥这些国家的交往，大约都是经吐谷浑之路。

在丝绸之路西段，从公元 226 年起，萨珊波斯成为罗马获取东方丝绸的障碍和新的贸易对手，彼此经常发生战争。起初，波斯取得了胜利并占领了亚美尼亚。罗马因为内乱频繁及鼠疫肆虐，在战争中处于劣势，公元 258 年，罗马战败，皇帝瓦莱里安被俘虏。这一时期，波斯在与罗马的战争中处于优势。至公元 284 年，

---

① 《北史》卷九九《突厥传》，第 3286 页。
② 《周书》卷四九《异域传上》，第 884 页。
③ 《周书》卷三七《韩褒传》，第 661 页。
④ （唐）李百药撰：《北齐书》卷九《穆后传》，北京：中华书局，1972 年，第 128 页。
⑤ 《梁书》卷五四《河南传》，第 810 页。
⑥ （唐）欧阳询撰：《艺文类聚》卷五五，上海：上海古籍出版社，1965 年，第 996 页。

戴克里先上台并进行改革，建立新的政治制度，罗马国势重新强盛起来。公元 297 年，罗马又与波斯爆发战争，这次波斯败于罗马，萨珊波斯帝国大部分疆土被罗马人占领，但它仍然在丝路上继续作梗。

由于安息和后来的波斯萨珊王朝的阻挠，当陆路难达东方"赛里斯"国时，罗马帝国主要通过海上交通从事其东方贸易。今非洲东北部的阿克苏姆王国紧扼红海通道，在罗马人的贸易中也起过阻碍作用。① 公元 4 世纪 30 年代，罗马皇帝君士坦丁迁都拜占庭后，由于阿克苏姆王朝崛起并取得红海阿杜列斯港口中介地位，垄断了亚历山大里亚港，罗马人进行东方贸易的海上通道受阻，丝绸加工业原料差不多全部需要由陆路商道供应，至于东罗马人所需要的丝和丝制品，就更加来之不易。因为从陆路运达东罗马，需要经过粟特人、嚈哒人和波斯人的多重壁垒，克服无数困难方能抵达帝国中心君士坦丁堡，成本水涨船高。

罗马皇帝狄奥多西于公元 395 年去世，此时的罗马帝国实际上已经分为东西两个部分，其长子阿卡狄乌斯为东部皇帝，次子霍诺里乌斯为西部皇帝。此后，东罗马因为不能如愿购买质优廉价的中国丝绸，竭力寻求可以避开波斯而通向远东的商路。至公元 440 年，萨珊波斯与东罗马经过短暂的战争后再次讲和。在这种背景下，东罗马皇帝马尔西安和利奥一世接连三次遣使到北魏都城平城（今山西大同）。公元 6 世纪时两国冲突又起。为了解决与东方进行丝绸贸易的困境，查士丁尼二世又想通过海路进行贸易，他遣特使两次同阿克苏姆人进行商讨，阿克苏姆国人接受了代购中国丝的提议。这样取道红海获得丝绸，对陆路商道的依赖便有所缓解。据说，查士丁尼也曾谋求与印度诸港通市以获得中国的丝绸，他于公元 531 年遣使到也门，与希米特里亚特人达成协议，通过他们到印度购买丝绢。这样中国丝绸便通过陆海两路运入拜占庭。为了满足西方对中国丝绸的需要，当地人甚至对从中国进口的生丝进行加工纺织：或是将中国运来的绢拆解成丝线，并掺上麻线，再织成绞纱，染上色，绣上花；或是把中国运来的素绢染上色，加绣金线，然后再转运到西方各国。经过加工的半透明轻纱曾是西方人最喜爱的衣料之一。叙利亚诸城由于从事这种丝织品加工而繁荣。

---

① 参见石云涛：《早期中西交通与交流史稿》，第 231—232 页。

丝路交通是东西方交往和交流的前提，争夺丝路控制权引起的战争和冲突又影响了当时的交往。和平时期大国间良好的互动关系会促进丝路贸易的发展，如西域诸国对南北朝的朝贡，公元5世纪时萨珊波斯和东罗马长达八十年的和平局面，波斯诸国向嚈哒的纳贡称臣，等等，都曾有利于中西之间的贸易往来。丝路贸易存在着巨大的商业利益，各民族、各国之间的战争有的就是为了夺取丝绸贸易上的主动权，如柔然和北魏对塔里木盆地的争夺，嚈哒、高车和柔然的争夺，波斯和嚈哒之间长达百年的战争。5世纪时，嚈哒人和波斯帝国进行了长达一个世纪的战争，战争的重要目的便是争夺商道霸权。波斯人掌握着从中亚通往西亚和拜占庭的贸易通道，即丝绸之路西段，许多市场和港口令嚈哒人垂涎。嚈哒人参与波斯王位之争，目的是获取对自己有利的贸易条件。战争的结果有时有利于中西之间交往，以特殊形式促进了双方交流。如波斯王俾路斯曾败于嚈哒人，被俘后通过割地赔款才被放回国，俾路斯答应给嚈哒人大量赔款，造成大量波斯银币流入嚈哒。中国境内发现的大量波斯银币，有的就是通过嚈哒人传入的。河北定县发现的一枚波斯银币的边缘压印一行嚈哒文字铭文，反映了波斯、嚈哒和北魏之间的关系。史载5世纪后半期至6世纪初，波斯遣使中国达十次之多，[①]其中有几次是和嚈哒使节一起来的。

突厥和嚈哒之间的战争，有时也是为了争夺丝路贸易控制权。6世纪中叶，嚈哒势力衰落，突厥崛起。灭柔然后，突厥与波斯联合夹击嚈哒。突厥人两次派粟特人使团去波斯请求进行贸易，均遭到拒绝，又派使团与拜占庭联系。西突厥占领河中地区，这里的粟特人以经商著称，他们奔波在通往中国的丝绸之路上，从事贸易活动。西突厥可汗室点密派遣粟特人使团翻越高加索山前往君士坦丁堡，双方遂建立联盟关系。拜占庭于569年、576年两次派遣分别以蔡马库斯、瓦伦丁为首的使团，前往西突厥报聘。据拜占庭史学家记载，蔡马库斯在从西突厥返回君士坦丁堡之时，即经怛逻斯、锡尔河，后沿咸海经恩巴河、乌拉尔河以及伏尔加河，再经里海东北岸、高加索中部到达黑海岸边，又乘船到斐西斯河口，再至特拉比宗，最后于571年秋抵达君士坦丁堡。576年，拜占庭使节瓦伦丁率使团再

---

① 参见石云涛：《三至六世纪丝绸之路的变迁》，第207页。

次出使西突厥，其乘船从黑海南岸希诺普出发，先到达克里米亚半岛西南岸赫尔松，再沿亚速海东岸地区，经里海北岸到达西突厥。蔡马库斯与瓦伦丁前往西突厥的道路，大致从君士坦丁堡出发，先至黑海地区，再经高加索至里海，最终到达西突厥汗廷。[①]这充分说明了突厥人对中原地区发动战争的目的之一，便是得到丝绸转贩给西方诸国。萨珊波斯王朝同拜占庭帝国之间，无论是长期的战争还是暂时的和平，都体现了对丝绸贸易利益的渴求与争夺。

第四节　隋唐时期丝路贸易的繁荣

隋代在中西交通方面有极大的开拓，炀帝时曾遣使远至波斯，与西域国家建立了联系。但隋朝统治时间很短，代之而起的唐朝延续了隋朝的局面，在中外交通和交往方面继续发展，陆上丝绸之路进入发展的黄金时代。中亚粟特人在丝路贸易方面发挥了重要作用，精美的丝绸仍然是世界各国孜孜以求的产品。

一、隋唐时期丝绸之路的变迁和发展

在南北朝分裂动乱的时期，西域商人多至位于河西走廊的张掖从事交易。隋炀帝为了向西域扩张并开展与西域的贸易，派裴矩至张掖主持互市。裴矩根据他对西域的了解撰成《西域图记》一书，对西域诸国和交通西域的道路进行了详细描述。

根据裴矩《西域图记》序言的记载，当时从敦煌西行的丝绸之路有南、中、北三道。其中，北道从伊吾，经蒲类海铁勒部，突厥可汗庭，渡北流河水，至拂菻国，达于西海（地中海）；中道从高昌，经焉耆、龟兹、疏勒，度葱岭，又经钹汗、苏对沙那国、康国、曹国、何国、大、小安国、穆国，至波斯，达于西海（波斯湾）；南道从鄯善，经于阗、朱俱波、喝槃陀，度葱岭，又经护密、吐火罗、挹怛、帆延、

①《弥南德〈希腊史残卷〉所记突厥汗和拜占庭皇帝间的交往》，载［英］H.裕尔撰，［法］H.考迪埃修订，张绪山译：《东域纪程录丛》，昆明：云南人民出版社，2002年，第173—186页。

漕国，至北婆罗门，达于西海（印度洋）。[①] 三条路线的终点都是"西海"，在当时人的地理观念中，"西海"就是极西的遥远地方，实际上所指不同。

裴矩所记的三道，中道、南道为沿天山以南通向西方世界的主要通道，而对分布在丝绸之路上玉门关、阳关以西的广大地区，则统称为西域，开发丝路，即经营西域。其中，南道与中道早在汉代便已成为沟通中国与域外的主要通道，即汉代丝绸之路南道与北道。隋唐时期丝绸之路北道开通之后，传统的丝绸之路北道被称为中道，由此形成了北道、中道与南道的交通格局。裴矩所记丝绸之路北道的开通与此时丝绸之路贸易局势的变化有着密切的关系。历史上波斯帝国凭借丝绸之路贸易中转地的地理优势，控制并垄断了中国的丝绸贸易。北道即为拜占庭与西突厥使团所开辟的贸易通道，即草原路。

隋朝虽然统治时间短暂，但由于大一统王朝的建立，在各方面都表现出新的开拓，在中西交通和文化交流方面也是如此，其成就不容忽视。隋朝的开拓和发展是唐代中外文化交流兴盛的前奏曲。隋朝建立之初，"西域诸蕃款张掖塞与中国互市"。[②] 当时有西域四十多个国家的商人在此经商。裴矩在张掖招引胡商进入内地，与隋朝交往的西域国家，见于记载的有二十国。[③] 西域商人纷至沓来，到长安、洛阳进行贸易活动。隋炀帝在洛阳举行国际贸易大会，时间长达一个月之久，"帝令都下大戏。征四方奇技异艺，陈于端门街，衣锦绮、珥金翠者，以十数万。又勒百官及民士女列坐棚阁而纵观焉。皆被服鲜丽，终月乃罢。又令三市店肆皆设帷帐，盛列酒食，遣掌蕃率蛮夷与民贸易，所至之处，悉令邀延就坐，醉饱而散。蛮夷嗟叹，谓中国为神仙"[④]。

唐太宗时击败东突厥和吐谷浑，唐高宗李治灭西突厥，解决了西域交通的人为障碍，唐朝的势力范围扩大到里海，中亚诸国都臣服于唐帝国，唐朝与拜占庭、波斯直接交往，丝绸之路各条路线空前畅通。据统计，唐朝前期与之交往的国家

① 《隋书》卷六七《裴矩传》，第 1579 — 1580 页。
② 《旧唐书》卷六三《裴矩传》，第 2406 页。
③ 石云涛：《隋朝中西交通的开展》，载任继愈主编：《国际汉学》第八辑，郑州：大象出版社，2003 年，第 137—138 页。
④ 《隋书》卷六七《裴矩传》，第 1581 页。

和地区多达 300 多个，开元年间尚存 70 多个。[①]陆路上，从洛阳、长安西行，经陇右、河西入西域，到达中亚、西亚、南亚和小亚细亚的丝路畅通无阻。唐朝在西域设安西、北庭都护府，加强了对西域的治理，丝绸之路空前畅通。贾耽"入四夷之路"中之"安西入西域道"详细描述了从唐朝安西都护府所在地龟兹（今新疆库车）西行的道路，这是一个以唐朝"安西四镇"为联结点的交通网络：

安西西出柘厥关，渡白马河，百八十里西入俱毗罗碛。经苦井，百二十里至俱毗罗城。又六十里至阿悉言城。又六十里至拨换城，一曰威戎城，曰姑墨州，南临思浑河。乃西北渡拨换河、中河，距思浑河百二十里，至小石城。又二十里至于阗境之胡芦河。又六十里至大石城，一曰于祝，曰温肃州。又西北三十里至粟楼烽。又四十里度拨达岭。又五十里至顿多城，乌孙所治赤山城也。又三十里渡真珠河，又西北度乏驿岭，五十里渡雪海，又三十里至碎卜戍，傍碎卜水五十里至热海。又四十里至冻城，又百一十里至贺猎城，又三十里至叶支城，出谷至碎叶川口，八十里至裴罗将军城。又西二十里至碎叶城，城北有碎叶水，水北四十里有羯丹山，十姓可汗每立君长于此。自碎叶西十里至米国城，又三十里至新城，又六十里至顿建城，又五十里至阿史不来城，又七十里至俱兰城，又十里至税建城，又五十里至怛罗斯城。

自拨换、碎叶西南渡浑河，百八十里有济浊馆，故和平铺也。又经故达干城，百二十里至谒者馆。又六十里至据史德城，龟兹境也，一曰郁头州，在赤河北岸孤石山。渡赤河，经岐山，三百四十里至葭芦馆。又经达漫城，百四十里至疏勒镇，南北西三面皆有山，城在水中。城东又有汉城，亦在滩上。赤河来自疏勒西葛罗岭，至城西分流，合于城东北，入据史德界。自拨换南而东，经昆岗，渡赤河，又西南经神山、睢阳、咸泊，又南经疏树，九百三十里至于阗镇城。

于阗西五十里有苇关，又西经勃野，西北渡系馆河，六百二十里至郅支满城，一曰碛南州。又西北经苦井、黄渠，三百二十里至双渠，故

---

① 《唐六典》卷四《尚书礼部》，第 129 页。

羯饭馆也。又西北经半城，百六十里至演渡州，又北八十里至疏勒镇。
自疏勒西南入剑末谷、青山岭、青岭、不忍岭，六百里至葱岭守捉，故
揭盘陀国，开元中置守捉，安西极边之戍。有宁弥故城，一曰达德力城，
曰汗弥国，曰拘弥城。于阗东三百九十里，有建德力河，东七百里有精
绝国。于阗西南三百八十里，有皮山城，北与姑墨接。冻凌山在于阗国
西南七百里。又于阗东三百里有坎城镇，东六百里有兰城镇，南六百里
有胡弩镇，西二百里有固城镇，西三百九十里有吉良镇。于阗东距且末
镇千六百里。自焉耆西五十里过铁门关，又二十里至于术守捉城，又
二百里至榆林守捉，又五十里至龙泉守捉，又六十里至东夷僻守捉，又
七十里至西夷僻守捉，又六十里至赤岸守捉，又百二十里至安西都护府。

又一路自沙州寿昌县西十里至阳关故城，又西至蒲昌海南岸千里。
自蒲昌海南岸，西经七屯城，汉伊修城也。又西八十里至石城镇，汉楼
兰国也，亦名鄯善，在蒲昌海南三百里，康艳典为镇使以通西域者。又
西二百里至新城，亦谓之弩支城，艳典所筑。又西经特勒井，渡且末河，
五百里至播仙镇，故且末城也，高宗上元中更名。又西经悉利支井、祆井、
勿遮水，五百里至于阗东兰城守捉。又西经移杜堡、彭怀堡、坎城守捉，
三百里至于阗。[①]

安西即唐朝在龟兹所置的安西都护府，这是西域交通网络的中心。从此辐射
而形成的路线，主要有五条：1. 从安西至怛罗斯城（今哈萨克斯坦东南部塔拉兹）。
自安西西行，经拨换城（今新疆阿克苏），西北至大石城（今新疆乌什），再西
北逾拔达岭（乌什西北贡古鲁克山别叠里山口），渡真珠河（今中亚锡尔河的上
游及纳伦河）至热海（今吉尔吉斯斯坦伊塞克湖），沿海西北行至裴罗将军城（今
吉尔吉斯斯坦托克马克以南布拉纳古城）、碎叶城（今吉尔吉斯斯坦托克马克），
最后至怛罗斯城。大体和《释迦方志》所记北道的路线相同。2. 自拨换城西南至
疏勒镇（今新疆喀什）。3. 自拨换城南转东至于阗镇（今新疆和田）。4. 自沙州（今
甘肃敦煌西）至于阗镇。大体上与李吉甫《元和郡县图志》所记西域南道的路线相同。

<hr>

① 《新唐书》卷四三下《地理志》，第 1149—1151 页。

5. 自中原地区经西域北道焉耆至龟兹，焉耆曾为"安西四镇"之一，也是唐朝军事重镇和丝路要道。

贾耽"入四夷之路"中之"安西入西域道"描述的就是传统的丝绸之路——沙漠绿洲之路。除了这条路线，唐朝通西域的各条道路都空前畅通。唐太宗时文成公主入藏，唐朝与吐蕃建立起"甥舅"关系，开辟了经吐蕃和尼婆罗（今尼泊尔）到印度的道路，称为"吐蕃—尼婆罗道"。从成都出发，经南诏至缅甸、天竺的道路现在被称为"南方丝绸之路"，地处今缅甸的骠国经这条道路与唐朝进行交往和交流。灭亡西突厥后打通了经欧亚草原至中亚和欧洲的道路，唐朝与拜占庭直接接触，这条道路被称为"大丝道"。北方草原民族回纥（后称回鹘）与唐朝长期保持友好关系，经回纥（或回鹘）进入草原路的道路称为"回鹘道"。同时，西方出现了地跨欧亚非的大食帝国，大食也积极拓展其东方贸易和交通道路。阿拉伯地理文献中记载了从阿拔斯王朝首都巴格达经丝绸之路东来的路线。[1]

二、唐朝与北方草原民族的绢马贸易

由于地理环境、生产方式等方面的不同，游牧社会与农业社会的政治、经济结构有很大差异。在经济结构组成上，游牧民族多以畜牧为主要生产方式，家畜及其所产生的附属品是游牧部落的重要经济来源，而农业社会则以农作物为主要的经济产品。由此，互市贸易开始成为双方沟通往来、交换产品的经济平台。

有唐一代，西北、东北、西南周边民族先后崛起。位于北方的回纥原是铁勒族的一支，唐太宗时因东突厥势力的衰弱而一度崛起，其后在武周时期又为复兴的东突厥所破，隶属于东突厥政权之下。开元、天宝之际，其首领骨力裴罗被唐玄宗册封为怀仁可汗，在他的带领下，回纥联合其他部族，最终打败东突厥，成为中唐之际北方最大的游牧政权。而此时，李唐王朝也走向了其历史发展的关键阶段，天宝十四载（755）安史之乱的爆发成为唐朝的转折点。因此，这时游牧与农耕两大政权都面临着内外急剧的发展变化，双方的关系也显得更为微妙。回纥曾援助唐朝平定安史之乱，在唐后期改名为"回鹘"。唐朝与回鹘政权的关系主

---

[1] 参见［古阿拉伯］伊本·胡尔达兹比赫著，宋岘译注：《道里邦国志》，第20—35页。

要表现在两方面：一是平叛安史之乱时回鹘曾帮助唐朝"一收长安，两复东京，殄灭朝义"；二是此后唐与回鹘之间开展的大规模的绢马贸易。以往史家在论及回鹘助唐平定叛乱一事时，多称回鹘政权与唐保持着良好的关系，甚至是"明以前我国北邻之最为亲善者也"①。但是，其后的绢马贸易又因史籍记载回鹘凭借其"平叛之功"，马一匹价四十匹绢，且市马多数赢弱多病，成为唐后期经济上的"心腹之患"，多为学者所"诟病"。事实上，当时双方对贸易的需求及政治因素在其中起了很大的作用。

从双方的贸易需求来看，中国产马不多，尤其不产良马。然而，在冷兵器时代，马因其迅速敏捷的特点，常常是决定战争胜败的关键因素。因此，唐朝与外族的市马贸易早在唐初就已开始。安史之乱后，由于中央对地方控制力的下降，以前由中央掌管的监牧系统被破坏，无力供给军需马匹，史籍中不乏唐急需回鹘马充实军骑的记载。另一方面，绢马贸易对回鹘具有极大的吸引力。回鹘人从唐朝获取大量丝绢，不仅满足自身需要，还在西域开辟市场，将中国的丝绢转运至中亚各地去销售，在东西方贸易中获得巨额利润。绢马贸易要求提供充足的马匹，也刺激了回鹘畜牧经济的发展。双方交换产品的质量有时出现问题，回鹘马多病弱，唐绢质量低劣。陈寅恪指出："彼此俱以贪诈行之。"②

从双方政治、外交方面的诉求来看，吐蕃于公元7世纪兴起后，相继在西域、南诏扩张势力，成为唐朝"边患"。安史之乱后，政权内外形势的变化促使唐朝制定了"联合回鹘、制御吐蕃"的策略。由于回鹘在政治上的强大和地理位置的优越性，看似"高价勒索"的绢马贸易已不再是单纯的经济关系，它反映出唐朝对回鹘的拉拢，以及唐、回鹘和吐蕃三方势力的制衡。中晚唐时期，中原地区藩镇割据，周边番族势力不断扩张，唐朝仅以自身实力难以维持疆域的稳定。唐与回鹘的联盟能够最大限度地抵制吐蕃向西域和西南地区的挺进。同时，唐朝所欠回鹘的"债款"也说明了回鹘对唐朝势力的依赖。大历四年（769），唐朝与回鹘和亲。"六月，丁酉，公主辞行，至回纥牙帐。回纥来言曰：'唐约我为市，马

---

① 岑仲勉：《隋唐史》，北京：中华书局，1982年，第311页。
② 陈寅恪：《元白诗笺证稿》，上海：上海古籍出版社，1978年，第259页。

既入，而归我贿不足，我于使人乎取之。'"① 德宗建中三年（782）回鹘可汗称"所欠吾马直绢一百八十万匹，当速归之"②。但是回鹘没有过分逼索，彼此并未发生战争，双方一直没有发生过严重的冲突。③ 这种情况与史料中所记的"贪婪无厌"的回鹘人的性格似乎相互矛盾。这主要有两方面原因：其一，从政治关系考虑，唐朝势力退出西域后，与回鹘对抗的便是吐蕃，回鹘担心唐蕃联合对抗回鹘。德宗朝对回鹘、吐蕃的外交政策的变化即体现了三方势力的微妙联系。德宗即位前，曾以雍王身份与回鹘可汗相见，"可汗责适不拜舞，……车鼻遂引子昂、魏琚、韦少华、李进各鞭一百，以适年少未谙事，遣归营"④。德宗即位后，出于对回鹘的忌恨，改变前朝外交政策，希望联合吐蕃打击回鹘的势力。然而，吐蕃本无意与唐朝联合，利用德宗对回鹘的个人感情，蕃相尚结赞策划连环计，并于贞元三年（787）"平凉劫盟"。与此同时，回鹘合骨咄禄可汗屡求和亲，积极寻求与唐的联盟。李泌借机建议"北和回纥，南通云南，西结大食、天竺，如此，则吐蕃自困，马亦易致矣"⑤。最终，唐与回鹘重归于好，互市贸易也重新开展。德宗即位至贞元三年期间，建中三年（782）回鹘要求归还欠款，并未有市马往来，直至贞元三年八月。其二，对于回鹘而言，联合吐蕃在经济上不能获得更大的利益。所以，虽然唐朝用于市马的绢帛质量低劣，所欠"债款"数额巨大，但较之于吐蕃，回鹘人更希望维持这项双方"互惠"的贸易。

以一匹马价四十匹绢计，开元年间，唐朝每年支付马价五十万匹绢，购回鹘马约 12500 匹。这一时期唐朝国力强盛，这点支出对唐朝政府尚构不成经济压力。据《旧唐书·回纥传》载："自乾元之后，屡遣使以马和市缯帛，仍岁来市，以马一匹易绢四十匹，动至数万马。"⑥ 这样就对唐朝构成了较大的经济压力，因为此时唐朝正全力平定安史之乱，战乱使财政收入大为减少，支出却大大增加，

---

① 《资治通鉴》卷二二四唐代宗大历四年六月条，第 7208 页。
② 《旧唐书》卷一二七《源休传》，第 3575 页。
③ 卢萌萌：《"以水洗血"：唐帝国与回纥危机化解与历史意义》，《和田师范专科学校学报》2017 年第 2 期，第 62—63 页。
④ 《资治通鉴》卷二二二唐肃宗宝应元年十月条，第 7133 页。
⑤ 《资治通鉴》卷二三三唐德宗贞元三年八月条，第 7502 页。
⑥ 《旧唐书》卷一九五《回纥传》，第 5207 页。

所以构成了较大的经济压力。安史之乱平定后的大历六年（771），"回纥使使赤心领马一万匹来求市，代宗以马价出于租赋，不欲重困于民，命有司量入计许市六千匹"[①]。仅购买了其送来的马匹的十分之六，说明唐朝政府在这方面已经采取了一定的限制措施。以六千匹计，马价不变，则需支付绢 24 万匹，加上回鹘通过其他途径所获得的绢，总数约有数十万匹绢，从而使回鹘在丝路贸易中掌握了很大的主动权，获得的经济利益是十分巨大的。

三、粟特人的贸易活动

丝织技术在唐代出现了很大的进步，丝绸的织纹已由变化斜纹演变出正规的缎纹，从而使织物组织学上的"三原组织"（平纹、斜纹、缎纹）臻于完备。缎纹经纬交织点少而分散，织物表面几乎只显露经或纬一组丝线，所以光泽特好，手感柔软，大受欢迎。后来这类丝绸大量地从当时种植刺桐树的泉州出口，欧洲人就把缎称为"刺桐"。用彩色丝织出花卉、人物等图案叫作显花。六朝以前大都以彩色经丝浮在表面构成图案，即经线显花。织机上了一批经丝后，花纹的配色中途无法改换。唐代流行以彩色纬丝浮在表面构成图案，即纬线显花。这样可以不改变提综顺序，只改换纬丝色彩，分段织出花型相同而色彩各异的丝绸来，大大丰富了花色。汉代出现在地经、地纬的基础上用彩色纹纬按花卉鸟兽等图案织出花型的"织成"。这是通经通纬加绣花样的彩色回纬的织法。到唐代发展出没有地纬而只在地经上用彩色纹纬构成图案的新织法，称为"缂丝"，它可使复杂的绘画重现于织物上，并能显现其笔意和神韵。汉代已有三套色型版印花，到唐代发展出多色套印和多种防染印花技术。用镂空版双面夹住丝绸，镂空处涂以色浆成花，称为夹缬。用笔蘸蜡在织物上手绘图案，染后用沸水去蜡，成色地白花，称为蜡缬。苗族最善蜡缬。按图案要求用线扎结，染后解开，则结处保持原色，称绞缬。织前用防渗材料将经丝按图案要求分批扎结，染后解开，再用浅色纬丝织绸，可得色彩浓艳、带有色晕的丝绸，称为扎经缬。今维吾尔族最精于此技。用碱剂印在丝绸上，可得本色丝光图案，称为碱剂印花。

---

① 《旧唐书》卷一九五《回纥传》，第 5207 页。

　　唐开元时，丝织以河南为首，全国绢产地分为八等，共87个州郡。安史之乱后，江南丝业大兴。唐朝以强大的政治、军事力量为后盾保障了丝路的畅通，并在此基础上构建了丝绸贸易保障体系。经贸体系的建立，是唐中央王朝对丝绸之路沿线经济贸易活动的直接管理的进一步强化。如唐朝在西域设市，置互市监丞等官吏管理西域各族的商品交易；在丝路沿线设驿站、驿馆，供应往来的使臣、官员、商旅等人员食宿、马匹和牲畜所需的草料等；在西域实行"过所""公验"等制度，在各大水陆关卡加强对往来人员及其随身携带物品的盘查，保护商业贸易活动，保障西北边境安全；唐朝廷设置鸿胪寺，针对朝贡物品的品质和多寡对入贡者进行赏赐；在西域实行屯戍制度，缓解西域驻军粮食供应的压力。这种互市监、传驿制、"过所""公验"、贡赐制度、货币制度、军屯制度经贸体系的建立，增强了唐朝在丝绸之路沿线经济贸易活动中的影响力，促进了丝路贸易的全面繁荣。

　　在唐代的丝绸贸易中，粟特胡商扮演着重要的角色。在丝路大漠戈壁之间，常有一群体态魁梧、高鼻深目的行商，牵着载有厚重箱子的驼队前行，他们人人身着胡服，头戴尖帽，腰间束带，脚穿长靴，这便是以善于经商而闻名于世的粟特胡商。新疆地区考古发现的人首形陶水注可能就是粟特人形象（图4-3）。粟特人居住地地处亚洲腹地，乃"丝绸之路"枢纽地带，其中心之地撒马尔罕被称为"世界文明的十字路口"。粟特人绝大多数信奉火袄教，即琐罗亚斯德教。地处欧亚大陆的心脏地带，造成粟特商人的经商贸易活动充满强烈的国际化倾向。粟特是一个典型的商业民族，粟特的小孩子出生之后，"必以石蜜纳口中，明胶置掌内，

图4-3　人首形陶水注（石云涛摄）
（新疆维吾尔自治区博物馆藏）

欲其成长口常甘言，掌持钱如胶之黏物"①。在口里放一石蜜、手上放一块胶，希望他长大之后会说甜言蜜语，赚钱的能力就像胶能黏东西一样牢固。他们远离故土，精通商务，善于筹算，不畏艰险，谙熟各种语言，具有许多经商的手段，往来于丝路各个绿洲城镇，获得丰厚的商业利润，积攒了巨额财富。

粟特人的商业活动几乎覆盖了当时所有重要的市场领域，包括丝绸、珠宝、珍玩、牲畜、奴隶、举息等，从而控制了中世纪丝路贸易的主要命脉。他们从中国中原地区购买丝绸向西贩运，把西域的珍宝、美玉、玛瑙、珍珠、毛织品、香料、名马、植物、动物等贩运至中国。《太平广记》记载，长安有一位无妻无儿的鬻饼胡商，生病时曾受到一位书生照料。鬻饼胡商为了表示感谢，告诉书生自己的左臂内藏有珠宝，等他去世后可以取出来赚大钱。商人逝世后，书生果然在他的左臂内找到珠宝，并在与西域胡客的交易中卖得五十万钱。②唐玄宗曾获得六匹来自费尔干纳的汗血马，并借用了粟特语"叱拨"（意为四足动物）给它们分别取名为"红叱拨""紫叱拨"等。隋唐之后，来华粟特人的数量大增。他们不仅推动了东西方的商业贸易，也促进了双方的文化交流。粟特艺术的传入，丰富和改变了中国传统音乐艺术风格。中亚的胡腾舞、胡旋舞、柘枝舞在当时的长安和洛阳风靡一时。在饮食方面，开元以后"贵人御馔，尽供胡食"③，抓饭、油饼、胡饼、葡萄酒等都由粟特人传来。来华粟特人追逐的是东方富有幸福生活的美梦，他们的到来为中原大地带来了异域风情，不仅丰富了当时人们的生活，也为多元一体的华夏文明注入了新鲜血液，促进了民族的融合与文化的碰撞，让恢宏厚重的大唐文化变得更加多姿多彩。

有关丝路的繁荣景象，中唐诗人张籍《凉州词》中这样描述："边城暮雨雁飞低，芦笋初生渐欲齐。无数铃声遥过碛，应驮白练到安西。"④形象地说明了唐代东西方贸易的繁荣景象，从凉州到安西正是丝路要道，安西更是丝路贸易的一个集散地。这正是因为唐朝经贸保障体系的构建，形成了东西方商贸"外国之货日至，珠香

① 《旧唐书》卷一九八《西戎传》，第5310页。
② 《太平广记》卷四〇二，第3243—3244页。
③ 《旧唐书》卷四五《舆服志》，第1958页。
④ （唐）张籍撰，徐礼节、余恕诚校注：《张籍集系年校注》卷六，北京：中华书局，2011年，第736页。

象犀，玳瑁奇物，溢于中国，不可胜用"①的繁盛状况。

四、唐朝与西方诸国的丝绸贸易

　　唐朝前期，陆上丝绸之路进入黄金时代，唐朝强大的控制力保障了丝绸之路沿线经济贸易活动的全面繁荣，促进了中国与西方各政权间的交流和往来，加速了不同地区、不同民族和政权之间的物资交换和流通。撒马尔罕"大使厅"壁画有唐朝使节向中亚国王献赠丝绸的内容（图4-4），体现了丝绸是受世界各地欢迎的物品。丝绸之路的繁荣又为唐王朝提供了更多的物质支持和保障，中原与西方各国在日益亲密的经贸往来中协同发展，为唐朝商业贸易发展及整个社会经济蓬勃兴盛奠定了基础。

图4-4　撒马尔罕"大使厅"壁画线描图（石云涛摄）

　　公元7至8世纪，大食的阿拉伯人向东征服萨珊波斯王朝、叙利亚，进攻拜占庭首都君士坦丁堡，与唐朝在中亚较量；向西征服巴勒斯坦、埃及、北非，越

---

　　①　（唐）韩愈：《送郑尚书序》，载马其昶校注，马茂元整理：《韩昌黎文集校注》卷四，上海：上海古籍出版社，1986年，第284页。

直布罗陀海峡进入西班牙，企图进攻欧洲腹地，从而建立了一个地跨欧亚非的庞大帝国。阿拉伯人积极开展与中国的贸易活动，与唐朝共同推动丝绸之路走向繁荣。据《旧唐书》记载，高宗永徽二年（651），大食"始遣使朝贡"[①]。此后双方来往频繁。据统计，大食与唐朝使节往来达 40 次之多。[②] 唐朝前期大食商队主要通过陆上丝路来到中国北方长安、洛阳从事贸易活动，中国的丝绸和丝织技术传入阿拉伯地区。在怛罗斯之战中被阿拉伯人俘虏的杜环辗转阿拉伯各地，后经海路回国。其所著《经行记》记载了他在阿拉伯地区的见闻，他看到阿拔斯王朝首都巴格达"锦绣珠贝，满于市肆"，他还看到包括丝织在内的汉地工匠在阿拉伯地区从事手工业活动："绫绢机杼，金银匠、画匠、汉匠起作画者，京兆人樊淑、刘泚，织络者，河东人乐隈、吕礼。"[③] 说明阿拉伯人注意吸收中国技术人员从事丝织品的制作。在与中国的贸易中，丝绸是阿拉伯经营的主要商品。

罗马分裂为东西两部分以后，东罗马存在时间更长，唐朝称其为"拂菻"。东罗马曾经与唐朝进行直接交往，在太宗、高宗、中宗和玄宗时他们的使节多次入唐。贞观十七年（643），东罗马使节入唐"献赤玻璃、绿金精等物"，太宗赐以绫绮；乾封二年（667），其使节携底也伽（一种名贵药材）入唐贸易；大足元年（701）也有东罗马使节入唐的记录。开元七年（719），东罗马皇帝委派吐火罗首领入唐进贡。此后，东罗马基督教僧侣多次入唐，进行贸易活动。[④] 在公元 8 世纪至 10 世纪，东罗马通过与阿拉伯人的贸易源源不断地获得中国丝绸，其宫廷中大量华丽的丝织品多数是从东方输入的。

从汉代时起，波斯与中国就有外交往来和贸易交流。隋炀帝时曾遣云骑都尉李昱出使波斯，波斯使节也随李昱来到中国。裴矩《西域图记》记载从敦煌西行的"中道"就是经高昌、焉耆、龟兹、疏勒越葱岭，经中亚至伊朗高原的交通路线。[⑤] 唐朝建立后，中国与波斯的亲密关系进一步密切。大食人进攻波斯，波斯王子远

---

① 《旧唐书》卷一九八《西戎传》，第 5315 页。
② 西安市地方志办公室编：《古丝路与新西安——西安与丝绸之路经济带》，第 16 页。
③ 《通典》卷一九三《边防九》，第 5279—5280 页。
④ 《旧唐书》卷一九八《西戎传》，第 5314—5315 页。
⑤ 《隋书》卷六七《裴矩传》，第 1579 页。

赴唐朝避难。据统计，波斯遣使入唐多达 30 次。①7 世纪中叶，大食帝国已经征服波斯，这些入华使节可能是波斯地方首领或商队领袖。实际上，在阿拉伯帝国统治之下，波斯在经济和文化上一直保持着独立性，他们的入华商人仍与大食商人相区别，丝绸仍是他们经营的主要商品。早在魏晋南北朝时，波斯人织的具有民族特色的"波斯锦"就传入中国，由吐鲁番地区的唐代墓葬中发现的文书可知当地仍有"波斯锦"的交易。

第五节　五代宋元时期丝路贸易的盛衰

晚唐五代以后，随着中西间海上交通的发展，传统的陆上丝绸之路贸易开始衰落，但陆上交通和贸易交流并未断绝。战争和自然环境给丝路交通造成一定障碍，但贸易和交流有其本身的内驱力，一旦产生，它为各方带来的巨大利益必然吸引各个国家和民族打破政治隔阂和交通障碍，推动这种贸易开展下去。因此后来陆上丝路贸易仍持续发展，并时见高潮。

一、五代宋元时期的丝路交通

安史之乱以后，从中国通往中亚的主要道路时有阻隔。五代政权更替频仍，国力衰弱，但仍与西域保持着联系。据史书记载，五代政权都与甘州回鹘、高昌回鹘有贡使往来，绢马贸易不曾中断。后晋与西域的交往更为引人注目，封李圣天为大宝于阗国王，派遣张匡邺、高居诲出使于阗，都表现出朝廷希冀对西域有所作为。后晋还曾册封西北回鹘首领。在这一过程中，灵州道逐渐兴起，地位日益重要。从长安出发至灵州，自灵州或经白亭海至凉州，沿河西走廊西行，或经巴丹吉林沙漠至甘州，然后经河西走廊至肃州、瓜州、沙州，而后达西域。宋初，使者商旅在丝路沿线仍能得到食宿供应，可见灵州道作为主要商道的繁荣景象。

---

① 西安市地方志办公室编：《古丝路与新西安——西安与丝绸之路经济带》，第 16 页。

然而，随着北宋对丝路的控制力减弱，尤其是西辽、西夏的崛起，原本还能通过灵州来往的道路逐渐被废弃。

北宋时丝绸之路陆路交通变化明显，不再是以贸易为主，更多的是外交往来。由于辽、西夏等势力在西北地区的兴起，为防止军事信息的泄露，宋朝基本停止了与西域的商业贸易活动。不过，这种停止主要表现在官方行为上，同西域的民间商贸往来并未停止，但由公开转为地下，由直接转为间接。元丰二年（1079）七月，经制熙河路边防财用李宪上言："卢甘、丁吴、于阗、西蕃，旧以麝香、水银、朱砂、牛黄、真珠、生金、犀玉、珊瑚、茸褐、驼褐、三雅褐、花蕊布、兜罗绵、硇砂、阿魏、木香、安息香、黄连、牦牛尾、狨毛、羚羊角、竹牛角、红绿皮交市，而博买牙人与蕃部私交易，由小路入秦州，避免商税打扑。"[1] 可见当时中亚商品经由西域诸国流入境内。金与蒙古崛起后，南宋偏安江南，同西域、中亚各国陆上交通被阻隔。

北方的辽、金、西夏诸政权的地理位置，决定它们只能经由陆路与西域来往。辽的对外政策比较开放，东与新罗、渤海、女真、铁离、鞑靼，南与北宋，西南与西夏、吐谷浑、吐蕃，西与回鹘、突厥、黠戛斯、大食等都有交往。后唐庄宗同光二年（924），耶律阿保机西征，攻占古回鹘城和浮图城，"尽取西鄙诸部"。[2] 辽置西北路招讨司，属部包括阻卜（即鞑靼）各部、梅里急部、粘八葛部和萌古部。辖境东起克鲁伦河，西至额尔济斯河，北至色楞格河下游，南抵沙漠与西南路辖境相接。辽与西域的交通，可以经由额济纳道和肃、瓜、沙诸州，又可以经蒙古高原西部。后来西夏兴起，占有河西走廊西部与额济纳道以后，辽主要通过西北路招讨司辖下之蒙古高原西部南下西进的草原之路而与西域交通。辽与西域之高昌回鹘、喀喇汗王朝保持密切的来往。西夏兴起后控扼河西走廊，本来最易于同西域建立密切关系，可是由于它与西邻高昌回鹘和喀喇汗王朝常处于敌对状态，所以它主要是在西域与辽、宋、金之间的贸易中起中介作用，从中取得十分之一

---

① （宋）李焘撰：《续资治通鉴长编》卷二九九神宗元丰二年七月庚辰条，北京：中华书局，2004年，第7272页。

② 《辽史》卷二《太祖本纪下》，第20页。

的过境税。西夏与其他方向的辽、金、宋、吐蕃等政权都建立密切的关系。金灭辽和北宋以后，国势一度十分强盛。但是金人进入中原后，虽然南下的势头超过契丹，却没有像契丹那样西进的企图。金与西域的联系，若经绿洲之路，则受制于西夏；若经草原之路，则又受制于西辽，所以它与西域没有直接交往，而是通过西夏或蒙古高原某些部落与西域进行间接的交往。辽和金打通了东西方陆上通道，中亚和西亚与中国东北地区的交流经过北方草原之路。辽、金时期及以后在中国东北地区考古发现了不少伊斯兰蓝玻璃器。① 唐宋以后，北方草原之路也是中亚和西亚经过中国东北地区与朝鲜、日本相连接的道路。通过东北亚丝绸之路，即经过渤海国从清津、海参崴渡海至"日本道"，或经鸭绿江渡海至登州的"鸭绿江贡道"，② 东西方建立联系。

元朝征服中亚、西亚以至东欧的大片领土，在广大欧亚地区建立起四大汗国。钦察汗国又称金帐汗国，包括扎牙黑水以东钦察草原东部、阿姆河下游花剌子模北部、忽阐河下游汇入咸海处。察合台汗国东达今吐鲁番，西及阿姆河，北接花剌子模和塔尔巴哈台山，南临印度。窝阔台汗国在霍博和叶密立一带，与察合台始封地相邻，存在的时间较短，海都之乱后，领地被察合台汗国和伊利汗国瓜分。伊利汗国疆土东起阿姆河和印度河，与察合台汗国和印度为邻，西临地中海，占有今小亚细亚半岛大部，北至太和岭和花剌子模，与钦察汗国接壤，南临波斯湾和阿拉伯海。

元朝与中亚、西亚地区的交通，依靠诸汗国与元朝间修建的驿路，元朝皇帝、诸王使节与运输队及各国商使商队依靠驿路穿梭于各地区之间。驿路上风险重重，不乏劫贼强盗，沿途的驿站除了为行人提供食宿外，还要提供武装护卫。此时的中西丝路交通主要是北道和南道。自元大都西行，过宣德、大同继续西去，经丰州、

---

① 马文宽：《辽墓辽塔出土的伊斯兰玻璃——兼谈辽与伊斯兰世界的关系》，《考古》1994 年第 8 期，第 736—743 页；内蒙古文物考古研究所：《辽陈国公主驸马合葬墓发掘简报》，《文物》1987 年第 11 期，第 18 页。

② 侯江波、林杰：《试论古代"东北亚丝绸之路"的特点及其现实意义》，《辽宁丝绸》2000 年第 4 期，第 28—29 页。

宁夏到达甘州，再向西行或西南行分别到达别失八里、哈密力、阿力麻里等地，这条路被称为中西间的"北道"，此道在成吉思汗西征时就已经是中西间主要的交通道路，是大蒙古帝国分裂前沟通东西方的主要商道。窝阔台汗命按竺迩"自敦煌置驿抵玉关，通西域"，开辟的"南道"是元朝时中原地区与西北诸汗国的另一重要通道。"南道"建立在按竺迩"通西域"的道路基础之上。阿里不哥与忽必烈争夺汗位引发的战争致使西方诸国的使者与商队改经钦察汗国，直接由草原路进入哈剌和林，"南道"由此转于沉寂。

忽必烈为抗衡察合台汗国与窝阔台汗国的联盟，任命弟弟旭烈兀为伊利汗，元朝与伊利汗国建立了亲密同盟。旭烈兀在伊利汗国建立了与元朝一样的驿站制度，与元朝驿路相连，沟通中西。忽必烈与旭烈兀的结盟主宰了整个蒙古帝国，双方的使臣经河中大道的驿站往来不绝。这条驿路成为后来"南道"的主体部分。面对伊利汗国的威胁，其他三个汗国联合起来，盟主海都成为七河地区与河中地区的统治者。三个汗国的联盟与元朝的对抗，使得除"南道"以外其他通往中原的道路遭遇阻隔，元廷与伊利汗国之间的"南道"之重要性日益突显。

这样，大致以察合台汗国首府阿力麻里为枢纽，丝路东西段各分为两大干线。在东段，一条从蒙元都城哈剌和林西行，越杭爱山、阿尔泰山抵乌伦古河上游，然后沿该河行至布伦托海，再转西南到阿力麻里；另一条从元大都（今北京）西行，经宁夏过黄河，进入河西走廊，然后或由天山北道抵阿力麻里，或由天山南道入中亚阿姆河、锡尔河两河之间地区。在西段，一条由阿力麻里经塔拉思取道咸海、里海以北，穿行康里、钦察草原抵伏尔加河下游的撒莱，再由此或西去东欧，或经克里米亚半岛过黑海至君士坦丁堡，或经高加索到小亚细亚；另一条由阿力麻里至中亚两河地区，经撒马尔罕、布哈拉西行，过呼罗珊抵达西亚。这相互交叉的两大干线之间，支线错出，反映了元朝时以驿路为基本走向的欧亚贸易路网结构的特点。

这条通道上有着诸多风险和困难，除了战乱，还有其他人为的障碍。伊利汗国诸王擅用驿路驿站，他们成帮结队到驿站索取马匹、饮食，侵扰驿站附近居民，甚至抢劫斗殴。伊利汗下令修整道路，整顿驿站，禁止任何人因私事随便乘驿，给使者以路费及牌符，不准随意侵扰驿站。据《史集》记载，这之后"蒙古人和游牧民免除了沉重负担，沿途来往的商人安全了，城乡居民心情安定地从事建设和农耕"[①]。境内驿站满足不了日益增多的驿传任务，元朝继续修整完善"南道"交通，至元十八年（1281），沿太和岭（在今山西北部雁门关附近）至别失八里一线新置 30 个驿站，太和岭有直通大都的驿道。驿路经河西走廊穿越塔里木盆地和昆仑山至葱岭，为东西方来往的商旅提供服务，马可·波罗一行就是沿此道来到中国的。

二、元代陆上丝路的重铸辉煌

蒙古人发动的三次大规模西征，以及针对金和南宋的南征，完成了对欧亚大部分地区的军事征服，为元代中西间贸易创造了有利的社会环境。

驿站制度的实施促进了欧亚商路网络的恢复。蒙古帝国自窝阔台大汗起，基于政治军事需要和加强对边远地区的控制，开始实施"站赤"（驿传）制度。其发达的驿路系统使长期以来因各民族政权之间的冲突和战争而阻塞的传统商道及中原与北方民族贸易之路再度畅通。这既有利于帝国政令通达四方，也为往来的使臣、商旅创造了便利，客观上形成了以驿路为基本走向的欧亚商路网络，丝绸之路的发展和东西方贸易往来呈现出新局面。为了保证交通畅通和信息快速传递，元朝建立了快捷的驿站传讯系统。忽必烈时期，元朝就建立起从蒙古本部通往窝阔台、察合台汗国的驿道，伊利汗国把中原地区的驿站制度推行到其境内。元朝与各汗国都在交通大道上置护路卫士，颁布保护商旅的法令，维护路途的安全。驿道路网打通了元朝首都与亚欧各地的联系，使长期陷于停滞状态的沙漠绿洲路再次活跃起来。[②]《元史·地理志》记载："元有天下，薄海内外，人迹所及，皆

---

① ［波斯］拉施特主编，余大钧、周建奇译：《史集》第三卷，北京：商务印书馆，1997 年，第 463 页。

② 石云涛：《元代丝绸之路及其贸易往来》，《人民论坛》2019 年第 14 期，第 142—143 页。

置驿传，使驿往来，如行国中。"①同书《兵志》"站赤"条云："四方往来之使，止则有馆舍，顿则有供帐，饥渴则有饮食。而梯航毕达，海宇会同，元之天下，视前代所以为极盛也。"②《经世大典·站赤门》云："我国家疆理之大，东渐西被，暨于朔南，凡在属国，皆置驿传，星罗棋布，脉络贯通，朝令夕至，声闻毕达，此又总纲挈维之大机也。"③历史上属于不同国家和地区的绿洲之路，置于大蒙古国统治之下，第一次被纳入同一政治体系之内，建立起了统一的驿站体系，这种局面是空前的，绿洲之路在这种情况下不仅恢复了汉唐盛世的繁荣局面，而且还有所发展。正如美国学者卡特所说："许多大道建筑起来，骑在快马之上的大军，继续在大道上奔驰往来，络绎不绝。继之而起的就有商业上的往来；近东各地与远东各地之间，通过土尔克斯坦关隘和蒙古沙漠的陆路贸易，达到空前绝后的盛况。中国与欧洲正面相遇……"④

多民族统一的元帝国建立后，北方各民族、各地区之间的经济往来更加密切。蒙古游牧民族特别是其上层统治集团逐步接受汉族文化的影响，粮食、纺织品、饮料等需求越来越大。元政府鼓励商人前往漠北地区贸易，不但给北上通商的色目商人发放金银牌符予以乘驿优惠，而且因"上都地里遥远，商旅往来不易，特免收税以优之"⑤，以重利诱商贾致谷帛用物。当时从内地销往漠北的商品主要是粮食、饮料、丝绸缎帛、镜子、银器等；蒙古草原的牲畜、皮毛也南运中原。直到元朝末期，还与漠北进行过大规模的绢马交易。⑥

元代中原地区不仅与漠北牧业经济区域保持着密切经济联系，而且同北方其他民族区域如畏兀儿地区有着长期稳定的经济交流。畏兀儿地区处于中西贸易要冲，又是少数民族聚居区域，因而这种经济交流更体现出国际贸易、地区贸易和

① 《元史》卷六三《地理志六》，第 1563 页。
② 《元史》卷一〇一《兵志四》，第 2583 页。
③ 参见方豪：《中西交通史》下，上海：上海人民出版社，2008 年，第 325 页。
④ ［美］卡特著，吴泽炎译：《中国印刷术的发明和它的西传》，北京：商务印书馆，1957 年，第 133 页。
⑤ 《元史》卷七《世祖本纪》，第 129 页。
⑥ 蒋致洁：《蒙元时期丝绸之路贸易初探》，《中国史研究》1991 年第 2 期，第 39—47 页。

民族贸易三者相互交叉、相互渗透的鲜明特色。马可·波罗途经喀什噶尔，就谈到这里"以商业和制造业为生"，"国中的商人遍布世界各地"，商人们前往中原及世界各地做生意，手工业主要有棉织业。①棉花正是以畏兀儿地区为中介，在元代普及于中国中原和南方的。除喀什噶尔外，别失八里、哈喇火州也都具有上述那种三个层次贸易中心的特点。蒙古人西征之前，中亚地区的国际商队贸易就已有相当规模。成吉思汗曾多次派遣商队前往中亚从事贸易。三次西征及南征完成后，蒙古帝国的版图大大扩展，加之驿站的设立和驿路的发达，欧亚广大地区国际贩贸活动又兴盛起来。元代中外关系史名著，如《马可·波罗游记》《通商指南》《柏朗嘉宾蒙古行记》《卢布鲁克东行记》《大可汗国记》《马黎诺里游记》《鄂多立克东游录》等，大量记载了丝绸之路上商队贸易的情况。

元代丝路贸易的一个重要内容是元帝国与诸汗国的"朝贡贸易"，这是一种官方的易货贸易方式。所谓"贡献"和"赏赐"实际是双方商品的交换。这种交易主要根据双方产品的使用价值来进行，而不在于其内在的实际经济价值。受政治、外交因素的影响，这种交换一般是不等价的。历史上，在这类朝贡贸易中，中方赐物价值远远大于对方贡物的价值。因此这种朝贡贸易对外国外族才具有吸引力，形成历朝历代外国商使梯山航海不绝于途的景象。元代朝贡贸易继承了汉唐以来传统的对外贸易必须服从外交、政治的需要。进贡与赏赐显示中央帝国对名义上臣服的汗国的安抚和间接控制，汗国所谓入贡则表明归附，以寻求支持和保护。

元代丝路贸易是中外贸易和文化交流的一个转折时期，这个转折表现在恢复了自唐朝后期以来处于衰落态势甚至基本中断的东西陆路贸易。元代丝路古道的重新开通和中西交往局面的打开，恢复了东西方通过陆路进行的经济、政治、文化的交流，并呈现一派兴旺景象。蒙古帝国政治与军事上的强大实力、对外的积极进取为丝路贸易的中兴提供了比较有利的政治环境。一方面，统治者要利用对外贸易最大限度地满足皇室、贵族统治集团的奢侈消费及帝国其他特殊需求，另

_____

① ［意］马可·波罗著，梁生智译：《马可·波罗游记》，北京：中国文史出版社，1998年，第60页。

一方面，加强帝国管辖或统治势力影响所及范围内的联系和扩大内外声威的需要，也促使统治者采取经济上对外开放、鼓励域外通商的政策。这就大大吸引了各国商人来华通商，推动了丝路贸易的发展。

三、宋元时期与西方的丝绸贸易

宋朝时期，蚕桑丝织业的重心已移至东南。唐宋在植桑养蚕技术上有重要改进，丝产量大增，丝绸品种也更繁复。宋代杭、润、湖、亳、相、梓、婺诸州成为著名的丝织中心。丝绸在财政上的作用显著。宋代国土甚蹙，税丝外兼行和买，仁宗庆历时和买年达 300 万匹。元代丝织集中于官局，税改为丝料，管理过严，民间丝业不振。宋朝改变了传统的抑商政策，促进了商品经济的发展，丝绸的交易流通大量增加。城市经济繁荣，十万户以上的城市达数十个。大都市里放宽了对交易时间和地点的限制，坊市之间不再隔绝，夜市和早市热闹非常。于是丝绸贸易得到长足的发展，北宋时的汴京（今开封）和南宋时的临安（今杭州）最为昌盛。汴京"南通一巷，谓之界身，并是金银彩帛交易之所，屋宇雄壮，门面广阔，望之森然。每一交易，动即千万，骇人闻见"①。南宋偏安江南，定都临安。随着政治重心南移，大批纺织工匠也聚集江南，丝绸生产重心随之转移到了江浙一带，临安处于丝绸生产兴盛的区域，又是丝绸重要产地，丝织业和丝绸贸易比之东京更为兴盛。

宋辽金西夏时期是北方少数民族和汉族政权争战的时期，彼此战和相继，经济贸易并未中断。金辽元时期统治阶级十分奢侈靡费，对汉族地区高档丝织品表现出异乎寻常的偏爱，极大地促进了丝绸生产和贸易。宋与北方诸族的交易中主要是以茶、帛换取对方的马，当时称"茶马贸易"，其实丝织品也是宋人输出的主要商品。北宋时与西夏的交换，开始并没有使用茶叶丝帛，"先是，以铜钱给诸蕃马直。（太平兴国）八年，有司言戎人得钱，销铸为器，乃以布帛茶及他物易之"②。西夏臣

---

① （宋）孟元老撰，邓之诚注：《东京梦华录注》卷二，北京：中华书局，1982 年，第 66 页。
② 《宋史》卷一九八《兵志》，第 4933 页。

于北宋，宋"每岁所赐金帛二十余万"①。太平兴国七年（982），李继捧率族人入朝，宋太宗"赐白金千两、帛千匹、钱百万"②。景德年间，宋朝册封夏主李德明为西平王，赐"银万两、绢万匹、钱三万贯，茶二万斤"③。宋与西夏的榷场有官市，以缯帛、罗绮易驼马、牛羊等，"非官市者听与民交易，入贡至京者纵其为市"④。在西夏，丝织品价值昂贵，"羌中穷困，一绢之直至十余千"⑤。

由契丹族建立的辽朝，其统治者从宋朝"岁贡"中获取大量丝绸，还从中原地区掠取大批工匠，从事锦绫等高档丝织品生产。从考古发现的辽墓中出土的织物来看，其丝织品量大艺精，比如庆州白塔出土的联珠鹰猎纹经袱属于辽代晚期绣品，用红色的四经绞罗做底，以平绣为主要针法，上下各有两条联珠直带做栏，中间为一个黑地白珠的团窠联珠圆环，联珠之中是一个面形方正、胡须往两边外翘的契丹族猎人。他骑着马，头戴棉帽，身穿棉袍，脚着棕色靴，两手高擎猎鹰。⑥空隙间散布着各种与佛教相关的杂宝纹。这种将唐朝流行的鹰猎纹与佛教元素相结合的织绣法，是契丹人在吸收中原丝织技艺和汉文化的基础上，又体现着本民族文化的产物。女真族酷爱加金丝织物。黑龙江阿城巨源乡原上京城故地发现金代齐国王完颜晏夫妇合葬墓。其中有用织金锦缝制的衣袍裤裙。该墓出土的男女织金锦袍使用的金线，都是将纯金箔狭条加捻后包卷于芯线上形成金光的圆金线。

宋与吐蕃之间的贸易关系促进了中西方丝路贸易。吐蕃首领角斯罗及其后代都与宋朝保持良好的政治关系，并积极开展贸易活动。宋蕃之间主要的贸易形式是互市，宋朝用以交换的主要商品是丝绸、茶叶、粮食、金银器和漆器等。除了官方的互市之外，民间也有广泛的贸易活动。宋与吐蕃的朝贡贸易中，丝帛是大宗货物，吐蕃人获利巨大。《西宁府新志》记载："每一使赐予贸易无虑得绢

---

① 《续资治通鉴长编》卷二〇六英宗治平二年十二月甲辰条，第 5009 页。
② 《宋史》卷四八五《夏国传》，第 13984 页。
③ 《宋史》卷四八五《夏国传》，第 13990 页。
④ 《宋史》卷一八六《食货志下八》，第 4563 页。
⑤ 《续资治通鉴长编》卷四〇四哲宗元祐二年八月戊申条，第 9855 页。
⑥ 彭善国：《辽墓鹰猎题材壁画及相关文物初识》，《边疆考古研究》2004 年第 1 期，第 232—233 页。

五万余匹，归鬻之其民，匹五六千，民大悦。一使所获，率不下二十万缗。"吐蕃与西方的西夏、龟兹、高昌等也存在贸易关系，史载高昌、于阗等地"往来贾贩之人数百家"①。在当时多个政权对峙，北宋和南宋都面临交通阻塞的情况下，吐蕃成为宋与西域交通和丝绸西运的重要中介。

织金锦的鼎盛期在元代。据说蒙古贵族不仅衣着红紫细软、组织华丽的纳石失金锦，日常生活中的帷幕、被褥、椅垫等也皆为纳石失金锦所制，甚至连军营所用的帐篷也由这种织金锦制成，绵延数里，场面壮观。②蒙古人打了胜仗之后就实行屠城，但不杀手工工匠和工程技术人员。在官营手工场中，除了灭宋后从江南挑选的十余万丝织工匠，还有一大批是在西征时从中亚掳来的穆斯林工匠，有不少人是织造织金锦的能手。不同民族的工匠被安置在同一地方进行生产劳动，相互交流，共同推进了织金锦技术的提高，使得这一时期的北方丝织物在织造及纹样上都带有明显的异域风格。

在元代这个中西交通繁荣的时代，中国与遥远的西方进行了更密切的接触，大大改变了先前多个政权对峙造成的丝路阻绝的状态。随着中西方交往的加深，元朝对外贸易空前发展。元统治者意识到自己在世界上的大国地位，又具有"天下一家"的思想观念；经济上重视商业贸易。蒙古国都城哈剌和林是一个国际性都市，东西方各国使节、商人、僧侣、工匠、艺人云集于此。忽必烈时以北京为大都，北京遂成为国际大都会，开始成为国际交通枢纽和亚欧贸易中心。从大都通向四方的驿道非常发达，元末明初的危素《送夏仲信序》云："四方之士，远者万里，近者数百里，航川舆陆，自东西南北而至者，莫有为之限隔。"元代地理学家朱思本《北海释》云："西海（地中海）虽远在数万里之外，而驿使贾胡时或至焉。"蒙古军队西征途中开路架桥，使交通状况大为改善。从第一次西征到忽必烈时，已经建立了连通漠北高原蒙古本部与察合台汗国和钦察汗国的驿道。四大汗国的首都都是东西方交通的枢纽和商贸中心，元大都与四大汗国都城之间有驿道相通，为国际贸易和文化

---

① 孙菊园辑：《青唐录辑稿》，《西藏研究》1982 年第 2 期，第 154 页。
② ［意］马可·波罗著，梁生智译：《马可·波罗游记》，第 122—123 页。

交流提供了便利。① 英人道森《出使蒙古记》记载："军队过去之后，他们就把这条道路开放给商人和传教士，使西方和东方在经济上和精神上进行交流成为可能。"②这个庞大的商业网络推动了国际贸易的开展。意大利商人裴哥罗梯的《通商指南》记述了从英国到中国的商业通道、货物、关税和进出口状况、商务惯例、各国币值、度量衡制等，并说："据已历此途程的商人们说，从塔那至契丹的道路是完全平安的，不论是白天还是夜间。"《伊本·白图泰游记》记载，欧洲商人在当地就能买到中国丝绸和其他商品。元代纸钞成为主要的货币，随着国际贸易的发展传向西方，13 世纪的欧洲和 14 世纪西亚北非的著作中都提到元朝的纸钞。

第六节　明清时期丝路交通与贸易

陆上丝绸之路发展到明朝发生了重大变化。面对北方元朝残余势力因不甘心失败而造成的长期压力，明朝必须以更加有力的措施来控制陆路丝绸之路，以分化蒙古与西域各国，使其难以联合起来共同对付明朝。明朝是 14 世纪至 17 世纪陆路丝绸之路上长期稳定而繁荣的强大之国，有责任规范和管理丝绸之路的贸易活动，维护其安全和稳定，使其继续发挥已有商道的功能，确保政治、经济和文化的有序交往。在明代，丝绸之路将经贸文化交流和政治互动高度结合起来，使陆路丝绸之路的面貌发生了显著的变化，并凸显着新的时代特点。

一、明代的中西交通与陆路贸易

明朝的丝绸贸易首先表现在与北元势力东西蒙古的交往上。明朝与西部瓦剌之间存在长期的通贡与互市关系，在通贡中瓦剌向明入贡的主要是马，而从明朝获得的主要是丝绸和粮食。如永乐二十年（1422）十二月乙亥，"瓦剌贤义王太

---

① 参见石云涛：《元代丝绸之路及其贸易往来》，《人民论坛》2019 年第 14 期，第 144 页。
② ［英］道森编，吕浦译，周良宵注：《出使蒙古记》，第 29—30 页。

平等遣使贡马，谢侵掠哈密之罪，……各赐彩币表里"①。永乐二十二年（1424）二月壬子，"瓦剌贤义王太平、安乐王把秃孛罗、顺宁王脱欢，遣使哈三等贡马，赐纻丝裘衣、金织文绮、彩绢各有差"②。明朝与瓦剌的互市又称"马市"，这是一种在特定时间和指定地点进行的"绢马贸易"。一般情况下每年进行一二次，每次3至15天，其间有"官市"，明朝官方以金银或绢布换取瓦剌的马。另一种方式乃民间交易，由商人从事贸易，实现农耕民族与游牧民族之间物品的交换，中原地区用以交换的商品主要是茶和丝织品。这两种贸易形式虽然有时因为双方的战争短暂中断，但基本是稳定存在和发展的。

明朝在西部的统治虽然后来限于嘉峪关（图4-6）以东，但与西域的联系并未断绝。与明朝保持联系的首先是天山南北诸政权，主要有别失八里（又作亦力把里，故城在今新疆吉木萨尔境内）、哈密、吐鲁番、柳城、火州、于阗等。明太祖时别失八里王黑的儿火者遣使至明，"帝喜，赐王彩币十表里"。③朱元璋赐别失八里国王的敕书反映了中原与西域之间商业往来的状况。洪武三十年（1397）正月，"复遣官赍书谕之曰：'朕即位以来，西方诸商来我中国互市者，边将未尝阻绝。朕复敕吏民善遇之，由是商人获利，疆场无扰，是我中华大有惠于尔国也。'"④永乐年间，别失八里与明朝交往频繁，明朝赐予皆为"彩币""文绮""金织"等。哈密在明代文献中被称为"哈梅里"，明洪武十四年（1381），都督濮英就"开哈梅里之路以通商旅"，当年"哈梅里阿老丁来朝贡马，诏赐文绮"。⑤洪武二十五年（1392）十二月，"哈梅里兀纳失里王遣哈只阿里等来贡马四十六匹，骒十六只。诏赐使者白金、文绮有差"⑥。这种贡赐关系至明成祖时更有所发展。明朝与哈密还开展"互市"贸易，商品交换量巨大。例如，景泰三年（1452），

① （明）张辅等：《明太宗实录》卷二五四上永乐二十年十二月乙亥条，台北："中央研究院"历史语言研究所校勘影印本，1962年，第1页。
② 《明太宗实录》卷二六八永乐二十二年二月壬子条，第1页。
③ 《明史》卷三三二《西域传四》，第8606页。
④ 《明史》卷三三二《西域传四》，第8607页。
⑤ 《明太祖实录》卷一三七洪武十四年五月乙酉条，台北："中央研究院"历史语言研究所校勘影印本，1962年，第4页。
⑥ 《明太祖实录》卷二二三洪武二十五年十二月辛未条，第3页。

图 4-5　嘉峪关（石云涛摄）

哈密进贡玉石三万三千五百斤，每斤得绢一匹。直到明成化八年（1472），哈密被吐鲁番速檀（苏丹）阿力攻占，其与明朝的贡赐关系才逐渐停止。吐鲁番与明朝的关系始于永乐年间，双方建立通贡关系，后因争夺哈密关系破裂，但这种通贡关系时断时续，吐鲁番从明朝希望得到的是彩币器用等，双方之间的贡赐关系发挥着重要作用。柳城、火州在永乐时期与明朝存在贡赐关系，正统后这两个政权都被吐鲁番吞并。于阗地理位置偏远，在永乐年间与明朝建立通贡关系。洪熙元年（1425）后，明朝处理对外关系日趋保守，以耗费过多为由，对远方使者采取各种限制措施，西域国家贡使渐少。

中亚商队一直活跃在西北丝绸之路上。洪武年间，蓝玉远征北元，"至捕鱼儿海，获撒马尔罕商人数百。太祖遣官送之还"[1]。捕鱼儿海即贝尔湖，撒马尔罕即中亚帖木儿政权，明朝与之有密切往来。在与帖木儿汗国交往中，明朝时有一位开拓丝绸之路的伟大使臣陈诚。他曾五次出使西域，一次出使安南，盛名远播，功劳甚巨，为明朝与周边邻国的交流往来做出了卓越的贡献。公元 1396 年，陈诚奉明朝皇帝之命，远赴甘肃、青海与新疆接壤的地区，到达连年内乱的畏兀儿部落，稳定西域局势，安抚葱岭以东天山南北诸地。公元 1413 年，中亚地区的哈烈、撒

---

[1]　《明史》卷三三二《西域传四》，第 8606 页。

马尔罕政权派遣使节来到中国。为了加强与西域各国的沟通往来，明朝皇帝决定派遣陈诚西行，专程护送使臣返回哈烈、撒马尔罕，以示回访与答谢。

陈诚一行从北京出发，经河北正定、山西临汾、陕西西安，赴甘肃泾川、兰州，穿越河西走廊，进入西域地区，游历十七国，历时两载，行程三万余里，终返京城。陈诚西行的日程记录《西域行程记》和描绘西域各国风物地貌的《西域番国志》成为当时亲历西域的真实文献记载，具有宝贵的史料价值。《西域行程记》以日记形式记述所经17个国家的山川、物产和风土人情；《西域番国志》记述西域哈烈、撒马尔罕等19个国家的政治、经济、文化情况。根据他的描写，哈烈城的市井街坊，各类店铺林立，夜不闭门，互相之间没有纠纷；服饰色彩鲜艳，以翡翠装饰衣袍，用珍宝缀成腰带，光华四射，美不胜收。撒马尔罕地势宽平，山川秀丽，土地肥沃。城内人烟众多，街巷纵横，店肆稠密，各路客商多聚于此，货物众杂，异国物产丰富。[①]

陈诚率领的明朝使团沿途赠送名贵物产，受到各国民众的欢迎。西域各国为了表示对明朝皇帝的尊崇与答谢，派遣庞大的经贸商团赴中国通商互市，哈烈、撒马尔罕、别失八里的使团甚至多达三百余人。明王朝与撒马尔罕的绢马贸易、丝绢宝石贸易，撒马尔罕向明朝赠送的奇禽异兽，明朝回赠的瓷器、绢布、彩缎等，都是东西方政治、经济与文化交流的见证。此后，公元1416年、1418年、1424年，陈诚又三次西使，除了最后一次因为明朝皇帝驾崩，在即将由甘肃出塞时遵旨还京，未能如原定计划成行，其余两次均不负使命，圆满完成任务。

从明朝洪武到弘治年间，西域及中亚、西亚各国不断地派出规模庞大的使团向明朝廷朝贡，明朝也以回赐的方式赐予西域诸国以丰厚的内地所产物品。西域各国的贡使人数有时多达几百人。如永乐十七年（1419），哈密向明朝进贡，派出的使者及商人有290人，贡马3500多匹及貂皮、硇砂等物，明朝廷回赐钞达3.2万锭，文绮百匹，绢1500匹。在西域各国与明朝的贡赐贸易中，哈密与内地的来往最为密切，贡赐贸易的次数也最多，仅永乐年间就达到47次，平均每年近2.3次。

---

① 杨建新主编：《古西行记选注》，银川：宁夏人民出版社，1987年，第282—289页。

从永乐到正德年间的一百多年中，双方贡赐贸易达到 200 余次。在贡赐关系的基础上，明王朝与哈密还开展大规模的互市。如永乐元年（1403）哈密统治者安克帖木儿在入贡的同时，在明朝准许下一次性以马市易达 4740 匹。在互市贸易中，除了官市之外还有私市，可以随时随地进行贸易。①

规定期限是控制贸易规模最有效的手段。明朝根据亲疏远近，对西域各政治体规定不同的朝贡期限，从一年一次、三年一次到五年一次不等，极远者不定期限。

贡使人数。由于朝贡赏赐与使团人数挂钩，故与贡期相适应，根据亲疏远近限定人数，从三百人到几十人不等。控制朝贡人数是仅次于规定朝贡期限的又一重要举措。

进京人数。由于嘉峪关离京师较远，沿途驿站接待能力有限，故将合法进入嘉峪关的贡使分为起送和存留两部分，仅有极少数的使臣被允许前往京师从事觐见皇帝等外交礼仪活动。起送使臣的比例一般为使团人数的 10% 左右。或规定上线人数，从十人、三十人到五十人不等，控制较为严格。只有如此严格控制起送人数，才能降低明朝境内 5500 里陆路丝绸之路朝贡贸易线上的运营成本和京师的招待费用。

存留人数。大多数入关使臣被安置在肃州或甘州，在固定的专门场所居住，由明朝提供生活保障。明朝对存留使臣的赏赐由起送使臣带回。同时，入关后未被选中送往京师的贡物可在当地出售。当同团的起送贡使返回后再一道出关，离开明朝。

进贡路线。由于进入嘉峪关后，贡使沿途所有开支由明朝提供，并由专人负责和接待，故必须按照规定的路线行走，不得变道游览，不得随意与一般民众接近，更不得刺探军情。

贡物。因为是按物赏值，所以要求所携贡物为货真价实的"方物"，如马、玉石、水晶碗、羚羊角、铁角皮等常见之物，不得以贡"珍玩"而求厚赏。其中，马、驼、玉石是有明一代朝贡贸易中的主要"土物"，特别是撒马尔罕等处所贡"西马"尤为珍贵。

---

① 参见孙占鳌：《嘉峪关与明代丝绸之路贸易》，《甘肃广播电视大学学报》2017 年第 2 期，第 1—4 页。

在京逗留时间。起送使臣到京后享受优厚待遇，在完成觐见皇帝、出席宴飨、领敕、领赏、出售剩余贡物后，在规定的期限内离京按原路返回，与在河西走廊的存留贡使一同放行出关，完成朝贡任务。通过陆路丝绸之路进行朝贡贸易，是明朝与西域诸国在政治认同上的集中反映。[1]

二、清代前期的西北边境贸易

与日益发达的海上交通相比，清代前期中西间传统的陆上丝路贸易早已失去过去的辉煌，但并没有中断。特别是康熙、雍正、乾隆时期平准战争胜利后，随着清朝对西北疆域的经营和多民族国家的统一，中原地区与西域的绢马贸易仍在进行，甚至还出现一时繁盛局面，并与中亚地区浩罕、布哈拉之间也存在商贸关系。这是陆上丝路贸易的尾声。

在清朝对西北疆域的治理尚未开展时，中原政权与西北民族政权的商品交换沿袭传统的"贡赐"贸易形式。西北地区的吐鲁番、准噶尔、哈萨克三部的贡使进入中原，他们受到清政府的优礼相待，获取优厚赏赐。顺治十三年（1656）八月甲午，清政府所定吐鲁番入贡赏例反映了清廷赏赐之物主要是丝绸：一峰驼四只，给缎绢十二匹；西马一匹，给缎绢二匹；小马三百二十匹，给缎绢三百二十四匹；金刚钻两钱，给绢二十匹；玉石一千斤，给绢三百匹；小刀二百把，给绢四十匹；西弓四张，给绢八匹；花毡二床，给绢八匹；鞍子一副，给绢一匹；羚羊角四对，给绢六匹；雕一只，雕翎两副，给绢一匹。[2]在康熙至乾隆时期，清廷用武力统一西北疆域时，与准噶尔部仍进行互市形式的贸易。雍正时平定罗卜藏丹津之乱，继续在日月山开展内地与青海地区的贸易，并在河州、土门关之双城堡、松潘黄胜关之西河口设立永久性市场。乾隆时取得平准战争的完全胜利，随着西北疆域的扩大和稳定，清政府也调整了西北地区的贸易政策。乾隆二十四年（1759）诏书云：

---

[1] 田澍：《陆路丝绸之路上的明朝角色》，《中国边疆史地研究》2017年第3期，第30—39页。

[2] 《清世祖实录》卷一〇三，参李明伟主编：《丝绸之路贸易史》，第619—620页。

西陲底定，自辟展、库车、阿克苏、乌什、和阗、叶尔羌、喀什噶尔等处均设市集。内地运往者，绸缎褐毡色布茶封，易回部驴马、牛羊、翠羽、花翎、毛革、金银、铜货及麦荞刍荄，以实边境军储。或遣官监运，或听军民贩载，其物价悉照内地价值交易。[①]

这个变化就是放弃"官为经理"的垄断政策，而代之以"民市"为主的贸易，促使新疆商品市场与内地的市场联结起来，形成一个范围更大的统一市场。

清代前期，在南疆地区，由于社会经济的发展与民族贸易的繁荣，涌现出一批商业城市和重要的对外贸易中心地。其中，尤以叶尔羌、喀什噶尔、阿克苏等城市最为著名。在这些商业城市里，不仅有来自内地各省的商人出售他们运来的各种货物，而且还有来自中亚安集延、布鲁特、克什米尔等地的商人和商队，有的外国人甚至还长期居住下来，进行贸易活动。至于南疆地区的维吾尔族商人，也有去中亚各地经商的。当时，尤以喀什噶尔的商人最为闻名。缎匹、瓷器等不仅是内地传统的产品，而且是中亚地区和外国商人喜爱和欢迎的货物。清政府作价售出后，有的丝绸缎匹被维吾尔族商人购去，又转售南北疆其他各处；有的丝绸缎匹与瓷器则被中亚商人买去，然后转运至中亚、欧洲出售。丝绸贸易活动的繁荣，对于西北和新疆地区的开发、边防的巩固、民族经济的兴盛，均有着巨大的促进作用。清代前期西北边境的丝绸贸易主要是以官方贸易的形式进行的，大致可以划分为三个不同的时期。第一个时期，自乾隆二十二年（1757）开始，清政府与哈萨克人之间进行的丝绸贸易；第二个时期，以乾隆二十四年（1759）为始，清政府在平定南疆地区大小和卓叛乱期间开展的随军丝绸贸易；第三个时期，乾隆后期及嘉庆、道光年间，清政府在南北疆地区与各族商队及中亚商人进行的丝绸贸易。

清政府与哈萨克人的贸易被认为是"丝绸之路上最后一次大规模的亚洲内陆贸易"[②]。这种贸易是在清政府彻底平定准噶尔贵族叛乱后逐步建立和发展起来的。这种贸易关系的建立和发展，不但具有十分重要的政治意义和经济意义，而且是

---

① （清）嵇璜、刘墉等：《清朝通志》卷九三《食货略十三·互市市舶之制》，载《文渊阁四库全书》，第 17—18 页。

② 李明伟主编：《丝绸之路贸易史》，第 624 页。

清王朝最高统治者经过长期筹划而制定的经营新疆的重大战略措施之一。在清军平定准噶尔贵族叛乱后，当哈萨克部的阿布赉和阿布勒比斯强烈要求与清政府建立通商贸易关系时，清政府着眼于长远的政治目标和经济利益，立即同意了他们的这一请求。同时，乾隆帝亦多次谕令有关官员进行此项贸易的筹备工作，以期待哈萨克各部前来贸易。清政府与哈萨克的贸易，从一开始便是在清王朝最高统治者的亲自关注与过问下，并在有关官员的积极努力与支持下逐渐发展和兴盛起来。清政府与哈萨克最初进行贸易的地点是在乌鲁木齐。随着新疆地区统一战争的结束和清王朝经营西北及新疆地区的战略重心的转移，清政府与哈萨克进行商业贸易的地点逐步由乌鲁木齐一地而发展为乌鲁木齐、伊犁、塔尔巴哈台三地。根据文献记载，清政府当时不仅将缎绢等丝织品由内地经陕西、甘肃等地运至贸易现场，还具体拟定了贸易的办法，而且任命了一批谙熟哈萨克情况、勤于政务、办理新疆军务多年且卓有成效的官员来主持并管理这一贸易事务。对贸易官员的任命，由乾隆帝亲自过问处理并下达谕旨，可见其重视的程度。

关于随军丝绸贸易，乾隆二十四年（1759）夏，清军分两路大军出击：一路由兆惠统率由乌什进攻喀什噶尔，一路由富德率领从和阗再次进攻叶尔羌。结果，叛军在清军有组织、有准备的大规模进攻下弃城而逃，清政府统一了天山南北以及全疆地区。为了筹集粮食，清军就用内地运去的丝绸布匹等物在阿克苏等地开展随军贸易，向当地人换易粮食。这种贸易是以银作为计价标准，然后折换丝绸、布匹与粮食。阿克苏在当时不仅是南疆地区的交通要道，而且还是著名的商业中心。这种用绸缎布匹就地易粮的方式，既可解决军队急需的口粮，又可省却自内地运粮而来所需的费用，从而大大缩短了军队的后勤供应和补给线，节省了大量的人力、物力和财力。

乾隆后期至嘉道时期，新疆的官方丝绸贸易活动不仅持续发展，而且在贸易地点、缎匹数量与花色品种等方面亦有所扩大与增加。进行丝绸贸易活动的地点，此时已逐步扩大为伊犁、塔尔巴哈台、乌什、叶尔羌所属和阗、喀什噶尔、喀喇沙尔等处。随着国内丝绸贸易的发展，新疆的民间与国际丝绸贸易活动在乾隆后期至嘉道时期也逐步蓬勃开展起来，从而呈现出官方与民间、国内与国际丝绸贸易同时并存又互为交叉的局面。

三、中西陆上丝路贸易的终结

明清时期商品经济有较大发展，贸易十分活跃，江浙的湖丝，四川的茧丝，以及各地产的绸缎丝织品，在国内各地市场都是主要商品。福建、南京等地的织丝业多从江浙买丝，山西潞州所产的潞丝则是使用四川阆中蚕茧；当时苏州产的丝绸畅销全国，各地商人都到此购丝转卖，连西北、西南的边远山区也有最新的丝绸品种出现。江浙的丝绸专业城镇则出现了丝绸牙行、牙人等中间商，专门收购丝绸再转卖给各地商贾，由于是市场化运作，按需收购，起到了沟通产销、组织生产的作用。明清丝绸产销达于鼎盛。植桑进一步矮株化、园林化，二蚕、三蚕丝亦大量用于织造，产量日增。这时丝绸已不仅是贵富所用，商人士子也衣锦衾绸了。丝织品一方面向精美华丽的锦、缎、绒发展，苏、杭、金陵、成都俱以锦、缎著称，漳州、泉州以绒闻名，湖州、潞州以绉和花绸著称；另一方面，也向坚实耐用方面发展，生产茧绸和小绸，供士民所需。明中叶后，官织局渐衰，宫廷所需改由民间织户领织或市买。民间织户得到迅速发展，出现了资本主义萌芽。丝织品的国内外市场空前扩大，出现了拥有巨额资本的丝商和包买商。

明清时期陆上丝绸之路的维护与发展与王朝的治国方略息息相关。中央政府希望收获的是西域各部族的政治认同及边疆的和平稳定。在中央政府看来，贸易从属于政治。在清朝西部丝绸之路贸易的开拓、恢复和维护中，政治考虑是第一位的，国家的战略安全重于局部的经济利益。对于西域各部族来说，获取经济利益更强于政治认同。双方的交往目的是有一定差异的。清中后期，清廷对西部丝绸之路的管理更趋保守。19 世纪的中国，清廷对于西部丝绸之路的政治诉求重于经济利益。清朝面对浩罕的通商要求，更多是从国家安全考虑，力图息事宁人，维护边疆安全，而不是获取贸易利益。从明清政府的管理来看，西部安宁是国家的重要问题。对传统丝绸之路的精心维护，对各族民众交易的合理让利，都是为了西部的和平与安宁。土尔扈特部的东归，具有划时代的意义。该事件的爆发，正是在西方殖民主义肆掠全球的时代，也是沙俄帝国侵略的产物。它有力地说明，清朝政府对于周边国家的和平友好政策取得了丝路沿线民众的高度认同。清朝政府基于维护自身政权稳固、边境安定、边境民众生活稳定的目的，开展和维护边境贸易，其政策给沿路民众带来实惠与利益，成为沿路民众愿意与之交往的重要内在动力。

中国丝绸传播于国外有两千多年的历史。据希腊史学家记载，至迟在公元前4世纪已有中国丝输往欧洲；欧洲考古发现的带有丝的织物还更早。张骞通西域前已有西亚商人来中国贩运丝绸。与日本、朝鲜、越南的交通在春秋战国时即已开始，迄秦汉，与南海诸国都有丝绸贸易。中国工匠还去今伊拉克等地传授丝织技术，中国脚踏织机随后也传往欧洲。明清两代，丝绸都是中国重要的出口物品。明郑和七下西洋，中外丝绸商品和技艺获得了进一步的交流。公元16世纪，葡萄牙、西班牙先后派船来中国通商，西班牙船运走丝绸尤多。公元17世纪，荷兰、英国、法国相继派船来中国。1785年以后，丝的贸易为英国东印度公司所垄断。同时，美国也有商船来华。直到清末，中国丝绸出口始终不衰，1800—1804年平均每年约1100担，1909—1911年年平均达80424担。明清时期，丝路贸易得以繁荣昌盛，其内在的动力在于中华民族的和平与友好传统、合理的贸易政策等。诚信经营、互惠互利是丝路繁荣的重要保障。以乾隆帝为代表的清朝政府，基于自身国力的雄厚，考虑周边部落和民众的生活，始终要求内地商人保证商品质量，重视客户要求，方便丝路沿途民众。此种诚信原则，使得双方的交易得以延续，尽管中间不乏王朝换代、突发事件，但是西部丝绸之路始终得以发展。

第五章

海上丝路的丝绸贸易

1877 年德国地理学家李希霍芬提出"丝绸之路"的概念后，法国汉学家爱德华·沙畹在 1903 年首次尝试将"丝绸之路"按照水、陆加以区分，他在《西突厥史料》一书中指出，"丝路有陆、海两道，北道出康居，南道为通印度诸港之海道"。1967 年，日本学者三杉隆敏在《探索海上丝绸之路》中正式使用了"海上丝绸之路"这一名称。① 中国学者较多使用"海上丝绸之路"的提法是在改革开放以后，如今这已成为学界的共识。

---

① 陆芸：《近 30 年来中国海上丝绸之路研究述评》，《丝绸之路》2013 年 2 期，第 13 页。

第一节 海上丝路的线路走向

中国地处亚洲大陆的东部，东、南方向濒临浩瀚无垠的太平洋，拥有曲折漫长的海岸线和众多条件优良的港口。基于这样优越的地理条件，中国古代各王朝与同时期世界各国进行经济贸易往来、宗教文化交流时，除了依靠著名的陆上丝绸之路外，海上丝绸之路也是一种重要的途径。在明代之前，中国海上丝绸之路主要分为东西两个航向，向东涉东海、黄海、渤海可至朝鲜半岛、日本列岛，向西则可先入南海至东南亚诸国，再经马六甲海峡进入印度洋，进而到达欧洲与非洲。15 世纪到 17 世纪的世界地理大发现，使得环球航行成为可能，中国人对地球和海洋的认识也有了质的飞跃，西班牙、葡萄牙等早期殖民者从欧洲出发，沿大西洋向西航行到达美洲，再西行进入太平洋到达亚洲东部和南部，之后继续向西经过印度洋、地中海可以回到欧洲，沿途所经之国都不可避免地被卷入世界殖民贸易大潮，于是中国对外海上丝绸之路又增添了通往南北美洲的新航线。

一、朝鲜半岛与日本航线

若论东部与中国开展海上贸易的国家，从北向南以顺时针为序考察，依次主要有东北亚朝鲜半岛的高句丽、百济、新罗及东亚的日本等国。

1. 中朝海上丝绸之路

（1）登州道

中朝之间山水相连，自古就有密切联系，除陆路来往之外，海上航路也早已开通。中古时期，从中国出发，最便捷的路线是由山东半岛渡过渤海海峡，航行到辽东半岛南端，之后再渡过黄海北部，至鸭绿江口，再陆行跨过鸭绿江进入朝鲜半岛。这条航路风浪不大，比较安全，故朝鲜半岛高句丽、百济、新罗三国来华时，绝大多数都选择这条海路。这条海上丝绸之路通常被称为登州道，其得名是因为此航线中国一端的港口在登州（今山东蓬莱）。其具体路线是：

登州东北海行，过大谢岛、龟歆岛、末岛、乌湖岛三百里。北渡乌湖海，至马石山东之都里镇二百里。东傍海壖，过青泥浦、桃花浦、杏花浦、石人汪、橐驼湾、乌骨江八百里。乃南傍海壖，过乌牧岛、贝江口、椒岛，得新罗西北之长口镇。又过秦王石桥、麻田岛、古寺岛、得物岛，千里至鸭绿江唐恩浦口。乃东南陆行，七百里至新罗王城。自鸭绿江口舟行百余里，乃小舫沿流东北三十里至泊汋口，得渤海之境。又沿流五百里，至丸都县城，故高丽王都。又东北沿流二百里，至神州。又陆行四百里，至显州，天宝中王所都。又正北如东六百里，至渤海王城。[1]

沿着这一海道，使节、商人、僧侣纷纷来到中国，登陆地点通常为山东境内的之罘山（今山东烟台）或赤山（今山东石岛），有新罗佛教僧侣的传记详细记载了自己搭乘商船来往中朝之间的过程，如"湘乃只影孤征，誓死无退。以总章二年附商船达登州岸，……乃议回程，传法开诱。复至文登旧檀越家，谢其数稔供施，便慕商船，逡巡解缆"[2]。可见他来回走的均是登州道。

登州古港在海上丝绸之路上的重要地位延续到明清时期。近30年来，考古工作者在山东蓬莱水城小海区域发现了四艘古船，其中两艘是明代高丽货船，随船还出土了高丽镶嵌青瓷碗、陶芺形壶、陶瓮等典型朝鲜半岛器物。[3]这些考古收获充分说明：古登州港与登州道在海上丝绸之路发展史上具有重要的、不可替代的历史地位，其使用时间很长，可以称得上是与中朝文明交往史相伴而生、共同发展。

（2）东海道

与上述出发地在中国北方的登州道不同，中国南方也有与朝鲜半岛互联互通的航线，其形成与多种因素有关。

首先，中国古代王朝定都黄河流域的长安、洛阳、开封、北京等地时，登州道自然是中朝交往的主要海上航线，但中国古代史上曾出现过魏晋南北朝和五代

① 《新唐书》卷四三下《地理志》，第1147页。
② （宋）赞宁撰，范祥雍点校：《宋高僧传》卷四《唐新罗国义湘传》，北京：中华书局，1987年，第75页。
③ 张杰：《登州古港：古船见证海上丝绸之路的繁盛》，《中国社会科学报》2019年1月18日第4版。

十国两个分裂动荡时期，在这两大时期，南方政局相对稳定，经济相对繁荣，为了与位于南方的孙吴、东晋、南朝宋齐梁陈及吴越、南唐、闽国等政权开展外交、经贸活动，朝鲜半岛国家也尝试过开拓从朝鲜半岛直达中国江南的航线。

其次，即使在中国统一王朝时期，与该时代国内政治形势相适应，中朝之间的航线也有南移现象。如唐代后期，新罗入华的航线有所南移，新罗留学生崔致远《上太师侍中状》云："元和十二年，本国王子金张廉风飘至明州下岸，浙东某官发送入京。中和二年，入朝使金直谅为叛臣作乱，道路不通，遂于楚州下岸，逦迤至扬州。"[1]虽然说的是入唐使节登陆口岸，但我们也可推知当时中国与新罗开展经济贸易活动的港口以明州、扬州、楚州为主。其中原因还应与藩镇割据有关，北方河北、山东强藩拥兵自重，不服中央号令，而南方藩镇相对比较服从唐政府号令，从其境内通过安全系数较高。

再次，海上丝绸贸易之路也是宗教文化交流之路，僧人往往附商人海舶来华，从僧侣来华登陆地点的变化自然可以观察到中朝之间海上交通路线的变化规律。唐后期以来南方禅宗的发展，促使朝鲜半岛僧侣选择在长江流域明州（今浙江宁波）、扬州（今江苏扬州）等地登陆。从韩国佛教禅宗九山与中国佛教的关系可以看到中朝间交通的变迁。"按此九山，除曦阳一山属四祖道信法系外，余皆为曹溪法系。而此曹溪法系之八山中，除须弥一山外，其余七山皆属江西马祖法系。九山之外，新罗末年，顺支又传入伪仰宗，亦马祖法系也。再就其祖师或祖师所师承者在唐习法之地而言。京兆一，蒲州一，蕲州一，洪州一，虔州三，池州一，杭州一，是得法于北方者仅二，余皆在长江流域，而江西居其半。大抵唐代中叶以后，禅宗发展本以江西及其四周地区为盛，而当时中国对新罗日本海上交通之主要海口亦在浙西东一带，舍舶登途，正可由两浙入江西也。"[2]当时新罗到江南主要有两条道路：其一，"由钱塘江口、明州至新罗的海道"，其二，"由扬子江口至新罗的海路，所以新罗人可由此路到苏州、扬州"。[3]此外由楚州山阳县、

① （清）陆心源：《唐文拾遗》卷四三，（清）董诰等编：《全唐文》北京：中华书局，1983年，第10863页。
② 严耕望：《唐史研究丛稿》，香港：新亚研究所，1969年，第471—472页。
③ 韩国磐：《南北朝隋唐与百济新罗的往来》，《历史研究》1994年第2期，第38页。

海州也可前往新罗。唐末日僧圆仁《入唐求法巡礼行记》记载了由浙东明州、扬子江口、楚州、海州、登州等五处通往新罗的海道。其中四处都在江南，说明唐后期中国境内与新罗间的海上交通口岸明显南移。

至宋代，高丽通华的海路也偏向南移。《宋史》曰："初，高丽入使，明、越困于供给，朝廷馆遇燕赉锡予之费以巨万计，馈其主者不在焉。我使之行，每乘二神舟，费亦不赀。……惟是国于吴会，事异东都。昔高丽入使，率由登、莱，山河之限甚远，今直趋四明，四明距行都限一浙水耳。"[1] 这段话说明北宋时朝鲜人取道山东半岛登陆尚多，南宋时主要在浙东沿岸登陆。

2. 中日海上丝绸之路

（1）北路航线

日本与中国海上经济文化交流的路线在不同时期有所变化。在中日交往初期，因为中日之间横渡东海或黄海的海上航线风险较大，日本又与朝鲜半岛的百济交好，所以比较依赖朝鲜航线，通常借用登州道。日朝之间的航线一般始于日本列岛西南部的北端，穿越两地之间的对马海峡，沿朝鲜半岛海岸线北上至鸭绿江口，与中朝间的登州道衔接。这条航线也称北路航线，朝鲜半岛的使节、商人、僧侣是这条航线上的主要过客，推古天皇三十一年（623），日本来唐的学问僧惠齐、惠光等就搭乘新罗大使船只，转道新罗回国。[2] 有学者曾详细描述日本僧侣对这一路线的利用："日本与朝鲜半岛仅隔着朝鲜海峡，由日本北九州岛渡过玄界滩就到达对马，由对马横渡朝鲜海峡就能到朝鲜半岛南端；由日本北渡日本海可到朝鲜北部。至朝鲜后，就可利用中朝之间的水陆路线前往中国了。故当唐初7世纪之时，日僧来华，多走北路（即渤海路），日船先到达今朝鲜的仁川附近，然后横渡黄海，或沿朝鲜半岛西岸至辽东半岛东岸，横渡渤海湾口，在山东登州文登县沿海登岸。"[3]

元代史学家马端临曾感叹日本走北路来华的迂回曲折，他说："倭人自后汉始通中国，史称从带方至倭国，循海水行，历朝鲜国乍南乍东，渡三海，历七国，

① 《宋史》卷四八七《外国三·高丽》，第14052页。
② 《日本书纪》卷二二推古天皇三十一年条，第391页。
③ 杨曾文：《日本佛教史》，北京：人民出版社，2008年，第3页。

凡一万二千里，然后至其国都。又言去乐浪郡境及带方郡并一万二千里，在会稽东，与儋耳相近，其地去辽东甚远，而去闽、浙甚迩。其初通中国也，实自辽东而来，故其迂回如此。"而且从中国到达日本西部海港后，离其都城还有不短的距离，因此日本"虽去浙东甚近，而其国都则又必半年而后达欤"。①

在中国南北分裂的历史时期，日本使节、商人、僧侣等来华虽沿用北路航线，但其在中国境内的登陆点则改为南方。"至六朝及宋，则多从南道浮海入贡及通互市之类，而不自北方。则以辽东非中国土地故也。"②在六朝、宋这些特殊的历史时期，中国赴日航线多由建康（今江苏南京）出发，顺江而下，出长江口后，沿岸北航，至山东半岛的成山角附近，继续沿岸而行，到达朝鲜半岛北部。或由成山角东进，横渡黄海，抵达朝鲜半岛南部。然后沿岸南下，渡对马海峡，航抵日本。

（2）南岛路

有时朝日外交关系出现矛盾，会导致北路航线出现阻塞，日本被迫逐渐减少对朝鲜航线的依赖而另行开辟新的航路。特别是新罗统一朝鲜半岛且臣服于中国后，对日本采取平视态度，甚至两国时有交恶，齐明天皇三年（657），"（日）使使于新罗曰：'欲使沙门智达、间人连御厩、依网连稚子等，付汝国使，令送到大唐。'"③当时新罗与日本出现外交危机，新罗拒绝了日本僧人搭乘新罗国使船只的请求，次年七月，智达等人只好设法私下登上了新罗民间商船前往中国，求教于著名的唐三藏法师，"沙门智通、智达，……受无性众生义于玄奘法师所"。④可见，日本与中国的北路交通线能否通畅依赖于朝鲜半岛国家的态度。因此，日本为了维系与中国的经贸文化交流，必须自主开辟新的海上交通线路。

8世纪时，中日之间的航路出现了南岛路，日本学者描述这条线路称："先从肥前、肥后、萨摩的海岸南下，经过夜久、吐火罗（今宝七岛）到达奄美附近，

---

① （元）马端临撰：《文献通考》卷三二四《四裔考一》，第8929页。
② 《文献通考》卷三二四《四裔考一》，第8929页。
③ 《日本书纪》卷二六齐明天皇三年七月条，第459页。
④ 《日本书纪》卷二六齐明天皇四年七月条，第460页。

从此更西航，渡过东中国海，到达扬子江口附近。返航也是经由这条航线。"①

唐玄宗时，日本"荣睿、普照留学唐国，已经十载，虽不待使，而欲早归；……又与日本国同学僧玄朗、玄法二人，俱下至扬州。是岁，唐天宝元载冬十月"②。他们很可能是想走这一时期通行的南岛路回国。

考察《唐大和上东征传》所记鉴真第六次随日本遣唐使东渡日本的路线，可以看到他也欲通过南岛路赴日。具体行程如下：唐天宝十二载（日本孝谦天皇天平胜宝五年，753）十月十九日从扬州出发，经苏州，十一月十五日入东海，二十一日，到冲绳。十二月六日，南风起，向东北航行七日，到屋久岛，接近九州岛南部，最终于二十六日到达九州岛西北部的太宰府。③冲绳其实本不在航行计划内，原本的路线是从长江口入东海，"举帆指奄美岛去"④。奄美大岛在冲绳东北方向，途中正是因遇到风浪而漂移至琉球群岛，所幸最终平安到达日本。

有时候南岛路在中国的登陆地点会稍向南偏移，即中国古代史书所言"新罗梗海道，更繇明、越州朝贡"⑤。船只由九州岛西岸南下，经过南方诸岛，再正面横穿东海，取道向更南部的杭州湾航行，到达明州（今浙江宁波），或在东海南端的福州（今福建福州）登陆，如唐德宗贞元二十年（804），以藤原葛野麻吕为首的遣唐使团"往到唐福州长溪县，州县吏疑其无符印，责之"⑥。

此路通常风浪较大，危险重重，日本遣唐使及随同来华的留学生、留学僧等都历尽艰辛，甚至付出生命的代价。除了自然风浪，还有海盗的活动，"天宝二载癸未，当时海贼大动繁多，台州、温州、明州海边，并被其害，海路埋塞，公私断行"⑦。

---

① ［日］木宫泰彦著，胡锡年译：《日中文化交流史》，北京：商务印书馆，1980年，第83页。

② ［日］真人元开著，汪向荣校注：《唐大和上东征传》，北京：中华书局，1979年，第39—40页。

③ ［日］真人元开著，汪向荣校注：《唐大和上东征传》，第85—91页。

④ ［日］菅野真道撰：《续日本纪》卷一九天平胜宝六年三月癸丑条，东京：经济杂志社，1897年，第307页。

⑤ 《新唐书》卷二二〇《东夷传》，第6209页。

⑥ ［日］德川光圀：《大日本史》卷二四二《诸藩十一》，东京：吉川弘文馆，1911年，第6页。

⑦ ［日］真人元开著，汪向荣校注：《唐大和上东征传》，第43页。

（3）南路航线

南岛路通航一段时间后，人们发现这一道路费事且危险，所以又探索出南路航线，亦称东海道。"到了第四期遣唐使时代（日本光仁天皇朝［770—780］至仁明天皇朝［834—850］），就不再经由南岛了。即先从筑紫的大津浦（博多）出发，到达肥前国松浦郡值嘉岛（平户岛及五岛列岛的旧名），在那里一旦遇到顺风，就直接横渡东中国海。"①

同时期从事海外贸易的唐朝商人，也多采用南路航线，中国一侧多在长江口、钱塘江一带登陆，具体地点有苏州、常州、楚州、明州、越州、温州、台州等。9 世纪中期，唐代入华日僧圆仁曾记载会昌四年（844）七月，"从日本国过来船两只，到江南常州界着岸"②；还记载会昌二年（842）唐商李邻德从明州出发赴日经商，日本留学僧惠萼搭船回国，李邻德居日三年返回大唐，从楚州登陆，圆仁的弟子同船来唐。

南路航线如果顺风顺水的话，还是非常便捷的，仅需数日即可到达中国。此路从唐宋以后至元代长期沿用，这已为考古发现所证实。明州是南路航线上中国一端的重要港口，南宋在这里设置市舶司，是当时南路航线在中国境内最主要的登陆点。20 世纪 80 年代初，我国现存最古老的私人藏书楼宁波天一阁内的一个新发现引起了海内外高度关注，在其尊经阁西边的院墙之上，镶嵌着南宋孝宗乾道三年（1167）三块宋代旅日华人捐钱给明州寺院的刻石，他们的姓名分别为丁渊、张宁和张公意。据刻石可知，他们是中国商人，往来于中日之间，常居于日本太宰府所在的博多港（今日本福冈），"丁渊捐资'十贯文，砌路一丈'"；张宁'舍身砌路一丈'；张公意'舍钱十贯，明州礼拜路一丈'"③。这三块古明州石刻文物，沉寂数百年后再次进入人们的视野，证明了宋代南路航线的兴盛，反映出宋代中国商人侨居日本和往来于中日之间的现象。

---

① ［日］木宫泰彦著，胡锡年译：《日中文化交流史》，第 84 页。
② ［日］圆仁撰，顾承甫、何泉达点校：《入唐求法巡礼行记》会昌五年七月五日条，上海：上海古籍出版社，1986 年，第 191 页。
③ 李广志：《"海上丝绸之路"上兴起的大唐街》，《宁波晚报》2017 年 3 月 5 日第 A7 版。

二、西通印欧的海上路线

西通印欧的海上路线是中国古代海上丝绸之路的重要航线，通常由中国东海、南海出发，经东南亚通往南亚、西亚，再转而前往欧洲、北非。这一海路交流的路线，其开拓早在汉魏时期，此后东晋、南朝、隋唐、宋元、明清时期，它始终是中外交往的重要途径。有学者指出："中国之丝绢贸易，昔为亚洲之一重要商业。其商道有二，其一最古，为出康居（Sogdiane）之一道，其一为通印度诸港之海道，而以婆卢羯泚（Broach）为要港。当时之顾客，要为罗马人与波斯人，而居间贩卖者，乃中亚之游牧，与印度之舟航也。"[①]而那些漂洋过海来到欧洲的丝织品至今仍熠熠生辉（图5-1）。

图5-1　希腊雅典博物馆藏中国古代丝织服饰

汉代海上丝绸之路起自我国南海北部湾的广东徐闻港、广西合浦港，人们就称这条航路为海上丝绸之路的南海航路。《汉书》对这条航路所经之地及风俗、物产等有非常详细的记载：

自日南障塞、徐闻、合浦船行可五月，有都元国；又船行可四月，有邑卢没国；又船行可二十余日，有谌离国；步行可十余日，有夫甘都卢国。自夫甘都卢国船行可二月余，有黄支国，民俗略与珠崖相类。其州广大，户口多，多异物，自武帝以来皆献见。有译长，属黄门，与应募者俱入海市明珠、璧流离、奇石异物，赍黄金杂缯而往。所至国皆禀食为耦，蛮夷贾船，转送致之。亦利交易，剽杀人。又苦逢风波溺死，不者数年来还。

大珠至围二寸以下。平帝元始中，王莽辅政，欲耀威德，厚遗黄支王，令遣使献生犀牛。自黄支船行可八月，到皮宗；船行可（八）〔二〕月，

① ［法］沙畹著，冯承钧译：《西突厥史料》，北京：中华书局，1958年，第208—209页。

到日南、象林界云。黄支之南，有已程不国，汉之译使自此还矣。①

当时最远大约到达已程不国，有学者考证为今斯里兰卡。②这说明汉代海上对外交往已经达到印度洋东岸海域。早在两千年前的西汉时期，海船将大量的南亚、东南亚奇珍异宝输入中国，返程时又运载包含丝绸在内的大批中国货物驶入南海，从马来半岛南端穿过马六甲海峡，进入印度洋流域，这是多么令人赞叹的古代中外文明交往的图景啊！

《后汉书·西域传》还记载桓帝延熹九年（166），"大秦王安敦遣使自日南徼外献象牙、犀角、玳瑁，始乃一通焉"。说明至东汉末年，南海丝绸之路进一步向西方延伸，连远在地中海的大秦也与中国实现了直航。

这条道路的重要性在唐代以后甚至逐渐超越了陆上丝绸之路。安史之乱后，唐王朝国力衰退，政治军事控制力减弱，吐蕃乘机占据中国境内西北多个地区，加之阿拉伯帝国崛起，控制中国境外中亚、西亚地区的商道，致使西北陆路交通呈现复杂局面。与此同时，唐代经济重心南移，尤其是中唐以来，南方丝绸、瓷器生产水平提高，产量增加，成为海外贸易的重要商品，对外交流的主要渠道也就自然转向阿拉伯商人擅长的海上道路。

而且唐代海上丝绸之路进一步到达印度洋西岸的阿拉伯半岛，超过了汉代。通常从广州启航南下，经东南亚，折向西北进入印度洋，经南亚到波斯湾和红海。唐德宗贞元时，右仆射、同中书门下平章事贾耽喜好地理，利用其地位，向外国使节和出外归来的唐使详细了解域外交通情况，撰写了许多地志书籍，他对唐代"广州通海夷道"所经行的国家、各地之间航程所需的时间有颇为详细的叙述。

> 广州东南海行，二百里至屯门山，乃帆风西行，二日至九州石。又南二日至象石。又西南三日行，至占不劳山，山在环王国东二百里海中。又南二日行至陵山。又一日行，至门毒国。又一日行，至古笪国。又半日行，至奔陀浪洲。又两日行，到军突弄山。又五日行至海峡，蕃人谓之"质"，南北百里，北岸则罗越国，南岸则佛逝国。佛逝国东水

① 《汉书》卷二八下《地理志第八下》，第1671页。
② 熊昭明：《汉代海上丝绸之路航线的考古学观察》，《社会科学家》2017年第11期，第38页。

行四五日，至诃陵国，南中洲之最大者。又西出峡，三日至葛葛僧祇国，在佛逝西北隅之别岛，国人多钞暴，乘舶者畏惮之。其北岸则个罗国。个罗西则哥谷罗国。又从葛葛僧祇四五日行，至胜邓洲。又四五日行，至婆露国。又六日行，至婆国伽蓝洲。又北四日行，至师子国，其北海岸距南天竺大岸百里。又西四日行，经没来国，南天竺之最南境。又西北经十余小国，至婆罗门西境。又西北二日行，至拔颭国。又十日行，经天竺西境小国五，至提颭国。其国有弥兰太河，一曰新头河，自北渤昆国来，西流至提颭国北，入于海。又自提颭国西二十日行，经小国二十余，至提罗卢和国，一曰罗和异国，国人于海中立华表，夜则置炬其上，使舶人夜行不迷。又西一日行，至乌剌国，乃大食国之弗利剌河，南入于海。小舟溯流，二日至末罗国，大食重镇也。又西北陆行千里，至茂门王所都缚达城。

自婆罗门南境，从没来国至乌剌国，皆缘海东岸行；其西岸之西，皆大食国，其西最南谓之三兰国，自三兰国正北二十日行，经小国十余，至设国。又十日行，经小国六七，至萨伊瞿和竭国，当海西岸。又西六七日行，经小国六七，至没巽国。又西北十日行，经小国十余，至拔离歌磨难国。又一日行，至乌剌国，与东岸路合。[①]

从这段文字看，从广州到阿拉伯半岛，顺利的话，所需时间为 4—5 个月，所经国家为百余个，其中，印度洋东西两岸分别有 40 多个小国，占这段航程总国家数的 80% 以上。

这条航线将日本、中国、东南亚、南亚、波斯湾、阿拉伯半岛和东非沿岸的重要海港连接在一起，形成一条亚、非洲际海上大动脉，全程经百余个国家，在新航路开辟以前，这是世界上最长的海上航线。

与贾耽同时代的杜佑对这条航路也有记载，他梳理概括了自西汉、东汉、孙吴、晋代、南朝宋齐梁陈至隋唐时期这条道路的发展轨迹，其曰：

海南诸国，汉时通焉。大抵在交州南及西南，居大海中洲上，相去

① 《新唐书》卷四三下《地理七下》，第 1153—1154 页。

或三五千里，远者二三万里。乘舶举帆，道里不可详知。外国诸书虽言里数，又非定实也。其西与诸胡国接。元鼎中，遣伏波将军路博德开百越，置日南郡。其徼外诸国，自武帝以来皆献见。后汉桓帝时，大秦、天竺皆由此道遣使贡献。及吴孙权，遣宣化从事朱应、中郎康泰使诸国，其所经及传闻，则有百数十国，因立记传。晋代通中国者盖鲜。及宋齐，至者有十余国。自梁武、隋炀，诸国使至逾于前代。大唐贞观以后，声教远被，自古未通者重译而至，又多于梁、隋焉。其无异闻，亦不复更记。①

海上商船重在获利，不会注意对自己行踪的记录。好在与商船共享航线的还有僧侣，作为文化程度较高的群体，他们留下了不同时代对南海海上丝路的文字与实物记载。近年来在江苏连云港发现了孔望山摩崖佛教石刻，说明东汉时佛教徒从海路来到中国南海区域后，还北上到达了中国黄海沿岸。东晋法显从陆路赴印求法，后附商船而还，南朝时印度僧真谛等沿海路至华弘法。由于唐代海上丝绸之路的畅通，唐代经海路入华弘法的印度高僧不少，《宋高僧传》记载的有五位。沿海路入华者不仅有佛教徒，还有基督教聂斯脱利派教士、信仰伊斯兰教的穆斯林等，据《大秦景教流行中国碑》，及烈就是循海路于开元元年（713）到达长安的，而穆斯林在《重建怀圣寺记》中追忆其先祖来华经历时称："兹教崛于西土，乃能令其徒颙颙帆海，岁一再周，堇堇达东粤海岸，逾中夏，立教兹土。"②

表 5-1　《宋高僧传》所记海路入唐印度僧

类别	国别	称呼	出处	页数
东来弘法僧	印	金刚智（跋日罗菩提）	《宋高僧传》卷一	4
	印	不空（阿目佉跋折罗）	《宋高僧传》卷一	6
	印	智慧（般剌若）	《宋高僧传》卷二	22
	印	极量（般剌蜜帝）	《宋高僧传》卷二	31
	印	莲华	《宋高僧传》卷三	47

---

① 《通典》卷一八八《边防四》，第 5088 页。
② 白寿彝：《中国伊斯兰史存稿》，银川：宁夏人民出版社，1983 年，第 325—326 页。

至唐代，广州成为这条航线上最重要的港口。外来使节、商团、僧侣经过海路来华者，多以广州为登陆地，"以海隅之地，津济之前，数有梵僧寓止于此，迪学其书语，自兹通利。……后于广府遇一梵僧，赍多罗叶经一夹，请共翻传，勒成十卷"[①]。唐政府也以广州为基地开展对外交流，如"释莲华，本中印度人也。以兴元元年杖锡谒德宗，乞钟一口归天竺声击。敕广州节度使李复修鼓铸毕，令送于南天竺金埵寺"[②]。大唐赠送的这口铜钟必是自广州装船，经南海航线运抵南印度。中国商船、僧侣也有很多从广州出发，泛舶西行。他们回国后，根据亲身经历写下的地志、僧传，为我们了解海上航路提供了更加真切的史料。如高宗时义净"以咸亨二年十一月，附舶广州，举帆南海，缘历诸国，震锡西天，至咸亨四年二月八日，方达耽摩立底国，即东印度之海口也"[③]。他附商船从广州出发，沿南海丝绸之路到西天求经，又从海路附商船归国，并撰写了《大唐西域求法高僧传》，其著作中记载了沿途经过的国家、地理，可与贾耽的记载相互印证、补充。

三、通向美洲的新兴海上丝路

《梁书》载："文身国，在倭国东北七千余里。……大汉国，在文身国东五千余里。……扶桑国者，齐永元元年，其国有沙门慧深来至荆州，说云：'扶桑在大汉国东二万余里，地在中国之东，其土多扶桑木，故以为名。'"[④]从里程分析，萧齐时的僧人慧深所说的扶桑国位于今日本东北方向三万二千余里，当在美洲西岸，虽然不能据此判断萧齐时的僧人慧深曾亲自到过美洲，但可以看到早期中国对美洲的认识并非一片空白。

中国有学者据此认为扶桑国就是今天南美洲的墨西哥，还有学者认为法显从海路前往印度途中遇风浪漂到的耶婆提国，即南美的厄瓜多尔。国外学术界以1761年法国学者德·吉涅《中国人沿美洲海岸航行及居住亚洲极东部的几个民族

---

① 《宋高僧传》卷三《唐罗浮山石楼寺怀迪传》，第44页。
② 《宋高僧传》卷三《唐莲华传》，第47页。
③ （唐）义净著，王邦维校注：《南海寄归内法传校注》卷四，北京：中华书局，1995年，第239页。
④ 《梁书》卷五四《诸夷传》，第807—808页。

的研究》为开端，也有"中国人最早发现美洲"的提法，并由此掀起了长达两个世纪的争论。20 世纪 70 年代，在北美浅海中发现了古代石锚，其材质不同于北美洲太平洋沿岸岩质，反而与我国台湾中东部的灰岩一样，因此，美国学者认为其来自中国。石锚制作工艺最早可追溯至中国浙江余姚河姆渡遗址新石器时代早期，这里曾出土距今约有七千年的石锚，在汉代墓葬出土的铜鼓上和陶船上也发现了船锚图形和石锚模型。另外，在中国东南沿海和岭南等地发现了有段石锛，这是一种石木结合的生产工具，在南洋群岛、太平洋、玻利尼西亚群岛很多岛屿上，甚至在南美洲的厄瓜多尔也有出土，且中国境内出土的较简单，太平洋岛屿上出土的更先进一些，可能是产生于大陆，传播到海岛。这些考古发现，似乎为"中国人最早发现美洲说"提供了新的证据，有学者进一步展开研究，认为中国古代东南沿海的越人船队，由于种种原因，分别从太平洋北岸航路和太平洋中部诸岛间，从西到东，闯出了太平洋上的两条古路，早在公元前的一、二千年间，已经来到了南、北美洲。[①]

但是，我们必须认识到，即使早期中国船只曾到达美洲，那也只是偶然现象，不是有组织、成规模的政治、经济行为，没有对亚洲与美洲的联系产生实际的推动作用，所以不可夸大到比哥伦布发现新大陆更重要的地步。中国乃至亚洲真正与美洲建立联系，开辟出常用的海上航线，还是要到欧洲资本主义发展起来，开始探寻环球新航路以后了。

自公元前 1 世纪的西汉到公元 15 世纪的明中叶，南海海上丝绸之路主航线贸易活动的主要参与者是中国、南亚、波斯、阿拉伯商人，但到了 15 世纪中期，伴随着地理大发现和大帆船的建造，世界进入大航海时代，欧洲人逐渐成为海上环球贸易最活跃的群体和主导力量。在探寻新航路的过程中，葡萄牙人迪亚士和达·伽马找到了越过非洲南端好望角的航路，西班牙王室赞助的哥伦布和麦哲伦则选择向西航行，1492 年哥伦布发现了美洲新大陆，中南美洲大部分地区遂沦为西班牙殖民地。1519—1522 年麦哲伦船队进一步从大西洋绕过美洲南端，经太平

---

① 石钟健：《古代中国船只到达美洲的文物证据——石锚和有段石锛》，《思想战线》1983 年第 1 期，第 47—48 页。

洋西行到达菲律宾，再西行进入印度洋，最终回到欧洲，实现了环球航行。1570年西班牙占领菲律宾马尼拉，为了联结美洲和亚洲的殖民地，西班牙在麦哲伦航线的基础上，开辟了一条从马尼拉通往美洲西属领地的航线，由于中国与菲律宾所在的南洋地区有长久的贸易传统，因此在这条横渡太平洋的新航线上，中国成为一个重要的途经地，大量中国货物被经马尼拉的西班牙大帆船运往美洲，这条航路把中国与美洲连接在一起，也就连接起了亚、美两大洲，从而深刻地改写了人类历史的进程。到19世纪中后期，跨越太平洋，从亚洲东部到美洲的新航线逐渐定型。

第二节　我国历代海上丝绸贸易状况

一、秦汉海上丝绸贸易之探索

关于中国纺织技术通过海上航线东传的最早记载出现在西周，史载"殷道衰，箕子去之朝鲜，教其民以礼义，田蚕织作"①。这是指商代末年纣王无道，周武王兴兵灭商，商臣箕子从今山东半岛出发入海，到达朝鲜，建立箕子王朝，存在千年。大约在公元前12世纪，箕子赴朝，将中华礼仪与农桑技术传播至朝鲜，这是目前可见的中国的蚕桑技术传播到朝鲜的最早记录。

春秋时期，管仲曾与齐桓公讨论如何在齐国与朝鲜之间开展商业贸易活动，②当时山东半岛齐、鲁两国出产的丝织品质量上乘，被时人称为"齐纨鲁缟"，因此有可能这时期已有中国生产的丝绸流入朝鲜。

这一时期的欧洲、南亚也接触到中国的丝绸，如公元前5世纪，以海上贸易见长的希腊人在拉丁语中就将中国称为"Seres"，汉语音译为"赛里斯"，意思是丝国，可见当时地中海一带的欧洲人就已知道中国盛产丝绸。公元前4

---

① 《汉书》卷二八下《地理志第八下》，第1658页。
② （春秋）管子著，郭沫若等撰：《管子集校》，北京：科学出版社，1956年，第1226页。

世纪末期，印度孔雀王朝第一代君主旃陀罗笈多在位时，他的一位大臣考第亚撰写了一部著作《政事论》，书中谈到这一时期有中国的丝绸被转运至印度，他使用了 cinapitta 一词，意思是"产于中国的成捆的丝"。梵文中还有 cinamasuka，意思是"中国衣服""丝衣服"，说明中国丝绸在先秦时代已经传到印度。[①] 当然，希腊与印度的丝绸有可能是通过陆地运输而来的，但也不排除经海运而至的可能性。

早期的海上丝绸之路尚未形成规模，还处于萌芽阶段，汉代才是丝绸之路的发展时期。除了西北绿洲丝路、西南丝绸之路，汉代的丝绸还进一步从东南沿海通过海上丝绸之路外传。这一时期有许多涉及海洋的著作，如《海中星占验》《海中五星经杂事》《海中五星顺逆》《海中二十八宿国分》《海中二十八宿臣分》《海中日月彗虹杂占》，[②] 这充分说明了当时人们对海洋的关注和了解程度的加深。

汉代的海上丝绸之路分东向与南向两条航线。

南向航线据前文所引《汉书·地理志》所载，可知汉船从日南障塞（今越南境内）、徐闻（今广东徐闻）、合浦（今广西合浦）等地出发，经东南亚都元国、邑卢没国、谌离国、夫甘都卢国可至黄支国（今印度康契普拉姆）、已程不国（今斯里兰卡）。在这段经南海至印度洋的航程中，汉朝派出的船队有译长与许多应募者，他们"赍黄金杂缯而往"，"入海市明珠、璧流离、奇石异物"，即以黄金、各种丝织品与当地人交换珍宝，可见丝绸织物深受喜爱，有广阔的市场。在印度洋上的斯里兰卡南部 Rambukkana 遗址，曾发现了中国丝绸，经碳 -14 测定，年代为公元前 2 世纪[③]。这个发现为《汉书·地理志》所记载的海上丝绸之路增添了新的物证。

---

① 刘迎胜：《丝绸之路》，南京：江苏人民出版社，2014 年，第 360 页。

② 《汉书》卷三〇《艺文志第十》，第 1764 页。

③ Carswell, *The Port of Mantai, Sri Lanka, in Roman and India, the Ancient Sea Trade.* Madison: University of Wisconsin Press. In Sanake B. Mantai. *Second Arikamedu: A Note on Roman Finds, in Sri Lanka and the Silk Road of the Sea.* Colombo: the Sri Lanka Na-tional Commission for UNESCO and Central Cultural Fund. 1991. 转引自熊昭明《汉代海上丝绸之路航线的考古学观察》，《社会科学家》2017 年第 11 期，第 39 页。

地中海地区的大秦（即罗马帝国）也喜爱中国丝绸，"其王常欲通使于汉，而安息欲以汉缯彩与之交市，故遮阂不得自达。至桓帝延熹九年，大秦王安敦遣使自日南徼外献象牙、犀角、玳瑁，始乃一通焉"①。大秦想与汉王朝进行直接贸易，但却遭到安息（今伊朗）的阻隔，因为安息想借助转手贸易牟取厚利。直到东汉末年，两国才正式通使，大秦只能以高价购买中国丝绸的历史方告结束。欧洲的考古也屡屡发现汉王朝输出的丝绸。罗马帝国时期的日耳曼地区，如南德巴伐利亚州奥古斯堡墓地出土的公元2世纪的黄色绢残片、法国和瑞士的一些教堂所发现的家蚕丝纺织物，很可能是从叙利亚地区几经转手贩卖至地中海和欧洲的丝织品。②

合浦是汉代南海丝路航线的始发地，始设于汉武帝平定南越后的元鼎六年（前111），今广东徐闻、广西合浦均在合浦郡辖境。这里是当时丝绸的重要产地，宋代《广州志》记载："合浦的桑蚕半稼，其织半耕……煮橡实之冠为色，登机而织。……一亩之桑，获丝三十八斤，为缲丝二十匹。"明万历《廉州府志》也记载："合浦之蚕桑半稼，其织半耕，舟楫之繁庶，胜于他所，此蚕桑之厚利也。"合浦地区兴旺的丝绸生产为南海丝绸之路的贸易活动提供了重要的商品，反过来更促进了这一地区的繁荣。

汉代存在向东前往朝鲜半岛及日本等地的海上丝绸之路，当这些东夷来华朝贺时，朝廷常常以丝绸作为外交礼物。战国末年，群雄争霸，战火连绵，秦二世而亡，社会再次充斥战乱、动荡。河北、山东等地沿海人民苦于乱世，遂背井离乡渡海前往朝鲜，丝织技术则通过中国移民带到了这些国家。史称汉代时期朝鲜半岛马韩"知田桑，作帛布"，辰韩"耆老自言秦之亡人，避苦役，适韩国，马韩割东界地与之。……知蚕桑，作缣布"，③朝鲜半岛的蚕桑之技，当是来自中国大陆的移民，他们凭借自己的一技之长，在异国定居、谋生。20世纪初，在朝鲜半岛北部平壤乐浪区土城附近发掘的一千多座汉墓中，出土不少汉代铁器、铜器、漆器以及绢、绫、罗等丝织品，研究证明其产地为中国。④这些实物证明我国大陆

① 《后汉书》卷八八《西域传》，第2919—2920页。
② 宋馨：《汉唐丝绸的外销——从中国到欧洲》，载宁夏文物考古研究所编：《丝绸之路上的考古、宗教与历史》，北京：文物出版社，2011年，第31—32页。
③ 《后汉书》卷八五《东夷列传》，第2819页。
④ 陈炎：《略论海上"丝绸之路"》，《历史研究》1982年第3期，第161页。

生产的丝绸早在汉代就已传入朝鲜。

二、魏晋南北朝海上丝绸贸易的发展

魏晋时期东南亚、南亚与中国的海上丝绸交易活动比较通畅。

《梁书·扶南传》载，孙吴时期曾遣中郎康泰、宣化从事朱应使于扶南（今柬埔寨、老挝、越南南部一带），康泰、朱应对其国王说："国中实佳，但人裸露可怪耳。"国王于是令男子着横幅，富贵人家截锦为之，贫者用布。[1]横幅即干漫，类似今中南半岛国家人民仍在使用的纱笼，纱笼的材质多种多样，穷人用布，富贵人家使用的丝锦应是来自中国，中国丝绸在该地移风易俗中发挥了积极作用。而且这些丝锦有些还是扶南国把战俘卖为奴婢而换得的，南朝史书记载"扶南人黠惠知巧，攻略傍邑不宾之民为奴婢，货易金银彩帛"[2]。南朝刘宋末年，扶南王遣商货至广州。萧齐武帝永明二年（484），扶南王派天竺僧上表南齐，武帝赐扶南王绛紫地黄碧绿纹绫各五匹。

东晋高僧法显所写的《佛国记》则记述了这样一个故事：他在印度求法结束，准备搭乘到广州贸易的商船返回中国，途中经过师子国（今斯里兰卡）时寻访佛迹，在王城北见到一处伽蓝佛殿中有一青玉像，"法显去汉地积年，所与交接悉异域人，山川草木，举目无旧。又同行分披，或留或亡，顾影唯己，心常怀悲。忽于此玉像边见商人以晋地一白绢扇供养，不觉凄然，泪下满目"[3]。绢扇是我国外销的传统工艺品，可见当时不仅中国的丝绸匹缎被大量贩至东南亚、南亚，而且丝绸制成的工艺品也深受当地人民的喜爱。

地中海沿岸地区想要获得中国丝绸却并不十分顺利。

鱼豢在《魏略·西戎传》中这样描述大秦国："常利得中国丝，解以为胡绫，故数与安息诸国交市于海中。……大秦道既从海北陆通，又循海而南，与交趾七

---

[1] 《梁书》卷五四《诸夷传》，第789页。
[2] 《南齐书》卷五八《东南夷传》，第1017页。
[3] （东晋）法显撰，章巽校注：《法显传校注》，上海：上海古籍出版社，1985年，第151页。

郡外夷比，又有水道通益州、永昌，故永昌出异物。"①虽然两汉时期安息曾一度阻挡了大秦与中国的交往，但汉末魏晋之际大秦还是努力打通了与中国交流的海上道路。同时期的中国丝绸在罗马帝国境内也有发现，其中最重要的有两地：杜拉欧罗普斯（Dura Europos）及帕米拉（Palmyra）。杜拉欧罗普斯被毁于256年，帕米拉被毁于273年，所以此二年为两地发现文物断代的下限。也就是说，两地所发现的中国丝绸均属于汉或三国时期的产品。帕米拉发现的丝绸残品的数量以及质量均高于杜拉欧罗普斯，这也证实了文献记载，二者共同显示帕米拉为罗马帝国东部最重要的进口奢侈品的输散中心。②

公元3世纪20年代萨珊波斯取代了安息帝国，印度洋与波斯湾之间的海上贸易控制权也落入其手中，直至7世纪中叶。中国货物通过海上航路西运的重要中转站是印度洋上的锡兰（今斯里兰卡），公元6世纪初，波斯和罗马在锡兰岛港埠展开海上贸易争战并取得了胜利，中国丝绸等商品输入欧洲的通道一度又出现阻塞。东罗马帝国查士丁尼皇帝只好请求在印度的非洲商人代为购买中国丝绸，但这也很难办到，因为波斯人常常将整船丝绸全部买下来。东罗马帝国苦于买不到中国丝绸，直到6世纪中叶，两名来华的基督教信徒将两只蚕茧和桑树种子藏在竹竿中，偷偷地带到了君士坦丁堡，从此东罗马帝国开始独立发展丝织业，不再依赖进口中国的丝绸。③这一记载不一定真实，但反映了魏晋南北朝时期西方对印度洋航路所转运的中国丝绸的喜爱和为得到中国丝绸所做的努力。

至于魏晋南朝与朝日之间的东方海上丝绸之路，则始终比较顺畅。

---

① 《三国志》卷三〇《魏书·乌丸鲜卑东夷传》，第861页。
② 宋馨：《汉唐丝绸的外销——从中国到欧洲》，载宁夏文物考古研究所编：《丝绸之路上的考古、宗教与历史》，第28页。
③ George Fadlo Hourani, *Arab seafaring in the Indian ocean in ancient and early medieval Times*, pp. 40. Procopius, *De Bello Gothico*(A. D. 500−605), translated by Henry Yule. See Henry Yule and Henri Cordier, *Cathay and the way thither: Being a collection of medieval notices of China*, London: the Hakluyt Society, 1915, Volume 1, pp. 203-204. 转引自钱江：《古代波斯湾的航海活动与贸易港埠》，《海交史研究》2010年第2期，第11页。

曹魏明帝景初二年（238）六月，倭女王遣大夫难升米等诣带方郡，请求诣见天子朝见贡献，太守刘夏遣吏将送其诣京都。明帝诏曰："今以绛地交龙锦五匹、绛地绉粟罽十张、蒨绛五十匹、绀青五十匹，答汝所献贡直。又特赐汝绀地句文绵三匹、细班华罽五张、白绢五十匹、金八两、五尺刀二口、铜镜百枚、真珠、铅丹各五十斤。"① 从所赐丝绸的品种和数量看，曹魏皇帝给予了主动来访的日本丰厚的回报。

中国不仅给这些国家的政府使节赏赐丝绸，还应其请求，派遣织工前往指导，传播了中国的丝织技术。据《日本书纪》，日本第 15 代应神天皇在位的第 37 年（306），派遣阿知使主、都加使主出使吴地，想要寻求会织缝的女工，阿知使主等遂前往高句丽，准备经此地前往吴地。高句丽王派向导协助他们前往中国，"吴王于是与工女兄媛、弟媛、吴织、穴织四妇女"来到日本。②《日本书纪》又载第 20 代雄略天皇也曾遣使到中国，雄略天皇第 14 年（469），"身狭村主青等共吴国使，将吴所献手末才伎，汉织、吴织及衣缝兄媛、弟媛等，泊于住吉津。……以衣缝兄媛奉大三轮神，以弟媛为汉衣缝部也。汉织、吴织衣缝，是飞鸟衣缝部、伊势衣缝之先也"。③ 这里的记载并不准确。首先，按照传说应神天皇在位的时间看，阿知使主等前往吴地时，中国已经进入西晋时期。其次，应神天皇与雄略天皇时代东渡日本的人有重名现象，但抛开细节不谈，可以看到当时日本派使节向中国政府寻求技艺精湛的纺织女工，江南织工随倭来到了日本，中国的纺织技术从政府交往层面开始东传，而且在东瀛形成了部民群体。

此外，公元 3 世纪后半期，为避战乱，中国人开始大量迁徙至日本列岛，这些中国移民中有不少能工巧匠，中国先进的生产技术随之传入日本。日本学者认为："特别显著的是他们对于养蚕、丝绸事业的发展所做出的贡献。"④ 日本入

① 《三国志》卷三〇《魏书·乌丸鲜卑东夷传》，第 857 页。
② 《日本书纪》卷一〇《应神纪》，第 188 页。
③ 《日本书纪》卷一四《雄略纪》，第 253 页。
④ 张嫣艳、颜浩：《魏晋南北朝的海上丝绸之路及对外贸易的发展》，《沧桑》2008 年第 5 期，第 20 页。

贡曹魏时，所献的织物已经有丝织品，且品种多样，如正始四年（243），倭王卑弥呼遣使大夫伊声耆、掖邪狗等八人，上献生口、倭锦、绛青缣、绵衣、帛布等，此后，倭王壹与遣倭大夫率善中郎将掖邪狗等二十人来朝，献上奴隶、珍珠之外，还贡异文杂锦二十匹。[1]可见汉代中国移民到日本后对当地纺织业技术进步是有较大影响的。《日本书纪》等史书记载魏晋以来中国移民有锦部安定那锦、衣缝部等，其成员可能是从登州道航海，经朝鲜到日本的，以纺织技能在异国立足谋生。直到今日，日本的羽田、波多、羽太、八田等姓氏，日语发音为"ハタ"，意为"机织人"，他们很自豪地声称自己的祖先是汉代、魏晋时期来自中国的移民，并以从事养蚕、纺织业为生。[2]

还有百济的织工来到日本，其纺织技术也有中国渊源。日本《古事记》记载：在应神天皇时代（270—309），朝鲜半岛上的百济国曾向日本贡献了两个纺织、缝纫技术优秀的人，"名叫卓素的韩缎，以及名叫西素的吴服"。《大日本史》记载西晋初年有擅长纺织的汉人渡海经百济到达日本，使得中国的纺织技术传到日本，时当日本应神天皇十四年（283），西晋武帝太康年间。

> 秦酒公，秦始皇后普洞王子也，……祖弓月君。应神帝十四年（283年）自百济来，奏曰："臣以百二十县人口归化，而为新罗所梗塞，皆留加罗国。"帝乃命葛城袭津彦往召之，三年不还；再遣平群木兔等率兵召之，竟以弓月人口，与袭津彦俱来。弓月献金银玉帛诸珍宝，帝嘉之，赐大倭、朝津间掖上之地以居焉。弓月有四子，曰真德王、曰普洞王、曰云师王、曰武良王。仁德帝时，以诸秦氏分处诸郡，使养蚕织绢以贡，帝以其所献丝绵绢充服御，因诏称其柔软温暖，赐普洞王姓波陀。酒事雄略帝，……先是秦民分散，不属秦造，臣连等恣驱使之。酒时宠于帝，帝为下诏，聚其部属一百八十种，以使统领焉。酒乃率之蚕桑，而进庸

① 《三国志》卷三〇《魏书·乌丸鲜卑东夷传》，第857—858页。
② 朱亚非：《山东早期的纺织业与北方海上丝绸之路》，《管子学刊》1993年第1期，第51—52页。

调绢縑，充积殿前，因赐姓曰禹豆麻佐，取盈积有利之义。①

可以看到，虽然《后汉书》记载"土宜禾稻、麻纻、蚕桑，知织绩为缣布"，②
但仁德天皇以秦氏所献丝绵绢充服御，且诏称其柔软温暖，说明自百济辗转传来
的中国丝织技术要远远高于日本原有的丝织水平。

三、隋唐五代海上丝绸贸易的繁荣

1. 隋朝的海上丝绸贸易

史载隋炀帝即位后，招募愿出使远番者。大业三年（607），"屯田主事常骏、
虞部主事王君政等请使赤土。帝大悦，赐骏等帛各百匹，时服一袭而遣。赍物五千段，
以赐赤土王"③。其年十月，常骏等自南海郡乘舟入海，沿中南半岛东岸南行，南
达鸡笼岛（今马来半岛东北部），至于赤土之界，赤土国对应地点有今马来半岛
和苏门答腊岛两种说法。常骏等将隋炀帝御赐丝绸赠与赤土国王，赤土国王非常
高兴，遣其子那邪迦随常骏前往中国贡方物。丝绸充当了隋王朝与马六甲海域国
家友好交往的媒介。

隋朝与日本的交往也见于史籍。大业三年，日本圣德太子派小野妹子带领的
遣隋使团来到长安，次年归国时"上遣文林郎裴清使于倭国。……倭王遣小德阿
辈台，从数百人，设仪仗，鸣鼓角来迎。……复令使者随清来贡方物"④。要答谢
遣隋使的屡贡方物，隋朝的回赐物品里少不了丝绸的存在。

当然，与隋通过海路交往的国家不止上述的赤土和日本，虽然隋朝国祚短促，
但就在隋文帝和隋炀帝两代 37 年的时间里，仅《册府元龟》就记录了 21 次隋王
朝通过海路与其他国家的交往（见表 5-2），⑤ 在这频繁的国际交往中，隋王朝必
定会以珍贵的丝绸织物作为重要的赏赐物品。

---

① ［日］德川光圀：《大日本史》卷一〇七《秦酒公传》，1907 年影印本，第 4 页。
② 《后汉书》卷八五《东夷列传》，第 2820 页。
③ 《隋书》卷八二《南蛮传》，第 1834 页。
④ 《隋书》卷八一《东夷传》，第 1827—1828 页。
⑤ 《册府元龟》卷九七〇《外臣部·朝贡第三》，第 11226—11227 页。

表5-2　《册府元龟》所见隋朝外国海路朝贡表

序号	国家	时间	事由
1	高丽	开皇二年正月	遣使献方物
2		开皇二年十一月	又遣使献方物
3		开皇三年正月	贡方物
4		开皇三年五月	又贡方物
5		开皇十一年正月	贡方物
6		开皇十一年五月	贡方物
7		开皇十二年春正月	遣使献方物
8		开皇十七年六月	遣使贡方物
9		大业五年	遣使来朝
10	百济	开皇二年正月	遣使献方物
11		大业四年三月	遣使贡方物
12		大业七年二月	遣使朝贡
13		大业十年七月	遣使贡方物
14	新罗	大业十一年正月	遣使朝贡
15	倭国	大业四年三月	遣使贡方物
16		大业六年三月	遣使贡方物
17	赤土国	大业四年三月	遣使贡方物
18		大业五年二月	遣使贡方物
19		大业六年三月	遣使贡方物
20	真腊国	大业十二年二月	遣使贡方物
21	婆利国	大业十二年二月	遣使贡方物

2. 唐代的海上丝绸贸易

隋祚短促，继之而起的是强盛的李唐王朝。在这一历史时期，海上丝绸贸易逐渐超越陆路，成为唐代丝绸外运的主要途径。唐代虽不是我国丝绸从海上输出的开始，但从唐代中期以后，我国丝绸主要是从海上运出的。特别是安史之乱以后，唐政府的军事实力衰退，吐蕃占据河西走廊丝路要道，一度繁荣的陆上丝绸之路逐渐走向衰落，国际间丝绸贸易转而利用早已存在的海上通道。外国使节、商人、僧侣、留学生纷纷转道海上，唐帝国东部的扬州、明州与南方的泉州、广州等成为中外海上丝绸贸易的重要港口。

唐代丝绸通过海路流往海外有官方朝贡与民间贸易两种途径，前者屡见于文献记载。开元二十一年（733）十二月，"大食王遣首领摩思览达干等七人来朝，并授果毅，各赐绢二十匹，放还蕃"[1]。《册府元龟》记载玄宗开元六年（718）敕少府监，"锦袍宜令益州每年粗细各织十五领送纳，以供赐诸藩守领"[2]。《通典》记载扬州每年要上贡模仿蕃客样式的蕃客锦袍 50 领。[3] 其作用当是用于赏赐。《唐六典》规定："若赐蕃客锦彩，率十段则锦一张、绫二匹、缦三匹、绵四屯。"[4]

有唐一代，日本多次向中国派出遣唐使，每次遣唐使船队的人数多达数百人，包括正使、副使、判官、留学生、留学僧等。船队到达唐朝都城，向唐政府献上所携带的本国物产，唐政府一方面会将以丝绸为代表的唐朝回赠日本政府的物品委托大使转交天皇，另一方面，也相应地会对使节及从行人员进行赏赐，因为在当时的历史条件下，丝绸具有较高的价值，是一种辅助货币，且轻便易于携带，故常常被作为赏赐物。赏赐丝绸具体数量不等，普通水手都可得到五匹赐绢。唐文宗开成四年（839）日本遣唐使团归国，使团未入京成员 270 人共获得赐绢 1350 匹。

　　州官准敕给禄。案观察使帖称：准闰正月二日敕，给使下赴上都贰佰柒拾绢，每人五匹，计壹仟三佰伍拾匹。准贞元廿一年二月六日敕，

---

[1] 《册府元龟》卷九七五《外臣部·褒异第二》，第 11286 页。
[2] 《册府元龟》卷六三《帝王部·发号令第二》，第 674 页。
[3] 《通典》卷六《食货六·赋税下》，第 119 页。
[4] 《唐六典》卷三《金部郎中》，第 82 页。

每人各给绢五匹者。旧例无有禄给僧之例，今度禄时与僧等，但不入京，

留置。一判官已下水已上每人各赐五匹，更无多少。①

这里所说的"准贞元廿一年二月六日敕，每人各给绢五匹"，是指贞元二十年（804）藤原葛野麻吕率遣唐使团队来华，八月到达了福州长溪（今福建霞浦县），十月部分成员获准前往长安，故德宗给予未入京的使团成员每人五匹赐绢。

在民间贸易中，丝织品是正式的商品。江浙出产的丝绸直接从海上运往日本、朝鲜，也有江浙和其他丝织业发达地区的丝织品从福建、广东等地港口进入南海，转输东南亚及西方。唐代高僧鉴真大师东渡前，曾在广州见到"江中有婆罗门、波斯、昆仑等舶，不知其数；并载香药、珍宝，积载如山"。② 这些印度、波斯、东南亚商舶运到广州的是香料、珍宝等各地特产，运回的商品则主要是中国的丝绸。慧超是 8 世纪杰出的新罗西行求法僧，他先入唐，开元七年（719）从海路赴印巡礼圣迹、求取佛法，开元十六年（728）从陆路返回长安。在近十年的游历中，他通过亲至或耳闻，了解了南海、印度、西亚、中亚等地五十余国的情况，对这些国家的宗教信仰、地理、交通、文化、习俗做了详细的记载，撰成《往五天竺国传》，其写本残页在 20 世纪初发现于敦煌，为我们今天研究中外文化交流提供了宝贵的资料。在他的书中对波斯商人有这样的描述："亦泛舶汉地，直放广州，取绫绢丝绵之类。"他们从广州贩运回去的丝绸，除大部分供本国统治阶级消费以外，还有一部分被继续贩卖到其他地区，甚至远达非洲东北海岸，"拨拔力国，在西南海中，……土地唯有象牙及阿末香，波斯商人欲入此国，团集数千，赍彩布，没老幼共刺血立誓，乃市其物"③。拨拔力即古埃及学者科斯麻士《基督教诸国风土记》中的巴巴利，一般认为在今非洲东北海岸索马里北部地区。

而唐朝对外来商人的政策非常开放包容，唐文宗曾下诏："南海蕃舶，本以慕化而来，固在接以恩仁，使其感悦。……深虑远人未安，率税犹重。思有矜恤，以示绥怀。其岭南福建及扬州蕃客，宜委节度观察使常加存问，除舶脚收市进奉

① 《入唐求法巡礼行记》开成四年六月二日条，第 30—31 页。
② ［日］真人元开著，汪向荣校注：《唐大和上东征传》，第 74 页。
③ （唐）段成式撰，方南生点校：《酉阳杂俎》，北京：中华书局，1981 年，第 46 页。

外，任其来往通流，自为交易，不得重加率税。"① 在这样的营商环境中，异域商旅将携来的珍宝、香药出售，换取绫绢丝绵之类，转运至东南亚、印度、阿拉伯、波斯乃至地中海沿岸。

航行于海上丝绸之路的僧侣也会携带丝绸织物。得到唐政府许可在唐生活的外来留学、传法僧侣，唐政府会对其生活给予关照，其中就包括赐赠丝绸织物。唐贞观十二年（638），新罗僧慈藏入华，先后在五台山、长安、终南山等地修行，太宗曾赐绢二百匹充衣费。他返回新罗前，太宗又赐衲一领、杂彩五百匹，太子赐缎二百匹。② 天宝二年（743），荣睿、普照、玄朗、玄法四人被拘于扬州，地方官上奏至鸿胪寺，唐玄宗敕："僧荣睿等，既是番僧，入朝学问，每年赐绢廿五匹，四季给时服；……今欲还国，随意放还，宜委扬州依例送遣。"③

又如天宝二年鉴真第二次东渡日本，所携带的物品中就有"道场幡一百二十口，珠幡十四条，玉环手幡八口，……袈裟一千领、裙衫一千对，……罗补头二千枚"。而且，同行者还有"玉作人、画师、雕檀、刻镂、铸写、绣师、修文、镌碑等工手都有八十五人"，此前日本曾向中国进献丝绸，如开元二十二年（734）四月，献给唐"美浓绝二百匹、水织绝二百匹"④，绝是一种粗绸。鉴真带中国绣师前往日本，这有利于日本学习唐朝先进的丝织技术。

巴士拉学者扎希兹（al-Jahizi，776—868）编纂的《商务的观察》（Kitab al-Tabassur Bil-tijara）列出了从世界各地输入巴格达的货品，其中从中国输入的货物有丝绸、瓷器、纸、墨、鞍、剑、香料、麝香、肉桂、孔雀等。⑤9世纪阿拉伯作家伊本·胡尔达兹比赫的《道里邦国志》，称当时从中国经海路出口到阿拉伯地区的货物有丝绸、宝剑、花缎、麝香、沉香、马鞍、貂皮、陶瓷等，⑥ 有法国学者

---

① 《全唐文》卷七五《太和八年疾愈德音》，第 785 页。
② （唐）道宣撰，郭绍林点校：《续高僧传》卷二五《唐新罗国大僧统释慈藏传十》，北京：中华书局，2014 年，第 966 页。
③ ［日］真人元开著，汪向荣校注：《唐大和上东征传》，第 45—46 页。
④ 《册府元龟》卷九七一《外臣部·朝贡第四》，第 11241 页。
⑤ Ch. Pellat, *Le milieu basrien et la formation de Gahiz* (Book Review)，paper presented on Arabica 1954 vol. 1, pp. 224-226. 转引自秦大树：《中国古代陶瓷外销的第一个高峰——9—10 世纪陶瓷外销的规模和特点》，《故宫博物院院刊》2013 年第 5 期，第 39 页。
⑥ ［古阿拉伯］伊本·胡尔达兹比赫著，宋岘译注：《道里邦国志》，第 73 页。

辑注了 9—10 世纪成书的阿拉伯、波斯、突厥人东方文献，将中国从海上出口的丝绸又分为白绸、彩绸、锦绸等。[①]

3. 日本所存珍贵唐代丝绸

日本奈良东大寺的正仓院贮藏了许多唐代文物，其中有奈良时代圣武天皇和光明皇后的遗物，很多是遣唐使带回的唐朝物品。正仓院也是日本保存中国唐代丝织品的宝库，其中的很多丝织品今天在中国已经难以见到。正仓院所收藏的来自大唐王朝的丝织品，数量多达百余件，品种主要集中在纱、縠、罗、绫、绮、锦等几类。[②] 根据《正仓院刊》记载：唐代运去的彩色、印花的锦、绫、夹缬等名贵丝织品，促进了日本的丝织、漂染等技术的改进和提高。[③] 至今，日本纺织印染技术书籍中仍大量沿用"绞缬、裤缬、细、罗、毡、绌、绫、羽"等唐朝的汉名。[④]

奈良国立博物馆每年举行一次正仓院展，每次展出的物品不尽相同，但其中都有丝织品的身影。除了常见的丝绸衣衫、被服，丝绸还用于制作屏风、鞋子、乐器套等各种物品。2017 年第 69 回正仓院展重点展品是羊木臈缬屏风，这个屏风采用了夹缬工艺，是唐人在隋代雕花木版夹染的基础上进行的改进创新。这种在镂空版中加筛网印制织物的技术，使得印制封闭圆圈的难题得到解决。2018 年第 70 回正仓院展中，则展出了两双绣线鞋，第 40 号记载该鞋鞋体主材为麻，且为来自中国的黄麻，但鞋面为丝绸材质。2019 年展出的螺钿紫檀五弦琵琶是世界现存唯一的五弦琵琶，华美而且珍贵，唐人为其准备了匹配的缥地大唐华文锦琵琶袋。

日本法隆寺也保存有唐朝传入的丝织品，有学者研究其中的"四天王狩狮纹锦"（也叫"四大天王锦"）时指出：该锦"幅宽 4 尺余，长 8 尺余，是现存最大的一段完整的唐锦。锦的正中织一棵大树，树下织出 2 只狮子，四大天王在 4 角，2 个向外作射状，2 个向内作射状；外围织联珠纹，再外织成宝相花和植物纹。从天

---

① ［法］G. 费琅辑注，耿昇等译：《阿拉伯波斯突厥人东方文献辑注》，北京：中华书局，1989 年，第 46—47 页。

② 钟恒：《唐代吐鲁番与正仓院丝织品比较及修复保护技术研究》，博士学位论文，东华大学，2011 年，第 87 页。

③ 陈炎：《古代浙江在海上"丝绸之路"中的地位———兼论浙江历代的海外丝绸贸易》，《杭州商学院学报》1982 年第 4 期，第 48 页。

④ 周菁葆：《日本正仓院所藏唐锦研究》，《浙江纺织服装职业技术学院学报》2009 年第 4 期，第 46 页。

王所着甲胄和植物纹来看，既具有时代的风格，又是最高的工艺成就。这些作品，不仅纹样美丽精致，而且技法高超，是唐代织锦工艺的一大发展，也是研究唐代织锦的重要史料"[1]。

虽然日本所藏唐代丝织物来自东亚，但从中可以看到许多来自中亚、西亚的图案纹样，因此日本学者林良一教授在《丝绸之路与正仓院》一书中，将正仓院称为"丝绸之路的东端终点"。抛开这一说法准确与否暂且不论，至少可以看到：由于当时唐帝国所具有的开放包容性，外来的丝织品和受到波斯等地影响的唐制丝织品都很常见，这些具有异域风格的物品再经过海上丝绸之路东传，这充分反映了当时世界经济文化广泛交流的活跃情况。

4. 五代十国与海上丝绸贸易

唐末五代，战乱频仍，但海上丝绸之路仍发挥着沟通中外的作用。

一方面，北方中原王朝用丝绸与朝鲜半岛上的高丽王朝开展贸易，后周世宗柴荣曾"遣尚书水部员外郎韩彦卿以帛数千匹市铜于高丽以铸钱"[2]，高丽史料也记载后周世宗显德五年（高丽光宗九年，958）"周遣尚书水部员外郎韩彦卿、尚辇奉御金彦英赍帛数千匹来市铜"。[3]

另一方面，南方政权也积极利用海上丝路发展壮大经济力量与扩大政治影响。如王审知主政闽地后，深知实力不足，为发展经济，遂"招来海中蛮夷商贾。海上黄崎，波涛为阻，一夕风雨雷电震击，开以为港，闽人以为审知德政所致，号为甘棠港"[4]。王审知任用的管理外贸的官员也积极执行他的政策，如张睦"雍容下士，招来蛮裔商贾，敛不加暴，而国用日以富饶"[5]。通过努力，以福州为起点的海上丝绸之路已经南至东南亚的室利佛逝，西到南亚印度，东北抵朝鲜半岛、

---

① 周菁葆：《日本正仓院所藏唐锦研究》，《浙江纺织服装职业技术学院学报》2009年第4期，第46页。

② （宋）欧阳修撰，（宋）徐无党注：《新五代史》卷七四《四夷附录第三》，北京：中华书局，1974年，第919页。

③ ［韩］金渭显编著：《高丽史中中韩关系史料汇编》，台北：食货出版社，1983年，第14—15页。

④ 《新五代史》卷六八《闽世家第八》，第846页。

⑤ （清）吴任臣撰，徐敏霞等点校：《十国春秋》卷九五《张睦传》，北京：中华书局，1983年，第1377页。

日本列岛。清代福州地方志修纂者称赞王审知治理福建时，"前此海道，北仅通会稽，南惟讫广州。至是利涉益远，且招徕番舶，利从以兴，而患亦伏焉"①。秉持开放务实的政策，王审知治闽取得了良好政绩，可以想象，这些"番舶"离开福建时，必是满载着丝绸、茶叶、瓷器等中国特产。

以杭州为中心的吴越政权也非常重视海上贸易，其创始人钱镠在唐末五代的乱世中，奉行保境安民的政策，任凭"世方喋血以事干戈，我且闭关而修蚕织"。吴越重视发展丝织业既有物质基础，也有主观考虑。首先，产丝历史悠久的太湖地区位于吴越境内，蚕织技术较高，居于全国前列；其次，吴越临海，丝绸深受番商喜爱，可以换回珍贵的舶来品。史载钱镠称王后，"伪行制册，加封爵于新罗、渤海，海中夷落亦皆遣使行封册焉"②。与吴越国通商来往的国家首推东亚朝鲜、日本等国。史载：

> 遣唐使罢，至朱雀帝承平五年，吴越王钱元瓘遣使蒋承勋来，馈羊数头。其明年，承勋又至，左大臣藤原忠平附之赠书。村上帝天历元年，吴越王钱俶又遣蒋承勋致书于左大臣藤原实赖。……七年，吴越又遣蒋承勋致书右大臣藤原师辅。师辅报书有云："人臣之道，交不出境，锦绮珍货，奈国宪何？"然商务大通，唐物麋聚，特设唐物使一官驻于筑紫，以检查真赝。（初，唐舶货至，皆特遣中使检点录上。《延喜新式》，太宰府上奏客至，乃遣藏人先检查货物，而后更遣出纳司辨给价值，府官仍以上奏。醍醐帝时，又禁贾估之不由官司私相交易者。）③

此蒋承勋频年屡至，应系民间商人，非专门使节。吴越国屡次派商人携带书信及锦绮珍货与日本互通讯息，其目的是与日本通商。吴越政权"闭关而修蚕织"，从浙江带去日本贸易的商品自当以锦绮等织物为主。

南汉国以广州为都，在中国海上丝绸之路的发展史上，广州是一个长期活跃的重要城市。宋神宗曾感叹说："东南利国之大，舶商亦居其一焉。昔钱、刘窃据浙、

① （清）徐景熹修，鲁曾煜等纂：《福州府志》卷一三《海防》，台北：成文出版社，1967年，第311页。
② 《旧五代史》卷一三三《世袭列传二》，第1768页。
③ （清）黄遵宪：《日本国志》卷五《邻交志》，杭州：浙江书局，光绪二十四年（1898），第1—2页。

广，内足自富，外足抗中国者，亦由笼海商得术也。"①从广州行销国外的物品中，来自中原与长江流域的华美丝绸织物自是必不可少。

四、宋元海上丝绸贸易的继续扩大

1. 宋代海上丝绸贸易的繁荣

比起唐朝，宋朝军事实力衰弱不少，但在发展海上贸易方面却要稍胜一筹。首先是政策上重视发展海外贸易，雍熙四年（987）五月，朝廷"遣内侍八人，赍敕书、金帛，分四纲，各往海南诸蕃国，勾招进奉，博买香药、犀牙、真珠、龙脑，每纲赍空名诏书三道，于所至处赐之"②。可以看到，丝绸充当了宋政府发展海上交往的重要外交宣传工具。宁宗嘉定十二年（1219），因对外贸易导致铜钱严重外流，"臣僚言以金银博买，泄之远夷为可惜。乃命有司止以绢帛、锦绮、瓷漆之属博易"③。南宋政府的这项规定进一步提高了丝织品在与海外各国进行贸易时的比重。

对于前来朝贡的国家，宋朝按惯例赏赐丝绸，屡见于史书记载，其中与海上丝路相关的记载也数见不鲜。

太宗太平兴国二年（977），大食遣使贡方物，"诏赐其使袭衣、器币，从者缣帛有差"④。宋真宗大中祥符五年（1012），广州奏大食国人无西忽卢华"自言远慕皇化，附古逻国舶船而来。诏就赐锦袍、银带加束帛"⑤。天禧三年（1019）十一月，高丽进奉使礼宾卿崔元信等入见，"贡罽锦衣褥、乌漆甲、金饰长刀匕首、罽锦鞍马、纻布、药物等，……别赐衣服、缯彩焉"⑥。

神宗元丰二年（1079），高丽王徽又使柳洪来谢，海中遇风，失所贡物，"洪上章自劾，敕书安慰。……前此贡物至，辄下有司估直，偿以万缣，至是命勿复

① （清）黄以周等辑注，顾吉辰点校：《续资治通鉴长编拾补》卷五，北京：中华书局，2004年，第239页。
② （清）徐松辑，刘琳等校点：《宋会要辑稿》7《职官四四》"市舶司"，上海：上海古籍出版社，2014年，第4204页。
③ 《宋史》卷一八五《食货下七·香》，第4538页。
④ 《宋史》卷四九〇《外国六·大食》，第14118页。
⑤ 《宋史》卷四九〇《外国六·大食》，第14121页。
⑥ 《宋史》卷四八七《外国三·高丽》，第14044页。

估，以万缣为定数"。① 没有收到贡物，但仍按往年收到贡物后的惯例赏赐高丽使臣丝绢万缣，宋神宗称得上颇为慷慨。元丰六年（1083），哲宗元祐六年（1091），拂菻国使两至，"诏别赐其王帛二百匹、白金瓶、袭衣、金束带"。②

哲宗元祐元年（1086），高丽遣使入贡，宋朝回赐高丽国王"马三匹、银鞍勒一副、衣二袭、金带二、锦绮罗一百五十匹、衣着五百匹、绢一万匹、银器五千三百两；奉慰及贺登宝位使、副、人从各赐物有差"③。

南宋高宗绍兴六年（1136）又诏："高丽国使持牒官金稚珪、刘待举，各赐绢一十三匹、银碗二只（重八两）。间金镀银双鹿带一条（重八两）、紫绫披袄、小绫绵袄、绢汗衫各一领。军士二人各钱三贯、绢十匹。从四人各钱二贯、绢五匹。……更令户部支赐金稚珪、刘待举银绢各一百匹两，余人银绢各三十匹两。"④《宋史》亦记载高丽持牒官金稚圭至明州，朝廷赐银帛遣之。⑤

绍兴二十五年（1155）九月三十日，诏占城国进奉人支赐，见：使紫罗宽衫、小绫宽汗衫、大绫夹袜头裤、小绫勒帛，一十两金腰带、幞头、丝鞋、衣著三十匹，紫绮被褥禩一；副使紫罗宽衫、小绫宽汗衫、大绫夹袜头裤、小绫勒帛、七两金腰带、幞头、丝鞋、衣著二十匹；判官各罗宽衫、绢汗衫、小绫夹袜头裤、一十两金花银腰带、幞头、丝鞋、衣著一十匹；防援官各紫官绾衫、绢汗衫、绢夹袜头裤、绢勒帛、幞头、麻鞋、衣著七匹。

十一月二十二日，诏别赐占城国国信礼物：翠毛细法锦夹袄子一领，二十两金腰带一条，银器二百两，衣著绢三百匹，白马一匹，八十两闹装银鞍辔一副。所属制造讫，送祗候库打角，学士院封题请御宝，付客省关送押伴所施行。因其遣使入贡，故以赐之。告辞回国时，赐"正使紫罗窄衫、小绫窄汗衫、小绫勒帛、银器五十两、衣著三十匹；副使紫罗窄衫、小绫窄汗衫、小绫勒帛、银器三十两、衣著二十匹；判官各紫罗窄衫、银器一十两、衣著一十匹；防援官各银器七两、

① 《宋史》卷四八七《外国三·高丽》，第 14047 页。
② 《宋史》卷四九〇《外国六·拂菻》，第 14125 页。
③ 《续资治通鉴长编》卷三六四哲宗元祐元年正月丁未条，第 8714 页。
④ 《宋会要辑稿》4《礼六二》"贲赐二"，第 2147 页。
⑤ 《宋史》卷四八七《外国三·高丽》，第 14052 页。

衣著五匹"①。

绍兴二十六年（1156），三佛齐进贡，宋廷赏赐其国王大量物品，其中丝织物有"宽衣一对六件，紫罗夹公服一领，小绫宽汗衫一领，勒帛一条，熟大帛绫宽夹裤一腰，红罗绣夹三襜一副，抱肚一条，二十四两素金腰带一条，……杂色衣著绢二百匹"。又回赐"生绫一千一百七十匹，生压罗三百匹，生克丝六百匹，生樗蒲绫六百匹，杂色绫六千匹，江南绢二万五千匹，锦六百匹，青锦三百匹，红锦三百匹，银二万一千两"。又别赐"翠花红法锦袄子一领，二十四两金腰带一条，银器二百两，衣著绢三百匹，白马一匹，八十两数闹装银鞍辔一副，缨绂全"。②

又诏三佛齐入贡使、副以下支赐，并依占城例施行。③则占城、三佛齐使者及从人朝见与朝辞均有礼物赏赐。

南宋宁宗庆元六年（1200）柬埔寨属邑真里富派使进献，宋朝赠送红绯罗绢一千匹，绯缬绢二百匹。④

类似记载，比比皆是。

市舶司是宋王朝设立的管理海洋贸易的专门机构。宋太祖开宝四年（971），"置市舶司于广州，后又于杭、明州置司。凡大食、古逻、阇婆、占城、勃泥、麻逸、三佛齐诸蕃并通货易，以金银、缗钱、铅锡、杂色帛、瓷器，市香药、犀象、珊瑚、琥珀、珠琲、镔铁、鼊皮、玳瑁、玛瑙、车渠、水精、蕃布、乌樠、苏木等物"。⑤丝绸是市舶司所在的诸国际港口最重要的贸易物品之一。

宋哲宗时又增设泉州、密州两个市舶司。泉州在唐代就已经是非常繁华的对外贸易港口，唐张循之诗《送泉州李使君之任》有云："云山百越路，市井十洲人。

---

① 《宋会要辑稿》4《礼六二》"赉赐二"，第 2151 页。
② 刘才邵：《赐三佛齐国敕书》载，曾枣庄、刘琳主编：《全宋文》第一百七十五册卷三八四三，上海：上海辞书出版社，合肥：安徽教育出版社，2006 年，第 381 页。
③ 《宋会要辑稿》4《礼六二》"赉赐二"，第 2151 页。
④ 《宋会要辑稿》16《蕃夷四》"真里富国"，第 9831 页。
⑤ 《宋史》卷一八六《食货下八·互市舶法》，第 4558—4559 页。

执玉来朝远，还珠入贡频。"① 但因为宋初以广州负责南海贸易，杭州、明州负责与朝鲜、日本的贸易，故未在泉州设立市舶司，直到哲宗元祐二年（1087）才设立福建路市舶司，治所在泉州。

至于为何要在密州设市舶司，当时的户部是这样向皇帝解释的："本镇自来广南、福建、淮、浙商旅乘海船贩到香药诸杂税物，乃至京东、河北、河东等路商客般运见钱、丝绵、绫绢往来交易，买卖极为繁盛。……有西北数路商贾之交易，其丝绵、缣帛又蕃商所欲之货，此南北之所以交驰而奔辏者……。三省每岁市舶抽买物货及诸蕃珍宝应上供者，即无数千里道途辇运之费，江、淮风水沈溺之虞。"② 从这份户部状文中可以看到，密州所在的山东东南沿海是中国北方丝绵、绫绢输出海外的重要集散地，广南、福建、淮、浙商旅等以海上贩运来的香料等物换取丝绵、缣帛，再将其运往异域，因其地交易规模较大，故户部认为可在原有的广州、杭州、明州的基础上，增设密州市舶司。

2. 宋代商人与海上丝绸贸易

东南亚是中国丝绸重要的外销地。史载：真里富国"民所乐者，绯红罗绢、瓦器而已。博易衣食皆用碎铅（其所用绯红罗绢、瓦器之类，皆本朝商舶赍到彼博易）"。③ 交趾商人来到邕州交易者，"日以名香、犀象、金银、盐、钱，与吾商易绫、锦、罗、布而去"④。

神宗元丰五年（1082）十月，广东转运副使兼提举市舶司孙迥言："南蕃纲首持三佛齐詹毕国主及主管国事国主之女唐字书，寄臣熟龙脑二百二十七两，布十三匹。臣昨奉委推行市舶法，臣以海舶法敝，商旅轻于冒禁，每召贾胡示以条约，晓之以来远之意。今幸刑戮不加，而来者相继。前件书、物等，臣不敢受，乞估直入官，委本库买彩帛物等，候冬舶回报谢之。所贵通异域之情，

---

① 《全唐诗》卷九九张循之《送泉州李使君之任》，第 1065 页。
② 《续资治通鉴长编》卷四〇九哲宗元祐三年三月乙丑条，第 9956—9957 页。
③ 《宋会要辑稿》16《蕃夷四》"真里富国"，第 9831 页。
④ （宋）周去非著，杨武泉校注：《岭外代答校注》卷五《财计门》邕州永平寨博易场条，北京：中华书局，1999 年，第 195 页。

来海外之货。"① 可见丝绸是南蕃海商经常携带的商品。中国古代历史上，蚕桑业较发达地区的气候主要为温带或亚热带气候，同时期的东南亚热带地区不太适宜发展蚕桑业，即使能够养蚕织绸，技术水平也很有限，据载："安南使者至钦，太守用妓乐宴之，亦有赠于诸妓，人以绢一匹。绢粗如细网，而蒙之以绵。交人所自著衣裳，皆密绢也。不知安南如网之绢，何所用也。余闻蛮人得中国红绉子，皆拆取色丝而自以织衫，此绢正宜拆取其丝耳。"② 反映了这些地区丝织水平真实状况。

宋代时期，中国丝绸畅销于东南亚数十个国家或地区，产品种类繁多，有绢扇、假锦、绢伞、缬绢、丝帛、五色缬绢、皂绫、白绢、建阳锦、五色绢等，③ 可列表观之。

表 5-3　《诸蕃志》所载宋代丝绸外销东南亚等地表

国名或地名	今地	相关记载
占城国	今越南中部及南部	番商兴贩用脑、麝、檀香、草席、凉伞、绢扇、漆器、瓷器、铅、锡、酒、糖等博易。
真腊国	柬埔寨	番商兴贩，用金银、瓷器、假锦、凉伞、皮鼓、酒、糖、酰醢之属博易。
三佛齐国	苏门答腊东南部	国王出入乘船，身缠缦布，盖以绢伞。……番商兴贩用金、银、瓷器、锦绫、缬绢、糖、铁、酒、米、干良姜、大黄、樟脑等物博易。
单马令国	马来半岛中部	番商用绢伞、雨伞、荷池缬绢、酒、米、盐、糖、瓷器、盆钵、粗重等物，及用金银为盘盂博易。
凌牙斯加国	印度尼西亚北大年	番商兴贩用酒、米、荷池缬绢、瓷器等为货。
蓝无里国、细兰国	斯里兰卡	番商转易用檀香、丁香、脑子、金银瓷器、马、象、丝帛等为货。
阇婆国	爪哇	其王椎髻，戴金铃，衣锦袍，……亦务蚕织，有杂色绣丝、吉贝、绫布。……番商兴贩，用夹杂金银，及金银器皿、五色缬绢、皂绫、川芎、白芷、朱砂、绿矾、白矾、鹏砂、砒霜、漆器、铁鼎、青白瓷器交易。
南毗国	今印度西南部马拉巴尔海岸一带	土产之物，本国运至吉啰、达弄、三佛齐，用荷池缬绢、瓷器、樟脑、大黄、黄连、丁香、脑子、檀香、豆蔻、沉香为货。

① 《宋会要辑稿》7《职官四四》"市舶司"，第 4206 页。
② 《岭外代答校注》卷六《服用门》安南绢条，第 226 页。
③ （宋）赵汝适著，杨博文校释：《诸蕃志校释》卷上《志国》。

续表

国名或地名	今地	相关记载
故临国	印度卡里卡特	每岁自三佛齐、监篦、吉陀等国发船，博易用货亦与南毗同。
渤泥国	印度尼西亚加里曼丹	富室之妇女，皆以花锦销金色帛缠腰……。番商兴贩，用货金、货银、假锦、建阳锦、五色绢、五色茸、琉璃珠、琉璃瓶子、白锡、乌铅、网坠、牙臂环、胭脂、漆碗楪、青瓷器等博易。……西龙宫、什庙、日丽、葫芦蔓头、苏勿里、马胆逾马嗒居海岛中，用小船来往，服色饮食与渤泥同。出生香、降真香、黄蜡、玳瑁。商人以白瓷器、酒、米、粗盐、白绢、货金易之。
三屿、蒲哩噜	今菲律宾卡拉棉群岛、巴拉望岛、布桑加岛	博易用瓷器、皂绫、缬绢、五色烧珠、铅网坠、白锡为货。
新罗国	朝鲜	商舶用五色缬绢及建本文字博易。

许多泛海而来的外商甚至长居中国，以开展贩运丝绸等贸易活动。淳化四年（993），大食遣其副酋长李亚勿来贡，其国舶主蒲希密以方物附亚勿来献，"诏赐希密敕书、锦袍、银器、束帛等以答之"。[1]至道元年（995），大食国舶主蒲押陁黎又赍蒲希密表来献，太宗引对于崇政殿，蒲押陁黎称父亲蒲希密在广州经商五年未归，自己奉母命到广州寻访，见面后父亲谈及前年皇帝赐以法锦袍、紫绫缠头、间涂金银凤瓶一对、绫绢二十匹等之事，故自己又来感谢、贡献。[2]

绍兴四年（1134）七月六日，另一位大食进奉使人蒲亚里"将进贡回赐到钱置大银六百锭及金银、器物、匹帛"，可见丝绸是大食商人回国时携带的重要物资，但却"被贼数十人持刃上船，杀死蕃牧四人，损伤亚里，尽数劫夺金银等前去"。[3]此后，蒲亚里就滞留广州，绍兴七年（1137），皇帝诏曰："市舶司全借蕃商来往货易，而大商蒲亚里者，既至广州，有右武大夫曾纳利其财，以妹嫁之，亚里因留不归。上今委南夫劝诱亚里归国，往来干运蕃货，故圣谕及之。"[4]

① 《宋史》卷四九〇《外国六·大食》，第14119页。
② 《宋史》卷四九〇《外国六·大食》，第14119—14120页。
③ 《宋会要辑稿》16《蕃夷四》"大食"，第9828—9829页。
④ 《宋会要辑稿》7《职官四四》"市舶司"，第4214页。

宋政府对积极从事海上贸易的蕃商还予以奖励，奖励物品中包括银钱与丝绸织物，"令说喻蕃商、广行般（船）贩乳香前来，如数目增多，依此推恩。余人除犒设外，更与支给银彩"。①

东南亚也有富商长居中国从事丝绸贸易，如：

> 唯富商自蜀贩锦至钦，自钦易香至蜀，岁一往返，每博易动数千缗，各以其货互缄，逾时而价始定。既缄之后，不得与他商议。其始议价，天地之不相侔。吾之富商，又日遣其徒为小商以自给，而筑室反耕以老之。彼之富商，顽然不动，亦以持久困我。二商相遇，相与为杯酒欢。久而降心相从，侩者乃左右渐加抑扬，其价相去不远，然后两平焉。官为之秤香交锦，以成其事。②

蜀锦质地优良，深受东南亚各国人喜爱，这段文字生动形象地描绘了交趾商人来到宋朝购买丝绸的情景。

中国商人也积极出海经商。北宋人朱彧《萍洲可谈》中对广州人热衷海外贸易的风气和所携带的外贸物资有清晰的描绘："北人过海外，是岁不还者，谓之'住蕃'；诸国人至广州，是岁不归者，谓之'住唐'。广人举债总一倍，约舶过回偿，住蕃虽十年不归，息亦不增。富者乘时畜缯帛陶货，加其直与求债者，计息何啻倍蓰。"③富人囤积丝绸、陶瓷，借给缺乏资金但有冒险精神的人去海外贩卖，最终取得双赢的结果，对中外贸易的发展有促进作用。浙江沿海地区出海经商成风，有一个叫郑四客的佃户，"后稍有储羡，或出入贩贸纱帛海物"。④

福建商人中亦多出海经商者。有前往东南亚的，如福建莆田藏绍兴八年（1138）《祥应庙记》碑记载泉州纲首朱纺前往三佛齐国贸易之事，称其"舟行神速，无有坚阻，往返曾不期年，获利百倍"。⑤也有前往东瀛的，日本太宰府天满宫史料所收《朝

① 《宋会要辑稿》16《蕃夷四》"大食"，第9829页。
② 《岭外代答校注》卷五《财计门》钦州博易场条，第196—197页。
③ （宋）朱彧撰，李伟国点校：《萍洲可谈》卷二，北京：中华书局，2007年，第134页。
④ （宋）洪迈撰：《夷坚志》夷坚支景卷第五《郑四客》，北京：中华书局，2006年，第919页。
⑤ 蒋维锬：《莆田〈祥应庙记〉碑述略》，《海交史研究》1994年第1期，第120页。

野群载》卷二〇记载了一份我国宋代提举两浙路市舶司颁发给赴日宋商的公凭，即官方证明文件，原件藏于宁波市博物馆。该公凭记载了一名叫李充的泉州客商于北宋崇宁元年（1102）到日本贸易的历史。当时李充自置船一只，欲往日本国博买回货，所携货物经明州市舶司抽解后发给了公凭。文中记有货物象眼四十匹、生绢十匹、白绫二十匹及许多瓷器。[①]这里的象眼使用"匹"作为计量单位，必与大象之眼无关，而是一种丝织品。明州在宋初就设立了市舶司，是经东海道南路航线前往日本的必经港口，而福建设立市舶司要到北宋后期了，因此，李充虽是福建商人，但他选择北上浙江，取道明州出航。这份公凭记载了李充商船全体人员、货物名单及北宋外贸法规，是迄今为止所能看到的较完备的宋代中日民间贸易原始材料。真宗咸平五年（1002），"建州海贾周世昌遭风飘至日本，凡七年得还，与其国人滕木吉至，上皆召见之"。周世昌是长期留居日本贸易的福建商人，他还带日本商人滕木吉来华贸易。这样的宋朝商人还有许多，推及其一生，往返日本的次数当不在少数，频繁的民间贸易中，他们每次所携带物品也一定有大量丝绸织物。

因为东南亚长期对中国丝绸有较大需求，中国与之贸易有很大的利润空间。南宋初年，与岳飞等并称"中兴四将"的张俊曾给手下一个懂商贸的老年兵卒五十万钱，令其增值，老卒通过海上贸易获利甚巨。

> 其人乃造巨舰，极其华丽。市美女能歌舞音乐者百余人，广收绫锦奇玩、珍羞佳果及黄白之器；募紫衣吏轩昂闲雅若书司、客将者十数辈，卒徒百人。乐饮逾月，忽飘然浮海去，逾岁而归。珠犀香药之外，且得骏马，获利几十倍。……大喜，问其何以致此，曰："到海外诸国，称大宋回易使，谒戎王，馈以绫锦奇玩。为具招其贵近，珍羞毕陈，女乐迭奏。其君臣大悦，以名马易美女，且为治舟载马，以珠犀香药易绫锦等物，馈遗甚厚，是以获利如此。"[②]

———————

① 赵莹波：《宋日贸易研究——以在日宋商为中心》，博士学位论文，南京大学，2012年，第83页。

② （宋）罗大经撰：《鹤林玉露》卷之二丙编《老卒回易》，北京：中华书局，1983年，第269—270页。

3. 元代海上丝绸贸易的继续发展

建立元王朝的蒙古族虽是北方草原民族，但其统治者却对海上丝绸之路比较重视，元诗有云："国初海运自朱张，百万楼船渡大洋。"①朱张是指元朝海运的创立者朱清、张瑄，他们的船队规模庞大，承担了从太仓刘家港向京师大都漕运粮食的任务，还与东南亚诸国通商，当时号称"巨舰大舶帆交番夷中"。②太仓盛极一时，明永乐年间陈伸在《太仓事迹序》一文中称其"舟师货殖，通诸蛮夷，……番商贾客云集阛阓，……四方谓之第一马头"③。太仓处于长江三角洲地区，这里蚕桑业发达，蕃商贾客返国时，巨舰大舶中载有数量可观的丝织品。

元朝继续实行朝贡制度，有许多丝绸随着朝贡的使节回国的船只被带到西洋、南洋、东洋。试以元世祖、成宗执政时期为例，以见其繁荣景象。

元世祖中统二年（1261）封光昺为安南国王，此后有一系列赏赐："三年九月，以西锦三、金熟锦六赐之，……四年十一月，……光昺遣杨安养充员外郎及内令武复桓、书舍阮求、中翼郎范举等奉表入谢，帝赐来使玉带、缯帛、药饵、鞍辔有差。……（至元）四年九月，……仍赐光昺玉带、金缯、药饵、鞍辔等物。……六年十一月，光昺上书陈情，……又具表纳贡，别奉表谢赐西锦、币帛、药物。"④中统三年六月，高丽遣使入贡，"八月，朴伦等还，赐西锦三段、间金熟绫六段"。⑤

成宗元贞二年（1296），"赐金齿、罗斛来朝人衣"。⑥大德元年（1297）四月，"赐暹国、罗斛来朝者衣服有差"。⑦三年三月癸巳，"缅国世子信合八的奉表来谢赐衣"。⑧同年还有暹国主上言言及其父在位时，朝廷尝赐鞍辔、白马及金

① （元）张昱：《辇下曲》，载杨镰主编：《全元诗》，北京：中华书局，2013年，第49页。
② （元）陶宗仪撰：《南村辍耕录》卷五《朱张》，北京：中华书局，1959年，第64页。
③ （清）王祖畲：《太仓州志》卷末《旧序》，台北：成文出版社，1975年，第2098—2099页。
④ 《元史》卷二〇九《外夷二·安南》，第4635—4636页。
⑤ 《元史》卷二〇八《外夷一·高丽》，第4612页。
⑥ 《元史》卷一九《成宗纪二》，第408页。
⑦ 《元史》卷一九《成宗纪二》，第411页。
⑧ 《元史》卷二〇《成宗纪三》，第426页。

缕衣。^①四年六月，"吊吉而、爪哇、暹国、蘸八等国二十二人来朝，赐衣遣之"^②。也有元朝使节携带丝织品出海，《伊本·白图泰游记》曾记载元朝皇帝遣大使至印度，赠其王锦绸五百匹，其中百匹制自刺桐城，又百匹制自京师城。

元代也沿袭了前朝市舶司制度。元世祖忽必烈在位期间，曾先后在泉州、庆元、上海、澉浦、温州、广州、杭州等七处设立过市舶司。泉州是元代最重要的海上贸易港口，虽然早在唐代泉州就被形容为"市井十洲人"，宋代又有"涨海声中万国商"之誉，但泉州鼎盛时期是在元代，摩洛哥人伊本·白图泰在提到泉州港时称："我们渡海到达的第一个城市是刺桐城，……该城的港口是世界大港之一，甚至是最大的港口，我看到港口停有大艚约百艘，小船多得无数。"^③当时数以万计的阿拉伯商人侨居于此，堪称"缠头赤脚半蕃商，大舶高樯多海宝"^④。泉州被阿拉伯商人称为"刺桐"，大量的丝绸从这里被阿拉伯人运销欧洲，至今在亚欧一些国家的语言中，缎子的发音实为"刺桐"的译音，如英法为"satin"，葡萄牙为"cetim"，西班牙为"satén"，印度尼西亚为"satin"。

元延祐元年（1314）新修订的《市舶则法》明确规定：金、银、铜钱、男子妇女人口、丝绵、绫罗、米粮、军器等不许入海贸易。^⑤但此后的元代中国商船仍频繁往来于东南亚、南亚等地，用中国精良的丝绸、瓷器等物与当地人民开展贸易，中国的丝绸很受南海诸国及印度人的喜爱，如元人周达观曾至真腊，据他记载，"其地想不出金银，以唐人金银为第一，五色轻缣帛次之"^⑥。真腊为中南半岛古国，其地在今柬埔寨境内，唐人的金银、丝绸都受到真腊人的喜爱。元代旅行家汪大渊所写的《岛夷志略》也记载了中国多种品类的丝绸行销南洋40多个国家和地区。

---

① 《元史》卷二一〇《外夷三·暹》，第4664页。
② 《元史》卷二〇《成宗纪三》，第431页。
③ ［摩洛哥］伊本·白图泰著，马金鹏译：《伊本·白图泰游记》，银川：宁夏人民出版社，2000年，第545页。
④ 释宗泐：《清源洞图为洁上人作》，载杨镰主编：《全元诗》，第414页。
⑤ 冯国昌：《元初陆海"丝绸之路"及当代启示》，《江苏科技大学学报》（社会科学版）2017年第3期，第22页。
⑥ （元）周达观原著，夏鼐校注：《真腊风土记校注》，北京：中华书局，1981年，第148页。

表 5–4　《岛夷志略》所见中国丝绸品类表 ①

序号	国名或地名	贸易之货	出处
1	麻逸	五采红布、红绢	第 33 页
2	交趾	诸色绫罗匹帛	第 51 页
3	民多朗	红绢	第 60 页
4	真腊	货用金银、黄红烧珠、龙段、建宁锦、丝布之属	第 70 页
5	逿来勿	红绢	第 93 页
6	彭坑	诸色绢	第 96 页
7	吉兰丹	小红绢	第 99 页
8	罗卫	狗迹绢	第 109 页
9	八都马	南北丝、丝布、草金缎、丹山锦、山红绢	第 130 页
10	尖山	锦	第 136 页
11	三佛齐	色绢、丝布	第 142 页
12	浡泥	色缎	第 148 页
13	爪哇	青缎、色绢	第 159 页
14	重迦罗	花宣绢	第 168 页
15	都督岸	红绿绢、色缎	第 173 页
16	文诞	水绫丝布	第 176 页
17	苏门傍	绸绢衣、花色宣绢	第 185 页
18	班卒	丝布	第 196 页
19	文老古	水绫、丝布	第 205 页
20	古里地闷	西洋丝布、色绢	第 209 页
21	龙牙门	青缎	第 213 页

---

① （元）汪大渊原著，苏继庼校释：《岛夷志略校释》，北京：中华书局，1981 年。

续表

序号	国名或地名	贸易之货	出处
22	须文答剌	西洋丝布、五色缎之属	第 240 页
23	勾栏山	五色绢	第 248 页
24	特番里	五色绁缎、锦缎	第 250 页
25	班达里	诸色缎	第 254 页
26	喃哑哩	红丝布	第 261 页
27	大八丹	南丝	第 280 页
28	加里那	细绢	第 282 页
29	土塔	五色绢、青缎	第 285 页
30	加将门里	苏杭五色缎、南北丝、土绁绢	第 297 页
31	波斯离	五色缎	第 301 页
32	挞吉那	五色缎	第 305 页
33	须文那	五色绁缎、青缎	第 314 页
34	小唄喃	五色缎	第 321 页
35	古里佛	与小唄喃同	第 325 页
36	朋加剌	南北丝、五色绢缎	第 330 页
37	大乌爹	五色缎	第 339 页
38	哩伽塔	五色缎	第 349 页
39	天堂	五色缎	第 353 页
40	层摇罗	五色缎之属	第 358 页
41	甘埋里	青缎、苏杭色缎	第 364 页
42	乌爹	五色缎、白丝	第 376 页

由元人徐明善《安南行记》、陈大震《大德南海志》、《马可·波罗游记》、《伊本·白图泰游记》等与元朝有关的海交史史料亦可以看到，元朝有大量的丝绸织物经海上丝绸之路出口海外。

五、明清时期的海上丝绸贸易

1. 郑和下西洋

早在开国之初，明太祖朱元璋就"诏户部申严交通外番之禁。上以中国金银、铜钱、缎匹、兵器等物，自前代以来不许出番。今两广、浙江、福建愚民无知，往往交通外番，私易货物，故严禁之。沿海军民官司纵令私相交易者，悉治以罪"①。这种政策严重地影响了明初海上贸易。但是官方的海上外交活动并没有停止，其中附带有国家间的经济贸易活动，尤以郑和下西洋之举最为盛大。郑和，原名马三宝，有智谋勇略，是深受明成祖器重的高级宦官，从成祖永乐三年（1405）至宣宗宣德八年（1433），28 年中他七次率船队远航，通过赏赐与贸易等方式，宣扬了明朝国威，增进了中外了解，谱写了明代海上丝绸之路外交的辉煌。最后一次出航，郑和长眠于印度洋西海岸的古里国，可谓为明代海洋外交事业鞠躬尽瘁，被赐葬于南京牛首山。

从留存下来的敕书可以看到丝绸是郑和下西洋的必备物品，数量颇巨。

永乐十八年（1420）十二月初十日敕曰："太监杨庆等往西洋忽鲁谟厮等国公干，合用各色纻丝纱锦等物，并给赐各番王人等纻丝等件。敕至即令各该衙门照依原定数目支给。"永乐十九年十月十六日敕曰："今遣内官洪保（注：郑和随员）等送各番国使臣回还，合用赏赐并带去银两段匹铜钱等件。敕至即照依坐去数目关给与之，……就令太监郑和眼同打发。"宣德五年五月初四日敕曰："今命太监郑和等往西洋忽鲁谋斯等国公干，大小船六十一只，该关领原交南京入库各衙门一应正钱粮并赏赐番王头目人等彩币等物，及原阿丹等六国进贡方物给赐价钞买到纻丝等件，……敕至，尔等即照数放支与太监郑和……，关领前去应用，

---

① 《明太祖实录》卷二〇五洪武二十三年十月乙酉条，第3067页。

不许稽缓。"① 可知其中包括了大量的丝织物。

随郑和一起远航的费信、马欢和巩珍等在《星槎胜览》《瀛涯胜览》《西洋番国志》等著作中，详细记载了南洋一带东南亚国家、印度洋、波斯湾、阿拉伯半岛附近国家丝绸和瓷器贸易等经济往来的情况。

表 5–5　郑和下西洋所至国购买中国丝织物表

序号	国名或地区名	《星槎胜览》记载②	《瀛涯胜览》记载③	《西洋番国志》记载
1	占城国		中国青瓷盘碗等品，纻丝、绫绢、烧珠等物，甚爱之。	所喜者中国青瓷盘碗等器，及纻丝绫绢硝子朱等物，皆执金来转易而去。
2	爪哇国		国人最喜中国青花瓷器，并麝香、销金纻丝、烧珠之类。	国人最喜青花瓷器并麝香、花绣、纻丝、硝子珠等货。国人常采方物，遣使进贡中国。
3	灵山	地产黑文相对藤杖，每条易斗锡一块，若粗大而纹疏者，一锡易杖三条。		
4	交栏山	货用米谷、五色珠、青布、铜器、青碗之属。		
5	暹罗国	货用青白花瓷、印花布、色绢、色段、金银铜铁、烧珠、水银、雨伞之属。		
6	旧港	货用烧炼五色珠、青白瓷器、铜鼎、五色布绢、色段、大小磁瓮、铜钱之属。	市中交易亦使中国铜钱，并用布帛之类。	行市交易用中国铜钱并布帛之类。
7	满剌加国	货用青白瓷器、五色烧珠、色绢、金银之属。		
8	苏门答剌国	货用青白瓷器、铜钱、爪哇布、色绢之属。		
9	锡兰山国	货用金钱铜钱、青花白瓷、色段、色绢之属。	中国麝香、纻丝、色绢、青瓷盘碗、铜钱、樟脑，甚喜。	甚爱中国麝香、纻丝、色绢、青瓷盘碗、铜钱，就以宝石珍珠易换。

① （明）巩珍著，向达校注：《西洋番国志》，北京：中华书局，1961 年，第 9—10 页。
② （明）费信著，冯承钧校注：《星槎胜览校注》，北京：中华书局，1954 年。
③ （明）马欢著，冯承钧校注：《瀛涯胜览校注》，北京：中华书局，1955 年。

序号	国名或地区名	《星槎胜览》记载	《瀛涯胜览》记载	《西洋番国志》记载
10	小唄喃国	货用丁香、豆蔻、色段、麝香、金银铜铁器、铁线、黑缨之属。		
11	柯枝国	货用色段、白丝、青花白瓷器、金银之属。		
12	古里国	货用金银、色段、青花白瓷器、烧珠、麝香、水银、樟脑之属。	锦绮等	
13	忽鲁谟斯（厮）国	货用金银、青花瓷器、五色段绢、木香、胡椒之属。		其处诸番宝物有。……各番青红丝嵌手巾等货皆有。
14	剌撒国	货用金银、段绢、瓷器、米谷、胡椒、檀香、金银之属。		
15	榜葛剌国	货用金银、段绢、青花白瓷器、铜铁、麝香、银珠、水银、草席之属。		
16	真腊国	货用金银、烧珠、锦段、丝布之属。		
17	彭坑国	货用金银、色绢、爪哇布、铜铁器、鼓板之属。		
18	麻逸国	货用铜鼎、铁块、五色布绢之属。		
19	重迦逻	货用花银、花绢。		
20	渤泥国	货用白银、赤金、色缎、牙箱、铁器之属。		
21	大唄喃国	货用金钱、青白花瓷器、布段之属。		
22	阿丹国	货用金银、色段、青白花瓷器、檀香、胡椒之属。		
23	佐（祖）法儿国	货用金钱、檀香、米谷、胡椒、段绢、瓷器之属。	换易纻丝、瓷器等物。	中国宝舡到，开读诏书并赏赐劳，王即遣头目遍谕国人，皆以乳香、血竭、芦荟、没药、安息香、苏合油、木别子之类来易纻丝、瓷器等物。
24	竹步国	货用土朱、段绢、金银、瓷器、胡椒、米谷之属。		

续表

序号	国名或地区名	《星槎胜览》记载	《瀛涯胜览》记载	《西洋番国志》记载
25	木骨都束国	货用金银、色段、檀香、米谷、瓷器、色绢之属。		
26	溜洋国	货用金银、段帛、瓷器、米谷之属。		
27	卜剌哇国	货用金银、段绢、米豆、瓷器之属。		
28	天方国	货用金银、段匹、色绢、青白花瓷器、铁鼎、铁铫之属。		

在这些地理书中，还记载了一些中国船队在贸易中遇到的趣事，如马欢《瀛涯胜览》记载船至印度洋东岸与信奉伊斯兰教的古里国人交易的经过：

> 王有大头目二人，掌管国事，……其二大头目受中国朝廷升赏，若宝船到彼，全凭二人主为买卖，王差头目并哲地未讷几（waligi chitti）计书算于官府。牙人来会，领船大人议择某日打价。至日，先将带去锦绮等物，逐一议价已定，随写合同价数，彼此收执。其头目哲地即与内官大人众手相拿。其牙人则言某月某日于众手中拍一掌已定，或贵或贱，再不悔改。然后哲地富户才将宝石珍珠珊瑚等物来看议价，非一日能定，快则一月，缓则二三月。若价钱较议已定，如买一主珍珠等物，该价若干，是原经手头目未讷几计算，该还纻丝等物若干，照原打手之货交还，毫厘无改。彼之算法无算盘，只以两手两脚并二十指计算，毫厘无差，甚异于常。①

由文中可以看到古里国人非常诚信，他们用宝石、珍珠、珊瑚等交易郑和船队携带的锦绮、纻丝等丝织物，一旦议定价格，则信守承诺，绝不更改。关于该国人双手双脚并用计算数字的记载颇为生动形象。《西洋番国志》也有类似的记载。

这一时期，因受海上丝绸交易的影响，一方面中国丝织品在东南亚、印度洋地区更加常见，如阿丹国"又有市肆混堂，并熟食、丝帛、书籍、诸色什物铺店

---

① （明）马欢著，冯承钧校注：《瀛涯胜览校注》，第44—46页。

皆有"。① 另一方面当地本土丝织业有所发展，如苏门答腊国人家亦养蚕缲丝，②
古里国"国人亦以蚕丝练织各色间道花手巾"，③ 溜山国"又出一等丝嵌手巾"。④
崇祯十二年（1639），给事中傅元初请求开放福建沿海的海禁，他在奏疏中谈到
了当时东南亚国家本土丝织业对中国丝的依赖："海外之夷，有大西洋，有东洋。
大西洋则暹罗、柬埔诸国，……而东洋则吕宋，其夷佛郎机也，……是两夷者，
皆好中国绫缎杂缯，其土不蚕，惟借中国之丝到彼，能织精好缎匹，服之为华好，
是以中国湖丝百斤值银百两者，至彼得价二倍。"他还谈到了若开放福建海禁，
则会出现"浙直丝客、江西陶人，各趋之者，当莫可胜计"的繁盛局面，⑤ 据之可
知当时中国海上贸易的丝绸主要出自江浙、直隶等地。

郑和下西洋活动曾出现过短暂中断。永乐二十二年（1424），明仁宗继位，
诏令"下西洋诸番国宝船悉皆停止，……各处修造下番海舶，悉该停止"⑥。郑和
下西洋活动出现了中断，但仁宗在位仅一年，接替他的宣宗又第七次派郑和出使
西洋，使得这一活动继续进行。

郑和下西洋让西洋、南洋的国家领略到大明王朝的强大与友好，因此，当郑
和船队回国时，许多国家派使团随行，渤泥国王甚至亲自来朝贡，最终病逝并长
眠于中国南京。诸国多以珍珠宝石、珍禽异兽、地方特产为贡物，明王朝则常以
金银、丝绸作为赐赠之物。如宣德三年（1428）"命南京守备太监郑和、王景弘等，
以内府见贮大绢十万匹，锦布二十三万匹，令户部遣官运赴北京"⑦。这些从南京
北运的绢锦织物，其中有不少赏赐给了来朝的外国使节，充当了中外友好交往的

---

① （明）马欢著，冯承钧校注：《瀛涯胜览校注》，第 56 页。
② （明）巩珍著，向达校注：《西洋番国志》，第 20 页。
③ （明）巩珍著，向达校注：《西洋番国志》，第 30 页。
④ （明）巩珍著，向达校注：《西洋番国志》，第 33 页。
⑤ （明）顾炎武：《天下郡国利病书》，载《顾炎武全集》第 16 册，上海：上海古籍
出版社，2011 年，第 2996—2997 页。
⑥ （明）杨士奇等：《明仁宗实录》卷一上永乐二十二年八月丁巳条，台北："中央
研究院"历史语言研究所校勘影印本，1962 年，第 15—16 页。
⑦ （明）杨士奇等：《明宣宗实录》卷四六宣德三年八月庚寅条，台北："中央研究院"
历史语言研究所校勘影印本，1962 年，第 1123 页。

纽带。郑和船队下西洋不但是中国古代航海史上的一个壮举，也是明王朝"丝绸瓷器外交"的成功实践，这一时期是明朝海外丝绸贸易的高潮阶段，海上丝绸之路搭建起了中外经济联系、友好交往之桥。

2. 与琉球的朝贡贸易

郑和下西洋也促进了民间私人海上贸易活动的复苏，但这是明政府不能允许的。宣德八年（1433）七月己未，明宣宗命行在都察院严私通番国之禁，他对右都御史顾佐等说："私通外夷，已有禁例。近岁官员军民不知遵守，往往私造海舟，假朝廷干办为名，擅自下番，扰害外夷，或诱引为寇，比者已有擒获，各置重罪，尔宜申明前禁，榜谕缘海军民，有犯者许诸人首告，得实者给犯人家资之半，知而不告及军卫有司之弗禁者，一体治罪。"①英宗继位后，对民间出海贸易行为的打击更加严厉，据《明英宗实录》卷一七九记载：正统十四年（1449）六月壬申，福建巡海按察司佥事董应轸上言："旧例，濒海居民私通外夷，贸易番货，漏泄事情，及引海贼劫掠边地者，正犯极刑，家人戍边，知情故纵者罪同。比年民往往嗜利忘禁。"②英宗采纳其建议，命刑部申明禁之。

物极必反，海禁致使各种走私活动更加活跃，"近日闽浙有倭寇之扰，海防峻密，凡番夷市易，皆趋广州。番船到岸，非经抽分不得发卖。而抽分经抚巡海道行移委官，动逾两月，番人若必俟抽分乃得易货，则饿死久矣。……广东隔海不五里而近，乡名游鱼洲，其民专驾多橹船只，接济番货。每番船一到，则通同濠畔街外省富商，搬瓷器、丝绵、私钱、火药违禁等物，满载而去，满载而还，追星趁月，习以为常，官兵无敢谁何！比抽分官到，则番舶中之货无几矣"③。专享一口通商之利的广州尚且如此，福建、浙江等滨海地区亦如之，有过之而无不及。

直到穆宗（1567—1572）时才改变政策，稍微放宽民间商人从事海上外贸活动

---

① 《明宣宗实录》卷四六宣德八年八月己未条，第2308页。
② （明）孙继宗等：《明英宗实录》卷一七九正统十四年六月壬申条，台北："中央研究院"历史语言研究所校勘影印本，1962年，第3474页。
③ （明）霍与瑕：《霍勉斋集》卷一二《上潘大巡广东事宜》，南海石头书院，光绪丙戌（1886）刻本，第29—30页。

的禁令，史称隆庆开关。这样算来，明王朝历时 270 余年，其间海禁就长达近 200 年。但世界经济始终存在互相交流的内在需求，在郑和下西洋结束后，承担起中国与世界各国海上贸易连接的是琉球国。与琉球的海上贸易始于明初，在郑和下西洋接近尾声时，明与琉球的海上贸易却逐步走向繁荣。对明朝廷而言，琉球始终以恭顺的藩属国姿态自居，因此，明朝廷实行海禁、停下西洋，却并未拒绝来自琉球的朝贡贸易，据《明实录》记载，有明一代，琉球来华朝贡近 300 次，明朝还 20 多次派使节赴琉球册封其王，每次册封或朝贡，明朝廷均给以丰厚赏赐。《历代宝案》一书中保存了大量明朝皇帝颁赐琉球国王丝绸物品的记录。如明英宗天顺五年（1461）三月二十五日派使节册封赏赐中山王尚德的物品如下：

> 皮弁官服一副，包含：七旒皂皱纱皮弁冠一顶（旒珠、金事件、线绦全）、玉圭一支（袋全）、五章锦纱皮弁服一套、大红素皮弁服一件、白素中单一件、纁色素前后裳一件、纁色素蔽膝一件（玉钩、线索全）、纁色妆花锦绶一件、纁色妆花佩带一副（金钩、玉素玎珰全）、红白素大带一条、大红素纻丝舃一双（袜全）、大红平罗销金云夹包袱四条。
>
> 常服包含：乌纱帽一顶、金相犀带一条、大红罗织金胸背麒麟圆领一件、深青罗褡护一件、柘枝绿罗贴里一件。
>
> 纻丝四匹：织金胸背麒麟红一匹、织金胸背麒麟绿一匹、暗八宝骨朵云红一匹、素青一匹。
>
> 罗四匹：织金胸背麒麟红一匹、织金胸背麒麟绿一匹、素青一匹、素蓝一匹。
>
> 白氆丝布十匹。[①]

又赐给王妃纻丝四匹，含：织金胸背白泽红一匹、织金胸背狮子绿一匹、暗细花红一匹、素青一匹；罗四匹，含：织金胸背狮子红一匹、织金胸背熊罴绿一匹、素青一匹、素蓝一匹。

---

① 冲绳县教育厅文化财课史料编集班：《历代宝案》第一集卷一，台北：台湾大学，1972 年，第 15—16 页。

类似的记载在此书中比比皆是。

朝贡船只所载除朝贡物品之外，更多的是借朝贡运至中国进行贸易的商品。琉球位于太平洋西岸，与东南沿海的福建亦距离很近，正是这一独特的地理位置，使琉球既具有沟通东西洋贸易的地理便利，客观上也充当了东西洋与明王朝之间的贸易中介角色，一方面琉球商人将来自中国的瓷器、丝绸运往东方的朝鲜、日本，东南亚的占城、爪哇、暹罗等地，另一方面又将从东南亚采购的香料、珠宝载至中国，获利甚巨。有学者研究认为琉球入明朝贡，所携带用于贸易的主要货物有腰刀、铜护胸等手工业品，乳香等药材，硫黄等矿产品，生熟夏布等纺织品，牛皮、螺谷等皮货海产，苏木等木材，牛马等牲畜，象牙、玛瑙等珍宝，从中国带走的货物主要有陶瓷、漆器、丝绸等。[①]

宪宗成化七年（1471）四月八日，明朝给琉球的敕书中谈到琉球世子尚圆所派长史蔡璟私招针工，将大红织金蟒龙罗缎二匹剪裁为衣服，并谎称是宣宗宣德年间明朝赏赐琉球之物一事，明朝廷扣留了缎匹，以礼遣送蔡璟归国。[②]蔡璟所持的大红织金蟒龙罗缎二匹既非明朝赏赐之物，则当为贸易所得，他将其裁剪为衣服，当是用于二次交易。

成化十一年（1475）四月二十日，明宪宗又敕谕中山王尚圆，谈到该国使者沈满志、通事蔡璋赴京进贡后的一些事情：

> 贡已照例赏赐，差人伴送至福建地方，去发登船。去讫，不期船到外海，阻风。于成化十年六月初八日，有本船不知姓名番人潜行发岸，将福州府怀安县四都居民陈□官夫妻杀死，烧毁房屋，所有家财、猪鸡等物，尽被劫掠前去。其镇守等官审据被害之家邻右人等供报，明白具实。
>
> 奏闻今因王国差来正议大夫程鹏等回还，特降敕省谕，敕至王宣青问蔡璋等不行钤来之罪，并追究杀人放火行凶番人，依法惩治。今后二年一贡，每船止许一百人，多不过一百五十人。除国王正贡外，许照例

---

① 谢必震：《试论明代琉球中介贸易》，《南洋问题》1986 年第 1 期，第 19—20 页。
② 冲绳县教育厅文化财课史料编集班：《历代宝案》第一集卷一，第 17 页。

附搭胡椒等物，其余正副使人等不许夹带私货前来买卖，及在途生事，扰害平民，打搅官府，有累国王忠顺之意，王其省之、省之，故谕。①

从这封敕谕可以看到：此年之前，琉球每年一贡，不止一条船，且每船人数远超 150 人。明王朝虽对琉球非常友好，但琉球朝贡船有夹带私货前来买卖，甚至扰民犯法之事，引起明朝的不满，故对其进行了限制，这对琉球的海上中转贸易收益大为不利，此后琉球一直致力于请求明朝允许每年来朝贡，而且希望增加来华人数，《明史》有多处关于此类申请的记载。②

日本也很喜欢中国的丝绸等物，明人郑若曾曰："倭国服饰、器用多资于中国，有不容一日缺者。……盖倭国虽小，亦有君臣朝贡燕享礼仪，使无丝线等物，则无礼文不成乎国矣。"③具体而言，日本所好中国丝织物分丝、丝绵、绵绸、锦绣、红线等。丝"所以为织绢纻之用也，……若番舶不归，则无丝可织，每百斤直银五六十两，取去者其价十倍"。丝绵"每百斤价银至二百两"。绵绸"染彼国花样，作正衣服之用"。锦绣"优人剧戏用之"。红线"编之以缀盔甲，以束腰腹，以为刀带、书带、画带之用。常因匮乏，每百斤价银七十两"。④

日本与明朝关系比较复杂，明初与日本开展十年一次的勘合贸易，但这远远难以满足日本对中国丝绸、陶瓷等物品的需求，至嘉靖二年（1523），为争夺贸易权，来华的日本使团在宁波发生冲突，破坏了社会治安，史称"争贡之役"，明政府怒而终止了中日官方贸易，且关闭了福建、浙江的市舶司，此举导致倭寇侵扰我国东南沿海更加频繁。一方面日本难以便利地与明王朝展开海上贸易，另一方面却又非常需要中国的丝绸，因此只好依赖琉球的中介贸易来获得中国的丝绸等物，同时日本商人亦铤而走险进行海上走私。通过各种途径，明末日

---

① 冲绳县教育厅文化财课史料编集班：《历代宝案》第一集卷一，第 20 页。
② 《明史》卷三二三《琉球》，第 8361—8370 页。
③ （明）郑若曾：《筹海图编》卷一二《经略四》开互市条，载《中国兵书集成》第 16 册，北京：解放军出版社；沈阳：辽沈书社，1990 年，第 1191 页。
④ （明）郑若曾：《筹海图编》卷二《倭国纪略》倭好条，载《中国兵书集成》第 16 册，第 261—262 页。

本大量从中国进口生丝和丝织品，大约占到日本进口中国商品总值的 70%。[①]

许多有识之士都认识到，若想"绝市而可以无入寇"，则"必日本通国之中，并丝帛瓷器药品诸物悉屏去不用"。[②]明穆宗隆庆元年（1567）开放福建月港（今福建龙海海澄镇），准许中国商人出海进行贸易，中国丝绸再次远销泰国和东南亚各国，备受当地人民的喜爱。同时，因为日本金银比价低于中国，去日本贸易可以获得丰厚的白银收益，因此大批的漳州、泉州商人纷纷通过曲线贸易的方式与日本交易。黄承玄在《条议海防事宜疏》中指出有的商人"托引东番，输货日本"，[③]即假称去东番，实际却向日本输送丝绸、瓷器；周之夔在《海寇策》中也指出一些商人"以暹罗、占城、琉球、大西洋、咬嚼吧为名，以日本为实者，丝宝盈衍而出，金银捆载而归"，[④]即假称下西洋贸易，却转而与日本交易丝绸等物。

3. 清乾隆丝禁

清朝前期，丝绸仍是海上丝绸之路重要的出口商品。乾隆二十四年（1759），李兆鹏在给皇帝的奏折中请求严禁江浙等地丝出口外洋："臣见近年以来，南北丝货腾贵，价值较往岁增至数倍。……查丝之出产，各省俱有，而以江浙为最多。顾因地近海洋，彼地织作精巧之物，非内地丝斤不能经纬纯密。民间商贩希图重利，出卖洋艘，转运多至盈千累万，以致丝价日昂。"[⑤]出于这一原因，请求皇帝禁止对外交易，此奏被乾隆批准。两广总督李侍尧奏请当年已经完成的交易不予追究，次年再实行丝禁。他的报告对当时外洋各国购买中国丝的数量有详细记载："惟外洋各国夷船，到粤贩运出口货物，均以丝货为重。每年贩买湖丝并绸缎等货，自二十万余斤至三十二三万斤不等。统计所买丝货，一岁之中，价值七八十万两或百余万两，至少之年，亦买价至三十余万两之多。其货均系江浙等省商民贩运

① ［日］木宫泰彦著，胡锡年译：《日中文化交流史》，第 664 页。
② （明）徐光启：《增订徐文定公集》卷二《海防迂说》，徐顺兴印刷所，1933 年，第 93 页。
③ （明）陈子龙：《明经世文编》卷四七九，北京：中华书局，1962 年，第 5271 页。
④ （清）陈寿祺、魏敬中纂：《中国地方志集成·省志辑·福建》第五册《道光重纂福建通志（三）》卷八六《历代守御》，南京：凤凰出版社，2011 年，第 216 页。
⑤ （清）李兆鹏：《奏请严丝出外洋之禁折》，载《史料旬刊》第 18 期，故宫博物院，1930 年，第 657 页。

来粤，卖与各行商，转售外夷。"①夷船在广州买到的大量丝绸，主要来自江浙地区。乾隆上谕中曾言："闽省商客赴浙江湖州一带买丝，用银三四十万两至四五十万两不等。至于广商买丝银两，动辄百万，少亦不下八九十万两。此外苏杭二处走广商人贩入广省尚不知凡几。"②当时清人描述广州外贸繁盛景况时曰："广之线纱与牛郎绸、五丝、八丝、云缎、光缎，皆为岭外、京华、东西二洋所贵。予《广州竹枝词》云：'洋船争出是官商，十字门开向二洋。五丝八丝广缎好，银钱堆满十三行。'"③但是清廷于乾隆二十九年（1764）又放开丝绸出口限制，发生这种变化的原因，曾任两广总督的王庆云归结如下：

> 先是，御史李兆鹏以内地丝贵，请禁出洋。（乾隆）二十五年巡抚陈宏谋请采办洋铜船只准带绸缎。二十七年总督苏昌请准英吉利夷商伯兰之请配买丝斤。（次年准琉球照英夷例配带。）嗣又请准加剌巴、暹罗港口、安南、马辰、丁几奴、旧港、柬埔寨等国配带。部议：丝为外洋所必需，而铜可供鼓铸，应酌定数目，随带出洋易铜。于是弛丝禁。谕曰：禁止丝斤出洋以来，丝价未减，可见生齿繁衍，取多用宏，物情自然之势，非尽关出洋之故。……着弛其禁。时各省商船配带自数百斤至千余斤，惟粤省洋商每船带至万斤。盖丝亦外洋所不产而必须之物。④

虽然清朝实行广州一口通商，但福州等沿海城市亦有海上外贸活动，清朝与琉球的贸易活动就主要在此展开。自明代以来，琉球以朝贡贸易为名，实际成为将中国丝绸、瓷器转运至其他国家的海上贸易中介国，明朝在福州城水部门外建立了怀远驿，作为琉球等番国使臣馆寓之所，清代沿袭这一定制，改名

---

① （清）李侍尧：《奏请将本年洋商已买丝货准其出口折》，载《史料旬刊》第 5 期，故宫博物院，1930 年，第 158 页。
② 陈学文编：《湖州府城镇经济史料类纂》，杭州：浙江省社会科学院，1989 年，第 63 页。
③ （清）屈大均撰：《广东新语》卷一五《货语·纱缎》，北京：中华书局，1985 年，第 427 页。
④ （清）王庆云：《熙朝政纪》卷八《纪市舶》，上海广益书局石印本，光绪二十八年（1902），第 24 页。

为柔远驿。①琉球在清代仍以中国藩属国自居,屡次来华朝贡,并借此采购大量货物,其中有大量丝绸织物,在乾隆二十四年至二十九年实行丝禁期间,清廷甚至特批准许琉球购买中国丝。乾隆二十八年琉球国请酌买丝斤,荷蒙圣主格外施恩,准其岁买土丝五千斤、二蚕湖丝三千斤。②琉球所买的中国货物,许多被贩卖到日本,清人对此是非常清楚的,所谓"琉球国小而贫,逼近日本,惟恃中国为声援。又贡舟许鬻贩各货,免征关税,举国恃以为生,其资本多贷诸日本。国中行使皆日本宽永钱;所贩各货,运日本者十常八九。其数数贡中国,非惟恭顺,亦其国势然也"③。由于这种情况的存在,清廷禁丝出口的政策大打折扣,索性放弃了这一政策。

4. 大航海背景下的海上丝绸贸易

明清之际是世界历史发生巨变的一个时期,西方新兴资本主义国家已完成新航路的探索,开始进行殖民贸易,中国原有的海上丝绸之路受世界局势影响,自然成为环球航线的一个重要组成部分,中国丝绸也成为世界市场的重要商品。

葡萄牙、西班牙、荷兰都是较早插手中国丝绸海上贸易的欧洲资本主义国家,他们通过向印度、美洲、日本等地贩卖中国丝绸、瓷器、茶叶等物品,获取巨额的白银收入。

葡萄牙人最早利用印度的果阿作为殖民贸易的据点,明嘉靖三十二年(1553),葡萄牙人取得澳门居住权,更便于其开展对中国的海上贸易。以澳门为据点,葡萄牙人还进一步扩展商路至日本,充当起向日本贩运中国生丝的中介角色。他们在澳门成立专门与日本进行生丝贸易的商业机构"阿尔玛萨",将收购到的适当数量的中国生丝用著名的葡萄牙黑船运到日本长崎,换回巨额的白银。明隆庆四年(1570),葡萄牙历史学家迪奥戈·库托记载:"每年我们的船队从日本运来澳门的银条价值100余万两黄金。"④生活于明末清初的葡萄牙传教士曾德昭记载:

① 《福州府志》卷一八《公署一》,第445页。

② 方裕谨:《乾隆二十九年的丝斤出口》,《历史档案》1983年第4期,第30页。

③ 《清史稿》卷五二六《属国一·琉球传》,第14623页。

④ 吴志良等主编:《澳门编年史》第一卷《明中后期(1494—1644)》,广州:广东人民出版社,2009年,第152页。

"（澳门）是中国最开放和最自由的贸易地点。……仅葡萄牙人运往印度、日本和马尼拉的货物，每年就约有 5300 箱各类丝绸，每箱装 100 匹真丝，如天鹅绒花缎（velvet damask）和缎子、轻料如半花缎（halfe-damasks）、彩色单层线缎，……即使长篇开列也不能尽举其名。"[①]

葡萄牙打通了从欧洲经印度、澳门到日本的远洋航线后，每年四五月，大帆船从印度果阿出发，装载着千吨以上的欧洲货物，在马六甲海峡与当地人交易中国人喜爱的香料，为购买中国丝绸做好准备。但抵达澳门后要等到第二年才能买到丝绸，因为"令人垂涎的中国丝绸只能在广州每半年一次（1 月或 6 月）的集市上才能买到"，此后 7 月趁着季风前往日本，10 月乘反方向的季风返航，一般次年 3 月抵达澳门，携回大量从日本换得的白银，再以白银购买丝绸等物返回印度果阿。[②] 澳门输往印度的中国货物，品类繁多，但以生丝及丝绸为最大宗。仅公元 1600 年，澳门的葡萄牙船就载运了 1000 担白丝、大量各色细丝、10000—12000 匹各色绸缎及其他货物。澳门每担白丝的售价为银八十两，印度每担白丝售价约银二百两，除去运费及其他支出，利润为投资的 100% 以上。一部分生丝还从印度转运到葡萄牙本土，以谋取更高的利润。[③] 中国的丝绸成为葡萄牙人在西洋诸国和日本等地牟利的重要商品。

西班牙的航海与殖民贸易活动与葡萄牙基本同步。16 世纪 70 年代，西班牙选择菲律宾马尼拉作为其在亚洲殖民的据点，在此之前，西班牙早于 16 世纪 20 年代占据墨西哥，建立起美洲殖民地。在连接西班牙、马尼拉与墨西哥的航线上，中国的丝绸是深受欢迎的物品。菲律宾自古与中国有贸易往来，而且在西班牙占领马尼拉后，大量美洲白银被运至此处，因而明穆宗开放海禁后，中国东南沿海的许多商人纷纷前往马尼拉经商，"今华人之贩吕宋者，乃贩佛郎机

---

① ［葡］曾德昭著，何高济译，李申校：《大中国志》，上海：上海古籍出版社，1998 年，第 10—11 页。

② 吴志良等主编：《澳门编年史》第一卷《明中后期（1494—1644）》，第 156 页；C. R. Boxer. *Fidalgosinthe Far East(1550-1770)*, Oxford: Oxford University Press, 1969, pp15-16.

③ 全汉昇：《略论新航线发现后的海上丝绸之路》，载台北《"中央研究院"历史语言研究所集刊》第 57 本第 2 分册，1986 年，第 237 页。

（西班牙）者也。华人既多诣吕宋，往往久住不归，名为压冬。聚居涧内为生活，渐至数万"①。"涧内"是华人聚居的市场，"市名涧内，旧在城中"②。这些华商用中国的丝绸交换来自美洲的西班牙白银，有学者指出："一五六五年开始的两个半世纪内，（西班牙）每年都派遣大帆船来往于墨西哥阿卡普鲁可（Acapnlco）与菲律宾马尼拉（Manila）之间，以加强双方的联系。自美洲开往菲岛时，船上所载运的货物，虽然有种种的不同，但以白银为最重要；由菲向美输出的货物，则以中国的丝货（生丝及丝织品）为主。"③据统计，从马尼拉起航运往美洲的大帆船中所装载的货物，有 90% 以上是中国货，其中主要是丝和丝织品。④17 世纪初，西班牙驻马尼拉主教贝扎（Pedro de Baeza）认为，西班牙每年在马尼拉以 250 万—300 万里亚尔银元的代价购买以丝绸为主的中国货物，这些白银被福建商船带回中国。⑤

　　荷兰也在明中叶加入亚洲殖民活动中来，先是占据印度尼西亚，后在明熹宗天启年间曾与葡萄牙争夺澳门，落败后转而攻占台湾南部，先后建造热兰遮城、赤嵌城作为据点，至 1662 年被郑成功驱逐出台湾。近 40 年间，荷兰东印度公司一直以台湾南部为据点，从事殖民贸易，介入中国与他国的海上丝绸贸易，特别是对日本的转手贸易。

　　明清时期对日本的海上丝绸贸易主要由琉球和葡萄牙主导，但荷兰人仍努力寻找与日本贸易的机会，以换取日本的白银。他们发现日本每年进口生丝约 3000担，折合 180 吨。但日本市场需求量并未饱和，大约还有 250 万荷兰盾的贸易空

　　① （明）张燮著，谢方点校：《东西洋考》卷五，北京：中华书局，1981 年，第 89 页。
　　② （明）张燮著，谢方点校：《东西洋考》卷五，第 95 页。
　　③ 全汉昇：《自明季至清中叶西属美洲的中国丝货贸易》，载《中国经济史论丛》（第一册），香港：香港中文大学新亚书院新亚研究所，1972 年，第 451 页。
　　④ 布莱尔与罗伯逊：《菲律宾群岛 1493–1898》（Emana H. Blair, James A. Robertson. *The Philppines 1493-1898*）Vol. 27. pp. 269–270. 转引自陈炎：《海上丝绸之路与中、菲、美之间的文化联系》，《海交史研究》1991 年第 2 期，第 3 页。
　　⑤ 转引自李德霞：《16—17 世纪中拉海上丝绸之路的形成与发展》，《历史档案》2019 年第 2 期，第 63、65 页。

间，利润可达到 200 万荷兰盾。[1]1608 年，荷兰东印度公司董事会决心为之努力，"我们必须用一切可能来增进对华贸易，首要目的是取得生丝，因为生丝利润优厚，大宗贩运能够为我们带来更多的收入和繁荣"。[2]

荷兰采取的办法是吸引中国的商船到荷兰在印度尼西亚的殖民据点巴达维亚进行贸易。现存《巴达维亚城日记》是巴达维亚城荷兰总督府以日记体裁编撰的 17—19 世纪初城内要事及南洋、东洋荷兰东印度公司各商馆报告的资料汇编，从中可以看到中国出口到巴达维亚的商品种类很多，有金、银、铜、铁器、纸张、伞、陶瓷、糖、茶、米、面、丝等，丝绸类商品似乎并不占很大比重，这使得荷兰难以实现用大量生丝换取日本白银的计划，尽管荷兰人专门在巴达维亚城中"新建街市，招徕中国、日本移民"。[3]

之所以出现这种情况，是因为中国东南沿海的福建商人更愿意直接用丝绸与日本交易白银，或与菲律宾马尼拉的西班牙商人交换白银。郑成功的父亲郑芝龙就是明末著名海商，在中国海上丝绸贸易中有较大影响力。东印度公司原始档案中记载，荷兰人扩张至台湾后，于 1628 年与郑芝龙签订过一个三年合约：

> 他（郑芝龙）每年往大员公司（台湾荷兰东印度公司）提供 1400 担生丝，定价为 140 两一担；5000 担糖，价为 3 里耳一担；1000 担蜜姜，约 4 两一担，4000 件白色吉朗绸，约 14 钱银一件；1000 件红色吉朗绸，约 19 钱一件，价值总计 300000 里耳；……一官（郑芝龙）将得到 3000 担的胡椒供货，价格约为 11 里耳一担，余下的以现金支付；如果我们的人率船到漳州湾装运，则将每担价格降低 10 两。[4]

在这一合约中，荷兰人试图让郑芝龙为他们提供大量的丝绸。但是，因为各种原因，合约并没有被认真执行，此后，郑芝龙与荷兰东印度公司又签订了两次

① ［荷］包乐史著，庄国土、程绍刚译：《中荷交往史（1601—1999）》，阿姆斯特丹：路口店出版社，1989 年第一版，北京 1999 年修订版，第 41 页。
② 陈孔立主编：《台湾历史纲要》，北京：九州出版社，1996 年，第 37 页。
③ ［荷］荷兰总督府编，［日］村上直次郎原译，郭辉中译：《巴达维亚城日记》第一册，台中：台湾文献委员会印行，1970 年，第 4 页。
④ 程绍刚译注：《荷兰人在福尔摩莎》，台北：联经出版事业公司，2000 年，第 89 页。

图5-2　清代苏州造大红地万福万寿织金缎（王兰兰摄）

合约，为其代购生丝与丝货。郑芝龙长期与荷兰保持合作又竞争的关系，以保障郑氏家族在对日丝绸贸易中的优势地位。

郑成功更胜其父，清初，他占据厦门、金门一带，以中国丝绸、生丝、瓷器与东西二洋进行贸易。他曾经给父亲写信说："沿海地方，我所固有者也，东西洋饷，我所自生自殖者也，进战退守，绰绰余裕。"[①]有学者研究认为17世纪50年代，平均每年前往日本的中国商船约有60余只，每年的贸易额平均约为120余万两银。在中国对日本全年贸易额的120万两银当中，估计郑成功的"官商"占71万两，利润则约在200%以上。[②]

这些输入日本的货物中有大量丝绸，日本学者西川如见曾在17世纪末写成《华夷通商考》，其中记载当时中国十五省货物流通日本，其中以苏、浙、闽、广四省最为重要，这四省货物中又有品种多样的丝绸。（图5-2）

① （清）杨英撰：《延平王户官杨英从征实录》，北平："国立中央研究院"历史语言研究所影印本，1931年，第122页。

② 韩振华：《郑成功时代的对外贸易和对外贸易商》，《厦门大学学报》（社会科学版）1962年第1期，第81、83页。

表 5-6　清代中国货物流入日本品类表 ①

来源	丝绸类	其他织物	其他
苏	白丝、绫子、纱绫、绉纱、绫纤、罗、纱、纪、闪缎、云销、锦、里绉、金锻、五丝、柳条、袜褐、䌷、绢䌷、丝绵布、丝绵、缫棉布、丝线、绣货	棉织钱袋、棉布	书籍、纸、书信纸、墨、笔、扇子、箔、砚石、线香、针、栉篦、勾袋、造花、茶、茶瓶、瓷器、铸器、锡器、象眼镡、漆器、光明朱、绿青、明矾、绿矾、红豆、芡实、槟榔子、旃檀、芍药、黄精、何首乌、白术、石斛、甘草、海螺蛸、紫金锭、蜡药、花石、木偶人、角细工物、皮匣、墨迹、绘画、古董、细用器、药材
浙	白丝、绉纱、绫子、绫纤、纱绫、云销、锦、金丝布、罗、里绉	葛布、毛毡、绵	茶、纸、竹纸、扇子、笔、墨、砚石、瓷器、茶碗、药、漆、燕脂、方竹、冬笋、南枣、黄精、芡实、竹鸡、红花木犀、附子、药材、细用器
闽	白丝、绫子、绉纱、纱绫、八丝、五丝、柳条、绫纤、纱、纪、罗、䌷、绢䌷、闪缎、天鹅绒、里绉、丝线、天蚕丝、丝绵	布、葛布、绵布、畦布	书籍、墨迹、绘画、墨、笔、纸、竹纸、扇子、砂糖、甘蔗、佛子柑、橄榄、龙眼、荔枝、天门冬、明矾、绿矾、花文石、鹿角菜、紫菜、牛筋、瓷器、美人蕉、线香、铸器、漆器、古董、扇子、栉篦、针、蜡、降真香、回香、藕粉、鱼胶、茶、蜜饯物、落花生、药物、细用器
广	白丝、黄丝、锦、金缎、二彩、五丝、七丝、天鹅绒、八丝、闪缎、柳条、绫子、绉纱、纱绫、绢䌷、纪、䌷、绸、天蚕丝	锁服、绵	漆器、土烧物、铜器、锡器、亚铅、针、眼镜、龙眼、荔枝、沉香、乌木、攀枝花、玳瑁、槟榔子、龙脑、麝香、真珠、英石、眼茄、山归来、漆、椰子、波罗蜜、蚺蛇胆、水银、锅、端砚、车渠、花梨木、藤、翡翠、鹦鹉、五色雀、碧鸡、孔雀、药材、蜡药

第三节　海上丝路丝绸贸易的特点和意义

　　海上丝绸之路主要指从中国东部沿海出发前往东西洋的东海、南海航线。有人认为海上丝绸之路是陆上丝绸之路的延伸，其实不然，这是不同的时代背景、自然地理条件下形成的两种中外经济文化交流之路，陆上连接西域与中原的交通路线出现于公元前13世纪左右，② 只不过那时以玉石而非丝绸为主要交换物品而已，

　　① ［日］木宫泰彦著，陈捷译：《中日交通史》下卷第十二章《日本与清朝之贸易》，上海：商务印书馆，1931年，第323—372页。
　　② 林梅村：《丝绸之路考古十五讲》，第58页。

西周时期始有丝绸交易。由于造船与航海技术水平的限制，海上丝绸之路出现要晚一些，但一般认为最迟至秦汉之际，从南越国到波斯湾的海上航线已经贯通。^①因此有学者认为"南海道之开辟，或在西域道之先"。^②

这两条道路上丝绸贸易的方式虽有差异，但也有共性：首先，两者都长期存在，并随时代发展呈现盛衰变化；其次，两者都对中外经济交流具有促进作用。

一、海上丝绸贸易的长期性与时代变化

1. 海上丝绸贸易的长期性

海上丝绸之路自产生以来长期存在。1975 年，广州市老城区中心的中山四路原文化局院内发现了秦代的造船遗址。^③此后中国古代许多正史中都有关于域外海洋国家的记载，它们通过海路与中国交往，开展朝贡贸易。最早的大概要数《汉书·地理志》中对印度洋黄支国的描述："其州广大，户口多，多异物，自武帝以来皆献见。有译长，属黄门，与应募者俱入海市明珠、璧流离、奇石异物，赍黄金杂缯而往。"^④中国丝绸并没有止步于印度洋，"公元的头几个世纪，在罗马的土斯古斯区（Vicus Tuscus）有一个中国丝绸市场。这种丝绸贸易是古代遥远而规模最大的商业"。^⑤东吴、东晋和南朝宋、齐、梁、陈时期，因为地处江东，朝廷都很重视开发海洋，建设海上丝绸之路，中国与大秦、天竺之间"舟舶继路，商使交属"^⑥，关于这一时期中国赏赐海上来使丝绸的记载史不绝书。

近 40 年来，在我国东南沿海、朝鲜海域及其他东南亚海域，近百艘古代沉船已被考古发掘，如"南海一号""南海二号""华光礁一号""泉州宋代古船""新安沉船""黑石号""印坦号""井里汶号""Tanjung Simpang Mengayu 沉船"等，

---

① 李庆新：《从考古发现看秦汉六朝时期的岭南与南海交通》，《史学月刊》2006 年第 10 期，第 12 页。

② 冯承钧：《中国南洋交通史》，北京：商务印书馆，1998 年，第 7 页。

③ 广州市文化局编：《广州秦汉考古三大发现》，广州：广州出版社，1999 年，序言第 1 页。

④ 《汉书》卷二八下《地理志第八下》，第 1671 页。

⑤ ［英］G. F. 赫德逊著，王遵仲等译：《欧洲与中国》，北京：中华书局，1995 年，第 42 页。

⑥ 《宋书》卷九七《夷蛮传》，第 2399 页。

沉船所属时间涵盖从唐末至宋元明清的各个朝代。虽然由于丝绸本身材质特点不易保存，在这些沉船中并不能见到丝绸实物，但结合前述文献记载和沉船实物，可以确定海上丝绸贸易是长期存在的。

2. 海上丝绸贸易的时代变化

必须明确的是，海上贸易与造船技术、航海技术的发展关系密切，因此在其产生后很长一段时期内，海上丝绸之路并非中国丝绸外贸的主渠道。在《汉书·地理志》中虽然描述了中国去往南海、印度洋的航线，但直到《晋书·四夷传》中才开始记载东南亚国家的地理风俗，却也仅有林邑、扶南二国。随着时间的推移，与中国通过海上丝绸之路交往的国家、地区的数量在不断地增加，《隋书》专设《南蛮传》，列林邑、赤土、真腊、婆利四国，两《唐书》所列东南亚国家有林邑、婆利、盘盘、真腊、陀洹、诃陵、堕和罗、堕婆登、骠国、扶南、投和、瞻博、室利佛逝、名蔑、单单等，伴随着海上丝绸之路交往的增多，中国对这些国家的了解必然会不断加深。

唐宋之际，由于中国自身政治形势的变化及西北周边政权实力的消长，陆上丝绸之路走向衰落，海上丝绸之路渐领风骚，大量的丝绸漂洋过海运往异域。从南海沉船所属的国别看，"黑石号""印坦号"是唐五代时期的南海沉船，分别是阿拉伯和印尼海船；宋代沉船中有来自爪哇的"井里汶号"，也有中国的"Tanjung Simpang Mengayu 沉船"，[①] 说明宋代以后中国以更积极的姿态加入海上丝绸之路贸易中来。虽然这一时期的瓷器、茶叶也成为重要的海上贸易商品，但丝绸始终占据着重要的地位。

明清时期实行海禁，却屡禁不止，出于种种原因，当时人们对海洋的关注度不断提高，从历代与海上丝路相关的地理类著作数量即可窥见一斑。有学者曾整理评述我国历代关于东南亚史地的重要著作，[②] 据之可见相关作品的写作时代集中

[①] 焦天龙：《南海南部地区沉船与中国古代海洋贸易的变迁》，《海交史研究》2014年第 2 期，第 13 页。

[②] 朱杰勤：《我国历代关于东南亚史地重要著作述评》，《学术研究》1963 年第 1 期，第 65—78 页。

于六朝、唐、宋、元、明、清等朝，且呈逐朝增加态势，明朝一朝此类作品超越此前所有时代的总和，清代作品数与明代大致相当。在明清官方赏赐海外国家、海上商业贸易及走私贸易等各种政治、经济活动中，丝绸始终扮演着重要角色。其中，民间丝绸贸易规模不断扩大。

二、海上丝绸贸易对中外经济文化交流的影响

1. 海上丝织品的双向流动

说到海上丝绸贸易，长期以来人们的固有认识是中国丝织品的输出，其实，频繁的海上丝绸交往推动了阿拉伯、东亚、东南亚等国丝织业的进步，逐渐也有外国丝织品流入中国，形成了中外纺织品的双向交流，甚至清朝宫廷曾经也有来自英国的丝织品（图5-3）。

图5-3　18世纪英国织造明黄色大洋花纹金宝地锦（故宫博物院官网）

如日本、高丽曾向中国进献本土产的丝织物。宋代来华的日本僧人奝然自称日本"产丝蚕，多织绢，薄致可爱"。[①] 神宗元丰元年（1078）二月六日，"明州言：'得日本国太宰府牒称：附使人孙忠遣僧仲回等进绢二百匹、水银五千两。本州勘会孙忠非所遣使臣，乃泛海商客，而贡奉之礼不循诸国例。乞以此牒报，

---

① 《宋史》卷四九一《外国七·日本国》，第14131页。

仍乞以所回赐钱物付仲回。'"①绋是一种粗绸。《宋史》载高丽国"少丝蚕,匹缣直银十两,多衣麻纻"②。《宣和奉使高丽图经》也说其"不善蚕桑,其丝线织纴皆仰贾人自山东、闽、浙来,然颇善织花绫"。③高丽并不是完全没有丝织业,高宗绍兴二年(1132)闰四月,高丽国王楷"遣其礼部员外郎崔惟清、合门祇候沈起入贡金百两、银千两、绫罗二百匹、人参五百斤"。④看来,日本、朝鲜在中国的影响下,丝绸业有所发展。

宋太宗淳化三年(992),阇婆国(今印度尼西亚爪哇)进贡的物品中,就有"杂色丝绞三十六段,吉贝织杂色绞布五十六段,……杂色绣花销金丝绞八段"。⑤宋真宗时,东南亚的交趾也曾遣使"以金银七宝装交椅一、银盆十、犀角象牙五十枚、绢绌布万匹来贡",⑥绢绌布就是粗丝织成的绢,质地不够细致。

大食曾多次向宋朝进献丝织品,淳化四年(993),蒲希密附亚勿来献红丝吉贝一段,五色杂花蕃锦四段,白越诺二段;大中祥符四年(1011)被宋封为归德将军的大食商人陁罗离进绣丝、红丝、碧黄绵、细越诺等丝织物。熙宁六年(1073)勿巡又贡兜罗锦、球锦褉、蕃花簟等物。⑦大食的丝织技法和图案风格对宋代丝织业有一定影响。

2. 丝织技术的互相借鉴

与丝织品双向流动相伴随的自然是中外丝织技术的互相借鉴。

日本是中国丝绸的传统进口国,长期向中国学习,日本出使南朝宋的使节曾带回中国的纺织工人。4—5世纪,不少中国人移居日本,他们养蚕织丝,对日本丝织业的发展起了推动作用。中国丝织品在日本被称为唐绫、唐锦,价值远在日

---

① 《续资治通鉴长编》卷二八八神宗元丰元年二月辛亥条,第7043页。
② 《宋史》卷四八七《外国三·高丽》,第14053页。
③ (宋)胡榘修,方万里、罗濬纂:《宝庆四明志》卷六《叙赋下》市舶条,载《宋元方志丛刊》第五册,北京:中华书局,1990年,第5056页。
④ 《宋史》卷四八七《外国三·高丽》,第14051页。
⑤ 《宋会要辑稿》16《蕃夷四》"阇婆国",第9830页。
⑥ 《宋史》卷四八八《外国四·交趾》,第14064—14065页。
⑦ 《宋史》卷四九〇《外国六·大食》,第14119—14121页。

本本土产的和绫、和锦之上。南宋人周密记载，日本居民"所衣皆布，有极细者，得中国绫绢则珍之"①。据12世纪藤原明衡的《新猿乐记》记载，作为有代表性的"唐物"，最多的是各种香料、药材，其次是绫、锦等各种高级丝织品，据说贵族们的衣服都是中国纺织品缝制的。②在频繁的民间丝绸贸易的影响下，日本出现了"博多织"的纺织法。博多（今九州岛福冈）是日本当时重要的贸易港，这一纺织法肯定是在镰仓时期受宋朝中国丝织技术的影响而发展起来的。镰仓前期歌人藤原定家（1162—1241）在日记《明月记》中指出，当时日本社会无论上下各色人物，均喜欢穿用"唐绫"，实际上却是都城的纺织工仿制的。可见日本丝织业是在仿制"唐绫"的基础上发展起来的。13世纪，意大利已掌握中国的丝绸纺织技术，15世纪，意大利丝织作坊以仿造中国丝织图案为时尚。③明清时期，欧洲各国和日本购买的生丝数量远远超过其对绸缎的需求，这正说明随着中国丝织技术不断传播，各国的丝织业逐渐发展起来。

中国也有受到外来影响而开发出新的丝织品。17世纪初，明人宋应星记曰："凡倭段，制起东夷，漳、泉海滨效法为之。丝质来自川蜀，商人万里贩来，以易胡椒归里。其织法亦自夷国传来，盖质已先染，而衍绵夹藏经面，织过数寸，即刮成黑光。"④清代所修《福建通志》记载漳州物产有天鹅绒，"本出倭国，今漳人以绒织之，置铁线其中，织成割出，机制云蒸，殆夺天巧"。⑤从这两个记载看，明代末期福建漳泉地区应已有了成规模的绒缎生产。

但有学者认为宋应星记载不确，中国自古就有织物起绒技术，倭缎乃学自中

①　（南宋）周密撰，吴企明点校：《癸辛杂识》续集下《倭人居处》，北京：中华书局，1988年，第176页。

②　王晓秋、［日］大庭修主编：《中日文化交流史大系·历史卷》，杭州：浙江人民出版社，1996年，第142页。

③　蔡琴：《从杭州到卢卡：穿越历史的丝绸之路》，《中国文化遗产》2012年第2期，第69页。

④　（明）宋应星撰，杨维增译注：《天工开物》之《乃服第二卷》，北京：中华书局，2021年，第100页。

⑤　（清）陈寿祺、魏敬中纂：《中国地方志集成·省志辑·福建》第六册《道光重纂福建通志（四）》卷五九《物产》，第432页。

国；①也有学者认为中国天鹅绒的技法是学自欧洲，称呼则来自日本；②有学者认为倭缎制法来自国外，虽难以肯定是日本，但与日本有着紧密联系。③道光十二年《厦门志》卷七《关赋略》记载"漳缎、倭缎、漳绒每匹例七分"，说明这是三种不同的丝织品，至于技术流动的方向，笔者认为宋应星曾在福建汀州为官，与漳州相邻，《福建通志》的编纂者陈寿祺、魏敬中均为清代福建名儒，他们所记均应有所凭依，不可遽然判为错误。万历四年（1576），菲岛总督弗朗西斯科·德·桑德（Francisco de Sande）曾写信给西班牙国王说："中国什么都不缺，唯独没有绒织物。"④而日本文献中谈到在明朝末年，日本人从葡萄牙货船上见到未完工的天鹅绒，学到了制作技术，⑤鉴于明清之际的葡萄牙、荷兰等国热衷与日本贸易，日本机缘巧合得到西方天鹅绒制作技术并传到中国并非没有可能。今故宫博物院收藏有很多漳缎匹段和漳绒制作的衣服、鞋子、荷包、挂屏、垫料等物，这两种织物均与来自日本的倭缎有一定关系。

3. 丝绸贸易促进多元审美

1997 年，10 世纪沉没于印尼雅加达附近的"印坦号"沉船被打捞出水，杜希德指出："印坦沉船所载的货品是一个大规模国际贸易网络的生动例证，展现出中国许多地方的制造者生产及设计以出口为目的并符合一系列市场（自南洋的皇家和寺院至较低的社会阶层等）之特别需求的货物的状况。"⑥虽然船上发现物多瓷器、

① 赵翰生：《明代起绒织物的生产及外传日本的情况》，《自然科学史研究》2000 年第 2 期，第 188 页。
② 袁宣萍：《明清时期福建与江南地区的丝绸贸易及技术交流》，《闽商文化研究》2010 年第 2 期，第 35 页。
③ 李志梅：《明代传入中国的日本纺织品研究》，《东华大学学报》（社会科学版）2009 年第 2 期，第 158 页。
④ 转引自袁宣萍：《明清时期福建与江南地区的丝绸贸易及技术交流》，《闽商文化研究》2010 年第 2 期，第 35 页。
⑤ ［日］薮内清等著，章熊、吴杰译：《天工开物研究论文集》，北京：商务印书馆，1959 年，第 134 页。
⑥ ［英］杜希德、思鉴：《沉船遗宝：一艘十世纪沉船上的中国银锭》，载荣新江主编：《唐研究》第十卷，北京：北京大学出版社，2004 年，第 409 页。

铜、铅、银等金属而未见丝绸，但这仅是保存不易所致，可以想见，早在唐宋时期，中国外销物品已经不再只展现自我，而是开始考虑买方市场的需求，在织制出口物品中适应对方的审美特点。

到了清代，中国丝绸外销品适应欧洲华丽繁复、精巧柔媚的洛可可风格，将中国文化与西方元素结合，形成了独具特色的定制产品，有西方学者认为："罗柯柯艺术风格和古代中国文化的契合，其秘密即在于这种纤细入微的情调。……以淡色的瓷器、色彩飘逸的闪光丝绸的美化的表现形式，在温文尔雅的十八世纪欧洲社会之前，揭露了一个他们乐观地早已在梦寐以求的幸福生活的前景。……闪现于江西瓷器的绚烂彩色、福建丝绸的雾绡轻裾背后的南部中国的柔和多变的文化，激发了欧洲社会的喜爱和向慕。"[1]中国的花鸟图案融入欧洲的油画味道，中国的亭台楼阁中出现了西方才子佳人的身影，这充分体现了审美融合，或者说洛可可风格与中国文化原本就有某种内在的精神相通。对于西方来说，来自神秘东方的丝绸充满了异国情调，同时，西方审美情趣也逐

图 5-4　清代杭州造大红五彩片金缎（王兰兰摄）

---

① ［德］利奇温著，朱杰勤译：《十八世纪中国与欧洲文化的接触》，北京：商务印书馆，1962 年，第 20—21 页。

渐渗透到中国上层社会。从今天存世的许多清代丝绸制品上，我们可以感知东西方文化的交流互鉴（图 5-4）。

这类专门定制的丝织品在欧洲十分畅销，如 18 世纪中后期，中国外销丝绸刺绣披肩风靡欧美，色彩以白色和艳色为主，每年的进口量高达八万多条，其中法国就占据了四分之一的份额。[①] 有学者研究认为外销丝绸中的相当一部分是手绘的，或者将绘好的纸样直接压印在织物表面。这些织物大部分来自苏杭等地，运到广东后，在广州的作坊里手绘加工，绘上欧洲流行花样后出口。大部分丝绸的底色以浅色或本色为主，面料大多为薄纱和缎纹、平纹织物，牢度较差。纹样大多是花卉植物，有的以柔软的花卉枝条为骨架，填上一束束花朵或西方的仕女人物，或以卷曲的绸带作骨架，以西方人热衷的各种中国物品点缀其中；还有一部分是整体独花纹样，中国风格的装饰主题有假山、花坛和花卉植物等。也有一部分外销丝绸直接制作成服装出口。[②]

4. 海上丝绸贸易促进世界互联互通

在古代长期的海上丝绸贸易中，除了中国与其他海洋国家之间直接发生的丝绸赏赐、贸易等活动，还存在丝绸中介贸易国购买中国丝绸并运销世界各地以牟利的现象，后者对促进世界经济的互联互通也有不可忽略的影响。

不同时代的海上丝绸中介贸易主要参与国也在不断变化。两汉魏晋南北朝时期的海上贸易主要被罗马、波斯人控制，唐五代宋元时期以波斯、阿拉伯商人为主，明清以后，进入资本主义时代的欧洲各国纷纷组建贸易公司开展对华贸易。

《中国印度见闻录》中载有阿布·赛义德·哈桑听闻的唐末黄巢起义之事，称唐僖宗乾符五年（878），黄巢攻陷广府，仅伊斯兰教徒、犹太教徒、基督教徒、拜火教徒被杀者就多达十二万人。[③] 暂不讨论这一数字准确与否，不可否认的是，

---

① 白芳：《略说广东"海上丝绸之路"》，《福建文博》2012 年第 2 期，第 8 页。
② 袁宣萍：《东方贸易与中国外销丝绸》，《丝绸》2002 年第 6 期，第 45 页。
③ ［古阿拉伯］佚名，穆根来等译：《中国印度见闻录》，北京：中华书局，2001 年，第 96 页。

黄巢起义对广州繁盛的对外贸易的确造成了重创，以致阿布·萨伊德（Abu Zaid）和马苏第（Mas'udi）皆特别提到这对当地丝绸业的破坏，导致阿拉伯丝绸贸易的衰退。[1] 阿布·萨伊德来自波斯湾的尸罗夫港，曾著《见闻录》续篇，马苏第被猜测是《中国印度见闻录》的作者。[2] 马苏第生活在唐末五代时期，且曾亲至中国，[3] 他笔下反映出的阿拉伯丝绸贸易的衰退，恰是中古时期世界经济早期全球化的真实呈现。

明清时期，由于海上远航技术的提高和新航路的开辟，"世界是圆的"已经成为被认知的现实，这一时期的海上贸易更进一步推动了世界经济交流的进程，丝绸贸易是其中重要的组成部分。为了换取日本与美洲的白银，葡萄牙占据印度果阿和中国澳门，西班牙以马尼拉为中转站，荷兰占据中国台湾岛，开辟出从中国东至日本，西至东南亚、印度、欧洲，以及经东南亚的菲律宾前往拉丁美洲再转至欧洲等数条重要航线，以中国丝绸、瓷器等物品换取大量白银，这成为欧洲资本主义原始积累的一个重要途径。

其他各国商人也积极加入这一世界性贸易活动中来，早在 16 世纪时，"漳、泉的商船，每年至少有三四十只停泊于马尼剌，运来各种生丝及丝织物。这个地方生丝市场会这样的发达起来，还有一个原因，即自倭寇之乱，中日商人乃利用吕宋作为中介贸易地，所以日商率往吕宋转贩生丝"[4]。琉球是明清海禁时期允许来华贸易频次较高的国家，该国船只在中国、东南亚与日本、朝鲜等国间转贩贸易，从《历代宝案》看，琉球船只多以中国丝绸、瓷器等与东南亚诸国、日本交换香料、倭扇等物，从这种中介贸易中琉球获得了丰厚的回报，通常获利达

---

① ［英］杜希德、思鉴：《沉船遗宝：一艘十世纪沉船上的中国银锭》，载荣新江主编：《唐研究》第十卷，第 409 页。

② ［古阿拉伯］佚名著，穆根来等译：《中国印度见闻录》，北京：中华书局，2001 年，汉译本序言第 9、12 页。

③ ［古阿拉伯］马苏第著，耿昇译：《黄金草原》，北京：中国藏学出版社，2013 年，汉译本序第 1 页。

④ 傅衣凌：《明清时代商人及商业资本》，北京：人民出版社，1956 年，第 118 页。

100%，有时甚至达到 500%—600%。[①] 更重要的是，琉球在客观上扮演了世界贸易中介国的重要角色，对明清海禁政策下的世界贸易发展起到了一定的积极作用。

---

① 陈大端：《雍乾嘉时代的中琉关系》，台北：明华书局，1956 年，第 32 页。

第六章

丝绸贸易在中外交流中的地位和影响

中国传统纺织品种类繁多，按原料分，有葛、苎、大麻、棉、丝、毛等。其中以丝织品最具特色，其有"薄如纱，轻如罗，华如锦，光如缎，茸如绒"之说，工艺高超，享誉世界。浙江湖州钱山漾良渚文化遗址中就出土有绸片、丝带、丝线等一批尚未碳化的丝麻织物，距今已有四千多年。2015年，钱山漾遗址被正式命名为"世界丝绸之源"。而新近的考古发现又将中国丝织品的历史大大提前。2019年12月，中国丝绸博物馆、郑州市文物考古研究院联合召开了"仰韶时代丝绸发现"的新闻发布会。据悉，考古工作者在河南荥阳汪沟遗址出土的瓮棺中检测到了桑蚕丝残留物。据郑州市文物考古研究院顾万发院长介绍，这是目前世界范围内发现的时代最早的丝制品，距今 5300 至 5500 年，当时中国的丝绸技术已趋于成熟，而非初始。丝绸作为商品传播开始得很早。在东面，早在商代就有文献记载丝绸向韩国和日本的传播；在西面，首先是通过河西走廊到达西北地区，然后在各处与草原丝绸之路联通，再继续往西。斯基泰人（Scythians）约活动于公元前 900 年至前300 年。古希腊著作中已有关于斯基泰和赛里斯（Seres，即丝绸）的论述。位于南西伯利亚阿尔泰山北侧的巴泽雷克墓地（Pazyryk Cemetery）中出土了刺绣和织锦，巴泽雷克墓地的时代大约为公元前 500 年至公元前 100 年。学界一般认为，公元前 3 世纪，中国的丝绸可能已传至大夏（即吐火罗，今阿富汗地区北部）。当张骞出使西域返回长安后（公元前 126 年左右），丝绸被不断运送到大夏、安息（今伊朗境内），罗马人也可能有机会接触到丝绸。随着罗马帝国版图向地中海东岸的扩张，罗马上层贵族对东方奢侈品尤其是中国丝绸的兴趣越来越大，需求也日益增多，商人中也开始有人尝试探索通往中国寻找丝绸的道路。大约在公元 100 年，以经商为业的马其顿人梅斯·提提阿努斯（Maes Titianus）曾派人到东方经商。他们沿着丝绸之路抵达巴克特利亚和某个称作"石塔"的地方，在那里收集到了一些有关赛里斯国的消息。[①] 新近在新疆托克逊阿拉沟墓地中发现的菱纹罗等丝织物属于战国时期。20 世纪初叶以来，塔里木盆地的古代遗址中出土了汉代的各种丝绸。苏联克里米亚出土的汉绮，时代约在 1 世纪。在罗马帝国东方行省帕尔米拉（Palmyra）和罗马本土意大利也发现了汉绮。这些考古发现都说明在战国时期中国的丝绸已经开始走向世界。

---

① ［日］长泽和俊著，钟美珠译：《丝绸之路史研究》，天津：天津古籍出版社，1990 年，第 429—430 页。林梅村：《公元 100 年罗马商团的中国之行》，《中国社会科学》1991 年第 4 期，第 71—85 页。杨共乐：《谁是第一批来华经商的西方人》，《世界历史》1993 年第 4 期，第 117—118 页。张绪山：《关于"公元 100 年罗马商团到达中国"问题的一点思考》，《世界历史》2004 年第 2 期，第 111—114 页。参阅刘进宝：《"丝绸之路"概念的形成及其在中国的传播》，《中国社会科学》2018 年第 11 期，第 181—202 页。

第一节　丝绸贸易的主导地位

丝绸贸易是通过丝绸之路进行的。关于"丝绸之路"的名称，瑞典探险家斯文·赫定（Sven Hedin）的定义是运送丝绸的道路，其时间范围是从张骞出使西域到东汉末、西晋初年，"这条路向西经过沙漠和草原，直通和阗，然后到印度、波斯和欧洲，向东则经敦煌和肃州进入中国内地"。①法国科学院院士戴密微（Paul Demiéville）教授认为，在中国与西方的交往中，"丝绸贸易是这种交流的动力，也是这种交换的真实写照。因此，丝绸贸易不仅涉及经济史问题，同时也涉及政治史、文化史和宗教史诸问题"，"这种贸易主要是涉及一些豪华的奢侈品，其中丝绸就是一种典型的例子。它的使用对象主要是女性，甚至被一些'色情狂'们所利用"。②在《中国大百科全书》中有"丝绸之路"的条目，其定义是"中国古代以丝和丝织品为主要商品，经中亚通往西亚、南亚以及欧洲、北非的陆上贸易通道，简称'丝路'"。③

1963年，夏鼐先生在《新疆新发现的古代丝织品——绮、锦和刺绣》一文中，研究了尼雅遗址和吐鲁番阿斯塔那墓地中发现的丝织品遗物：

> 这两处都位于新疆境内古代"丝路"的沿线。汉代的"丝路"从关中的长安开始，穿过河西走廊和新疆的塔里木盆地，跨越过帕米尔高原，然后经过今日苏联的中亚各加盟国、阿富汗、伊朗、伊拉克和叙利亚，直达地中海东岸的港口，全长七千来公里。……此后，武帝对西域采取了积极的政策，于是这条"丝路"才全线畅通。不仅商人沿着这条"丝

---

① ［瑞典］斯文·赫定著，江红、李佩娟译：《丝绸之路》，乌鲁木齐：新疆人民出版社，1996年，第211页。
② ［法］L.布尔努瓦著，耿昇译：《丝绸之路》，乌鲁木齐：新疆人民出版社，1982年，序言。
③ 中国大百科全书总编辑委员会《中国历史》编辑委员会隋唐五代史编写组、中国大百科全书出版社编辑部编：《中国大百科全书·中国历史·隋唐五代史》，北京：中国大百科全书出版社，1988年，第317页。

路"做丝绢的贸易，并且汉朝的朝廷，也常以锦、绣、绮、縠、杂缯，
赠予外国的君王或使节。①

一、两汉时期的贸易规模及特点

中国古代对外输出的物品种类繁多、数量庞大，如果要全部指出其品名，可
能比较困难。但如果要找出最具代表性的物品，则非丝绸、瓷器和茶叶莫属。虽
然说各个时代对外输出的物品也不可能是一种或数种，但各时代都会有最具特色
或代表性的物品，如汉唐时期主要是丝绸，宋元以后则以瓷器为主。而汉唐时期
的对外交往通道主要是陆上丝绸之路，宋元以后对外交往的通道则主要是海上丝
绸之路，所以有的学者根据对外输出物品的不同，将陆上丝绸之路和海上丝绸之
路简称为"丝瓷之路"。②另外，在明清时期的对外输出物品中，茶叶又扮演了重
要的角色。

"古代西方和中国虽然相隔万里，但它们之间的交往很早以前就已经存在。
当然，古代西方和中国间的了解经历了由模糊到清晰、由笼统到具体的过程。具
体来说，共经历了三个阶段，即以传闻为主的阶段，发展到以物品交往为主的阶
段，最后发展至人员交往的阶段。"西方与中国之间的交往可以追溯到远古时代，
古代传说揭示早在公元前6世纪左右中西交往已经揭开序幕。③

1.两汉时期的丝绸贸易规模

汉武帝采取对外开放政策，于公元前138年和公元前119年两次派遣张骞出
使西域。④张骞"凿空"西域，是中央王朝派官方使者在当时的历史环境下寻求西
北通路、联络周缘政权的尝试，有着较明确的目标、较明确的路径指导、较详细
的谋划布局，具有开拓性。可以说张骞"凿空"西域后，陆上丝绸之路正式、全

---

① 夏鼐：《新疆新发现的古代丝织品——绮、锦和刺绣》，《考古学报》1963年第1期，
第45页。
② 参见李锦绣：《古代"丝瓷之路"综论》，《新疆师范大学学报》（哲学社会科学版）
2017年第4期，第53—60页。
③ 杨共乐：《早期丝绸之路探微》，北京：北京师范大学出版社，2011年，第60页。
④ 《史记》卷一二三《大宛列传》，第3162—3165页。

面贯通起来，汉王朝与周缘政权互派使节，建立起了较长期、稳定的外交关系。以西域—中亚地区作为中枢，地处亚洲东部的中原王朝"行到安西更向西"①，不断向神秘的西方探索，西域—中亚乃至地中海世界也更加清晰地了解到了东方的物质文明与精神文明。汉文化、伊朗—伊斯兰文化、印度文化、希腊—罗马文化等各种文化以丝绸之路为纽带，彼此互动更加频繁，交流更加深入，共同推进了世界文明的进程。

"西域"是一个与中国历史有密切联系的地理名词，这里的"西"是指在中国的西方。从东汉班固的《汉书》开始到现当代国内外学者的研究论著，"西域"都是具体有所指的，并且各个时代的地域范围不同，而且还有广、狭二义。广义的"西域"包括今天中国的新疆地区及中亚地区、阿富汗、伊朗、阿拉伯国家，甚至连印度、巴基斯坦、孟加拉国、尼泊尔、斯里兰卡、不丹、锡金、马尔代夫以及非洲东部的一些国家和地区都包括其中，这从唐代玄奘的《大唐西域记》中就可得到证明。狭义的西域就是指中国新疆一带。②日本学者羽田亨在《西域文化史》中对"西域"给出了定义："西域一名，古来用作泛称中国以西诸国，或只限于用来称呼葱岭以东的所谓天山南路地方。本书则指一般称作中央亚细亚的地域。但所谓中央亚细亚地区在学术上并未划出一定的界限，有的学者指出有广、狭二义的区别。我用此名来指大体上相当于亚细亚大陆的中央部分，包括广大不通外海的河水流经的诸地方。从而此名称所包括的地域，大略指以帕米尔（Pamir）高原为中心，东面包括新疆天山南路地方；北面包括流入伊塞克湖（Issik kul）、巴尔喀什湖（Balkash nor）、阿拉湖（Ala kul）等的河流流域的地方，亦即包括伊犁、准噶尔盆地等在内的天山北路地方；西面包括楚河（Chu）、塔拉斯河（Talas）流域和注入咸海（Aral）的河流流域的地方，亦即西突厥斯坦；南面以昆仑山脉、兴都库什（Hindukush）山脉为限。德国地理学家李希霍芬（Richthofen）曾用此名指诸水成潴不通流的亚细亚大陆盆地地方，大体包括南从西藏高原北到阿尔泰山脉，

① （唐）岑参：《过碛》，载刘开扬笺注：《岑参诗集编年笺注》，成都：巴蜀书社，1995年，第176页。
② 刘进宝：《东方学视野下的"丝绸之路"》，《清华大学学报》（哲学社会科学版）2015年第4期，第64—71页。

西从帕米尔分水岭东到黄河分水岭及兴安岭山脉地区，而帕米尔以西注入咸海、里海诸河流域则与其余地方一起划入其周围地区。我从历史研究的立场出发，把这一周围地区的一部分也包括进来。这一地区东面为中国东部、蒙古，西面为波斯，南面为印度，处于亚洲诸大势力之中央，应自成一区。然而对各种情况稍加深入研究，就会发现并非完全如此。从地理、人种、文化等方面来看，这一地区至少可大致分为三个地方，即：第一为天山南路地方；第二为葱岭以西，以锡尔（Syr）、阿姆（Amu）两河之间为中心的地方；第三为天山北路和俄属七河省地方。这些地方各以高山、大河相隔。据有此地的人种，也因时代不同而各不相同，从而在文化上也有明显的差别。从这方面来说，这些地方应分别对待，作为一个整体来研究其间的历史发展似有些不太合理。但从另一方面来说，古来这些地方曾发生过很密切的政治关系，有时大部分、有时全部统一于一种势力之下。即使不是这样，在因相互并立而发生侵略或联盟时，山河自然的阻隔也未曾阻止其相互间的密切关系。这样就在原来不同的人种、文化方面，自然产生了相互的融合。"①从《史记》记载的汉匈之战、霍去病的进军路线和当时匈奴的历史推测，《史记》中出现的"西域"可能并不是指后世所说的"西域"。"张骞通西域"在当时称张骞通"西北国"，"通西域"是后来的说法，"从现有史料可知，汉武帝以后，可能从汉宣帝任命郑吉为'西域都护'开始，才正式使用'西域'这个词"。②

西汉时期，京城长安是东西交通和国际贸易中心，长安设有蛮夷邸"长安九市"，其规模之大，超过罗马城的三倍以上。③西汉对外贸易由"少府"主管，朝廷设立"大鸿胪"和"蛮夷邸"等机构负责接待外宾、外商和朝贡事务。如汉元帝建昭三年（前36），"秋，使护西域骑都尉甘延寿、副校尉陈汤挢发戊己校尉屯田吏士及西域胡兵攻郅支单于。冬，斩其首，传诣京师，县蛮夷邸门"④。

① ［日］羽田亨著，耿世民译：《西域文化史》，乌鲁木齐：新疆人民出版社，1981年，第1—2页。
② 刘进宝：《"西城"还是"西域"？——〈史记·大宛列传〉辨析》，《中国史研究》2017年第4期，第201—205页。
③ 参阅姚永超、王晓刚编著：《中国海关史十六讲》，上海：复旦大学出版社，2014年，第54—55页。
④ 《汉书》卷九《元帝纪》，第295页。

为管理西域行政事务，维护贸易畅通，加强政治经济联系，西汉王朝在河西走廊设置了武威、张掖、酒泉、敦煌四郡作为中外贸易的沟通点，史称"河西四郡"，在西域设立了西域都护府。史载："而汉发使十余辈至宛西诸外国，求奇物，因风览以伐宛之威德。而敦煌置酒泉都尉；西至盐水，往往有亭。而仑头有田卒数百人，因置使者护田积粟，以给使外国者。"①汉成帝时期的西域都护郭舜上书指出："敦煌、酒泉小郡及南道八国，给使者往来人马驴橐驼食，皆苦之。空罢耗所过，送迎骄黠绝远之国，非至计也。"②到东汉时，更是"商胡贩客，日款于塞下"③。

据河西汉简记载，长安至敦煌沿途分为京畿段、安定段、武威段、张掖段、酒泉段、敦煌段等六段路线，每个站点平均相距 38 公里。④不论是小规模的中转，还是长距离的运输，官办驿站都可为其提供食宿、休整之便利，使得个个商队在驿站的组织下成为一个网络式的连接。如河西汉简中有较多西域使者商人往来西域和中原行商的记载，所涉及的西域政权有楼兰、于阗、康居、大月氏、罽宾、乌弋山离等三十多个。其中还有不见于传世史籍记载的祭越、折垣等国名。书写时间大约为西汉元帝永光五年（前 39）的文书Ⅱ90DXT0216②：877—883《康居王使者册》中有记：

> 康居王使者杨佰刀、副扁阗；苏䠠王使者姑墨、副沙囷即贵人为匿等，
> 皆叩头自言：前数为王奉献橐佗，入敦煌关，县次购食至酒泉，昆□官
> 大守与杨佰刀等杂平直肥瘦。⑤

可见康居王使者杨佰刀等人每次从敦煌入关都会得到沿途各县的饮食供应。

两汉时期，我国的丝绸生产在品种花纹、织造规模、织造工艺方面水平都大大超过了前代，如曹丕所言："三世长者知被服，五世长者知饮食，此言被服、饮食难晓也。夫珍玩必中国，夏则缣总绡缯，其白如雪；冬则罗纨绮縠，衣迭鲜文；

---

① 《史记》卷一二三《大宛列传》，第 3179 页。
② 《汉书》卷九六《西域传上》，第 3893 页。
③ 《后汉书》卷八八《西域传上》，第 2931 页。
④ 张德芳：《西北汉简中的丝绸之路》，《中原文化研究》2014 年第 5 期，第 26—35 页。
⑤ 录文据郝树声、张德芳：《悬泉汉简研究》，兰州：甘肃文化出版社，2009 年，第 217 页。

未闻衣布服葛也。"①

20 世纪以来，学界在古代丝绸之路遗迹发掘出了数量较大的古代丝绸，极大地丰富了历史文献的相关记载。但由于当时欧美掀起"中亚探险"的热潮，这些考古发现除我国少数前辈学者有所著录、部分博物馆有所收藏之外，大多被欧美探险家劫往国外。西汉丝绸考古发掘基本在内陆，东汉丝绸发现基本在西北方，这与当时的墓葬形制有关。两汉著名的丝绸考古发现有马王堆一号汉墓、湖北荆州凤凰山和谢家桥墓、广州南越王墓、河北满城汉墓、北京大葆台汉墓、蒙古国诺音乌拉匈奴王墓等。两汉织锦图案主要有云气动物纹锦和文字锦，讲究五行五色搭配，常见刺绣双头鸟图案等。②有研究者认为今武威、张掖、敦煌、额济纳旗、楼兰等地出土的西汉丝绸，今武威、民丰、尼雅等地出土的东汉丝绸，其产地大多仍为中原地区，如罗布淖尔出土的汉代"登高明望四海锦"、民丰县出土的东汉"延年益寿宜子孙锦"、尼雅出土的东汉"万世如意锦"等织物应俱为陈留郡襄邑产物，武威磨咀子出土漆缅冠应为临淄产物。额济纳旗出土汉代绉纱、民丰县出土东汉菱纹绮、罗布淖尔出土锦鞋等物与马王堆汉墓内的出土品具有一定程度的相似性。③这样数量较大的汉代丝织物遗存出现在古代丝绸之路上，足见两汉时期丝绸之路上的丝绸贸易规模之可观。

"凿空"西域也使得东西方文化进一步交流、碰撞、融合。公元前 300 年，亚历山大大帝的东征使希腊文化东传。公元二三世纪至六世纪，整合了佛教文化和希腊文化的犍陀罗艺术开始影响中国。尼雅出土的蜡染棉织物出现了女神半身像、狮子等图案，洛浦县山普拉墓地出土了武士像缂毛织品，新疆营盘 15 号墓地出土有中亚风格童子图案的锦袍，青海都兰出土的簇四云珠太阳神纹锦上有充满异域色彩的太阳神纹样。这些出土文物都体现了犍陀罗艺术对我国丝织品图案的影响。④

---

① （曹魏）曹丕：《与群臣论被服书》，载夏传才、唐绍忠校注：《曹丕集校注》，石家庄：河北教育出版社，2013 年，第 225—226 页。

② 赵丰：《锦程：中国丝绸与丝绸之路》，第 64—94 页。

③ 刘曼春：《汉唐间丝绸之路上的丝绸贸易》，载丝绸之路考察队编著：《丝路访古》，兰州：甘肃人民出版社，1983 年，第 84—96 页。

④ 赵丰：《锦程：中国丝绸与丝绸之路》，第 96—126 页。

2. 两汉时期丝绸贸易的特点

在汉代张掖郡的居延县发掘出土了大量汉简。其中记录了当时的衣食商品价格：

帛一匹 450—477 钱

八稷布一匹 290

九稷曲布三匹 333

白练一匹 1400

鹑缕一匹 1000

裘一领 1150

皂练复袍一领 2500

缥长袍一领 2000

布复袍一领 400

皂布章单衣一领 353

皂裤一两 800

官裤一两 80[①]

池田温先生认为："众所周知，自后汉时期开始中国的货币经济有逐渐衰退的倾向。到了魏晋，布帛的重要性更进一步增加，并且废弃了用汉代货币征收的算赋和眥算。魏晋之后，过渡到以布帛为主体的户调制中的公课制的巨大变化也反映了以上的推移。鹅眼钱类的私铸钱币充斥市场，也是王朝造币能力低下的结果，流通货币量的减少在另一方面引起部分有势力者的货币需求异常高涨的局面。晋成公绥和鲁褒在《钱神论》里强调的人间万事钱做主，也反映了这个时代对货币需求的背景。"[②]

那么两汉时期的丝绸之路上的丝绸贸易又有怎样的特点呢？两汉时期的丝绸

---

① 引文据劳幹:《汉简中的河西经济生活》，载台北《"中央研究院"历史语言研究所集刊》第 11 本，1943 年，第 69—70 页。转引自〔日〕池田温著，张铭心、郝轶君译:《敦煌文书的世界》，北京：中华书局，2007 年，第 114 页。相关讨论见"河西汉简所见物价"部分，载孙占鳌、尹伟先主编:《河西简牍综论》，兰州：甘肃人民出版社，2016 年，第 274—287 页。

② 〔日〕池田温著，张铭心、郝轶君译:《敦煌文书的世界》，第 117—118 页。

大多是以赏赐或朝贡贸易的形式流入其他地区的。在海运贸易并未发展的汉唐时期，丝绸贸易主要是通过丝绸之路完成的。国家强盛、物阜民丰的时期，丝绸之路就较为畅通。而当国家陷入兵燹之灾，经济凋敝时，丝绸之路便被匪徒强盗所占据，无法正常进行贸易。秦末汉初，匈奴崛起于漠北草原。西汉之初，面对匈奴步步紧逼，汉朝无力抵抗，只能采取"和亲"等方式求得暂时的和平。汉朝每年给匈奴贵族送去大量丝绸绢帛，时人也有所不满、愤懑。如尚书陈忠上书谏曰："当斯之役，黔首陨于狼望之北，财币糜于卢山之壑，府库单竭，杼柚空虚，笮至舟车，赀及六畜。"① 而匈奴一方则"其得汉缯絮，以驰草棘中，衣裤皆裂敝，以示不如旃裘之完善也"② 。然而这样抵制"汉物"的看法可能是出于对"动心归汉"③ 的警惕，并不客观。

亦有研究者认为匈奴持续七十余年的南下进攻，汉朝无可奈何的"赠赐"也是丝绸贸易兴起的原因之一，因为丝绸正是当时的重要贡品之一："匈奴首领及其贵族、鲜卑和其他部落的首领与西域绿洲的小国王们一样，他们肯定都把汉朝送去的部分丝绸，用于裁制华丽的服装；科兹洛夫于20世纪初在蒙古的诺音乌拉，斯坦因在楼兰发现的公元1世纪的丝织品，都可以证明这一点。这些统治阶级还没有荒诞到按照汉朝叛臣中行说175年的建议，穿上丝绸衣裳去狩猎、放牧或征战。这就是匈奴和其他部落以及沙漠绿洲的王国，肯定会存有相当数量的丝织物和丝絮，他们又以此与位于西部更遥远地区的部落进行交换或贸易。"④ 公元前2世纪左右，越来越多的丝绸被运往匈奴部落和其他地区，运输丝绸的主导者并非商人而是汉朝政府。这说明汉朝政府拥有数量巨大的丝绸库存品，亦可能是公元前110年左右没收大富商和地主的成果，"丝绸贸易从来也不是汉朝向西域扩张的动机之一，更谈不上为其主要原因了。汉朝的动机就是要摆脱匈奴人的威胁、压力、入侵和勒索贡品。汉朝之所以关心那些遥远地区，是出于一种伟大的战略考虑，

---

① 《后汉书》卷八八《西域传》，第2912页。
② 《史记》卷一一〇《匈奴列传》，第2899页。
③ 《史记》卷一一〇《匈奴列传》，第2899页。
④ ［法］何四维（A.F.P.Hulsewe）：《汉代丝绸贸易考》，载郑炳林主编，耿昇译：《法国西域史学精粹》3，兰州：甘肃人民出版社，2011年，第753页。

即为了切断匈奴人在某些农业区、西域和南满地区的后勤基地"①。

张骞两次通西域的目的是联合"西北国"攻打匈奴，途经大宛、大月氏、大夏等地。在联合这些政权的过程中，丝绸也起到了不小的作用。如张骞出使途中"赍金币帛直数千巨万"②。再如东汉班超出使西域，史亦载"超乃使使多赍锦帛遗月氏王"，③月氏副王"遣骑赍金银珠玉以赂龟兹"等。④

除为联合"西北国"攻打匈奴而赏赐的丝织品外，汉王朝对来汉的使臣也赐予数量极大的丝帛。正如桑弘羊与御史丞相奏言："其旁国少锥刀，贵黄金采缯，可以易谷食，宜给足不（可）乏。"⑤汉遗匈奴书中言："汉与匈奴约为兄弟，所以遗单于甚厚。倍约离兄弟之亲者，常在匈奴。……使者言单于自将伐国有功，甚苦兵事。服绣袷绮衣、绣袷长襦、锦袷袍各一，比余一，黄金饰具带一，黄金胥纰一，绣十匹，锦三十匹，赤绨、绿缯各四十匹，使中大夫意、谒者令肩遗单于。"⑥汉宣帝元康年间，对于乌孙部落立岑陬子泥靡（号狂王），"汉遣中郎将张遵持医药治狂王，赐金二十斤，采缯"。⑦甘露三年（前51），匈奴呼韩邪单于来朝，赐"衣被七十七袭，锦绣绮縠杂帛八千匹，絮六千斤"。⑧予身毒国杂缯，"与应募者俱入海市明珠、璧流离、奇石异物，赍黄金杂缯而往。所至国皆禀食为耦，蛮夷贾船，转送致之。"⑨

除赏赐外，丝绸还通过互市和商人贩卖的方式进行传播。互市时，匈奴用畜牧产品来交换中原地区生产的农产品、手工制品，特别是金属器具。这对改变匈奴单一的畜牧业经济结构，促进汉匈经济、文化交流起到了一定作用。但我们不能对其数量估计过高。由于秦末的战争，西汉初年国民经济十分凋敝。因此丝绸、

① ［法］何四维（A.F.P.Hulsewe）：《汉代丝绸贸易考》，载郑炳林主编、耿昇译：《法国西域史学精粹》3，第756页。
② 《汉书》卷六一《张骞李广利传》，第2692页。
③ 《后汉书》卷四七《班超传》，第1579页。
④ 《后汉书》卷四七《班超传》，第1580页。
⑤ 《汉书》卷九六《西域传》，第3912页。
⑥ 《史记》卷一一〇《匈奴列传》，第2897页。
⑦ 《汉书》卷九六《西域传》，第3906页。
⑧ 《汉书》卷九四《匈奴传》，第3798页。
⑨ 《汉书》卷二八下《地理志》，第1671页。

马匹等都被视为高档消费品，汉初以法律形式禁止商人穿丝绸、骑马。如高帝八年（前199）规定："贾人毋得衣锦绣绮縠絺纻罽，操兵，乘骑马。"[1] 这些禁止商人穿着的衣物中，锦绣、绮縠、絺纻、罽等都是当时十分高档的缝制服装的材料，其中，"锦绣"指以彩色丝线绣出大花纹或花朵的高档丝织品；"绮縠"是有五彩丝绣的绉纱；"絺纻"是细葛布；"罽"是毛织品。

在公元前2世纪张骞"开凿"西域前，中西交流已经存在。我国的丝绸早已西传，草原丝绸之路今有较多丝绸西传的历史遗存。然而早期民间商路的性质与中央政府极力开通、维护的官方贸易道路之性质不能全然等同。丝绸之路开通后，中西方来往更加频繁，商业得以发展。其中丝绸因利润高、易携带、不易损坏而成为东西贸易的首选商品。

古罗马时期的著名博物学家普林尼在其所著的《自然史》中记载了赛里斯人的制丝工艺："其林中产丝，驰名宇内。丝生于树叶上，取出，湿之以水，理之成丝。后织成锦绣文绮，贩売至罗马。富豪贵族之妇女，裁成衣服，光辉夺目。由地球东端运至西端，故极其辛苦。"[2] 再如《爱利脱利亚海周航记》（Periplus of the Erythraean Sea）中所记："过克利斯国（Chryse），抵秦国（Thinae）后，海乃止。有大城曰秦尼（Thinae），在其国内部，远处北方，由此城生丝、丝线及丝所织成之绸缎，经陆道过拔克脱利亚，而至巴利格柴（Bary gaza）。"[3] 公元2世纪左右的希腊人包撒尼雅斯（Pausanius）这样记录他所听闻的赛里斯人的制丝方法："唯赛里斯人用织绸缎之丝，则非来自植物，另有他法以制之也。其法如下：其国有虫，希腊人称之为赛儿（ser），赛里斯人不称之为赛儿，而别有他名以名之也。虫之大，约两倍于甲虫。他种性质，皆与树下结网蜘蛛相似。蜘蛛八足，该虫亦有八足。赛里斯人冬夏两季，各建专舍以畜养之。虫所吐之物，类于细丝，缠绕其足。先用稷养之四年，至第五年，则用青芦饲之，盖为此虫最

① 《汉书》卷一《高帝纪》，第65页。

② 普林尼：《自然史》。转引自张星烺编注，朱杰勤校订：《中西交通史料汇编》第一册，第20—21页。

③ 《爱利脱利亚海周航记》，据称此书作者是一位居住在埃及的希腊人，书中记录了其在公元80年左右周游红海、波斯湾、印度半岛之事。转引自张星烺编注，朱杰勤校订：《中西交通史料汇编》第一册，第22页。

好之食物也。"①包撒尼雅斯对丝绸制作的认识与描述已与此前学者有了较大不同，已经基本知晓了丝绸的制作方法与步骤。但赫德森（G.F. Hudson）等研究者认为仍不可对张骞通西域前的中国与罗马间的丝绸贸易量估计过高，此外，应重视印度在其间的周转作用："纪元后最初几个世纪，在罗马的塔斯丘斯街上有个中国丝绸市场。这种丝绸贸易乃是古代最具深远影响的大规模商业。由于丝绸可能产于黄海沿岸，并因罗马上流社会需求丝绸的风尚也存在于西班牙、高卢和不列颠，所以这一丝绸贸易就曳着其精美料子的线头，从太平洋到大西洋，横越整个旧大陆，形成了一个共同经济联盟。然而，丝绸贸易不过是罗马和非罗马亚洲的商业的一部分。在（汉）武帝的扩张政策使中国进入这一经济交往圈以前，地中海、伊朗和印度之间的贸易已存在达数百年之久，虽然缺乏精确的数字，但可肯定，在整个罗马帝政时期，罗马与印度的贸易远远超过与中国的贸易。"②

而周缘各国的织造技术对我国亦有影响。桓宽《盐铁论·力耕》言："鼲貂狐貉，采旄文罽，充于内府，……是则外国之物内流，而利不外泄也。"③可见其时宫廷对于西方东输的各种织物的喜爱。具体如身毒，《西京杂记》"武帝马饰之盛"条记载了来自身毒国的贡品——华丽的马鞍风靡中原。马鞍的织造技艺十分高超。"武帝时，身毒国献连环羁，皆以白玉作之，玛瑙石为勒，白光琉璃为鞍。鞍在暗室中，常照十余丈，如昼日。自是长安始盛饰鞍马，竞加雕镂。或一马之饰直百金，皆以南海白蜃为珂，紫金为华，以饰其上，犹以不鸣为患。或加以铃镊，饰以流苏，走则如撞钟磬，若飞幡葆。后得贰师天马，常以玫瑰石为鞍，镂以金银输石，以绿地五色锦为蔽泥，后稍以熊罴皮为之。熊罴毛有绿光，皆长二尺者，直百金。卓王孙有百余双，诏使献二十枚。"④《后汉书》记天竺国"又有细布、好毾毲"。⑤大秦国"土多金银奇宝，有夜光璧、明月珠、骇鸡犀、珊瑚、琥珀、

① 张星烺编注，朱杰勤校订：《中西交通史料汇编》第一册，第36页。
② 赫德森撰，芮传明译：《丝绸贸易》，载中外关系史学会编：《中外关系史译丛》（第3辑），上海：上海译文出版社，1986年，第278页。
③ 王利器校注：《盐铁论校注（定本）》卷一，第28页。
④ （汉）刘歆等撰，王根林校点：《历代笔记小说大观·西京杂记（外五种）》，上海：上海古籍出版社，2012年，第17页。
⑤ 《后汉书》卷八八《天竺国传》，第2921页。

琉璃、琅玕、朱丹、青碧。刺金缕绣，织成金缕罽、杂色绫。作黄金涂、火浣布。又有细布，或言水羊毳，野蚕茧所作也。合会诸香，煎其汁以为苏合。凡外国诸珍异皆出焉"。[1]晋王嘉所著的《拾遗记》[2]中有记："天汉二年，渠搜国之西，有祈沦之国。……其国人缀草毛为绳，结网为衣，似今之罗纨也。至元狩六年，渠搜国献网衣一袭。帝焚于九达之道，恐后人征求，以物奢费。烧之，烟如金石之气。"张星烺先生考证认为渠搜即大宛，"祈沦"音与岐兰最近，为波斯北境省名，处里海西南隅。[3]斯坦因在1914—1916年的中亚考察中发现了楼兰古城遗址，遗址中遗存有织物："在楼兰汉城废址左右考察之际，又发现往昔中国自此至塔里木盆地故道之遗迹。其地有西历纪元前后1世纪间之古墓遗址，发掘后得至可惊异之古代织物一堆，内杂中国古代有名之彩绢及毛毡，其所受希腊美术之影响，于花纹图案中盖显然可见。"[4]

汉武帝设立河西四郡，到达玉门关、阳关的道路更为畅通。与中国通商来往的西域国家直达今天的里海、黑海，甚至地中海附近的大秦帝国也努力争取与中国的通商贸易。因汉朝"赠赐"贸易的需要，丝绸生产量大大提高。赫德森认为从甘肃到罗马帝国的商道可按照主宰每一段的政权分成四个"控制行程"。这四个"控制行程"如下：

1. 从甘肃至帕米尔高原；

2. 从帕米尔高原至谋夫绿洲；

3. 自谋夫至塞琉西亚；

4. 从塞琉西亚稍西处至幼发拉底河畔祖格马的罗马边界。[5]

---

① 《后汉书》卷八八《大秦国传》，第 2919 页。

② 有关《拾遗记》创作年代及作者考证，可参看王兴芬：《王嘉与〈拾遗记〉研究》，北京：中国社会科学出版社，2017 年，第 1—5 页。此据（晋）王嘉撰，（梁）萧绮录，齐治平校注：《拾遗记》，北京：中华书局，1981 年，第 123 页。

③ 张星烺编注，朱杰勤校订：《中西交通史料汇编》第四册，北京：中华书局，1978 年，第 21 页。

④ ［英］斯坦因著，向达译：《西域考古记》，北京：商务印书馆，北京：中国旅游出版社，2017 年，第 345 页。

⑤ 赫德森撰，芮传明译：《丝绸贸易》，载中外关系史学会编：《中外关系史译丛》（第 3 辑），第 278—304 页。

综上，我国古代丝绸纺织业的产量、技术、工具革新等方面在丝绸之路开辟后有了巨大发展。丝绸之路上来往的使者也是兼营商业的商人。这些商人通过交换把内地大批的丝织品运销西域乃至中亚，从而极大地促进了中西间丝绸贸易的发展。

二、魏晋南北朝时期的地位

东汉政府逐步恢复国力后，开始着手北御匈奴，进取西域，计划兵分四路出击匈奴。汉和帝永元二年（90）前后，东汉政府出兵北击匈奴，匈奴大败，其西域属国车师前部、车师后部率众降汉。汉安帝永初元年（107），由于河西羌人的起义极大地动摇了东汉政府的统治，东汉政府决定撤回西域都护，致使匈奴势力再次进入西域。到桓帝、灵帝统治时期，朝政越来越混乱腐朽，各地起义不断，民不聊生，东汉政府已经无力再控制西域。

永平后东汉的社会动乱，使西汉时已相当发达的河西走廊遭到很大破坏，丝绸之路三通三绝。自东汉末年起，中原政权再未任命过敦煌太守，地方豪强把持政权。"而从东汉到西晋，国力相对衰弱，朝廷重心主要在处理内部事务上，对西域边防事务感到力不从心。于是，敦煌作为毗邻西域的前沿基地，担负起了极为特殊而重要的作用；敦煌军民为了保家卫国，积极投身西域边防的洪流中，在西域建立军功，担任官职，屯兵戍防，同时也借此提升了本家族的社会政治地位……。魏晋时期，中原内乱不断，朝廷也无暇西顾，仍然继承了东汉的传统……。十六国是个分裂割据的时代，五凉及前秦王国一方面继承了汉晋传统，敦煌大族继续经营西域；另一方面，前凉在西域东部设置高昌郡，开启了河西割据政权对西域的行政统治。"[①]而敦煌文书 P.2625《敦煌名族志》即是此一时期河西豪族把持地方政治的明证。在河西大族执政河西时期，中原与西域乃至中亚、西亚一带仍有交流。

曹魏时期在武威设置凉州刺史，其后割据河西的前凉、后凉、西凉、北凉政权先后在凉州建都，与战乱的中原相比，武威安定富庶。如大谷文书中著名的一组文书——"张超济文书"即是此时期中原人士避难河西后又迁居楼兰的明证：

---

① 冯培红：《敦煌学与五凉史论稿》，杭州：浙江大学出版社，2017 年，第 235 页。

"《晋书·张轨传》记载，自王弥等寇洛阳及其他州县之后，'中州避难来者日月以继，分武威置武兴郡，以居之'。此中州系泛指关中和中原地区……。超济一家或在上述背景下来到凉州。此后到张茂、张骏交替之际（323—324），凉州大饥，'谷价踊贵'，超济家属'有衣食之乏''启家旨南州'可能就发生在这个时期。"①

大谷文书中最为学界所关注的一组文书为"李柏文书"（图6-1）。"李柏文书"指1909年橘瑞超在楼兰考察时发现的前凉西域长史李柏写给焉耆王龙熙的两封内容相似的信件及四十余枚残纸。李柏是所有楼兰出土文书中唯一一位在传世史籍中可查的人物。"'李柏文书'的发现对研究西晋、前凉政权统治西域的历史提供了重要材料，同时书信中提到的海头对于探索楼兰史地亦有重要价值。"②

南北朝时期，南北政权对峙长达一个半世纪，对于玉门关、阳关以西地区有行政管辖关系的仅为北魏政权。北魏初期，由于北魏与南朝刘宋政权、北方柔然政权斗争仍频，"太祖初，经营中原，未暇及于四表，既而西戎之贡不至"。随着政局甫定，"太延中，魏德益以远闻。西域龟兹、疏勒、乌孙、悦般、渴槃陁、

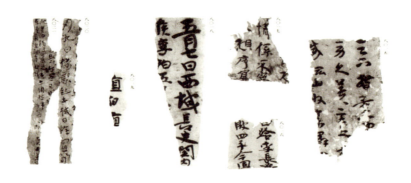

图 6-1　《李柏文书》残片

（小田义久：《大谷文书集成》第三卷）

---

① 孟凡人：《新疆考古与史地论集》，北京：科学出版社，2000年，第95页。
② 刘进宝：《丝绸之路敦煌研究》，乌鲁木齐：新疆人民出版社，2010年，第212—213页。

鄯善、焉耆、车师、粟特诸国王始遣使来献"①。此后北魏开始经营西域，先后派遣使者"招抚九国，厚赐之。……已而琬、明东还，乌孙、破洛那之属遣使与琬俱来贡献者十有六国。自后相继而来，不间于岁，国使亦数十辈矣"。②

北魏经略西域始于其逐渐统一北方的过程中。太平真君六年（445），"散骑常侍、成周公万度归乘传发凉州以西兵袭鄯善"，"度归以轻骑至鄯善，执其王真达以诣京师，帝大悦，厚待之"。③太平真君九年（448），北魏攻占鄯善，"以交趾公韩拔为假节、征西将军、领护西戎校尉、鄯善王，镇鄯善，赋役其民，比之郡县"。同年万度归"大破焉耆国，其王鸠尸卑那奔龟兹"。④学界一般认为鄯善、焉耆镇的设置是北魏经营西域的高峰时期。⑤

随着游牧政权柔然在漠北草原的势力进一步扩大，进而进攻西域。鄯善、焉耆镇在设置不久后即被柔然所占领："自索虏破慕容，据有中国，而芮芮虏有其故地，盖汉世匈奴之北庭也。芮芮一号大檀，又号檀檀，亦匈奴别种。自西路通京师，三万余里。僭称大号，部众殷强，岁时遣使诣京师，与中国亢礼，西域诸国焉耆、鄯善、龟兹、姑墨东道诸国，并役属之。"⑥5世纪中期以后，北魏对西域的经营一直处于消极状态，几乎停止了对西域的争夺。此后北魏再未在西域设过其他行政机构。韩拔之后，凡领护西域或西戎校尉者，驻地无一在敦煌以西。⑦

魏晋南北朝时期的"河西道"常常成为中原人士避难的所在，因此"河西道"在此时期有所发展。与此同时，青海草原的"吐谷浑道"也得到了发展。魏晋南北朝时期，吐谷浑政权建立并有效地控制了青海，占据了西域若羌、且末等地，开通了由青海往西不经过河西走廊便直达西域的道路，史称"吐谷浑道"，亦称"青海道""河南道"。吐谷浑道东起今四川松潘，北上经今甘南的临潭、合作、夏河，青海的同仁、贵南一带，西过黄河，直抵吐谷浑城，由此西北穿越柴达木盆地，

---

① 《魏书》卷一〇二《西域传》，第2259—2260页。
② 《魏书》卷一〇二《西域传》，第2260页。
③ 《魏书》卷四《世祖纪》，第98—99页。
④ 《魏书》卷四《世祖纪》，第102—103页。
⑤ 参阅马大正主编：《中国边疆经略史》，武汉：武汉大学出版社，2013年，第144—147页。
⑥ 《宋书》卷九五《芮芮传》，第2357页。
⑦ 毋有江：《北魏政区地理研究》，博士学位论文，复旦大学，2005年，第5—12页。

越阿尔金山至鄯善，再经汉魏西域南道达于阗。由吐谷浑道向西北，亦可经今西宁、青海湖北岸、伏俟城、穿柴达木盆地，接西域南道；向东南，由今四川松潘到成都，沿江东下，直达东晋和宋、齐、梁、陈国都建康；向北，可越祁连山隘口入河西走廊；向东，经今乐都至兰州，过黄河入陇右道，通长安、洛阳。①吐谷浑道是东西政治、经济交流的重要通道。史载："终宣武世至于正光，牦牛、蜀马及西南之珍，无岁不至。"②吐谷浑与波斯亦有联系，史载："青海周回千余里，海内有小山。每冬冰合后，以良牝马置此山，至来春收之，马皆有孕，所生得驹，号为龙种，必多骏异。吐谷浑尝得波斯草马，放入海，因生骢驹，能日行千里，世传青海骢者也。"③吐谷浑王树洛干之子拾寅执政（452—481）后，由于吐谷浑道的畅通，吐谷浑对外交往更多，商业贸易繁荣。如 1955 年，在西宁一次就出土了 76 枚波斯萨珊朝卑路斯王（Pirouz）执政时期（457—483）的银币。④

在绿洲丝绸之路"主动脉"的东段、中段以北还有一条陆上通道，学界称其为"草原道"。这里所说的草原道，就是唐朝的回纥路或回鹘路。王延德《西州程记》历来是学界探讨草原路具体走向的宝贵史料。学界依此提出"居延说""回鹘路说"。日本学者长泽和俊综合小野川秀美、前田直典等先生的观点，认为王延德由长安北上，经夏州（今陕西横山西）、渡黄河，过中受降城（在黄河北岸，今属内蒙古乌拉特前旗），西北到喀喇巴喇哈逊（今蒙古乌兰巴托西南），然后西南行，经合罗川、伊州等地，到达高昌。然考古所见草原路与王延德所行回鹘路亦不完全相同。⑤日本学者松田寿男在《古代天山历史地理学研究》中提出一个观点，即"游牧国家的开拓疆土，是和商业路有着很深的关系"⑥。

① 参阅杨发鹏：《两晋南北朝时期河陇佛教地理研究》，成都：巴蜀书社，2014 年，第 79—80 页。
② 《北史》卷九六《吐谷浑传》，第 3185 页。
③ 《北史》卷九六《吐谷浑传》，第 3186 页。
④ 夏鼐：《中国最近发现的波斯萨珊朝银币》《青海西宁出土的波斯萨珊朝银币》，载夏鼐：《考古学论文集（外一种）》上，石家庄：河北教育出版社，2000 年，第 253—278 页。
⑤ 参见王素：《高昌史稿·交通编》，北京：文物出版社，2000 年，第 205—216 页。
⑥ ［日］松田寿男著，陈俊谋译：《古代天山历史地理学研究》，北京：中央民族学院出版社，1987 年，第 293 页。

　　魏晋南北朝时，随着匈奴政权力量的日益衰弱，鲜卑、柔然、高车、突厥等政权在北方和西北地区相继崛起，草原丝路也有了相应的发展变化。这些民族与北魏并不仅仅是兵戎相见，亦有交流、交往的一面。公元 429—487 年间，柔然曾向北魏遣使 23 次。其间必定存在着朝贡物品的流动，亦促进了丝绸的传播。在柔然衰落后，突厥又崛起于漠北草原。突厥"相与出穴，臣于茹茹。居金山之阳，为茹茹锻工。……其后曰土门，部落稍盛，始至塞上市缯絮，愿通中国"①。北周忌惮突厥支持北齐政权，因而对突厥优待非常，施以笼络："朝廷既与和亲，岁给缯絮锦彩十万段。突厥在京师者，又待以优礼，衣锦食肉者，常以千数。齐人惧其寇掠，亦倾府藏以给之。"②突厥统一草原地区，进而使得贯通中亚、联结中西的草原丝路前所未有的畅通。

　　魏晋南北朝时期是我国历史上大碰撞、大融合的重要阶段。这一时期，东西文化交流日趋频繁。我国丝织品的种类、织造技艺、染料使用、纹样设计、配色设计都出现了重大的转变。

　　首先，魏晋南北朝时期各民族在服饰上相互影响。曹魏由于历史短促，服饰上变化不大。自南北朝以来，北方各族入主中原，不免将北方民族的服饰带到了这一地区。同样，北方各民族也大量接受汉族的服饰制度。北魏孝文帝太和十年（486）始服衮冕、十八年革其本族的衣冠制度、十九年引见群臣时班赐百官冠服等等，这些记载都说明北族在衣冠服饰上受到汉族的影响。③

　　南北朝时期的北族服饰多为衣裤形制，即上身着褶，下身着裤，称之为"裤褶服"。女子亦可着之。或着短身袍，此种袍较襦略长。进入中原汉地后，此种胡服亦有所改良，还有混合胡、汉两风之衣着。如《北齐校书图》中有穿戴冕服、通天冠、绛纱袍之载。又如《周书·宣帝纪》有"帝服通天冠、绛纱袍，群臣皆服汉魏衣冠"④等记载。再如北朝的陶俑、绘画中存在裤褶服裤口改大的现象，一

---

① 《周书》卷五〇《突厥传》，第 907—908 页。
② 《周书》卷五〇《突厥传》，第 911 页。
③ 周锡保：《中国古代服饰史》，北京：中国戏剧出版社，1984 年，第 130—131 页。
④ 《周书》卷七《宣帝纪第七》，第 117 页。

般认为这是南朝朱衣、绛衫大口裤的影响所致。[①]

北朝晚期，中原很大程度上受到胡风影响，丝织品上随处可见胡风题材，如纹样中大象、狮子、骆驼等动物的组合。丝织图案骨架上也出现了对波纹、卷云纹、联珠纹等纹样。[②]

在魏晋南北朝时期，"朝贡"和"赏赐"仍是双方经济交流的最主要形式之一。两汉时期的朝贡还带有表明名义上的臣属关系的目的，南北朝时期的遣使目的则主要是为了进行贸易。南北朝的许多中原政权未能直接有效地控制西域地区。即使强盛如北魏王朝，其直接控制西域诸国的时间也比较短，转而柔然政权便取代了其在西域的地位。西域诸国与北魏存在客观上的距离，加上西域诸国弱小，因而与北魏并不存在军事、经济上的冲突。西域诸国"贡献者十有六国。自后相继而来，不间于岁，国使亦数十辈矣"，[③] 其更多是为了获取中原的赏赐物品，是出于追求物质利益的目的。

传世史籍中记载的丝绸之路上的粟特商人值得我们注意。纵观魏晋至北朝时期，来到中原的中亚胡人大体分为三类：一是参与政治活动的官员、使节、侍子等；二是为兴利贸贩而来的商人；三是僧侣、技艺人、奴婢。而商人则以粟特商人为主，以商业为其主要的谋生手段，商业规模大，且善于经营长途贩运的商业利润比较高的丝绸、香料、珠宝等。[④]

斯坦因 1907 年在敦煌西北烽火台发现了著名的"粟特文古信札"，信札中提到粟特商队以姑臧（武威）、金城（兰州）、敦煌等地为主要聚居地，沿河西四郡至洛阳一线经商。这些信札表明，至迟在西晋末年，敦煌地区已有来自"昭武九姓"聚落的粟特人。[⑤] 日本学者池田温指出，唐代的敦煌有张、王、安、索、

---

① 周锡保：《中国古代服饰史》，第 137 页。
② 赵丰：《锦程：中国丝绸与丝绸之路》，第 184—186 页。
③ 《魏书》卷一〇二《西域传》，第 2260 页。
④ 参看［俄］马尔夏克（Boris Marshak）著，毛铭译：《突厥人、粟特人与娜娜女神》，桂林：漓江出版社，2016 年，第 1—5、81 页。
⑤ 荣新江：《华戎交汇——敦煌民族与中西交通》，兰州：甘肃教育出版社，2008 年，第 65—67 页。

曹五姓，加上李、康、氾、宋、阴，共十姓。其中多数在魏晋时已经出现，表明魏晋时期敦煌已是一个豪门社会。这些大姓中就有安、曹、康等"昭武九姓"的存在。[①] 北朝时期的粟特商人，则"沿着他们经商的路线由西向东进入塔里木盆地、河西走廊、中原北方、蒙古高原等地区。他们东来贩易，往往结伙而行，少者数十人，多者数百人，并且拥有武装以自保。他们沿传统的丝绸之路东行，有的在一些居民点留居下来，形成自己的聚落，或在可以生存的地点建立殖民地；有的继续东行，去寻找新的立脚点。这些粟特聚落，由少到多，由弱变强，在农耕地区，称为聚落；在游牧地区，则为部落。粟特人的东迁，主要是商业上的原因。以后粟特本土所在的中亚政治形势多变，更促使大批粟特人东来中国。粟特人随处而居，形成聚落，一部分人再继续东行，形成新的聚落。这些聚落由胡人集团首领萨宝（又作萨保、萨甫，原意为队商首领）主持，由于大多数粟特人信奉粟特传统的祆教，所以聚落中往往立有祆祠。萨宝即成为粟特聚落中的政教大首领。北朝隋唐政府为了控制这些胡人聚落，把萨宝纳入中国传统的官僚体制当中，作为视流外官，专门授予胡人首领，以控制胡人聚落。北朝隋唐的中央政府对粟特聚落的控制有一个漫长的过程，在北朝早期，大多数聚落不受政府约束，有关的记载也就较少"。[②]

如今可见的魏晋南北朝时期丝织品大多出土于敦煌、于阗、吐鲁番、巴楚等地。1972 年，在甘肃酒泉、嘉峪关发现了珍贵的魏晋时期壁画，壁画中有采桑图、制作丝束和绢帛等内容，可见魏晋时期的河西走廊地区已经具备了制作丝绸的能力。[③] 20 世纪 80 年代，太原市文物考古研究所在山西太原晋阳古城发掘了东魏、北齐时期的重臣娄叡之墓。墓中一幅壁画的内容为一支驼队，驼队由四人、五驼组成，其中一人头顶光秃，鼻肥硕高耸，浓眉环眼，学界推断为大食人的形象，他右手牵着昂首前进的骆驼。驼队中的另一人身材高大修长，高鼻短胡，浓眉深眼，

---

① ［日］池田温：《八世纪初的敦煌氏族》，原载《东洋史研究》1971 年刊。此据池田温著、孙晓林等译：《唐研究论文选集》，北京：中国社会科学出版社，1999 年，第 14—16 页。
② 荣新江：《中古中国与外来文明》（修订版），北京：生活·读书·新知三联书店，2014 年，第 107—108 页。
③ 张晓东、王春梅编著：《嘉峪关新城魏晋墓砖壁画保护研究》，兰州：甘肃文化出版社，2016 年，第 12 页。

戴高筒毡帽，学者推断为波斯人。骆驼载有丝绸等货物。①

在中亚胡人频繁来往中原入籍、行商之时，北朝政权也向西域、中亚等地派遣使者，加强联系。因为丝绸价值昂贵，不易损坏，使者多携带丝绸作为礼贡之物："北魏太武帝太延元年（435），北魏王朝'遣使者二十辈使西域'。太延二年，'遣使六辈使西域'。太平真君五年（444），又'遣使者四辈使西域'。在太延元年的这次使节中有行人王恩生、许纲，又有散骑侍郎董琬、高明。董琬、高明等'多赍锦帛'过九国，曾北行至乌孙、破落那（大宛）、者舌等国；等到董琬、高明东还，'乌孙、破落那之属遣使与琬俱来贡献者，十有六国。自后相继而来，不间于岁，国使（魏朝派出使节）亦数十辈矣'。"②《洛阳伽蓝记》记载孝明帝时，宋云、惠生受命去西域，离开洛阳之时，"皇太后敕付五色百尺幡千口，锦香袋五百枚，王公卿士幡二千口。惠生从于阗至乾陀罗，所有佛事处，悉皆流布，至此顿尽。惟留太后百尺幡一口，拟奉尸毗王塔"③。可见宋云一行携有途中用于交换的丝绸等物品。

除陆上丝绸之路外，魏晋南北朝时期海上丝绸之路也有所发展："其航线走向：从难波（今大阪）起航→博多（今北九州）→壹岐、对马等岛屿→百济（今朝鲜）→越渤海→山东半岛，绕成山角，再沿海岸线向南航行至建康（今南京）的咽喉→扬州。以上航线都被称为北线。"④这一时期海上丝绸之路也有所发展，从而使丝绸也通过海上丝绸之路进入日本、朝鲜半岛等地。

三国时期，日本列岛出现了邪马台国，据《三国志》记载，魏景初二年（238）六月，"倭女王遣大夫难升米等诣郡，求诣天子朝献"。⑤邪马台国女王卑弥呼派使节难升米、副使都市牛利携生口十人、土布两匹二丈至带方郡，请求去往京城向天子"朝献"。难升米一行人抵达洛阳后得到了魏明帝的接见，魏所赐物品众多，有锦、绢、毯、金、刀、铜镜、珍珠等。此后八年（240—247），双方使节

① 太原市文物考古研究所编：《北齐娄叡墓》，北京：文物出版社，2004年，第7页。
② 王仲荦：《魏晋南北朝史》，上海：上海人民出版社，2016年，第626页。
③ （北魏）杨衒之撰，周祖谟校释：《洛阳伽蓝记校释》卷五，第205页。
④ 陈炎：《略论海上"丝绸之路"》，《历史研究》1982年第3期，第162页。
⑤ 《三国志》卷三〇《乌丸鲜卑东夷传》，第857页。

往来达五次之多，其中，邪马台遣使三次，魏遣使两次。日本学者木宫泰彦认为，陈寿编撰《魏志》以当时官府所存记录为据，故上述记载可以凭信。[①] 曹魏正始年间，倭使"上献生口、倭锦、绛青缣、绵衣、帛布、丹木"等贡品，还有"异文杂锦二十匹"。[②]"贡品的变化也能从一个侧面反映出倭国纺织工艺的不断进步，证明在频繁的中日交往中，先进的丝织品和纺织技术被不断地引进日本。"[③] 南朝时期，日本开辟了不经朝鲜半岛的南道航线，进一步便利了与中国南方的通商，中国先进的丝织品和缝纫技术不断被引进日本。据《日本书纪》记载："（应神天皇三十七年，306）春二月戊午朔，遣阿知使主、都加使主于吴，令求缝工女。爰阿知使主等，渡高丽国，欲达于吴。则至高丽，更不知道路，乞知道者于高丽。高丽王乃副久礼波、久礼志二人为导者，由是得通吴。吴王于是与工女兄媛、弟媛、吴织、穴织四妇女。"[④]

除日本、朝鲜半岛外，南亚的部分政权也与魏晋南北朝时期的中原政权有所往来。如北魏宣武帝在位期间（500—515），笈多王朝曾五次遣使到魏都洛阳，进贡骏马、金银、佛像等礼品，从中国获得丝绸等回赠品。天竺迦毗黎国国王月爱上表宋文帝："大王若有所须，珍奇异物，悉当奉送，此之境土，便是王国，王之法令，治国善道，悉当承用。"师子国国王刹利摩诃南上表称："虽山海殊隔，而音信时通。……或泛海三年，陆行千日，畏威怀德，无远不至。"[⑤]"表文所说并不是一句空话。综合南北朝的文献，我们就会发现，当时国际间交往的频繁。由于贵霜王朝的解体，昭武诸国在粟特地区，陆续形成，康国、安国、何国、曹国等地的商人十分活跃。天竺方面，笈多王朝之外，也有许多小国。所有这些国家，大多数和北朝有直接或间接的来往。南方师子国的沙门邪奢遗多等五人到过平城，

---

① ［日］木宫泰彦著，胡锡年译：《日中文化交流史》，第15页。亦可见李云泉：《万邦来朝：朝贡制度史论》，北京：新华出版社，2014年，第21页。
② 《三国志》卷三〇《乌丸鲜卑东夷传》，第857—858页。
③ 徐晓慧：《六朝服饰研究》，济南：山东人民出版社，2014年，第169页。
④ 转引自韩昇：《东亚世界形成史论》，上海：复旦大学出版社，2009年，第125页。
⑤ 《宋书》卷九七《夷蛮传》，第2384—2385页。

歌营国的沙门菩提拔陀到过洛阳。"① 南北朝政权与南亚、东南亚地区政权的往来也促使丝绸流入这些地区。

魏晋南北朝时期，周边各国的织造业也有所发展，其织造技法对我国亦有影响。如大秦，据《三国志》记："大秦国一号犁靬，……国出细绨。……有织成细布，言用水羊毳，名曰海西布。……又常利得中国丝，解以为胡绫，故数与安息诸国交市于海中。……黄白黑绿紫红绛绀金黄缥留黄十种氍毹、五色氍毹、五色九色首下氍毹、金缕绣、杂色绫、金涂布、绯持布、发陆布、绯持渠布、火浣布、阿罗得布、巴则布、度代布、温宿布、五色桃布、绛地金织帐、五色斗帐……"② 可见其时丝绸在大秦的流通。晋朝的殷巨作了一篇《奇布赋》描画大秦国所贡的奇布："乃采乃枥，是纺是绩。每以为布，不盈数尺。以为布帊，服之无斁。既垢既污，以焚为濯。投之朱炉，载燃载赫，停而冷之，皎洁凝白。"③

天竺的织造业也很发达，据《梁书》记载，天竺"土俗出犀、象、貂、羆、玳瑁、火齐、金、银、铁、金缕织成、金皮罽、细摩白叠、好裘、氍毹。火齐状如云母，色如紫金，有光耀，别之则薄如蝉翼，积之则如纱縠之重沓也"④。

再如《魏书》所记载的波斯国："波斯国，都宿利城，……出金、银、鍮石、珊瑚、琥珀、车渠、马脑，多大真珠、颇梨、瑠璃、水精、瑟瑟、金刚、火齐、镔铁、铜、锡、朱砂、水银、绫、锦、叠、氍、氍毹、氍毹、赤獐皮，及薰陆、郁金、苏合、青木等香，胡椒、毕拨、石蜜、千年枣、香附子、诃梨勒、无食子、盐绿、雌黄等物。……其王姓波氏，名斯。坐金羊床，戴金花冠，衣锦袍、织成帔，饰以真珠宝物。"⑤ 其时，不少波斯人因各种原因来到中国，人口的流动或可带来技术的流动。

康居的织造业也很发达。如《魏书》记载："康国者，康居之后也。……其

---

① 白寿彝总主编，何兹全主编：《中国通史》第五卷《中古时代·三国两晋南北朝时期》上册，上海：上海人民出版社，2015年，第405页。

② 《三国志》卷三〇《乌丸鲜卑东夷传》，第860—861页。

③ （清）严可均辑，何宛屏、珠峰旗云、王玉等审订：《全晋文》中册，北京：商务印书馆，1999年，第864页。

④ 《梁书》卷五四《中天竺传》，第797—798页。

⑤ 《魏书》卷一〇二《西域传》，第2270—2271页。

王索发，冠七宝金花，衣绫、罗、锦、绣、白叠；其妻有髻，幪以皂巾。丈夫翦发，锦袍。……出马、驼、驴、犎牛、黄金、硇砂、眒香、阿薛那香、瑟瑟、獐皮、氍毹、锦、叠。多葡萄酒，富家或致千石，连年不败。太延中，始遣使贡方物，后遂绝焉。"①

生于公元500年、卒于公元565年的古希腊历史学家柏罗科劈斯（Procopius）记录了蚕种传入罗马的经过："同时有某几个印度国僧人抵君士旦丁堡，探悉哲斯丁皇帝（Emperor Justinian）心中甚欲罗马人以后不再自波斯人购买丝货。乃见帝献策，可使罗马人不再自波斯或他国购买丝货。据其人自云，尝居赛林达（Serinda）甚久，其地有印度人甚众，居其国时，尝悉心研究如何可使罗马境内亦得产丝。哲斯丁皇帝闻言，乃详问如何可使其法成功。印度僧告以产丝者乃一种虫也。丝自口中天然吐出，不须人力。欲由其国取虫至罗马断不可能，然有法可孵化之也。一虫所产之卵，不可胜数。卵生后多时，尚可掩以粪生温，使之孵化也。皇帝既闻其语，允许成功以后，将重赏之也。诸僧乃回印度取其卵，而复至拜占庭（Byzantium）依其法行之，果得虫甚多，以桑叶养之。由是罗马境内亦知制丝方法矣。"②与此前包撒尼雅斯等记录的制丝方法相比，柏罗科劈斯记录的制丝方法已经基本接近准确，可见6世纪时西方诸国对于来自遥远东方的丝织品及其织法已经更加了解。6世纪末的东罗马拜占庭人梯俄方内斯（Theophanes）这样记录道："哲斯丁皇帝在位时，有波斯人某至拜占庭传示蚕之生养方法，盖为从前罗马人所未知悉者也。波斯人某，尝居赛里斯国。归回时，藏蚕子于行路杖中，后携至拜占庭。春初之际，置蚕卵于桑叶上，盖此叶为其最佳之食也。后生虫，饲叶而长大，生两翼，可飞。哲斯丁皇帝后示突厥人养蚕吐丝之法，突厥人大惊。盖是时赛里斯国经商诸市场港埠，前为波斯人所据者，后皆为突厥人所攘夺也。嚈哒（Ephthalites）王爱甫塔拉奴斯（Ephthalanus）灭贝罗斯（Perozes）及波斯，悉取其地，占据诸市场及港埠。后突厥人覆灭嚈哒

---

① 《魏书》卷一〇二《康国传》，第2281页。
② 转引自张星烺编注，朱杰勤校订：《中西交通史料汇编》第一册，第51页。

而代有其地。"① 希腊旅行家科斯麻士（Cosmos）生于公元 530 年，著有《世界基督教诸国风土记》，书中将中国称为秦尼策国（Tzintza），写道："产丝国之名，为秦尼策国……。秦尼策国在左边最远之境。丝货由陆道经历诸国，辗转而至波斯，所需时日，比较上实甚短促。……由是观之，自秦尼策由陆道往波斯，实行经短捷路程。而在波斯得见有大宗丝货者，其故亦易明矣。"②

威廉·沃森（W. Watson）在《伊朗与中国》一文中认为："中国人严守丝绸的秘密。丝绸传到伊朗的确切日期尚未确定，但不会在公元 419 年以后很久，如果我们相信在那一年一位中国公主把蚕偷偷带往于阗的故事。552 年罗马帝国知道了丝蚕，562 年查士丁尼把丝绸生产作为国家专利……。为欧洲人解开丝绸之谜的是'印度僧侣'，他们从塞林迪亚带回了丝蚕；或者归功于一个波斯人，他从赛里斯人的国度里用中空的手杖带出了这种虫，在这里赛里斯人当指中国人。"③

综上，魏晋南北朝是我国历史上大分裂、大转折的时期。此一时期，许多中原政权未能直接有效地控制西域地区。故此时期丝绸之路的繁荣与拓展程度稍逊于汉。然东汉末以来，北方人口由于战乱、天灾等原因大举南迁，北方的先进生产技术随之传播至南方。随着生产力的发展，进行丝绸贸易的物质基础也愈发雄厚。魏晋南北朝时期，中原北方及西北方各政权都有意维护丝绸之路的畅通，采取了一系列措施发展丝绸之路沿线贸易，借以促进经济发展、扩展生存空间，如北魏与游牧政权柔然的交往、粟特人入华等。可以说魏晋南北朝时期是丝绸之路的发育期。此一时期的丝绸之路与前期相比最大的特点便是道路的拓展，如"河西道""吐谷浑道"的开辟、海上航线的开辟与发展等。此一时期丝绸之路贸易的主体为丝绸，形式仍以朝贡与赏赐为主，形成了"贡使商旅，方舟万计"④ 的局面。

---

① 转引自张星烺编注，朱杰勤校订：《中西交通史料汇编》第一册，第 52—53 页。
② 转引自张星烺编注，朱杰勤校订：《中西交通史料汇编》第一册，第 54—55 页。
③ ［英］威廉·沃森撰，马小鹤译：《伊朗与中国》，载中外关系史学会编：《中外关系史译丛》（第 3 辑），第 258—278 页。
④ 《宋书》卷三三《五行志四》，第 956 页。

魏晋南北朝时期丝绸之路的发展可谓承上启下。汉代以来织造技术的发展与丝路的开辟，为魏晋南北朝时期丝绸之路路网的拓展与贸易的持续进行奠定了基础。这是魏晋南北朝时期丝绸之路发展"承上"的一面。而"启下"是指，魏晋南北朝时期华夷交冲的时代特点使得各民族、各文化交流更加频繁，彼此交光互影，逐渐突破了民族、文化、宗教的隔阂，形成了兼容并包的中华文化，这为丝绸之路在隋唐时期发展到顶峰提供了先决条件。

三、繁荣的隋唐时期

隋唐经济以农业、蚕桑为主，农、桑是人民衣食之源，亦是大唐的税收之源。魏晋以来，丝绢布绵开始作为户调，和田赋一样纳入国家税收，唐代改为庸调。如陈炎先生认为："据杜佑估计天宝时仅庸调一项每岁总收入绢布共约二千一百万匹。可见唐代丝织业已相当发达。当时织官锦的作坊称为'绫锦坊'，有各种丝织工（包括短蕃匠）五千多人。值得指出的是，还出现了民间的丝织业。例如定州的何明远大富商，家有绫机五百张。这意味着唐代民间的丝织业已开始兴起。唐代生产丝织品最多的地区，为江南东道（今江苏、浙江）最为出名。江南各产丝区，能织出品种繁多的精美丝织品。这些产品有的从不同角度看，就显示出迥异的图案，有的'薄如蝉翼，飘似云雾'，其工艺可谓'巧夺天工'，成为唐代外销商品中最受各国人民欢迎和喜爱的商品。"上述的唐代江南织造业中心也是当时全国的造船业中心，如润州、常州、苏州、杭州等。这些地区既提供了丝绸外销的来源，又提供了丝绸外传的运载工具。[①]

汪篯先生的《隋唐时期丝产地之分布》一文认为，唐代前期蚕桑丝织业兴盛的地区有三个：其一为关东地区，即河南、河北二道全境；其二为巴蜀区，即剑南道全境与山南道的一部分；其三为吴越区。三个地区当中，前二者为主要产区。[②]中唐以后，这种布局开始发生变化，"精制丝织中心，自天宝以后，有向南方之

---

① 陈炎：《略论海上"丝绸之路"》，《历史研究》1982 年第 3 期，第 165—166 页。
② 汪篯：《隋唐时期丝产地之分布》，载唐长孺等编：《汪篯隋唐史论稿》，北京：中国社会科学出版社，1981 年，第 289—298 页。

成都及两浙转移之趋势"①。唐代后期，长江下游地区蚕丝业产量大幅度上升，产品质量全面提高。盛唐是唐代丝织品外贸最为活跃的时期，丝织品的输出规模，尤其是通过朝贡贸易输出的丝织品数量，比唐代其他时期所输出的总和还要多，可以代表唐代历史的最高水平。

隋初，危及丝路畅通的主要是吐谷浑和突厥，这两股势力南北夹峙，中断了丝路贸易。为了打通丝绸之路，炀帝西巡河西，促进了丝路贸易的繁荣。隋代丝绸之路的兴盛是与道路的畅通密切相关的。隋代以前，中西交通的路线只有南北两道。隋时，不仅以前的道路更加畅通，而且又增加了新的一道。这样，隋通西域的道路共有三条，即北道（又叫新北道）、中道（汉代的北道）和南道。唐代陆上丝绸之路由长安起向西，经河西进入今新疆地区后，主要沿天山南路经西州、安西、姑墨（拨换城），由此或向西南经疏勒（今喀什）西逾葱岭西去，或西北越天山经热海（今伊塞克湖）达碎叶。武后当政后，天山北路开通，可出西州西北过天山到轮台（今乌鲁木齐附近），再西向碎叶。②

具体来说：北道出敦煌至伊吾（今哈密），再经蒲类（今巴里坤）、铁勒部，度今楚河、锡尔河而达西海（今地中海）。在我国境内大致是沿天山北麓而至中亚。中道与南道为传统的道路。中西交通的这三条道路都"发自敦煌"，然后经伊吾、高昌、鄯善而达中亚、欧洲，"故知伊吾、高昌、鄯善，并西域之门户也。总凑敦煌，是其咽喉之地"③，这就清楚地说明了敦煌在中西交通中的重要地位和枢纽作用。

唐王朝建立后仍积极经营西域，在消灭北方的劲敌东突厥后，就转而进军西域。到唐高宗显庆三年（658），终于扼制了西域地区最大的敌对势力西突厥，西域各国的宗主权也正式从西突厥转移到唐朝手中。在唐朝经营西域的这些活动中，敦煌除了作为唐朝进军西域的物资供应基地外，沙州刺史也曾亲自率兵参加了诸如攻取龟兹的战斗。此后，在唐朝与西突厥、吐蕃余部争夺西域的斗争中，沙州

---

① 严耕望：《唐代纺织工业之地理分布》，载《唐史研究丛稿》，第648页。

② 参阅吴震：《唐代丝绸之路与胡奴婢买卖》，载敦煌研究院编：《1994年敦煌学国际研讨会文集——纪念敦煌研究院成立五十周年·宗教文史卷》（下），兰州：甘肃民族出版社，2000年，第136页。

③ 《隋书》卷六七《裴矩传》，第1580页。

是协助安西都护府（驻龟兹）控制西域的重要力量。

唐朝前期，除了高宗永隆二年（681）"西边不静，瓜、沙路绝"①和玄宗开元十五年（727）吐蕃一度攻占瓜、沙外，敦煌的社会经济和文化一直在稳步向前发展。当时敦煌的集市上，既有内地来的汉族客商，也有从中亚各国来的胡商。"商胡"的来源很多，如阿拉伯、非洲、东罗马帝国、波斯、印度半岛诸国等，都与唐有所谓"通贡""通使"的商业贸易关系。敦煌城东的沙州十三乡之一的从化乡，就是由陆续定居下来的粟特商人组成的。敦煌遗书 P.3559《唐天宝十载差科簿》中列举了"贰佰伍拾柒人从化乡"，从这二百五十余人的姓名看，基本上都是康、安、石、曹、何、米、史等昭武九姓胡人，这就赋予从化乡以粟特族聚居乡的特点。乡被命名为"从化"，下设里名现知有"慕道里"，可能是取"慕道来归""从化内附"之义。②

大批的行商坐贾在丝路沿线从事着中原的丝绸和瓷器、西域的珍宝、北方的驼马和当地的粮食等各种交易。"汉家海内承平久，万国戎王皆稽首。天马常衔苜蓿花，胡人岁献葡萄酒"③就是对西域胡商入贡贸易之盛况的描写。唐代九姓胡入贡贸易的路线，大体上是发轫于中亚两河流域，经碎叶川、热海道、大碛路，从敦煌入河西走廊，终抵长安。据统计，从武德七年（624）到天宝十四载（755）的130年间，唐代九姓胡共入贡89次，其中康国3次、石国18次、安国9次、曹国8次、史国5次、火寻国3次、何国1次。④"边城暮雨雁飞低，芦笋初生渐欲齐。无数铃声遥过碛，应驮白练到安西。"张籍的《凉州词》生动反映了当年运载丝绸等货物的商队不畏艰险，日夜兼程，在叮叮当当的驼铃声中向西方前进的情景。

8世纪中期的西域天山地区是亚洲大陆上几大势力的交会、角力之处。东部的大唐经开元（713—741）末、天宝（742—756）初的发展已达富庶。736年，唐北庭都护盖嘉运破突骑施，突骑施可汗苏禄遣使请降。天宝六载（747），安西副都

---

① 《旧唐书》卷八三《薛仁贵传》，第2783页。
② 陈国灿、刘珠还：《唐五代敦煌县乡里制的演变》，《敦煌研究》1989年第3期，第39—50页。
③ 《全唐诗》卷三〇七鲍防《杂感》，第3485页。
④ 蔡鸿生：《唐代九姓胡与突厥文化》，北京：中华书局，1998年，第46—69页。

护高仙芝破小勃律。天宝九载（750），高仙芝（安西节度使）破羯师。南部的吐蕃亦在 7 世纪后期发展壮大。西面的大食于希吉来历 54 年（674）进入中亚地区，先后攻击不花剌、柘折、吐火罗等地。①有学者认为 751 年的怛逻斯之战与 8 世纪后期的回鹘进据北庭是其后西域天山地区发展的两个方向标。②

中亚各政权的织造业也较发达。如唐玄宗时期僧人慧超所著的《往五天竺国传》记录了玄宗时期的中亚、中东世界的情况。其中记载波斯国："衣旧著宽氎布衫……。土地出驼骡羊马，出高大驴氎布宝物。"记载跋贺那国："又从康国已东，即跋贺郍国。有两王。缚又大河当中西流。河南一王属大寔。河北一王属突厥所管。土地亦出驼骡羊马叠布之类。衣著皮裘叠布。食多饼麨。言音各别。不同余国。不识仏法，无有寺舍僧尼。"③再如《新唐书》记载康国："王帽毡，饰金杂宝。女子盘髻，幪黑巾，缀金花。"④东安国（喝汗国）："东安，或曰小国，曰喝汗，在那密水之阳，东距何二百里许，西南至大安四百里。……后八年，献波斯驝二，拂菻绣氎球一，郁金香、石蜜等，其妻可敦献柘辟大氎球二、绣氎球一，丐赐袍带、铠仗及可敦袿襦装泽。"⑤再如《大唐西域记》记载飒秣建国"机巧之技，特工诸国"。⑥再如《册府元龟》记载开元四年（716）七月"大食国黑密牟尼苏于漫遣使献金线织就宝装、玉洒地瓶各一"。⑦开元七年（719）二月安国王笃萨波提遣使上表论事："今奉献波斯驝二、佛菻绣氎毹一、郁金香三十斤、生石蜜一百斤。……又臣妻可敦，奉进柘壁大氎毹二、绣氎毹一，上皇后。如蒙天恩滋泽，请赐臣鞍辔、器仗、

　　① 吴玉贵：《突厥汗国与隋唐关系史研究》，北京：中国社会科学出版社，1998 年，第 341—393 页。华涛：《西域历史研究（八至十世纪）》，上海：上海古籍出版社，2000 年，第 1—13 页。王小甫：《唐、吐蕃、大食政治关系史》，北京：中国人民大学出版社，2009 年，第 145—178 页。

　　② 华涛：《西域历史研究（八至十世纪）》，第 3 页。

　　③ （唐）慧超原著，张毅笺释：《往五天竺国传笺释》，北京：中华书局，2000 年，第 101、130—131 页。

　　④ 《新唐书》卷二二一《康国传》，第 6243 页。

　　⑤ 《新唐书》卷二二一《康国传》，第 6245 页。

　　⑥ （唐）玄奘、辩机原著，季羡林等校注：《大唐西域记校注》卷一《飒秣建国》，北京：中华书局，2000 年，第 87 页

　　⑦ 《册府元龟》卷九七四《外臣部·褒异》，第 11276 页。

袍带，及赐臣妻可敦衣裳妆粉。"① 开元十三年（725）三月，"大食国遣使苏黎满等十三人献方物（又云献马及毛锦）"。开元二十九年（741）十二月丙申，"大食首领和萨来朝，授左金吾卫将军，赐紫袍、金钿带，放还蕃"。天宝十二载（753）七月辛亥"黑衣大食遣大酋望二十五人来朝，并授中郎将，赐紫袍、金带、鱼袋，放还蕃"。② 开元时，"中天竺遣使者三至；南天竺一，献五色能言鸟，乞师讨大食、吐蕃，丐名其军，玄宗诏赐怀德军，使者曰：'蕃夷惟以袍带为宠。'帝以锦袍、金革带、鱼袋并七事赐之"。③

中亚的粟特商人亦在唐代长安大量购买丝织品。《金桃的故乡——撒马尔罕》一书考察了中亚城市撒马尔罕考古发现的各种唐代织造业遗存。如在离撒马尔罕城不远的穆格山中曾出土了300余件遗物，其中约150件丝织物、毛织物和棉织物遗物被苏联学者确认来自中国。1965至1971年间，苏联考古学者对康国王宫遗址进行了系统发掘，在一号房屋的遗址中，发现了保存较完整的壁画。西墙壁画的主题是献礼图，其中数人为唐装使臣，有一人手托织物三叠，一人手托丝。人物头戴唐初盛行的幞头，身着窄袖长身袍，系腰带，垂鞶囊，佩长刀，这些是典型的唐初官吏形象。北墙壁画正中绘有一条河流，画面分成了东西两部分，西侧为唐装仕女泛舟图，东侧为唐装骑士猎兽图。东墙壁画残损过甚。南墙壁画为出行图，其线条勾勒与中国壁画相似。据研究，以上壁画的时间在7世纪末至8世纪初期的15年间，正好是在康国臣属于唐朝期间。④

隋唐史书对于商胡亦多有记载，可见其时商胡影响之大。如邓景山任扬州长史，他"居职四年，会刘展作乱，引平卢副大使田神功兵马讨贼。神功至扬州，

---

① 《册府元龟》卷九九九《外臣部·请求》，第11558页。
② 此据张星烺编注，朱杰勤校订：《中西交通史料汇编》第二册，第150—152页。
③ 《新唐书》卷二二一上《天竺传》，第6239页。
④ 蓝琪：《金桃的故乡——撒马尔罕》，北京：商务印书馆，2014年，第25页。可参看郎锐、林文君：《昭武遗珍——唐安西都护府地区货币研究》，长沙：湖南美术出版社，2018年，第158—160页。［俄］马尔夏克（Boris Marshak）著，毛铭译：《突厥人、粟特人与娜娜女神》，第50—65页。［法］葛乐耐（Frantz Grenet）著，毛铭译：《驶向撒马尔罕的金色旅程》，桂林：漓江出版社，2016年，第22—42、111—122页。

大掠居人资产，鞭笞发掘略尽，商胡大食、波斯等商旅死者数千人"。① 田神功"寻为邓景山所引，至扬州，大掠百姓商人资产，郡内比屋发掘略遍，商胡波斯被杀者数千人"。②"锷以两税钱上供时进及供奉外，余皆自入。西南大海中诸国舶至，则尽没其利，由是锷家财富于公藏。日发十余艇，重以犀象珠贝，称商货而出诸境。周以岁时，循环不绝，凡八年，京师权门多富锷之财。拜刑部尚书。"③"南海有蛮舶之利，珍货辐凑。旧帅作法兴利以致富，凡为南海者，靡不橐载而还。"④

敦煌、吐鲁番文书中有不少关于粟特人分布与生活情况的资料，甚至还记载了塔里木盆地粟特人的生活及宗教信仰情况。敦煌文书S.367《沙州伊州地志》提到伊州有祆寺，由祆主翟槃陀主持。"槃陀"二字即为粟特语"仆人"的音译，该词在敦煌文书中已经多次出现。⑤ 而这所祆寺供奉的神祇阿览在其他文书中所见并不多，只在部分敦煌文书中见得人名"曹阿览""曹阿览延"等。而荣新江先生指出"-yan"为粟特文"礼物"之意，兼有"荣典、庇佑"之意。⑥ 文书中的"素书形像"是祆教传播中借鉴佛教，向佛教靠拢的表现。⑦ 可见其时粟特人迁入塔里木盆地周缘已久。

如今考古学界发掘的唐代纺织品遗存较多出自河西、西域地区。西北地区植桑养蚕历史悠久，隋唐五代时期西北地区丝织业也有所发展。撰于唐开成四年（839）的P.4638《大蕃故敦煌郡莫高窟阴处士公修功德记》记载了敦煌豪族阴嘉政有"山庄四所，桑杏万株"。⑧

丝绸之路上出土的汉唐织物中数量最多的就是丝织品，将丝织品发掘点连接

---

① 《旧唐书》卷一一〇《邓景山传》，第3313页。
② 《旧唐书》卷一二四《田神功传》，第3533页。
③ 《旧唐书》卷一五一《王锷传》，第4060页。
④ 《旧唐书》卷一七七《卢钧传》，第4591页。
⑤ 张广达：《唐代六胡州等地的昭武九姓》，《北京大学学报》（哲学社会科学版）1986年第2期，第71—80页。
⑥ 荣新江：《中古中国与外来文明》，北京：生活·读书·新知三联书店，2001年，第53页。
⑦ 王启涛：《敦煌文献"素书"新考》，《西南民族大学学报》（人文社会科学版）2016年第4期，第189—192页。
⑧ 上海古籍出版社、法国国家图书馆编：《法藏敦煌西域文献》32，上海：上海古籍出版社，2005年，第229—231页。

起来，有助于我们勾勒出唐代丝绸的大致流通网络，其情况是：

敦煌：古人历来把西出阳关看成是进入西域的标志，而出土大量纺织品的敦煌正位于这个大门口。对于敦煌在东西交通上的重要地位，日本学者池田温这样写道："再往后的 4 世纪初，从撒马尔罕来到粟特商人与其家族通信的信件（关于书信的书写年代尚且存在不同观点）被斯坦因探险队在敦煌北边的汉代守卫设施遗址中发掘出来，进而 10 世纪末的《世界境域志》直到 12 世纪伊斯兰教徒的记录，这些可以使我们知道这一地域的东方交易之盛行了。此外，马可·波罗的记事也清晰地使人得知，当时对往来于东西之间交通路上的西方商人来说，敦煌的存在是多么的引人注目。……仔细研究近年所发现的竹简、敦煌文书（主要是 8—10 世纪的公文书、寺院文书、私人文书类），还是能够得到一些有关敦煌经济方面的资料。"[①] 敦煌是丝绸之路上的要冲，敦煌文献反映出当时敦煌流通的丝绸不仅有中国内地传来的，还有从中亚、西亚传来的。中国内地传入敦煌的丝绸有河南绢绌、吴绫、越罗、蜀罗等种类。中亚、西亚传入敦煌的丝绸织物有胡锦、番锦等，还有疑为粟特风格的织锦。敦煌文书中还提到了可能来自东亚朝鲜半岛的高离锦和朝霞锦。[②] 莫高窟出土文物中有以丝绸为材料的佛教用品，如莫高窟发现唐代幡及幡残片约 360 件，其中 40 件保存较完整，其制作材料主要为纺织品且大多数为丝织品。还有绣像及绣像残片、经帙、包裹经卷的包袱布、经卷封面、经卷系带、佛经、佛画等。此外还有丝织日用品。莫高窟北窟 228 窟是开凿于隋末唐初的瘞窟，其中出土了黄色袈裟、长方形袋、墨绿色纱三件丝织品。敦煌发现的织花丝绸有经锦、纬锦、双层锦、双面锦、绫织物、纱罗、妆花绫等。工艺使用了夹缬、绞缬、灰缬、锁绣、劈针绣、平绣、夹金绣等。[③] 敦煌文书是了解晚唐五代敦煌地区纺织品使用、消费情况的最直接的文献资料。在敦煌社会经济文书中，社邑文书记录了敦煌地区大众纺织品消费主要用于日常服饰、人事礼仪、纳赠助葬、买卖借贷等。

---

① ［日］池田温著，张铭心、郝轶君译：《敦煌文书的世界》，第 108 页。
② 赵丰、王乐：《敦煌丝绸》，兰州：甘肃教育出版社，2013 年，第 207—228 页。
③ 赵丰、王乐：《敦煌丝绸》，第 97—120 页。

敦煌文书 S.4445（1）《己丑年（929）何愿德贷褐契》①是直接记述敦煌居民
商业活动的珍贵资料：

己丑年十二月廿三日龙家何愿德于南山买买（卖），欠小（少）褐，
遂于永安寺僧长千面上贷出褐叁段，白褐壹段。比至南山到来之日，还
褐六段。若东西不平善者，一仰口承弟定德、丑子面上取本褐。若不还
者，看乡愿生利。恐人不信，故立此契，用为后凭。

口承弟定德（略押）

口承丑子（略押）

取褐人何愿德（略押）

池田温先生认为何愿德是龙家集团的商人，与其弟二人都取了中国式的名字，
所以被认为是汉人。他从永安寺的僧人那里借了褐四段要去南山做生意，签订了
返还时增加 50%，也就是返还六段的契约。由此可以推断出他是一个与汉族寺院
有往来的小商人。"褐"一般指粗衣，但这里的褐可以充当做买卖的资本，应当
具有商品的价值，所以被认为是"氍"之类的高级羊毛制品。池田温先生还认为，
敦煌文书的附利息借绢契中多处都可以看到"西州充使""入奏充使"的记载，
这是因绢帛不够而借绢等物，回到敦煌后加上利息返还的例子。通过分析这些例
子可以认为，敦煌人在出使远方的同时伴有许多交易活动，他们一般是以营利为
目的而借绢或骆驼的。②

敦煌寺院文书中也有大量纺织品记载。如 P.2613《咸通十四年正月四日沙州
某寺就库交割常住什物色目》记载了"紫绫伞壹，绯绢里，青绢裙，杂色柱子"等物。③
再如 S.2472v《辛巳年十月廿八日营指挥葬巷社纳赠历》记载的社人纳赠的织物中

---

① 此件文书在《英藏敦煌文献》中定名为《己丑年十二月廿三日何愿德贷褐契》，图
版见中国社会科学院历史研究所等合编：《英藏敦煌文献（汉文佛经以外部分）》第六卷（斯
四二二六——四九〇一），成都：四川人民出版社，1992 年，第 77 页。释文据［日］池田温著，
张铭心、郝轶君译：《敦煌文书的世界》，第 134—135 页。

② ［日］池田温著，张铭心、郝轶君译：《敦煌文书的世界》，第 134—135 页。

③ 上海古籍出版社、法国国家图书馆编：《法藏敦煌西域文献》16，上海：上海古籍
出版社，2001 年，第 255—257 页。

有绢、练、绫、罗等，服饰中有黄画帔子、淡红绢衫子、绣裙等。[1]晚唐五代的敦煌地区，纺织品不仅用于制作服饰和寺院用具，还作为货币进入流通领域。

若羌：米兰古城位于若羌县城东北约 75 公里处，根据发掘情况来看，它主要是唐代遗址，其中在 F6 中发现了米黄与深蓝色丝织品。[2]

和田：1900 年斯坦因第一次在塔里木盆地进行发掘时选择的就是和田的丹丹乌里克遗址，发现了传丝公主的画板。中华人民共和国成立后，在距此不远的阿克斯比尔古城中又发现了红陶蚕一件。于阗绫锦也是当时名产。[3]

吐鲁番：吐鲁番文书中提及的纺织品有锦、绮、绞、罗、纱縠、绨、纨、绢、缣、绝、刺绣和染缬等。交河郡物价表上记录的丝织品及丝料有绫、纱、锦、罗、晕绸、练、绝、生绝、绢、缦、绵绸、绵等。各类织品又可以据其规格、质量、颜色等做进一步的划分。如练分大练、小练，绵分大绵、小绵，缦有紫缦、绯缦，绫也有紫、绯多种。吐鲁番文书中记载的丝织品大多来自内地，且多为当时的名品。文牒中明确提到的有益州、梓州、河南府、陕州、蒲州、常州等地，这些地方分别属于今四川成都、三台，河南洛阳、陕县，山西永济和江苏常州。还有被记录为"杂州"的丝织品，学界一般认为这是各州运来的各种布类的总称。孔祥星先生认为吐鲁番从外地运来的纺织品主要来今四川、河南、陕西、山西等地，而没有发现长江中下游运来的产品。这与唐代纺织品的发展状况有关。[4]此外，大谷探险队发掘的吐鲁番花树对鹿纹锦被认为是仿波斯制的中原织锦。[5]

吐鲁番文书中亦有不少关于丝织品的记载。如：

---

① 中国社会科学院历史研究所等合编：《英藏敦煌文献（汉文佛经以外部分）》第四卷（斯二〇九二—三〇四六），成都：四川人民出版社，1991 年，第 85 页。

② 参看彭念聪：《若羌米兰新发现的文物》，《文物》1960 年第 8、9 期，后收入新疆社会科学院考古研究所编：《新疆考古三十年》，乌鲁木齐：新疆人民出版社，1983 年，第 151 页。

③ 参看阎文儒：《就斯坦因在我国新疆丹丹乌里克、磨朗遗址所发现几块壁画问题的新评述》，原载《现代佛学》1962 年第 5 期，此据新疆社会科学院考古研究所编：《新疆考古三十年》，第 613—621 页。

④ 孔祥星：《唐代"丝绸之路"上的纺织品贸易中心西州——吐鲁番文书研究》，《文物》1982 年第 4 期，第 18—23 页。

⑤ 赵丰：《锦程：中国丝绸与丝绸之路》，第 185 页。

《伊乌等毯帐》① 载：

 1. 伊乌毯十张，伊受毯廿张，羌儿母毯五。（后略）

《高昌主簿张绾等传供帐》② 载：

 1. ＿＿＿＿＿匹毯六张半，付索[寅]义，买厚绢，供[淶]□。

 2. ＿＿＿＿＿半斤，付双麥（爱），供□淶。

 3. ＿＿＿＿[出]行绌卅匹，主簿张绾传令，与道人昙训。

 4. ＿＿＿＿[出]行绌五匹，付左首典（兴），与若愍提勤。

 5. ＿＿＿＿[出]赤连一枚，付麥（爱）宗，与乌胡慎。

 6. ＿＿＿＿阿钱条用毯六张，买沾缯。

 7. ＿＿＿＿匹，付得钱，与吴儿折胡真。

 8. ＿＿＿＿[赤]连一枚，付得钱，与作都施摩何勃。

 9. ＿＿＿[绌]一匹，赤连一枚，与秃地提勤无根。

 10. ＿＿＿＿[月]廿五日，出[绌][二][匹]，[付]□[富]买肉供□□。

 11. ＿＿＿[出]毯一[张]＿＿＿

 12. ＿＿＿[出]行绌＿＿＿

 13. ＿＿＿[行]绌＿＿＿

 14. ＿＿＿[行]绌三匹，赤连三枚，付隗巳隆，于阿祝至火下。

 15. ＿＿＿[张]绾传令，[出][疏]勒锦一张，与处论无根。

 16. ＿＿＿[摩]何□□

 17. ＿＿＿＿[绌]一匹，毯五张，[赤][连]□枚，各付巳隆，供锸头＿＿＿＿

除出土文书外，出土文物也表明唐代高昌一带丝绸贸易发达，丝绸技术高超。德国探险家勒柯克曾率考察队于 1904 年、1914 年两次考察高昌一带的古城遗址，挖掘、带走了大量出土丝绸残片。（见图 6-2 至图 6-6）

---

① 国家文物局古文献研究室、新疆维吾尔自治区博物馆、武汉大学历史系编：《吐鲁番出土文书》第一册，北京：文物出版社，1981 年，第 78 页。

② 国家文物局古文献研究室、新疆维吾尔自治区博物馆、武汉大学历史系编：《吐鲁番出土文书》第二册，北京：文物出版社，1981 年，第 17—18 页。

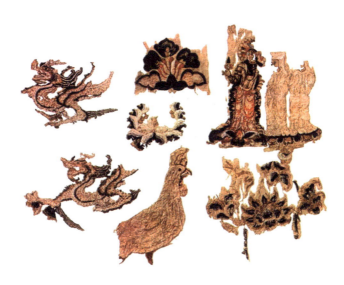

图 6-2　高昌 K 遗址出土的 8 世纪下半叶摩尼教丝绸刺绣残片

（勒柯克著，赵崇民译，吉宝航审校：《高昌——吐鲁番古代艺术珍品》。该丝绸被认为是勒柯克发掘品中最精美的一件。出土于 K 遗址"藏书室"甬道旁，被认为与摩尼教有关。有突厥文题记，因而时间上限被认为是 8 世纪末。）

图 6-3　高昌 K 遗址出土的带有图案的丝绸残片

（勒柯克著，赵崇民译，吉宝航审校：《高昌——吐鲁番古代艺术珍品》。这是一组带有图案的丝绸残片。其中最右侧的残片采用了织花壁毯技术，其纬线并不经过经线墙（底子）的整个宽度，而是把图案的每一种颜色根据需要用手编入经线里面，有规律地反复织出所需数目的同一图案。故而此种技术被认为是纺织品的最古形式。其图案是在金黄色的底色上用青、紫、黄、白、蓝等丝线织成的藤蔓。此种图案被认为来自中亚或东亚，因其为金黄色作底，也因其藤蔓的纵向中线很独特。在底子的金线之间加入了未经旋捻的平宽线，宽线的一侧还包有金箔，这种平宽线与 13—14 世纪的中国金银丝提花锦缎的那种涂金平绣线相似。因此这件织品的出土可将涂金平绣线织法追溯至中世纪早期。）

图6-4 高昌和吐峪沟出土的具有织入或染色图案的绸缎

（勒柯克著，赵崇民译，吉宝航审校：《高昌——吐鲁番古代艺术珍品》。上面的残片和下面左侧的残片出土于高昌K遗址"藏书室"旁边的窄回廊，其中上方的残片被认为是晚期希腊和波斯艺术向东传的表现。下面右侧的残片出土于吐峪沟右岸寺庙"遗书室"，是很精致、很轻的金丝织品残片，被认为是中亚或东亚所制。）

图6-5 高昌和吐峪沟出土的带有东亚风格的绸缎残片

（勒柯克著，赵崇民译，吉宝航审校：《高昌——吐鲁番古代艺术珍品》。上面的残片出土于吐峪沟右岸寺庙中的"遗书室"，被认为是东亚风格。下面的残片出土于高昌K遗址"藏书室"旁边的回廊，被认为具有佛教风格。）

图 6-6　高昌和吐峪沟出土的可能为佛幡装饰物的丝绸刺绣

（勒柯克著，赵崇民译，吉宝航审校：《高昌——吐鲁番古代艺术珍品》。其为图案、人像残片，可能为佛
幡上的装饰物。刺绣方法有编结刺绣、辫结刺绣、花绷子刺绣等，这些刺绣方法在近东和波斯、土耳其地区
更为常见。）

盐湖：位于乌鲁木齐市东南，1970 年在盐湖南岸天山发现一座唐代墓葬，留存有锦绢绫丝织物若干，具有相当高的价值。

拜城：黄文弼先生在克孜尔千佛洞中发现了许多丝织品，时属唐代，其中有回纹绫、双鱼纹锦等。

巴楚：巴楚脱库孜沙来古城乃是一个曾活跃于北魏至北宋年间的遗址。在其唐代文化层中，不仅发现了蚕茧、丝的实物，而且还有为数不少的纺织品实物。

喀什：喀什地区所存唐代丝织品极丰，但尚未发表正式的考古报告。

都兰：位于青海海西的都兰出土了大量吐蕃时期的纺织品，兼有东西方的特点。青海也是从中原进入西域的一条重要路线，它一方面可以斜穿到敦煌，然后出关，另一方面也可直接向西，走过金山口，进入新疆的丝路南道。①

勾连这些唐代纺织品的出土地点，赵丰先生认为，与汉代的丝绸之路相比，唐代的丝绸贸易似乎较多地采用一条偏北迂回的道路："正如一些中外关系史专

---

① 赵丰、尚刚、龙博编著：《中国古代物质文化史·纺织》（上），北京：开明出版社，2014 年，第 313 页。

家认为的那样，因为罗马'其王常欲通使于汉，而安息欲以汉缯彩与之交市，故遮阂不得自达'，故而丝绸贸易的商队开辟了一条新的商道，以避免与波斯人冲突，引起麻烦并造成损失。"①

对于汉唐间的通货变迁，池田温先生这样总结："从西汉开始到宋初为止，跨越一千余年，区分成大致四个时期：即汉晋的货币经济；北朝的布匹与西域钱货的流通；然后是唐前期的货币经济；最后是吐蕃占领后（8世纪）的实物媒介物的盛行。……从斯坦因探险队在敦煌北部的防卫线上各处发现的汉代木简、绢片里，可以零碎地见到一些有关货币的记述……表示以钱发放给前线的下级官吏工资：'任城国亢父〔县〕缣一匹。幅广二尺二寸，长四丈，重廿五两，直钱六百一十八。'（绢片，沙畹编号539，T.XV.ai.3）这里明确记载了遥远的华北东部的缣的规格与价格，是敦煌发现的珍贵资料。"②敦煌文书S.613《西魏大统十三年（547）瓜州效谷郡计帐》③包含了数十户的户口和公课的总计数据，反映出当时敦煌存在农民向国家缴纳布（麻布）和麻（麻线）及租（谷物、粟子等）的公课制度，而且租的一部分可以用草（饲料用干草）来代缴。也就是说，作为公课被征收的有纤维制品、谷、草三种，而其中没有货币。这一点和华北地区的北朝的制度完全一致，当时的布帛经济的优先地位在敦煌也被确认下来了。④

《经行记》中保存了唐时织造技术西传的珍贵史料。《经行记》作者杜环为《通典》作者杜佑的族子。唐玄宗天宝十载（751），杜环随镇西节度使高仙芝大军西征。当行至怛罗斯城时，与大食军遭遇，军败被俘，随行至西海，备历艰难。《经行记》记："绫绢机杼，金银匠，画匠，汉匠起作画者，京兆人樊淑、刘泚，织络者，河东人乐隈、吕礼。"⑤这段文字说明唐代中国织造技术的西渐，更可贵的是还保留了几位工匠的名字。⑥

---

① 赵丰、尚刚、龙博编著：《中国古代物质文化史·纺织》（上），第314页。

② ［日］池田温著，张铭心、郝轶君译：《敦煌文书的世界》，第109—112页。

③ 此件文书在《英藏敦煌文献》中定名为《瓜州帐、籍（西魏大统十三年（547））》。见《英藏敦煌文献（汉文佛经以外部分）》第二卷（斯五二五——三八〇），成都：四川人民出版社，1990年，第78—85页。

④ ［日］池田温著，张铭心、郝轶君译：《敦煌文书的世界》，第118页。

⑤ （唐）杜环著，张一纯笺注：《经行记笺注》，北京：中华书局，1963年，第55页。

⑥ 相关讨论参见［法］伯希和撰：《黑衣大食都城之汉匠》，载冯承钧译：《西域南海史地考证译丛》第五编，北京：商务印书馆，1962年，第7—8页。

公元 6 世纪末，东罗马史家梅南窦（Menander Protector）记突厥可汗与东罗马皇帝通聘事甚详。亨利玉尔《古代中国闻见录》卷一载其事：哲斯丁皇帝（Emperor Justin）即位之第四年初，即公元 568 年（周武帝天和三年，陈废帝光大二年），突厥大使抵拜占庭（Byzantium）。来使目的，可知如下：突厥人是时兵马强盛，索格底亚（Sogdia）人昔臣于悒怛（Ephthalites 或 Hephthalites），而今则隶属突厥，请求突厥王遣使至波斯国，征得其国之许可，在其境内贩卖丝货。突厥王的柴白鲁斯（Dizabulus 或 Silzibul）应其请，乃以马尼亚克（Maniac）为大使，率领索格底亚人多名，往波斯，朝见其王，请求在国内自由贩卖丝货。波斯王不欲境内有突厥人踪迹，故犹豫其辞。今日诿之明日，明日诿之后日，不置答复，终又以他故却之。索格底亚人固请，波斯王柯斯鲁（Khosroes）乃召群臣议之。悒怛人喀塔尔福斯（Katulphus）者，其妻尝为悒怛王所污，恨王，乃阴通突厥，而覆其宗国，后又与突厥人不协，乃降波斯，至是献策波斯王，绝不可使丝货入波斯境，而应由政府定价收买，当诸使之前焚之。①

阿拉伯商人苏烈曼（Suleiman）于希吉来历 237 年（唐宣宗大中五年，851）来到印度、中国等地经商。其在《苏烈曼游记》中记录道："中国商埠为阿拉伯商人麇集者，曰康府（Khanfu）。其处有回教牧师一人，教堂一所。市内房屋，大半皆构以木材及竹席，故常有火灾。外国商船抵埠，官吏取其货物而收藏之，一季之船既全入口，官吏征百分之三十关税后，乃将货交还原主发卖。国王有悦意之货，则以现金及最高购价，付之商人也。各地回教商贾既多聚广府，中国皇帝因任命回教判官一人，依回教风俗，治理回民。判官每星期必有数日专与回民共同祈祷，朗读先圣戒训。终讲时，辄与祈祷者共为回教苏丹祝福。判官为人正直，听讼公平。一切皆能依《可兰经》圣训及回教习惯行事。故伊拉克（Irak）商人来此方者，皆颂声载道也。"②

唐代丝绸贸易活动主要有如下特征：首先是官方垄断的贸易活动。盛唐时期政府对于丝织品外贸严格管控："诸官私互市唯得用帛练、蕃彩，自外并不得交易。其官市者，两分帛练，一分蕃彩。若蕃人须籴粮食者，监司斟酌须数，与州司相

① 张星烺编注，朱杰勤校订：《中西交通史料汇编》第四册，第 282—283 页。
② 段金录、姚继德主编：《中国南方回族经济商贸资料选编》，昆明：云南民族出版社，2002 年，第 68 页。

知，听百姓将物就互市所交易。"① 朝贡贸易则主要由后者管理。② 地方上，由互市监负责管理具体事务。唐政府还通过推行"过所"制度，严格限制民众的流动。凡需要通过津关、渡口的，都需要申请"过所"。"过所"的颁行即是为了限制民众的流动，也是为了防止一些贵重物品的私自贩卖。③ 唐代《关市令》第四条载："（开元二十五年）诸锦、绫、罗、縠、䌷、绵、绢、丝、布、牦牛尾、真珠、金、银、铁，并不得度西边、北边诸关及至缘边诸州兴易。"④

正是因为官方的垄断贸易，丝绸贸易并没有从朝贡、互市等政治、外交活动中独立出来，而是以册封与嘉奖、来朝赏赐、和亲赏赐和其他礼节性赏赐为主。当诸国和民族政权的使节、商团向唐王朝进献时，唐王朝往往以丝绸等物回赠。这种"赠赐"的目的并非从中谋利，而是希望借以收拢人心，以稳定边疆、建立外交关系、维护和平。而互市仅仅在朝廷指定的场所进行，买卖的物品也有所限制。可以说，无论赠赐还是互市，都是带有浓厚政治色彩的羁縻手段。关于使团进献及唐王朝的赠赐，《册府元龟》有比较具体的记载，如唐开元二年"七月，大食国黑蜜牟尼苏利漫遣使上表，献金线织袍、宝装玉洒地瓶各一（一云开元初进名宝钿带等方物）"；唐开元五年"康国王遣使献毛锦青黛"；唐开元七年"四月，契丹松漠都督李娑固遣使献马十匹，……帝以其远蕃修贡，加宴劳，赐锦彩五百匹"，"八月，大拂涅靺鞨遣使献鲸鲵鱼睛、貂鼠皮、白兔猫皮"；开元十二年二月"契丹遣使涅礼来贺正，并献方物。奚遣大首领李奚奴等十人，渤海靺鞨遣其臣贺作庆，新罗遣其臣金武勋，勃律遣大首领苏磨罗来贺正。各赐帛五十匹，放还蕃"，七月"吐火罗国遣使献胡药、乾陀婆罗等三百余品。……授摩罗折冲，赐帛百匹，放还蕃"；开元二十二年"四月，日本国遣使来朝，献美浓𫄧二百匹，水织𫄧二百匹"；等等。⑤ 唐朝政府通过朝廷赐品、战争、互市等渠道将丝绸输入周缘地区，但能获得丝绸的仅为周缘政权的贵族、大臣等人，丝绸的使用仅限于统治阶级上层。如青海都兰发现的吐蕃墓，墓主为吐蕃论、尚（即王族、外戚等）。墓中有大量丝织品，

---

① 《唐六典》之《尚书户部卷第三》，第 82 页。
② 黎虎：《汉唐外交制度史》，兰州：兰州大学出版社，1998 年，第 386—393 页。
③ 程喜霖：《唐代过所研究》，北京：中华书局，2000 年，第 39—117 页。
④ ［日］仁井田陞：《唐令拾遗》，东京：东京大学出版会，1933 年，第 715 页。
⑤ 《册府元龟》卷九七一《外臣部·朝贡第四》，第 11237—11241 页。

如绢、罗、纱、绫、锦等。经研究，基本属于中原输入品。这些丝织品作为政治性礼品进入吐蕃地区，被吐蕃贵族视为社会地位、身份的一种象征。^①这种以贡赐为主的贸易，显然是一种非等价的交换活动。一般情况下，唐政府所输出丝织品的价值要远远大于朝贡者带来的贡物价值。^②

虽然隋唐时期丝织品贸易主要由国家力量掌控，但不受时间和市场限制的小宗交易乃至走私活动依然存在。因正史往往对民间贸易忽略不计，如今我们只能从文人作品、出土文书、发掘文物、类书等材料中获得零星记载。小宗民间交易不仅有商胡参与，还常在少数民族首领与唐朝官吏之间进行。如吐鲁番出土文书《唐上李大使牒为三姓首领纳马酬价事》《唐译语人何德力代书突骑施首领多亥达干收领马价抄》都反映了这类情况。从这些文书中可以看出当时的安西四镇军事活动频繁，作战、巡逻以及不断的运输都需要增换马匹，而少数民族人士特别是大小首领亦迫切需要丝绸、茶叶等物资。^③因此，虽有《关市令》这样的行政命令严格把控，然中原与边地的民间贸易并未被遏制。

唐代是丝绸之路发展的顶峰时期。盛唐时期的疆域"盖南北如汉之盛，东不及而西过之"。^④隋唐时期，由中国经中亚、南亚到达欧洲、北非的绿洲丝绸之路及经北方蒙古高原、中西亚北部到达地中海北部欧洲地区的草原丝绸之路已经成为沟通中外、交流东西的主动脉。汉代曾派使者自蜀、犍二郡出发向南寻找"西南夷道"（即身毒道）。至唐朝，西南丝绸之路也已有了长足发展。与此同时，隋唐时期的海上丝绸之路也有所发展：以东海为中心前往朝鲜、日本的东洋航线，以南海为中心前往东南亚、南亚的南洋航线，以沿海诸港为中心前往南亚、东非、阿拉伯地区的西洋航线逐渐形成。^⑤这一时期，丝织品虽然还是丝绸之路贸易的主体，但瓷器

---

① 北京大学考古文博学院、青海省文物考古研究所编著：《都兰吐蕃墓》，北京：科学出版社，2005年，第13页。

② 参阅李亚平：《盛唐时期（712—755年）丝织品外贸及其借鉴研究》，博士学位论文，武汉大学，2015年，第21—25页。

③ 殷晴：《探索与求真——西域史地论集》，乌鲁木齐：新疆人民出版社，2011年，第229页。

④ 《新唐书》卷三七《地理志》，第960页。

⑤ 参阅李锦绣：《古代"丝瓷之路"综论》，《新疆师范大学学报》（哲学社会科学版）2017年第4期，第53—60页。

生产和贸易也有了长足发展，逐渐形成的海上丝绸之路交通网推进了瓷器贸易。可以说，隋唐时期的陆上丝绸之路与海上丝绸之路都比以前有了较大发展。

为何隋唐时期会成为丝绸之路交通网发展的顶峰时期？首先，就政治、军事层面而言，唐王朝实行"关中本位政策"。在我国历史上，特别是汉唐之间十来个建都长安的王朝，都注重加强西北方面的防御，尤其重视对河西走廊的经营。这一点早在汉代就认识得很清楚。清代顾祖禹在其《读史方舆纪要》中说"昔人言：欲保秦、陇，必固河西；欲固河西，必斥西域"①，合乎逻辑地总结了这方面的历史经验。吐谷浑、突厥等周缘政权的威胁使得隋唐王朝"竭全国之武力财力积极进取，以开拓西方边境，统治中央亚细亚，借保关陇之安全为国策也"。②因而隋唐王朝特别注重汲取汉时有效经略西域的宝贵历史经验，积极开拓丝绸之路，保证丝绸之路的安全、畅通，以维护帝国的军事安全与和平统一。

其次，就文化层面而言，唐王朝实行"华夷一家"的政策。唐太宗有着"自古皆贵中华，贱夷、狄，朕独爱之如一"③的开放治国理念。这样兼容并包、兼收并蓄的自信心态并非无源之水、无本之木。自张骞通西域以来，经历魏晋南北朝时期的大交融、大碰撞，至隋唐时期，各民族愈发交融，并产生了自发、自觉的文化认同，中国也愈发了解周缘世界。因而唐代能积极继承汉代以来丝绸之路的发展成果并将其进一步发扬光大，以开放、自信、包容的胸襟，昂扬、积极、进取的步伐"行到安西更向西"④。

---

① （清）顾祖禹撰，贺次君、施和金点校：《读史方舆纪要》卷六三《陕西十二》，北京：中华书局，2005年，第2972页。

② 陈寅恪：《唐代政治史述论稿》，上海：上海古籍出版社，1982年，第133页。

③ 《资治通鉴》卷一九八唐太宗贞观二十一年五月条，第6247页。

④ （唐）岑参：《过碛》，载刘开扬笺注：《岑参诗集编年笺注》，第176页。

第二节 丝绸贸易比重的变化情况

一、宋元时期的情况

宋元时期将农桑作为农民的义务而列入法律，促使全国丝织业进入空前的鼎盛时期，苏州织造的宋锦、南京织造的云锦、四川织造的蜀锦都是全国闻名的织物。吴自牧《梦粱录》还记载了南宋时期的绒背锦、鹿胎锦、闪褐锦、间道锦、织金锦等名品。①

两宋时期，全国丝织中心开始南移。对于丝织业重心南移原因的传统解释主要是战乱破坏说，即认为宋辽金的长期对峙和争战直接导致了以河北、京东为中心的北方丝织业的衰落。同时还有灾荒频繁说、征绢繁重说以及气候变异说。邢铁先生认为唐代丝织业生产重心在北方，江浙一带刚刚起步。以往学界通过整理《宋会要·食货》"匹帛篇"乾德五年至乾道八年"诸路租税之入"中绢帛的四组较完整的统计数字，认为两浙路接近或超过了河北、京东四路的总和，从而证明宋代丝织业生产重心已经南移。而宋代征收绢帛丝绵的首要目的是供军需，就质量而言，宋代最优质的丝织品出产在河北和京东，而不是江浙或其他地区。而宋元明时期，纺棉布逐渐取代了绢帛和麻布。②

文学作品的记载也反映了有宋一代织造业的繁荣。苏轼的名篇《浣溪沙·麻叶层层苘叶光》作于元丰元年（1078）。这一年徐州春旱严重，苏轼作为徐州太守曾经前往石潭求雨，得雨之后又前往石潭谢雨，沿途经过农村，触景生情作《浣溪沙》五首，描画田园风光。春尽夏初，春蚕已老，茧子丰收，于是村人开始煮茧丝。

---

① （宋）吴自牧：《梦粱录》，杭州：浙江人民出版社，1984年，第162—163页。

② 邢铁：《我国古代丝织业重心南移的原因分析》，《中国经济史研究》1991年第2期，第101—112页。邢铁：《我国古代丝织业重心南移原因的补充》，载姜锡东主编：《漆侠与历史学：纪念漆侠先生逝世十周年文集》，保定：河北大学出版社，2012年，第317—321页。

煮茧并不清香，反而有一种蚕蛹蛋白分解的特殊气味而令人难以忍受。但青麻叶成熟而发光，络丝娘喧喧作响，太守与拄杖老人闲话家常，这些在苏轼看来都是一派欣欣向荣的气象。"一村香"的"香气"也成为脍炙人口的神来之笔：

> 麻叶层层苘叶光，谁家煮茧一村香。隔篱娇语络丝娘。
>
> 垂白杖藜抬醉眼，捋青捣𪎭软饥肠。问言豆叶几时黄。[①]

"九张机"是用于"转踏"的词调，此首《九张机》由九首同一曲调的小词构成，以农家少女的口吻叙说自己恋爱的喜悦和相思的烦忧，总体是围绕着织丝一事来写的。这组词录自南宋初曾慥编《乐府雅词》，应是北宋的作品。第一章和第二章写女主人公春日在采桑陌上邂逅了一位过路的男子，两人一见钟情。第四章至第九章具体结合女主人公的机织劳作，反复渲染她对爱情生活的憧憬，对笼罩在爱情生活上空之阴影的忧惧。女主人公对爱情的坚贞，对生活的执着，一唱三叹，缠绵凄婉。第三章是前后两幕剧情的过场。因蚕老茧成，夏来春去，女主人公的劳作遂由采桑转入机织。但因宫廷奢侈，官府勒索，女主人公不得不中止采桑陌上的幽会，闭门在家中紧张地飞梭，赶工织绡。上文描写的青年男女的恋爱被自然收束住，衔接、启动了下文描写的相思之情。

> 一张机。采桑陌上试春衣。风晴日暖慵无力，桃花枝上，啼莺言语，不肯放人归。
>
> 两张机。行人立马意迟迟。深心未忍轻分付，回头一笑，花间归去，只恐被花知。
>
> 三张机。吴蚕已老燕雏飞。东风宴罢长洲苑，轻绡催趁，馆娃宫女，要换舞时衣。
>
> 四张机。咿哑声里暗颦眉。回梭织朵垂莲子，盘花易绾，愁心难整，脉脉乱如丝。
>
> 五张机。横纹织就沈郎诗。中心一句无人会，不言愁恨，不言憔悴，只恁寄相思。

---

① （宋）苏轼著，（清）朱孝臧编年，龙榆生校笺：《东坡乐府笺》，上海：上海古籍出版社，2016年，第112页。

六张机。行行都是耍花儿。花间更有双蝴蝶，停梭一晌，闲窗影里，独自看多时。

七张机。鸳鸯织就又迟疑。只恐被人轻裁剪，分飞两处，一场离恨，何计再相随。

八张机。回纹知是阿谁诗。织成一片凄凉意，行行读遍，厌厌无语，不忍更寻思。

九张机。双花双叶又双枝。薄情自古多离别，从头到底，将心萦系，穿过一条丝。[①]

宋代织造业在技术上也有了长足进步，这首先表现在缎纹、花色、装饰题材方面。由隋唐时代的变化斜纹演变而来的缎纹使得"三原组织"（平纹、斜纹、缎纹）逐渐趋向完整。其次是织物花色品种增多，一方面是装饰题材扩大，另一方面是应用范围更为广泛。如成都茶马司织造的彩锦，其目的是与少数民族政权交换军马，因此在缎纹、花色、装饰题材上必须选择少数民族爱好的品种。北宋时仅彩锦就有40种，到南宋更发展到百余种，并且生产了在缎纹底上再织花纹图案的织锦缎。蜀锦工人创造的"花流水纹"（又称"曲水纹"）以单朵或折枝形式的梅花或桃花与水波浪花纹组合而成，富有浓厚的装饰趣味，成为当时极为流行的锦缎装饰纹样。[②]

在织造技术方面，锦中加金、缂丝、刺绣、染缬加工等技术流行。在织物上饰金以显示尊严和华贵的技法在宋以前就有，至宋、金时代，金饰织物进入了全盛时期。金饰织物的技法是将纯真黄金加工后，或织或绣，或印或画，或粘或贴，装饰或交织于丝织物。黄金的加工方法名目繁多，传世文献记载的就有销金、镂金、间金、戗金、圈金、解金、剔金、陷金、明金、泥金，盘金、织金、捻金、背金、影金、阑金、榜（或作楞）金、金线等十八种，其中有的可能是重复的，有许多已不解其确切含义。[③]这时的罗纹丝织物技法也达到了很高的水平。由于唐、宋时提花织罗机在结构上有了进一步的改革，罗纹丝绸已经可以织制出更加复杂的花纹了。当时享誉全国的罗纹丝织物有孔雀罗、瓜子罗、菊花罗、春满园罗等等。福州浮仓

① 钟振振著：《唐宋词举要》，芜湖：安徽师范大学出版社，2015年，第133—137页。
② 夏燕靖：《中国艺术设计史》，南京：南京师范大学出版社，2011年，第127—131页。
③ 杨丹编著：《丝绸文化》，北京：纺织工业出版社，1993年，第123页。

图 6-7　朱克柔缂丝《莲塘乳鸭图》
（上海博物馆藏）

图 6-8　朱克柔缂丝《山茶蛱蝶图》
（辽宁省博物馆藏）

山南宋墓中出土了 200 多种不同品种的罗纹织物，其罗纹结构有单经、三经、四经纹的素罗，也有平纹和斜纹起花的花罗，还有粗细纬相间隔的"落花流水提花罗"等。宋代刺绣技术发展较大，受绘画技术的影响，刺绣多以名人书画为蓝本，逐渐成为一种欣赏品，成为人们追求风雅的选择。留存至今的宋代绣品全幅配色精妙，针法协调细密。宋代印染技术发达，色谱齐全，染缬加工盛行。宋以后镂空印花版开始改用桐油竹纸代替以前的木板，所以印花纹更加精细。染液也有所改进。这种印染技术还通过海上丝绸之路传至欧洲各国。[1]

缂丝又名刻丝、克丝等，日本叫缀织，是指用通经断纬的方式织造的丝织品。宋代缂丝在技术上有所改进，色彩和图形多以名家绘画作品为蓝本，题材多花鸟、山水、草木、人物等，人物多描绘儿童、九老、八仙、佛像等。[2]宋代缂丝以定州生产的定

---

①　李楠编著：《中国古代服饰》，北京：中国商业出版社，2015 年，第 105—109 页。祝慈寿：《中国古代工业史》，上海：学林出版社，1988 年，第 491—496 页。

②　彭德：《中国美术史》，上海：上海人民出版社，2004 年，第 49—50 页。

州缂丝最为有名，以宋徽宗宣和年间为织造的鼎盛期。定州缂丝丝纹粗细杂用，纹样结构既对称又富于变化，深受时人的喜爱。北宋时期，西北回鹘也生产缂丝，用五色丝线织袍，十分华丽。南宋时，江浙一带多缂丝名手。《莲塘乳鸭图》（图 6-7）为缂丝名手朱克柔所作。朱克柔，南宋云间（今上海松江）人，出身寒微，自幼从事缂丝，其作品用色富于变化，层次分明，立体感强。她的作品在当时就闻名于世，流传于上流社会。其传世代表作除《莲塘乳鸭图》外，还有《山茶蛱蝶图》（图 6-8）。《山茶蛱蝶图》纵25.6 厘米、横 25.3 厘米，由三朵山茶花和一只蝴蝶组成画面，画地为蓝色，有缂制朱印一帧。①

图 6-9 缂丝《紫天鹿》
（故宫博物院数字文物库）

宋代缂丝比锦缎珍贵，高档书画装裱用缂丝，其次用绫锦。北宋的缂丝多用作书画包首或经卷封面（图 6-9）。宋代缂丝为宫廷器重，宋徽宗曾在一件缂丝作品《碧桃蝶雀图》上题诗曰："雀踏花枝出素纨，曾闻人说刻丝难。要知应是宣和物，莫作寻常黹绣看。"② 元、明、清三代，缂丝成为宫廷和民间丝织工艺的传统产品。其中明代宣德年间成就显著，主要产地有南京、苏州、北京等。明代缂丝作品多来自名家画稿，织成后的效果不仅可以乱真，甚至超过原作。③

五代十国时期，陆上丝绸之路的长安—凉州道被阻隔后，长安—灵州道就显得更加便捷、安全，因而逐渐兴起。有研究者认为"灵州道"又分为较便捷的灵州—

---

① 朱淑仪：《宋代缂丝名家朱克柔的〈莲塘乳鸭图〉》，载上海博物馆藏宝录编辑委员会编：《上海博物馆藏宝录》，上海：上海文艺出版社，香港：三联书店有限公司，1989 年，第 218—219 页。

② 彭德：《中国美术史》，第 50 页。

③ 彭德：《中国美术史》，第 52 页。

凉州道和走草原丝路的灵州—甘州道。①"灵州道"的路线大致为：从长安出发经环庆路至灵州，自灵州或经白亭海至凉州沿河西走廊西去，或经巴丹吉林沙漠至甘州，然后循河西走廊经肃州、瓜州、沙州而达西域。但这条新开辟的道路也不安全，常常受到吐蕃及高昌回鹘政权的侵扰。北宋时期，"海路东西交通是有来有往，而陆路东西交通只有来而没有往。北宋经营陆路东西交通之被动与海上交通的差异不言而喻。"②可见北宋陆路交通的"来"与前代不同，不再以贸易交往为主，更多的是政治外交活动。由于辽、西夏等势力在宋朝西北的兴起，为防止军事信息的泄露，除了外交使臣来往之外，宋朝基本停止了与中亚地区的商业贸易活动。

虽然由于种种原因，北宋王朝停止了丝绸之路沿线的官方贸易，但民间商贸往来并没有停止，只是由公开转为地下、直接转为间接，并没有因为政治军事上的对峙而断绝往来。如元丰二年（1079）七月，经制熙河路边防财用李宪言："卢甘、丁吴、于阗、西蕃，旧以麝香、水银、朱砂、牛黄、真珠、生金、犀玉、珊瑚、茸褐、驼褐、三雅褐、花蕊布、兜罗绵、硇砂、阿魏、木香、安息香、黄连、牦牛尾、狨毛、羚羊角、竹牛角、红绿皮交市，而博买牙人与蕃部私交易，由小路入秦州，避免商税打扑。"③

由于北方盘踞的各个少数民族政权阻隔，北宋与中亚政权联系的陆上通道被隔绝，因此宋代的海上贸易迅速发展起来，通过海上丝绸之路进行的丝绸贸易出现了前所未有的兴盛。④宋代海上丝绸之路的主要路线有：向东到达朝鲜半岛、日本的路线；向南前往东南亚占城的路线；往南前往马来半岛，进而到达印度、阿拉伯地区的路线；向南到达三佛齐（即今印度尼西亚苏门答腊岛）进而到达印度、阿拉伯地区的路线等。⑤宋元时期，岭南、江南港口数量增加，供需系统的各条产

---

① 薛正昌：《唐代长安—灵州道：历史与文化》，载杜建录主编：《西夏学论集》，上海：上海古籍出版社，2012 年，第 586—593 页。

② 李华瑞：《北宋东西陆路交通之经营》，《求索》2016 年第 2 期，第 15 页。

③ 《续资治通鉴长编》卷二九九神宗元丰二年七月庚辰条，第 7272 页。

④ 许秀娟：《宋元时期广东与海外的丝绸贸易》，《五邑大学学报》（社会科学版）2002 年第 4 期，第 27—30 页。

⑤ 汪汉利：《三佛齐：宋代海上丝绸之路重要节点》，《浙江海洋大学学报》（人文科学版）2017 年第 6 期，第 1—6 页。

业链纷纷启动，在内需、外需的交互作用下，岭南、江南以及西南区域的外向型经济某些行业表现强劲。①近年来，沿着海上丝绸之路，从东亚朝鲜、韩国、日本到东南亚、南亚，再到西非、东非以及埃及的福斯特（Forster）等古代海港城市，有70处以上的遗址都发现了大量唐宋到元明各代的中国古瓷，特别是宋瓷在非洲沿海的大量出土消除了人们过去关于宋船能否到达东非的怀疑。在坦桑尼亚海岸，有46处遗址出土了中国瓷器。伴随大量宋瓷一起出土的还有南宋宁宗时的"庆元通宝"和理宗时的"绍定通宝"等大量宋钱。这些出土文物都证明宋朝海上丝绸之路已经替代了陆上丝绸之路，成为我国对外交往和贸易的主要通道。②

宋与大食的往来可以让我们窥见其时海上丝路的繁盛。张星烺先生认为有宋一代，大食国使臣来宋有26次，其中还有不少商人冒充大食国使者前来，可见其时两国交流之频繁。③如《宋史》记大食国："雍熙元年，国人花茶来献花锦、越诺、拣香、白龙脑、白砂糖、蔷薇水、琉璃器。……又舶主李亚勿遣使麻勿来献玉圭。并优赐器币、袍带，并赐国主银饰绳床、水罐、器械、旗帜、鞍勒马等。……其王锦衣玉带，蹑金履，朔望冠百宝纯金冠。其居以码磟为柱，绿甘为壁，水晶为瓦，碌石为砖，活石为灰，帷幕用百花锦。官有丞相、太尉，各领兵马二万余人。马高七尺，士卒骁勇。民居屋宇略与中国同。市肆多金银绫锦。工匠技术，咸精其能。"④《岭外代答》记大食国："大食者，诸国之总名也。有国千余，所知名者，特数国耳。……有白达国，……产金银、碾花上等琉璃、白越诺布、苏合油。……有吉慈尼国，……其国产金银、越诺布、金丝锦、五色驼毛段、碾花琉璃、苏合油、无名异、摩挲石……"⑤《诸蕃志》记大食诸国："王头缠织锦番布，朔望则戴八面纯金平顶冠，极天下珍宝，皆施其上。衣锦衣，系玉带，蹑间金履。……帷幕之属，悉用百花锦，其锦以真金线夹五色丝织成。台榻饰以珠宝，阶砌包以纯金。……

---

①　郑学檬：《唐宋元海上丝绸之路和岭南、江南社会经济研究》，《中国经济史研究》2017年第2期，第5—23页。

②　龚绍方：《宋代海上丝路源头新探》，《中州学刊》2008年第5期，第219—222页。

③　张星烺编注、朱杰勤校订：《中西交通史料汇编》第二册，第252页。

④　《宋史》卷四九〇《大食传》，第14118—14122页。

⑤　（宋）周去非著，杨武泉校注：《岭外代答校注》卷三《外国门下》，第99—100页。

记施国在海屿中，望见大食，半日可到……。国人白净，身长八尺，披发打缠，缠长八尺，半缠于头，半垂于背，衣番衫，缴缦布，蹑红皮鞋。"[1]

其时，我国北方几个少数民族政权也受到中原服饰文化的影响。如契丹规定皇后、皇太后及本族民众着胡服，皇帝和汉官着汉服。辽代的墓室壁画还保存了胡服和汉服的形制。但保存至今的辽代服装不多，代表的有刺绣团窠龙袍、凤袍、雁衔绶带锦袍等。龙凤、雁衔绶带、双孔雀等图案都是契丹文化受到中原文化影响的表现。[2] 留存至今的辽代丝绸既有"一枝花""锦地开光"[3] 等典型的中原风格，也有缂丝、花罗、透背、细锦、楼机绫、红罗匣金（压金）线绣等北方风格丝织品，做工较为朴拙。契丹与回鹘关系较密切，辽上京有专门供回鹘商人、织工等居住的回鹘营。旅顺博物馆收藏的辽菱格斜纹纬锦显示了辽与回鹘丝织品的相似性。西夏本地基本不生产丝绸，发现在西夏墓葬、佛塔、遗址的纺织品基本都是域外来的，大部分来自宋，部分来自辽，小部分来自回鹘，风格与辽丝织品有相似性。[4]

元代重视手工业，鼓励商旅，这是由其游牧经济的属性决定的。有元一代，丝织业主要集中于江南的苏州、湖州、常州、杭州及松江一带，特别是出现了"绢主"与"机户"的社会分工，以及"饶于财者，率居工以织"的手工作坊，这些都成为元代丝织业发达的标志。元代的丝织业分为丝料、机织两大行业。元代赋税也由绢帛变为丝料，丝料成为社会衡量财富的一大标准。在丝织业主要产地，"织户在城，缫丝在乡；丝料进城，由'织帛之家'的手工作坊去织纴印染"，说明元代已经有不少出卖劳力的工匠。[5] 元代丝织品的名目较前代更为繁多，有绸、缎、

① （宋）赵汝适著，杨博文校释：《诸蕃志校释》卷上，第89、108页。
② 参阅李薇：《历代〈舆服志〉图释·辽金卷》，上海：东华大学出版社，2016年，第53—60页。
③ "锦地开光"是指在小几何纹地上安置窠形纹样，窠形有团窠、滴珠窠、柿蒂窠等，窠中主题纹样通常为花卉或动物。这类纹样始于辽代，但在元代变得特别流行，在山西永乐宫壁画的服饰形象中也可以看到。其地部以龟背形作骨架，内填朵花纹样。而龟背形地上则装饰有瓣窠图案，内为四狮戏球纹样，边侧织有条状装饰带，饰以朵花图案。见茅惠伟编著：《中国古代丝绸设计素材图系·金元卷》，杭州：浙江大学出版社，2018年，第38页。
④ 赵丰：《锦程：中国丝绸与丝绸之路》，第252—271页。
⑤ 沈光耀：《中国古代对外贸易史》，广州：广东人民出版社，1985年，第102页。

绫、罗、绢、纱、绉、纺等，其中名优产品不断涌现，如苏缎、京缎、湖绉、杭纺、府绸、拷绸、潞绸、蜀锦等都是闻名海内外的丝织品。

与两宋时期崇尚清雅、追求自然的审美趣味不同，蒙古贵族继承了契丹族、女真族等北方游牧民族对加金丝织物的狂热爱好，丝织技术因此在原有基础上有了进一步发展，加金织物在元代进一步受到推崇。元代的加金织物主要有织金、绣金和印金三大类，其中又以源自中亚的"纳石失"技术和艺术成就最高。① 此外，元代出现了许多优秀的农学著作，《农桑辑要》《农书》《梓人遗制》等著作中保存了当时丝织技术、丝织工具的一手材料。

元代是我国古代纺织业由丝麻纺向棉纺转变的重要阶段。棉织技术在经过了漫长的发展后终于在关中与长江中下游一带逐渐推广开来。南宋末年，棉布在中原地区仍是较为珍贵之物，元代才逐渐多了起来。与此同时，丝织业出现了下降的趋势。虽然丝织业规模总体有所下降，但丝织技术仍有所进步，如推广了笼蒸杀蛹法。在丝织工具方面，缫车、纺车、织机的结构和生产过程都有了较多的记载，且常附有示图，为后人了解古代织机具提供了十分宝贵的资料。尤其是脚踏缫车和 32 锭水转大纺车的推广，充分显示了我国古代纺织技术的发展水平及其在世界上的领先地位。而漂练、染色、印金、加金等技术的发展，则更把元代织物装饰得五光十色、光彩夺目。②

元代，丝绸仍在赠赐中占有重要地位，如元成宗大德七年（1303）"赐也梯忽而的合金五十两、银千两、钞千锭、币帛百匹"；大德八年（1304）二月"赐太祖位怯怜口户钞万八千二百锭、布帛万匹"，秋九月癸酉，"诸王察八而、朵瓦等遣使来附，以币帛六百匹给之。诏诸王凡泉府规营钱，非奉旨毋辄支贷。给诸王出伯所部帛四百匹"；大德九年（1305）"赐高年帛，八十者一匹，九十者二匹"。③

五代两宋时期，利用绿洲丝路进行的交流活动大大减少，到元代，这一情况

---

① 王欣编著：《中国古代刺绣》，北京：中国商业出版社，2015 年，第 12 页。
② 何堂坤：《中国古代手工业工程技术史》下，太原：山西教育出版社，2012 年，第 753—783 页。
③ 《元史》卷二一《成宗本纪四》，第 447—464 页。

大大改变，丝绸之路的发展和东西方贸易往来呈现出新局面："为了保证交通畅通和信息快速传递，元朝建立了快捷的驿站传讯系统。忽必烈时期，元朝就建立起从蒙古本部通往窝阔台、察合台汗国的驿道，从山西雁门至别失八里置30个新的驿站，伊利汗国把中原地区的驿站制度推行到其境内。元朝与各汗国都在交通大道上置护路卫士，颁布保护商旅的法令，维护路途的安全。驿道路网打通了元朝首都与亚欧各地的联系，使长期陷于停滞状态的沙漠绿洲路再次活跃起来。"① 此外，元朝对中亚地区如天山南北部实行双重管理体制，使得交通更为便利。四大汗国有其域内政事决裁权。② 而对于天山南北各地的绿洲地带，即所谓农业定居区，元朝统治者的统治方式是直接遣派官员进行军政管辖，这种双重管理体制也使得中原、中亚、西亚交通网络更为便利。

喀喇汗王朝兴起后迅速同宋朝建立了友好的商贸关系，向宋朝输出大量的乳香和宋朝急需的战略物资，如马等，其目的就是从宋朝换回丝织品、茶、衣服、银器和钱币。早在辽金时期，西夏雄踞西北，中原汉地与西方国家往来多取道漠北或海上。而畏兀儿（高昌回鹘）君主巴而术阿而忒的斤亦都护归降成吉思汗后，畏兀儿地区与中原汉地的联系变得密切起来，中西交通路线有了改进与新的开辟，较常使用的有北道、南道和其他道。③ 喀喇汗王朝出土的部分文物也具有东方特点，仍有大鸟、小动物等元素，属秋山系列。某些丝织品则带有伊斯兰文化纹样。新疆喀什发掘的喀喇汗王朝时期的缂丝织品工艺高超，很像元代缂丝品。④ 可以肯定的是，元朝与其他政权的经济交流因为丝绸之路而发达。

元朝与海外诸国建立了广泛的外交关系，各种文献中记录的与元朝有联系的国家和地区达200个以上，远达非洲东北部沿海地区。在元代，中国与非洲之间的海上交通也进入新时期。航海家汪大渊乘海舶出洋，到访了东南亚、南亚甚至

---

① 石云涛：《元代丝绸之路及其贸易往来》，《人民论坛》2019年第14期，第142页。
② 苏北海：《阿力麻里古城的位置及其历史发展》，《西北史地》1997年第1期，第3—15页。
③ 刘明罡、李潇：《宋元时期"丝绸之路经济带"各国间的金银流通》，《河北大学学报》（哲学社会科学版）2018年第6期，第13—16页。
④ 赵丰：《锦程：中国丝绸与丝绸之路》，第271页。

东非的许多地方，其著作《岛夷志略》是我们了解其时周缘国家情况的珍贵资料。旅行家、摩洛哥人伊本·白图泰（Ibn Battutah，1304—1377）曾出使元朝，大约于 1347 年抵达泉州。①

元代中国与朝鲜半岛也有丝绸交流。在服饰习惯方面，蒙古要求高丽"衣冠从本国之俗"。高丽时期流传至今的两本记述翻译人员轶事的作品《老乞大》《朴通事》中记载了不少关于丝绸贸易的趣闻。②

宋元时期出产的丝绸通过海上丝绸之路销往南海、印度、中亚、地中海各国，当属不争之事。但究竟有多少数量、何类花色？郑学檬认为"这一点和陶瓷不同。海上丝绸之路沉船遗址出水的陶瓷，可以有数量、形制的估计，丝绸则因无从保存，难于细述，只能作概括介绍。另一个问题是海上运输的防潮问题难以解决。当时从广州到印度长则 2 年，短则 1 年左右。这条航线的主要航段基本上在赤道南北 10° 左右，闷热潮湿，丝绸的霉变在所难免。天气对陶瓷、铁器、铜钱、漆器等货物运输的影响则较小"。但郑学檬先生仍然肯定丝织品是宋元时期中国经由海上丝绸之路出口的重要商品，只是对当时的丝绸贸易我们还是"不能估量过高"："当时小亚细亚（安纳托利亚，今土耳其中西部）、中亚之大秦（今叙利亚一带）和波斯、印度的南毗国（今卡利卡特一带）和注辇（南印度，元代称马八儿）等地也有丝织业，丝绸为其出口货物。就是说，宋元海上丝绸之路的丝绸贸易并非由中国垄断，如卡利卡特、三佛齐、阇婆这样的海上贸易中心交易的丝绸，至少一部分不是中国产品。……其时海上丝绸之路交易的中国货物，丝织物和陶瓷、铜钱（器）、日用品、药材等五大类难分主次，只有陶瓷和铜钱（器）考古出土（水）较多，比较容易肯定。因此，日本学者'陶瓷器已取代丝绸'的结论是可以商榷的。……前面的分析已说明在葡、荷、英等欧洲人到来之前，也就是蒸汽轮船取代帆船运输之前，丝绸贸易'不能估计过高'。"③

五代以来，陆上丝绸之路逐渐沉寂，海上丝绸之路逐渐兴盛。其中既有政治

---

① 石云涛：《元代丝绸之路及其贸易往来》，第 142—144 页。
② 赵丰：《锦程：中国丝绸与丝绸之路》，第 275—279 页。
③ 郑学檬：《唐宋元海上丝绸之路和岭南、江南社会经济研究》，《中国经济史研究》2017 年第 2 期，第 16—17 页。

方面的原因，也有经济方面的因素。政治层面，五代、宋的政治中心由西北地区东移至开封、杭州、南京等地。此外，多个民族政权盘踞西北，使得北宋对于西北地区有心无力，采取了消极政策。政治中心的转移使得陆上丝绸之路逐渐衰落。五代以来，大量北方人口由于战乱等原因南迁，这也造成了我国经济重心的南移。南方经济的长足发展为海上丝绸之路的发展提供了物质基础。新航线的开辟、航海技术的提高也促进了海上丝绸之路贸易的兴盛。可以说，至宋元一代，我国进入了漂洋出海、扬帆远航的新时期。

二、明清时期的情况

郑学檬先生的《唐宋元海上丝绸之路和岭南、江南社会经济研究》一文认为，宋元时期我国在丝织品出口方面已经失去了一家独大的地位，许多国家和地区都掌握了丝织品的织造方法，渐渐开始出口丝织品。宋元时期，陶瓷品与丝织品在我国出口品中的地位难分伯仲，但可以确定的是丝织品在我国出口品中的地位有所下降。

然而到明清时期，丝织品无疑仍在我国朝贡贸易中占有重要的地位，如明永乐七年（1409）麓川"行发来贡，遣中官云仙等赍敕，赐金织文绮、纱罗"①；永乐十四年（1416）赐俺的干文绮，"而俺的干，则永乐十一年与哈烈并贡者也。迨十四年，鲁安等使哈烈、失剌思诸国，复便道赐其酋长文绮"②；宣德七年（1432），赐沙鹿海牙，"命中官李贵赍敕谕其酋，赐金织文绮、彩币"③；景泰七年（1456），撒马尔罕"贡马驼、玉石。礼官言：'旧制给赏太重。今正、副使应给一等、二等赏物者，如旧时。三等人给彩缎四表里，绢三匹，织金纻丝衣一袭。其随行镇抚、舍人以下，递减有差。所进阿鲁骨马每匹彩缎四表里、绢八匹，驼三表里、绢十匹，达达马不分等第，每匹纻丝一匹、绢八匹、折钞绢一匹，中等马如之，下等

---

① 《明史》卷三一四《麓川传》，第 8114 页。
② 《明史》卷三三二《俺的干传》，第 8616 页。
③ 《明史》卷三三二《沙鹿海牙传》，第 8603 页。

者亦递减有差。'制可。又言：'所贡玉石，堪用者止二十四块，六十八斤，余五千九百余斤不适于用，宜令自鬻。而彼坚欲进献，请每五斤赐绢一匹。'亦可之。已而使臣还，赐王卜撒因文绮、器物。天顺元年命都指挥马云等使西域，敕奖其锁鲁檀毋撒，赐彩币，令护朝使往还"①。

明清时期（1840年以前），以中国为中心的世界贸易网络分为陆路与海路各若干条贸易路线，成为东西方包括南亚、东南亚、美洲地区最为活跃而稳定的商贸区域，是古代最为持久、广泛的世界贸易秩序。从明清档案来看，中国与世界的贸易联系存在陆路、海路等多条贸易路线。陆地上除了传统的西向、北向的两条丝绸之路外，还有东向的朝鲜贸易，南向的通往印度、安南、暹罗的高山之路等四条主要线路。海上除了传统通往欧洲的海路外，尚可细分为南洋、美洲、日本等四条海路。②"郑和下西洋"是有明一代的重大历史事件，随行人员所撰的笔记也记载了其时郑和船队所到达的各国的织造业情况。

明代多次实行海禁，限制对外贸易，总体来看"禁"多于"开"，再加上后来清代的海禁，使得元朝之后中国海上外贸基本陷入国家政策消极影响下的不正常状态。而明政府于1567年改变海外贸易政策的明显结果是中国私人海外贸易蓬勃发展。另一方面，明代后期，以棉、桑为主的经济作物种植的推广和以纺织业为中心的家庭手工业的成长，为日益扩大的海外市场提供了充足的中国丝货来源。

16、17世纪的日本是中国丝绸的最大市场，日本上层社会尤其热衷于采购中国丝货。其时明廷虽然准予部分"开海"，但赴日贸易仍在严禁之列，中国商人通过走私（时人谓之"通番"）的形式与日本商人展开贸易。时人叶权认为："浙东海边势家，以丝缎之类，与番船交易，久而相习。"③明人郑若曾在谈及中国向日本出口的商品时认为：丝，"所以为织绢绫之用也。盖彼国自有成式花样，朝

---

① 《明史》卷三三二《撒马尔罕传》，第8599—8600页。
② 鱼宏亮：《明清丝绸之路与世界贸易网络——重视明清时代的中国与世界》，《历史档案》2019年第1期，第53页。
③ （明）叶权：《贤博编》，载中国社会科学院历史研究所明史室编：《明史资料丛刊》第一辑，南京：江苏人民出版社，1981年，第167页。

会宴享，必自织而后用之。中国绢纻，但充里衣而已。若番舶不通，则无丝可织"①。据文献记载，在明廷对日本遣明使回赐物品中，丝绸仍占有重要地位。例如明永乐三年（1405）给遣明使的回赐物品有纻丝 5 匹、纱 5 匹、绢 40 匹。由葡萄牙人、荷兰人等欧洲人经营的中日间转口贸易，也是以丝绸为主。②在 16 世纪后期，日本的丝织业已经有了较大的发展，但原料生产远远不能满足需要。而到 18 世纪，日本的丝织业已完全成长起来，就无须从中国输入生丝了。③

再看东南亚方面。明代向东南亚地区出口的中国商品也是以丝绸为大宗。在明初的朝贡贸易中，皇帝赐予东南亚各国国王及使臣的物品中，最多、最普遍的就是丝绸。如洪武元年（1368），占城贡虎象方物来贺即位，太祖赏赐的丝绸就有织金绮、纱罗绢等各 50 匹。洪武年间，暹罗四次前来朝贡，明廷回赐物中每次都有大批绫罗锦缎。④传世史籍对于明廷回赠东南亚丝织品的记载较多，在此不再详叙。

在明代的广州与西班牙、葡萄牙为主的西洋海上贸易中，亦是以生丝和丝织品为最大宗。明代时，由广州、澳门起程，经果阿（Goa）到里斯本（Lisboa）及欧洲其他地区的航线，主要是由葡萄牙人经营的。这条航线丝货的贩运经营者多为租居澳门的葡萄牙人，他们从中赢利甚巨。据统计，万历八年至十八年（1580—1590），每年运往果阿的丝货为 3000 担，价值银为 24 万两，利润达 36 万两。⑤

鱼宏亮先生考察了 18 世纪俄国著名的文献学家、历史学家尼古拉·班蒂什－卡缅斯基根据俄罗斯外交事务部档案编著而成的《俄中两国外交文献汇编（1619—1792）》一书，认为在 17 世纪中期，中俄官方的外交路线已经畅通。到了 17 世纪中后期，双方通过中俄《恰克图条约》《尼布楚条约》等条约将明末以来形成的北方贸易路线固定下来。然就史料来看，丝绸已经不是北方丝绸

---

① （明）郑若曾撰，李致忠点校：《筹海图编》卷 2，北京：中华书局，2007 年，第 198 页。
② 刘军：《明清时期海上商品贸易研究（1368—1840）》，博士学位论文，东北财经大学，2009 年，第 11—12 页。
③ 范金民：《16 至 19 世纪前期中日贸易商品结构的变化——以生丝、丝绸贸易为中心》，《安徽史学》2012 年第 1 期，第 5—14 页。
④ 刘军：《明清时期海上商品贸易研究（1368—1840）》，第 14 页。
⑤ 刘军：《明清时期海上商品贸易研究（1368—1840）》，第 16 页。

之路上的最主要输出品，其地位已经被茶叶取而代之："即使在海运大开之后，通过陆路进入欧洲的茶叶依然占有重要地位。其中一个重要原因在于，陆路运输茶叶的质量要远远高于海洋运输茶叶的质量。"①

清代丝绸最大的特点是华丽与精致。清廷的服饰配色、纹样选择、材料、款式都反映了着服者的身份与地位，足见清代冠服制度之复杂、繁缛。如文武百官官服上的补子按照官级分为一到九品，圆形补子是王室成员所使用的；禽纹方补是文官使用的，有象征智慧的含义；兽纹方补是武官使用的，象征勇猛。清代的补子体系是继承明制而来的。

清朝反复实行过禁海和弛禁，其禁海措施远较明朝为甚。清初时，中国丝货向日本的出口量仍保持了相当大的数量，而且在输入日本的全部商品中所占比例仍然很高。到乾隆二十四年（1759），清廷因国内生丝供应不足，又因向英国出口的丝及丝织品数量增加，价格昂贵，担心影响丝织生产，曾下令严禁生丝及丝织品出口。后来发现丝价并未平减，又于乾隆二十九年（1764）弛禁，准许二三蚕粗糙之丝出口。②

从19世纪70年代起，日本和意大利也开始发展缫丝，其速度大大超过中国。19世纪70年代至90年代，意大利生丝的年产量增长了54%，日本则激增335%。③进入20世纪后，日本生丝出口超过了中国，中国生丝在国际市场中的传统优势地位逐渐受到了冲击。④

明清时期，中西丝绸技术方面亦有不少交流。如明代史料记载哈烈国织造技术高超，"帐重茵，错以绮绣"⑤。代表性的技术传播是西方的天鹅绒织法传入中国。⑥中国丝绸博物馆收藏了一顶有天鹅绒缘的风帽，时间测定为1255—1290年，是最早

---

① 鱼宏亮：《明清丝绸之路与世界贸易网络——重视明清时代的中国与世界》，第55页。
② 刘军：《明清时期海上商品贸易研究（1368—1840）》，第13页。
③ 转引自刘军：《明清时期海上商品贸易研究（1368—1840）》，第18页。
④ 刘军：《明清时期海上商品贸易研究（1368—1840）》，第18页。
⑤ （明）茅瑞徵、叶向高撰：《皇明象胥录　四夷考》（合订本），台北：华文书局，1968年，第415页。
⑥ 见［英］詹妮弗·哈里斯（Jennifer Harris）主编，李国庆、孙韵雪、宋燕青等译：《纺织史》，汕头：汕头大学出版社，2011年，第276页。

从西方传入中国的天鹅绒（即传世史籍中所记的"怯绵里"）。元朝时，天鹅绒作为礼品传入中国。明代后传世史籍中有较多关于天鹅绒的记载。在利玛窦写给家人的信中提到中国人学会了天鹅绒织造技术，研究者认为这应该是广东沿海一带百姓向留居当地的葡萄牙人学习的成果。天鹅绒的另一个产地是陕西地区。[①]

清宫廷藏有不少西方丝织品。《清宫内务府档案》记载了"西洋大金缎""洋锦""洋倭缎"等名称。在 17、18 世纪，欧洲掀起了一股中国热，欧洲人很喜欢东方色彩浓厚的中国丝织品。因需求量巨大，欧洲开始仿制东方织品。这些织品具有以下特点：产品在色彩和纹样上与中国外销品接近；涵盖了西方人眼中的东方人形象；其产品是经研究中国工艺品后改良而成的。[②] 晚清时期，清廷所制的蓝色云鹤吉清水真顶衣湖绉等织物还参加了 1895 年的德国柏林艺业会。

第三节　丝绸贸易的文化意义

一、丰富了绘画雕塑的内容

丝绸的手绘方法对我国绘画技法的发展有着较大影响。丝绸手绘指用一定的工具将颜料或染料手工绘制在丝织物上以形成图画。蚕丝织物手工染绘工艺在我国具有悠久的历史，其表现形式自由、表现效果富有艺术性，作品既可以用来观赏，也可以制成日用品，是我国传统艺术中的重要门类之一。我国丝绸手绘最早的记载与"十二章"的起源有关。"十二章"原是《尚书·益稷》记载的上古圣王服装上的十二种纹样，即日、月、星辰、山、龙等等。后来这些纹样逐渐演变为皇

---

① 赵丰：《锦程：中国丝绸与丝绸之路》，第 342—344 页。亦可见赵丰：《天鹅绒》，苏州：苏州大学出版社，2011 年，第 18—19 页。

② 赵丰：《锦程：中国丝绸与丝绸之路》，第 350 页。亦可见袁宣萍、赵丰：《16—19世纪中国纺织品上所见之欧洲影响》，载张西平主编：《国际汉学》第二十六辑，郑州：大象出版社，2014 年，第 289—300 页。

帝龙袍上的专用纹样，一直沿用至清代。据《尚书》记载，"十二章"的前六章是用手绘的方法置于上衣，后六章是用刺绣的方法置于下裳，以"五采"彰施其上。[①]而成书于春秋末战国初的《考工记》即《周礼·冬官》记载了五种"设色之工"，即"画、缋、钟、筐、慌"；其中"缋"即"绘"，与"画"的意思接近，都是指在织物上用手绘的方法装饰五彩纹样。[②]

中国画的基本技法有白描、水墨和工笔等。白描指的是用单色墨色线条勾勒出所描画事物的形象而不施色彩，注重的是描画事物的基本轮廓，是对总体状态的把握。白描用笔不拘于一格，描法也不限于一家一派，随心所欲，顺意而行，交错混用，恰到好处，和各家描法浑然一体。[③]配合白描的各种技法有工笔重彩和淡彩填色法。水墨作画的材料仅为水和墨，用水量大小和用墨多少来调节浓淡，分为浓墨、淡墨、干墨、湿墨、焦墨五种墨色以及黑、白、灰三种颜色层次，通过墨色浓淡和黑白对比来突出内容。工笔画指用细腻、精巧的笔法勾画人物、花鸟等事物，讲求的是对事物"形"的模拟，讲求细腻与写实。

丝绸的特性大大影响了中国画中人物画的技法。如丝绸手绘可以突破构图的局限，用来表现大幅的花朵、草木等图案，还可以加强多层色彩渲染的层次效果。丝织品有静态垂悬感以及独特的动态飘逸感。为表现人物所着丝织品的特点，中国绘画发明了"十八描"法，如用复笔的混描、湿笔的水晕淡墨描、顿拙变化的方圆兼施描、变形的屈铁描以及直接用手指头画等各种人物画法，讲究用各种手法表现丝织品的特色。魏晋南北朝时期著名的画家曹仲达使用的描衣技法被称为"曹衣出水"。东晋顾恺之的画法被称为"高古游丝描"。唐代画家吴道子尤其擅长表现人物所着丝织品的飘逸动感，展现人物衣袂飘飘的仙人之姿，其画法被后世称为"天衣飞扬""满壁风动""吴带当风"。[④]

---

① 程霞：《丝绸手绘艺术研究》，青岛：青岛出版社，2015 年，第 5 页。
② 朱思佳：《丝绸手绘工艺的发展》，《纺织报告》2018 年第 5 期，第 61—64 页。
③ 黄福康编著：《中国画特质与技法》，上海：上海科学技术出版社，2015 年，第 107 页。
④ 徐映荃、张克勤、赵荟菁编著：《文化丝绸》，苏州：苏州大学出版社，2016 年，第 101—104 页。

　　如今遗存的北朝至隋代丝织实物数量不多，但同时期莫高窟的壁画却保留了许多当时的丝织品织造技法。北朝至隋代，以几何纹为骨架的丝织品图案在同时期壁画中大量出现，这些骨架风格也影响了敦煌壁画的创作。几何纹骨架可分为规矩骨架、交波骨架和列堞骨架。规矩骨架如莫高窟 254 窟北魏壁画《降魔变》中所绘魔王之子的长袍。交波骨架流行于北朝至初唐，吐鲁番出土的约为高昌和平元年（551）的交波联珠鸟兽锦即为交波骨架。而莫高窟 420 窟中隋代彩塑菩萨的内衣图案即是在交波骨架中填画龙和凤。团窠又被称为团科，指的是一种圆形或圆形环内置主题纹样的相对独立的图案，也指一种主题纹样与辅花二、三错排的排列样式。唐代的团窠纹样主要是联珠纹和宝花纹。联珠纹被认为是中国丝绸图案纹样受到西方图案影响的结果。莫高窟彩塑中有不少联珠纹图案，如 420 窟隋代彩塑菩萨的服饰即有联珠狩猎纹锦和联珠飞马纹锦。中晚唐时期出现了与联珠团窠形式相似的朵花环团窠，团窠宝花逐渐成为盛唐至中唐最为典型的丝绸图案。从盛唐起，由花头和叶（偶尔包括花枝）组合的散点图案——折枝花纹样开始大量出现。这种纹样也在盛唐壁画中出现，典型的如莫高窟 130 窟《都督夫人礼佛图》，其中都督夫人、家眷及侍女们的襦、裙、半臂等多使用了折枝花纹样。[①]

　　在英国博物院所藏的敦煌绘画品中，较为早期的女子服饰形象是大约创作于 8 世纪后期的《树下说法图》。《树下说法图》为绢本设色，高 139cm，宽 101.7cm，这是斯坦因收集品中时代较早的绢画。画面中央，佛于菩提树下说法，两侧菩萨共四身，佛身后有佛弟子共六身。画面右下残，左下部存女供养人一身。佛与菩萨、弟子像面部采用西域式晕染画法，体现了立体感。画面左下侧有一位女性供养人，其头绾高耸发髻，身穿素白色窄袖襦衫，下身红裙曳地，外套白色半臂，肩披青色披帛。这与莫高窟初唐第 329 窟的女供养人及新疆阿斯塔那唐墓出土的木俑衣着非常相似，表现了初唐人物的服饰特征。而《树下说法图》的整体绘画构图与敦煌莫高窟流行的净土变与说法图风格尤为一致。[②]

　　① 赵丰、王乐：《敦煌丝绸》，第 121—134 页。
　　② 敦煌研究院编：《中国石窟艺术——莫高窟》，南京：江苏凤凰美术出版社，2015 年，第 144 页。

阿斯塔那唐墓出土的着衣女俑，外披黄绿色菱纹罗夹鱼子缬披帛，上身穿着黄地联珠纹团窠对雉纹织锦女半臂，下身的高腰红黄间色裙外还罩了一层青蓝色的薄纱。这种唐代仕女的服饰其实并不像常见的周昉《簪花仕女图卷》那样繁冗宽大，而是较为合身、便捷。此类服饰风格中，最为华丽的则是同样出自吐鲁番阿斯塔那墓群，1972 年发掘的 M230 出土的唐舞乐屏风绢画。这件绢画残存的半幅仕女图中，女子头绾装饰华美的单刀半翻髻，身穿明黄地缠枝花卉纹半臂，色彩瑰丽繁复，纹样浪漫生动，正好与仕女的头部妆容交相辉映、相得益彰。[1] 再如阿斯塔那出土的《半臂仕女图》，仕女上身穿窄袖衣，罩半臂露胸纹锦外套，下穿石榴红裙。230 号墓出土的六扇绢画舞乐屏风是唐初的艺术精品。舞乐屏风上的舞女挽高髻，额上描出雉形花钿，身穿蓝色卷草纹白袄，锦袖，足登高头青绚履，左手披纱，右手扬臂挥帛而作舞姿。

中国画到宋代达到了艺术的顶峰。宋王朝专门建立了宫廷画院，收罗全国知名画家授以官衔。绢帛作画也是宋画的特色之一。为何有宋一代造纸业如此发达，却仍使用绢帛作为绘画的材料呢？原因可能有以下几点：1.绸绢表面平挺，略有组织纹，有一定的摩擦力，有利于运笔（毛笔）。2.绸绢门幅较宽，长可任意，可作巨幅。3.绸绢耐磨强度较高，便于反复涂抹。4.有适度的吸水性，不渗化，有利于色彩多层次晕染、烘托和积累。5.画家的习惯，传统绘画技法不易一下子就改过来。6.绸绢易于长期保存。

此外，绫类和锦类丝绸品还被用来装裱书画，宋锦即是在此基础上设计、产生的。宋锦一般为经二重三枚地斜纹，颜色为白色、浅青色、浅黄色，花纹为小提花。宋锦纬丝显花，用作裱画的宋锦质地轻薄，再加之采用古香古色的色彩及纹样，显得古典文雅，为书画增添了艺术气息，为时人所喜爱。宋锦还可做成锦盒装饰物品。由此可以看出丝绸与绘画之间的关系。[2]

而绘画也从织造业中获取了很多灵感，如著名的唐张萱《捣练图》、宋代名画《耕织图》等。康熙于 1696 年命焦秉贞绘的《耕织图》，其中"织图"23 幅即为蚕丝生产的全过程，形象地展示了当时织造业的生产面貌。《耕织图》由康熙帝作序并

[1] 石钊钊：《晚唐五代绘画服饰考——丝绸之路带来的中国服饰新风尚》，《博物院》2019 年第 1 期，第 28—36 页。
[2] 杨丹编著：《丝绸文化》，第 144—146 页。

且每幅题诗一首，称为《御制耕织图》，制成画册颁发全国。雍正、光绪各朝均有《耕织图》刻版、颁发。此后，焦秉贞的学生冷枚与陈枚仿照《耕织图》，又各自绘就更加精致的耕织二图各 23 幅。1868 年，杭州人宗景藩编著《蚕桑说略》，内有说桑 5 条，说蚕 5 条。1891 年，由吴县人吴友如按各条内容绘图，是谓《蚕桑图说》。另有周慕乔绘《豳风·七月》图，其中亦有三幅形象地展示了陕西的蚕桑生产面貌。①

此外，传统的丝绸纹样为建筑艺术的发展做出了贡献。在各种纹样中，草木花卉纹样大多是适合纹样。纹样的适合性使得纹样平稳、整体感强、庄重，具有强烈的装饰性。方形、矩形、三角形、圆形、多边形以及一些外形轮廓曲折不成方圆的形状，使得纹样构成了许多形态，能够适合各种场合的需要。团花纹样、角隅纹样、二方连续纹样已经成为传统构成模式，故而把适应一定形态需要而制作出的纹样称为适合纹样。传统的丝绸纹样因要适合建筑的需要做出了新的改革。如卷草纹、缠枝纹、宝相纹、忍冬纹、莲花纹等，这些纹样本来是丝绸上的杰作，随后逐渐融入壁画、塑像、藻井等建筑之中。为适应建筑艺术的需要，这些纹样彼此结合，产生新的适合纹样，如葡萄与葫芦同枝，牡丹与荷花共生，桃李长于一树之上，梁枋之上四季花同开，为求"三多"的吉祥寓意将佛手、桃、石榴画在一处等。从丝绸纹样到适合纹样展现了工匠们丰富的想象力。②

二、丝绸图案的美学意蕴

丝绸之路沿线发现的图案丰富多样。由于丝绸之路的开通和发展，外国文化包括古希腊文化、波斯文化和印度文化等各种文化在各类设计图案上相互影响和融合，在不同地域文化的基础上被各民族人民不断创新，被赋予了丰富的文化内涵，提升了美学价值。如鸵鸟形的装饰图案。春秋战国时期，中国北方青铜器的纹饰中已经可以见到大量鸟首图像。其中最值得注意的是鸵鸟纹，这无疑为中国北方与西亚之间的经济、文化往来提供了进一步的明证。③再看植物

---

① 浙江大学编著：《中国蚕业史》上，第 152 页。

② 张道一、郭廉夫主编，毛延亨撰文，陈建国、王伟摄影，王谨、高嘉年绘图：《古代建筑雕刻纹饰——草木花卉》，南京：江苏美术出版社，2007 年，第 1—6 页。

③ 张国刚：《中西文化关系通史》（全二册），北京：北京大学出版社，2019 年，第 242 页。

形装饰图案。传入中国的西亚式植物形装饰图案有蔷薇纹样、忍冬纹样、莲花纹样、卷草纹样等等。

1. 葡萄图案

葡萄图案是中国丝绸制品中最为常见并普遍运用的图案之一，但其最早当是来源于古埃及和中东地区。有的学者通过梳理墓葬中的葡萄纹样、波浪葡萄纹样、穿枝葡萄纹样、圈形缠枝葡萄纹样等葡萄纹样的流传及演变，认为"葡萄的普遍种植促成了葡萄走入美术图像中，葡萄的图案化经历了由写实图像向装饰图案发展的过程，即图像主题葡萄向图案母题的过渡。在金银器、织物、壁画等中都可见葡萄图案的变化。这种图案化发展体现了民族之间美术的融合，也就是说，葡萄图像走入汉地图案装饰中，形成了不同形式的图案样式。在丝绸、金银器中可见葡萄图案形式丰富……。葡萄纹饰渊源于中亚异域民族，其中可证有粟特人，既是葡萄纹样的创造者之一，也是图样文化的重要传播者。随着中西方文化与贸易的往来，在古丝绸之路上，粟特人参与了葡萄纹样的汉化过程，在中原墓葬、织物和器物装饰艺术中葡萄图案在寓意和形式上逐步本土化，成为中国传统艺术的组成"。[①]

敦煌莫高窟初唐333窟藻井绘有缠枝葡萄图案，龛顶还画有两身有羽毛的异兽，北侧一身手托绵羊，南侧一身模糊难辨，似乎托山羊状。葡萄纹样是粟特地区流行的纹样，粟特诸神中有托骆驼、托羊等的护法神，唐前期敦煌从化乡是粟特人聚落。可见322窟具有粟特因素的历史与文化背景。[②] 再如高昌胜金口石窟第二窟主室券顶为长方形纵券顶，也绘有一架葡萄。[③]

2. 忍冬图案

忍冬图案也是丝绸之路上普遍出现的图案之一。忍冬是一种常见的中药，有清热解毒的功效。该植物的图案是由枝蔓和叶片组合而成，波状排列。忍冬图案造型

---

① 郭萍：《粟特美术在丝绸之路上的东传》，成都：四川大学出版社，2015年，第258—263页。
② 王惠民：《敦煌佛教与石窟营建》，兰州：甘肃教育出版社，2017年，第364页。
③ 谢继胜主编：《西域美术全集》12《高昌石窟壁画卷》，天津：天津人民美术出版社，2016年，第263页。

简单，风格婉约。忍冬图案可能来源于古希腊，在受东罗马和印度等地文化影响后
形成了现有的风格。① 忍冬图案进入中国后则广泛用于敦煌壁画人物丝绸服饰的装
饰上，而在唐代以后则加之对称和均衡的手法，成了当时丝绸常用的纹样。新疆吐
鲁番出土的绢画中侍女锦衫上装饰有蓝黄相间的忍冬纹，既通过忍冬的样式表达了
安康的文化内涵，也具有华贵的美感。②

3. 宝花图案

宝花图案是唐代对团窠花卉图案的一种称呼。此种图案在青海都兰、新疆吐
鲁番许多出土织物和敦煌壁画中都可以见到。学者一般把唐代的宝花称作宝相花，
事实上宝花和宝相花分别代表花卉图案发展史上的两个不同阶段，两者有着不同
的含义。"宝相花"一名首先见于北宋《营造法式》，随后一直沿用到明代。与
宝花图案相似而简单的瓣式小花图案有柿蒂花，在汉代已经流行，并载入织物图
案中，但是仅仅作为次要的可有可无的点缀纹样。约在南北朝时起，瓣式小花图
案才在丝绸中成为独立纹样，此时已经不限于四瓣还是五瓣。隋唐之际，瓣式小
花变得丰满，此时也就有了"宝花"之名。③ 宝花图案也经常出现在吐鲁番的石
窟壁画以及莫高窟石窟藻井上，该图案属于综合纹样，图案以一种主花和其他花
叶为辅，通常融合了中外植物纹样元素，重复但不显单调。宝花图案是自唐代以
后一直在丝绸制品中应用频繁的图案，也是东西方文化高度融合的代表图案。"宝
花"在盛唐时期盛行，在新疆各地古墓出土的丝织品中也有许多织有宝花图案。
宝花图案不仅反映了盛唐时期的审美习惯即配色艳丽，也表现了兼容并蓄的唐代
特征。④

---

① 聂书法、高剑军：《从"响堂山石窟"探析中国忍冬装饰纹样的起源》，《装饰》杂
志编辑部编：《装饰文丛·史论空间卷02》，沈阳：辽宁美术出版社，2017年，第239—243页。
② 王川：《丝绸之路上的图案在现代设计中的传承与创新》，《新西部》2019年第4期，
第102—104页。
③ 赵丰、齐东方主编：《锦上胡风——丝绸之路纺织品上的西方影响（4—8世纪）》，
上海：上海古籍出版社，2011年，第197页。
④ 王川：《丝绸之路上的图案在现代设计中的传承与创新》，《新西部》2019年第4期，
第102—104页。

三、促进了中外文化的交流与发展——以铭文锦为例

丝绸作为一种服装材料，其背后所承载、反映的是服饰文化。服饰文化是一个国家、一个民族文化素质的物化，是内在精神的外观，也是社会风貌的展示。服饰文化中沉淀着风俗习惯、审美情趣、文化心态等多种丰富的信息，有其独特而厚重的精神文化内涵。下文以铭文锦为例，对我国古代各历史时期丝绸所体现的中外服饰文化交流与互鉴问题做一简要分析。

西汉时期，汉锦纹样图案已经非常丰富，动物纹样（龙、虎、辟邪、獬豸、麒麟、鹿、雁等）活跃于具有紧凑感的几何纹样和动荡的云气山脉纹样之中，显现出图案纹样的动态之美。从西汉末年至东汉初年开始，这种纹样图案的间隙被加织进大量表达不同含义的文字，从而诞生了汉代的铭文锦。铭文锦出现的年代为西汉（前206—25）末年至魏晋时期（220—420）。[1] 它继承了西汉时期汉锦经线显花的纹样图案特征，以避邪的奇禽怪兽、变异的云纹花卉为铺设，吉祥的汉隶铭文穿跳其中，从右向左排列，通常以铭文为主题。[2] 根据对目前出土的汉代铭文锦的考察，铭文锦文字有祈寿延孙类，如"子孙昌乐未央""长寿无极""延年益寿大宜子孙"等；祈福求仙类，如"长乐明光""长乐大明光""万世如意"等；历史政治事件类，如"登高明望四海贵富寿为国庆""五星出东方利中国"等。为何西汉末年会出现铭文锦这样的纹样图案？有研究者认为这是由于经锦崇拜限制了汉代织物纹样图案的发展，采用经线显花的汉代织机决定了汉锦中文字的特性。[3]

丝绸之路沿线出土的铭文锦可让我们一窥其时服饰文化的交流情况。位于新疆和田地区民丰县境内的尼雅发掘有东汉遗址，遗址出土有"万世如意"铭文锦袍。衣袍的款式是西域式——对襟、左衽、窄袖口、圆领、无纽扣、下摆宽大的袍装，袍长仅至膝上。这种服饰灵活轻便，适宜骑马、放牧，是西域流行的"窄身小袖袍"，

---

① 刘安定、李斌、邱夷平：《铭文锦中的文字与汉代织造技术研究》，《丝绸》2012年第2期，第50—55页。

② 楼婷：《汉朝提花技术和汉朝经锦的研究》，《丝绸》2004年第1期，第42—45页。

③ 刘安定、李斌、邱夷平：《铭文锦中的文字与汉代织造技术研究》，《丝绸》2012年第2期，第50—55页。

与"褒衣博带"式的传统汉装有着明显的差异。锦袍丝绸质料是汉代著名的彩锦，说明西域居民喜爱汉绢、汉锦与丝绸。此汉锦色彩浓艳相宜，以绛紫为底色，配有淡蓝、油绿和白色，整体显示出和谐、雅致的特色。彩锦纹为艳丽华贵、飘逸的卷云纹和带叶的茱萸纹，浮动流溢于整个纹饰之中，其中突出"万世如意"铭文。铭文锦袍在墓主死后葬入墓中，足见墓主对此件铭文锦袍的喜爱。西域式的衣袍款式与中原的铭文锦相得益彰，体现了其时各民族间服饰文化的交流。除"万世如意"铭文锦袍外，尼雅遗址还出土有"延年益寿大宜子孙"铭文彩锦。该彩锦是缝缀于锦袍底襟的小块彩锦。这幅彩锦典雅华贵，以绛紫色为底，配以浅驼、浅橙、宝蓝等色，色泽浓而不艳。纹饰丰富饱满，有轻盈卷曲的云纹、饱满的茱萸纹，使得经线、纬线织成弯弯曲曲的弧线，其中布满"延年益寿大宜子孙"汉字铭文，字间还夹杂动物纹样，显示了高超的织造技法。它的出土更加说明了当时的人喜爱汉代丝织物，不仅在世时穿着，去世后也要随同埋藏，倍显珍视。尼雅东汉墓还出土有"万世如意"锦袍、"长乐明光"锦、"永昌"锦、"登高明望四海"锦等。这些锦采用汉字隶体铭文，铭文镶嵌、缀织于禽兽纹和花卉、云雷纹之间，是汉代的特色纹样。[①] 新疆吐鲁番阿斯塔那北区 39 号墓出土有东晋"富且昌宜侯王天延命长"织成履一双。织成履出土时色泽如新，采用红色、褐色、白色、黑色、黄色、土黄色、金黄色、绿色等丝绒，按照鞋履的形制，以"通经断纬"的方法进行挑花编织。[②] 纹样分前后两区，分段显色编织。从履的正面两侧向后至跟部为后区，织以普蓝、土黄、草绿三色镶地，分别显绛红、草绿、浅红等色的忍冬蔓草纹，再间以白色小圆珠。前区即履面部分，以白色为地，用绛红、草绿、土黄、普蓝、黑灰、黑色等色分别显以犬牙、叠山、点梅、对称的忍冬蔓草和柳叶形花纹，并于叠山纹两侧织出左右对称的"富且昌""宜侯王""天延命长"三行汉字。接着依次是红地绿点花、白地蓝色对兽纹、红白相间的锯齿纹、红地白色似对鸟花四个彩条。层次复杂而图案简朴，其中四瓣花（树叶形）及对兽、对鸟的造型

---

① 参阅李肖冰：《丝绸之路服饰研究》，乌鲁木齐：新疆人民出版社，2009 年，第 26 页。
② 李肖冰：《丝绸之路服饰研究》，第 60—72 页。

均带有东晋十六国时期特征。^①铭文锦的流行体现了汉晋间织物显花技术和织机的发展水平，即经线显花技术已经发展到顶峰，产生了多综多蹑织机。汉代织锦的图案纹样艺术风格质朴，穿插于其中的汉隶文字内涵丰富。^②而尼雅汉墓、吐鲁番阿斯塔那发现的数片铭文锦也说明中原服饰文化对于周缘地区的影响。

① 金諓兰：《中国编织绣品的传统科技与美学》，上海：东华大学出版社，2014 年，第 191 页。

② 刘安定、李斌、邱夷平：《铭文锦中的文字与汉代织造技术研究》，《丝绸》2012 年第 2 期，第 55 页。

第七章

中外考古发现的丝绸

丝绸之路因丝绸而得名。在漫长的丝路古道上，东起中国内地，西到地中海沿岸，丝绸之路沿线各地遗址、墓葬均有数量不等的丝绸遗物被发现，著名的有青海海西吐蕃和吐谷浑墓葬群、河西走廊汉晋墓群、敦煌石窟群、敦煌汉长城烽燧遗址、额济纳河居延塞烽燧遗址、吐鲁番阿斯塔那墓地、龟兹石窟群、楼兰古城遗址、尼雅遗址、乌鲁木齐鱼儿沟战国墓地、喀什曲曼墓地、肯科尔、撒马尔罕、刻赤、杜拉欧罗波、哈来比、帕尔米拉遗址等地，以及阿尔泰山脉西部，都发现有中国丝绸。

除了丝绸之路沿线之外，在中国内地不同时期的遗址、墓葬、窖藏中均有数量不等的各类丝绸织品被发现，保存有好有坏，这是我们今天了解和研究中国丝绸在历史时期生产、加工、使用、流通情况的重要资料。

第一节　域外出土与传世的中国丝绸

丝绸是丝绸之路得以发展繁荣的主要推力，亦是这条人类文明交流通道上的主导商品。考古发现与文献记载的相互印证，说明张骞通西域不久，在罗马帝国的首都罗马城就出现了中国家蚕丝绸，成为当时罗马上等人士争购的奢侈品。[1]古典时代的西方世界并不知道丝绸的来历，只知道它来自遥远的世界之端。当时的罗马人按照希腊文把制造丝绸的国度称作"赛里斯"（Seres，即"丝国"），把丝绸称为"赛里斯布"。长久以来，丝绸的制造一直是一个"中国秘密"，直到公元 4 或 5 世纪以前，中国一直是世界上唯一出口丝绸的国家。中国在丝绸生产上的垄断地位保持了数个世纪之久。

中国的制丝工艺在 4—6 世纪开始向西方传播，先是从中原传到了西域。文献资料表明于阗至迟在南北朝时期就有了蚕桑。[2]但从今和田地区民丰县精绝国遗址出土的蚕茧来看，桑蚕生产出现在于阗的时代很可能更早，至少可追溯到公元 3 世纪[3]。而后，饲养家蚕和种植桑树的技术以缓慢的速度从中亚向西传播并最终抵达罗马帝国的边缘。约在公元 6 世纪中叶西方才学到了中国的养蚕法。此后，在君士坦丁堡和欧洲才出现了国家支持的、成规模的丝织业生产。作为丝绸之路交流的主要媒介和丝路上的主要商品，丝绸的考古发现，是丝路沿线的古罗马、拜占庭、波斯、大食、中国及中亚粟特诸国、西域有关丝绸之路历史的重要发现，从这些考古实物中可以看到漫长的历史时期丝绸在人类文明交流和物质交换过程中所扮演的重要角色。

---

[1] 宋馨：《汉唐丝绸的外销——从中国到欧洲》，载宁夏文物考古研究所编：《丝绸之路上的考古、宗教与历史》，第 22—33 页。

[2] 《魏书》卷一〇二《西域传》，载：于阗国"土宜五谷并桑麻"，第 2262 页。

[3] 李吟屏：《和田春秋》，乌鲁木齐：新疆人民出版社，2006 年，第 52 页。

一、希腊罗马世界所见中国丝绸

丝织品从东方输入希腊—罗马主要在罗马帝国时期之后。在罗马帝国境内已多处发现中国丝绸，在罗马属下埃及境内的卡乌、幼发拉底河中游的罗马边城杜拉欧罗波（Dura Europos）和叙利亚各地，都曾发现用中国丝制成的织物。[①] 其中最重要的发现地当数帕尔米拉。

历史上帕尔米拉是隶属于罗马帝国叙利亚行省的一个自治城邦，自从贸易商队蓬勃发展起来以后，它掌控着从沙漠到波斯湾北缘各港口的土地。通过波斯湾与西北印度之间的贸易活动，帕尔米拉逐步变成联系东西方各国的枢纽和罗马帝国东部最重要的进口奢侈品的商贸中心。帕尔米拉人作为商人，因在丝绸之路上建立殖民地以及足迹遍布整个罗马帝国而闻名。古典作家阿庇安（Appian）在其《罗马史》第九卷《内战》中记载说，作为商人的帕尔米拉人，购买来自印度和阿拉伯的产品，再转销给罗马人。海外交易的收入在公元后的前3个世纪里推动了帕尔米拉的发展。法国考古学家在帕尔米拉的若干古代墓场均发现了中国丝绸。帕尔米拉是世界上少有的成批出土来自中国的丝绸制品的地方之一。这批丝绸织造于东汉到三国时期（1—3世纪），可以说是最早到达西亚的中国丝绸。[②] 有学者认为，它们应当是专门进口的商品，而不是零散旅行者带来的稀奇舶来品。[③]

在帕尔米拉的埃拉贝尔（Ellahbel）塔墓发现了一件中国丝织品（图7-1），定年为公元103年，现藏于叙利亚大马士革国家博物馆。这种绸缎台布后来被命名为"绮"。绮是一种平纹地起斜纹花的素色提花织物，在罗布泊地区发现的苔藓绿色丝绸（图7-2），可与帕尔米拉埃拉贝尔塔墓出土的相同颜色的丝布相对照，后者装饰有连续排列的内有方块的圆圈和相互交错的菱形。另一件同样从这座塔

---

① 夏鼐：《新疆新发现的古代丝织品——绮、锦和刺绣》，《考古学报》1963年第1期，第46页。

② Lothar von Falkenhausen, *Die Seiden mit Chinesischen Inschriften, Die Textilien aus Palmyra: Neue und alte Funde*, ed. Andreas Schmidt- Colinet, Annemarie Stauffer, and Khaled Al-As'ad, Mainz: Philipp von Zabern, 2000.

③ Marta Żuchowska, *From China to Palmyra: the Value of Silk, Światowit* · XI (LII)/A, 2013, pp. 133-154.

墓出土的丝绸残片上面有四足动物和断续菱形，菱形内有鸟的图案，与楼兰发现的丝织物残片图案一致。[1]

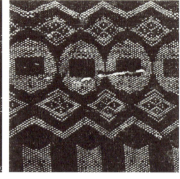

图 7-1　帕尔米拉埃拉贝尔　　图 7-2　中国罗布泊地区出土　　图 7-3　帕尔米拉 46 号墓出
　　塔墓出土的中国丝绸　　　　　的丝绸残片　　　　　　　　土的有汉字题记的多色丝织品
（叙利亚大马士革博物馆藏）　　（瑞典斯德哥尔摩远东艺术博物馆藏）　　（叙利亚大马士革博物馆藏）

中国彩锦在帕尔米拉比较罕见，至今已知的只有三件。其中两件上有汉字（图 7-3）。这是最可靠的判断一件丝绸为中国制造的证据。这些丝织物的年代应不会晚于公元 273 年。273 年后，帕尔米拉城衰落。

在帕尔米拉出土的另一件中国丝织物绮的残片上，有成列的阶梯状菱形图案。菱形边框上和内部均有心形的叶子纹样，正中心是呈十字对称的四片心形叶子。菱形之间是圆盘图案，内有经向和纬向对称的四头形似狮子的动物。动物呈侧面扑跃之态，每对前爪相抵，围绕着中心一个铜钱状的圆形排列。圆形图案的圆心为一个小六边形，外围有一圈不连续的小圆珠（图 7-4）。菱形纹是这些暗花绮图案的重要组成部分。中国汉代丝织品纹样中菱形纹有多种变体，比较常见的是一个大菱形的两侧各附加一个不完整的较小菱形，形似汉代附有两耳的漆杯。这

① Annemaris Stauffer, *Textiles from palmyra local production and the import and imitation of Chinese silk weavings, le annales archeologique arabes syrienne-special issue documenting the activities of the international colloquium: Palmyra and the Silk Road*, vol. XLII, 1996.

图 7-4　帕尔米拉出土的中国汉绮及其重构图

种纹样可能就是古代文献中所谓的"七彩杯文绮"[1]的"杯文"。

　　在帕尔米拉 Kitot 墓地发现了来自中国的平纹单色、彩色刺绣绢（图 7-5）、绮（图7-6）和经锦，以及包含有吉祥寓意的汉字字样的彩锦。一片非常小的残锦上装饰有在程式化的云纹中间的动物形象——这是汉代生产的绢、绮类丝织品的一种典型图案。另一件丝织品装饰有所谓"钻石网格"内填神异动物的图案（图 7-7）。这种图案相对少见，但在新疆楼兰出土的纺织品上找到了类似参照[2]。

图 7-5　帕尔米拉 Kitot 墓地出土的绢残片　　图 7-6　帕尔米拉 Kitot 墓地出土的汉绮残片

　　[1]　刘熙《释名》卷四《释彩帛》："有杯文，形似杯也。"载《释名疏证补》，第 151 页。转引自夏鼐：《新疆新发现的古代丝织品——绮、锦和刺绣》，《考古学报》1963 年第 1 期，第 45—76 页。

　　[2]　Li Wenying, *Silk artistry of the Qin, han Wei and Jin dynasties*, in D. Kuhn and Zhao Feng(ed.), Chinese Silks, 2012, pp. 158-159, fig. 3. 44: a, b.

图 7-7　帕尔米拉 Kitot 墓地出土的汉代经锦

在帕尔米拉的另一处遗址 65 号墓葬塔，发现了一件织锦残片（图 7-8、7-9）。上面有一个从藤蔓中摘葡萄的人，人旁边伴有骆驼和老虎。三足坛子出现在人与动物之间。这种织物的织造工艺显然是中国的——用经线显花的经锦，使用的材料是染过色的家蚕丝，没有纺丝的痕迹。因此可以明确断定这件残片是来自中国的产品。从那时起，这样的图案在中国的丝织品中就已经无法找到类似的样本了。据研究，这一织锦的图案属于典型的帕尔米拉风格，是最早受到西方风格影响的产品例证之一。由此看来，很有可能当时已经有专门为西亚地区定制的平纹经锦。

图 7-8　帕尔米拉 65 号墓葬塔出土的平纹经锦

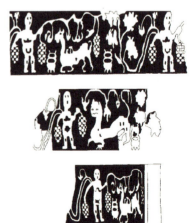

图 7-9　帕尔米拉 65 号墓葬塔出土的平纹经锦装饰图案构拟图

除了在中国生产的成品丝织物，在帕尔米拉还发现了两件用精美家蚕丝织成的丝布，上面并没有中国风格的图案纹饰，应被视为叙利亚当地利用从中国进口的丝线自织的丝绸。[1]

中国丝绸经由叙利亚进入罗马帝国境内后，立即得到了喜好奢华时髦品的罗马人的青睐。公元后几世纪，罗马城内多斯克斯区还有专售中国丝绢的市场。[2]但彼时罗马人并不用丝绸裁制他们宽大而柔软的服装（比如罗马人常穿着的宽外袍"托加"），而只是用丝绸做一些小装饰品，用来点缀、嵌饰在其他质地的服装以及靠垫、窗帘、椅子靠背等物品上；有时还作为边饰和方形或圆凸形的装饰品。[3]

后来，家蚕丝绸又被带入罗马帝国以北的日耳曼地区。在今天瑞士的锡永／西昂（Sion）大教堂保存有一件丝绸（图7-10），制作年代为公元4—5世纪。这件丝绸残片的装饰属于鲜明的希腊罗马神话题材。该丝绸残片主体图案为连续椭圆形纹样，圈内有坐在海怪身上的海中仙女涅瑞德斯（Nereids）。[4]从图案纹样来看，这件丝布应当是由当地工匠织造的。虽然当时的欧洲人并不知道如何获取家蚕丝，

图7-10　瑞士锡永／西昂（Sion）大教堂藏中国丝织品残片

---

[1] A. Schmidt-colinet, A. Stauffer, Kh. Al As' ad, *Die Textilien aus Palmyra, Damaszener forschungen 8*, Mainz am Rhein: 2000, p. 159, cat. no. 319; p. 178, cat. no. 453.

[2] ［法］戈岱司编，耿昇译：《希腊拉丁作家远东古文献辑录》，北京：中国藏学出版社，2017年，第105页。

[3] ［法］布尔努瓦著，耿昇译：《丝绸之路》，北京：中国藏学出版社，2016年，第28页。

[4] W. Fritz Volbach, *Il tessuto nell'* arte antica, Milano: Fratelli Fabbri Editori, 1966.

但他们已具备用野蚕丝做精致纺织品的知识。[1] 他们很可能用从中国进口的家蚕丝纱线纺出符合当地风格与审美喜好的纹样，或者将进口来的中国成品丝绸的纱丝一根一根打散拆解，再纺成纱线，用当地织机重新织成丝布。这种获取家蚕丝纱线的方法也不乏文献证据，如罗马帝国时代思想家老普林尼的记载[2]。

二、东欧发现的中国丝绸

考古工作者在克里米亚的高等级墓地中发现了公元 1—3 世纪的若干丝绸。最早一批丝织物是 D. Kareisha 于 1842 年在 Panticapeum（今克里米亚半岛东部城市刻赤附近）发现的。其中有一块深棕黄色丝布被用来包裹放进银色骨灰瓮的遗骨。这是一种在平纹组织的暗花绢底子上织出的斜纹织物，上面有一排排菱形格图案，菱形格内又含小菱形格。[3]（图 7-11）这件丝织品应当属于中国的汉绮。类似图案的汉绮残片在新疆孔雀河畔营盘东汉墓（95M7）亦有发现。（图 7-12）

图 7-11　克里米亚出土的菱格纹丝织品　　　图 7-12　新疆孔雀河畔营盘东汉墓
（林梅村：《西域考古与艺术》）　　　　　　（95M7）出土的菱格纹汉绮残片
　　　　　　　　　　　　　　　　　　　　　　（林梅村：《西域考古与艺术》）

此外，在克里米亚发现的最大的丝绸残片来自半岛西南部的乌斯特—阿尔马墓地。这是一个袖子的一部分，由未纺过并染成紫色的丝线织成。在同一墓地还

　① Pliny the Elder, *Naturalis Historia*, XI. 26-27.

　② Pliny the Elder, *Naturalis Historia*, IV.54

　③ Svetlana Pankova, *Unearthed early silks from the Silk Road in Russia (3rd century BC-4th century AD)*, in Zhao Feng(ed.), *The Silk Road: A Road of Silk*, Donghua University Press, 2016, p. 56.

发现了金线织物的残余。墓葬年代可追溯至公元 1 世纪中期或后 3/4 的年代①。

凡此表明，贩运中国丝绸的商队必是在西行路上经过克里米亚半岛。彼时居于中国与罗马之间的安息帝国时常垄断商路，为了打破垄断，粟特人向北开辟了欧亚草原之路，经黑海北岸的克里米亚半岛向罗马帝国运送丝绸。公元 1 世纪末，中国的丝织品可能就是从欧亚草原之路输出到域外的。②

三、中亚发现的中国丝绸

在沟通中国与西方的丝绸之路上，中亚各民族作为东西文明的传播者发挥了极为重要的作用。来自中国的丝绸在中亚的多处遗址都有发现。下面按丝织品的年代顺序依次介绍。

1. 费尔干纳

在乌兹别克斯坦苏尔汗河州（Surkhandarya）的 Sapallitepa 遗址（前 17—前 14 世纪，约与商朝同时）发现了中亚唯一的早期丝绸样本。③此外，在费尔干纳南部的哈拉布拉克（Karabulak）墓地亦出土了丝织品。该墓地丝织品的数量占全部出土纺织物的 2/3，年代在公元 1—2 世纪之间。这批丝织物的种类有：光面绸、绮、彩绢和刺绣丝绸等。哈拉布拉克遗址出土的丝织物均为散碎、小型的残片。

费尔干纳盆地另一处遗址蒙恰特佩出土有丝质的平纹绢、棉线的平纹纬锦、长丝的平纹纬锦、斜纹纬锦和绮织物。其中占绝对多数的平纹绢的幅宽基本都在 50 厘米（约合 2 尺 2 寸）上下，是汉代最为典型的织物门幅。这些平纹绢应该都是从中国内地输出到费尔干纳盆地的。出土物中的长丝类织物，虽然从组织结构看，可能是在中亚织成的，但其无捻的长丝纤维很可能是从中国中原进口来的。④

---

① I. I. Loboda, A. E. Puzdrovskij und J. P. Zajcev, *Prunkbestattungen des 1. Jh. n. Chr. aus der Nekropole Ust-Al ma auf der Krim. Die Ausgrabungen des Jahres. Eurasia Antiqua*, 8, 1996.

② 林梅村：《西域考古与艺术》，第 163—164 页。

③ ［乌兹］马特巴巴伊夫、赵丰主编：《大宛遗锦：乌兹别克斯坦费尔干纳蒙恰特佩出土的纺织品研究》，上海：上海古籍出版社，2010 年，第 225 页。

④ 茅惠伟：《丝路之绸》，济南：山东画报出版社，2018 年，第 114 页。

2. 巴泽雷克冢墓

20 世纪前半叶苏联考古学家发掘了位于南西伯利亚的阿尔泰山巴泽雷克冢墓（Pazyryk cemetary），出土了作为陪葬品的中国丝织品。这一地点之所以出现早期丝绸，除了毗邻中国的地理之便，更主要的原因在于当地冰冻酷寒的气候条件以及墓葬建筑构造的独特性使得纺织品及其他有机物完好保存。

在巴泽雷克文化斯基泰类型的游牧墓葬（前 4—前 3 世纪）发现的丝绸，是迄今俄罗斯境内发现的年代最早的丝织品样本。在发现丝织物的墓穴中，还出土了中国铜镜的碎片和大量漆器，这些器物有力地证实了从公元前 4 世纪末开始，该地就与中国有了显著的接触。①

巴泽雷克 3 号墓出土了一件长 13.8 厘米、宽 8 厘米的平纹复合组织（又称"重组织"）经锦（图 7–13），两端有绿色和棕褐色的经纱。主体图案为纵向排列的双菱纹，即大菱形两角附以小菱形。大菱格内又填饰小菱形。这一纹样也属于汉代广为流行的杯纹。这片残锦中间贯穿着一条缝合痕迹，尚不清楚它的功用。

在同一墓穴中还发现了一个高 19.8 厘米的沙色平纹组织绸布制成的囊袋（图 7–14）。这件囊袋上部呈漏斗形，卜部为圆形，中间形如人的腰部。整个囊袋由两片相似的丝绸缝合在一起，原来接缝处的线头已经遗失了。袋内中空，很难判定它的用途。

巴泽雷克 5 号冢墓出土的丝绸与马具有关。一幅装饰有锁针法刺绣的蔓草凤鸟纹样的平纹绢覆盖在毛毡做成的鞍褥上面（图 7–15）。这幅绣品长逾 2 米，宽 43 厘米，上面用黑色、棕色、米黄色线刺绣出了带有花、叶和嫩芽的植物以及或栖息或飞翔的凤凰。纹样左右对称，绣纹流畅纤细。从图案风格与技术上看，该绣品与湖北江陵马山楚墓出土的一件刺绣非常接近。

---

① E. Bunker, *The Chinese artifacts among the Pazyryk finds, Source. Notes in the history of art*, vol.X, No. 4. Summer, 1991, pp. 22-24; О. Г. Новикова, Е. В. Степанова, С. В. Хаврин, *Изделия с китайским лаком в памятниках пазырыкской культуры.Использование естественно-научных методов в археологических исследованиях*, Барнаул，2013, pp. 81-86.

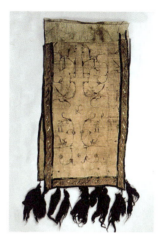

图 7-13　巴泽雷克 3 号墓出土的平纹复合组织经锦　　图 7-14　巴泽雷克 3 号墓出土的平纹丝绸囊袋　　图 7-15　巴泽雷克 5 号墓出土的锁针刺绣

俄罗斯学者 E.I. Lubo-Lesnichenko 认为，巴泽雷克冢墓发现的平纹绢、经锦和刺绣品应当是由中国传入的。因为它们的图案与楚文化系统下的长沙战国墓出土的丝帛刺绣和漆器纹饰非常相似。鉴于当时只有中国才拥有织锦技术，可以判断在公元前 4—前 3 世纪时，楚国与阿尔泰游牧民族的统治者已有交往[①]。

3. 蒙古高原北部和外贝加尔地区

在蒙古高原北部的诺音乌拉（Noin-Ula）公元前 1 世纪到公元后 1 世纪的匈奴墓中发现了目前保存最完好且数量最多的丝织品。

自 20 世纪 20 年代以来，该地陆续出土了上千种纺织物，包括 250 余件丝织品。这些丝织品要么是单独的丝布，要么是衣服、头饰、鞋袜，以及地毯、三角旗的一部分。大部分丝绸属于平纹绢。其中有 18 种彩色图案丝帛，包括有细毛图案的纺织物。还有 7 种素色图案的织物，两件织成[②]纺织品残片，饰有菱形纹样的暗花纱。

[①] Е.И.Лубо-Лесниченко, *Китай на Шелковом пути. Шелк и внешние связи древнего и раннесредневекового Китая, М. Восточная литература,* 1994, pp. 221-222, 326 c.

[②] 织成为古代衣料的一种，其属性目前尚无清晰界说。在《冥祥记》《西京杂记》《太平广记》《隋书·波斯传》《旧唐书·波斯传》中均有记载，织成很可能是一种名贵织物，多用作西域胡服的边饰。参见蔡鸿生：《中外交流史事考述》，郑州：大象出版社，2007 年，第 38 页。

在 16 种刺绣品中，有各式锁针绣、羽毛绣和平针绣等绣法。[1]

2006—2013 年，俄罗斯—蒙古联合考古队在诺音乌拉的 4 座高等级贵族墓葬中发现了若干丝织品，属于平纹复合组织经锦和刺绣品。[2]

在邻近俄罗斯和蒙古边境的一个名为 Ilmovaya Padj 的墓地，发现了规模较小的若干丝织品，但保存状态较差。这里发现的丝布残片大部分用作木棺内部和外部的密致的覆盖布。这个遗址唯一有名的丝织物是一件带有题记文字的锦，现存 13 片小幅残片。[3] 此外，还从至少 12 种织物中发现了 40 余件丝绸残片，大多为小型碎片，属于平纹丝织品，其中 2 件为汉锦，还有若干暗花纱。

4. 西西伯利亚

在西西伯利亚亦发现了丝织物。西西伯利亚的丝绸遗存来自额尔济斯河中游的一组贵族墓葬群，属于公元 2—4 世纪的萨尔伽特（Sargat）文化。据 1989 年发掘 Isakovsky 贵族墓冢的考古学家 L.I. Pogodin 称，这里发现了作为服装残存的很小的丝绸残片和内有丝芯的金线。[4] 由于墓葬遭受盗扰，已无法获知这些纺织物更详尽的信息。

5. 南西伯利亚米努辛斯克盆地（Minusinsk Basin）

另一组丝织品来自米努辛斯克盆地 3—4 世纪初的墓葬，该地区是阿尔泰—萨彦岭山区北部的一个小草原地区。大多数丝绸保存在叶尼塞河左岸的奥格拉赫蒂（Oglakhty）墓葬群中。由于当地干燥的气候和密闭的木制墓室，丝织物得以保存下来。该遗址出土物保存在俄罗斯三家博物馆中，1903 年发掘的 1 号、2 号墓出土有暗花的平纹复合组织经锦和彩锦，保存在莫斯科国立历史博物馆。1969 年发

① W. Fritz Volbach, *Il tessuto nell'arte antica,* Milano: Fratelli Fabbri Editori, 1966, P59.

② N. V. Polosmak, Ye. S. Bogdanov, D. Tseveendorzh, *The Twentieth Noin-Ula tumulu,* Novosibirsk (In Russian) 2011, Fig. 2. 47.

③ L. von. Falkenhausen, *Die Seiden mit chinesischen Imschriften,* ed. A. Stauffer & Schmidt-Colinet. *Die Textilien aus Palmyra. Neue und alte Funde,* Meinz-am-Rhein: 2000, pp. 58–81, B 7b; K. Riboud, *A comparative study of two similar Han documents. Polychrome figured silks from Lou-Lan amd Ilmovaya Pad, Bulletin de CIETA,* 1968, No. 28; id. *Some remarks on strikingly similar Han figured silks found in recent years in diverse site, Archives of Asian Art,* 1972/73, Vol. 26. pp. 12-25.

④ В. И. Матющенко, Л. В. Татаурова, *Могильник Сидоровка в Омском Прииртышье, Наука, Новосибирск*: 1997, p. 55, 198c.; Т. Н. Глушкова, *Текстильные материалы Исаковского—1 могильника. Материалы по археологии Обь-Иртышья,* Сургут, 2001, pp. 110-113.

掘的4号墓出土的4件平纹绢和11件彩锦残片现藏于圣彼得堡艾尔米塔什博物馆。自20世纪70年代以来，纺织品专家K.Riboud和E.I. Lubo-Lesnichenko均对这些彩锦做过研究，他们认为米努辛斯克盆地遗址的丝绸与中国新疆塔里木盆地出土丝织物相类，与诺音乌拉出土丝织物不同。①

奥格拉赫蒂墓葬群中死者面部大多盖着彩绘石膏面具，在面具之下人面之上覆以素面丝布。4号墓死者面具下方可以看到嘴巴和右眼处有丝织物残留。

奥格拉赫蒂墓葬群4号墓中的大多数丝绸都是在一个真人大小的木偶旁边发现的。木偶由皮革制成，内填充干草。在木偶头部附近发现了一个长4.5厘米、宽4厘米的丝质口袋，应该是原来用来装辫子的袋子仅存的部分。接缝处存留的不同丝线显示这块丝绸最初是矩形的。就总体图案而言，类似的条纹背景和颜色图案的丝织物在同一遗址1号墓和中国新疆塔里木盆地亦有发现。②

这个遗址发现的其他丝织物残片的功用尚不清楚。其中有两件与塔里木盆地遗址发现的丝织品类似。一件是有云纹的金蓝色织物，可以从楼兰地区和山普拉墓地的丝织品中找到参照物。③另一件带有虎皮纹的丝绸，与尼雅出土的纺织物相类似。④

此外，在一个陪葬箭囊上也装饰了一条由五件彩色丝绸组成的条带（图7-16）。

---

① K. Riboud, *New soviet finds at Oglakhty and their analogy to Aurel Stein textiles — Han period, Bulletin de CIETA*, 1971, II, No.34, Lyon: 1971, pp. 30-39; id. *Some remarks on strikingly similar Han figured silks found in recent years in diverse site, Archives of Asian Art*, 1972/73, Vol.26. pp. 12-25; id. *China's buried past.* Hali: 1987, No.37, pp. 33-41; K. Riboud & E.I. Loubo-Lesnitchenko, *Nouvelles découvertse soviétiques a Oglakty et leur analogie avec les soies façonnées polychromes de Lou-Lan — dynastie Han, Arts Asiatiques* XXVIII, 1973, pp. 139-164; E. I. Loubo-Lesnichenko, *Concerning the chronology and ornamentation of Han Period textiles, Orientations*, May 1995, pp. 62-69.

② Wang Mingfang, *Polychrome woven silk and embroidery of Zagunluk between the 3rd–6th centuries, Western Imprints: Textiles from Han and Jin dynasties in China*, Hangzhou: 2008, pp. 18-40, Fig. 2 a, b; K. Riboud & E. I. Loubo-Lesnitchenko, *Nouvelles découvertse soviétiques a Oglakty et leur analogie avec les soies façonnées polychromes de Lou-Lan — dynastie Han, Arts Asiatiques* XXVIII, 1973, pp. 139-164, Pl. 12B, 12A.

③ A. Stein, *Innermost Asia. Detailed report of explorations in Central Asia, Kansu and Eastern Iran*, Oxford, 1928, vol. III, pl. XXXVII, XXXV; *Sampula in Xinjiang of China, Revelation and study of ancient Khotan civilization*, Urumchi: 2001, p. 134, No. 227.

④ Ibid, pl. XLIII.

通过经纱（末端）的数目、颜色和经纱与纬纱的密度可知，其中两件应属于同一
块织物，其余三件分属不同但相似的织物。丝织物装饰细节上有汉字出现。类似
的丝织物在新疆楼兰附近墓地[1]和一个私人收藏[2]中亦有发现。

　　从奥格拉赫蒂墓地所见丝织物可以得出以下几点信息：其一，这里是目前为
止发现平纹经锦最北端的地方；其二，大多数类似的纺织品都来自新疆楼兰地区
的墓葬，而那里很可能就是奥格拉赫蒂丝绸的来源；其三，当地人获得这些丝绸
的方式可能与斯基泰时代贵族和匈奴人获得进口奢侈品的方式不同，因为奥格拉
赫蒂墓葬群很难被视为上层社会的高等级墓葬；其四，奥格拉赫蒂墓葬中大多数
丝绸都与特定的丧葬物品如面具、人形丧葬木偶及不同的陪葬物有关，这可能反
映出当地人对待丝绸这种纺织物的特殊态度。[3]

图 7-16　米努辛斯克盆地奥格拉赫蒂墓地 4 号墓出土箭囊
边缘装饰的汉字纹锦

6. 穆格山（Mount Mug）

　　1933 年，苏联考古学家在撒马尔罕以东 120 公里的今塔吉克斯坦境内的穆格
山古堡发现了一些提花丝绸残片，绝大部分是从中国输入的。根据同一地点发现

　　[1] K. Riboud & E. I. Loubo-Lesnitchenko, *Nouvelles découvertse soviétiques a Oglakty et leur analogie avec les soies façonnées polychromes de Lou-Lan — dynastie Han, Arts Asiatiques* XXVIII, 1973, pp. 139-164, Pl. 11.

　　[2] *The general history of Chinese silks*, Soochow university press, 2000, Fig. 2-4-13.

　　[3] W. Fritz Volbach, *Il tessuto nell'arte antica*, Milano: Fratelli Fabbri Editori, 1966. P63-43.

的粟特语和阿拉伯语文书（考古学家判断其年代在 709—722 年之间）[①]，这些丝织物的年代应该在 7 到 8 世纪初甚至更早。

其中有一段从面板边缘切下的窄条状的用帆布织法纺织的丝绸残片。这条丝绸长 26.5 厘米，宽 7.6 厘米，是经过复杂的纺织工艺织成的。织物的纹理由加捻的红色线做经线，未加捻的黄色和紫色线作为纬线。两种类型的外圈带有放射状的花团像棋盘上的棋子那样排列着。这种图案颇具近东地区特色，尽管其不加捻的编织方式是中国和中亚典型的丝线编织方式。[②]

另一件丝帛用浅棕、绿、白、灰四种颜色的丝线织成（图 7–17）。这件丝帛长 14.5 厘米，宽 10 厘米，浅棕色地，主体图案是联珠圈团窠纹，联珠圈内为绿色，联珠为白色。团窠之间填以十字形的忍冬叶纹饰。一件与之相同的丝绸保存在日本奈良东大寺的正仓院宝库中，是 8 世纪中叶的作品。在吐鲁番阿斯塔那墓地中也发现了类似的丝织物残片。目前尚无法确定穆格山丝织物的生产地点。

这些本地和进口风格的纺织品为粟特人在丝绸之路上的贸易链提供了证据。

图 7– 17 穆格山古堡出土的棕地联珠圈团窠纹锦

① ［美］芮乐伟·韩森著，张湛译：《丝绸之路新史》，北京：北京联合出版公司，2015 年，第 167 页。

② Boris Marshak, La Transoxiane et les terres attenantes, *L' Asie des steppes: d' Alexandre le Grand à Gengis Khan*, Paris-Barcelona, 2000, pp. 83-96.

四、日本发现的中国丝绸

日本收藏中国古代丝绸最著名的地方，是位于奈良的正仓院。这里保管着 8 世纪圣武天皇遗留下来的心爱宝物。这批珍宝包罗万象，从服饰、家具到乐器、兵器等等。其中 8 世纪的文物占多数，也包括 5 世纪、6 世纪的舶来品。正仓院珍藏的染织遗宝，超过了 10 万件，如果加上法隆寺保存下来的丝织物，据说可以囊括中世纪的各类丝绸。[①] 这些 8 世纪或更早以前王族显贵们视为奢侈品的丝绸，并非以埋葬品出土的形式，而是在密封的地上仓库照原样保存至今，在世界上可谓绝无仅有，弥足珍贵。

据 20 世纪初的整理统计，正仓院所藏丝绸染织品种类繁多，有织锦（经锦和纬锦）、绫、绮、纱、织成和缂丝等。例如联珠纹天王狩狮锦（图 7-18）。其整体图案为红地白色联珠纹团窠。团窠内有骑着翼马的骑士回首射狮的形象。联珠纹横置中轴线的上、下、左、右均有回形纹。珠圈外的辅纹是以小联珠圈为中心的十字对称忍冬。联珠纹具有明显的中亚异域风格，是隋唐时期流行于西域的纹样，在汉地工艺品中相对少见。相同的狩猎纹锦在新疆吐鲁番阿斯塔那古墓中也有出土。一般认为，这种纹样的丝织物很可能产自中亚。但是值得注意的是，这件织锦上还织有汉文"吉"字，因此它更有可能是在汉地或熟悉汉文

图 7-18　日本奈良正仓院藏联珠纹天王狩狮锦
（林梅村：《西域考古与艺术》）

---

① 林梅村：《丝绸之路考古十五讲》，第 3 页。

化的地区生产的。

　　法隆寺内保存有大量与皇室及佛教有关的器物及丝织品，这些织物的年代相对正仓院所藏要更早一些。法隆寺所藏最著名的丝织物为四天王狩狮纹锦、唐草葡萄纹锦、蜀江锦幡等。四天王狩狮纹锦原物长250厘米，宽134.5厘米。经线S捻，原为红地，因年久褪色，现呈浅茶色（图7-19）。此锦呈长方形，绫地，锦面以联珠纹为架构，呈大型联珠团窠，共20珠和4个回纹。团窠径达43厘米，横三纵五。团窠之间饰以小联珠圈内花朵为中心的唐草纹、忍冬纹。团窠中心为"生命之树"，树下两侧各有一位武士骑在翼马上，反身相向，正张弓搭箭准备射向扑来的狮子，与萨珊波斯银盘上国王沙普尔二世骑马猎狮的图像相似，整个画面充满动感和张力。[①] 马腿处有"山"和"吉"两个汉字。武士高鼻浓髯，头戴日月宝冠。从团窠架构（树下左右对称分布联珠纹）及从武士、翼马、狮子形象等方面看，此锦具有浓郁的波斯特色，是伊朗文化与汉文化交流的产物。

图7-19　日本京都法隆寺藏四天王狩狮纹锦
（林梅村：《西域考古与艺术》）

　　日本藏存的传世丝绸锦绣精致华美，汇集了7—10世纪全亚洲的精品，这批丝织品充分体现了大唐帝国在东方的全局性影响。

---

　　① 赵丰：《唐系翼马纬锦与何稠仿制波斯锦》，《文物》2010年第3期，第71—83页；另参见林梅村：《西域考古与艺术》，第175页。

五、结语

从时间上看，汉以后至唐代早期这段历史时期在中国域外的遗址均出土了中国丝织品。出土品的时间跨度大，纹样种类多，从战国和汉代广为应用的几何纹中的菱形纹绮到华美绚丽的经锦和变幻无穷的刺绣品，无所不包。中国域外所出丝绸也是中古时代丝织品工艺发展的缩影，进一步展现出丝织品图案由简到繁、由粗到精、由单一到多样的演化历程。

从空间上看，中国内地生产的丝织品在距离中国很遥远的地方被发现，中国古代丝绸西抵地中海，东及日本，反映出丝绸之路的繁荣盛况与辐射广度。这些丝织品样本充分表明，在公元前1世纪到公元8世纪，沿着欧亚大陆的贸易交通路线，东西方各个文明区被串联起来，逐渐形成了一个浑然一体的"丝绸世界"。文明的交流从来不是单向的，中国丝绸和丝织技术在向外传播的过程中，又不断吸收域外纺织文化的精华，丰富了中国染织题材与纺织技术，这是丝路文明互鉴的典型案例。从产丝的中国开始，经过贩易运到中亚、印度、波斯等地，再到罗马、拜占庭，丝绸在古代中国与西方的交往中扮演了举足轻重的角色，折射出各时代审美观念的差异与东西方经济文化的交流。

第二节　新疆考古发现的丝绸

丝绸之路因丝绸而得名，东起长安、西到地中海沿岸的丝绸之路沿途各地遗址、墓葬均有数量众多的丝绸遗物被发现。在中国境内，如武威磨咀子遗址、敦煌石窟、马圈湾烽燧遗址、居延塞烽燧遗址、阿斯塔那墓地、楼兰古城遗址、尼雅遗址、鱼儿沟墓地、曲曼墓地，都发现有丝绸。

新疆出土的丝绸，时代最早的发现于阿尔泰地区公元前5世纪的墓葬中，最晚为元代丝织品，仅发现的汉唐时期丝织品就可分为织锦、织绮、缣绢、纹罗、染缬、刺绣六大类，织造方法各异。包括衣、裤、鞋、袜、裙、鸡鸣枕、梳镜袋、荷包、被褥等生活用品，以及覆面、遮胸、冥衣等葬仪用品。丰富的纹样则是多民族文化交融最直接的体现，既有西域风情，也有中原文明特色，常见的有彩条纹、回纹、几何方格纹、菱花卷草纹、树叶纹、联珠纹、禽纹、对鸟几何纹等。也有以"吉""贵""王"等表达祈福愿景的图案，这无一不是西域先民智慧的体现。甚至在新疆多地遗址中发现蚕茧，如在尼雅遗址发现的一个蚕茧及在巴楚县脱库孜萨来遗址的唐代文化层中出土的三个蚕茧。[1]

新疆大量丝织物的发现，不仅为研究丝绸之路新疆段社会、经济、政治提供了极好的资料，而且也给研究中西文化交流带来了新的契机，甚至可以说带来了中国古代服饰研究的春天。

干燥少雨的自然条件使得在新疆地区发现了大量的具有中原服饰文化因素的丝织品出土物，包括面料与服饰品。[2]出土物品种繁多，有锦、绮、绫、罗、缂丝、绢、纱、绸、缎等。工艺技法多样，有刺绣、锁绣、提花、染色等。在新疆阿拉沟发掘的一批春秋晚期以后的墓葬中，发现了不少的丝、绢和刺绣等物。[3]其中一件刺绣凤鸟纹的残片上凤鸟图案造型风格与长沙楚墓出土的凤纹织物极为相似，这说明中原地区和新疆地区一直保持着密切的联系。直到张骞"凿空"西域，汉武帝大力经略西域，大量的丝织品流入，极大地丰富了西域人民的服饰文化。同时，丝织品也向西亚及欧洲集散。俄罗斯巴泽雷克墓地曾出土五片丝绸，包括一片蔓草鸟纹刺绣图（图7-20）。新疆成为重要的丝织品集散地，并逐渐形成了吐鲁番、于阗、别失八里三大丝都。[4]

一、阿勒泰喀拉苏墓地丝织品

喀拉苏墓地位于新疆阿勒泰地区哈巴河县加依勒玛乡阔克塔斯村西北2.5公里的

---

[1] 贾应逸：《新疆丝织技艺的起源及其特点》，《考古》1985年第2期，第173页。

[2] 李肖冰：《中国西域民族服饰研究》，乌鲁木齐：新疆人民出版社，1995年，第12页。

[3] 魏长洪：《新疆丝绸蚕桑的传入与发展》，《新疆大学学报》（哲学社会科学版）1979年第Z1期，第138页。

[4] 魏长洪：《新疆丝绸蚕桑的传入与发展》，《新疆大学学报》（哲学社会科学版）1979年第Z1期，第138页。

图 7-20　蔓草鸟纹刺绣线图（局部）
（赵丰、金琳：《纺织考古》）

戈壁草场上。新疆维吾尔自治区文物考古研究所组织考古队于 2014 年 5 月 12 日至 7 月 14 日，对喀拉苏墓地进行了发掘，清理墓葬 53 座，出土石器、骨器、陶器、金器、铁器、铜器等文物约 600 件。[①] 其中出土铜器表面残留有丝绸残迹。

二、昭苏波马古墓丝织品

波马古墓位于昭苏县城西南七十四团的山前地带，有 3 座大土墩墓，在墓中发现了为数可观的金器，如镶宝石金面具、金罐、金刀鞘、错金银瓶、金饰件、缀金织物等，金银器的品级之高、数量之多、制作工艺之精湛，在新疆考古发现中极为罕见，具有极大的历史和文化艺术研究价值。通过对这批文物的整理和分析，考古工作者认为这批文物的时代下限为 6 至 7 世纪，可能是北方游牧民族的墓葬。此外，波马还出土了一些丝织品，如织锦、绫、绢、绮及绣品，其中一件金珠绣绮残片（图 7-21），长 25 厘米，宽 13 厘米，虽然是残品，但上面穿线缀缝的金泡饰至今仍熠熠生辉。

三、乌鲁木齐阿拉沟战国墓地丝织品

阿拉沟墓地在乌鲁木齐市南山矿区，为战国至西汉时期木椁墓葬，墓葬上部有封土堆，四面有块石围垣。墓室为长方形竖穴，东西走向。墓室内填有沙石，沙石下面为木椁。椁室以纵横叠置的圆形杉木构成。每墓葬一至两人，随葬器物

---

① 于建军、胡望林：《2014 年新疆哈巴河县喀拉苏墓地考古发掘新收获》，《西域研究》2015 年第 1 期，第 131 页。

有陶器、金器、铜器、漆器、丝织品、货贝、银钱、珍珠、铁刀、铁镞、骨器等。出土的金饰物中有不少带有明显的民族风格的各种兽纹金饰牌，如虎方纹圆金牌、对虎纹金箔带、狮形金箔饰、虎形方金箔饰，以及各种兽面金饰等。该墓葬发现的丝织品为刺绣凤鸟纹残片（图7-22），从风格上来看，与两湖地区出土的凤鸟完全一致。[①]

图 7-21　金珠绣绮残片
（祁小山、王博编著：《丝绸之路·新疆古代文化》）

四、吐鲁番阿斯塔那—哈拉和卓古墓群丝织品

吐鲁番是丝绸之路上一个非常重要的地点。很多外国人去过吐鲁番，如德国的格伦威德尔、勒柯克和巴特思等就在吐鲁番盗取了大量的壁画等物，在其考古发掘品种中也有绢画、幡等丝织品。在阿斯塔那—哈拉和卓墓地也出土了不少织物。这些织物有不少被带到国外，现藏于英国伦敦大英博物馆、德国柏林印度艺术博物馆（今德国柏林亚洲艺术

图 7-22　刺绣凤鸟纹残片
（祁小山、王博编著：《丝绸之路·新疆古代文化》）

博物馆）及其他相关研究机构和博物馆中。从 1959 年起，考古人员先后对阿斯塔那—哈拉和卓古墓群进行过 13 次发掘，清理墓葬近 500 座。其中 300 多座可根据随葬文书或纪年物判明其年代。出土的丝绸主要分属两个时期，一是高昌王朝时期（501—640），相当于北魏至唐初；二是唐西州时期（公元 7 世纪下半叶至 8 世

---

① 赵丰、金琳：《纺织考古》，北京：文物出版社，2007 年，第 46 页。

纪下半叶）。

"阿斯塔那"在维吾尔语中有"京都"之意，汉语译为"三堡"。阿斯塔那墓地位于新疆吐鲁番阿斯塔那村北、哈拉和卓村东，南临高昌故城，整个墓群东西长 5 千米，南北宽 2 千米，占地 10 平方千米左右。哈拉和卓汉名为"二堡"，墓葬群位于新疆维吾尔自治区吐鲁番市东南约 40 千米的哈拉和卓境内，古墓地属西晋至唐代高昌城墓葬群。学术界统称其为"阿斯塔那—哈拉和卓古墓群"。[①]

阿斯塔那墓地多按家族来分区埋葬，形制多为斜坡墓道洞室墓，斜坡墓道很长，平面形状如"甲"字。阿斯塔那墓群中出土有大量文物，如西晋至唐代汉文文书、大量纺织品、泥塑木雕俑、陶木器和绘画等。在吐鲁番已经发掘的 500 多座墓葬中，出土所见高昌流行的锦的名目有：丘慈锦、疏勒锦、钵（波）斯锦、西向白地锦等。其经纬为绢纺，长宽不同，有大、中、小之别，计量单位用"张"。从出土实物看，远比中国内地织锦粗疏，色彩也较单调（多为两色，三色罕见）。[②]

这一历史时期也是丝绸之路由汉晋时期取昆仑山北麓之"南道"逐渐改行天山南麓的时期。阿斯塔那古墓出土的大量丝织品也反映了这一史实。在发掘的 500 多座墓葬中，虽然绝大多数墓葬都有数量不等的丝织品出土，但在高昌章和十三年（543）以前，除个别墓葬外，高档丝织品如锦、绮等极为罕见，大多出自生前地位显赫或豪富之家的墓中，如以张雄夫妇及其祖、父、子、孙为中心的张氏家族茔院最为显著。然而自章和十三年起，高档丝织品开始大量出现，就出土精美丝织品年代最晚的墓葬而言，阿斯塔那 381 号墓所出丝织品也颇为罕见，时代为大历十三年（778）。这大概与内地长期战乱，丝织生产受到破坏和交通经常梗阻有关。恰在这以前，高昌蚕桑丝织业应时兴起，原因大概也在于此。7 世纪后，随着内地丝织品大量西传，高昌地产丝织品无法与之抗衡，逐渐衰落，正足以说明这点。[③]

---

① 王巍：《中国考古学大辞典》，上海：上海辞书出版社，2014 年，第 548 页。

② 武敏：《吐鲁番古墓出土丝织品新探》，载侯世新主编：《西域历史文化宝藏探研——新疆维吾尔自治区博物馆论文集》第二辑，乌鲁木齐：新疆人民出版社，2009 年，第 64 页。

③ 武敏：《吐鲁番古墓出土丝织品新探》，载侯世新主编：《西域历史文化宝藏探研——新疆维吾尔自治区博物馆论文集》第二辑，第 65 页。

吐鲁番地区出土的丝织品非常丰富，尤其是北朝至唐代丝织品，品种有锦、绮、绫、绢、缣、纱、罗、轻容、刺绣、染缬等，其中锦的数量较多。这些丝织品不仅从多方面反映了吐鲁番古代人的社会生活面貌，而且也为了解我国服饰史、纺织发展史、织染技术、中西贸易和丝绸之路等提供了非常珍贵的形象资料。[1]纹样组成可以说汇集了天地万物之精华，既表达美好寓意，又具有鲜明的文化特征。丝织品的纹饰以动物、植物为主，对称形纹样更是独树一帜，特别是联珠纹中的对称形纹样，如对饮、对狮、对象、对凤、对鸟对羊、对鸟对兽、对羊、对树、对马、对孔雀、对虎等形成了特定的艺术风格，与联珠团窠纹、宝相花纹、瑞兽纹组合构成整体图案，美观典雅。著名的纺织品有织锦圆头鞋、绢本伏羲女娲图（图7-23）、舞乐图、围棋仕女图（图7-24）、牧马图、禽兽纹锦（图7-25）、对鸟对羊树纹锦、骑士对兽纹锦、牵驼纹"胡王"锦及狩猎纹印花绢等，具有很高的艺术价值。

1964年，吐鲁番阿斯塔那前凉末年墓出土有一双前凉末年（4世纪后半叶）的织锦圆头鞋（图7-26），是古代丝织物的杰出代表，堪称国宝。这双锦鞋和东晋升

图7-23　绢本伏羲女娲图
（祁小山、王博编著：《丝绸之路·新疆古代文化》）

图7-24　围棋仕女图
（祁小山、王博编著：《丝绸之路·新疆古代文化》）

---

① 王巍：《中国考古学大辞典》，第548页。

图 7-25　夔纹锦
（新疆维吾尔自治区博物馆出土文物展览工作组
编：《丝绸之路·汉唐织物》）

图 7-26　"富且昌宜侯王天延命长"
织锦圆头鞋
（新疆维吾尔自治区博物馆出土文物展览工作
组编：《丝绸之路·汉唐织物》）

平十一年（367）、十四年（370）的文书同出于 39 号墓，年代是明确的。鞋长 22.5 厘米，宽 8 厘米。鞋帮似乎是像编草履一样织成的，而不是用织机织成的。鞋底用麻线编织，其他部分用绛红、白、黑、蓝、黄、土黄、金黄、绿等 8 种丝线编织而成。鞋尖处有对狮纹，沿鞋分布有几列小菱形纹和云纹。鞋面有"富且昌宜侯王天延命长"等汉字铭文。这双织成履设计严谨、规整，图案纹饰布局对称，纹样均匀，履面织出的"富且昌宜侯王天延命长"的吉祥语，透露着汉代以来就以文字纹样为织锦点缀的装饰之风，也表达着当时人们希冀生前死后永受天命恩惠福泽的传统思想。看织成履的纹样布局，就可知此吉祥语是作为装饰主题被置于履面正中间。以白色底衬托，形成一上弦半月形主面，而恰巧与履正面相吻合。红、蓝、黄色的字体纹样呈

三横列错位排开，使整个履面中心显得错落有致，素雅华美。吉祥语装饰前面，用红色丝织出条带纹装饰带，与履上口沿的一圈红色装饰纹相辉映，形成履面的多个装饰区。两侧的蓝底长条带纹及前端的红色饰带更使履面呈现出色彩缤纷、和谐艳丽的整体美感。两只鞋面上花纹完全一样，并互相对称。此外，对称纹样在新疆其他地区出土的毛织品、木器中都有发现。这说明对称装饰在西域地区的纺织品中普遍流传，而且具有悠久传统。① 过去在罗布泊的汉代墓葬中曾发现过类

---

① 殷福兰：《吐鲁番出土纺织品对称纹样的艺术风格探究》，载侯世新主编：《西域历史文化宝藏探研——新疆维吾尔自治区博物馆论文集》第二辑，第 434 页。

似的锦鞋，但不像这一双这样色泽如新。

绿地对鸟对羊灯树纹锦[①]（图 7-27）是南北朝时期的锦，绿色锦地，用红、黄、白色做灯树纹，呈塔形。树的上部饰以对鸟，树下有半跪的对羊，大羊角与颈上的绶带飘逸，有欲跳跃的动感，活泼生动且充满生命力。以

图 7-27　绿地对鸟对羊灯树纹锦
（赵丰主编：《中国美术全集·纺织品》（一））

鸟、灯树、羊为主，设计三层结构和连续的图案。灯是祥瑞的华光，树是生命常青的模拟，鸟代表富贵。古代先民崇鸟，并以对鸟为图腾；对羊象征吉祥。荀子曰："树成荫而众鸟息焉。"茂盛的山林不仅是鸟兽的栖息之地，也是人类赖以生存的主要场所。以鸟、灯树、羊为主设计创造，独特华美的工艺造型展现着天地心、人间情，展现着民俗文化的风韵。灯树嫁接，灯即树，树即灯，浑然一体；"羊"与"祥"通用，用羊代表"祥"。宝灯绽放各层，连续对称着的灯树放射吉祥的光彩。此锦纹样以南北朝时上元节"火树银花"为题材，表达节日喜庆和追求人世欢乐的景象。按佛教规矩，于上元之日在各寺院燃灯祀佛，流传至民间逐渐发展成观灯盛举。唐代的上元放灯达到一个高潮，平时宵禁，不许夜行，而上元佳节却例外，"金吾弛禁，特许夜行"，为的是让百姓观灯游玩。皇家的提倡使灯火的制作又提高了一步，出现了"灯树""灯楼"等花样。唐朝苏味道《正月十五夜》中"火树银花合，星桥铁锁开。暗尘随马去，明月逐人来"的诗句，[②]正与此图案情景相吻合。

---

① 赵丰主编：《中国美术全集·纺织品》（一），合肥：黄山书社，2010 年，第 119 页。
② （唐）刘肃撰，许德楠、李鼎霞点校：《大唐新语》卷八《文章第十八》，北京：中华书局，1984 年，第 128 页。

图 7-28　牵驼联珠纹胡王锦
（祁小山、王博编著：《丝绸之路·新疆古代文化》）

北朝时期的牵驼联珠纹胡王锦（图 7-28）于 1964 年在吐鲁番阿斯塔那 18 号墓出土。该锦为黄色地，显红、绿等色花纹，在一圈联珠内，胡人执鞭牵驼，并在人与骆驼之间有"胡王"二字，牵驼人身着束腰长衣，驼背上有一带有花纹的毯子，在联珠内有与之相反的对称纹样，看似倒影。

南北朝时期的盘绦围窠骑猎纹锦于 1968 年在吐鲁番阿斯塔那 101 号墓出土，图案为对象、对狮、双驼等，围窠为四方连续，相邻的围窠以仰莲相缀，空处填以对马和忍冬纹。编组纹样，是完全写实的纹样。以动物、植物为主，伴以花卉枝蔓，或为纹样的有机组成部分，或作为纹样的间隔、填充，表现了自然界的生机与和谐，多种对称动物形象屡屡出现，从视觉而言，有正面，也有侧面；从动作而言，或飞翔奔跑，或顾盼生情，动静结合。动物造型简洁逼真，构图生动。[1]

魏晋南北朝时期，西域与中原的商贸往来还扩及长江流域，迄今为止发现的吐鲁番阿斯塔那丝织品中，有许多都来自当时的益州（治今四川成都）。这些丝织品应该主要是通过吐谷浑道输入西域的。南北朝时期，吐谷浑控制了鄯善、且末地区，并通过吐谷浑道使西域和中原联通起来，吐谷浑的主要财政收入就来自对贸易所征收的商业税赋。[2]

---

[1] 殷福兰：《吐鲁番出土纺织品对称纹样的艺术风格探究》，载侯世新主编：《西域历史文化宝藏探研——新疆维吾尔自治区博物馆论文集》第二辑，第 436 页。

[2] 李鸿宾、马保春主编：《中国长城志 环境·经济·民族》，南京：江苏凤凰科学技术出版社，2016 年，第 570 页。

阿斯塔那墓葬不断发现极为精致的魏晋南北朝时期的平纹经绵：有用赭、空蓝、绿、淡黄、白五色丝织出的对树纹锦（图7-29）；有用褐、绿、白、黄、蓝五色丝线织出的方格兽纹锦（图7-30）。同时期墓葬中还发现了不少精致的经斜纹绮，如套环对鸟纹绮、套环"贵"字纹绮（图7-31），纹饰较汉绮复杂，质地也更加薄细透明。这些发现清楚地反映了我国传统的丝织技艺在这个阶段有了新的进展。更值得注意的是，这一时期的丝织物中还出现了中亚、西亚流行的纹样和在纬线上起花的新工艺。如方格兽纹锦、"天王"化生纹锦、联珠对鸭纹锦和联珠兽头锦，不仅织出了波斯风格的纹样，连织花技法也改用了我国西北少数民族所惯用的斜纹纬线起花。

图7-29　对树纹锦
（新疆维吾尔自治区博物馆出土文物展览工作组编：《丝绸之路·汉唐织物》）

图7-30　方格兽纹锦
（新疆维吾尔自治区博物馆出土文物展览工作组编：《丝绸之路·汉唐织物》）

隋唐时期丝织品中动植物纹样并重，流行的植物纹样有莲花、宝相花、团花、忍冬纹、卷草纹等，花纹以色彩、构图而形成了独特的风格，带有波斯风格的新织法、新花纹的斜纹纬锦采用更多，因此隋唐时期是中国丝绸纹饰大转折的时期。7世纪中叶至末叶这个阶段的吐鲁番墓葬中发现的丝织物，特别是织锦，无论织法还是锦纹，都是空前多彩的。发现的平纹经锦有织造较粗的龟甲"王"字纹锦，

图 7-31　套环"贵"字纹绮

（新疆维吾尔自治区博物馆出土文物展览工作
组编：《丝绸之路·汉唐织物》）

也有技艺高超的几乎与斜纹纬锦不易区别的联珠对马纹锦。联珠禽兽纹斜纹纬锦有组织细密的精品，如联珠天马骑士纹锦（图7-32）、联珠对孔雀纹锦（图7-33），也有像联珠戴胜鸾鸟纹锦（图7-34）那样组织粗松的制品。这种联珠禽兽纹斜纹纬锦是这个时期墓葬中最常见的纹锦，发现的数量比同时期其他纹锦的总数还要多。显然，这意味着它是向西方输出的畅销品；另外，我们从当时的文献记载和其他间接资料也可以知道，这种有别于传统的图案当时在我国内地已较为流行。出土量仅次于上述纹锦的是在经斜线上织出类似莲花的花朵和四出的忍冬纹的团花锦，它的图案、地色和锦背面纹样清晰度等都和蜀江锦相似，是这时期的一种新产品。

8世纪流行的宝相花斜纹纬锦（图7-35）在这一时期的墓葬中也开始出现了。1969年吐鲁番阿斯塔那117号墓出土了两条斜纹纬锦。一条是黄地上饰联珠纹，显绿、白、黄、紫色的绦式纹样；一条是黄地，显白、蓝两色的宝相花纹。绦式纹样织锦可以做衣服边饰。宝相花纹是由盛开的花朵、花瓣、含苞欲放的花、花的蓓蕾和叶子等自然素材，按放射对称的规律重新组合而成的装饰花纹，此纹样设计灵感来自金属珠宝镶嵌的工艺美及多种花的自然美。丝织品构图讲究对称、动物形象变形，在形式和内容上依赖于整个图案的比例，能与其他造型配合表现极佳的意象，它描述的是部分与部分或部分与全体图案之间的关系。因此，使用适当的比例是很重要的。在人类历史中，比例与对称一直被运用在建筑、家具、工艺品以及绘画上，尤其是在希腊、罗马的建筑中比例被当作一种美的表征。这种表征也被用在了丝织品图案中。[1]

---

① 殷福兰：《吐鲁番出土纺织品对称纹样的艺术风格探究》，载侯世新主编：《西域历史文化宝藏探研——新疆维吾尔自治区博物馆论文集》第二辑，第436页。

图 7-32 联珠天马骑士纹锦
（新疆维吾尔自治区博物馆出土文物展览
工作组编：《丝绸之路·汉唐织物》）

图 7-33 联珠对孔雀纹锦
（新疆维吾尔自治区博物馆出土文物展
览工作组编：《丝绸之路·汉唐织物》）

图 7-34 联珠戴胜鸾鸟纹锦
（新疆维吾尔自治区博物馆出土文物展览工作
组编：《丝绸之路·汉唐织物》）

图 7-35 宝相花斜纹纬锦
（新疆维吾尔自治区博物馆出土文物展览
工作组编：《丝绸之路·汉唐织物》）

　　阿斯塔那墓出土的大历十三年（778）的锦鞋鞋面（图 7-36），用 8 种不同颜
色的丝线织成。图案是红色五彩花，花的外围是禽鸟行云，再外围是折枝花、山
和树木。纺织精密，色调鲜美，图案复杂，形象生动，与现代丝织品十分接近。
唐代纬锦说明唐时的纺织技术已十分精熟。①

　　另外，在阿斯塔那发掘了一批 8 世纪的墓葬，出土了不少以前未见和少见的唐
代丝织工艺繁荣时期的产品。与开元九年（721）郿县庸调麻布同出的彩条斜纹经锦，
是人字纹织物的第一次发现。同墓所出的双丝淡黄地蜡缬鸳鸯花束纹纱和大约时间
相同而出于另外墓葬中的几件蜡缬绢，一染绛地花云，一染棕地散花，一染土黄地

---

　　① 王兴文：《简明中国科学技术通史》，长春：吉林人民出版社，2004 年，第 177 页。

图 7-36　变体宝相花纹锦鞋及局部
（新疆维吾尔自治区博物馆出土文物展览工作组编：
《丝绸之路·汉唐织物》）

图 7-37　绿色蜡缬纱
（新疆维吾尔自治区博物馆出土文物展览工作组编：
《丝绸之路·汉唐织物》）

花云，均绘制工致，浸染均匀，是唐代蜡缬精品。与此同出的还有两种两色蜡缬绢和一种单色蜡缬纱。这类蜡缬套染清晰、花纹复杂，是前所未见的。特别是那件蜡缬纱（图7-37），在深绿地上显出一幅粉绿的打猎图画，猎者驱马飞奔，有的弯弓，有的张索，还有的作追驰状，猎者上方有流云飞鸟，前后有花草鹿兔，并杂以山石树木，生动活泼，宛然一幅高手白描。这幅画是用蜡缬法染在轻纱上的，显示了唐代织工和染工的精湛技艺。

唐代印花技术上的最大成就是介质印花，即以助剂为印染原料，不直接印染，而根据染料的性能进行浸染。介质印花有三种：第一是碱剂印染，以石灰水和草木灰水混合，媒染剂用明矾液和糊料。新疆阿斯塔那出土的丝织物中，有不少印花纱，如原地印花纱、黄地花树对鸟纱、绛地白花纱等，都属于介质印花纱。原地印花纱以强碱剂印成，由于生丝遇到了强碱性物质丝胶膨胀，印染后经水洗，花纹部分的丝胶即脱落，故有熟丝的光泽。黄地花树对鸟纱是将原地印花纱用黄色植物染料再做浸染，由于生熟丝对植物染料吸色程度不同，呈现出深浅不同的色泽。绛地白花纱强碱印花后，不经水洗，干后再入红色植物染液，进行弱酸性染浴。由于酸碱中和作用，花纹部位不吸色，出现了微有红光的白色花朵，色地则呈现深红色，介质印染产生了丰富多彩的织物。印花工艺的绞缬、夹缬、蜡缬在唐代也有长足的发展。新疆唐墓中有这三种印花的实物出土，唐代女俑身上的彩衣也多以这三种方法印染的彩绸摹制。因这三种技术产于隋唐以前，不再做详述。[①]

此外，在阿斯塔那墓葬还出土有大量带有各种花草禽兽等图案及文字的唐代绫和锦。1969 年阿斯塔那 134 号墓出土的唐代联球对鸡纹锦，长 28 厘米，宽 16.8 厘米。织锦为土黄色地，红、白两色显花纹图案。联珠圆环排列成横带形式，圆环内织对鸡纹，圆环外空间不饰加纹样。红色集中于主花纹区，横带感更加强烈。

阿斯塔那古墓出土的丝织品纹样之所以丰富多彩，是因为经纬线上交织出色彩华丽的装饰纹样，体现了我国古代印染工艺的成熟。从纹样演变来看，在组织结构和纹样配置上都反映出汉代流行的竖置纹样被横置纹样取代，对称纹样在唐较为流传。因此，阿斯塔那古墓出土的唐代丝织品在中国纺织史研究中具有重要的地位。

吐鲁番丝织品纹样的对称形式是均衡的，也是自古以来重要的构图手法，是符合古代先民的观感需求的。由主到次，层次关系分明，从视觉上对称均衡给人一种得当的感觉，所以说对称也是世代相传的潜在习惯。

另外，在丝织品图案的秩序中，平衡是极其重要的一顶。平衡在吐鲁番丝织品纹样的构图中，应当属于视觉的平衡。就"平衡"来说，有对称和非对称平衡之分，表现在视觉上的安定与心理上的平衡。例如，绿地对鸟对羊灯树纹锦、联珠胡王锦、对羊对马纹锦、吉字纹锦、盘条狮象纹锦、红地对马纹锦、兽纹锦、树纹锦等丝织品，其形态、色彩在画面中所具有的大小、明暗、强弱等特征，都必须保持平衡状态，才会令人产生安定的感觉。[②]

中国是世界上最早生产丝绣品的国家之一，吐鲁番出现的丝织品对丝绸发展史及人类的物质和精神生活产生了深远的影响。它们不仅集中体现了当时丝织品对称形纹样与丝织技术的水平，而且还是研究汉唐时期地域经济文化、民族生活习俗、宗教等的艺术珍品。丝织品的有关研究是跨学科的，其纹样与民族、宗教、

---

① 王兴文：《简明中国科学技术通史》，第 177—178 页。

② 殷福兰：《吐鲁番出土纺织品对称纹样的艺术风格探究》，载侯世新主编：《西域历史文化宝藏探研——新疆维吾尔自治区博物馆论文集》第二辑，第 437 页。

社会文化、自然生存相关联。①

五、乌鲁木齐盐湖元墓丝织品

乌鲁木齐盐湖墓地位于乌鲁木齐东南。1959 年在该墓地曾出土一件元代青地粉花缂丝（图 7-38）。这件缂丝使用了熟练的披梭戗色法，增强了花朵的晕感；还使用了单双子母经，使断纬和经线的结合更加牢固，并突出了绘画上的勾勒效果，这些都是宋代缂丝中罕见的或未见的技法。和缂丝同出的还有一件黄绸袄，袄边饰以青地织金锦，锦上的花纹有连窠对狮，其风格和 1956 年在新疆阿拉尔发现的一批双鸟纹锦相似。

图 7-38　元代青地粉花缂丝
（新疆维吾尔自治区博物馆出土文物展览
工作组编：《丝绸之路·汉唐织物》）

六、鄯善鲁克沁墓丝织品

灰地嵌银线狩猎纹缂丝（图 7-39），是 1977 年新疆鄯善县鲁克沁出土的元代缂丝。因织造过程极其细致，摹缂常胜于原作，故缂丝在收藏界有"一寸缂丝一寸金"和"织中之圣"之称。新疆鄯善县鲁克沁出土的这件缂丝的价值可想而知。它虽然残破，但依然具有极高的艺术价值。缂丝为灰色地，残存各类人像与骑射图及花卉图案。人像图排布在上方，有盘腿安坐图、侧立运动图、负袋急行图；骑射图排布在下方，为相向的两位骑马人（马四足残）张弓射猎状，飞禽落于马前方的大叶树端。整个画面的布局，既反映狩猎，又表现日常生活的场景。

---

① 殷福兰：《吐鲁番出土纺织品对称纹样的艺术风格探究》，载侯世新主编：《西域历史文化宝藏探研——新疆维吾尔自治区博物馆论文集》第二辑，第 441 页。

图 7-39　灰地嵌银线狩猎纹缂丝
（祁小山、王博编著：《丝绸之路·新疆古代文化》）

七、曲曼墓地丝织品

曲曼墓地位于中国新疆塔什库尔干塔吉克自治县提孜那甫乡曲曼村东北塔什库尔干河岸的吉尔赞喀勒台地上。考古发现战国时期丝绸残迹，经过两组样本与现代丝纤维的对比，可知曲曼墓地出土丝纤维应为桑蚕丝。这说明张骞出使西域开启丝绸之路之前，即距今 2500 年前，来自中原的丝绸已经出现在帕米尔高原上。[①]

八、民丰尼雅遗址丝织品

尼雅遗址位于今中国新疆民丰县境北约 100 公里的尼雅河下游地带，深处塔克拉玛干大沙漠腹地，是汉代精绝国故地。1901 年英国学者斯坦因首次发现尼雅遗址，1906 年斯坦因又来过一次，两次共发掘废址 53 处，盗掘大量珍贵文物，如佉卢文、汉文木简和木牍数件，以及武器、乐器、毛织物、丝织品、家具、建筑物件、工艺品和粟、黍等粮食作物。中华人民共和国成立后经数次调查和发掘，发现大多为东汉魏晋时期墓葬，同时发现大量遗物，如汉铜镜、汉代织物、粮食、五铢钱、木器、陶器、石器、铜铁工具和大量佉卢文简牍等。1980 年，和田地区文管所在尼雅遗址发现蚕茧一只，同时，该遗址还残存大量枯桑，由此可见当年这里的蚕桑业很发达。[②]

---

① 周旸、贾丽玲、刘剑：《新疆帕米尔吉尔赞喀勒拜火教墓地出土纺织品分析检测》，《文物保护与考古科学》2019 年第 4 期，第 63 页。
② 贾应逸：《新疆丝织技艺的起源及其特点》，《考古》1985 年第 2 期，第 173 页。

　　1959 年，新疆博物馆考古队李遇存一行在文物普查时进入塔克拉玛干大沙漠南端的尼雅遗址，在那里发现了一具棺木。棺木上铺有一层毯子，棺木内出土了一对埋葬了约两千年的男女尸体。他们身上的服饰及棺中随葬的丝织品均保存完好，其中最有名的是"万世如意"锦袍，白布刺绣裤腿，用"延年益寿大宜子孙"锦制成的袜（图 7-40）、手套和鸡鸣枕，"阳"字锦袜（图 7-41），刺绣镜囊，刺绣粉袋（图 7-42），还有大量的单色丝质服装及其他织物，包括不少品种的毛织品及印花棉织品。东汉褐地"延年益寿"锦鸡鸣枕，鸡的整个身体向上卷曲，后腿弯至头顶上方；纹饰中间亦织有两耳竖立作奔走状的怪兽；其右为一带翼的辟邪。三种不同的动物大概都为吉祥之物。在变体云纹和怪兽纹之间织有隶书"延年益寿"的铭文。

　　1995 年发掘的 M3、M8 墓葬中出土了该遗址几乎所有的丝织品。据推测墓主即为两代精绝王。男女尸衣着华丽，随葬品丰富，又以"五星出东方利中国"锦护膊、"王侯合昏（婚）千秋万岁宜子孙"锦被（图 7-43）最负盛名。[1] "五星出东方利中国"锦护膊出土于民丰尼雅一号墓地 M8，被誉为 20 世纪中国考古学最伟大

图 7-40　"延年益寿大宜子孙"锦袜　　　　图 7-41　"阳"字锦袜正面
（新疆维吾尔自治区博物馆出土文物展览工作组编：　　（新疆维吾尔自治区博物馆出土文物展览
《丝绸之路·汉唐织物》）　　　　　　　　工作组编：《丝绸之路·汉唐织物》）

---

　　[1] 王炳华：《尼雅 95 一号墓地 3 号墓发掘报告》，《新疆文物》1999 年第 2 期，第 1—27 页；新疆文物考古研究所：《新疆民丰县尼雅遗址 95MNI 号墓地 M8 发掘简报》，《文物》2000 年第 1 期，第 1—2、4—40 页。

的发现之一，是传统的汉式山云动物纹锦。护膊呈长方形，有三根黄绢系带，系带长 21 厘米。护膊锦面，白绢里。锦为夹纬经二重平纹组织，蓝地，黄、绿、白、红等线显花。该文物是古时射箭用的护臂，图案为云气、瑞兽、吉祥语、星纹的精巧设计，在祥瑞云气纹样间，有序织出凤凰、鸾鸟、麒麟、白虎等"大瑞"的瑞兽图案。以曲卷的植物蔓藤及两蕾一花作间隔，花纹间织有"五星出东方利中国"铭文。从"五"字后每隔三字有三色的同心圆纹饰。质地厚实，图案纹样华丽流畅。①

图 7-42　刺绣粉袋
（新疆维吾尔自治区博物馆出土文物展览工作组编：《丝绸之路·汉唐织物》）

图 7-43　"王侯合昏（婚）千秋万岁宜子孙"锦被局部
（祁小山、王博编著：《丝绸之路·新疆古代文化》）

　　该护膊在蓝地上用鲜明的白、红、黄、绿色线织出流动变体，山脉云气间分列奔放写实的虎、怪兽、大鸟和代表日月的红白圆圈，并于间际嵌饰"五星出东方利中国"，白色文字横向排列，与地色蓝白相间。古代的"中国"与今天的"中国"概念不同，各个历史时期所指亦有差异。尼雅遗址属汉晋时期，这里的"中国"是指中原地区。《汉书·天文志》记载："五星分天之中，积于东方，中国大利；积于西方，夷狄用兵者利。"这是占卜之语。古代"五星"指晨星、太白、荧惑、岁星和镇星，分别为现代天文学中的水星、金星、火星、木星和土星，用它们时隐时现的变化来占验人间的吉凶祸福。"五星出东方利中国"主要表达汉晋时期天象占星术和祈求强盛吉利的思想意识。

――――――――

　　① 新疆维吾尔自治区博物馆编：《古代西域服饰撷萃》，北京：文物出版社，2010 年，第 68 页。

同一墓葬里还出土了一件与"五星出东方利中国"锦图案风格完全相同的织锦制品，织有"讨南羌"小篆文字和云纹、羽人、星纹，两块织锦制品应是使用了同一类锦料，或裁自同一块锦料。织锦不仅透射出古人的智慧光芒，更表明汉文化从物质、技术到思想意识多个层面在西域的影响及传播。

"王侯合昏（婚）千秋万岁宜子孙"锦被、锦裤出土于 M3 夫妇合葬墓。同墓还出土有"世毋极锦宜二亲传子孙"文字锦覆面（图 7-44），织锦幅边完整，蓝地金黄色纹样，色泽鲜艳如新。[1]M8 又出土了一件汉代"德、宜、子、生"铭文锦帽，帽身织锦为白地，用蓝、绿、绛三色显出茱萸、云气和人物纹样，纹饰中穿插"德、宜、子、生"等隶书汉字。帽上织制的人物是中国古代神话传说中的东王公和西王母。两位仙人周围的云气纹和茱萸纹，烘托着仙界祥云缭绕、生机盎然的特有氛围，"德、宜、子、生"等代表吉祥寓意汉字的出现，似乎是古人对仙界内涵的进一步诠释。

此外还出土了其他带吉祥文字的汉式织物。如 1959 年尼雅夫妻合葬墓出土东汉时期"万世如意"汉字铭文锦袍（图 7-45）；民丰尼雅 95MN I 号墓地 M8 男女合葬墓出土"延年益寿大益子孙"锦（图 7-46）。据《西京杂记》《邺中记》记载，这种在汉式锦上出现吉祥文字的样式可以延续到魏晋。[2]

民丰尼雅遗址发现的锦有五色锦（如五星锦、安乐绣、元和锦、讨羌锦、王侯合昏锦、延年益寿锦、金池凤锦）（图 7-47）；色锦（如安乐如意锦、长乐大明光锦、韩侃登高锦）；三色锦（如千秋万岁锦、大明

图 7-44　"世毋极锦宜二亲传子孙"文字锦覆面
（赵丰、丁志勇主编：《沙漠王子遗宝》）

① 于志勇：《1995 年尼雅考古的新发现》，《西域研究》1996 年第 1 期，第 117 页。
② 张明宇：《从新疆出土纺织物看汉唐时期西域文化的多样性》，硕士学位论文，东北师范大学，2008 年，第 16 页。

光锦、山锦、登高锦);二色锦(世
毋极锦)等。[1]大多用中原的丝绸
制成,却更多地具有当地特色,
如窄袖、直领、对襟、腰摆宽大。[2]

精绝虽小,但出土的各类纺
织工具却说明了当地纺织业的发
达。尼雅遗址出土的纺织材料甚
多,所用纤维除羊毛外还有蚕丝。
尼雅遗址出土了不少蛾口茧,必
须用纺纱的方法将其纺成线。当
年的纺轮和纺车竟与今天南疆所
用的相差无几。尼雅遗址出土的
打纬具至今仍在使用,其形如手,
用于织造时打纬。

图 7-45 "万世如意"锦袍
(李肖冰:《丝绸之路服饰研究》)

图 7-46 "延年益寿大益子孙"锦
(赵丰、丁志勇主编:《沙漠王子遗宝》)

九、于田喀拉墩遗址丝织品

喀拉墩遗址位于于田县达里亚博依乡政府北 20 千米的沙漠中,当地居民称之
为"屋于来克"。遗址是一座古代城堡,城堡呈正方形,边长 75 米,墙高约 8 米,
顶宽 8 米左右。用泥土、树枝混筑而成,城堡内有佛塔、佛寺、民居、灌溉渠道等,
形成一处完整的聚落遗址。经过发掘可知,其中一组民居位于城堡南侧,另一组
位于城堡的东北,均因流沙的掩埋而仅暴露出一些圆木立柱,总面积约 200 平方米,
建筑结构为木骨泥墙形式。从布局上看,房屋分为主房和配房两部分。主房包括
带有土炕、炉灶的房间,配房用来储藏物品、饲养牲畜等。房屋内保存有喀拉墩
人当时使用的炉灶、烟道、土炕等,还残存一些陶器、木器等生活用具及谷物、

① 刘永强:《两汉西域经济研究》,咸阳:西北农林科技大学出版社,2016 年,第 184 页。
② 新疆维吾尔自治区博物馆编:《古代西域服饰撷萃》,第 43 页。

图 7-47 "金池凤"锦袋
(新疆维吾尔自治区博物馆编:《古代西域服饰撷萃》)

葡萄籽等。从建筑构件和房屋特征可以看到中原地区建筑风格的影响。

屋于来克故城遗址出土的绞缬绢(图 7-48),大红地上显出行行白点花纹。绞缬是一种机械防染法,就是依据一定的花纹图案,用针线将织物缝成一定形状,或直接用线捆扎,然后抽紧扎牢,使织物皱拢重叠,染色时折叠处不易上色,而未扎结处则容易着色,从而形成别有风味的晕色效果。这种染色方法在东晋时期已相当成熟。南北朝时期,出现了历史上有名的"鹿胎紫缬"等图案,梅花形、鱼子形等纹样也已广泛地使用于妇女的服饰。[1]

十、若羌楼兰遗址丝织品

楼兰遗址位于中国新疆若羌县境内的罗布泊西面、孔雀河道南岸 7 公里处,西南距若羌县城 220 公里,东距罗布泊西岸 28 公里,曾是中原通向西域的必经之地。该遗址的古墓所属时代为东汉至西晋时期,出土的丝织品大多属东汉风格,品种包括锦、绮、罗、绢、绉、绣、织成等。[2] 自 1906 年起,斯坦因三次进入楼兰,相

---

[1] 李楠编著:《中国古代服饰》,第 80 页。

[2] 武敏:《新疆出土的古代织物——以汉—唐(1~8 世纪)丝织品为主》,载《新疆通史》编纂委员会编:《新疆历史研究论文选编·通论卷》,乌鲁木齐:新疆人民出版社,2008 年,第 131 页。

继发掘了该城址周围的十几座城址、寺院、住宅和基地，逐步揭开楼兰遗址的全貌，并发掘了众多纺织文物。特别是 1914 年，在楼兰城址东北高台上的东汉墓中，发掘了织有"长乐明光""登高明望西海""延年益寿"等铭文的汉锦。考古学家在楼兰发现了很

图 7-48　红色绞缬绢
（新疆维吾尔自治区博物馆出土文物展览工作组编：《丝绸之路——汉唐织物》）

多汉文文书，其中有许多与丝绸相关的史料，可以帮我们了解楼兰地区的丝绸生产、贸易、消费情况。楼兰文书与丝绸相关者，多为反映丝绸作为货币在丝路上流通的情况，如"谷物食与胡牛贾（价）绫彩匹数"，即用绫彩买谷物和牛。[1]1979 年至 1980 年，新疆维吾尔自治区文物考古研究所楼兰考古队三次深入罗布泊腹地，在楼兰古城遗址中发现了纺织品，同时在城郊墓葬中清理出纺织品近百件。附近墓葬也清理出被盗扰的丝绸服饰。此次在楼兰遗址出土的丝织品多属东汉至魏晋时期，品种包括锦、绮、罗、绢、绉、绣、织成等。出土锦上织有"长寿明光""延年益寿长葆子孙""望四海贵富寿为国庆""登高贵富"等铭文；绮 5 件，图案以菱纹为主；最为引人注意的是一件木简，上下两端皆缺损，仅存"织府使卒"四字，"织府"推测为织造作坊，"使卒"当是做工的卒。此简的发现，说明楼兰地区存在过纺织作坊，也许就是丝织作坊。楼兰遗址中的枯桑或许能够证明这一点。[2]

斯坦因曾在楼兰孤台墓地发现汉文织锦韩仁锦断片二，[3]残高约 20 厘米，宽 18 厘米。酱红地，蓝、白、橘红显花。织虎、鹿、云纹，残存"绣文衣右子"汉字，

① 茅惠伟：《丝路之绸》，第 96—97 页。
② 茅惠伟：《丝路之绸》，第 97 页。
③ 武敏：《新疆出土的古代织物——以汉—唐（1~8 世纪）丝织品为主》，载《新疆通史》编纂委员会编：《新疆历史研究论文选编·通论卷》，第 131 页。

图 7-49 "延年益寿长葆子孙"锦
（赵丰、丁志勇主编：《沙漠王子遗宝》）

当为"韩仁绣文衣，右子孙无极"吉祥语之部分。此锦构图饱满，气韵连贯，层次丰富，动物及云纹之间形成了极为和谐的呼应关系，充满着流动的气势，反映了汉代社会的一种审美趣味及精神面貌。①

1980 年楼兰出土"延年益寿长葆子孙"织锦（图 7-49），该锦上墨书一行佉卢文字，曾译释为"频婆·室利诃陀之锦（值）百钱……"，梵文专家认为墨书佉卢文应读为"有吉祥语的丝绸（织锦）值……"。新的释读表明，汉晋时楼兰、鄯善居民，特别是王公贵族、商贾等，对奢华的汉锦十分推崇，对织锦纹样及其上面织出文字内涵的认识具有相当的水准。②

"登高明望四海"锦断片，楼兰孤台墓地出土，长 15 厘米，宽 15 厘米，文物年代属东汉，印度新德里国立博物馆藏。蓝地，黄、白、褐、绿四色显花。纹样为动物、飞禽、祥云。间织"登高明望四海"汉字。类似的织锦在营盘汉墓中亦有出土，反映了东汉时期楼兰、鄯善地区的贸易联系。③

图 7-50 永昌锦
（祁小山、王博编著：《丝绸之路·新疆古代文化》）

除此之外，楼兰遗址出土较多精美的带有吉祥语的汉文字锦，如"永昌"锦（图 7-50）、"长寿明光"锦、"长乐明光"锦、"续世"锦等。"续世"纹锦，在规整的曲线纹中织有两个一组的小方点，并在相隔三个曲线

---

① 李青：《古楼兰鄯善艺术史论》，博士学位论文，西北大学，2003 年，第 113 页。
② 于志勇：《"五星出东方利中国"释读》，《新疆日报》2012 年 3 月 22 日第 009 版。
③ 李青：《古楼兰鄯善艺术史论》，第 118 页。

的距离中夹织有隶书"续世锦"三字。延绵不断的波浪形曲线组成的纹饰象征着世代的继承，纹饰与铭文有一种意义上的一致性。"长乐光明"锦，在云纹中，左织一带翼怪兽，中间织一人骑马纹，马右边似一回首吠叫的犬，整个装饰纹样使神、人、兽合为一体，组成一个活生生的世界。这些基本都以神话中的动物、山岳、云气、文字为图形组成的织锦，采用流动起伏的波弧线作为云气、山岳，构成纹锦的基本骨架，贯通整个横向幅面，在波弧空间布置龙、辟邪、麒麟、仙鹿、玉人、车马等主题形象，并在纹样的空隙处加饰汉体吉祥铭文，是东汉织锦的典型意境。有些织锦上的动物(怪兽)纹样具有典型的西亚艺术风格，而团形涡卷纹则是以中原所流行的云纹、卷草纹样为造型，而且出现在东汉织锦中，两者有机地结合在一起，充满了鲜活的生命力。

沈从文先生以为这类汉锦纹样来自西汉时期长安东西二织室的稿本。在图案形式上，人物与飞禽猛兽共处于云气、山岳的圣境之中，奔腾欢跃，展现出一幅奇异壮丽的场景，表达了封建统治阶级祈求长生不老、多子多孙、皇权永固和与神仙共处、共乐的思想；也反映了儒家"天人感应"的神学观和燕齐方士的神仙思想。在装饰艺术表现上，汉锦装饰不同于先秦的装饰风格。首先是纹饰内容统一在极度变化的律动之中，夸张和强调单个纹样而整合于全体之中；造型上采用平面剪影方式刻画表现形象，有利于夸张变形以突出形象。①

文字锦是汉代织锦的一大特色。汉代流行以文字做装饰，其文字多择寓意吉祥之辞，反映了人们祈祥纳福、长寿富贵的社会心理及神仙思想，由此也构成了一种时代鲜明的装饰风格。

十一、尉犁营盘墓地丝织品

尉犁营盘（又称因半）遗址位于新疆尉犁县城东南约150公里的罗布泊西侧塔里木河下游大三角洲西北缘。墓葬分布在库鲁克塔格山山前台地南缘，东西长1.5公里，南北宽0.25公里左右，墓葬地表立胡杨木桩为标志。整个遗址包括佛教寺

① 孙法鑫：《织染》，郑州：大象出版社，2012年，第69页。

院和烽燧、公共墓地等，是目前罗布泊地区发掘面积最大、发掘资料最为丰富的一处墓地。俄国人科兹洛夫于1893年发现该遗址。

1989年、1995年、1999年，营盘墓地经过3次考古发掘。1989年，新疆维吾尔自治区组织巴州文物普查队在这一地区进行文物普查时，在营盘清理了10座被盗墓葬，获得不少纺织品。1995年发掘了魏晋时期的墓葬32座，清理被盗墓葬近百座，出土、采集文物400余件，出土丝织品有绢、绮、绦、绣、锦、染缬、贴金等。其所出纺织品既有来自内地的，也有新疆当地生产的新品种，其中最为重要的是绵线织锦，这类织锦被许多学者认为是新疆当地的产品。这种锦所用绵线与内地煮茧缫丝取长丝纺制的丝线不同，是蚕蛾破茧而出后用蛾口茧纺丝制成的。这可能与当地信奉佛教不杀生有关。

在发掘的墓葬中，保存文物最完整、最精美的墓葬当数95BYYM15号墓。该墓年代属东汉中晚期，出土有深蓝色缣质护膊刺绣品（图7-51），出土时扎在死者左臂肘部，系用一种厚实、精细的平纹丝织物——缣缝制，其上以土黄、姜黄、棕、深绿等色丝线采用中国传统的锁绣法绣出连续的蔓草纹样，美观大方。[1] 此外，还出土有绢质内袍、绢衾、鸡鸣枕、香囊、刺绣护膊、帛鱼、冥衣、"寿"字锦残片等。

图7-51 深蓝色缣质护膊刺绣品
（祁小山、王博编著：《丝绸之路·新疆古代文化》）

---

① 张明宇：《从新疆出土纺织物看汉唐时期西域文化的多样性》，第19页。

其他墓葬也有丝织品出土，如 M14 的本色绢覆面、方格动物纹"王"字锦、朱红地绞缬绢残片，M20 出土"登高"锦衣缘。

营盘出土丝织品色彩鲜艳，种类丰富，有绢、缣、绮、绫、锦、绦、绣等。所出丝绸既有来自内地的，也有新疆当地生产的新品种。总量虽不多，但从组织工艺看，几乎囊括了汉晋时期所有的丝织品种。而且其中变化斜纹显花的绮（如 M15 和 M17 出土的绮）以及贴金印花的织物在国内均属最早的实例。加捻的经锦绦（M14 出土）也是以前未见的新品种。[1] 此外最为重要的是绵线织锦，这类织锦被许多学者认为是新疆当地的产品。

十二、洛浦山普拉墓地丝织品

两汉时，洛浦属于于阗国地界。洛浦山普拉古墓地位于新疆和田洛浦县西南 14 公里处，大致时间是两汉时期，早年被盗掘破坏，出土丝织品不多。[2] 依据发掘位置和发掘的先后顺序将墓葬群由东向西编为 I 号、II 号、III 号墓地，共发掘墓葬 68 座，殉马坑 2 座，出土文物千余件，丝织品较少且主要集中在 I 号墓地，包括不少汉式织锦和绮，服饰"汉化"因素主要表现在衣领绢边、坠饰、绢衣等方面。（图 7-52）[3] 套头绢上衣，面和里子为蓝色绢，内填一层很薄的丝棉絮，椭圆形领；刺绣纹样绢衣残片，绢地上刺绣了圆点及花草纹样。绢鸟 6 件，是衣服的坠饰，用白绢缝制成鸟形，有嘴、身体和尾等。[4]

于阗的纺织业有悠久的历史，从洛浦山普拉古墓葬遗物看，已达到较高水平。其品种除了平纹绢，还有彩色显花的锦、本色显花的绮与罗，以及质地细密的纨等高档丝织品，这些丝织品可能多从中原传来。隋唐时期，于阗丝织品的质量、

---

① 新疆文物考古研究所：《新疆尉犁县营盘墓地 1995 年发掘简报》，《文物》2002 年第 6 期，第 44 页。

② 武敏：《新疆出土的古代织物——以汉—唐（1~8 世纪）丝织品为主》，载《新疆通史》编纂委员会编：《新疆历史研究论文选编·通论卷》，第 131 页。

③ 徐敏：《汉晋南北朝西域胡服"汉化"现象初探》，硕士学位论文，西北大学，2017 年，第 65 页。

④ 徐敏：《汉晋南北朝西域胡服"汉化"现象初探》，第 67 页。

图 7-52　蓝地菱格纹锦
（祁小山、王博编著：《丝绸之路·新疆古代文化》）

数量都超过前代。7 世纪时于阗人多穿丝绸衣服，价格并不昂贵。出土文书显示：唐开元年间，于阗每匹彩帛 170 文，不及吐鲁番的一半。到 10 世纪时，于阗的贡品中开始出现丝绸。北宋建隆二年（961），于阗国摩尼师的贡品巾就有"胡锦一段"。①

十三、且末扎滚鲁克墓地丝织品

且末扎滚鲁克古墓位于新疆且末县托格拉克勒克乡西南 3 公里处的扎滚鲁克村，是戈壁上的一处绿洲，其周缘的戈壁上分布着大小不同的五处古墓葬群，最大的一处称为一号墓地。②1989 年、1996 年、1998 年，新疆维吾尔自治区博物馆、巴州文物管理所先后三次对一号墓地进行发掘，共发掘了 167 座墓葬。扎滚鲁克一号墓地的主体文化共分三期，其中第二期相当于战国至西汉初期，墓中出土了来自中原的织锦和刺绣；第三期年代为汉晋时期，即 3 到 6 世纪，墓葬出土不少丝织品，带有明显汉文化因素，特别重要的是一批丝线加有强捻的丝织品，被确定为新疆当地产品。③

---

① 和田县地方志编纂委员会编：《和田县志》，乌鲁木齐：新疆人民出版社，2006 年，第 748 页。
② 徐敏：《汉晋南北朝西域胡服"汉化"现象初探》，第 63 页。
③ 赵丰、尚刚、龙博编著：《中国古代物质文化史·纺织》（上），第 187 页。

图 7-53 绿地双头鸟刺绣
（赵丰、尚刚、龙博编著：《中国古代物质文化史·纺织》）

1996年扎滚鲁克49号墓出土的一件绿地双头鸟的刺绣十分有趣（图7-53）[①]。刺绣长 36.5 厘米、宽 32 厘米，原系鸡鸣枕的局部，展开呈长方形，使用基本针法锁绣。在绿绢上用红、白两色丝线锁绣出连体双头的共鸣鸟、花草纹饰。纹饰极为华丽，双头鸟造型富于象征意义，制作工艺十分精湛。

除前述丝织品，且末扎滚鲁克古墓也出土了带汉字吉祥语的锦，如大宜子孙锦服饰残片 1 件，锦面上用绛红色锦线织出"延年益寿大宜子孙"字样。还有其他形式品种，如红地龙纹锦衣饰缘 6 件，红地狩猎纹锦衣饰缘残片 2 件。

十四、和田布扎克墓地丝织品

和田布扎克墓地位于和田布扎克乡阿孜乃巴扎村。布扎克乡地处喀拉喀什河流域冲积平原地带，在和田县西南部。和田县布扎克墓葬出土有头枕，有长方形暗红色绢枕、暗红卷云纹绫枕（采用唐代开始出现的三枚斜纹为地、六枚斜纹显花的同向绫组织）、暗红色绮枕。葬者颌下多系绢制护领带，女性多穿裙子，如圆领长袖连身褶裥裙、交领高腰连身长裙；男性身着三层衣，最外层为红色绢衣，

---

① 赵丰、伊弟利斯·阿不都热苏勒主编：《大漠联珠——环塔克拉玛干丝绸之路服饰文化考察报告集》，上海：东华大学出版社，2007 年，第 15 页。

图 7-54　棕黄色几何纹锦鞋
（祁小山、王博编著:《丝绸之路·新疆古代文化》）

图 7-55　红色绮绣花卉纹女鞋
（祁小山、王博编著:《丝绸之路·新疆古代文化》）

第二层为白色圆领长袍，袍长过膝，胫骨至脚踝包裹一层白色薄绢，似贴身穿用长裙。出土的鞋子也是多种多样，有棕黄色几何纹锦鞋（图 7-54）、红色绮绣花卉纹女鞋（图 7-55）。此外，还出土一件卷草纹白绫，上有汉文墨书"夫人信附　男宰相李枉儿"，字顶端有一图形符号。另一面有于阗文墨书。据研究，死者可能是当时的和田李姓王族人物。

　　此墓出土的织物，锦、绫、绮和刺绣带有明显的晚唐五代乃至宋初的特点。出土织物中锦共有两件，一件是联珠树纹斜纹纬锦，织法细腻，明显是中亚织法。另一件莲花火珠纹锦是典型的辽式纬锦，这种纬锦最早出现在晚唐，流行时期在五代至北宋。在绫组织方面，大量采用的是三枚和六枚斜纹同向绫，这种绫出现比其他绫如四枚异向绫要晚。此外的绮也大量使用并丝织法，与辽墓中出土的织物相近。这一特点与墓主人为于阗国时期相符。发现的三具尸体上的服饰并不很清楚，但总体来看，其风格与唐代汉人服饰（包括中原和西北一带）都较为接近。小女尸身上穿的高腰长裙在唐代十分流行，敦煌壁画上反映的于阗公主的服饰也是如此。此外，两具保存完好的彩棺的形制与装饰图案也是如此，不仅是四方神青龙、白虎、朱雀、玄武，还包括四周装饰的各种对鸟纹样。[①]

---

　　① 赵丰、伊弟利斯·阿不都热苏勒主编：《大漠联珠——环塔克拉玛干丝绸之路服饰文化考察报告集》，第 90—94 页。

图 7-56　灵鹫对羊纹锦袍

（祁小山、王博编著：《丝绸之路·新疆古代文化》）

十五、若羌阿拉尔墓地丝织品

　　若羌阿拉尔墓葬出土的鸱衔瑞草球纹锦是新疆发现的为数不多的北宋织锦，其团窠花鸟的图案可以看出唐代团窠图案在这一时期的进一步发展。[①]灵鹫对羊纹锦袍（图 7-56）于 1957 年在若羌县阿拉尔北宋墓出土，时代为北宋，长 134 厘米，下摆宽 88 厘米，袖筒长 197 厘米。锦袍为素绸作里、织锦作面的男夹袍。直裾式，交领，右衽，通肩，束腰，下摆宽大而后开衩，长袖窄口。织锦是土黄地上显蓝、白两色花纹，花纹以动物纹为主，配以圆圈纹，主体纹样为一展翅欲飞的灵鹫，上有弧形花边，下方是两只盘羊。纹样四方连续展开。锦袍完整，虽色调灰暗，不明快，但给人一种庄重大方之感。[②]与这件锦袍同时出土的还有保存完整、纹样清晰的灵鹫球路纹锦袍（图 7-57）。这说明当时当地的人们对灵鹫有特殊的喜爱

---

　　① 赵丰、伊弟利斯·阿不都热苏勒主编：《大漠联珠——环塔克拉玛干丝绸之路服饰文化考察报告集》，第 15 页。

　　② 《新疆通志·文物志》编纂委员会编：《新疆通志·文物志》，乌鲁木齐：新疆人民出版社，2007 年，第 523 页。

图 7-57　灵鹫球路纹锦袍
（祁小山、王博编著：《丝绸之路·新疆古
代文化》）

之情。两件袍服虽色调灰暗，不甚明快，但纹样装饰格调典雅，色彩搭配和谐，给人庄重大方之感。

若羌阿拉尔宋代墓还出土了毡帽。此毡帽的外边裱有一层蓝色地织黄色云鹤纹的二色绸面，此绸面以蓝色地经与黄色地纬交织织绸的斜纹地子，在蓝色斜纹绸地之上，又以土黄色地纬兼纹纬织黄色云鹤纹斜纹花，花、地色彩对比强烈，花、地分明，花纹突出，具有很强的装饰性效果。

十六、巴楚托库孜萨来遗址丝织品

巴楚托库孜萨来遗址位于巴楚县东北 48 公里、托库孜萨来村西约 200 — 300 米处，是塔里木盆地西北缘出土唐末、北宋纺织品比较重要的一个地点，这里历史上长时期是龟兹辖地。遗址中出的纺织品有丝、棉、毛等类，总数虽不多，但对于这一时期丝路北道绿洲国家经济文化的研究具有难得的价值。1959 年，在巴楚县托库孜萨来遗址的唐代文化层中出土了一团乱丝，其中有三个蚕茧。[1] 这里出土织物共 4 件，其中花卉纹的缂毛毯 2 件，技术细节上与早期缂毛有别。完整的绣花布天平 1 件。还有 1 件双层结构的织锦，展品称"滴珠鹿纹锦"。[2]

① 新疆维吾尔自治区博物馆出土文物展览工作组编：《丝绸之路——汉唐织物》，北京：文物出版社，1972 年，图版六四，第 44 页。

② 赵丰、伊弟利斯·阿不都热苏勒主编：《大漠联珠——环塔克拉玛干丝绸之路服饰文化考察报告集》，第 15 页。

第三节　青海海西吐谷浑吐蕃墓地发现的丝绸

《周书·吐谷浑传》载："魏废帝二年……夸吕又通使于齐氏。凉州刺史史宁觇知其还，率轻骑袭之于州西赤泉，获其仆射乞伏触扳、将军翟潘密、商胡二百四十人，驼骡六百头，杂彩丝绢以万计。"[①] 从这段史料中我们探知，至迟从北朝晚期开始，长期活动于青海海西地区的吐谷浑人充分发挥自身地缘优势，在中原和西域之间的贸易往来中扮演了中继者和向导的角色，来自西域的胡商在吐谷浑人的带领下，先是沿"丝绸之路青海道"在柴达木盆地内东行，然后冒险横切河西走廊，继续东行至东魏北齐境内进行贸易，而在众多货物中丝绸显然是最主要的商品。

由此我们也可得出这样一个结论：这一时期西域胡商从西域东行至中原地区，其中有一段经过吐谷浑人活动的区域，即今天的柴达木盆地。

公元 7 世纪吐蕃王朝向北扩张并征服柴达木盆地后，他们延续了吐谷浑人对这一地区的经营策略，拓展东西交通，发展丝路贸易，尤其当吐蕃势力不断向中亚渗透并控制中亚地区后，产自西亚、中亚等地的波斯、粟特系统的织锦也越来越多地为吐蕃人所喜爱和使用。

今天，众多的考古发现也证实了这段史料的真实性。1982—1985 年，考古工作者在青海省海西州都兰县热水墓地发掘出土了大量北朝晚期至唐代的纺织品，数量之多、品种之全、时间跨度之大皆是前所未见的。据统计在这批纺织品中，共有残片350件，不重复图案或色泽的品种达130余种，其中112种为中原汉地织造，占总数的86% 以上；18 种为中亚、西亚织造，主要是独具异域风格的粟特织锦和波斯织锦，也有来自拜占庭帝国的大秦织锦，占总数的14%。这生动反映了唐朝与中亚、西亚各国以及拜占庭帝国之间通过丝绸之路往来交流的盛况。直至今日，青海海西地区仍不断有北朝晚期至唐代的丝绸被发现。

---

① 《周书》卷五〇《异域下·吐谷浑》，第 913 页。

2014 年 4 月，青海省文物考古研究所为配合都兰县哇沿水库建设，对热水南岸卢斯沟以东一处被盗的墓葬群进行了清理发掘。墓葬群三面（东西南）环山，北面面水，墓葬主要分布在较为平坦的山坡地带。此次共清理墓葬超过 20 座，但由于盗扰破坏严重，其中只有 13 座墓葬能看清墓葬形制，并出土了一批纺织品。都兰哇沿墓群出土的这批纺织品，就织锦类织物而言，大多数为斜纹纬织锦，经线为 Z 捻或加强 Z 捻，基本都是以黄色作地，蓝色、绿色显花，图案以联珠团窠对兽纹为主。斜纹组织是中亚和西亚纺织技术的一大特点，尤其是结构上采用 Z 捻经线。唐以后中原地区仿西方斜纹组织纬织锦日益增多，但丝线捻向为 S 捻，与西方丝线捻向不同。因此，从装饰图案及编织工艺看，哇沿出土的这批纺织品中的织锦应属西方织锦系统。

下文仅就青海出土或馆藏的纺织品做一简要介绍。

一、北朝丝纺织品

1. 红地云珠太阳神纹织锦

1982—1985 年，青海省文物考古研究所在青海省海西州都兰县热水乡发掘了一处唐代吐蕃墓葬群。在 M1 大墓中出土了多件太阳神纹织锦，系我国首次发现，[①]其中红地簇四云珠太阳神纹织锦是所出各种太阳神纹织锦中最典型的一件。该织锦色彩保存完好，为红地黄花两种色彩。整个图案由簇四骨架和卷云联珠纹构成，经向的骨架连接处用兽面铺首做纽，纬向的连接处则以八出的小花做纽。作为母题的太阳神居中，狩猎题材的半圆圈则围绕着中间的太阳神。

太阳神纹样基本清晰完整，外层卷云和内层的联珠圈共同组成一个较大的圆圈，圆圈间用铺兽和小花相连，圈外是卷云纹和中文"吉"字，圈内是太阳神赫利奥斯。他头戴宝冠，冠顶华盖，身穿高领衫，腰间束带，双手持定印，双脚相交于莲花宝座前，脑后有联珠状光圈，坐于莲花宝座；宝座设于六马所驾之车上，六匹有翼的神马分成两组，排列于车体两边，三三相背而驰，车有六轮，中为平台，

---

① 许新国：《青海都兰吐蕃墓出土太阳神图案织锦考》，《中国藏学》1997 年第 3 期，第 67 页。

左右各有一扛戟卫士，似为驾车者，还有两人仅露面部，似为执龙首幡者，整个图案对称、平稳，显得庄严、安详①。（图7-58）

图7-58　都兰热水墓地出土的北朝红地云珠太阳
神纹织锦
（李天林、兰或主编：《丝路之绸·青海海西古丝绸文物图集》）

狩战纹样位于圆圈中，但圆圈和纹样仅剩一半，根据后来的复原效果看，圈中应有四组主要的纹样。按由上至下的顺序，第一组是一对骑驼射虎的纹样。骑驼者头戴圆形小帽，身穿窄袖短衫，下着长靴，骑在双峰驼上，回首引弓射向迎面扑来的虎，弓如满月，虽没有刻画出箭，却使人能够感觉到弓已被拉紧，箭在弦上时刻待发的紧张感。第二组是一对骑马射鹿的纹样。马首戴有花形头饰，与骑驼者装束相同

图7-59　都兰热水墓地出土的红地云珠太阳神纹织锦
（李天林、兰或主编：《丝路之绸·青海海西古丝绸文物图集》）

的骑士在马上回首引弓射鹿，鹿身上可见圆形斑纹，该组纹样的马身残缺。②在太阳神圈上部和下部圈外有汉文"吉"字。在狩战圈上部圈外，有对鹿、云气纹和汉文"昌"字。（图7-59）

人物骑驼与野兽搏斗的纹样多出现在波斯萨珊时期的银盘上，往往是帝王骑在骆驼上与猛兽搏斗，意在颂扬国王的权威和勇猛，并带有浓厚的宗教色彩。从波斯祆教的观念来看，帝王代表了光明、正义之神阿胡拉·马兹达，怪兽、狮子则是黑暗、罪恶之神阿赫里曼的化身，两者间的搏斗，是光明与黑暗、正义与邪

① 赵丰：《魏唐织锦中的异域神祇》，《考古》1995年第2期，第183页。
② 许新国：《青海都兰吐蕃墓出土太阳神图案织锦考》，《中国藏学》1997年第3期，第69—70页。

恶之争。这一图像出现的年代大约是在公元 3 世纪末，一直到 7 世纪萨珊王朝覆灭，这一图像一直长盛不衰。但在中国传统纹样系统中却不见这类图像，显然受到西亚波斯艺术的影响。因此都兰太阳神纹织锦中的人兽搏斗图像，不是中国传统纹样，而是东西文化交流中穿越时空的异国文化和信仰的移植。但当这些纹样出现在中国后，其自身所代表的内涵意义似乎发生了很大变化，宗教色彩逐渐淡化，更多的则是出于对美的追求。

从对织锦上赫利奥斯形象的分析来看，其明显含有来自希腊、印度、波斯、中国等文化圈的因素。希腊的神，希腊的题材，但其造型却明显具有印度佛教的意味，华盖、头光、莲花宝座等均是佛教中特有的因素。至于联珠圈等装饰性纹样及整个簇四骨架构图则是萨珊波斯的风格。此织锦产地判定为中国内地，织造时代约为公元 6 世纪末叶。中国文化因素在多处体现，汉字"吉"的存在是最明显的标志，铺兽和龙首幡也是特征。此外，该织锦采用的平纹经二重组织结构也是中国文化因素的一个方面。① 因此，这类织锦极有可能是一种中国织造的、专门销往外国的"外销织锦"。

这件 6 世纪末叶的织锦，为青海丝绸之路的存在提供了直接证据，充分说明了这条古代交通路线的重要性；也为研究边疆少数民族与中央王朝之间的关系、中国与东西方之间的文化交流提供了宝贵的资料。②

2. 北朝对羊树纹织锦

北朝对羊树纹织锦（图 7-60），长 35 厘米，宽 31 厘米，重 43.5 克，以黄色为地，没有明显的骨架，图案沿竖直方向分布。图中以树为中心轴，树下左右对称各有一只跪着的羊，一只前腿迈出，似是正要起身站立，脖颈处似有向后飘扬的绶带，黄色轮廓，内以墨绿色填充，羊角细长弯曲。树中部左右各分列一只鸟，鸟身有黑色斑纹。树的顶部为衔绶对鸟，鸟身有红色斑纹，此二鸟衔有一条细带，中间垂有一个三瓣式的饰物。这类衔绶鸟较为常见。且无论二鸟所衔的是绶带还是项

---

① 赵丰：《魏唐织锦中的异域神祇》，《考古》1995 年第 2 期，第 183 页。
② 许新国：《都兰出土织锦——"人兽搏斗"图像及其文化属性》，《青海社会科学》2007 年第 2 期，第 73—76 页。

链，中间垂挂的均是数量为三的珠子、宝石或是花瓣果实状的物体。①图案中以红色为枝叶、墨绿色为主干的树纹应是广泛流行于西亚和中亚地区的生命树之一种。世界各地均有当地文化中的生命树，是不同的植物，但随着这一艺术形象的广泛流行和不断艺术改造，渐渐变成一种抽象的符号式的形象，并不专指哪一种植物。②吐鲁番文书中所说的"羊树织锦"，指的应该就是这种树下对羊的织锦。汉织锦中即

图 7-60　北朝对羊树纹织锦

（李天林、兰或主编：《丝路之绸·青海海西古丝绸文物图集》）

已出现了羊的形象，但这块织锦中羊的脖颈处明显可以看到飘扬的绶带。在动物脖颈处或脚足上绑缚的绶带，源于波斯王室专用的披帛，借以强调其神圣的属性。③但无论是粟特地区还是中国仿制的这类纹样都没有与皇室相关的含义。经过对对羊树纹织锦中纹样的分析，不难看出这类织锦的纹样直接或间接取材于波斯传统装饰纹样，但相关含义多有变化，可见在当时中国对外来装饰纹样的接受本身是有选择的，也是有所改造的，更多的是对纹样本身的接受和对美的追求，而不是纹样所代表的含义。阿斯塔那北朝墓中出土过几乎一样的北朝织锦，在周线处还出现汉文"吉"字。

3. 北朝黄地联珠纹对鸟对兽纹织锦幡残片

根据该残片上的三条旒判断，其应是幡的残片，类似形制的幡见于青海海西

---

① 赵丰、齐东方主编：《锦上胡风——丝绸之路纺织品上的西方影响（4—8 世纪）》，第 87 页。

② 赵丰、齐东方主编：《锦上胡风——丝绸之路纺织品上的西方影响（4—8 世纪）》，第 87 页。

③ Ph.Ackerman, *Some problem of early iconography, In A Survey of Persian Art II (Text) New Edition*, Ashiya, Japan, 1981. p. 881.

地区出土的木棺版画图像中，装饰于骑马武士手中所持稍的一端。最上端的旐以浅黄色作地，黑色显花，联珠纹圈为骨架，内饰对兽图案。第二、第三旐同样以浅黄色作地，以联珠纹圈为骨架，联珠圈内图案分别为对凤和对犬。凤展翅欲飞，犬尾部上翘。联珠团窠间以朵花相连接。

二、唐代丝纺织品

1. 联珠对马纹织锦

　　早在斯坦因盗掘的阿斯塔那墓葬中就发现有联珠对马纹织锦（Ast.IX.3.02），从其复原的绘图来看，联珠圈中一种是昂头的马，一种是低头的马。更为完整的同类织锦于1959年在阿斯塔那302号墓中发现，原件长约19厘米，宽约18厘米。此织锦上下共有两行、两列较完整的联珠团窠，上行是一对昂首的马，下行则为一对低头饮水的马。四马均肩生双翼，颈扎飘带。各联珠环之间用八瓣小花相连。[①]

　　同类织锦在青海都兰地区的吐蕃墓中也有不少发现，如唐联珠对马纹织锦（图7-61），长21厘米，宽13厘米，重6克。斜纹经织锦，以红色作地，黄、黑两色勾勒联珠圈内对马图案，先用黑色勾勒出马的轮廓，再由浅黄色填充，马肩生双翼，颈上系一对向后飘浮的绶带，头部上方饰小花，前后各有一足轻轻抬起，作前行姿态，马下为莲蓬状花草图案。都兰热水1号大墓出土另一件唐联珠对马纹织锦（图7-62），系斜纹经织锦，以黄色作地，浅黄色勾勒，各区域再以蓝、绿分区显示主要花纹，纹样与图7-61中相同。再如唐饮水对马纹织锦（图7-63），同样出自青海海西，图案外围并无联珠圈，代表植物的花、草、树木等植物纹饰横向分列主题纹饰上下，中间两匹左右对称低头饮水的翼马，以浅黄色为底色，马身多处有黑色斑纹，背生双翼，脖颈和腿部扎有绶带。两马臀部之间上方勾勒树纹，树纹以中间绿枝为轴，左右对称。类似纹样的织锦还有多件，都出自青海海西墓葬，整体纹样与日本平山郁夫丝绸之路博物馆中藏有的对马纹织锦（图7-64）完全相同。吐鲁番文书TAM151《高昌重光元年（620年）布帛杂物疏》中，有"饮

---

① 夏鼐：《考古学和科技史》，北京：科学出版社，1979年，图版叁。

图 7-61　唐联珠对马纹织锦
（李天林、兰或主编：《丝路之绸·青海海西古
丝绸文物图集》）

图 7-62　唐联珠对马纹织锦
（李天林、兰或主编：《丝路之绸·青海
海西古丝绸文物图集》）

图 7-63　唐饮水对马纹织锦
（李天林、兰或主编：《丝路之绸·青海海西古丝
绸文物图集》）

图 7-64　日本平山郁夫丝绸之路博物馆饮
水对马纹织锦
（赵喜梅、杨富学：《甘肃省博物馆新入藏的八件中
古织绣品及其所反映的东西方文化因素》）

水马锦镇（枕）二”的记载，很可能指的就是这类联珠对马纹织锦。①

　　在古希腊神话中，帕伽索斯（pegasus）就是长着双翼的飞马。据说它是美杜
莎与海神波塞冬所生，曾被柏勒洛丰驯服，但当柏勒洛丰试图骑它上天堂时，它
却将柏勒洛丰摔下马背，独自飞到宇宙，成为飞马座。帕伽索斯的蹄足踩过的地
方便有泉水涌出，诗人饮之可获灵感。中国西北地区出土的北朝晚期至盛唐织锦中，
这种有翼天马的原型应该就是帕伽索斯。这种以中亚和西亚流行的联珠纹为圆带，

---

① 赵丰：《唐系翼马纬锦与何稠仿制波斯织锦》，《文物》2010年第3期，第76页。

一对身有双翼相向而立的骏马立于图案中心的构图，具有典型的西方装饰风格，当起源于萨珊波斯，是西方流行的"天马"图案的一种表现形式。由于受到波斯和粟特的影响，这种带有双翼的马也开始出现在北朝时期的织锦中，直到唐代。波斯人和粟特人都信奉袄教，在袄教中马是作为日神米特拉的化身出现的，但这种有翼的神马出现在中国丝织物上的时候，却似乎少了些许宗教的意味。最明显的是马头正上方的部位，典型的萨珊波斯式的翼马头顶上方为象征日月的冠式，而新疆和青海地区出土的翼马头顶都变成了团花和类似于西王母头上的"胜"。① 这些变化似乎表明时人也许仅是取其纹样的新颖，更多的是为了满足人们尚奇的审美心理，② 而舍弃了其宗教内涵。我们之所以有这种认识，还因为青海海西地区吐蕃墓葬中出土的很多装饰有典型西方纹样的丝绸并非是西方制造，而很有可能产自以生产蜀锦而闻名的四川成都地区，之所以在中国制造的丝绸产品要采用来自西方的纹饰，显然是为了迎合西域和吐蕃地区游牧民族审美情趣中对"天马"的特殊喜爱。③

2.唐紫红地含绶鸟纹织锦

唐紫红地含绶鸟纹织锦于都兰热水 1 号大墓出土，椭圆形花瓣团窠内站立一含绶鸟，鸟身、翅上均有鳞甲状羽毛，两足立于一联珠方形平台上，颈部有向后飘浮的绶带，嘴衔联珠纹绶带，绶带下端有璎珞状物。（图 7-65）织锦长 39 厘米，宽 21 厘米，重 19.5 克。5 至 8 世纪的中亚到中国新疆地区，这种含绶鸟图像是十分流行的装饰题材。颈部向后飘浮的绶带，嘴衔联珠纹绶带，绶带下端的璎珞状物，以及颈部、翅膀和双足下方台上的联珠纹，这些都是所谓萨珊式立鸟纹的特征。④ 此外，从其组织来看，也是典型的中亚、西亚纬织锦，不仅经线采用 Z 捻，有时在背部也有纬浮；从色彩看，主要为以青、绿、黄为主的冷色系列和以红、黄、

① 霍巍：《高原丝绸之路上的"天马"——青海都兰吐蕃墓葬中出土的联珠对马纹锦》，《中国西藏》2016 年第 3 期，第 86—89 页。
② 陈欣：《唐代丝织品装饰研究》，硕士学位论文，山东大学，2010 年，第 19 页。
③ 霍巍：《高原丝绸之路上的"天马"——青海都兰吐蕃墓葬中出土的联珠对马纹锦》，《中国西藏》2016 年第 3 期，第 86—89 页。
④ 夏鼐：《新疆新发现的古代丝织品——绮、织锦和刺绣》，《考古学报》1963 年第 1 期，第 45—76、156—170 页。

藏青为主的暖色系列两种。另有一种含绶鸟
纹织锦造型与之相同，唯两足立于棕榈状平
台上。两种含绶鸟织锦都在青海海西大量出
现。关于这种织锦的来历，存有不同意见。
美国学者舍费尔德及古文字学家海宁认为这
是粟特织锦，理由是他们在一件对鹿纹织锦
上发现了粟特文"赞丹尼奇"的墨书文字，
而赞丹尼奇正是以织造而闻名于世的中亚的
一个地名，位于今天布哈拉附近。因此他们
把与这件文字织锦相似的织锦都归入粟特织
锦的范畴。[1]另一种观点认为属波斯织锦，
这一看法基于人们对收藏于梵蒂冈的团窠立
鸟纹织锦和对狮织锦的认识。此外，青海省
海西州都兰县出土的带有波斯婆罗钵文字的
织锦也表明以都兰为中心的青海海西地区确

图 7-65　唐紫红地含绶鸟纹织锦
（李天林、兰或主编：《丝路之绸·青海海
西古丝绸文物图集》）

有波斯织锦流入。虽然我们对这种织锦的产地一时还无法准确判定，但大量含绶
鸟织锦的发现表明含绶鸟织锦是最受吐蕃人欢迎的西方织锦之一。值得注意的是，
唐阎立本《步辇图》，绘贞观十五年前往唐都长安迎娶文成公主入藏的吐蕃使者
禄东赞，身上穿着的即是红地联珠团窠含绶鸟织锦袍。[2]据此还可知，至迟到唐贞
观年间，居住在青藏高原的吐蕃人已输入了这类粟特织锦或波斯织锦。[3]

含绶鸟形象来源于西方，其中的绶带、联珠带与波斯国王王冠相一致，在西
方它象征着帝王的神格化，或者说体现了帝王作为神再生不死的观念。[4]

① D. G. Shepherd, W. B. Henning, *Zandaniji Identified? Aus der Welt der Islamische Kunst. Festschrift fr E. Knhel*, Berlin, 1959, pp. 15-40.
② 沈从文编著：《中国古代服饰研究》，北京：商务印书馆，2011 年，第 184 页。
③ 许新国：《都兰吐蕃墓出土含绶鸟织锦研究》，《中国藏学》1996 年第 1 期，第 22 页。
④ 赵丰、万芳、王乐等：《TAM170 出土丝织品的分析与研究》，载《吐鲁番学研究：第三届吐鲁番学暨欧亚游牧民族的起源与迁徙国际学术研讨会论文集》，上海：上海古籍出版社，2010 年，第 241—267 页。

3. 唐联珠对羊纹织锦

唐联珠对羊纹织锦，以黄色作地，其上以褐、绿两色显花。主花为联珠圈内的对羊图案，宾花为十字形花朵，联珠圈之间用八瓣小花连接。联珠圈内对羊图案，先用浅黄色勾勒出对羊的轮廓，再用浅绿色填充，两只小羊回首张口，悠悠而鸣。值得注意的是，这种羊不是带长角的羚羊，而是绵羊。[①]该地区还出土了其他类似纹样的织锦，如唐红地联珠对羊纹织锦、唐黄地联珠对羊纹织锦（图7-66）。

图7-66　唐黄地联珠对羊纹织锦
（李天林、兰彧主编：《丝路之绸·青海海西古丝绸文物图集》）

4. 唐波斯文字织锦

这是一件出土于都兰热水墓地的、确定为公元8世纪的文字织锦（图7-67）。其以红色作地，在红地上织有一段外国文字，经德国哥廷根大学中亚文字专家马坎基（D.N Mackenzie）教授识读，确认这是波斯萨珊朝所使用的婆罗钵文字，意为"王中之王""伟大的，光荣的"。婆罗钵文字的字母由阿拉美亚字母稍加变化而成，用以拼写中古波斯的婆罗钵语。文字由右而左横写，与希腊罗马系统的文字由左而右相反。阿拉美亚字母是从腓尼基字母演化而来的，是后来西亚各塞姆系字母（包括景教徒所使用的叙利亚文）的祖型。安息王朝时的银币上常有婆罗钵字和希腊字并列。萨珊朝时，银币上的铭文便废除了希腊字，专用这种本国文字。[②]这是目前为止仅存的一件且确认属于8世纪的波斯文字织锦。

---

① 许新国、赵丰：《都兰出土丝织品初探》，《中国历史博物馆馆刊》1991年第15—16期，第70页。

② 夏鼐：《中国最近发现的波斯萨珊朝银币》，《考古学报》1957年第2期，第51页。

5.唐联珠对龙纹绫

　　唐联珠对龙纹绫在都兰热水墓地出土，双层的联珠圈内，两条龙龙尾朝上，龙头冲下，飞腾相对，矫健雄强，共戏一珠，是传统的汉民族二龙戏珠图案。联珠圈内，二龙之间的花柱应是西方流行的生命树的变体。联珠圈之间可以看到有对称分布的花叶纹作辅纹，以衬托中心的联珠龙纹。[①]（图 7-68）1972 年，新疆阿斯塔那唐墓中曾出土过一件类似的绫。龙纹是中国传统的装饰题材，《太平广记》卷二三七"芸辉堂"条记：唐代宗大历年间，宰相元载的宠姬薛瑶英"衣龙绡

图 7-67　唐波斯文字织锦
（李天林、兰彧主编:《丝路之绸·青海海西古丝绸文物图集》）

图 7-68　唐联珠对龙纹绫
（李天林、兰彧主编:《丝路之绸·青海海西古丝绸文物图集》）

之衣，一袭无二三两，挼之不盈一握"。这里的"龙绡之衣"指的便是有龙纹的丝织物。从这件联珠对龙纹绫上我们可以明显看到以丝织物为载体的东西方文化之间的相互借鉴与融合。

6.唐黄地花瓣团窠对鸭纹织锦

　　唐黄地花瓣团窠对鸭纹织锦，以棕黄色和墨绿色为主，棕黄色纬线作地，墨绿色纬线起花，花卉团窠内饰对鸭纹，团窠纬向紧密连接，经向间饰卷云纹组成的十字宾花，团窠外圈为三角锯齿纹，齿尖朝外。这是一件典型的粟特织锦。

7.唐黄地宝相花团窠对狮纹织锦

　　唐黄地宝相花团窠对狮纹织锦（图 7-69），长 67 厘米，宽 37 厘米，重 36.5 克。

---

① 陈欣：《唐代丝织品装饰研究》，第 33 页。

图 7-69　唐黄地宝相花团窠对狮纹织锦
（李天林、兰莛主编：《丝路之绸·青海海西古丝绸文物图集》）

黄色作地，主题纹样为墨绿色，兼有白色，图案十分华丽。织锦以大窠花瓣为环，环中站立一对狮子，左侧狮子抬起左前足，右侧狮子抬起右前足，作奔走状。团窠环之间有十字花装饰。团窠图案是指由环状纹样带形成的圆形区域中设置主题纹样的形式，是丝绸图案中一种常见的排列方式。最初的团窠图案是联珠团窠，出现于公元5—6世纪的重要丝绸图案中，是中亚丝绸图案的主要排列样式之一。随后这种联珠团窠纹织锦传入中国，并广为流传。到了唐代，符合中国审美的花卉环逐渐代替联珠环，与动物纹样相结合，形成所谓的花卉团窠纹样。据研究，团窠纹样的这一演变与陵阳公窦师纶有着极为紧密的联系。唐初窦师纶在蜀地为皇室设计的锦绫图案在当时极受欢迎，并形成了一定风格，人称"陵阳公样"。史书中虽没有详细记述陵阳公样的具体纹样，但从留存下来的丝绸实物看，花环团窠图案出现在初唐，盛行于盛唐，中唐仍然流行，正好与陵阳公样的流行时间相符。[①]

8.唐团花纹织锦短上衣

唐折枝团花纹织锦短上衣长68厘米，宽88厘米，重209.5克。圆领、短袖、左衽，衣领处用深色织锦缘边，这件上衣应是贴身穿的衣物。以深绿色为地，黄色显花，主花为六瓣团花，纵向排列，主花间以卷草纹为宾花。

9.唐黄地联珠对马纹织锦

唐黄地联珠对马纹织锦，长45厘米，宽37厘米，重16.5克。黄色作地，联珠圈为骨架，横向排列。联珠圈内以中间的树为中轴，两边对称分布一名骑马武士，

---

① 赵丰：《中国丝绸艺术史》，北京：文物出版社，2005年，第151—152页。

马匹肩生双翼，前蹄上扬，脖颈前伸，作奔走状，武士头戴冠，在马上作回首状。两马之间的树以树干为中轴，枝叶左右对称分布。吐鲁番阿斯塔那墓地也出土过类似的织锦。

10. 唐红地团窠对兽纹织锦

唐红地团窠对兽纹织锦（图7-70），长40厘米，宽27厘米，重35.5克。整体装饰图案较为复杂，主体图案为双圆环内对兽，

图7-70　唐红地团窠对兽纹织锦
（李天林、兰或主编：《丝路之绸·青海海西古丝绸文物图集》）

以红色作地，浅黄色勾勒出对兽的轮廓，再用浅绿色填充。对兽嘴部似鹰，双耳直立，肩部相连，连接处生出一朵三出的小花，对兽以小花为中轴左右对称分布，脚下为花草，作攀爬状，回首相望。双圆圈之间装饰十字形小花，圆圈外围装饰卷云纹。类似的装饰图案在以往海西地区发现的纺织品中未曾见到。

11. 唐花瓣团窠对鸟纹织锦

唐花瓣团窠对鸟纹织锦，八瓣团花组成的圆形团窠内饰对鸟图案，两鸟相对站立在"T"状花台上。

12. 唐花卉纹织锦缎

唐花卉纹织锦缎，白色作地，黄、绿两色显花，主体纹饰为心形卷草纹。

13. 唐联珠鹿纹织锦

唐联珠鹿纹织锦（图7-71），由联珠团窠环构成骨架，联珠环内是单只侧身行走的鹿，四肢粗短，身体壮硕，脖颈处饰联珠纹，鹿角细长。臀部上方饰三出小花，左右枝叶对称分布。联珠圈之间饰十字形宾花，仅见上半部分。现存最早的鹿纹织锦是新疆和田地区博物馆收藏的元和元年鹿纹织锦，使用的是中国本土鹿的形象，魏晋南北朝时期开始使用具有欧亚草原特征的大角鹿的形象作为装饰图案，

图 7-71　唐联珠鹿纹织锦
（李天林、兰或主编：《丝路之绸·青海海西古丝绸文物图集》）

隋唐时期随着东西文化交流的日益频繁，这种大角鹿的图案变得更加流行。[①]

14. 唐联珠对鹿纹织锦

唐联珠对鹿纹织锦，青海藏文化博物院藏。该件织锦以黄色作地，联珠团窠环为骨架，内饰对鹿图案，对鹿脖颈处扎结向后飘浮的绶带，其余区域用红色填充。团窠环间饰四出十字形宾花。

15. 唐团花纹织锦

唐团花纹织锦，褐色作地，分区域显色，主体图案为八瓣团花。

图 7-72　唐黄地联珠对凤纹织锦
（李天林、兰或主编：《丝路之绸·青海海西古丝绸文物图集》）

16. 唐黄地联珠对凤纹织锦

唐黄地联珠对凤纹织锦（图7-72），联珠团窠为骨架，经向排列，联珠圈内黄色作地，黑、绿双色显花，饰对凤图案，凤昂首展翅欲飞，头顶饰新月图案，足下是方形联珠台。联珠圈之间饰反向站立、作奔走状的对兽。

17. 唐狮鹿纹织锦

唐狮鹿纹织锦，黄色作地，绿色显花，圆环状团窠内分别饰卧狮、卧鹿图

[①] 谢菲：《古代丝织物中鹿纹研究》，《艺术与设计（理论）》2017年第1期，第131—133页。

像，卧鹿腹部斑点清晰可见，卧狮作回首状，右后足略微抬起。

18.唐对鸟纹织锦窄袖长袍

唐对鸟纹织锦窄袖长袍（图 7-73），青海藏文化博物院藏。袍服为圆领、窄袖、左右开胯，以红地对鸟纹织锦缝制而成，主体图案以联珠纹为骨架，内饰对鸟图案。对鸟尾部上翘，双足站立于棕榈状平台上。袖口、开胯处及下缘用较为厚重的绿地翼马纹织锦缘边。袍服腰胯处用黑地联珠纹织锦缘边。

19.唐卷草花卉纹织锦残片

唐卷草花卉纹织锦残片（图 7-74），青海藏文化博物院藏。土黄色作地，用黑色织出花朵和卷草轮廓，花瓣分三层，分区域显色，第二层用黑色填充。

20.北朝黄地联珠立鸟纹刺绣残片

北朝黄地联珠立鸟纹刺绣残片，以黄色作地，用黑、绿双色绣制装饰图案。黑、黄双色的联珠圈内，一正面站立的大鸟正展翅欲飞，鸟的头部、翅膀、羽毛皆用黄、绿双色装饰。

21.唐卷草纹刺绣残片

唐卷草纹刺绣残片（图 7-75）以黄色作地，黑、绿、褐三色绣制装饰图案，满饰卷草图案。

图 7-73　唐对鸟纹织锦窄袖长袍
（孙杰拍摄）

图 7-74　唐卷草花卉纹织锦残片
（孙杰拍摄）

图 7-75　唐卷草纹刺绣残片
（孙杰拍摄）

第四节　敦煌藏经洞发现的丝绸

敦煌藏经洞发现的丝织物品种非常丰富，几乎囊括了当时所有的丝织品种。从织物组织来分，这些织物主要可以分为两大类：单色织物和多彩织物。此外，还有大量染缬和刺绣，用于装饰丝绸。

一、单色织物

单色织物的经纬线色彩相同，组织结构较为简单，有素织物和暗花织物两大类，前者有绢、绝、素绫、素纱和素罗，后者则有绮、暗花绫、暗花纱和暗花罗等不同的品种。

1. 绢

绢是自魏唐以来，对平纹类素织物的通称。从敦煌文书中可以看到绢类织物在当时的应用十分广泛，伞、经巾、裙、履等均有使用，此外还有大量绢被用作绘画佛像的底布及衬里；而我们所见的敦煌绢类织物除大量残片外，主要发现在佛幡、垂额及刺绣的绣地等处。

从文书来看，绢有生、熟两种。生绢是指未经精练脱胶的平纹织物，其中又有大生绢、白丝生绢或白生绢、黄丝生绢之分。熟绢是生绢脱胶之后的称呼，其中未经染色工艺的熟绢又可称为"练"，文书中又有大练和小练之分，可能是其尺幅不同；经过染色的熟绢则可称为彩绢，其色彩十分丰富，有草绿、青、碧、绯、紫、黄、墨绿、麹尘等各色。"麹尘绢"在文书中出现的频率极高，所谓"麹尘"是指麹上所生菌，其色淡黄如尘，故麹尘绢即淡黄色绢。彩绢也可称为"缦"，缦原指无花纹图案的缯帛，到唐代似乎成了彩绢的代称，如文书中记录的"缦绯""缦绿"等。

根据对实物的整理分析，敦煌绢织物中除密度较紧密、纤维较适中的外，还有一类绢，其密度经丝在50根/厘米、纬丝在40根/厘米左右，每两根经线为一组，每组经线间有明显的空筘现象，而此类绢多做画绢之用，其上均绘有彩色图案（图7-76）。敦煌文书中记载的"生绢千佛像""生绢卢舍那像"极可能就是以此为底而画成的佛像。

图 7-76　EO.1160 绢地彩绘花卉纹绢幡局部

2. 绝

绝是一种较为粗厚的平纹丝织物，宋本《玉篇》称"经纬粗细经纬不同者"为绝，其表面具有纬丝粗细不一的横条畦纹效果。绝之名在唐代出现较多，唐武德七年（624）始定律令时，规定："赋役之法：每丁岁入租粟二石。调则随乡土所产，绫绢绝各二丈，布加五分之一。输绫绢绝者，兼调绵三两；输布者，麻三斤。"[1]唐代织染署下亦有绝作，敦煌文书《申年比丘尼修德等施舍疏（十三件）》（P.2583）中记载的"官绝裙衫一对"及"紫官绝裆"，可能就是使用官营织染署所生产的绝制成。此外，文书中记载的还有"陕郡绝"和"河南府绝"（P.3348背），可见其生产在唐代已十分盛行。

---

① 《旧唐书》卷四八《食货志上》，第 2088 页。

图 7-77　MAS.951 红色绌

一般来说，绌有两种不同的织造方法，一是使用两把梭子，在织造时通过两梭细纬与一梭粗纬交替投梭织成；另一种方法则是用两把纬线粗细基本一致的梭子交替进行织造，其中一把梭子每纬织入，另一把梭子每隔几纬后织入一梭，形成变化纬重平。但敦煌出土的实物如大英博物馆收藏的红色绌（MAS.951）（图 7-77），由于其幅边不存，无法判断它是使用何种方法织成的。绌亦有生、熟之分，但多以染色绌居多，文书中所见还有紫、黄、褐、绿、黑、皂等色。

3. 绮

绮的名称出现较早，《楚辞》中有"纂组绮缟"之句，但是到了魏晋南北朝时，除诗赋艺文中还能见到外，绮在现实生活中却极少出现，延至唐时亦是如此。敦煌文书所见的也只有"青绮"（P.3410）、"紫绮"（P.2916）等为数不多的几条。

吐鲁番墓葬出土的衣物疏中较早大量出现"绫"的是阿斯塔那 170 号墓出土的《高昌章和十三年（543 年）孝姿随葬衣物疏》，其中记载了一批随葬的绫织物和服饰[1]，比对同墓出土实物，这些绫都是平纹地上以四枚斜纹起花的丝织物，采用并丝织法产生斜纹效果，但并不是真正后世所谓的斜纹织物。除此以外，吐鲁番出土的一块平纹地显花的丝织物上有墨书题记"景云元年双流县折调细绫一匹"[2]，日本正仓院所藏的一件平纹地上织斜纹宝花的织物上也题有"近江国调小宝花绫一匹"[3]。由此可见，当时的绫也包括平纹地上斜纹显花和斜纹地上斜纹显

---

[1] 唐长孺主编，中国文物研究所、新疆维吾尔自治区博物馆、武汉大学历史系编：《吐鲁番出土文书》（壹），北京：文物出版社，1992 年，第 143 页。

[2] 王炳华：《吐鲁番出土唐代庸调布研究》，载中国唐史研究会编：《唐史研究会论文集》，西安：陕西人民出版社，1983 年，第 8—22 页。

[3] ［日］松本包夫：《正仓院裂と飞鸟天平の染织》，东京：紫红社，1984 年，第 178 页。

花的丝织物。

现代考古学往往把平纹地斜纹花的丝织物称为绮，而把斜纹地斜纹花的丝织物称为绫。虽然在藏经洞中发现了大量平纹地暗花丝织物，不过为了尊重考古学惯例，我们在此还是将平纹地暗花织物称为绮。

在敦煌发现的平纹地显花织物都可以看作是用并丝织法生产出来的织物。并丝织法是指将两根或两根以上相邻的经线一起穿过同一提花综眼，在地综依次提升时，提花综总是被连续提升两次或两次以上，是 2–2 织法的一种衍生。[①] 最早出现的并丝织物是一类平纹地起四枚斜纹的绮，采用的是 2–2 并丝法，即地部平纹由地综完成，并丝穿综且具有二次相同运动规律的纬线在花部形成方平组织，并与平纹叠加得到 3/1 斜纹效果。如龟背小花纹绮（EO.1192D）的织物结构是在平纹地上以 2–2 并丝法织出 3/1Z 斜纹组织显花，而对波葡萄纹绮（EO.1203/D）则是在平纹地上以 3/1S 斜纹组织显花（图7–78）。2–2 并丝织法还能产生六枚斜纹，这是 2–2 并丝组织按 2/1 规律排列的结果。敦煌绮织物还使用 4–4、2–4、4–2、3–3等并丝组织块与平纹地组织配合。棕色菱格纹绮幡带（MAS.898）就是在平纹地上以 4–4 并丝法显花的。

图 7–78　EO.1203/D 对波葡萄纹绮

4. 绫

绫之名出现比绮晚，约在魏晋时期开始流行。从考古实物来看，直至唐代，才出现真正的斜纹绫。在绫织物的全盛时期，除官府织染署中设有专门的绫作，各地进贡的丝织品中绫也占了很大的比重。据《通典》记载，唐天宝年间北海郡、汝南郡、鲁郡、博陵郡、广陵郡、江陵郡、

---

① 赵丰：《中国丝绸艺术史》，第 43 页。

会稽郡等 16 个郡均上贡绫织物[①]，遍布全国各产丝区，其中又以河北定州、河南蔡州及江南一带为绫的主要产区。

敦煌文书中出现的绫的种类很丰富，既有用织造工艺和技术特点命名的，如楼（机）绫、独织绫（P.3410）、绵绫（P.2638）、熟线绫（P.3547）、二色绫（P.2613）等，也有依产地而定的吴绫（P.2613）、定绫［P.4518（28）］等；更多的则是按照图案而命名的绫，如孔雀绫、白驼绫、犀牛绫（P.2680）、盘龙绫（P.2704）、龟背绫（P.2613）、独窠绫（P.2704）等。可以说，绫是除了绢以外在敦煌文书中出现最多的丝织物品种，由此也可见绫在当时敦煌地区使用的广泛程度。

敦煌出土的绫织物中以暗花绫为大宗。暗花绫通过经纬组织枚数、斜向、浮面中的一个或多个要素的不同来显花，不同的因素越多，花地间的区别越大。白居易在《缭绫》中所言"异彩奇文相隐映，转侧看花花不定"[②] 就是对这种暗花效果的生动描写。暗花绫的织造较为繁复，有"越縠缭绫织一端，十匹素缣功未到"[③] 之说。

敦煌发现的异向绫大多数为同单位异面异向绫。四枚异向绫是出现最早的一种斜纹暗花织物，如蓝色龟背纹绫（MAS.895，图 7-79）采用 3/1Z 斜纹作地、1/3S 斜纹显花。异单位异面异向绫数量很少，目前仅见黄色花叶纹绫（MAS.890），以 2/1S 斜纹作地、1/5Z 斜纹显花，其地部和花部的单位、浮面和斜向均不同。

同向绫中以异单位异面同向绫最常见，如绶带纹绫（EO.3662，图 7-80）、盘绦纹绫（EO.3652）都是以 2/1S 斜纹作地、1/5S 斜纹作花。同向绫中还有一类是同单位异面同向绫，其花、地斜纹组织枚数相同，但浮面不同，如黄色几何纹绫（MAS.936）在 1/3S 斜纹地上以 3/1S 斜纹显花，黄色花卉纹二色绫（L.S.646）则以 1/5Z 斜纹为地、5/1Z 斜纹起花。

5. 纱罗

纱和罗都是一种经纬线稀疏且织物上呈现小孔的丝织物。一般而言，凡经线起绞、纬线平行交织的织物均可称作纱罗织物，[④] 但一些稀疏的平纹组织往往也可

[①] 《通典》卷六《食货典·赋税下》，第 119—125 页。
[②] 《全唐诗》卷四二七白居易《缭绫》，第 4704 页。
[③] 《全唐诗》卷四一九元稹《阴山道》，第 4602 页。
[④] 赵丰：《中国丝绸艺术史》，第 53 页。

图 7-79　MAS.895 龟背纹绫　　　　　图 7-80　EO.3662 绶带纹绫

被称为纱。纱出现得很早，周代已有以纱制作王后和命妇服饰的记载。敦煌社邑文书中有不少纱罗的相关记载，除了匹料，纱罗还常用于缝制服饰，如衫、裙、帔子等。罗还是制作寺庙用品的常用织物，应用于幢、额、经巾等。

　　敦煌发现的纱的基本组织为由两根经丝相互绞转并每一纬绞转一次的二经绞组织，实物则以多种组织配合织造的暗花纱居多，如紫色几何纹纱（MAS.900）在 1：1 对称绞纱组织地上以纬浮长显花（图 7-81）。这些纱的密度均不大，属于简单纱罗一类。

　　敦煌发现的罗织物主要为链式罗，又称无固定绞组罗，其中又以四经绞罗最为常见，既包括四经绞的素罗，也有以四经绞和二经绞组合的暗花罗。暗花罗通常以四经绞作地、二经绞显花，图案以几何纹为多，主要用于幡带、幡身，也常用于刺绣的地（图 7-82）。

　　简单纱罗自唐代晚期开始出现，在藏经洞发现的大部分纱织物皆属此类，在当时也被称为"单丝罗"。四川是唐代重要的丝绸产地，《新唐书·地理志》记载的四川贡品就包括单丝罗和段罗等[①]。晚唐诗人王建在《织锦曲》中写道："锦

---

① 《新唐书》卷四二《地理志六》，第 1079—1080 页。

图 7-81　MAS.900 紫色几何纹纱　　　　图 7-82　L:S.525 蓝色菱纹罗绣地

江水涠贡转多，宫中尽著单丝罗。"[1] 说明单丝罗是四川的产品，并作为贡品进贡长安。因此敦煌发现的单丝罗或暗花纱也极有可能是蜀地所产。

越罗早在唐初就非常有名。杜甫《白丝行》中提到"越罗蜀锦金粟尺"，已将越罗与当时最负盛名的蜀锦相提并论，但就其总体水平来说还是不如黄河流域和巴蜀地区。但到晚唐时，越罗的织造水平已有很大提高，成为当时人们首选的罗织物，"舞衣偏尚越罗轻"[2] 等诗句都说明了这一点。从浙江雷峰塔出土的越罗来看，它采用的是典型的四经绞罗，因此我们可以推测，在敦煌发现的四经绞罗实物中，很有可能其中一部分就来自江南地区。

二、多彩织物

多彩色织是指先将丝线染色，继而进行织造的工艺过程，其织物通常采用较为复杂的组织结构或工艺，具有两种或两种以上的色彩，主要包括锦、妆花织物、缂丝及色织绫等。

---

① 《全唐诗》卷二九八王建《织锦曲》，第 3389 页。
② 《全唐诗》卷三六〇刘禹锡《酬乐天衫酒见寄》，第 4070 页。

1. 锦

锦是一种重组织结构的熟织物，丝线先染后织，通过织物结构的变化，呈现变化的色彩和图案。敦煌文书中多次出现锦的记载，有以色彩命名的红锦（P.2680）、白锦（P.2583），也有以图案命名的莲花锦（P.2040）等。而敦煌发现实物中，锦的图案和色彩远比文书中的记载丰富，组织也各有不同。敦煌发现的锦的组织主要有两大类：经锦和纬锦。此外，还有少量的双层锦和双面锦。

敦煌发现的经锦包括平纹经锦和斜纹经锦两类。在中国古代，平纹经锦出现最早，战国时期的墓葬已有出土[①]，以经线显花，采用 1/1 平纹经重组织织造。敦煌发现的平纹经锦数量并不多，典型的有北朝时期的红地楼堞龙凤纹锦（MAS.926，图 7–83），经线为红、白两色，互为花地。

约在隋代前后，平纹经锦渐渐被斜纹经锦所取代。斜纹经锦多采用三枚斜纹经重组织，如米色地宝花纹锦（MAS.919，图 7–84）以 2/1 斜纹经重组织织造。与平纹经锦相比，斜纹经锦在技术上只是增加了一片地综，但它却是从经锦向纬锦过渡的一种类型。

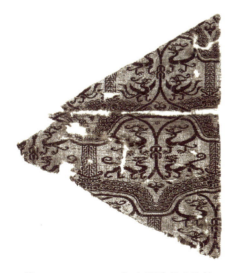

图 7–83　MAS.926 红地楼堞龙凤纹锦　　　图 7–84　MAS.919 米色地宝花纹锦

① 湖北江陵马山楚墓中出土有舞人动物纹锦，平纹经二重，经线三色，分区换色。湖北省荆州地区博物馆：《江陵马山一号楚墓》，北京：文物出版社，1985 年，第 41—42 页。

敦煌发现的锦中，纬锦占了大多数，主要有平纹纬锦和斜纹纬锦。平纹纬锦指的是平纹纬二重织物，绿地纬锦（L.S.324）采用的就是这种组织结构（图7-85）。敦煌发现的纬锦以斜纹纬锦最为丰富。从现有的考古资料看，最早的斜纹纬锦出现于唐代早期，到中晚唐时已基本取代了经锦而成为占主导地位的锦类织物。几乎所有的斜纹纬锦都是三枚斜纹锦，其基本组织都是斜纹纬二重，即由一组明经和一组夹经与纬线以斜纹规律进行交织。

图7-85　L.S.324 绿地纬锦

根据明经的交织规律，敦煌发现的斜纹纬锦也可以分为两类：一类的明经只在纬线的表面按斜纹交织规律进行固结，组织以1/2斜纹纬重组织为主，织物正面为纬面组织而反面为经面组织，我们称之为全明经型纬锦；另一类的明经在一个斜纹循环中只在织物表面和反面各出现一次，形成对纹纬的固结，而在另一组织点处却插入表纬之下、底纬之上，与夹经的位置相同，织物两面均为纬面效果的1/2斜纹纬重组织，我们称其为半明经型斜纹纬锦。

全明经型纬锦中有一种三枚斜纹纬锦的经线加有强烈的Z捻，通常由2—3根并列而成，纬线平直且较粗。图案通常只有纬向循环而无经向循环，图案的勾边通常以二纬二经为单位。从织物结构和图案来看，此类纬锦具有中亚地区传统的织锦风格。如团窠尖瓣对狮纹锦（MAS.858）、红地联珠对羊对鸟纹锦（MAS.862）等，通常归为中亚系统织锦。另一种纬锦则具有明显的唐代特色，主要来自中原，图案以宝花、花鸟图案为主，经线无捻或S捻。如收藏于吉美博物馆的暗红地宝花纹锦（EO.1193/I），1/2S斜纹纬重组织，经线无捻，单根排列。（图7-86）

图 7-86　EO.1193/I 暗红地宝花纹锦

大约从晚唐开始，斜纹纬锦的基本组织结构和织造技术有了极大的变化，半明经型斜纹纬锦开始出现，因为此类实物大量出自辽代，也被称为辽式斜纹纬锦。[①]如红地飞雁纹锦（MAS.920），1/2Z 斜纹辽式纬重组织，图案为四只大雁围绕一蓝色环形图案飞翔，各组飞雁之间以十字形辅花装饰。（图 7-87）此类四雁相对而飞的图案在辽代十分流行。相对于辽式斜纹纬锦这个名称，全明经型纬锦往往也被称为标准斜纹纬锦或唐式纬锦。

双层锦是一种较为特殊的锦类织物。织造双层锦时使用两组经线和纬线，通过表里换层，形成正反图案相同但色彩相异的双层组织。敦煌藏经洞中发现的彩条朵花纹双层锦（MAS.924），经线两组（白色的甲经和浅棕色的乙经）、纬线两组（白色的甲纬和浅棕、黄、蓝、绿分区换色的乙纬），在织造时，甲经与甲纬、乙经与乙纬分别以 1/1 平纹组织交织，在局部形成空心袋状结构。乙纬的分区换色处理使织物表面的色彩变化更为丰富，其结果是正面以彩色纬线条纹样作地，其上点缀有两列不同类型的白色朵花图案，背面则是白地上缀以彩条朵花。（图 7-88）

与双层锦不同的是，双面锦仅使用一组经线和两组不同颜色的纬线以双面组织交织。绿地花卉纹双面锦幡面（L.S.325）使用一组浅红色经线分别与橙色和绿色两组纬线以 1/5S 斜纹双面纬重组织交织，形成正反面同图案但花和地色彩互换的效果（图 7-89）。

① 赵丰：《辽代丝绸》，香港：沐文堂美术出版社有限公司，2004 年，第 33 页。

图7-87　MAS.920 红地飞雁纹锦

图7-88　MAS.924 彩条朵花纹双层锦正面和背面

图7-89　L.S. 325 绿地花卉纹双面锦

2. 妆花织物

妆花是挖梭工艺的别称，即用部分区梭和挖梭与通梭配合使用，在某种提花织物的花部采用通经回纬或断纬的方法进行显花。根据织物组织的不同，妆花织物可以细分为妆花绢、妆花绫、妆花缎、妆花纱、妆花罗等几个大类。

妆花织物在敦煌文书中未见记载，而所存的实物却不少，其中以妆花绫为大宗，斜纹地上以妆花技法织出图案。这批妆花的图案均为小团窠，直径不超过6厘米，最小直径不足4厘米。唐代晚期开始，此类团窠大量出现。图案题材以写实的植物花卉和动物为主，包括团花、葡萄、凤凰、蝴蝶等。

3. 缂丝

缂丝由通经断纬的方法织成，其基本组织为平纹，织造时根据图案的需要部分或全部纬线在局部用小梭挖梭织制。我国的缂丝织物至迟出现在唐代，在新疆吐鲁番、青海都兰等地都曾出土过唐代缂丝。敦煌文书中虽未有缂丝的记载，但实物中却有缂丝约 10 件。它们均较为狭窄，多用于幡头斜边、悬襻以及经帙上的装饰，图案以花卉植物纹为主。典型的如大英博物馆所藏绢地彩绘幡头（MAS.905，图 7-90），其幡头两侧采用宽约 2.7 厘米的红地团窠立鸟纹缂丝包边，缂织部分花瓣中心及花蕾边缘处使用了片金线。此外，蓝地十样花缂丝带（MAS.907，图 7-91）局部也使用了片金线。这种片金线在背后采用了纸质背衬，是目前所知最早的纸质背衬片金线实物。①

图 7-90　MAS.905 绢地彩绘幡头

图 7-91　MAS.907 蓝地十样花缂丝带

① 赵丰主编：《敦煌丝绸艺术全集（英藏卷）》，上海：东华大学出版社，2007 年，第 99 页。

4. 二色绫

在敦煌发现的纺织品中，有一批经纬异色的丝织物，斜纹地斜纹花，是一种采用不同色彩的经纬线交织后得到的单层彩色织物。由于花地异色，因此图案的表现效果优于普通的单色绫，结合敦煌文书和唐代史料的记载，我们在此称其为二色绫。

二色绫可见于敦煌文书。《纳赠历》（P.3250）中曾提到"二色绫壹丈"。此外，《唐咸通十四年（873）正月四日沙州某寺交割常住物等点检历》（P.2613）中也提到"青贰色绫单伞壹"，应该是以青色作地的二色绫来制作伞盖。其他史料中也出现过二色绫和两色绫，唐咸亨三年（672）的吐鲁番文书中就已有用两色绫制作服饰的记载。[①]《安禄山事迹》中记录的唐玄宗赏赐给安禄山的物品中也有"二色绫褥八领"。[②]

敦煌发现的二色绫实物并不是很多，主要有 6 种，采用了在经面斜纹地上以纬面显花的方式。孔雀衔绶纹二色绫（MAS.889），经线淡黄色，纬线红色，2/1S 斜纹组织作地，其上以 1/5S 斜纹组织显花，图案残留下来的部分为一只口衔绶带的孔雀（图 7-92）。黄地花卉纹二色绫（MAS.934、L.S.646），经线黄色，纬线橘红色，5/1S 斜纹组织作地，其上以 1/5S 斜纹组织显花（图 7-93）。

图 7-92　MAS.889 孔雀衔绶纹二色绫

图 7-93　L.S.646 黄色花卉纹二色绫

---

① 《唐咸亨三年（公元六七二年）新妇为阿公录在生功德疏》（64TAM29：44），载唐长孺主编，中国文物研究所、新疆维吾尔自治区博物馆、武汉大学历史系编：《吐鲁番出土文书》（叁），北京：文物出版社，1996 年，第 337 页。

② （唐）姚汝能撰：《安禄山事迹》，上海：上海古籍出版社，1983 年，第 6 页。

三、染缬

除丝织物外，敦煌遗存的丝绸产品中还有相当大部分是印染产品，主要有夹缬和绞缬两大类，其中以夹缬为大宗。

1. 夹缬

夹缬是指一种防染印花的工艺及其产品，操作时，使用两块木制花版夹持织物而进行染色。"夹缬"之名始见于唐代。唐代夹缬在新疆吐鲁番、青海都兰等墓葬中都有出土，但藏经洞是夹缬发现最为集中的地点。

敦煌夹缬最常用的主题图案为花卉，包括朵花、宝花、缠枝花等。而动物纹如鸟、蝶、鹿等有时也会与花卉植物纹一起构成组合纹样（图7-94）。夹缬所用的织物材质多为绢，偶尔也用绮、罗。敦煌文书中有不少"缬"的相关记载，同时还有专指某种染缬的用词如"甲缲""袂缬"，这种特指的染缬应该都是指夹缬，其他未明确说明的"缬"，可能是指夹缬，也可能是指灰缬或绞缬。

图7-94 L.S.552蛱蝶团花飞鸟夹缬图案复原图

在藏经洞发现的夹缬中，除一件蓝白点状夹缬绢（MAS.932、L.S.555）为单色夹缬外，其余均为彩色夹缬。多彩夹缬的关键是在夹缬版上雕出不同的染色区域，

图 7-95　MAS.878 连叶朵花夹缬绢

使得多彩染色可以一次进行，此时花版必须有框。在一些夹缬作品幅边处看到的部分未染色区域，正是花版边框夹持后无法上染的遗痕。不过，唐代夹缬色彩总数并非完全等于雕版时设计的色彩区域数。连叶朵花夹缬绢（MAS.878，图 7-95）使用染蓝、染橙两套雕版，这两套版在某些区域有所重叠，使蓝色与橙色混合产生褐色，在染缬完成之后以手绘的方式，使用黄色在织物上进行局部染色。用两套雕版加上手染最后可以得到五种色彩。

2. 绞缬

绞缬即今日所谓的扎染，是指按照一定规律用缝、扎等方法绞结丝织品，染色后再解去缝线或扎线以得到花纹的一种防染印花工艺及其产品。慧琳在《一切经音义》中对"缬"的解释是："以丝缚缯染之，解丝成文曰缬。"[1] 此处的"缬"指的应该就是绞缬。

敦煌马圈湾汉代遗址中曾出土过一件类似绞缬的丝织品，但用于服饰的绞缬实物在魏晋时期的墓葬中才有较多的发现。[2] 唐代诗人在诗词中也常提及缬织物。据王㐨考证，唐诗中的"鱼子缬""醉眼缬"和"鹿胎"所指的都是绞缬。[3] 鹿胎指一种红地或紫地白花的绞缬，因其图案似鹿斑而得名。敦煌文书《辛卯年（991）十二月十八日当宅现点得物色》[P.4518（28）]中也有"黄鹿胎柒匹"的记载。

敦煌藏经洞发现的实物中并没有绞缬，但莫高窟第 130 窟中出土了一件绞缬绢幡，褐色和绿色的幡面上分布着菱形的绞缬纹（图 7-96）。此种绞缬的制作借

① （唐）释慧琳、（辽）释希麟撰：《一切经音义》，上海：上海古籍出版社，1986 年，第 1996—1997 页。

② 赵丰：《中国丝绸艺术史》，第 84 页。

③ 赵丰：《王㐨与纺织考古》，香港：艺纱堂 / 服饰工作队，2001 年，第 94—95 页。

图 7-96　K130:1 绞缬幡面

助叠坯加工染作半明半暗的花纹，或许这就是史书中记载的"醉眼缬"。

四、刺绣

绣品也是敦煌丝织品中的大宗，这些刺绣品多出自佛寺的供养具，包括绣像（MAS.1129）、绣幡头（L.S.590）、幢伞上的者舌、带（MAS.855）以及刺绣残片。刺绣题材除了佛像、供养人以外，其余的都以花鸟为主。刺绣技法包括劈针绣、平针绣、钉金绣和蹙金绣等。

1. 劈针绣

中国刺绣的起源很早，最有特色的一直是锁针绣，这种针法早在商周时期已经可以看到。但是，这种针法用于制作大面积、高密度的作品时过于费时费工，因此，绣工尝试用一种表观效果基本一致、效率大大提高的针法来代替，这就是劈针。劈针属于接针的一种，在刺绣时后一针从前一针绣线的中间穿出再前行，从外观上看起来与锁针十分相似，它和锁针的最大区别就在于劈针的绣线直行，而锁针的绣线呈线圈绕行，因此其技法比锁针要方便得多，可以说这是刺绣技法的一大进步。敦煌发现的以佛教内容为题材的绣品几乎全部采用了劈针的技法。

刺绣灵鹫山释迦牟尼说法图（MAS.1129）是以劈针绣成的一件巨型刺绣，由于作品巨大，它使用了绢和麻布两层绣地，大多数针脚较长，约0.8~1.0厘米。这些针法明显是对早期劈针绣的拉长，显得较为粗疏，但也因此比较适合大型作品的生产。不过，这些针脚较长的劈针，事实上已和一般的直针相去不远，因而可以把这类劈针看作是在锁绣和平绣之间的一个过渡。从表观来看，这种劈针针法与锁针针法很难区分，只有同时观察背后的情况才能做出比较准确的判断。但如果仔细考察这件刺绣佛像又可以发现它正处于一个变化关头。敦煌发现的刺绣灵鹫山释迦牟尼说法图（图7-97）正是唐代刺绣全盛时期的佳作，同时，这件作品的技法也是唐代刺绣技艺发展过程中的重要一环。

图 7-97　MAS.1129 刺绣灵鹫山释迦牟尼说法图（局部）
[来自国际敦煌项目（IDP）]

2. 平针绣

唐代更常见的刺绣针法是平针法，是一种运针平直，只依靠针与针之间的连接方式进行变化的刺绣技法。目前所知一般平绣大量出现在敦煌藏经洞和扶风法门寺地宫。这与唐代刺绣生产的发展有着密切的关系。刺绣不仅用于祈福，而且被用于豪华的装饰中，史载玄宗时贵妃院有织锦刺绣之工 700 人[1]，规模极大，他们的主要产品是日用装饰性刺绣。在这样的情况下，提高刺绣效率，大量采用平绣成为一种必然的发展趋势。

敦煌所出的平绣不在少数。它们大量地以罗为地，在罗背后再另衬一层绢。这种风格继承了战国秦汉时期经常用罗地进行刺绣的传统，但同时因为它们是日用刺绣，不必像绣佛像那样致密，因此罗地可以被看到。如深蓝色菱纹罗地彩绣花鸟（L.S.518，图 7-98）表面的深蓝色菱纹罗已大多残损，只留下一些单独的刺绣纹样，露出蓝色绢的衬里。刺绣采用平针绣，以蓝、白、红和绿色丝线绣出鸟、蝴蝶和花卉。这类写实的形象与唐代早期的织物图案有较大区别，且几乎都为平绣，

图 7-98　L.S.518 深蓝色菱纹罗地彩绣花鸟局部

① 《旧唐书》卷五一《后妃传上·玄宗杨贵妃》，第 2179 页。

可以说平绣的技法可能开始于唐代晚期,一直影响到宋元时期。

3. 钉金绣和蹙金绣

敦煌平绣中也经常加入钉金银绣勾边的技法。紫色纱地压金彩绣龙片(L.S.528),以红色丝线钉缝纸背片金勾边;深蓝菱格绫地压金银花卉纹绣(L.S.524),除以红色丝线钉缝片金线勾边外,还使用了片银线,并以白色丝线钉缝。这些压金绣有时采用圆金线,有时也采用片金线进行钉金绣勾边。这种方法在扶风法门寺地宫出土物中所见极多,说明它是一种富贵的绣法,也流行于辽金时期,被称为"压金彩绣"。

唐代史料中还出现过蹙金绣,法门寺地宫出土的《物帐碑》中记载有"蹙金银线披袄子一领"和"蹙金鞋五量",[①] 在这里,蹙金就是指蹙金绣。地宫中也出土了红罗地刺绣,上面的荷花纹使用极细的金丝盘绕而成,再用丝线钉住。另外还出土了一套五件绛红罗地绣金衣物模型,采用的也是蹙金的技法。藏经洞中发现的白色绫地彩绣缠枝花鸟纹绣片(MAS.857,图 7-99)绣地两层,白色花卉纹绫背衬白色绢,

图 7-99　MAS.857 白色绫地彩绣缠枝花鸟纹绣片局部

以缠枝花卉为主体纹样,用墨绿、蓝、黄、棕、米、橙等各色丝线以平针绣成,并钉绣捻银线以缘边,花间点缀有以蹙金绣绣成的飞鸟图案,每两根金线用棕色丝线同时钉绣。

刺绣在唐代有了很大的发展,刺绣技法也大大丰富起来。利用金线作为装饰的绣法在唐以前的出土实物中几乎没有发现,钉金绣和蹙金绣的实物却大量出自法门寺地宫和敦煌藏经洞,或许这种技法也是在唐代成熟并流行的。[②]

① 韩伟:《法门寺地宫唐代随真身衣物帐考》,《文物》1991 年第 5 期,第 27—29 页。
② 本节图片分别采自:[英]韦陀主编《西域美术·英国博物馆藏斯坦因收集品》全三卷,东京:讲谈社,1982—1984 年。[法]吉埃编,秋山光和译《西域美术·吉美博物馆藏伯希和收集品》全二卷,东京:讲谈社,1994—1995 年。

第五节　敦煌莫高窟丝绸织物的考古发现

敦煌位于河西走廊的西端，是丝绸之路联结中原与西域的"咽喉之地"，占有重要位置。近几十年，在敦煌不断有古代织物被发现，尤其是莫高窟南区和北区几次数量较多的发现尤为重要。这些织物所属时代从北魏到元代，由于当地干燥的气候才得以保存，质料良好，颜色明艳。

莫高窟依照石窟在崖面的分布情况分为南北两区。以原敦煌文物研究所编号的第 1 窟为界，此窟以南为南区，以北为北区。南区的石窟大多有壁画和塑像，是石窟寺的礼佛区；北区石窟则多为僧房窟、单室禅窟、多室禅窟、僧房窟附设禅窟、瘗窟、廪窟，仅有七座窟是礼佛窟，所以北区石窟是供人用的生活区。

下面分别对南、北两区出土的织物进行介绍。

一、南区发现的丝绸

1965 年 3 月，为配合莫高窟南区危崖加固工程，在第 125—126 窟窟前清理发掘时发现崖壁有裂缝，从裂缝中流出填在里面的沙石、干土，土质疏松。在清除这些沙石、干土后，发现了混在沙石中的一些刺绣织物残片，其中的北魏广阳王发愿供养一佛二菩萨刺绣（图 7-100）最具代表性。广阳王发愿供养一佛二菩萨刺绣残缺较甚，现存仅为原状的一小部分。据残存部分推测，残高 46 厘米，幅宽 59 厘米，刺绣上为横幅花边，中为一佛二菩萨说法图，下为发愿文和供养人。

上部花边高约 13 厘米，残宽 62 厘米，以黄褐色平织丝织物为地，上绣花纹，花纹由忍冬纹和联珠状龟背纹相互套叠而成。忍冬纹用浅黄、蓝、绿等颜色，联珠状龟背纹则用紫色、白色。

中部说法图残损更甚，从残留的部分可看出中为一坐佛，左右两侧各侍立一胁侍菩萨。佛结跏趺坐于覆莲座上，着红色袈裟。残像至莲座高约 26 厘米。坐佛

图 7-100　北魏广阳王发愿供养一佛二菩萨刺绣

右侧残存胁侍菩萨下半身，侍立于覆莲座上。上身衣饰部分残缺，仅存右手，半握置于胸前。下身着绿裙，衣纹密集，两腿间垂红色带子。两侧垂红色帔巾。据现存残状推测，左右胁侍菩萨不会少于两身。

　　下部为发愿文和供养人像，发愿文居中，男女供养人像分列两边。发愿文四周以紫线绣出矩形边框，框高约 11 厘米、宽约 16 厘米。发愿文自右至左，竖书 14 行，足行 11 字，个别地方有空字，原应有 150 余字，现存约一半。发愿文中有"……□□十一年四月八日直勤广阳王慧安造"等字样。发愿文右侧男供养人仅存两身，第一身衣纹似为袈裟残部，应为供养比丘，不见题名榜书。第二身残存头、足部分，头戴高冠，脚穿乌鞋，身前题名榜书"……王"。另残存供养人双足亦着乌鞋。发愿文左侧一列五身均为女供养人，形象大体完好。右起第一身为供养比丘尼，光头，着右祖红色袈裟，乌鞋，身前榜书题名"师法智"。右起第二身头戴高冠，上身着窄袖对襟长衫，下着绿色长裙，左手持花，题名为"广阳王母"。右起第三身穿绿色对襟长衫，裙为浅黄色，题名为"妻普贤"。右起第四身头胸部残，服饰同前，题名为"息女僧赐"。右起第五身胸部残，服饰同前，题名为"息女灯明"。

　　研究者根据发愿文、说法图的布局、男女供养人的服饰、花边的纹样等推断，该刺绣应为北魏迁都洛阳之前的太和十一年（487）作品。施主是广阳王，也就是北魏宗室元嘉，而慧安很可能是他给自己起的僧名。据发愿文和供养人题名来分析，这件刺绣应是广阳王元嘉及其家属的供养品。

　　通过比较发现，这件刺绣的内容、结构、服饰、纹饰与同期敦煌壁画有一些相似处，但也有不少差别，而与同期云冈石窟中的供养人姿态、服饰更为接近。可以初步确定刺绣不是敦煌本地制作的，而是从平城一带被人带到敦煌的。刺绣的衬地是两层黄绢中夹一层麻布。刺绣方法为锁针绣法，还使用了两三晕的配色方法。

　　考古发掘中出土的刺绣为数不多，而属于北魏的刺绣更难能可贵。因此，这件刺绣是至今见到的表现佛教题材比较早的一件作品。它的发现，为我们了解刺绣工艺从汉代至唐代的发展变化填补了空白，对展现佛教艺术和刺绣发展的历史都有一定价值。另外，在敦煌发现了不是本地制作的佛教艺术品，这对佛教及其艺术品的流通和发展史研究也有一定价值。①

　　1965 年 10 月，为加固第 130 窟内大面积空鼓壁画，原敦煌文物研究所保护组的工作人员在窟内南壁西端距离西壁约 1 米、距地面约 20 余米处，发现底层壁画下有一岩孔，孔内填堵着残幡等织物一团，经整理共 40 件，多为绢幡和绮幡，所属时代为唐代。② 同年秋，在第 122、123 窟窟前发掘时，揭去地表沙石后，在地表下 0.4—1.5 米发现唐代遗物，其中有残幡等丝织物 12 件。③ 这两次发现的织物保存尚好，绝大部分是幡残件。

1. 发愿文绢幡

　　共计两件。K130：3，首尾完整，长 162 厘米，宽 15 厘米。幡首为双层红色绢，顶缀蓝色绢带环结。幡身共七段，由黄、红色绢相间连接而成。幡尾为本色绢，质细。

---

① 敦煌文物研究所：《新发现的北魏刺绣》，《文物》1972 年第 2 期，第 54 — 60 页。
② 敦煌文物研究所考古组：《莫高窟发现的唐代丝织物及其它》，《文物》1972 年第 12 期，第 55 — 62 页。
③ 敦煌文物研究所考古组：《莫高窟发现的唐代丝织物及其它》，《文物》1972 年第 12 期，第 55 — 62 页。

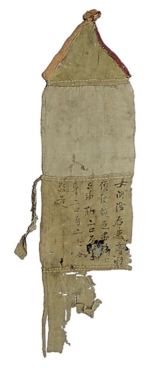

图 7-101　K130：11 绢幡　　　　图 7-102　K130：1 绢幡

幡身第一段有墨书发愿文 6 行 38 字，其中有"开元十三年七月十四日"等字样。

K130：11（图 7-101），残长 46 厘米，宽 13 厘米。幡首为黄色绢两层，绛地白点绞缬绢镶边，幡身为本色绢三段。幡身第二段墨书发愿文 5 行 30 字。

2. 染缬绢幡

共计九件。K130：1（图 7-102），首尾完整，长 164 厘米，宽 13.5 厘米。幡首为白色双层团花纹纱，深红色绢镶边。幡身六段，第三段为蜡缬绢，黄地云头花鸟纹。

K122：1，其中一段为湖蓝色蜡缬绢，云头禽鸟花草纹。其余各段为绞缬绢，在绿地和紫地上显出成行整齐的白点。幡身各段相接处两侧缀蓝色短丝穗，幡尾为青色绢。

K130：17，残长 62 厘米，宽 13 厘米。存幡身两段，一段为淡绿色绢，一段为绛色绢地蜡染灵芝花草飞鸟纹。幡尾为本色绢。

图 7-103　K130：33 绢幡

K130：33（图 7-103），仅存幡身一段，残长 47 厘米，宽 52.5 厘米。幡身两侧保存完好的幅边。绢先染为黄色，再用镂花夹板注蜡缬染出绿地圆形和四出团花。

K122：2，残长 70 厘米，宽 12 厘米。幡首以本色绢带做边，正中缀短绢带联结幡身。幡身蜡缬绢五段，第三、四、五段分别为淡青地小团花和土黄地六瓣花、四瓣花的散花纹样。另外，K130：28 为土黄地散花蜡缬绢残幡，K130：27 为绿地小团花蜡缬绢带染缬图案。

K130：12，首尾完整，长 76 厘米，宽 7 厘米。空幡首，幡身四段，第一段湖蓝色夹缬绢，染作蓝、白套叠菱形纹样，以下各段为绛色、草绿色、本色绢，幡尾为本色绢。

K130：24，残长 13 厘米，宽 8 厘米。幡身仅存土黄色绢一段。幡首心是一种组织稀疏的绢，一面为联珠对禽纹，一面是联珠卷草纹，是由一块单面拓印的黑色联珠对禽纹绢折为两层而成。

3. 绮幡

共计四件。K130：9，仅存四段，人字纹，残长 28.5 厘米，宽 8.5 厘米。一至三段为本色、紫色、淡绿色绢，第四段为绛色纹绮。幡身两侧缀绛、绿、白色短丝穗，顶端缀橘红、绿色夹绢带一条。

K130：14，长 44 厘米，宽 7 厘米。除残幡尾为本色绢外，幡首心红色镶边以及红、绿、黄、紫四段幡身均为纹绮。幡首心和幡身第三段为菱形纹小花，幡身第一段和第四段为宝相花，第二段为柿蒂形小花。

K130：26，残长 10 厘米，宽 7 厘米。幡首心为茄紫色纹绮，纹样为整齐的成行的方点，镶本色绢边。

K130：25，幡首长 4 厘米，宽 8 厘米。幡首心为双层黄金色纹绮。成排的菱形四瓣花中，间有小簇的花纹。幡首边为紫色白点绞缬绢。

4. 锦幡

一件。K130：13，残长 15 厘米，宽 4 厘米。仅有的一段幡身为单层锦，以绿、蓝、白、黄、褐五色经线及蓝白、蓝褐合丝的经线织成三枚经斜纹组织的晕色彩条纹，彩条纹上又以褐色纬线显出菱形小花。

5. 缀花绢幡

K130：2，首尾完整，长 78 厘米，宽 9.5 厘米。幡首为双层白色绢，幡身和幡尾为蓝色绢。幡身缀饰黄、绯色绞缬纹绮和白色绢剪成的八角形花八朵。这是目前发现幡上有缀花装饰的唯一一件绢幡。

6. 各色绢幡

共二十一件。有红、绿、深蓝、绛、本色等（图 7-104、7-105、7-106）（详见表 7-1）。

7. 其他织物

K130：39，龟背纹绮带，长 50 厘米，宽 1.5 厘米。以绛色和绿色纹绮缝合成双层长带，花纹为连续的龟背纹，内填繁缛多变的几何形花纹。

K122：13，纹绮，为擦拭过墨迹的两残片，尺寸分别为 20 厘米 ×7 厘米、11 厘米 ×6 厘米。花纹为连续的几何形菱形纹样。

K122：3，帷帽，残破较甚，残长 29 厘米。帽顶为八瓣，下垂长裙是帽顶六瓣的延长，下缘残。帽后缀带两条，现存一条。帽衬里已不存。

图 7-104 莫高窟考古发现的绢幡

图 7-105 莫高窟考古发现的绢幡

图 7-106 莫高窟考古发现的绢幡

表 7-1 莫高窟南区发现丝织物登记表

序号	编号	尺寸（cm）长 × 宽	名称	形制与现状	颜色与纹样
1	K122：1	19×7	蜡缬绢	残片	湖蓝地蜡染云头禽鸟花草纹
2	K122：2	70×12	空首蜡缬绢幡	幡首以短带做边，中空，幡身存五段，幡尾无	身第三段淡青地蜡染小团花，第四、五段土黄地蜡染六、四瓣花
3	K122：3	残长 29	帷帽	由帽顶和帽裙组成，帽后缀带二条，现存一条，顶作八瓣。帽衬里不存，缀补麻片和绢片	黄色

续表

序号	编号	尺寸（cm）长 × 宽	名称	形制与现状	颜色与纹样
4	K122：4	38×7	绞缬绢幡	幡首以方形绢折叠成三角形，幡身存五段，幡尾无	幡首及幡身第二、四、五段本色，第一、三段褐地扎染成组白点纹
5	K122：5	19×8	土红色绮	残片	土红，纹样不清
6	K122：6	26×10	绢幡	幡首为两层，幡身存二段，幡尾无	幡首棕色，幡身本色
7	K122：7	19×17 15×17	纹绮幡	幡首中空，幡身断为两块，可看出存四段，幡尾无	幡首本色，幡身第二段蓝色，显方点纹，第一段淡蓝，第三段红色
8	K122：8	16×11	绢幡	幡首尾残，存幡身一段	本色
9	K122：9	13×13 16×12	绢	残，有烧灼痕	本色
10	K122：10		色绢	残片	蓝、浅蓝、绿、粉红
11	K122：11		绢	残片	本色
12	K122：12	12.8×11.6	绢幡首	幡首有边，顶端缀环结	本色
13	K122：13	20×7 11×6	菱纹绮	残片，两片	本色，几何菱纹
14	K130：1	164×13.5	染缬绢幡	幡首镶边，缀环结，幡身六段，各段间撑芨芨草秆，缀丝穗	幡首白色团花纹，幡身第三段黄地云头花鸟纹蜡缬，余紫地、绿地白点纹绞缬，幡尾青色
15	K130：2	78×9.5	缀花绢幡	幡首两层，幡身、幡尾为一条绢分叠三段而成	幡首白色，幡身、幡尾深蓝色，缀黄、绯色绞缬纹绮和白色绢八角花
16	K130：3	162×15	发愿文绢幡	幡首两层，缀小结，幡身七段，各段间撑芨芨草秆，缀短带	幡首红色，幡身红黄相间，幡尾本色

续表

序号	编号	尺寸（cm）长 × 宽	名称	形制与现状	颜色与纹样
17	K130：4	142.5×17	色绢幡	幡首两层，缀结，幡身五段，各段两端缀短带，幡尾残	结绿，幡首、幡身第二和第四段、幡尾淡蓝，幡身第一、三、五段绛色
18	K130：5	132×18	彩色绢幡	幡首镶边，幡身四段，包边，幡尾残	幡首本色，幡身红绿相间，幡尾深蓝色
19	K130：6	123×13.5	色绢幡	幡身存二段	幡身绛、黄色，幡尾本色
20	K130：7	83×16.5	色绢幡	幡首两层，缀结，幡身五段，幡尾无	幡首和幡身第二、四段淡紫，幡身第一、三、五段本色
21	K130：8	31.5×7.5	绛色小绢幡	幡身二段，相接处两端缀短带二条	幡首、幡身第二段绛色，幡身第一段、幡尾本色
22	K130：9	28.5×8.5	人字纹绮幡	幡首、尾无，幡身四段，各段两端缀丝穗，垂长带一条	幡身第一、二、三段为本色、紫、淡绿，第四段为绛色人字纹，带橘红、绿色
23	K130：10	33×13	色绢幡	幡首两层，镶边，幡身两段，幡尾无	幡首黄色，边紫地扎染白点纹样，幡身白色
24	K130：11	46×13	发愿文绢幡	幡首两层，镶边，幡身残存三段，幡尾无	幡首黄色，边杏黄地和绛地扎染白点纹样，幡身本色
25	K130：12	76×7	夹缬绢幡	幡首空，幡身四段，各段间撑芨芨草秆	幡身第一段湖蓝色扎染菱形纹，第二、三、四段为绛色、草绿、本色
26	K130：13	15×4	晕繝提花绢幡	存幡身一段	幡身以绿、蓝、白、黄、褐经线织成晕色彩条，褐色纬线显菱形小花
27	K130：14	44×7	绮、绢幡	幡首镶边，有结，幡身四段，各段间撑丝绵、芨芨草秆	幡首心红色镶边，幡身第三段黄，均为菱形小花；身第一段红、第四段紫，均为宝相花；第二段绿，为柿蒂形小花

续表

序号	编号	尺寸（cm） 长 × 宽	名称	形制与现状	颜色与纹样
28	K130：15	112×15.5	绢幡	残存幡身三段，幡尾稍残	本色
29	K130：16	148×15.5	绢幡	幡身残存四段，各段间撑竹、芨芨草秆	幡身第一段、幡尾本色，幡身第二、三、四段为紫、黄、绛色
30	K130：17	62×13	蜡缬绢幡	残存幡身二段	幡身第一段淡绿色，第二段绛地灵芝花鸟纹，幡尾本色
31	K130：18	40×20	色绢幡	幡首镶边，幡身残存二段	幡首、幡身第二段本色，幡首边、幡身第一段紫色
32	K130：19	18.5×17	色绢幡	残存幡身一段，两角缀带各两条	幡身蓝，一角带深蓝、土红，一角带本色、土红
33	K130：20	69×12	色绢幡	幡身残存一段，幡身、尾间撑芨芨草秆	幡身黄，幡尾浅蓝
34	K130：21	64×13	色绢幡	残存幡身四段，各段间缀带四条	幡身第一、三段和幡尾本色，幡身第二、四段紫色
35	K130：22	264×8-15.5	本色绢幡首	仅存幡尾	本色
36	K130：23	17×50	色绢幡	残存幡身一片，幡尾残	幡身黄绿，幡尾本色
37	K130：24	13×8	拓印联珠对禽纹绢幡	幡首二层，镶边，幡身残存一段	幡首拓印墨色联珠对禽纹，幡首边浅蓝，幡身黄色
38	K130：25	4×8	纹绮幡	仅存幡首，二层，镶边	幡首心黄，四瓣花，边紫色白点纹缬绢
39	K130：26	10×7	方点纹绮幡首	幡首镶边，幡身残存一片	幡首心紫，方点纹，幡首边、幡身本色
40	K130：27	18×7	蜡缬绢幡	幡首两层，缀长绢带，幡身残存二段	幡首黄绢蜡染紫地团花，带淡绿地蜡染小团花，幡身第一、二段为绛、本色

续表

序号	编号	尺寸（cm）长 × 宽	名称	形制与现状	颜色与纹样
41	K130：28	25.5×6.5	蜡缬绢幡	残存幡身一段	幡身土黄地蜡染小团花，幡尾本色
42	K130：29	58×2	丝带	长带上缀短带两组，分别为三、五条，均剪成锯齿形	长带绿，几何菱纹；短带一组白、绿、橘红，一组白、绿、橘红、深蓝
43	K130：30	40×1.5	绢带	折叠成带状	湖蓝
44	K130：31	46×1.5	绞缬绢带	两层，一端打结	茄紫地绞染白点纹
45	K130：32	163×26.5-30	绢幡尾	仅存幡尾	本色
46	K130：33	47×52.5	绿地团花蜡缬绢幡	残存幡身一段	黄绢染作绿地团花
47	K130：34	159×10-16	绢幡尾	仅存幡尾	本色
48	K130：35	56×53	绢幡身	残存幡身一段	本色
49	K130：36	13.5×13.5	菱纹绮残片	残存幡身一段	黄色
50	K130：37	22×15	绢	残片	本色
51	K130：38	68×1.8	绢	两层缝合，一端缀结，一端缀短带	长带两层，紫、白，结绛色，短带绿
52	K130：39	50×1.5	龟背纹绮带	两层缝合，两端缀丝穗	连续龟背纹，内填几何纹，绛、绿
53	K130：40	11×58.5	绢幡首		
54	K125：1	59×46	刺绣	残为几片，上为横幅花边，中为一佛二菩萨说法图，下为发愿文和供养人	花边黄褐色地，用浅黄、蓝、绿、白、紫色绣；佛像用红、绿色绣；发愿文边框用紫线绣

说明：本表资料采自敦煌文物研究所考古组编写的《莫高窟发现的唐代丝织物及其它》，《文物》1972年第12期。

二、北区发现的丝绸

北区石窟所在的崖面长 700 余米，分布着一到六层的石窟。1988—1995 年，敦煌研究院考古研究所的考古工作人员对莫高窟北区长达 700 余米的崖面上的所有洞窟进行了科学、全面、系统的清理发掘。通过这次全面清理，北区共新编窟号 243 个，加上原来编入南区的第 461—465 窟，北区现存洞窟 248 个。文物出版社于 2000—2004 年出版了三卷《敦煌莫高窟北区石窟》，对这一成果进行了介绍。

通过这次清理，发现了许多重要遗迹，同时也出土了大量珍贵遗物，织物就是其中的一部分。在 B9、B26、B28、B30、B31、B32、B40、B42、B43、B44、B45、B46、B47、B48、B49、B50、B51、B52、B53、B54、B55、B59、B61、B62、B63、B64、B77、B78、B79、B86、B90、B93、B97、B100、B103、B105、B113、B115、B116、B118、B119、B121、B124、B125、B126、B127、B128、B140、B151、B159、B163、B164、B165、B168、B175、B177、B179、B184、B187、B194、B201、B205、B206、B207、B208、B209、B211、B221、B222、B228、B231、B235、B236 等 73 个石窟中出土各类织物共计 231 件。这些织物，按质地分，有丝、棉、麻、毛等；按种类分，有棉布、毛布、麻布、毡、绢、绮、纱、锦、夹缬、绞缬、绫、罗、绸、缎、刺绣、捻金绣等（参见图 7-107、7-108）①。

出土织物的 73 个石窟中，供僧人修禅用的禅窟有 21 个，出土各类织物 69 件；具有多个禅室的多室禅窟有 6 个，出土各类织物 24 件；供僧人日常生活用的僧房窟有 19 个，出土各类织物 50 件；具备生活和禅修两种功能的僧房窟附设禅窟有 3 个，出土各类织物 5 件；瘗埋僧人骨灰、遗体和遗骨的瘗窟有 12 个，出土各类织物 52 件；供僧众、俗人向佛顶礼膜拜、举行佛事活动的礼佛窟有 2 个，出土各类织物 5 件；用于贮藏的廪窟有 1 个，出土织物 1 件；性质不明的石窟有 9 个，出土各类织物 25 件。

---

① 彭金章、王建军：《敦煌莫高窟北区石窟》第一、二、三卷，北京：文物出版社，2000—2004 年。

图 7-107　B163：63 花卉纹锦

图 7-108　敦煌北区发现刺绣

表 7-2　莫高窟北区出土织物登记表

序号	编号	尺寸（cm）长 × 宽	名称	形制与现状	颜色与纹样
1	B9：1	18.2×5.5	棉布	残片	本色地，织有蓝色条纹
2	B26：2		麻布	残片	驼色
3	B28：4	长 6.5	麻绳	残段，四股细线捻成	本色

续表

序号	编号	尺寸（cm）长 × 宽	名称	形制与现状	颜色与纹样
4	B28：5		麻布	残片	本色
5	B30：1		绢	残片	暗红色
6	B30：2		棉布	残片	本色
7	B31：5		绢	残片	本色
8	B31：8		棉布	残片	本色
9	B32：5	23.3×15.4	棉布刺绣	残片	本色棉布上红丝线绣金刚轮
10	B32：6		棉布	残片	本色
11	B40：34	16×10.5	刺绣荷包	残，双层	黄地绢上绣粉红色花，蓝、绿色枝叶
12	B40：40		绢	残片	本色
13	B42：1		绢	残片	本色
14	B43：5	12.5×9	刺绣荷包	残	菱纹绮地，蓝线绣花
15	B43：6		妆花纱	残存两片	红地显联珠纹
16	B43：14		绢	残片	绛色
17	B43：15	90×15	绢幡	残存幡身五段	本色

序号	编号	尺寸（cm）长 × 宽	名称	形制与现状	颜色与纹样
18	B43：16		棉布	残片	蓝色
19	B43：17		罗	残片	褐色
20	B43：18		棉布	残片，经纬线较粗	本色
21	B43：19		毛织物	残片，粗糙	褐色
22	B43：20		毛织物	残片	有褐、黄、红色条纹
23	B43：21		缎	残片，似为衣边，两层	一层为本色，一层为蓝色
24	B43：22	17.5×11	锦	残，呈袋状	黄褐色
25	B43：23		毛织物	残片	本色、棕色毛线编织
26	B43：24		棉布	残片	有蓝、白色条纹
27	B43：25		绢	残片，多片	黄色
28	B43：28		绢	残片	蓝色
29	B44：1		麻绳	残段，四股细线捻成	本色
30	B44：3		毛绳	残段，细线捻成	白色、棕色各一股捻成

续表

序号	编号	尺寸（cm）长 × 宽	名称	形制与现状	颜色与纹样
31	B44：4	27×10	绢	残片	土黄色
32	B44：5	77×25	毛织物	条状，似围巾	有棕色条纹
33	B44：6	20×7	绢	残片	浅褐色
34	B44：7	21.5×12	绢	残片	褐色
35	B45：10	残长 54	毛绳	残，两股捻成	本色
36	B45：11		绢	残片，为文书封面，有手书回鹘文	黄色
37	B46：1	48×25	棉布	似为衣袖，破损处补以绢	本色
38	B47：31	29.5×22	绢枕套	两层，略残，表面粘有汉文文书	橙色
39	B47：37		绢	残片	黄色
40	B47：38		棉布	残片，另一面为绢	本色
41	B48：9		绢	残片	黄色
42	B48：10		绢	残片	黄褐色
43	B48：11		麻布	残片	白色
44	B49：2		棉布	残片	斜纹
45	B49：3		绢	残片	本色
46	B49：12		毛绳	残段，两股捻成	杂色
47	B49：14		棉布	残片	浅蓝色
48	B49：15		绢	残片	黄色
49	B49：16		棉布	残片	本色
50	B50：3		绫	残片	菱形纹

续表

序号	编号	尺寸（cm）长 × 宽	名称	形制与现状	颜色与纹样
51	B50：4		棉布	残片	本色，斜纹
52	B51：23		妆花纱	残存一窄条	褐色，龟背纹
53	B51：24		棉布	残片	本色
54	B51：25		毛织物	残片	褐色
55	B52：12		麻绳	残段，两股细线捻成	本色
56	B52：13		棉布	残片	蓝色
57	B52：14		纹绮	残片	暗黄色，菱纹
58	B52：15		毛织物	残片	黄、褐色相间的条纹
59	B52：35		绢	残片	暗红色
60	B52：36		绢	残片	淡绿色
61	B52：37		纹绮	残片	白色，人字形纹
62	B52：38		棉布	残片	本色
63	B52：39		麻织物	残片	本色
64	B52：40		绢	残片	暗红色
65	B52：41		麻织物	残片	本色，斜纹
66	B53：4	9.7×8.3	织银纱幡	残，三角形幡首，存三条幡身，表面粘贴云形图案剪纸	黄地，幡尾缀绿色丝线制成的饰物
67	B53：6		毛织物	残片	白、棕色毛线编织
68	B53：7		棉布	残片	白色
69	B53：8		绢	残片	紫色
70	B54：9		麻织物	残片	本色
71	B54：10		毛毡	残片	红色

续表

序号	编号	尺寸（cm） 长 × 宽	名称	形制与现状	颜色与纹样
72	B54：11		棉布	多残片	红、本色
73	B54：12	19×10.8	印花绢	残片	黄色地印对鸟、花卉纹饰
74	B55：2	6×2.7	印花绢	残片	黄色地印梅花
75	B55：5		棉布	多残片	蓝、白、土黄色
76	B59：6		绢花	贴在剪纸上	本色
77	B59：7	6.4×2.6 6.1×2.7	墨书绢	残存两片，两面都有文字，边缘用白线缝合	黄色
78	B59：47		麻绳	残段，两股捻成	黄色
79	B59：48		棉布	残片	土黄色
80	B59：49		绢	残片	淡红色
81	B59：50		棉布	残片	本色
82	B59：51		绢	残片	淡蓝色
83	B59：52		绢	残片	淡红色
84	B59：53		棉布	残片	本色
85	B59：54		绢	残片	褐色
86	B59：55	8.6×3.3	暗花绸	残片	绿色，经线起人字形纹
87	B59：56	8.1×7.6	棉布	残片	暗红色，有人字形纹
88	B59：57		绢	残片	白色
89	B59：58		绢	残片	黄色
90	B59：59		绢	残片	橙色
91	B59：60		棉布	残片	本色

续表

序号	编号	尺寸（cm） 长 × 宽	名称	形制与现状	颜色与纹样
92	B59：61		绢	残片	淡蓝色
93	B59：96		绢	残片	黄色
94	B59：99		绢	残片	本色
95	B61：1	29.5 ×18.5	棉布	残片	白地有浅蓝色条纹
96	B61：2		棉布	残片	本色
97	B62：1	残长 15.2	绳幡	用中空的丝绳编织而成，略残	半边为淡蓝色，半边为淡黄色
98	B62：4	23×15.2	棉布	残片，边缘有线缝痕	本色
99	B63：2	11.5×5.4	毛织物	残片	土黄色，有黑色条纹
100	B63：3	16.3×11.7	棉布	残片	深蓝色
101	B63：4	26.5×9.5	毛织物	残片，似为袋子边缘	土黄色
102	B63：5	16.2×15.5	棉布	残片，边缘有白线缝痕	白色
103	B63：6	21.8×14.6	麻织物	残片	土黄色
104	B64：3	28×24.5	棉布	残片，边缘有线缝痕	土黄色
105	B64：4	12.2×11.7	绢	残片，边缘有线缝痕	淡黄色
106	B77：1	13.5×8	彩幡	三角形幡首，幡尾三根，首尾有白线痕	用红、绿、蓝、黄、紫等色的绢剪贴而成
107	B77：20	22.5×19	毛织物	残片	黑色
108	B78：4		毛毡	残片	本色
109	B78：5		棉布带	残段	本色
110	B79：3		绢	残片	蓝色
111	B86：20		不明	朽蚀严重	不明

续表

序号	编号	尺寸（cm） 长 × 宽	名称	形制与现状	颜色与纹样
112	B90：3		不明	朽蚀严重	不明
113	B93：1		布鞋	残，棉布面	土黄色
114	B97：11		麻绳	残段	本色
115	B97：12		绢	残片	本色
116	B100：2		棉布	残片	本色、蓝色
117	B100：3		毛毡	残片	本色
118	B100：4		绢	残片	本色
119	B103：2		绢	残片	本色
120	B105：1		墨书绢	残片，用绢缝制成，墨书汉文两行	黄色
121	B113：41	4.3×4	布画	完整，褐色画结跏趺坐佛像，施禅定印，右袒袈裟，舟形头光	暗红色地
122	B113：55		麻线团	残	本色
123	B113：59	25.5×12.5	纱	残片	石青地，浅黄色线相间呈网纹
124	B113：60		绢	残片	青色
125	B113：61		棉布	残片	本色
126	B113：62	32.5×27.4	绢	残片	浅黄色
127	B115：6		棉布	残片	本色
128	B115：7	10.8×6.5	毛织物	残片	深褐色
129	B115：13	39.5×29.5	毛织物	残片	有条纹
130	B116：5	47×6.1	捻金锦	残片，两片缝合	一为红地，一为褐地，花草纹
131	B118：9		麻绳	残段	本色

续表

序号	编号	尺寸（cm）长 × 宽	名称	形制与现状	颜色与纹样
132	B118：10	55×46.5	麻布	残片，粗糙	本色
133	B118：11	9.3×5.5	棉布	残片	本色
134	B119：5	36.4×16.3	棉布	残片	本色，人字形纹
135	B119：14		棉布	残片	本色
136	B121：1	34.5×13.8	棉布封面	残片，内粘贴墨书汉文	黄色
137	B121：5	81.2×62.2	缎	残片	红色，花草纹
138	B121：6	13.5×8.8	缎	残片	黄色，花草纹
139	B121：7	32.8×22	棉布	残片	本色
140	B121：8		绢	残片，有墨书汉文	红色
141	B121：9	80.5×47.2	棉布	残片，粗糙	本色
142	B121：10		锦	残片	本色，图案不清
143	B121：11	22.7×16.9	纹绮	残片	红色，鱼鳞纹
144	B121：12	8.5×5.1	织金纱	残片	红色
145	B121：13	5.9×5.4	锦	残片	红地，黄色花纹
146	B121：14	67.5×54.2	缎	残片	乳白色，锁甲纹
147	B121：15	33.2×29.5	刺绣	残片，最外是三角形流苏，内为方形	图案三层，流苏绣花草纹，第二层黄地绣花草，中间深蓝地绣四瓣莲花和花草
148	B121：16		棉布	残片	本色
149	B124：9		毛织物	残片	褐色
150	B124：10		棉布	残片	有白、蓝、褐色条纹
151	B124：11		绢	残片	本色

续表

序号	编号	尺寸（cm） 长 × 宽	名称	形制与现状	颜色与纹样
152	B125：10		毛毡	残片	本色
153	B125：18		麻绳	残段	本色
154	B125：20		棉布	残片	白、红、褐色
155	B125：21		绢	残片	灰、土红色
156	B126：8		棉布	残片	本色
157	B126：9	8.1×7.7 8.3×2.3 8.5×2.2 8.5×2.2 9.5×1.5 7.5×2.6	纹绮	六残段串缝	本色，花草纹 本色，回纹 本色，花草纹 本色，斜纹 本色，回纹 本色，人字纹
158	B127：8		棉布	残片	本色
159	B128：6		线团	绕成球状	本色
160	B140：2	28.2×24.6	绢画	残，背面拓纸，佛像略带微笑，面目慈祥，禅定印，结跏趺坐	绿地，红色画像，臂钏、璎珞涂金粉
161	B151：8		麻绳	残段	本色
162	B159：15		毛织物	残片	红色，斜纹
163	B159：16		绢	残片	朱红色
164	B159：17		绢	残片	红色
165	B159：18		罗	残片	朱红色
166	B159：19		绢	残片	暗绿色
167	B159：20		缎	残片	红色
168	B159：21		棉布	残片	褐色
169	B159：22		缎	残片	绿色，经线起人字形纹

续表

序号	编号	尺寸（cm）长 × 宽	名称	形制与现状	颜色与纹样
170	B159：23		缎	残片	绿色，云状花纹
171	B163：9	4.6×3.5	纱布画	舟形纱布上画人像，一拳紧握置于胸前，另一拳上举，两腿分开	本色地，黑、白色画像
172	B163：10	长 32.5	幡	幡首、尾用细丝带结成四瓣花，花心贴金箔；幡身用三块绢和纱缝合	黄、草绿色
173	B163：11	7×5.7	罗	残片	金粉画花纹
174	B163：57	直径 4	圆形饰物	略残，用纱布缝制，中心四个乳钉，外两圈联珠纹夹突起的楞	本色
175	B163：59	直径 5	钱形工艺品	四个椭圆形小块组成一个圆，中空	有蓝地刺绣，青色缎，红地织金锦
176	B163：61	直径 3	圆形工艺品	缎剪成，背贴纸，用橙色线缝一道呈"⌐"形	蓝色龟背纹
177	B163：63	6×6.5	织锦	残片	用黄、绿、蓝、紫色交织而成，卷草纹
178	B163：64	5.3×3	织金锦	残片，纬线起花	黄地，织金
179	B163：65	15×1.8	捻金锦	残片，双纬线	红地
180	B163：66	16×9.3	团花锦	残片，地经纬线红色，明经纬线黄色	团花
181	B163：74	11×3.3	织金锦	残片	黄地，织金，红色纬线起花
182	B164：9		毛绳	残段	本色
183	B164：12		绢	残片	红、白、黄色
184	B164：20	39.5×7	绢画	存一窄条	本色，墨绘三段花草图案
185	B165：2	长 11.5	丝穗	残	红色

续表

序号	编号	尺寸（cm）长 × 宽	名称	形制与现状	颜色与纹样
186	B168：8	直径8.4	钱形工艺品	四个椭圆形小块组成一个圆，中空	黄色棉布
187	B168：11	9×6.3	绫	残片，表面贴金	翠绿地，红线绘花纹
188	B168：34	11.6×4.3	绫	残片，纬线起花	翠绿地
189	B168：35		绢	残片	红、黄、褐色
190	B168：36		棉布	残片	人字纹
191	B168：47	23.5×21	布袜	完整，粗布，高筒，上有带，缝合处在底部	本色
192	B168：49	2.6×2.5	绫	残片，中间有"卐"符号	蓝地，红色万字菱格纹
193	B175：22		麻绳	残段	本色
194	B175：24		绢	残片，成叠	本色
195	B175：25		棉布	残片	本色，人字纹
196	B177：1		绢	残片	本色
197	B177：2		棉布	残片，粗糙	本色
198	B177：3		棉布	残片	本色
199	B179：8		棉布	残片	绿色
200	B179：12		棉布	残片，粗糙	本色
201	B179：13		棉布	残片，粗糙	本色
202	B184：7	8.7×6.8	棉布	残片，双纬线	褐、灰、土红色组成条状花纹
203	B187：1		棉布	残片	黄、红、白色
204	B194：11		毛毡	残片	本色
205	B194：13		棉布	残片	本色

续表

序号	编号	尺寸（cm）长 × 宽	名称	形制与现状	颜色与纹样
206	B201：3		毛绳	残段	本色
207	B205：2	8×6.6	麻布	残片，双经单纬	本色
208	B206：9		绢	残片	本色
209	B206：10		棉布	残片	本色，人字纹
210	B207：3		毛绳	残段，两股捻成	黄色
211	B208：1	长 16.2	麻布带	残段，卷成中空	本色
212	B209：2		棉布	残片	黄、蓝、白色
213	B209：3		绢	残片，后粘毡	本色
214	B209：4		毛织物	残片	棕、黑色
215	B211：4		棉布	残片	本色
216	B221：3		绢	残片	黄褐色
217	B222：5		绢	残片	本色
218	B222：6	34×20.6	麻布	残片	白色
219	B222：7	53.5×29	绢	残片	黄褐色
220	B222：8		纹绮	残片	黄色，人字纹
221	B222：9		绢	结成蝴蝶结	翠绿色
222	B222：10	长 138	百衲	残，三角形、方形的锦、绢、绮、夹缬缝成	黄、褐、翠绿等色
223	B222：11		锦	残片	对鸟纹
224	B228：18	106×54	绢	残片	黄色
225	B228：22	33×30	覆面	略残	黄色
226	B228：23		纱	残片	墨绿色

续表

序号	编号	尺寸（cm）长 × 宽	名称	形制与现状	颜色与纹样
227	B228：12	35×15	棉布枕套	袋状，内装食盐	本色
228	B228：17	长 48	麻布袋	三角形	本色
229	B231：1	15×11.5	纱	双纬，经线 6 根为一组	黑色
230	B235：3		棉布	残片	本色
231	B236：3		棉布	残片	浅黄色

说明：编号中的 B 表示北区石窟。

　　北区石窟作为敦煌石窟寺的生活和埋葬区，出土的织物特点是时代相对较晚，而且多为残片（图 7–109）。石窟不同于墓葬。墓葬中的随葬品，除因被盗混入其他晚期物品外，一般时代都不晚于下葬年代。而石窟却不同。石窟的开凿年代可能较早，而后来的人继续使用，往往要把前人留下的"垃圾"清理掉，所以留在石窟中的遗物往往时代较晚，甚至是石窟废弃的时代。当然也有较早的遗物可能在晚期继续使用。另外，瘗窟作为瘗埋僧人遗骨之所，往往埋入后就不再使用，所以其中的遗物应不会晚于埋葬时间。比如北区 B228 窟是一瘗窟，因其中出土有汉文文书《河西大凉国安乐三年（619）郭方随葬衣物疏》①，所以埋葬的年代大致可以确定，而同窟出土的其他织物的年代也大致可以确定，不会晚于公元 619 年。但因为

图 7–109　敦煌北区考古发现的残锦

---

① 彭金章、王建军：《敦煌莫高窟北区石窟》第三卷，北京：文物出版社，2004 年，第 334 页。

石窟的特殊性，早期埋人的石窟中也可能混入晚期的遗物。比如北区 B47 窟也是瘗窟，出土有唐景龙二年（708）残官告文书，又有西夏文文书，[①] 这就是后来混入的。

北区石窟中出土的遗物多为残件，这也体现了石窟的特殊性，完整的物品后来的人要继续使用，直到其不能再用而废弃。所以留下的遗物多为残件。

北区石窟中出土的织物与其他遗物一样，有相当一部分无法准确判断其年代，我们只好等待有更先进的技术和手段来解决这一难题。

敦煌是古代佛教圣地，所以出土织物多为佛教遗物，比如大量的幡，另外也有一些绢画。除此之外，还有一些是作为随葬品使用的。[②]

第六节　国内丝绸考古简况

我国考古发掘工作中发现的无数珍贵丝织品实物，以最直观的方式向我们展示着千百年来华夏民族最引以为豪的精湛技艺及无与伦比的创造力、想象力。丝绸考古始于 20 世纪初外国探险家在中国内地的活动，尤以俄罗斯人克兹洛夫在内蒙古黑水城所发现的绢画为珍贵。但 20 世纪前期国内政局不稳，考古工作受限，科学考古发掘在中华人民共和国成立后才逐渐步入正轨，全国各地陆续出土多种材质、多种制作工艺的古代丝织品，如湖南长沙马王堆汉墓出土的大名鼎鼎的素纱禅衣、陕西西安法门寺地宫出土的唐代织金锦、明神宗定陵出土的丝绸成衣等。长期的考古发掘积累了大量实物资料，为丝绸史研究的深入发展提供了有力支撑。

目前我国丝织品实物多发现于墓葬中，常作为陪葬品使用，少部分发现于寺塔、窖穴中。我国历史悠久，人口众多，丝织品深受贵族富豪喜爱。丝织品生产长期受到官府管控，征收的赋税中即包括丝绸等纺织品。历史时期丝绸使用较为普遍，但实际考古所见并不完全与历史情形相符。出土丝织品大多是残片，完整

---

① 彭金章、王建军：《敦煌莫高窟北区石窟》第一卷，北京：文物出版社，2000 年，第 137 页。
② 本节图片均为敦煌研究院提供。

布匹和成衣较少。这主要是因为丝织品易氧化或易受微生物侵蚀，难以长期保存，而我国地域辽阔，各地气候复杂多样，更给文物保存保护带来了不小的难度。

随着文物保护技术不断进步，更多文物得以借助现代手段长久保存。据科学分析可知，我国丝织品主要有绢、绫、罗、绮、纱、锦等种类，有刺绣、夹缬、织金、印金等制作工艺，制作工匠可借此制作出千百种不同的成品，丰富使用者的日常生活。对大量实物的科学技术分析使得中国古代纺织业发展历史的轮廓逐渐清晰起来，丝绸技术史脉络也逐渐清晰起来。经研究证实，浙江钱山漾遗址出土了目前已知最早绢残片[1]，意味着新石器时代的人们已开始养蚕缫丝，织造丝绸。商周时丝绸生产已使用提花技术，染色工艺已有石染、草染技术。秦汉时，出现了斜织机、卧机、手提多综式提花机、多综多蹑机以及低成本提花机等新式织机，提花技术水平极高，且出现世界最早整版印花技术。魏晋南北朝时织造技术的不断发展，使得隋唐五代的生产技术达到前所未有的水平。唐代缫丝车普及，采用纺车织造丝线，使用素织机等新式机器，染色水平显著提高。宋辽金夏时，丝织品生产形成了完整成熟的生产流程，多部专业著作出版，为明清时期专业化生产奠定了坚实基础，使得明清时丝织品产业高度成熟，出现了四川、江浙等多个纺织中心，制作出了独具地方特色的织品。[2]

我国考古发现的丝织品分布具有区域性特征，这应归因于古代丝绸产业的历史发展。但其区域性特征不完全和历史时期丝织业布局相同，因为自然气候环境、现代发掘保护技术的发展、现代文物保护原则等多种因素均对丝织品的出土有不小影响。观察出土丝织品实物分布地区可发现，作为历史上纺织业中心之一的华北地区，考古发现的丝织品相较于其他地区更少，而内蒙古自治区、新疆维吾尔自治区、甘肃省、宁夏回族自治区等地区因气候干燥、人类活动较少而保存了大量文物资源。江苏、湖南、湖北、江西、浙江、福建等地因历史上丝织业长期繁荣，在考古工作中发现了大量保存情况较好且精品数量较多的丝织品实物。

---

① 丁品：《浙江湖州钱山漾遗址第三次发掘简报》，《文物》2010年第7期，第4—26页。

② 赵丰主编：《中国丝绸通史》，苏州：苏州大学出版社，2005年，第33、83、141、185、257页。

一、华中地区

1. 湖南省与湖北省

楚地自西周开始逐渐形成了独特的政治、文化区域。湖南、湖北两省的丝织品考古发现主要集中于楚文化兴盛的春秋战国至汉代，展现了楚文化的独特艺术魅力。此外，宋、元时期也有零星发现。楚地出土丝织品实物虽总体数量并不多，但质量极高，重大丝织品考古发现除了湖南长沙马王堆汉墓，还有湖南长沙左家塘楚墓、湖南衡阳何家皂北宋墓、湖南沅陵双桥元墓、湖北随县曾侯乙墓、湖北江陵望山楚墓、湖北江陵马山一号墓、湖北江陵凤凰山汉墓等。

马王堆汉墓是国内重要的丝织品考古发现之一，在一、三号墓中均发现大量精美汉代丝织品，如著名的素纱禅衣、印花敷彩黄纱绵袍（图 7-110）。一号墓中发现 100 余件服饰和大量丝织品，位于西、北两边箱中和锦饰内棺内外。边箱中的保存情况较好，内棺中的较差。[①]三号墓丝织品主要出土于椁室边箱和内棺内。边箱中以竹笥内出土的为多。棺内主要是覆盖和包裹尸体的衣物、衾被。另外，在棺室

图 7-110　马王堆一号汉墓出土的印花敷彩黄纱绵袍
（湖南省博物馆、中国科学院考古研究所编：《长沙马王堆一号汉墓》）

① 湖南省博物馆、中国科学院考古研究所编：《长沙马王堆一号汉墓》（上），第 46 页。

图7-111 马王堆一号汉墓出土的彩绘帛画
（湖南省博物馆、中国科学院考古研究所编：《长
沙马王堆一号汉墓》）

图7-112 马王堆三号汉墓出土纱帽
（湖南省博物馆、中国科学院考古研究所编：
《长沙马王堆二、三号汉墓发掘简报》）

里，内棺上以及某些器物的边缘上都有一些丝织品。三号墓丝织品保存情况逊于一号墓。[1]除服饰外，三座墓葬中大量帛书和棺上所盖帛画也为素绢，其中最有代表性的即是一号墓出土的帛画（图7-111），以及三号墓出土的纱帽（图7-112），材质精良，展示出纺织技艺的高超水平。

左家塘楚墓在中华人民共和国成立前已被盗掘，1957年进行了正式发掘。此墓丝织品出土于棺内，其中一叠丝织物虽经长时间浸泡仍颜色鲜艳、花纹清晰。此批织物中较为特殊的是一件褐地矩纹锦，盖有朱印，边缘镶的黄色绢有墨书"女五氏"字样（图7-113），或许意在标明制造者姓名。此种情况尚属战国时期丝织品考古的首次发现，极具研究价值。[2]

衡阳何家皂北宋墓发现于1973年，墓中出土大量丝麻织物，多为衣物及服饰残片，共计200余件（块）。目前出土的宋代纺织品实物较少。这次发现的纺织品种类丰富，以绫、罗居多，且花纹装饰采用了具有宋代特色的回纹、菱形纹、锯齿纹等图案，其中以深棕色缠枝牡丹绫丝绵袄残片颇有代表性。因宋代丝织品少有出土，

① 湖南省博物馆、中国科学院考古研究所：《长沙马王堆二、三号汉墓发掘简报》，《文物》1974年第7期，第39—48页、第63页、第95—111页。
② 熊传新：《长沙新发现的战国丝织物》，《文物》1975年第2期，第49—56页、第96页。

故此发现对北宋丝绸研究大有助益。①

湖北随县曾侯乙墓是近代我国极重要的考古发现之一。此墓中发现的丝织品主要出自墓主内棺，为装裹死者的衣衾，另有少量出自椁室和椁盖板上。出土状态并不理想，变色严重，多有残缺，共发现 217 块（团）。这些丝织物主要有纱、绢、绣、锦等四种，其中纱为丝、麻交织物（图 7-114），是首次发现的我国最早的混纺织物。②

图 7-113　左家塘楚墓出土的褐地矩纹锦
（熊传新：《长沙新发现的战国丝织物》）

图 7-114　曾侯乙墓出土的纱袋
（湖北省博物馆编：《曾侯乙墓》上）

1966 年对望山楚墓进行了考古发掘，出土了一批丝织品和刺绣，但保存情况不理想，大部分已腐朽或残破。从保存较完好的大块面实物和残片分析，丝织品中有纱、纨、绢、锦绳、缨等品种，刺绣品有绢地绣和锦地绣两种。此墓的重要丝织品发现是对兽彩绦锦和石字锦地钉线绣，是东周墓中第一次发现的新品种。石字菱纹锦绣是我国已发现年代最早的锦绣珍品，将我国锦上刺绣的历史提前了 1700 余年。彩绦锦的阴阳对兽（虎）纹也具有其他楚墓所未见的独特风格。以锦和绣两种工艺技术相结合的石字锦绣实物的发现，充分说明了先秦史籍中常常以"锦绣"并提是有其实物依据的。望山楚墓出土丝织品纹样有动物花卉纹、对兽纹、石字菱纹等（图 7-115）。③

江陵马山一号墓于 1982 年发掘，是一座小型墓葬，墓中所出土丝织品是继马

---

① 陈国安：《浅谈衡阳县何家皂北宋墓纺织品》，《文物》1984 年第 12 期，第 77—81页、第 101—102 页。

② 湖北省博物馆编：《曾侯乙墓》上，北京：文物出版社，1989 年，第 435 页。

③ 湖北省文物考古研究所编：《江陵望山沙冢楚墓》，北京：文物出版社，1996 年，第 102—104 页。

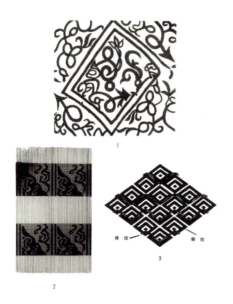

图 7-115　望山楚墓出土的丝织品纹样
（湖北省文物考古研究所编：《江陵望山沙冢楚墓》）

图 7-116　江陵马山一号墓出土的龙凤纹绣绢衾
（彭浩：《湖北江陵马山砖厂一号墓出土大批战国时期丝织品》）

2. 河南省

新石器时代的荥阳青台遗址、殷墟妇好墓、河南三门峡上村岭虢国墓、河南

王堆一号汉墓后又一次丝织品重大考古发现。这批丝织品数量多、保存好、品种多、制造精，包括了过去发现的战国时期所有丝织品种，织法多样，色彩纹样各异，研究意义极大。其中一件夹袄锦面长 333 厘米，宽约 233 厘米，是迄今所见到的战国时期图案最复杂、花纹单位最大的一种锦（图 7-116）。此件织物的发现表明至迟在战国时期工匠就掌握了复杂的提花技术。此外，大批完整的衣物如深衣、裙、裤、履等对古代服饰史研究亦意义非凡。[①]

江陵凤凰山 168 号汉墓于 1972 年发掘，墓中出土丝织品主要来自内棺与外棺，边箱帷幔只余痕迹。其主要种类有锦、绢、纱残片和纱冠、丝履等衣物，与马王堆汉墓种类相似。[②]凤凰山 167 号汉墓于 1975 年发掘，所出 35 件丝织品保存于一件竹笥中，有朱、绛、褐、黄等色的绢、纱、缣、锦、罗、绮、组多种。[③]

① 彭浩：《湖北江陵马山砖厂一号墓出土大批战国时期丝织品》，《文物》1982 年第 10 期，第 1—8 页、第 97—101 页。
② 纪南城凤凰山一六八号汉墓发掘整理组：《湖北江陵凤凰山一六八号汉墓发掘简报》，《文物》1975 年第 9 期，第 1—7 页、第 22 页。
③ 凤凰山一六七号汉墓发掘整理小组：《江陵凤凰山一六七号汉墓发掘简报》，《文物》1976 年第 10 期，第 31—35 页、第 50 页、第 36—37 页、第 96 页。

信阳光山黄君孟夫妇墓等，均发现了商周时期丝织品。

河南安阳殷墟妇好墓于 1976 年发掘。墓主是商王武丁的妻子妇好，身份尊贵，随葬品极其丰富，著名的商代青铜器"司母戊鼎"就出自此墓。墓中出土的大量青铜器外壁有丝织品包裹的痕迹，如妇好方尊、妇好长方扁足鼎等器物，证实了殷商时丝织业的存在，是华中发现的早期丝织品之一。

1968 年，经考古发掘的河南满城汉墓出土了多件堆积于棺内的汉代丝织品，多数都已腐朽。其中包括平纹绢、纹罗、彩锦、刺绣等高级织物以及手工编织的组带。其中较为特别的是朱绢。[①]这批丝织品为了解汉代北方丝织品技术提供了实物资料。

二、华东、华南地区

华东、华南地区的纺织业快速发展始于魏晋南北朝。北方动荡的政局和战乱迫使人民大量南迁，南下的劳动者带来了先进的纺织技术，加之南方政权统治者大力倡导耕织，南方纺织业步入正轨。到唐代，全国已经形成了华北、四川、江南三个纺织业中心。宋朝纺织业重心更是南移到以浙江等地为主的长江中下游地区。南宋时浙江已成为名副其实的"丝绸之府"。[②]明代开始丝织业趋向产业化，有苏、杭、松、嘉、湖五大江南丝绸重镇。此外明清皇室贵族为获得大量丝绸，还在江南和其他地区设立了官府管理的专业纺织机构——织造局。悠久的纺织业历史使得目前我国华东、华南地区丝织品实物出土数量在全国名列前茅。江苏、浙江、江西、福建、广东等省及上海市均发现大量宋、元、明、清时期的丝织品。

1. 山东省

齐郡是我国出现最早的纺织中心，从现有考古资料来看，其纺织业始于新石器大汶口文化时期。[③]大汶口遗址出土了许多纺轮、骨针、骨梭等纺织工具，陶器上出现了细密的布纹。春秋时期齐地丝织业生产形成规模，汉代开始长期为汉皇室、

① 中国社会科学院考古研究所、河北省文物管理处编：《满城汉墓发掘报告》上，北京：文物出版社，1980 年，第 154 页。
② 赵丰主编：《中国丝绸通史》，第 260 页。
③ 陈昌远：《从"齐"得名看古代齐地纺织业》，《管子学刊》1995 年第 2 期，第 57—60 页。

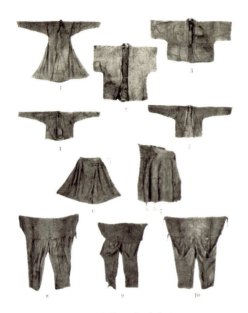

图 7-117　邹城李裕庵墓中出土的衣物
（王轩：《邹县元代李裕庵墓清理简报》）

贵族提供高档丝织品。[1]直至宋代，山东地区所产"东绢"仍是知名产品。

1975 年，山东邹城李裕庵墓得以发掘，墓中随葬品主要是以丝、棉、麻织品制作的男女衣物和鞋帽共 55 件（图 7-117）。其中几件刺绣裙带、袖边、鞋面是研究鲁绣的重要实物资料。这些丝织物采用了双丝捻线不劈破的"衣线"绣，还采用了辫绣、平绣、网绣、打籽绣等多种灵活的绣法，针线细密，整齐匀称。[2]这些服饰还有助于我们了解元代儒学教谕这一阶层的冠服制度和丧葬礼俗。[3]

2. 江苏省

江苏省考古发现的丝织品实物多出土于贵族墓葬中，精品屡见不鲜。出土的丝织品多采用具有本地特色的苏绣装饰，不仅有日常服饰和生活用品，还有明代官服实物。此外在几处佛寺地宫或佛塔中也发现了一些宋代礼佛所用的丝织品。目前较为重要的丝织品考古发现有江苏苏州虎丘王锡爵合葬墓、江苏吴县东山许裕甫墓、江苏武进王洛家族墓、江苏泰州刘湘夫妇墓、江苏泰州徐蕃夫妇墓、江苏南京板仓村徐氏墓、江苏泰州胡玉墓、江苏淮安王镇夫妇墓、江苏苏州张士诚之母曹氏墓、江苏常州武进南宋墓、江苏镇江甘露寺铁塔塔基、江苏苏州瑞光塔塔心窨穴、江苏苏州虎丘云岩寺塔塔身、江苏东海尹湾汉墓、江苏金坛周瑀墓、江苏南京大报恩寺地宫等。

江苏东海尹湾汉墓群是江苏省内一处重要的汉代丝织品考古发现，以二号墓

① 赵丰主编：《中国丝绸通史》，第 85 页。
② 王轩：《谈李裕庵墓中的几件刺绣衣物》，《文物》1978 年第 4 期，第 21 页、89、第 22 页。
③ 王轩：《邹县元代李裕庵墓清理简报》，《文物》1978 年第 4 期，第 14—20 页、第 99—101 页。

中风格色彩与马王堆汉墓相似的缂绣为特色。此墓群中的二号墓和六号墓遣策记载随葬的丝织衣物数量很大，可惜绝大部分丝织品已腐朽无存。特色缂绣是二号墓墓主身上覆盖的缂绣衾被 2 件（层）。第一层残长 138 厘米，宽头 44 厘米，窄头 38 厘米，中间 32 厘米；第二层残长 154 厘米，宽头 47 厘米，窄头 38 厘米，中宽 38 厘米。这两件大幅刺绣图案精美，第二层缂绣中有似幢的图案，还有云气纹、三足鸟、羽人、禽兽等（图 7–118）。[1]

图 7–118　江苏尹湾汉墓群二号墓出土的缂绣衾被（局部）
（纪达凯、刘劲松：《江苏东海县尹湾汉墓群发掘简报》）

江苏武进王洛家族墓也是江苏省一处重要的丝织品考古发现，于 1997 年发掘。王洛家族墓出土的纺织品及衣物以丝、棉为主，丝织品居多，且有珍贵品种，有斜纹、平纹组织的纱、绉纱、绢、缣、绮、素绫、花绫、花缎、素缎，有勾编网纹叠花素缎贴绣，有山花舞凤折枝花缎织金襕，以及金线或片金线织成的补子等（图 7–119）。尤其是出土的勾编网纹叠花贴绣（环编绣）织品是目前所知唯一一件有明确出土地点、年代不晚于嘉靖十七年（1538）的实物。花纹方面，采用了几何纹、

---

① 纪达凯、刘劲松：《江苏东海县尹湾汉墓群发掘简报》，《文物》1996 年第 8 期，第 4—25 页、第 97—98 页、第 100 页、第 2 页。

图 7-119　江苏武进王洛家族墓出土的织金狮子补子
（华强、张宇：《常州明代王洛墓家族出土纺织品纹饰研究》）

花朵纹、鸟禽纹、瑞兽纹、杂宝纹、佛教吉祥纹等多种装饰图案，呈现出装饰手法的平民化、世俗化、吉祥化趋势。[①]

因江南富庶，江苏省内几座官员夫妇合葬墓中所出土服饰常见补服，纹饰华丽，多用当地特色苏绣技法装饰。且明中后期开始，江南富庶地区攀比之风愈盛，这些官员夫人所着补服装饰常见逾制现象。其中比较具有代表性的是泰州刘湘夫妇墓、泰州徐蕃夫妇墓、南京板仓村徐氏墓、泰州胡玉墓等。江苏泰州刘湘夫妇墓于 1988 年发掘，墓主刘湘为明嘉靖时人。墓中出土了精美完整的男女服饰多件，展示出江南地区的富庶和高超的织造技艺。其妻丘淑贤所着补服华丽且逾制使用高等级图案。明代丝织品生产的规模、技术和产品的种类、质量已达到前所未有的高度，以江宁、苏州、杭州三地织造尤具代表性。泰州与这三个地区接近，此墓出土的衣服面料织造工艺之精，应能反映当时江浙一带丝绸的织造水平。出土的衣料中，缎制品最多，其中又以提花缎为主，花纹均采用提花工艺织成。这些提花缎制品的出土，可使我们对明代高度发达的提花织造工艺略窥一斑。[②]

泰州徐蕃夫妇墓中同样出土大量明代服饰，共有 80 余件，保存情况理想。花缎、素缎、素绸、罗等丝织品较多，少量为棉布。这批丝织品中较精彩的是徐蕃补服上的两块补子。它运用了苏绣的传统针法，包括枪针、反枪针、铺针、缠针、滚针、

① 华强、张宇：《常州明代王洛墓家族出土纺织品纹饰研究》，《创意与设计》2015年第 2 期，第 61—65 页。
② 叶定一：《江苏泰州明代刘湘夫妇合葬墓清理简报》，《文物》1992 年第 8 期，第66—77 页、第 103 页。

接针等六种针法。特别是用铜丝钉出轮廓后，再用短针脚缠针绣没的技法较为少见。徐蕃妻子张盘龙所穿补服上的四块补子都是织物。两块织麒麟补子把图案织在两幅素缎上，对合缝制成为一块完整的补子。两块织仙鹤补子则是整块单独织成的（图7-120）。此墓出土的三种补子，制作方法各不相同，有助于我们了解明代官服的制作，并反映了嘉靖时期的刺绣和织造工艺水平。[①]

图 7-120　江苏泰州徐蕃夫妇墓出土
的仙鹤补子
（黄炳煜、肖均培：《江苏泰州市明代徐蕃
夫妇墓清理简报》）

图 7-121　南京大报恩寺发现的罗地泥金帕
（南京市考古研究所：《南京大报恩寺遗址塔基与
地宫发掘简报》）

南京大报恩寺地宫是江苏省内发现的一处重要佛寺地宫遗址，是近年来较为重要的北宋丝织品考古发现，共发现丝织品 102 件，保存完好，其中的罗地泥金帕如同新作（图 7-121）。这批丝织品包括罗、绢、绮、绫、纱、绝等，使用的装饰手法有提花、泥金、彩绘、刺绣等。15 件丝织品上有当时各位主事和施主的墨书题记。[②]其中一件绢帕保存完好（图 7-122），墨书"崇圣寺承天甘露戒坛院新戒僧思齐，今者遭逢演化大师殉藏如来顶骨真身舍利之资，追荐亡考葛七郎、亡翁葛三郎、亡婆

---

　　① 黄炳煜、肖均培：《江苏泰州市明代徐蕃夫妇墓清理简报》，《文物》1986 年第 9 期，第 1—15 页、第 98—100 页。

　　② 南京市考古研究所：《南京大报恩寺遗址塔基与地宫发掘简报》，《文物》2015 年第 5 期，第 4—52 页、第 2 页、第 97 页、第 1 页。

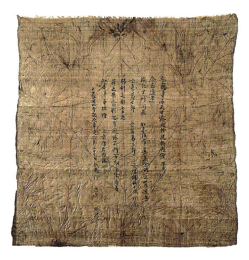

图 7-122　南京大报恩寺发现的墨书绢帕
（南京市考古研究所：《南京大报恩寺遗址塔基与地
宫发掘简报》）

杨氏十娘，同承胜利之因，当超升之果。当愿思齐夙缘不断，万劫千生长为如来弟子，绍隆三宝，作大因缘。大中祥符四年岁次辛亥六月二十七日，新戒僧思齐题记"。[1] 其物质文化信息和墨书文字对宋代丝织品研究和宋代佛教信仰研究有重要意义。

3. 浙江省

目前在浙江省境内发现的丝织品实物来自浙江湖州钱山漾遗址、浙江桐乡安兴乡对凤桥明墓、浙江缙云飞凤山卢氏墓、浙江瑞安慧光塔塔身、浙江兰溪密山高氏墓等考古发现，多为明代织物。

1956—1958 年，考古学家在湖州钱山漾遗址进行了两次正式发掘。第二次发掘中，探坑 22 出土了不少丝麻织品，经鉴定确认其中包括绸片、丝带、丝线等。这次丝织品出土表明我国在 4700 年以前已经掌握了缫丝纺织的技能，在科技史上意义非凡。[2]

1966 年浙江瑞安慧光塔发现一批佛经和宗教艺术品，其中包括经袱三方。经袱以杏红单丝素罗为地，用黄、白等色粗绒施平针绣成对飞的翔鸾团花双面图案。罗面平整，经纬纺线调一致，可见纺织之精工。团花绣线用粗绒，绣面平，针脚整齐，是绣工技巧熟练的标志。这三幅双面绣是所见北宋双面绣品中有具体年代的最早产品，为研究我国古代刺绣工艺的发展提供了重要的实物资料。[3]

---

① 南京市考古研究所：《南京大报恩寺遗址塔基与地宫发掘简报》，《文物》2015 年第 5 期，第 4—52 页、第 2 页、第 97 页、第 1 页。

② 徐辉、区秋明、李茂松、张怀珠：《对钱山漾出土丝织品的验证》，《丝绸》1981 年第 2 期，第 43—45 页。

③ 浙江省博物馆：《浙江瑞安北宋慧光塔出土文物》，《文物》1973 年第 1 期，第 48—58 页、第 72—73 页。

4. 江西省

江西省发现的丝织品主要出自江西南城明墓、江西德安爱民乡熊氏墓、江西南昌宁靖王夫人吴氏墓、江西玉山夏浚墓、江西广丰郑云梅墓、江西南城益宣王夫妇墓、江西德安周氏墓、江西靖安李洲坳东周墓等，均为官员或皇室贵族墓葬陪葬品，其中明代丝织品发现最多。

图 7-123　靖安李洲坳东周墓出土的织锦
（江西省文物考古研究所、靖安县博物馆：《江西靖安李洲坳东周墓发掘简报》）

靖安李洲坳东周墓于 2006 年发掘，出土纺织品 300 余件，有丝、麻两种，多为残片，少见完整件。其中一件织锦是中国第一件密度最高的织锦实物，每厘米有 240 根经线（图 7-123）。

图 7-124　南城益宣王夫妇墓出土的四爪团龙纹黄锦袍
（江西省博物馆官网）

另有一件中国出土最早、面积最大的方孔纱（188 厘米 ×150 厘米）。[1]

南城益宣王夫妇墓于 1979 年发掘，为明代益宣王朱翊鈏和李、孙二妃合葬墓。墓中所出丝织品有袍服、裙、霞帔、被褥、鞋等衣物及生活用品，均为上等锦缎制成，包括墓主生前所穿戴的朝服、礼服和燕居常服，其中一件团龙黄锦袍保存完好（图 7-124）。这批丝织物展示出了江南地区高水平的纺织技艺。[2]

江西德安爱民乡熊氏墓于 1991 年发掘，是一座明代夫妇合葬墓。墓主虽官阶不高，仅为文职杂散官员，但据随葬品来看，其家境富有。墓中出土了 83 件随葬器物，

---

① 江西省文物考古研究所、靖安县博物馆：《江西靖安李洲坳东周墓发掘简报》，《文物》2009 年第 2 期，第 4—17 页、第 1 页。

② 刘林、余家栋、许智范：《南城明益宣王夫妇合葬墓》，《江西历史文物》1980 年第 3 期，第 27—40 页。

图 7-125　南昌宁靖王夫人吴氏墓出土的妆金团
凤纹鞠衣
（徐长青、樊昌生：《南昌明代宁靖王夫人吴氏墓发掘简报》）

图 7-126　越王者旨於睗剑（局部）
（曹锦炎、马承源、李学勤等：《浙江省博物馆新入藏越王
者旨於睗剑笔谈》）

有 22 件丝织品，出现了明代少见的提花技术，如有一件褐色罗丝绵被在提花中加提白色牡丹花纹。[1]

南昌宁靖王夫人吴氏墓于 1991 年发掘。这座墓葬为明代葬墓，墓中丝织品保存情况很好，出土 40 余件丝麻纺织品。其中有一套明代皇室女眷礼服，包括妆金团凤纹鞠衣（图 7-125）、素缎大衫、压金彩绣云霞凤纹霞帔、团凤纹缎地妆金凤纹云肩通袖夹袄、织金妆云凤纹裙等。这是迄今发现的明代最完整的后妃系列礼服，为研究中国古代服饰和纺织史提供了重要的实物资料。[2]

5. 安徽省

安徽省发现丝织品考古实物的重要遗迹数量不多，著名的一处是安徽安庆范文虎墓。此墓主人生活于宋末元初，是元代尚书省右丞。墓中出土了折枝暗花绸残片和漆纱幞头残件。另一件实物是越王者旨於睗剑剑柄缠裹的丝织品。此剑柄上有丝带缠绕，约 40 圈。这是目前所知唯一的越国生产的丝织品（图 7-126）。这件织物织造方式与钱山漾遗址出土织物相似，应是浙江所产，它出现在楚地表明了战国时期两地间有丝绸产品和生产技术的交往。[3]

---

① 于少先、周迪人、邱文彬：《江西德安明代熊氏墓清理简报》，《文物》1994 年第 10 期，第 32—36 页。

② 徐长青、樊昌生：《南昌明代宁靖王夫人吴氏墓发掘简报》，《文物》2003 年第 2 期，第 19—34 页。

③ 曹锦炎、马承源、李学勤等：《浙江省博物馆新入藏越王者旨於睗剑笔谈》，《文物》1996 年第 4 期，第 4—12 页、第 97 页。

6. 福建省

福州、泉州很早就有"丝城"之誉。三千多年前，武夷山古越族崖洞墓就有随葬的家蚕丝织物。唐代福建丝织业已相当发达，每年向皇室进贡大量丝绸。宋代福建丝织业可与江南、四川媲美，南宋时泉州设市舶司与海外各国贸易丝绸等产品，一直持续至明代。

目前福建丝织品实物主要出自福建福州马森墓、福建福州黄昇墓、福建福州茶园山南宋墓等，年代基本为南宋、明代，墓主均为官员、富绅，所用丝织物华丽精美。宋代丝织物最重要的发现是福州黄昇墓，一次性出土丝织品 300 余件，是考古发现宋代服饰最多的一次。因墓主黄昇家境优渥，又嫁与赵匡胤第十一世孙赵与骏，陪葬丝织品不仅数量多，而且面料种类几乎囊括当时所有高级织物，是珍贵的宋代服饰史研究资料。其中有一件紫灰色绉纱镶花边窄袖袍（图 7–127），另有一件深烟色牡丹花罗背心（图 7–128），是此墓中出土的丝织品精品。①

图 7–127　福州黄昇墓出土的紫灰色绉纱镶花边窄袖袍

（苏佳：《浅析福州南宋黄昇墓出土的丝织品》）

图 7–128　福州黄昇墓出土的深烟色牡丹花罗背心

（苏佳：《浅析福州南宋黄昇墓出土的丝织品》）

7. 广东省

广东省地处沿海，历史上因远离政治中心且人口稀少，丝织业长期发展滞后。据《元和郡县图志》记载，广州在唐玄宗开元年间就已有"丝布"上贡朝廷

---

① 苏佳：《浅析福州南宋黄昇墓出土的丝织品》，《福建文博》2009 年第 4 期，第 53—55 页、第 52 页、第 99 页。

了。^①自唐代开始海外贸易发达，许多丝绸通过海上丝绸之路远销海外，这条商路逐渐带动了当地的丝织业发展。而丝织业真正快速发展是在对外贸易兴盛的明中期到清代，广东成为中国三大丝织制造业中心之一，生产甚至向机械化方向发展。1873 年南海县陈启沅、陈启枢兄弟创办了广东第一间机器缫丝厂继昌隆。光绪年间因丝织制造业工人日益增多，广州西关还建立了丝织行业会馆锦纶会馆和工人组织丛信馆。清末佛山、南海的丝织品质量精良，莨纱绸、香云纱、安南绸等知名品种受到了国内外消费者的青睐。^②目前可见到的明清时期的丝织品多为传世文物，丝织品实物数量不多，其中广州南越王墓是一处重要发现。

广州南越王墓于 1983 年发掘，墓主为南越国第二代国王赵眜。南越国是汉初割据岭南的地方政权，第一、二代南越王都僭越称帝，死后葬制大约也是按帝制行事。因两汉帝陵至今未发掘，南越王墓就成为了解两汉皇室丧葬制度的最重要的实物资料。此墓中随葬品十分丰富，以"丝缕玉衣"为代表，尽显奢华。墓中丝织品出于西耳室。这些丝织品除包裹各种器皿外，还有整匹织物随葬，主要有绢、纱、罗、锦等织物及手工编织的组带，多数已碳化。^③王予、吕烈丹《象岗南越王墓出土丝织品鉴定报告》一文认为，这批丝织品的原料可能产自本地，南越国可能有缫丝工匠及作坊，南越国工匠已知利用缫丝后的碎乱蚕丝，已掌握涂染、印花及刺绣工艺。墓中还出土了两件青铜印花凸版。吕烈丹《南越王墓出土的青铜印花凸版》一文认为这两件凸版是丝织物印花用的阳纹版，这表明汉初岭南地区的纺织业水平毫不逊色于长沙国。^④

三、华北地区

华北地区自石器时代开始就是人类活动的重要区域，在商周时期既是政治中

---

① 朱鹏：《浅议唐代广东的海上丝绸贸易》，《五邑大学学报》（社会科学版）2003年第 1 期，第 54—57 页。

② 黄启臣：《明清时期广东丝织制造业的发展》，《岭南文史》2017 年第 2 期，第 1—8 页。

③ 广州市文物管理委员会、中国社会科学院考古研究所、广东省博物馆编辑：《西汉南越王墓》上，第 136 页。

④ 程存洁：《广州西汉南越王墓研究综述》，《中国史研究动态》1994 年第 7 期，第 5—9 页。

心，也是重要的纺织业中心，直至明清仍为三大纺织业中心之一。因此，华北地区发掘出土的丝织品覆盖了各个时代。河北藁城台西村商代遗址发现了商周时期丝织品。河北满城中山靖王墓、河北阳原三汾沟九号墓、北京大葆台汉墓出土了汉代丝织品。山西应县木塔（佛宫寺释迦塔）出土了辽代丝织品。山西大同阎德源墓出土了金代丝织品。北京门头沟斋堂辽墓、北京庆寿寺双塔和尚墓、河北隆化鸽子洞元代窖藏、北京南苑苇子坑夏儒夫妇墓、北京十三陵定陵出土了元明清时期的丝织品。在内蒙古自治区近年来的考古工作中，常常发现具有明显唐代遗风的装饰出现于辽代丝绸之上。

1. 北京市

明定陵出土的丝织品是国内极为重要的古代丝织品考古实物，是明代服饰研究和纺织技术研究的珍贵资料。定陵出土各种袍料、匹料和服饰等共计644件。同一座墓中出土如此大量的丝织品实属首次。这批丝织品按用途分，有匹料、袍料、成衣、生活用品等多类；从质地看，有绫、罗、绸、缎、纱、绢、锦、绒、改机、纻丝、织金、各类妆花及缂丝、刺绣等共十余类。至于纹饰，则有龙纹、凤纹、花卉纹、人物纹、动物纹、云纹、以仙道宝物组成的纹饰和以吉祥文字组成的吉祥图案。色彩十分丰富，一件龙袍使用色彩达30余种，材质也十分考究，使用产量少且价格昂贵的春蚕丝制作，还加入金线和孔雀羽线，极尽奢华。在一部分织

图 7-129　明定陵出土的十二章福寿如意
缂丝衮服
（王秀玲：《明定陵出土丝织品种》）

图 7-130　明定陵出土的红纱罗地平金彩
绣百子衣
（王秀玲：《明定陵出土丝织品种》）

物上还有腰封、墨书、绣字形式的题记，为今人了解当时织造技术提供了便利。[①]
定陵出土的著名丝织品有目前唯一——套明代皇帝冕服实物（缺玄衣）、十二章福
寿如意缂丝衮服（图7-129）、红纱罗地平金彩绣百子衣（图7-130）等帝后龙袍、
衮服、常服等各类服饰。

2. 山西省

应县木塔出土了三幅辽代南无释迦牟尼佛像绢本版画，在我国目前属首次发
现，是雕版印刷史的重要发现。其中一件纵65.8厘米，横62厘米，绢地，似木板
彩印（一说为丝漏彩印）。原折叠存放，为佛说法图。佛及弟子面部及其他细部，
均用朱、黑两色描绘开光。全幅系木刻半板，折叠印刷。原板边侧上方有楷体阴文"南
无释迦牟尼佛"七字（图7-131）。三件为同板所印。[②]

图7-131　应县木塔发现辽代释迦牟尼佛绢本版画
（张畅耕、毕素娟、郑恩淮：《山西应县佛宫寺木塔内发现辽代珍贵文物》）

3. 内蒙古自治区

内蒙古自治区内发现的丝织品实物数量很多，其中不乏精品，发现最早的实
物为东汉织物，绝大多数为此地区人类活动最频繁的辽、元时期的遗存。目前较

---

① 王秀玲：《定陵出土的丝织品》，《江汉考古》2001年第2期，第80—88页。
② 张畅耕、毕素娟、郑恩淮：《山西应县佛宫寺木塔内发现辽代珍贵文物》，《文物》
1982年第6期，第1—8页、第97—101页。

为重要的考古发现有内蒙古扎赉诺尔墓群、通辽市吐尔基山辽墓、阿旗宝山 1 号和 2 号墓、赤峰阿鲁科尔沁旗耶律羽之墓、赤峰大营子赠卫国王辽墓、兴安盟代钦塔拉辽墓、巴林右旗都希苏木友爱村辽墓、阿鲁科尔沁旗小井子墓、赤峰喀喇沁上烧锅 4 号墓、巴林右旗庆州白塔塔顶、巴林右旗馒头沟、翁牛特旗解放营子辽墓、哲盟科左中旗小努日木辽墓、巴林左旗林东墓地、巴林左旗林东丰水砖厂墓、巴林左旗林东北山和尚庙、察右前旗豪欠营六号墓、老高苏木遗址、达茂旗大苏吉乡明水古墓、镶黄旗哈沙图嘎查古墓、阿拉善盟额济纳旗黑水城遗址、集宁察右前旗集宁路故城、正镶白旗伊和淖尔墓群等。其中，黑水城遗址、兴安盟代钦塔拉辽墓群和以"王墓梁"耶律氏墓葬、达茂旗大苏吉乡明水墓葬、集宁路故城为代表的汪古部墓葬是这一地区具有代表性的重要发现。

19 世纪末 20 世纪初，以斯坦因、伯希和、科兹洛夫等为首的一批外国探险家深入我国内陆腹地进行了多次考古探险活动。经由这些探险家的活动，新疆、甘肃、内蒙古等多地的遗址古迹及珍贵文物文献资料相继出土。黑水城遗址的发现即是因为俄罗斯探险家科兹洛夫在 1908—1909 年间的探险发掘活动。在这次发掘中，科兹洛夫带走了大量的西夏文文书及珍贵文物并引起了国际关注。随后英国人斯坦因也掘走了大量西夏文文献及绘画、雕塑等艺术品。他们将带走的资料进行了整理，出版了《俄藏黑水城文献》《英藏黑水城文献》等书，向世人介绍了黑水城独特的文化魅力，也引起了学术界对黑水城的热切讨论与研究。

图 7-132　黑水城遗址发现的绢本彩绘一佛二菩萨
（俄罗斯国立艾尔米塔什博物馆、西北民族大学、上海古籍出版社编纂：《俄藏黑水城艺术品 1》）

图7-133 黑水城遗址出土的百衲枕衣
（郭治中、李逸友：《内蒙古黑城考古发掘纪要》）

图7-134 兴安盟代钦塔拉辽墓群三号墓出土
的雁衔绶带锦袍
（内蒙古博物馆、内蒙古兴安盟文物工作站、中国丝绸
博物馆：《内蒙古兴安盟代钦塔拉辽墓出土丝绸服饰》）

在黑水城遗址出土的文物中有一批颜色鲜艳、画工精湛的绢画（唐卡）（图7-132），这些绢画使用的绢材质细密平整，质量上乘，是丝绸之路交往的成果。

在科兹洛夫发掘约80年后，1983年9月至10月及1984年8月至11月间，我国考古工作者先后两次对黑水城遗址进行了考古发掘，清理出了城中多处西夏及元代建筑遗址，出土了大量文物及汉文、藏文、西夏文、蒙文的古代文书，为相关学术研究提供了丰富的新材料。这批文物种类繁多，从建筑构件到日常生活用品，无所不包。此次发现的纺织品多为服饰，有布鞋、绣花鞋、皮鞋、麻线鞋、绸绢百衲帽、僧帽、香囊、皮包等。衣物未见成衣，但纺织物残片很多，品种有缠枝花双色锦、花鸟纹缂丝、桃红暗花绸、如意云纹辫子股绣、月白绢、彩绘绢、素绢、棉布、麻布、方棋纹毛织残片等（图7-133）。[①]

内蒙古兴安盟代钦塔拉辽墓群于1991年被盗，三号墓经考古发掘整理后被判断为辽早期墓葬，出土了许多研究价值较高的辽代文物。其中有六包保存基本完好的丝绸服饰。这些织物有锦、绫、绮、罗、缂丝、绢等。服装有绵帽、锦袍、裤、

---

① 郭治中、李逸友：《内蒙古黑城考古发掘纪要》，《文物》1987年第7期，第1—23页、第99—103页。

裙等种类，其保存情况可谓是迄今为止最为完整的。出土的近 20 件衣物中，外套内衣均有，长短夹单全齐，是研究辽代服饰的重要资料。

代钦塔拉辽墓中出土两件锦袍，一件是褐色地雁衔绶带锦袍（图 7-134），另一件是褐色地重莲童子锦袍。两件锦袍均为交领左衽，领子下有纽扣与左腋下扣祥相系。雁衔绶带锦袍是辽代早期赐服的典型代表，具有晚唐赐服风格，体现了辽代织造技艺的精湛。①

内蒙古境内还发现了元朝时期汪古部的几处部落墓葬群，对元代文化研究颇有价值。其中以"王墓梁"耶律氏墓葬、达茂旗大苏吉乡明水墓葬和集宁路故城出土的窖藏衣物为代表，出土的衣裙织金锦为探索元代汪古部的衣冠制度提供了重要的实物资料。②

"王墓梁"十号墓曾出土一件织金锦制作的衣裙，花纹繁缛，涂有金粉。其中有几块残片，裙口呈深棕色，下部为双经纬向提花织金锦，双根经纬二重组织，上层经线用扁金线。裙里为麻布，表里之间夹有丝绵。

四、西北地区

西北地区在历史时期并非丝织品的中心产地，但却是丝织品考古发现的重要地区，这里出土的丝绸实物大多集中于魏晋南北朝、隋唐时期，如新疆的民丰、尉犁、吐鲁番、和田，青海的都兰，甘肃的敦煌。③这一特点表明丝绸之路在历史上有重要的经济、文化交流作用，因此在西北地区各省市发现的丝织品常见到西域、中亚风格的装饰手法和织造工艺。

陕西西安是丝绸之路的起点，无数商人从这里出发，携带中原所产丝绸由丝路运送至中亚、欧洲各国，又从西方带回各种珍奇异宝，中西文明在商路沿线交融。但由于关中地区自然气候及土壤条件不利于丝织物的保存，因此在西安及其周边

---

① 内蒙古博物馆、内蒙古兴安盟文物工作站、中国丝绸博物馆：《内蒙古兴安盟代钦塔拉辽墓出土丝绸服饰》，《文物》2002 年第 4 期，第 55—68 页、第 2 页。

② 盖山林：《阴山汪古》，呼和浩特：内蒙古人民出版社，1991 年，第 245—246 页。

③ 赵丰主编：《中国丝绸通史》，第 148 页。

图 7-135　法门寺塔地宫发现紫红罗地蹙金绣案裙
（陕西省考古研究院、法门寺博物院、宝鸡市文物局等编著：《法门寺考古
发掘报告》上）

地区的考古发掘中丝织品踪迹难寻，少有实物出土。目前陕西的丝织品出土地有
石峁遗址、陕西宝鸡茹家庄西周墓、秦公一号墓、陕西扶风法门寺塔地宫等。

　　法门寺塔地宫是国内最重要的丝织品考古发现之一，所出文物极具时代风格。
其出土的丝绸包括绫、罗、纱、绢、锦、绣等各种高级织物。这批织物上多饰有
金线刺绣的凤凰、鸟禽、如意云纹、折枝花卉、山岳等图样，尽显唐代皇室奢华
之风。其中紫红罗地蹙金绣案裙（图 7-135）和紫红罗地蹙金绣半臂颇具代表性，
工艺上借鉴西方织金工艺和联珠纹等特色装饰纹样，呈现出唐代文化交融发展之
独特魅力。①

五、东北地区

　　东北地区的丝织品考古实物多来自辽代、金代墓葬。辽代国土覆盖今内蒙古
东部及东北大部，其境内的草原丝绸之路自春秋战国时出现雏形，随着时间推移
不断发展，第二个繁荣期就出现在公元 10 世纪末至 11 世纪的辽代。从新疆的伊犁、
吉木萨尔、哈密，经额尔济纳、河套、呼和浩特、大同（辽西京）、张北、赤城、

① 陕西省考古研究院、法门寺博物馆、宝鸡市文物局等编著：《法门寺考古发掘报告》
上，第 253 页。

宁城（辽中京）、赤峰、朝阳、义县、辽阳（辽东京），东经朝鲜而至日本，这条路线是连接西亚、中亚与东北亚的国际路线。公元 13 世纪以后的元朝时期，和林、上都成为当时的政治中心，北方草原丝绸之路遂向北移动。[①]

辽代上层重视纺织生产，故征招众多汉族工匠并大力鼓励纺织，纺织技艺快速发展。因此，在东北地区，考古工作者发现的多座辽代贵族墓地均出土了华丽精美的丝织品。辽宁朝阳解放营子墓、辽宁沈阳法库叶茂台辽墓、黑龙江哈尔滨市阿城区巨源乡城子村金代齐国王墓、吉林帽儿山东汉墓均有丝织品的考古发现。

辽宁法库叶茂台辽代早期砖墓发现于 1974 年。此墓墓主为一年老女性契丹贵族。这座墓葬从葬品丰厚，其中以山水和花鸟画轴、小木作结构的小帐式棺室、契丹贵族服饰及丝织品和双陆博具最为突出，是研究辽史的珍贵资料。

此墓所出纺织品有绢、纱、罗、绮、锦和绒圈织物及缂丝等共七类九十余个品种规格。其中墓主身着十余件衣物，有长袍、短袄、裙、裤、套裤等，头上有四层冠帻，手戴绣花分指手套，脚着齐膝刻丝软靴。[②]

此外，因金朝统治者极为喜爱丝绸，在考古发现中也常见到精美华丽的金代丝织品。

金代齐国王墓于 1988 年发现于黑龙江省哈尔滨市阿城区巨源乡城子村，是一座石椁木棺墓。墓主齐国王夫妇身份高贵，墓葬保存完好，出土了许多极为完整、精美的丝织品服饰和金饰，填补了金代服饰史研究的空白，是研究宋金时期缂丝技术、纺织技法、印染工艺、织机种类等方面的珍贵资料。

墓中的丝织品主要来自墓主夫妇，共计 30 余件，种类有袍、衫、裤、裙、腰带、鞋、袜、冠帽等，主要材质有绢、绸、罗、锦、绫、纱等。制作大量采用挖梭技术，还有相当数量的织金品。此外还采用印、绘、绣等技法。这些织物色彩丰富，有驼、绛、棕、烟、酱、青、绿等色；花纹繁密，有团龙、夔龙、云鹤、飞鸟、鸳鸯、朵梅、团花、卷草等纹样。这些服饰具有北方民族特色，可分为绵、夹、单三大类，

① 徐苹芳：《丝绸之路考古论集》，上海：上海古籍出版社，2017 年，第 5—6 页。
② 辽宁省博物馆、辽宁铁岭地区文物组发掘小组：《法库叶茂台辽墓记略》，《文物》1975 年第 12 期，第 26—36 页。

图 7-136　金代齐国王墓出土的烟色地双鸾朵梅织金绸绵男护胸
（郝思德、李砚铁、刘晓东：《黑龙江阿城巨源金代齐国王墓发掘简报》）

其中烟色地双鸾朵梅织金绸绵男护胸（图 7-136）保存完好。[①]

　　此件织物以烟色地双鸾朵梅织金绸为面，由两块长方形料拼接而成，上半部分缝合，下半部分开口。上通宽 155.6 厘米，下通宽 112.8 厘米，开口长 54.6 厘米。上部左右两端钉驼色绢带四副，带长 78 — 81 厘米、宽 5.7 — 6.5 厘米。衬里为驼色绢，内絮薄丝绵。纹饰以游牧民族喜爱的满地织金工艺织朵梅为衬托，饰一排排对飞织金双鸾，双鸾以五排为单位，正反相对。图案生动活泼，风格独特。[②]

六、西南地区

　　西南地区丝织品出土数量较少，四川省、贵州省、西藏自治区有少量墓葬出土实物，其中两汉时期织物居多。丝织品实物主要发现于贵州思南张守宗夫妇墓、贵州赫章可乐战国至西汉墓、西藏阿里地区故如甲木墓地和曲踏墓地、四川成都明墓等。

　　四川地区的特色丝织品为蜀锦，织造历史悠久。秦汉时期蜀地丝织业已开始发展，在新疆尼雅就曾出土过一块精美的 "五星出东方利中国" 蜀锦。在四川本地出土丝织品中，四川成都一座明代墓葬出土的 "落花流水锦"（图 7-137）最具

---

　　① 郝思德、李砚铁、刘晓东：《黑龙江阿城巨源金代齐国王墓发掘简报》，《文物》1989 年第 10 期，第 1—10 页、第 45 页、第 97—102 页。
　　② 郝思德、李砚铁、刘晓东：《黑龙江阿城巨源金代齐国王墓发掘简报》，《文物》1989 年第 10 期，第 1—10 页、第 45 页、第 97—102 页。

代表性。这片锦片以其图案——散落的梅花、桃花等花朵漂浮在水波上得名。这种图案在元明时已流行全国，到明代更是运用于各种装饰艺术中。①

图 7-137 落花流水锦
（王斌：《成都明墓出土的蜀锦——落花流水锦》）

另外，四川省内还发现了剑阁赵炳然墓，出土了明代官府所织的丝织品。重庆也发现了一座元末墓葬——明玉珍墓，墓主是元末明初的农民起义领导人。墓中出土了袍服、缎被等丝织品，为四川地区元末纺织业研究提供了珍贵的实物资料。

西藏自治区历史悠久，唐代时形成强大的政权——吐蕃，开始了和中原地区的密切往来。在元代，西藏被纳入中原王朝的管辖范围，与中原地区的交流促进了当地的丝织业发展。目前西藏自治区境内考古发现的重要丝织品实物来自故如甲木墓地的四座东汉墓葬。这是西藏地区考古的首次发现，也是青藏高原发现的最早的丝绸实物。从随葬物品看，其间等级区分非常明显。其中一件"王侯"文字织物较为独特（图 7-138）。塔里木盆地曾发现"王侯"文织物，一般被认为是中原官服作坊织造、赐予地方藩属王侯的标志性物品，具有一定的政治意义，且与内地和新疆之间存在文化联系。这些纺织品尤其是柞蚕丝织成的细纱体现了高超的技术水平，同时也为汉文献记载汉晋时期中原野蚕丝的规模化开发利用提供了考古学证据。故如甲木墓地的发现证明了该地区在汉晋时期处于丝绸之路的波及区域，通过新疆的丝绸之路应该延伸到青藏高原的西部地区。②

---

① 王斌：《成都明墓出土的蜀锦——落花流水锦》，《四川纺织科技》2000 年第 1 期，第 53 页。

② 仝涛、李林辉、黄珊：《西藏阿里地区噶尔县故如甲木墓地 2012 年发掘报告》，《考古学报》2014 年第 4 期，第 563—587 页、第 599—604 页。

图 7-138　故如甲木墓地出土的"王侯"文鸟兽纹锦

（仝涛、李林辉、黄珊：《西藏阿里地区噶尔县故如甲木墓地 2012 年发掘报告》）

纵观我国境内发现的丝织品考古实物，不仅可以观察到丝织业发展的历史脉络，更可以理解为何丝绸能成为一个国家的文化符号。小小春蚕吐出的丝线经匠人巧手织成美轮美奂的丝绸，制成精美绝伦的华服，传播了中华匠心。一部丝绸史，和中华历史文化紧紧相连。

第七节　丝绸之路上的绢帛图像

丝绸之路因丝绸贸易而来，丝绸贸易无疑是丝绸之路的核心内容。对于历史时期以丝绸为主要贸易对象和通货交易方式的记载，在传统的史书典籍和各类考古文献中并不稀见，在以河西汉简、敦煌藏经洞各类档案写本、吐鲁番文书、西域中亚考古资料为代表的考古文字文献中也有真实的记载，到今天已是大家耳熟能详的史实。

有趣的是，如此醒目的历史记忆，我们却很难在考古资料中得到实物和明确的图像印证。虽然在中亚、西域、河西各地的遗址和墓葬中不难发现各类丝绸织物的考古遗存，但均是以各类衣物、物品或其残件的形式呈现的，很难有完整的

图 7-139 斯坦因在楼兰发现的汉晋绢一匹一段
(Valerie Hansen:The Silk Road:A New History)

作为贸易对象或通货使用的丝绸产品。大英博物馆收藏有斯坦因于 1901 年在楼兰遗址发现的公元 3 至 4 世纪汉晋时期的平纹素绢，现呈浅黄色的绢原应为白色，一大一小，分别是一匹和一段，是单匹单缎的丝绸卷成捆束的形状（图 7-139）。依公布的数据可知，这匹绢的幅阔度是 50 厘米（此尺寸正是汉晋绢帛幅阔）[①]，据美国耶鲁大学 Valerie Hansen 教授判断，这应该是"楼兰戍堡中中国士兵的军饷"，因此她认为"这是三四世纪通货用绢的唯一实物例证"[②]。汉晋时期楼兰的士兵往往受到设于河西走廊的敦煌或凉州的上级单位管理，因此这些绢有可能来自河西走廊敦煌一带，至少可以肯定同样的绢在同时期的敦煌是作为流通货币使用的。[③]

斯坦因在敦煌发现的另一件较为完整的残帛也可以印证这一点。这件被法国沙畹编号为 539T.XV.ai.3 的"任城缣"，正面有文字："任城国亢父缣一匹，幅广二尺二寸，长四丈，重二十五两。值钱六百一十八。"另在背面有"口口元"三字。标本实物幅宽 50 厘米，按汉尺 23 厘米计算，基本吻合，是当时丝绸织品在敦煌

① M.Aurel Stein. *Serindia—detailed report of explorations in central Asia and westernmost China*, K. C. I. E. By arrangement with Oxford University Press, London, First Edition: Oxford 1921. Reprint: Delhi, 1980, pp373-374, 432, 701, 图版 XXXVII。中译本见［英］奥雷尔·斯坦因著, 中国社会科学院考古研究所译：《西域考古图记》, 桂林：广西师范大学出版社, 1998 年。

② Valerie Hansen. *The Silk Road*: *A New History*, Oxford University Press, 2012, Plate 5A. 中译本见［美］芮乐伟·韩森著, 张湛译：《丝绸之路新史》, 第 53 页。

③ 此图另见荣新江：《丝绸之路上的于阗》图 1, 标为"敦煌发现的汉代丝绸", 载上海博物馆编：《于阗六篇——丝绸之路上的考古学案例》, 北京：北京大学出版社, 2014 年, 第 3 页。

流通的另一实例。[①]

汉晋之后至隋唐时期，可以确定作为丝路贸易商品的丝绸，即是墓葬中常见的那些三彩骆驼俑、普通骆驼陶俑或壁画骆驼上出现的一束束像绳子一样拧结在一起的、被考古简报和考古报告明确描述为"生丝""丝绸"的货物，而对于大量唐墓中见到的骆驼（骆驼俑或壁画骆驼）上所驮载的物品，虽然国内外从事丝路研究的学者们多有关注，但往往把其中部分物品统称为丝绸或丝织品（绢帛），具体的名称则未细究[②]。由于图像实物特征表达的模糊性和不确定性，很难清晰而肯定地判断这些货物即是丝绸或其中某一类产品。

张庆捷先生对北朝和隋唐时期墓葬中大量出土的各类胡商和胡俑做过深入的研究，其中涉及对胡人牵驼俑的图像分析，指出"骆驼、马、驴驮载的货物种类主要有丝卷、锦帛、毛皮等，是胡商俑组合与胡商图中最常见的货物"[③]。其研究胡商骆驼俑驮载方式时再次指出："从东魏起，骆驼、马、驴驮载的货物种类主要有束丝、绢帛、毛皮等，对于骆驼所载各种货物的比例，虽然没有做过精确的数量统计，但就所见资料大致比例看，束丝、丝绸、绢帛等纺织品，无疑是胡商俑组合与胡商图中最常见的货物，所占比例也是最大。"[④]张先生的研究虽然指出了丝路上胡商贩运丝绸的图像，但仍然是较为笼统的命名，甚至有些想当然的推测，

[①] 罗振玉、王国维编著：《流沙坠简》"器物五五"，上虞罗氏宸翰楼，1914 年。夏鼐：《我国古代蚕、桑、丝、绸的历史》，载《考古学和科技史》，第 98—116 页。[日] 池田温：《敦煌的流通经济》，载《讲座敦煌·敦煌の社会》，东京：大东出版社，1980 年，第 297—343 页。

[②] [日] 森丰：《丝绸之路的骆驼》，东京：新人物往来社，1972 年。[法] 布尔努瓦著，耿昇译：《丝绸之路》，济南：山东画报出版社，2001 年。Elfriede R. Knauer. *The camel's load in life and death. In iconography and ideology of Chinese pottery figurines from han to tang and their relevance to trade along the Silk Routes*, Zürich: AKANTHVS. Verlag für Archäologie, 1998. 参见荣新江：*Elfriede R. Knauer, The Camel's Load in Life and Death*，载《唐研究》第五卷，北京：北京大学出版社，1999 年，第 533—536 页。冉万里：《"丝绸之路"视野中的一件三彩骆驼俑》，载樊英峰主编：《乾陵文化研究》（四），西安：三秦出版社，2008 年，第 147—157 页。

[③] 张庆捷：《北朝隋唐的胡商俑、胡商图与胡商文书》，载荣新江、李孝聪主编：《中外关系史：新史料与新问题》，北京：科学出版社，2004 年，第 173—204 页；另收入氏著《民族汇聚与文明互动——北朝社会的考古学观察》，北京：商务印书馆，2010 年，第 178 页。

[④] 张庆捷：《北朝入华外商及其贸易活动》，载张庆捷、李书吉、李钢主编：《4—6世纪的北中国与欧亚大陆》，北京：科学出版社，2006 年；另收入氏著《民族汇聚与文明互动——北朝社会的考古学观察》，第 216 页。

仅仅指出了驼背上的丝、绸、绢、帛，却几乎无一例图像特征的辨析，实际上是无法确指的，因此不确定的成分较多。

之所以会出现历史释读的困难和缺憾，除了历史图像资料中艺术表达对真实历史的常识性表达手法（也可以称为时代图式的表达）导致今天观察的误区之外，也与历史时期各类丝绸织品难以保存下来有关。幸运的是，通过仔细深入地考察敦煌壁画和唐墓三彩骆驼俑等图像，可以发现珍贵的丝路贸易商品中与丝绸相关的产品，为我们从图像实物的视角观察这一问题提供重要的资料。此处将其介绍出来，以飨同好，也为丝路贸易研究提供些许的思考。

一、敦煌壁画中的绢图像

莫高窟盛唐第 45 窟主室南壁观音经变一铺，画面主体表现观音救难和三十三现身的内容，其中救难场景之"商人遇盗图"（图 7-140），亦习惯命名为"胡商遇盗图"，表现漫长的丝绸之路上以粟特胡人为代表的胡商从事丝路贸易的情景。荣新江把壁画中商胡为首者判定为商队中的"萨保"，即商队的头领[1]，笔者也从丝路交通贸易的角度做过研究[2]，另外大量的敦煌画册和相关出版物中多可见对此图的介绍和说明，但有趣的是，对于商队所驮载物品，至今还未有明确的判断。

仔细观察发现，第 45 窟胡商遇盗图中，在强盗和胡商之间的地面上堆放着两样物品，其中之一为一土红色包袱，未打开，所装物品不得而知；另一件是由 10 小卷白色长条形物品捆扎在一起的物品，其中一端有三片类似于羽毛或叶状物的东西突出来，均为白色，其间有墨线条纹。旁边还有从毛驴身上卸载下来的鞍具和货物，其中的货物因为完全被包起来，所以具体物品种类不明。在较早的敦煌

① 荣新江：《萨保与萨薄：佛教石窟壁画中的粟特商队首领》，载荣新江、华澜、张志清主编：《粟特人在中国——历史、考古、语言的新探索》，北京：中华书局，2005 年，第 49—71 页；另载氏著《中古中国与粟特文明》，北京：生活·读书·新知三联书店，2014 年，第 186—216 页。

② 沙武田：《丝绸之路交通贸易图像——以敦煌画商人遇盗图为中心》，载陕西师范大学历史文化学院、陕西历史博物馆编：《丝绸之路研究集刊》第一辑，北京：商务印书馆，2017 年，第 122—155 页。

图 7-140　莫高窟盛唐第 45 窟观音经变《胡商遇盗图》
(敦煌研究院提供)

壁画出版物即段文杰先生主编的《中国敦煌壁画·盛唐》中，史苇湘先生撰写的图版说明是这样描述以上物品的：

　　一群商人驮着丝绸经过狭谷险路时，为三名持刀匪徒劫持，皆恐惧不已。他们被迫从牲口背上卸下丝绢。[①]

　　在这里史苇湘先生虽然没有专门就前述已经堆放在地上的二件物品做特别描述，但是可以从行文中大体推断作者认为是丝绢类商品。

　　其他各类出版物中，对此图关注和描述的核心是丝路上胡商遇见强盗的情景，侧重点多在强盗和胡商身上，即图像反映出来的丝路交通情景[②]，几乎不见有对地面上二件物品的说明，或仅统称为丝路交流"商品"一笔带过。同样的表达方式清晰地出现在晚唐第 468 窟顶坡观音经变商人遇盗图（图 7-141）中，站立的强盗和胡跪的商人之间有三条（二红一白）横放的物品和一个包袱。更为清晰的

---

　　① 段文杰主编：《中国敦煌壁画·盛唐》，天津：天津人民美术出版社，2010 年，彩色图版六四，图版说明第 22 页。
　　② 马德主编：《敦煌石窟全集·交通画卷》，香港：商务印书馆，2000 年，第 28 页。

图 7-141 莫高窟晚唐第 468 窟观音经变《商人遇盗图》
（敦煌研究院提供）

图7-142 敦煌藏经洞插图本观音经 S.6983"怨贼难"画面 1
［来自国际敦煌项目（IDP）］

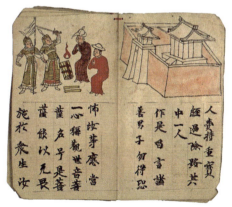

图7-143 敦煌藏经洞插图本观音经 S.6983"怨贼难"画面 2
［来自国际敦煌项目（IDP）］

同类图像出现在藏经洞晚唐插图本观音经 S.6983 的两幅表现"怨贼难"的图画（图 7-142、7-143）中。画面中强盗与商人之间的地面上，分别画一捆由小卷组合成的物品（一为 3 小卷一捆，另一至少为 6 小卷一捆），此观音经插图画面中对条状物品的捆绑方式表现得最为清晰，均分为三段捆扎，和本文后述宋辽墓中的绢帛包装完全一样。其中一幅还有纵向的捆绳，并在旁边单独画二件条形物，应为抽出来的样品，这可得到唐章怀太子墓中持一卷绢帛状物品的侍女图和宝山辽墓《寄锦图》壁画中锦帛样式（图7-144）的印证①。

图7-144　宝山2号辽墓《寄锦图》壁画
（孙建华编著：《内蒙古辽代壁画》）

上述盛唐第45窟胡商遇盗图中地面包袱中的物品和驴鞍上包裹起来的商品，由于均被包裹在内而看不到其形状，故无法判断品名，但是插图本观音经画面中地面上堆放的小卷捆在一起的物件和单独抽出来的小卷物品，其形状是可以卷起来的长条形，色彩是白色、红色，间有条纹，质地是柔软的，有以上特征的古代商品，基本上只能是丝绸类产品。另兼有以上特征的可能为纸张，但唐代纸张基本上是黄色或黄麻色，另外从画面反映的特征似与纸张的尺寸是不合的。单就纸

---

① 孙建华编著：《内蒙古辽代壁画》，北京：文物出版社，2009年，第46、49页图版。

张而言，以最为丰富的敦煌唐代纸张为例，据学者们的研究，小纸幅高 25—26 厘米，大纸幅高 26.5—27.5 厘米。[①] 另由敦煌博物馆藏卷轴装的藏文写经可知，唐五代还有一类幅高 30—32 厘米的麻纸，著名的藏经洞咸通九年雕版印刷的《金刚经》即幅高 30.5 厘米。[②] 另在敦煌发现的来自内地如长安等地的写经幅高略高于敦煌本地纸张，一般在 29—32 厘米之间。[③] 从我们对丝绢尺寸（幅阔 56 厘米左右）的讨论可知，纸张的幅高与绢的阔度有明显的差距，其大小还是可以在图像上区别出来的。像敦煌壁画中常见的僧人手持经卷的画面与本文所论绢类，虽然在形式上都是卷状物，但是宽度、幅阔有明显的差距，因此可以据此做些图像学上的辨识。

但仅凭以上特征还不能完全判定第 45 窟胡商遇盗图中地下堆放物为丝绸类产品，幸好在敦煌壁画中另有同类物品图像的佐证。与第 45 窟同时期的第 217 窟南壁画佛顶尊胜陀罗尼经变一铺（图 7-145），画面右侧为大面积山水画行旅场景，之前研究者识别为法华经变之"幻城喻品"中的内容[④]，后经日本学者下野玲子女士考释，确定为佛顶尊胜陀罗尼经变之"序品"[⑤]，已得到学界认可。

据佛陀波利译《佛顶尊胜陀罗尼经》可知，该经之"序品"，是讲佛陀波利

① 姜亮夫：《敦煌——伟大的文化宝藏》，上海：上海古典文学出版社，1956 年，第 84 页。潘吉星：《敦煌石室写经纸的研究》，《文物》1966 年第 3 期，第 39 页。李晓芩、贾建威：《甘肃省博物馆藏敦煌写经纸的初步检测和分析》，《敦煌学辑刊》2013 年第 3 期，第 164—174 页。

② 数据来自国际敦煌项目（IDP）。

③ 相关数据见于国际敦煌项目（IDP）或法国国家图书馆网站，或国内已出版各类敦煌文献大型系列图书，如《英藏敦煌文献》《法藏敦煌西域文献》《俄藏敦煌文献》等。相关研究参见王进玉：《敦煌学和科技史》第七章，兰州：甘肃教育出版社，2011 年，第 248—297 页。

④ 施萍婷、贺世哲：《敦煌壁画中的法华经变初探》，载敦煌文物研究所编：《中国石窟·敦煌莫高窟》三，北京：文物出版社，东京：株式会社平凡社，1987 年，第 177—191 页。贺世哲：《敦煌壁画中的法华经变》，载敦煌研究院编：《敦煌研究文集·敦煌石窟经变篇》，兰州：甘肃民族出版社，2000 年，第 127—217 页。贺世哲：《敦煌石窟论稿》，兰州：甘肃民族出版社，2004 年，第 135—224 页。

⑤ ［日］下野玲子：《敦煌莫高窟第二一七窟南壁经变的新解释》，载《美术史》第 157 册，2004 年，第 96—115 页。丁淑君中译本见敦煌研究院信息资料中心编《信息与参考》总第 6 期，2005 年；牛源中译本见《敦煌研究》2011 年第 2 期，第 21—32 页。另见下野玲子：《唐代佛顶尊胜陀罗尼经变图像的异同与演变》，载《朝日敦煌研究员派遣制度纪念志》，东京：朝日新闻社，2008 年；下野玲子：《敦煌佛顶尊胜陀罗尼经变相图の研究》，东京：勉诚出版社，2017 年，第 25—112 页。

图 7-145　莫高窟盛唐第 217 窟南壁画佛顶尊胜陀罗尼经变
(敦煌研究院提供)

于唐仪凤元年(676)来朝拜五台山,后经文殊菩萨化身老人点化,返回西国,至永淳二年(683)取梵本《佛顶尊胜陀罗尼经》来到长安,在皇帝的主持下于宫内翻译此经,但皇帝不让经本外流,因此佛陀波利不得已再次从皇帝手中请回梵本,至西明寺再译经本,最后入五台山金刚窟不出。[①]莫高窟第 217 窟和第 103 窟佛顶尊胜陀罗尼经变右侧山水画部分即是对此"序品"的画面表现。其中方形城内帝王接见僧人和僧人翻译经典的场景,表现的即是佛陀波利于长安受皇帝接见并组织翻译佛经的情况。其中有一画面,地上依次放着三件物品(图 7-146),下野玲子将其描述为"三个长方物体",并明确指出是佛经序品中所讲"敕施僧绢三十匹"之"绢三十匹"[②],经文序文原文记载如下:

　　佛顶尊胜陀罗尼经者,婆罗门僧佛陀波利,仪凤元年从西国来至此汉土到五台山次……。至永淳二年回至西京,具以上事闻奏大帝。大帝遂将其本入内,请日照三藏法师,及敕司宾寺典客令杜行顗等,共译此

　　① 参见(唐)志静法师著:《佛顶尊胜陀罗尼经序》,载《大正藏》第 19 册,东京:大正一切经刊行会,1960 年,第 349 页。
　　② [日]下野玲子著,牛源译:《莫高窟第 217 窟南壁经变新解》,《敦煌研究》2011年第 2 期,第 30—31 页。

经。敕施僧绢三十匹。其经本禁在内不出。①

至此，图像和经典文字记载完全符合，图文互证，可以肯定第 217 窟城内地上堆放的"三个长方物体"，即是唐永淳二年皇帝（时为唐高宗）在长安给佛陀波利"敕施"的"绢三十匹"无疑。

仔细观察这三件物品，和前述第 45 窟胡商遇盗图地上堆放的小卷成捆的物件完全一致。由于画面太小，又有变色的情形，我们不能确定其是否亦为小卷组成之大捆，但是同样为成卷的长条形，色彩亦为白色。最有趣的是这三卷物品的一端同样有三片类似羽毛或叶状物的东西突出来，均为白色，其间有墨线条纹。也就是说第 217 窟壁画中的三件物品的形状、特征

图 7-146 莫高窟第 217 窟佛顶尊胜陀罗尼经变右侧山水画"序品"画面线描图
（敦煌研究院编：《敦煌壁画线描百图》）

与第 45 窟完全一致，可以肯定是一类物品。那么，因为第 217 窟的物品有经典文字可证是"绢"，则可以肯定第 45 窟同类物品亦即是"绢"。同样第 468 窟壁画中横放的三件条状物品也当是绢，藏经洞插图本观音经画面中成捆的条状物同样是绢。如此，从道理上讲，同时期相同图像结构样式的莫高窟第 103 窟佛顶尊胜陀罗尼经变中也会有相同的绢的图像，可惜因第 103 窟表现佛陀波利在长安面见皇帝的画面残毁严重，已无法辨认。

受以上壁画中绢的图像的启示，仔细检索敦煌壁画，可以看到更多同类图像，

① 《大正藏》第 19 册，第 349 页。

图 7-147　敦煌绢画 Stein painting11 弥勒经变及其中的绢帛画面
（韦陀主编：《西域美术·英国博物馆藏斯坦因收集品》）

图 7-148　哈佛大学藏敦煌麻布画弥勒经变供宝中的绢图像
（王惠民提供）

分别出现在弥勒经变、金刚经变、降魔经变、报恩经变、贤愚经变当中。现依次介绍如下：

1. 弥勒经变。敦煌藏经洞绢画 Stein painting11 弥勒经变[①]，在主尊正前两侧的二条供桌上摆放着各类供宝（图 7-147），中间各有四只净瓶，一侧中间兼有四颗摩尼珠一个花盘，另一侧中间有一短颈瓶；然后两侧各二编筐，其中分别放六个黑色的馒头状物品，具体物品不明；再外面在桌子的两侧边上分别堆放着两捆条状物，从高度判断应该是两层，上层明显是五条，靠外面的红色素色相间，中间有两道绳索捆扎，下面四周可以清晰看到用来包裹的软布。从此图像可以明显感受到丝绸柔软的质感，每卷有轻微的波浪感，捆扎的形式也同前述第45、217窟及相关观音经插图绘画一致，包裹的方式也体现了丝绢的特征。而其出现在这个位置，正表现了对弥勒的供养，和桌子上同时出现的宝瓶、摩尼珠、花盘等一样，均属供宝，符合绢在当时的社会功能与性质。同样的图像又在哈佛大学藏敦煌麻布画弥勒经变中有存（图 7-148、7-149）。另在莫高窟第 208 窟弥勒经变中，表现"众人观宝视而不取"

---

① ［英］韦陀主编：《西域美术·英国博物馆藏斯坦因收集品》第二卷，东京：讲谈社，1982年，彩版12。

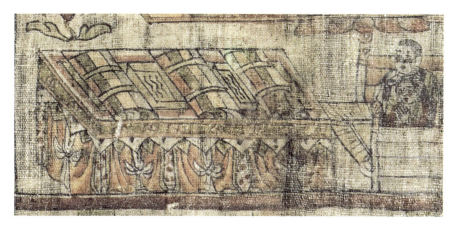

图 7-149　哈佛大学藏敦煌麻布画弥勒经变供宝中的绢图像（局部）

（王惠民提供）

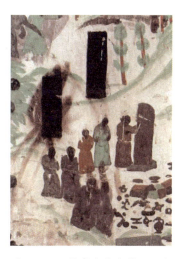

图 7-150　莫高窟盛唐第 208 窟
弥勒经变"路不拾遗"画面
（敦煌研究院提供）

图 7-151　莫高窟晚唐第 12 窟弥勒经变婚嫁图
（敦煌研究院提供）

的画面中，地上堆放着各类宝物，其中有条状的绢（图 7-150）。另，莫高窟晚唐第 12 窟弥勒经变婚嫁图画面中，在行礼的新娘新郎前面一方毯上摆放三个编筐，其内放置一条条物品，从其长度和形状判断应为绢，且有红色和天蓝色二种颜色（图 7-151），应当是聘礼。

　　2. 金刚经变。在金刚经变表现"用各种珍宝布施不如弘扬金刚经所得功德多"的画面中，可以看到在长条桌子上堆放着各类宝物。除了常见的宝瓶、珊瑚、宝珠、

图 7-152　莫高窟中唐第 361 窟金刚经变布施图

（敦煌研究院提供）

图 7-153　莫高窟晚唐第 18 窟金刚经变布施图

（敦煌研究院提供）

盘之外，在莫高窟中晚唐第 150、361、18 窟的经变画中则出现了大量的作为布施宝物的绢。其中中唐第 361 窟画面最为清晰（图 7-152），桌子上堆放着不同色彩的绢帛多条，施主站在一旁，有三人前来取宝，其中一人肩扛一匹彩绢、手执一胡瓶而去。莫高窟晚唐第 18 窟画面中，桌子上则有展开的成段成匹的绢（图 7-153），甚为宝贵。

3. 降魔经变。榆林窟第 33 窟降魔经变两侧的条幅式佛传故事画中出现了"商主供奉"画面，传统定为"商主奉蜜"①，但观察画面可见，跪在佛前面的世俗装商主双手奉一捆绿色条状物，至少有 8 条以上，其宽度略超过身体（图 7-154、7-155），应是绢帛类物品，也符合商主身份。这正是高昌回鹘壁画中商主供养画

_____

① 樊锦诗主编：《敦煌石窟全集·佛传故事画卷》，香港：商务印书馆，2004 年，第 176、177 页。

图 7-154　榆林窟五代第 33 窟降魔经变条幅中的商主奉宝 1
（敦煌研究院提供）

图 7-155　榆林窟五代第 33 窟降魔经变条幅中的商主奉宝 2
（敦煌研究院提供）

面的另一种形式，若是奉蜜，则应盛于器皿之中，二者区别是明显的。

4. 报恩经变。在敦煌石窟中晚唐以来的报恩经变中，画面"恶友品"表现善事太子身体复原后，从利师跋陀国回国与父母相见，使之前从海龙王处取回的宝珠雨宝。在各种宝物中，可以看到从空中徐徐飘下的丝绸[①]。在莫高窟中唐第 154 窟众人取宝画面（图 7-156）中，有 4 人各持一卷宝物，一端伸出一布条，同第 45、217 窟地上绢帛一端伸出的布条状，显然应当是宝珠雨绢帛被下面的拾宝人卷成完整的一匹匹的形状，正是我们在其他画面中见到的完整的绢帛形状。另在莫高窟晚唐第 85 窟报恩经变表现太子施舍的画面中，骑马的太子身后一人背负一捆重物，条状，有黑、红、蓝三种色彩，前面有 3 位穷人，因为是施舍画面，其所背重物当是绢帛，以施穷人。（图 7-157）在报恩经变中，不仅看到了成捆的丝绢图像，也有单卷的绢帛图，还有展开的绢帛画面，实是重要的中古丝绸图像事例。

---

① 在传统认识中，各类画册往往把此类物品解释为衣服，实为作为当时通行货币使用的一匹匹（或一段段）绢帛，是以钱物的形式发给穷人的。

图 7-156　莫高窟中唐第 154 窟报
恩经变雨宝图
（敦煌研究院提供）

5. 贤愚经变。莫高窟五代第 98 窟各壁下的贤愚经变屏风画中，北壁第三屏"善事太子入海品"表现宝珠雨宝施予民众的画面（图7-158）中，从宝珠中飘下来一匹匹或一段段的绢帛，下面是拾宝的民众；共有 12 人，其中有 9 人或抱或扛一捆绢而去，另有三捆绢和其他宝物一起放在地上。一束束绢帛的色彩也不一样，其幅阔和捆扎方式同之前其他画面所见。此画面是目前所见数量最丰富的绢帛画面，有从空中飘下的丝绢，也有成捆的一束束绢帛。

以上弥勒经变、金刚经变、降魔经变中出现的绢帛图像，均是以佛教供宝的性质与形式出现的，而在报恩经变和贤愚经变善事太子入海故事中出现的绢帛画面，则是以财宝的形式和性质出现的，这种把绢帛绘画在财宝中的图像也出现在莫高窟初唐第 321 窟十轮经变中[1]。

五代曹氏归义军时期的曹议金夫人回鹘天公主功德窟第 100 窟"天公主窟"，在西壁龛下中间供器一大香炉两侧，分别立有几身人物，其中有各执一球杖的"供奉官"[2]，在画面的南侧可以看到上下各一条桌子，上面摆放各种物品，画面虽然残毁严重，但仍可以看到有条状

---

① 王惠民：《敦煌 321 窟、74 窟十轮经变考释》，载中山大学艺术史研究中心编：《艺术史研究》第六辑，广州：中山大学出版社，2004 年，第 309—336 页。

② 宁强：《曹议金夫妇出行礼佛图研究》，载段文杰等编：《1990 敦煌学国际研讨会文集·石窟艺术编》，沈阳：辽宁美术出版社，1995 年，第 308 页。米德昉：《敦煌莫高窟第 100 窟研究》，兰州：甘肃教育出版社，2016 年，第 306 页。

图 7-157　莫高窟晚唐第 85 窟报恩经变太子施舍图
（敦煌研究院提供）

物品堆积在一起，中间两道绳子捆扎，极像前述各类绢帛图像，因为桌子上还可以看到瓶状物品，根据敦煌画面中各类宝物出现的场景，初步可以推断是绢图像（图 7-159）。画面另一侧残损严重，很不清楚，但隐约可以看到类似绢的图像。此两处画面表现的分别是曹议金出行图和天公主出行图最前面的部分内容，出现在供桌上的宝物，应该属于礼佛物品。宁强先生早年已注意到这些礼佛使用的"绢布供品"①，可以说是很有见地的，惜未详细说明，也一直未见图版发表。而出行图最前面出现在桌子上包括绢在内的各类供宝，除了学者们习惯认为的作为礼佛供养之意义的考虑之外，其实也启示我们对洞窟中出行图性质进行再考察，此容另文研究。②

除敦煌壁画之外，检索考古资料，在宋辽金墓壁画中也可看到与以上第 45 窟、第 217 窟绢图像极为近似的图像。20 世纪 50 年代由宿白先生主持发掘的河南禹县

① 宁强：《曹议金夫妇出行礼佛图研究》，载《1990 敦煌学国际研讨会文集·石窟艺术编》，第 311 页。

② 对此图像，在洞窟现场讨论时杨婕、敦煌研究院赵晓星、浙江大学王瑞雷、中国藏学研究中心杨鸿姣等帮忙释读。同时我们也就敦煌壁画中出现的卷轴佛经做了比较，排除了其作为卷轴写经的可能性。因为写经卷轴在两头均有突出来的轴，另中间出现两道捆扎的绳子，也非经卷所使用，经卷是用经帙包裹。

图 7-158 莫高窟五代第 98 窟贤
愚经变屏风画宝珠雨宝施民众图
(敦煌研究院提供)

图 7-159 莫高窟五代第 100 窟西壁龛下曹议金出行图
前部供佛物品
(敦煌研究院提供)

白沙宋墓中，一号墓甬道东壁持物男子（图 7-160）、后室东南壁持物女子，二号墓甬道东壁持物男子，三号墓甬道东壁二持物男子（图 7-161）所持均同前述二窟绢状物，考古报告称其为"筒囊"①。后来完全相同的图像出现在河北宣化的辽墓壁画中，其中最为清晰完整也最有代表性的即是韩师训墓墓

室西北壁壁画"晨起、财富图"（图 7-162），考古报告中如是描述："女侍和老年男侍之间有两筒状物的封筒，筒上有蓝、白、红、绿诸色，两端和中间有箍。一端有长方孔形的封盖，根据 M6、M10（张匡正墓——笔者注）经架上的经卷装于'卷帛'封筒之中，一侧还露出卷轴分析，此物应为卷帛封筒。"②因为此图在墓葬中的意义明显和墓主人对财富的拥有相关联，与此类筒状物一同出现的另有放在地上的一串串铜钱，以及桌子上的银锭、犀牛角。按照古代绢帛与金钱共同作为货币使用的事实，可以说考古报告确定此物为"卷帛封筒"，即属绢帛类物品的包装，是非常有道理的。与此完全相同的图像也可以在大同周家店辽墓壁画"收财帛图"（图

① 宿白：《白沙宋墓》，北京：文物出版社，1957 年，图版贰柒、叁贰、肆壹、肆捌。
② 河北省文物研究所：《宣化辽墓——1974~1993 年考古发掘报告》上册，北京：文物出版社，2001 年，第 298 页，另见彩图九六、线图二二九。

图 7-160　白沙宋墓一号
墓甬道东壁男子持物壁画
（宿白：《白沙宋墓》）

图 7-161　白沙宋墓三号墓甬道东壁二男子持物壁画
（宿白：《白沙宋墓》）

图 7-162　河北宣化辽代韩师训墓墓室西北
壁壁画"晨起、财富图"
（河北省文物研究所：《宣化辽墓——1974~1993
年考古发掘报告》）

图 7-163　大同周家店辽墓壁画"收财
帛图"
（贺西林、李清泉：《中国墓室壁画史》）

7-163）中看到。[1]前述白沙宋墓中持此筒囊的人，往往另一手会持有串钱或其他宝物，显然是宋金墓中流行"财富图"的表达。辽墓之外，同时期的西夏绘画中也可以看

---

① 王银田、解廷琦、周雪松：《山西大同市辽墓的发掘》，《考古》2007 年第 8 期，第 34—44 页、第 101 页、第 104 页、第 2 页。图片见贺西林、李清泉：《中国墓室壁画史》，北京：高等教育出版社，2009 年，图 4—14，第 239 页。

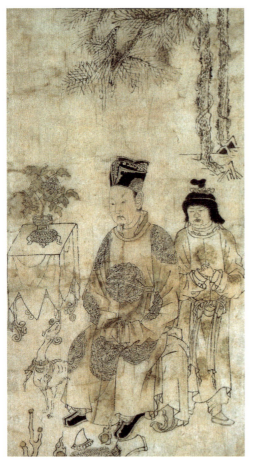

图 7-164　西夏黑水城版画《皇帝与侍从像》
（俄罗斯国立艾尔米塔什博物馆、西北民族大学、上海古籍出版社编纂：《俄藏黑水城艺术品 2》）

到类似的绢与其他财物像吊钱、珊瑚、摩尼珠、犀牛角、银锭等一同出现的画面（图 7-164），以黑水城版画类经变画为代表，可以认为是同时代的基本图像志的表达。

仔细比较白沙宋墓和宣化辽墓中出现的"筒囊""卷帛封筒"的形式，均是一条条不同颜色的条状物，中间和两端有捆扎或箍条，结合第 217 窟、Stein painting11 和哈佛藏弥勒经变绢画、金刚经变等画面中可以肯定的绢图像画法，也可进一步确定宋墓和辽墓中此类"财富图"中物品为绢帛的事实。从墓葬中筒囊与持有人的大小比例可以看出，其正是后面所论唐宋绢幅阔，因此当以绢为主。

如果说以上敦煌唐代壁画、宋墓和辽墓壁画中绢帛图像因为捆扎在一起影响对其物品类别的判断的话，内蒙古赤峰宝山辽墓壁画"寄锦图"中有墨书题记可证为锦帛的图像，[①] 如同敦煌插图本观音经中出现于强盗和商人之间地面上完整的小卷物品，恰是敦煌唐代壁画、宋墓和辽墓壁画中成捆的绢帛中抽出来的样品的反映。

受以上绢图像的启示，仔细检索敦煌壁画，像唐五代壁画法华经变中表现"幻

---

① 齐晓光、盖志勇、丛艳双：《内蒙古赤峰宝山辽壁画墓发掘简报》，《文物》1998 年第 1 期，第 73—95 页、第 97—103 页、第 1 页。吴玉贵：《内蒙古赤峰宝山辽墓壁画"寄锦图"考》，《文物》2001 年第 3 期，第 92—96 页、第 1 页，另载巫鸿、李清泉：《宝山辽墓：材料与释读》，上海：上海书画出版社，2013 年，第 147—152 页。

城喻品"画面情节的丝路商旅图，
以莫高窟第98窟壁画为代表，那
些行走在山间栈道上的行旅所背
一卷卷筒状的物品（图7–165）大
概也是丝绢。葛承雍先生提示笔
者，此处行人所背一卷卷物品最
可能是毛毡之类供行人在长途寻
宝途中休息所用，颇有道理。但
笔者之所以更加倾向于将其认定
为丝绢类物品，是考虑到此类图
像中的行人每人总是背三五卷东
西，如果是毛毡类，应该不会以
如此多条表示，因为在通辽市库
伦旗奈林稿苏木前勿力布格村的2
号、6号、7号辽墓壁画中，有多
处骆驼身上驮有大型卷筒状物品
（图7–166），由画面特征极易判

图7–165　莫高窟五代第98窟法华经变"幻
城喻品"中的行人
（敦煌研究院提供）

断即是毛毡。① 况且我们在同类图像中看到休息者并没有铺毡，而仅是倚之而卧，
显示所背卷状物品珍贵，不可拆铺。另外，若按画面所据经文之义，有可能画家
是借现实生活中行走于路上的商人来表示经文所言不畏艰险的寻宝之人，其实也
有强调商人贩运的结果，进而表达经文所讲最后得到"真宝"即佛法之精义。相
似的画面在莫高窟五代第61窟大型五台山图中也有反映，其中前往五台山巡礼
朝拜的行人（图7–167），有以双手捧一卷物品，略宽于身体，应该是比较珍贵，

① 郑隆：《库伦辽墓壁画浅谈》，《内蒙古文物考古》1982年第2期，第47页。金申：
《库伦旗六号辽墓壁画零证》，《内蒙古文物考古》1982年第2期，第51页。王健群、陈相伟：
《库伦辽代壁画墓》，北京：文物出版社，1989年，第35—41页。孙建华编著：《内蒙古辽
代壁画》，第262、263、275页图版。

图7-166　内蒙古通辽市库伦旗奈林稿苏木前勿力布格村辽墓壁画出行图中的骆驼载物

（孙建华编著：《内蒙古辽代壁画》）

图7-167　莫高窟五代第61窟五台山图中巡礼朝拜的行人

（敦煌研究院兰州院部数字敦煌展）

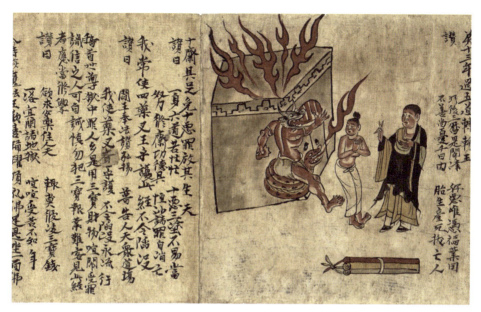

图 7-168　敦煌 P.3720 插图本《十王经》
［来自国际敦煌项目（IDP）］

有可能为绢类物品，表示拿此类物品前往五台山供奉之意。

　　巧合的是，我们可以发现以上几幅壁画和绢画中表现出来的唐代丝绸的形状特征和斯坦因在楼兰发现的汉晋时期的绢是完全一样的，只是楼兰的绢并未像壁画中的绢一样在一端附加羽毛状或叶状的突出物，据敦煌 P.2003、P.2870 和日本久保惣纪念美术馆藏唐宋时期的插图本《佛说十王经》目连救母画面中用来贿赂地狱牛头鬼的绢图像（图 7-168），可证此为每匹绢的系带，到了辽墓卷帛经筒中则以一小片状封盖表示。

　　至此，我们大体可以肯定，莫高窟第 45、468 窟及插图本观音经胡商遇盗图中出现的绢，即是在丝绸之路上胡商进行贸易的重要商品，因其珍贵而成为丝路沿途盗贼劫掠商队的原因和目的。而第 217 窟佛顶尊胜陀罗尼经变中的绢，则是大唐皇帝"敕施"给佛陀波利的珍贵物品，算是对其带来梵文本《佛顶尊胜陀罗尼经》的奖赏。二者分别体现的是有唐一代丝路贸易商品和国家珍贵物品在丝路交通和帝王赏赐活动中频繁出现的历史事实，有重要的历史图像价值和意义，应当引起丝路研究者的重视。

二、唐代作为货币商品的绢

绢是古代丝绸品种中最常见的一类，有时也是纱、绡、纨、素、缟、绨、缣、绸、绝的统称，但因组织结构的不同略有差异；绢一般是平纹素织物，而有色彩的平纹织物则称为彩绢。[①]绢是由汉晋或之前的帛而来，汉代时又有称"缯帛"[②]，到了魏唐时期，绢才成为一般平纹素织物的通称。[③]唐代绢的生产由官府纺织业机构即少府监下属织染署八作管理。绢在隋唐时期是比较普通的丝织品，是当时老百姓向政府缴纳户调的主要物品，又是各地向政府进贡的一般丝品，而且也是市场上作为货币使用的流通等价物，因此绢在当时的重要性可以想象得到。

唐初实行租庸调制度，其中庸、调除了用麻、绵等缴纳外，更多的即为绢帛，所以绢帛的征收量很大，"其度支岁计，粟则二千五百余万石，布绢绵则二千七百余万端屯匹，钱则二百余万贯"[④]。两税法代替租庸调制度之后，以钱定税，但仍允许百姓将钱折成绢帛交纳，《册府元龟》记载："其所纳见钱，仍许五分之中，量征二分，余三分兼纳实估匹段。"[⑤]汪篯先生据《通典》卷六《食货典》、《元和郡县图志》、《唐六典》卷三"户部郎中员外郎"条的记载，通过对唐玄宗时全国十道诸郡丝织物贡品的统计，对隋唐时期全国丝产地的分布做了梳理，结果表明，单就绢而言，集中生产于河南、河北二道，也就是说绢成为此二道地方诸郡向国家交纳赋税的主要物品。[⑥]对于历史时期黄河流域绢的生产，史念海先生也有深入的研究，以唐代为例，河北和河南二道诸州以绵绢作为主要贡赋，同时可以看到此二道不同地区所产绢在当时市场上的优劣等级，以黄河中

---

① 区秋明、袁宣萍：《中国古代丝绸品种的分类》，载朱新予主编：《中国丝绸史（专论）》，北京：中国纺织出版社，1997年，第249—250页。

② 孙机：《汉代物质文化资料图说》，上海：上海古籍出版社，2011年，第70页。

③ 赵丰：《中国丝绸艺术史》，第37页。

④ 《通典》卷六《食货六·赋税下》，第111页。

⑤ 《册府元龟》卷五〇一《邦计部·钱币第三》，第5689页。

⑥ 唐长孺等编：《汪篯隋唐史论稿》，第289—298页。

下游地区作为国家主体经济商品绢的主要生产地，代表着国家经济的核心依赖关系。① 又据严耕望先生研究，不仅唐如此，到了唐末五代十国时期，绢同样是各地主要的贡赋土产，且生产区域扩大。② 但到了安史之乱之后，江南地区的丝绸纺织业得到很大的发展，成为丝绸产品的主要生产地，在国家赋税中占重要地位，③ 因此《樊川文集校注》卷一八说道：天下财赋，首于东南，浙东"机杼耕稼，提封七州，其间茧税鱼盐，衣食半天下"。④ 整体来看，有唐一代，绢在国家赋税经济中占有重要的地位。

探讨绢在国家经济中的重要地位，还得借助于唐代的货币制度。对于唐代的商业经济和货币制度，学术界研究成果极其丰富。⑤ 总体来看，唐代一直实行"钱帛兼行"的基本货币政策。⑥ 开元二十年（732）九月，政府下令，市场上通用绫、罗、绢、布、杂货等，可不用现钱，这在《全唐文》卷二五《令钱货兼用制》中有详细反映：

> 绫罗绢布杂货等，交易皆合通用。如闻市肆必须见钱，深非道理。
>
> 自今已后，与钱货兼用，违法者准法罪之。⑦

开元二十二年（734）十月玄宗再次发布《命钱物兼用敕》，指出：

> 货币兼通，将以利用，而布帛为本，钱刀是末，贱本贵末，为弊则深，法教之间，宜有变革。自今已后，所有庄宅口马交易，并先用绢布

① 史念海：《黄河流域蚕桑事业盛衰的变迁》，载《河山集》，北京：生活·读书·新知三联书店，1963年。另载《史念海全集》第三卷，北京：人民出版社，2013年，第194—197页。

② 严耕望：《唐代纺织工业之地理分布》，载《唐史研究丛稿》，第645—655页。另载严耕望：《严耕望史学论文集》（中），上海：上海古籍出版社，2009年，第793—802页。

③ 杨希义：《唐代丝绸织染业述论》，《中国社会经济史研究》1990年第3期，第24—29页、第38页。杨希义：《唐代丝绸染织业概说》，《西北大学学报》（自然科学版）1990年第3期，第99—106页。

④ （唐）杜牧撰，何锡光校注：《樊川文集校注》卷一八《李讷除浙东观察使兼御史大夫制》，成都：巴蜀书社，2007年，第1150页。

⑤ 参见胡戟、张弓、李斌城、葛承雍主编：《二十世纪唐研究》，北京：中国社会科学出版社，2002年，第481—482页。

⑥ 李埏：《略论唐代的"钱帛兼行"》，《历史研究》1964年第1期，第169—190页。史卫：《从货币职能看唐代"钱帛兼行"》，《唐都学刊》2006年第3期，第1—5页。

⑦ 《全唐文》卷二五《令钱货兼用制》，第293页。

绫罗丝绵等，其余市买至一千以上，亦令钱物兼用，违者科罪。[①]

到了贞元二十年（804），政府再次令绢帛与铜钱兼用，《新唐书·食货志》记载：

> 命市井交易，以绫、罗、绢、布、杂货与钱兼用。[②]

《明夷待访录》亦载：

> 唐时民间用布帛处多，用钱处少。大历以前，岭南用钱之外，杂以
> 金银、丹砂、象齿。贞元二十年，命市井交易，绫罗绢布杂货与钱兼用。[③]

唐代绢作为国家货币的使用，除作为日常的各类支付手段（交纳赋税、薪俸、贿赂、馈赠、赁费等等）和商品交换的等价物之外，也广泛见于国家层面或皇帝个人行为，如日常对大臣和有功之人或外交使节的赏赐，另有国家军费开支，甚至官府计赃定罪的赃款计算往往也折合成绢来体现。因此《唐律疏义》中以绢来计算一切财物的价格，正体现了绢帛作为货币地位之高、使用范围之广。

至于丝路重镇敦煌和吐鲁番等地文书中反映丝织品绢和练作为交换商品和货币等价物的使用情况，属学界的共识。吐鲁番出土的唐代文书中有丝路贸易中以"大生绢""大练""练"来进行包括牲口买卖、奴婢交易、粮食交换、草料购买等广泛交易的大量记载，另在吐鲁番出土的唐代衣物疏中也可以感受到当时对绢、练作为财富拥有的意义。[④]吴震先生对吐鲁番出土文书所见的纺织品做过集中的考察，其中对绢和练之联系与区别做了辨析，指出绢有"生绢""熟绢"之分，练有"大练""小练"之分，二者是否等值并不确定。[⑤]唐代诗人张籍《凉州词》中描写了"无数铃声遥过碛，应驮白练到安西"[⑥]的丝路交通景象，练作为一种货币可以在吐鲁番文书中见到其在西州、安西等西域市场和社会中广泛使用的记载。

---

① 《全唐文》卷三五《命钱物兼用敕》，第386页。

② 《新唐书》卷五四《食货志四》，第1388页。

③ （清）黄宗羲：《明夷待访录·财计一》，北京：中华书局，1981年，第36页。

④ 以上资料见中国文物研究所、新疆维吾尔自治区博物馆、武汉大学历史系编，唐长孺主编：《吐鲁番出土文书》（全四册），北京：文物出版社，1992年；［日］小田义久：《大谷文书集成》，东京：法藏馆，1989年。

⑤ 吴震：《吴震敦煌吐鲁番文书研究论集》，上海：上海古籍出版社，2009年，第625—655页。

⑥ 《全唐诗》卷二七张籍《凉州词》，第381页。

对于丝路重镇敦煌而言，如同壁画中反映的那样，作为丝路贸易商品的各类丝绸及其织品的存在和使用，广泛见于历史时期的各类社会经济类文书。据齐陈骏、冯培红统计，唐五代敦煌市场上的丝织品有绢、生绢、白丝生绢、帛、熟绢、绵绫、黄丝生绢、绵绊、白绵绫、白花绵绫、绫、绯绵绫、紫绵绫、绿绢、碧绢、碧绸、楼绫、胡锦、车影锦、甲缬、白练、绯绸、生绫、白绵绸、黄绢、绯绢、绯缯、紫绣、黄罗、紫绸、紫绝、绯绫、续缣大练等，品种非常丰富。[①] 部分也可以在藏经洞、南区遗址、北区洞窟的考古资料中见到丰富的实物。[②] 据赵丰先生的统计可知，唐五代宋时期，在敦煌的市场交易和老百姓租赁契约中，以"大生绢""绢""生绢""熟绢"作为货币使用的情况颇为频繁。[③]

绢作为唐代"钱帛兼行"货币体系中的主要等价物，同时又是丝绸之路贸易输出的主要商品，据张广达先生的研究，绢作为货币使用的范围一直可到中亚或更远的地区，"史料表明，在昭武九姓胡地区，铸币与不同尺寸的丝织品各有一定比值，表明这里可能与汉地一样钱帛并行，丝帛同样可作一般等价物使用"[④]。因此，在文字文献中绢作为丝路上流通货币使用的记载之外，敦煌壁画中以图像文献的方式记载了胡人商队在丝路上贩卖以绢为代表的丝绸的历史，确是不可多得的丝路丝绸贸易图像。

三、丝绸之路绢帛图像再辨识

长期以来，在唐墓中出土数量颇多的胡人骆驼俑或壁画中的骆驼图像一直被认为是反映丝绸之路交通贸易和中西交通史的重要内容，但是由于骆驼所驮物品特征不明确，一直以来学术界对骆驼所驮物品的研究亦是莫衷一是，众说

---

① 齐陈骏、冯培红：《晚唐五代宋初归义军对外商业贸易》，载郑炳林主编：《敦煌归义军史专题研究》，兰州：兰州大学出版社，1997年，第346页。

② 赵丰、王乐：《敦煌丝绸》，第12—18页。

③ 赵丰：《敦煌的丝绸贸易与丝路经营》，载《敦煌丝绸与丝绸之路》，北京：中华书局，2009年，第237—244页。

④ 张广达：《论隋唐时期中原与西域文化交流的几个特点》，《北京大学学报》（哲学社会科学版）1985年第4期，第1—13页。

纷纭。近十多年来，葛承雍先生集中研究和丝路胡人有关的宗教、艺术、图像等，发表了一系列有新见地和独特观点的文章，逐渐解开一些重要的历史谜团，尤其是他对丝路上幻术表演者"胡人衵腹俑"①、丝路胡商骆驼所驮"穹庐""毡帐"②、唐代狩猎俑中的胡人猎师形象③等问题的考证，给历史时期墓葬中的丝路信息赋予全新的生命，逐渐勾勒出丝路鲜活的画面，对今天的研究有重要的启示。

受葛先生研究的启发，我们回过头来再看看莫高窟第 45、468 窟和插图本观音经胡商遇盗图中出现的丝路胡商主要贩卖的商品丝绢图像，很自然地将其和被齐东方先生比喻为"丝绸之路象征符号"④的唐代墓葬中常见的丝路胡人所牵骆驼驮载的部分货物做些联系。

若从图像相似性角度来比较，出土于洛阳的唐安国相王孺人唐氏墓的胡人牵驼出行图壁画中，一头骆驼所驮货品极似第 45 窟、468 窟、217 窟壁画和插图本观音经及宋墓辽墓壁画中的绢帛图像，是由 5 小卷组成的一捆（图 7-169）⑤，可惜墓葬考古简报中并没有对骆驼所驮货物做交代，⑥但在《丝绸之路》杂志上有报道称是"5 卷丝绸"⑦。考虑到此五件物品的卷状特征，又从占据骆驼身体宽度上看显然非纸张的尺寸，因此大体上可确定是绢帛类物品。其捆扎的方式与敦煌第

---

① 葛承雍：《唐代胡人衵腹俑形象研究》，《中国历史文物》2007 年第 5 期，第 20—27 页、第 96—97 页、第 2 页。

② 葛承雍：《丝路商队驼载"穹庐""毡帐"辨析》，《中国历史文物》2009 年第 3 期，第 60—69 页、第 94—96 页、第 98 页、第 2 页。

③ 葛承雍：《唐代狩猎俑中的胡人猎师形象研究》，《故宫博物院院刊》2010 年第 6 期，第 126—143 页、第 161 页。

④ 齐东方：《丝绸之路的象征符号——骆驼》，《故宫博物院院刊》2004 年第 6 期，第 6—25 页、第 156 页。

⑤ 图片采自洛阳市文物管理局、洛阳古代艺术博物馆编：《洛阳古代墓葬壁画》下卷，郑州：中州古籍出版社，2010 年，图版二十三、二十六。

⑥ 洛阳市第二文物工作队：《唐安国相王孺人唐氏、崔氏墓发掘简报》，《中原文物》2005 年第 6 期，第 26、27 页。

⑦ 《洛阳出土骆驼驮丝绸壁画为丝绸之路起点再添力证》，《丝绸之路》2010 年第 18 期，第 23 页。

图 7-169　洛阳的唐安国相王孺人唐氏墓中的胡人牵驼出行图壁画
（河南博物院：《丝路遗珍——丝绸之路沿线六省区文物精品展》）

45 窟和 217 窟、唐章怀太子墓侍女图、白沙宋墓、宣化辽墓、大同辽墓中绢筒囊更加接近。虽然此壁画出土以来一直被认为是表现胡商在丝路上贩卖丝绸的典型画面，但无论是研究文章还是展览图册，抑或新闻报道与网络文字，均不能辨明骆驼所驮丝织物的类别归属，多描述成"成卷的丝绸"，过于笼统，因此做些图像的辨析是有意义的。此壁画也是目前所知唐墓中表现骆驼驮载丝绸织品最清晰可辨者，实是不可多得的图像例证。

　　另在大量唐墓出土的各类骆驼俑中，可以看到骆驼驮载的物品有驼囊、胡瓶、皮囊壶、菱形花盘、拧成绳状的生丝、象牙。以西安南郊 31 号唐墓出土的一件三彩骆驼陶俑（图 7-170）[①]为代表，冉万里先生有专门的研究，对其中拧成绳状的

---

　　① 孙福喜、杨军凯、孙武、冯健：《西安南郊唐墓（M31）发掘简报》，《文物》2004年第 1 期，第 31—61 页、第 3 页。国家文物局编：《丝绸之路》，北京：文物出版社，2014 年，第 142、143 页图版与说明。

图 7-170 西安南郊 31 号唐墓出土的三彩骆驼陶俑
(西安博物院提供)

丝绸有说明。① 像这样在骆驼所驮物品中出现拧成绳状的丝绸的事例，在唐墓考古中是常见的，因为受图像特征直观性启示，无论是考古简报、考古报告还是一般的展览说明或展览图册，抑或网上一般性说明文字，多以"丝绸"笼统称之，若就宏观的丝路贸易而言，倒也是客观的历史叙述。因为受到陶俑艺术品制作材料和工艺的限制，对丝织品的艺术表现很难像壁画等绘画作品那样，可以清晰地把丝绸特征表现出来。

非常有意思的现象是，在上述西安南郊 31 号唐墓出土的三彩骆驼俑所驮物品中，除了可以明确辨认的驼囊、胡瓶、皮囊壶、菱形花盘、拧成绳状的生丝、象牙等之外，其实还有一件物品往往被研究者忽略，即在骆驼双峰之间的驼囊两侧，一侧为学界习称的两束生丝，另一侧是一组条状物，从其形状特征上来看，本来应同敦煌壁画中看到的绢一样，是一卷一卷的，但因为挂在驼背上受自然力作用而呈扁平形状，即是此骆驼俑所展示的图像特征。事实上，姜伯勤先生在早

① 冉万里：《"丝绸之路"视野中的一件三彩骆驼俑》，载樊英峰主编：《乾陵文化研究》（四），西安：三秦出版社，2008 年，第 147—157 页。

年的研究过程中，以极其敏锐的观察力，把唐墓三彩骆驼常驮载的此类物品统称为"丝练""帛练""帛"，① 给我们的研究提供了重要的启示。因此，以此骆驼所驮物品为代表，大家熟知的唐墓骆驼身上驮载的各类物品，亦把丝路贸易中最常见的作为商品等价物的绢帛也一并表现了出来。如果再仔细看，此骆驼所驮物品最下面还有葛承雍先生研究发现的、用于商队宿营搭"穹庐""毡帐"的"支架""木排"。至此，可以认为在西安南郊 31 号唐墓这件三彩骆驼俑上，制作的工匠已经把当时丝绸之路上通过骆驼所带来的或带走的主要商品，以及胡商在丝路上行走的方式，以极其简洁的手法做了最精彩的图像诠释，理应引起丝路研究者的高度关注。

事实上，作为极其珍贵的丝绸产品的生丝和绢、帛、练，是不适合暴露在骆驼的背上的，因为丝绸及其织品是非常脆弱的，一旦遭遇丝路上常见的风沙、雨雪天气，后果不可想象。因此从理论上来讲，它们应该包裹在防风沙、雨雪的皮囊（即驼囊）中，但是作为表现墓主人财富的陪葬品②，唐墓中大量出现的胡人牵驮形象及骆驼上贵重物品和奢侈品，特别是把丝绸及其织品暴露在外的各类泥塑作品，正如葛先生指出的那样，当是艺术家为了表达骆驼在丝路上长途贩运的状况，而非实际生活的再现。③ 因此，我们所见到的大量的骆驼俑双峰间丝绸及其织品外露的情形，更多的是一种艺术表达手法和历史再现，而不能简单理解为完全真实的被工匠们艺术定格下来的历史影像。

如果西安南郊 31 号唐墓出土的三彩骆驼上绢的图像释读可以得到认可，那么顺着这个思路，我们可以在唐墓三彩俑和陶俑中看到更多此类图像遗存。1973 年

---

① 姜伯勤：《唐安菩墓所出三彩骆驼所见"盛于皮袋"的祆神——兼论六胡州突厥人与粟特人之祆神崇拜》，载荣新江主编：《唐研究》第七卷，北京：北京大学出版社，2001 年，第 55—70 页。后收入姜伯勤：《中国祆教艺术史研究》，北京：生活·读书·新知三联书店，2004 年，第 225—236 页。

② 巫鸿著，施杰译：《黄泉下的美术——宏观中国古代墓葬》，上海：生活·读书·新知三联书店，2010 年，第 89—154 页。

③ 葛承雍：《丝路商队驼载"穹庐""毡帐"辨析》，《中国历史文物》2009 年第 3 期，第 64 页。

图 7-171　唐李凤墓壁画胡人牵驼图
(富平县文化馆、陕西省博物馆、陕西省文物管理委员会:《唐李凤墓发掘简报》)

经考古发掘的唐李凤墓壁画中有一胡人牵驼图(图 7-171),其中骆驼所驮的货物,考古简报中称其为"白色条形物",此白色条形物实际上正是一匹匹绢的图像特征。简报中又称其"外套黑色方格纹网"①,仔细观察,方格纹网只是针对此单峰驼的驼峰而言,与丝绢无关。

1983 年西安机械化养鸡场出土一件三彩骆驼立俑,背上所驮物品有兽头驼囊,下面是一排用于搭毡帐的木排,驼峰两侧分别是前面一束生丝,后面为条形物,此条形物即是绢(图 7-172)②。

1963 年洛阳关林地质队出土一件行走的三彩骆驼俑(图 7-173),双峰间是传统的兽头驼囊,下面是一排木排,双峰两侧前面是生丝,后面是条形物,因驼峰和驼囊挤压而变成弧形,显然是柔软的材料,即是丝绢,有图版说明描述此骆驼"背负驼囊丝绢"③,倒是非常准确之图像辨析。

像这样的考古实例非常多,在相当部分的唐墓中均有出土物可加以印证,资

---

① 富平县文化馆、陕西省博物馆、陕西省文物管理委员会:《唐李凤墓发掘简报》,《考古》1977 年第 5 期,第 318 页。

② 河南博物院编:《丝路遗珍——丝绸之路沿线六省区文物精品展》,彩色图版 117,第 106 页。国家文物局编:《丝绸之路》,第 140、141 页图版与说明。

③ 国家文物局编:《丝绸之路》,第 354、355 页图版与说明。

图 7-172 西安机械化养鸡场唐墓三彩骆驼立俑
（河南博物院：《丝路遗珍——丝绸之路沿线六省区文物精品展》）

图 7-173 洛阳关林地质队出土的三彩骆驼俑
（河南博物院：《丝路遗珍——丝绸之路沿线六省区文物精品展》）

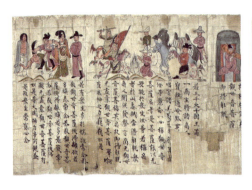

图 7-174　敦煌藏经洞插图本观音经
P.4513"怨贼难"画面
[来自国际敦煌项目（IDP）]

图 7-175　敦煌藏经洞插图本观音经
S.5642"怨贼难"画面
[来自国际敦煌项目（IDP）]

料颇丰且查阅方便，故不一一赘说。

　　如果说以上唐墓骆驼俑所驮丝绢的图像因为材质的原因而在艺术表达上不是十分到位的话，那么敦煌绘画中则有最为精彩的艺术再现。藏经洞插图本观音经P.4513"怨贼难"画面中，骆驼所驮物品是以墨线条和红线条表现的条形物，自然下垂，显然是一匹匹的绢（图 7-174）。相同的画面出现在敦煌插图本观音经S.5642"怨贼难"画面中（图 7-175），在敦煌纸本画 Stein painting77 汉人牵骆驼图（图7-176）中也得到精彩的呈现。这样下垂的绢帛画法，让我们联想到敦煌壁画弥勒经变"树上生衣""木架生衣"（图 7-177）画面中挂在支架上的布料，甚至在河北柿庄金墓 6 号墓室东壁的捣练图（图 7-178）中也有相似的画面①，若再联系唐张萱《捣练图》、周昉《挥扇仕女图》及兴教寺石槽上的《捣练图》中的绢帛②，截取其中的一段，不正是唐墓各类骆驼俑驼囊双峰内侧扁平状物品的形状？

　　类似于以上骆驼俑驮着绢的图像在唐墓中颇为常见。有趣的是，绢往往和拧成绳状的生丝一起对称出现，说明工匠们在制作时有意使丝路交通贸易中最常见的同类商品生丝和丝绢对称出现在驼背上，是艺术表达受丝路贸易影响的直接结

① 河北省文物研究所编：《河北古代墓葬壁画》，北京：文物出版社，2000 年，图版 107。
② 刘合心：《陕西长安兴教寺发现唐代石刻线画"捣练图"》，《文物》2006 年第 4 期，第 69—77 页。

图 7-176　敦煌纸本画 Stein painting77 汉人牵骆驼图

[来自国际敦煌项目（IDP）]

图 7-177　榆林窟第 36 窟弥勒经变木架生
衣图

（敦煌研究院提供）

图 7-178　河北柿庄金墓 6 号墓室东壁捣
练图

（河北省文物研究所编：《河北古代墓葬壁画》）

果。但在北朝和隋代的骆驼俑上，往往只见绳状的丝束，且非常夸张，不见条形的绢，以宁夏固原李贤墓出土的骆驼陶俑（图 7-179）为代表，陕西历史博物馆所藏几件北周骆驼陶俑（图 7-180）也是同样的表达手法。发展到以西安南郊 31 号唐墓为代表的三彩骆驼俑，其表达出来的丝路风情，说明工匠们对丝路交通贸易的理解在不断变化，总体上表现为骆驼身上出现的丝路往来中用于交换的物资更加丰富，也说明在人们的丧葬观念中对物质的追求不断强化。

　　通过对以上各类骆驼俑驮载货物图像的简单分析，可以看到在粟特胡商的推动下，以丝路象征符号骆驼为载体，丝绢作为丝路交通贸易中的重要商品，真实

图 7-179 宁夏固原李贤墓出土的骆驼陶俑
（吴晓红编著：《宁夏文物》）

图 7-180 陕西历史博物馆藏北周骆驼陶俑
（陕西历史博物馆提供）

而形象地再现了其在以唐代为代表的中古历史时期所扮演的重要角色。

而各类骆驼俑中出现的丝绢图像，基本的表达手法即是条状物，壁画中多以圆形表现，陶俑三彩俑中则是扁平状。之所以如此表达，实与绢在历史时期的规格制度有关。

作为通用的货币，绢帛有其使用标准和特定衡量尺度，以便于在交易中进行计算。《新唐书》载：

开元八年，颁庸调法于天下，好不过精，恶不至滥，阔者一尺八寸，

长者四丈。[①]

《通典·食货六·赋税下》开元二十二年五月敕条注：

准令，布帛皆阔尺八寸，长四丈为匹，布五丈为端，绵六两为屯，

丝五两为绚，麻三斤为綟。[②]

唐代绢帛一般以匹计算，长 4 丈；布则以端计算，长 5 丈。绢帛也有以段计的，是半匹，长 2 丈。唐代布帛的官府定式是幅广 1 尺 8 寸，长度以 4 丈为 1 匹，

---

① 《新唐书》卷五一《食货志一》，第 1345 页。
② 《通典》卷六《食货六·赋税下》，第 107—108 页。

5 丈为 1 端。为了保证绢帛的质量，维护货币市场秩序，唐政府颁布法令规定布帛的定式，还在各州设置样品，各地方政府在征收布帛时以此为标准，使"好不过精，恶不至滥"。同时，政府颁行法令以惩处作奸取巧者。《唐律疏议·杂律》规定："诸造器用之物及绢布之属，有行滥、短狭而卖者各杖六十。"疏议曰："'行滥'，谓器用之物不牢、不真；'短狭'，谓绢匹不充四十尺，布端不满五十尺，幅阔不充一尺八寸之属而卖：各杖六十。"[①]唐代一尺约合今 29.5—31 厘米，[②]幅阔 1 尺 8 寸约 56 厘米。这个尺寸也可以得到大量敦煌写本文书的印证。据王进玉先生统计，敦煌藏经洞保存下来的唐代大量借贷文书中，绢的幅宽基本上在 1 尺 8 寸至 2 尺之间，个别有略宽或略窄的，[③]与唐代制度相一致。而且这个尺寸一直延续到五代、宋时期，如 P.2504v《辛亥年（915）康幸全贷绢契》中有"白丝生绢一匹，长三丈九尺，幅阔一尺九寸"。北图殷字 41 号《癸未年（923）三月二十八日王的敦贷生绢契》载"贷生绢一匹，长四十尺，幅阔一尺八寸二十分"。P.3573《曹留住卖人契》记载曹留住出卖一个 10 岁的名叫三奴的人给段口口，"断口口口口生绢口匹半，匹长三丈九尺，幅阔一尺九寸"。虽然略有出入，但总体上仍然是一匹 4 丈、幅阔 1 尺 8 寸的基本规格。

　　更加有趣的是，在藏经洞发现的这些借贷文书中，不仅有文字记载的各类织物的尺寸，同时在文书的背面往往会画出被学者们称为"量绢尺图"的图像。据日本学者山本达郎先生、池田温先生，法国童丕先生，及我国宋家钰先生的统计和研究，在敦煌写本 S.4884、P.3124v（图 7–181）、P.3453、P.4083、S.5632v、д X.1303、д X.6708 等不同时期的文书中均有出现"量绢尺图"，其尺度基本上

---

① 刘俊文笺解：《唐律疏议笺解》二六《杂律》，北京：中华书局，1996 年，第 1859—1860 页。

② 曾武秀：《中国历代尺度概述》，《历史研究》1964 年第 3 期，第 172—174 页。吴泽：《王国维唐尺研究综论》，载中国唐史研究会编：《唐史研究会论文集》，第 325—352 页。丘光明编著：《中国历代度量衡考》，北京：科学出版社，1992 年，第 88 页。吴慧：《新编简明中国度量衡通史》，北京：中国计量出版社，2006 年，第 106 页。

③ 王进玉：《敦煌学和科技史》，第 170—172 页。

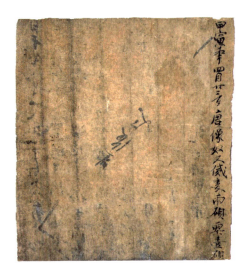

图 7-181　敦煌写本 P.3124v 量绢尺图
[来自国际敦煌项目（IDP）]

为 30.8—32 厘米。[1] 其中 S.4884 背面画出的量绢尺图，量绢尺长约 31 厘米，与唐尺完全一致。因此，具有特定尺寸并以匹段来计量的绢帛，在通常的运输中即形成像莫高窟第 45 窟和第 217 窟、Stein painting11、哈佛藏敦煌绢画弥勒经变、洛阳唐安国相王孺人墓壁画及大量唐墓骆驼三彩俑陶俑上所表现出来的一卷卷或一条条的形状。

事实上，丝绢图像不仅仅广泛出现在敦煌壁画、墓葬壁画和骆驼俑身上，作为丝路贸易的主要商品、交换品、等价物，来自唐代的丝绢图像也应该会出现在当时主要从事丝路交通贸易的粟特胡人所在地中亚。有趣的是，早在 1965 年，苏联的考古工作已经有重要发现[2]，在康国故地阿弗拉西阿勃的一处宫廷大厅遗址西壁壁画（即今天学界通称的大使厅壁画）中出现了来自唐代的使臣形象（图 7-182），可以看到唐使臣中最前面二人所捧的即为白色和红色的卷状横条形物品，从其画法上来看，正是我们在敦煌壁画中所见绢的表达手法，其宽度略大于人体宽幅，和章怀太子墓侍女捧绢尺寸一致，正与唐代绢约 56 厘米的宽幅相合。大使厅壁画表现的是各国使节觐见康国国王拂呼缦（Varkhuman）的情景，因此各使臣奉献的当是各自国家特色物品或与丝路贸易关系最为密切的物品，来自唐帝国的绢当是唐使臣朝见康国国王时的贵重礼品，其中有白色的素绢，也有红色的彩绢。

---

① ［法］童丕著，余欣、陈建伟译：《敦煌的借贷：中国中古时代的物质生活与社会》，北京：中华书局，2003 年，第 115—123 页、第 193—195 页。宋家钰：《敦煌贷绢契与量绢尺》，载宋家钰、刘忠编：《英国收藏敦煌汉藏文献研究：纪念敦煌文献发现一百周年》，北京：中国社会科学出版社，2000 年，第 166—169 页。参见王进玉：《敦煌学和科技史》，第 163—173 页。

② ［苏联］L.I. 阿尔巴乌姆：《阿弗拉西阿勃绘画》，莫斯科，1975 年。

图 7-182　康国故地阿弗拉西阿勃大使厅壁画各国使臣形象线描图

根据留存在西墙上的同时期的题记可知，此壁画作于公元 656 年左右，是为了庆祝康国国王拂呼缦被唐朝皇帝授予"粟特九国之王"称号而画，与《新唐书·康国传》"高宗永徽时，以其地为康居都督府，即授其王拂呼缦为都督"的记载 [①] 相呼应。

以各类绢作为赏赐礼物（即国家礼品），常见于唐王朝皇帝对周边少数民族或其他各国来长安朝觐时回赐记载中。那么前去各国进行外交活动的唐使臣所带物品中，丝绸织品绢当是主要物品之一。因此，撒马尔罕大使厅壁画中出现的唐代丝绢图像，当是丝路交通贸易最真切的反映，也是继 19 世纪初叙利亚帕尔米拉墓葬出土汉代丝绸和 1901 年斯坦因在楼兰发现汉晋时期的丝绢实物之后，唐代丝绢在丝路西端作为交通枢纽的中亚两河流域使用的重要图像印证。

四、结语

丝绸之路的兴盛与中国丝绸及其织品的贩运有非常密切的关系，这段历史虽然在各类历史文献中记载极其丰富，但相关的图像一直未受关注。不过中古时期

---

① 《新唐书》卷二二一下《西域·康国传》，第 6244 页。

绢帛作为财富使用的历史启示我们，此类物品必当是中古时期图绘不可或缺的题材。通过对以敦煌画和唐墓骆驼俑为代表的各类考古材料的分析，确实可以发现，各类绢帛练锦在唐五代以来的敦煌壁画、唐墓骆驼俑驮载的货囊以及传世绘画和宋墓、辽墓壁画中有较为清晰的描绘，既展示了以绢帛为代表的丝绸及其织品财富，也真实记载了历史时期的丝路风情，重现了中古时期丝路贸易的面貌。作为丝路象征符号的骆驼身上所驮载的一类物品，图像特征虽然并不明显，但剥茧抽丝，对细小画面的释读却大大拓宽了我们观察考古材料的视野，使得这些大家熟知的考古材料变得鲜活起来。而客观还原丝路真实的历史，则使得丝路的研究更加富于历史趣味。

参考资料

[1]（先秦）佚名：《逸周书》，（明）程荣纂辑：《汉魏丛书》，长春：吉林大学出版社，1992年。

[2]（汉）司马迁：《史记》，北京：中华书局，1959年。

[3]（汉）刘向编：《战国策》，上海：上海古籍出版社，1987年。

[4]（汉）刘向编：《管子》，上海：上海古籍出版社，1986年。

[5]（汉）刘向撰，向宗鲁校证：《说苑》，北京：中华书局，1987年。

[6]（汉）桓宽撰，王利器校注：《盐铁轮校注》，北京：中华书局，1992年。

[7]（汉）王充著，黄晖撰：《论衡校释》，北京：中华书局，1990年。

[8]（汉）贾谊：《新书》，《二十二子》，上海：上海古籍出版社，1986年。

[9]（汉）宋衷注，（清）秦嘉谟等辑：《世本八种·作篇》，上海：商务印书馆，1957年。

[10]（汉）孔安国传，（唐）孔颖达等正义：《尚书正义》，《十三经注疏》，

北京：中华书局，2009年。

[11]（汉）刘安：《淮南子》，上海：上海古籍出版社，1986年。

[12]（汉）刘歆等撰，王根林校点：《历代笔记小说大观·西京杂记（外五种）》，上海：上海古籍出版社，2012年。

[13]（汉）班固撰：《汉书》，北京：中华书局，1962年。

[14]（汉）崔寔撰，石声汉校注：《四民月令校注》，北京：中华书局，2013年。

[15]（汉）郑玄注，（唐）贾公彦疏：《周礼注疏》，上海：上海古籍出版社，1990年。

[16]（汉）袁康撰，吴平辑录：《越绝书》，上海：上海古籍出版社，1985年。

[17]（汉）刘熙撰，祝敏彻等点校：《释名疏证》，北京：中华书局，2008年。

[18]（晋）郭璞注：《穆天子传》，（明）程荣纂辑：《汉魏丛书》，长春：吉林大学出版社，1992年。

[19]（晋）陈寿撰：《三国志》，北京：中华书局，1959年。

[20]（晋）干宝：《搜神记》，北京：中华书局，1979年。

[21]（晋）王嘉撰，（梁）萧绮录，齐治平校注：《拾遗记》，北京：中华书局，1981年。

[22]（晋）常璩撰、刘琳校注：《华阳国志》，成都：巴蜀书社，1984年。

[23]（晋）刘欣期：《交州记》，《丛书集成初编》，据《岭南遗书》本排印，上海：商务印书馆，1937年。

[24]（刘宋）范晔撰，（唐）李贤等注：《后汉书》，北京：中华书局，1965年。

[25]（梁）萧统编：《文选》，上海：上海书店，1988年。

[26]（梁）沈约撰：《宋书》，北京：中华书局，1974年。

［27］（梁）萧子显撰：《南齐书》，北京：中华书局，1972年。

［28］（北魏）崔鸿撰，（清）汤球辑补：《十六国春秋辑补》，北京：中华书局，2020年。

［29］（北魏）贾思勰：《齐民要术》，北京：中华书局，2009年。

［30］（北魏）杨衒之撰，范祥雍校注：《洛阳伽蓝记校注》，上海：上海古籍出版社，1978年。

［31］（北齐）魏收撰：《魏书》，北京：中华书局，1974年。

［32］（唐）姚思廉撰：《梁书》，北京：中华书局，1973年。

［33］（唐）房玄龄等撰：《晋书》，北京：中华书局，1974年。

［34］（唐）令狐德棻等撰：《周书》，北京：中华书局，1971年。

［35］（唐）李百药撰：《北齐书》，北京：中华书局，1972年。

［36］（唐）李延寿撰：《北史》，北京：中华书局，1974年。

［37］（唐）魏徵、令狐德棻撰：《隋书》，北京：中华书局，1973年。

［38］（唐）玄奘、辩机原著，季羡林等校注：《大唐西域记校注》，北京：中华书局，2000年。

［39］（唐）徐坚等著：《初学记》，北京：中华书局，1962年。

［40］（唐）义净著，王邦维校注：《南海寄归内法传校注》，北京：中华书局，1995年。

［41］（唐）欧阳询撰：《艺文类聚》，上海：上海古籍出版社，1965年。

［42］（唐）慧超原著，张毅笺释：《往五天竺国传笺释》，北京：中华书局，2000年。

［43］（唐）李林甫等撰，陈仲夫点校：《唐六典》，北京：中华书局，1992年。

［44］（唐）岑参：《过碛》，刘开扬笺注：《岑参诗集编年笺注》，成都：巴

蜀书社，1995年。

[45]（唐）韩愈撰，马其昶校注，马茂元整理：《韩昌黎文集校注》，上海：
上海古籍出版社，1986年。

[46]（唐）杜牧撰，何锡光校注：《樊川文集校注》，成都：巴蜀书社，2007年。

[47]（唐）释慧琳、（辽）释希麟撰：《一切经音义》，上海：上海古籍出版
社，1986年。

[48]（唐）杜佑：《通典》，北京：中华书局，1988年。

[49]（唐）段成式撰，方南生点校：《酉阳杂俎》，北京：中华书局，1981年。

[50]（唐）道宣撰，郭绍林点校：《续高僧传》，北京：中华书局，2014年。

[51]（唐）姚汝能：《安禄山事迹》，上海：上海古籍出版社，1983年。

[52]（唐）刘肃撰，许德楠、李鼎霞点校：《大唐新语》，北京：中华书局，
1984年。

[53]（唐）杜环著，张一纯笺注：《经行记笺注》，北京：中华书局，1963年。

[54]（唐）樊绰：《蛮书》，《文渊阁四库全书》，台北：台湾商务印书馆，
1983年。

[55]（唐）张籍撰，徐礼节、余恕诚校注：《张籍集系年校注》，北京：中华
书局，2011年。

[56]（后晋）刘昫等撰：《旧唐书》，北京：中华书局，1975年。

[57]（宋）乐史：《太平寰宇记》，北京：中华书局，2007年。

[58]（宋）薛居正：《旧五代史》，北京：中华书局，1976年。

[59]（宋）李昉：《太平御览》，石家庄：河北教育出版社，1994年。

[60]（宋）李昉：《文苑英华》，北京：中华书局，1966年。

[61]（宋）李昉等：《太平广记》，北京：中华书局，1961年。

［62］（宋）王钦若等编纂，周初勋等校订：《册府元龟》，南京：凤凰出版社，2006年。

［63］（宋）张君房：《云笈七签》，北京：书目文献出版社，1992年。

［64］（宋）欧阳修、宋祁撰：《新唐书》，北京：中华书局，1975年。

［65］（宋）欧阳修撰，（宋）徐无党注：《新五代史》，北京：中华书局，1974年

［66］（宋）钱易：《南部新书》，北京：中华书局，2002年。

［67］（宋）苏轼著，（清）朱孝臧编年，龙榆生校笺：《东坡乐府笺》，上海：上海古籍出版社，2016年。

［68］（宋）秦观：《蚕书》，《文渊阁四库全书》，台北：台湾商务印书馆，1987年。

［69］（宋）司马光：《资治通鉴》，北京：中华书局，1956年。

［70］（宋）赵汝适著，杨博文校释：《诸蕃志校释》，北京：中华书局，2000年。

［71］（宋）孟元老撰，邓之诚注：《东京梦华录注》，北京：中华书局，1982年。

［72］（宋）吴自牧：《梦粱录》，杭州：浙江人民出版社，1984年。

［73］（宋）赞宁撰，范祥雍点校：《宋高僧传》，北京：中华书局，1987年。

［74］（宋）周去非著，杨武泉校注：《岭外代答》，北京：中华书局，1999年。

［75］（宋）罗大经撰：《鹤林玉露》，北京：中华书局，1983年。

［76］（宋）洪迈撰：《夷坚志》，北京：中华书局，2006年。

［77］（宋）徐兢：《宣和奉使高丽图经》，《文渊阁四库全书》，台北：台湾商务印馆，1983年。

［78］（宋）朱胜非：《绀珠集》，《文渊阁四库全书》，台北：台湾商务印书馆，1983年。

[79]（宋）刘才邵：《樀溪居士集》，《文渊阁四库全书》，台北：台湾商务印书馆，1986年。

[80]（宋）叶隆礼：《契丹国志》，上海：上海古籍出版社，1985年。

[81]（宋）洪皓：《松漠纪闻》，《宋元笔记小说大观》本，上海：上海古籍出版社，2007年。

[82]（宋）范成大著，严沛校注：《桂海虞衡志》，南宁：广西人民出版社，1986年。

[83]（宋）李焘撰：《续资治通鉴长编》，北京：中华书局，2004年。

[84]（宋）胡榘修，方万里、罗浚纂：《宝庆四明志》，《宋元方志丛刊》第五册，北京：中华书局，1990年。

[85]（宋）周密撰，吴企明点校：《癸辛杂识》，北京：中华书局，1988年。

[86]（元）马端临撰：《文献通考》，北京：中华书局，1986年。

[87]（元）司农司编：《农桑辑要》，北京：中华书局，2014年。

[88]（元）陶宗仪：《南村辍耕录》，上海：上海古籍出版社，2007年。

[89]（元）黎崱：《安南志略》，北京：中华书局，2000年。

[90]（元）陶宗仪撰：《南村辍耕录》，北京：中华书局，1959年。

[91]（元）周达观原著，夏鼐校注：《真腊风土记校注》，北京：中华书局，1981年。

[92]（元）脱脱等：《宋史》，北京：中华书局，1977年。

[93]（元）脱脱等：《辽史》，北京：中华书局，1974年。

[94]（元）脱脱等：《金史》，北京：中华书局，1975年。

[95]（明）张辅等：《明太宗实录》，台北："中央研究院"历史语言研究所影印校勘本，1962年。

［96］（明）杨士奇等：《明仁宗实录》，台北："中央研究院"历史语言研究所校勘影印本，1962年。

［97］（明）杨士奇等：《明宣宗实录》，台北："中央研究院"历史语言研究所校勘影印本，1962年。

［98］（明）宋应星：《天工开物》，北京：中国社会出版社，2004年。

［99］（明）李东阳：《大明会典》，《续修四库全书》，上海：上海古籍出版社，1997年。

［100］（明）宋濂：《元史》，北京：中华书局，1976年。

［101］（明）巩珍著，向达校注：《西洋番国志》，北京：中华书局，1961年。

［102］（明）田汝成：《西湖游览志余》，上海：上海古籍出版社，1998年。

［103］（明）方以智：《物理小识》，《文渊阁四库全书》，台北：台湾商务印书馆，1983年。

［104］（明）王士贞：《弇山堂别集》，北京：中华书局，2006年。

［105］（明）霍与瑕：《霍勉斋集》，南海石头书院，光绪丙戌（1886）刻本。

［106］（明）茅瑞徵、叶向高撰：《皇明象胥录　四夷考》（合订本），台北：华文书局，1968年。

［107］（明）米儿咱·马黑麻·海答儿：《中亚蒙兀儿史——拉失德史》第二编，乌鲁木齐：新疆人民出版社，1986年。

［108］（明）马欢著，冯承钧校注：《瀛涯胜览校注》，北京：中华书局，1955年。

［109］（明）陈子龙：《明经世文编》，北京：中华书局，1962年。

［110］（明）徐光启：《增订徐文定公集》，徐顺兴印刷所，1933年。

［111］（明）张燮著，谢方点校：《东西洋考》，北京：中华书局，1981年。

[112]（明）顾炎武：《天下郡国利病书》，上海：上海古籍出版社，2011年。

[113]（明）郑若曾：《筹海图编》，《中国兵书集成》第16册，北京：解放军出版社，1990年。

[114]（明）郑若曾：《郑开阳杂著》，上海：上海古籍出版社，1987年。

[115]（明）王世贞：《弇山堂别集》，北京：中华书局，1985年。

[116]（明）叶权：《贤博编》，中国社会科学院历史研究所明史室编：《明史资料丛刊》第一辑，南京：江苏人民出版社，1981年。

[117]冲绳县教育厅文化财课史料编集班：《历代宝案》，台北：台湾大学，1972 年。

[118]（清）孙承泽：《山书》，《续修四库全书》，上海：上海古籍出版社，2002年。

[119]（清）黄遵宪：《日本国志》，杭州：浙江书局，光绪二十四年（1898）。

[120]（清）黄宗羲：《明夷待访录》，北京：中华书局 ，1981 年。

[121]（清）彭定求等编：《全唐诗》，北京：中华书局，1960年。

[122]（清）董诰等编：《全唐文》，北京：中华书局，1983年。

[123]（清）黄以周等辑注，顾吉辰点校：《续资治通鉴长编拾补》，北京：中华书局，2004年。

[124]（清）徐松辑，刘琳等校点：《宋会要辑稿》，上海：上海古籍出版社，2014年。

[125]（清）顾祖禹撰，贺次君、施和金点校：《读史方舆纪要》，北京：中华书局，2005年。

[126]（清）傅恒等：《御批历代通鉴辑览》，《文渊阁四库全书》，台北：台

湾商务印书馆，1983年。

［127］（清）阮元：《十三经注疏·礼记正义》，北京：中华书局，2009年。

［128］（清）孙星衍等辑，周天游点校：《汉官六种》，北京：中华书局，2008年。

［129］（清）昆冈等：《大清会典事例》，《续修四库全书》，上海：上海古籍出版社，1997年。

［130］（清）吴任臣撰，吴敏霞等点校：《十国春秋》，北京：中华书局，1983年。

［131］（清）徐景熙修，鲁曾煜等纂：《福州府志》，台北：成文出版社，1967年。

［132］（清）陈寿祺、魏敬中纂：《道光重纂福建通志》，南京：凤凰出版社，2011年。

［133］（清）王祖畲：《太仓州志》，台北：成文出版社，1975年。

［134］（清）鄂尔泰等：《清世宗实录》，北京：中华书局，1985年。

［135］（清）张廷玉等：《明史》，北京：中华书局，1974年。

［136］（清）嵇璜、刘墉等：《清朝通志》，《文渊阁四库全书》，台北：台湾商务印书馆，1983年。

［137］（清）郭连城：《西游笔略》，沈云龙主编：《近代中国史料丛刊正编》第28辑，第275册，台北：文海出版社，1968年。

［138］（清）李有棠：《辽史纪事本末》，北京：中华书局，2015年。

［139］（清）志刚：《初使泰西记》，长沙：岳麓书社，1985年。

［140］（清）屈大均撰：《广东新语》，北京：中华书局，1985年。

［141］（清）严可均校辑：《全上古三代秦汉三国六朝文》，北京：中华书局，1958年。

［142］（清）严可均辑，何宛屏、珠峰旗云、王玉等审订：《全晋文》，北京：

商务印书馆，1999年。

[143]（清）王庆云：《熙朝政纪》卷八《纪市舶》，上海广益书局石印本，光绪二十八年（1902）。

[144]（清）杨英撰：《延平王户官杨英从征实录》，北平："国立中央研究院"历史语言研究所影印本，1931年。

[145]（清）崔国因：《出使美日秘国日记》（二），沈云龙主编：《近代中国史料丛刊正编》第28辑，第275册，台北：文海出版社，1968年

[146]（清）赵尔巽等撰：《清史稿》，北京：中华书局，1977年。

[147]（清）李兆鹏：《奏请严丝出外洋之禁折》，《史料旬刊》第18期，故宫博物院，1930年。

[148]（清）李侍尧：《奏请将本年洋商已买丝货准其出口折》，《史料旬刊》第5期，故宫博物院，1930年。

[149]张星烺编注，朱杰勤校订：《中西交通史料汇编》，北京：中华书局，1977年。

[150]陈荆和编校：《大越史记全书》，东京大学东洋文化研究所，1984年。

[151]唐长孺主编，中国文物研究所、新疆维吾尔自治区博物馆、武汉大学历史系编：《吐鲁番出土文书》（全四册），北京：文物出版社，1992年。

[152]沈云龙主编：《近代中国史料丛刊续编》，台湾：文海出版社，1996年。

[153]周绍良主编：《全唐文新编》，长春：吉林文史出版社，2000年。

[154]程绍刚译注：《荷兰人在福尔摩莎》，台北：联经出版事业公司，2000年。

[155]樊锦诗主编：《敦煌石窟全集·佛传故事画卷》，香港：商务印书馆，2004年。

[156]杨镰主编：《全元诗》，北京：中华书局，2013年。

［157］上海古籍出版社、法国国家图书馆编：《法藏敦煌西域文献》，上海：上海古籍出版社，1995—2005年。

［158］中国社会科学院历史研究所、中国敦煌吐鲁番学会敦煌古文献编辑委员会、英国国家图书馆、伦敦大学亚非学院编：《英藏敦煌文献（汉文佛经以外部分）》，成都：四川人民出版社，1990—1995年。

［159］罗振玉：《增订殷虚书契考释》，东京：东方学会石印本，1927年。

［160］姚宝猷：《中国丝绢西传史》，上海：商务印书馆，1944年。

［161］楚文物展览会编辑：《楚文物展览图录》，北京历史博物馆，1954年。

［162］齐思和：《中国和拜占庭帝国的关系》，上海：上海人民出版社，1956年。

［163］傅衣凌：《明清时代商人及商业资本》，北京：人民出版社，1956年。

［164］姜亮夫：《敦煌——伟大的文化宝藏》，上海：上海古典文学出版社，1956年。

［165］陈大端：《雍乾嘉时代的中琉关系》，台北：明华书局，1956年。

［166］中国科学院考古研究所：《长沙发掘报告》，北京：科学出版社，1957年。

［167］宿白：《白沙宋墓》，北京：文物出版社，1957年。

［168］中国科学院考古研究所编著 ：《上村岭虢国墓地》，北京：科学出版社，1959年。

［169］河南省文化局文物工作队：《河南信阳楚墓出土文物图录》，郑州：河南人民出版社，1959年。

［170］梁思永等：《侯家庄·1001号大墓》上册，台北："中央研究院"历史语言研究所，1962年。

［171］湖南省博物馆：《湖南省文物图录》，长沙：湖南人民出版社，1964年。

［172］严耕望：《唐史研究丛稿》，香港：新亚研究所，1969年。

[173] 新疆维吾尔自治区博物馆出土文物展览工作组编：《丝绸之路——汉唐织物》，北京：文物出版社，1972年。

[174] 湖南省博物馆、中国科学院考古研究所：《长沙马王堆一号汉墓发掘报告》，北京：文物出版社，1973年。

[175] 章诗同：《荀子简注》，上海：上海人民出版社，1974年。

[176] 陈寅恪：《元白诗笺证稿》，上海：上海古籍出版社，1978年。

[177] 夏鼐：《考古学与科技史》，北京：科学出版社，1979年。

[178] 中国社会科学院考古研究所、河北省文物管理处：《满城汉墓发掘报告》，北京：文物出版社，1980年。

[179] 中国社会科学院考古研究所：《殷墟妇好墓》，北京：文物出版社，1980年。

[180] 唐长孺等编：《汪篯隋唐史论稿》，北京：中国社会科学出版社，1981年。

[181] 福建省博物馆：《福州南宋黄昇墓》，北京：文物出版社，1982年。

[182] 杜石然等编著：《中国科学技术史稿》上册，北京：科学出版社，1982年。

[183] 岑仲勉：《隋唐史》，北京：中华书局，1982年。

[184] 陈寅恪：《唐代政治史述论稿》，上海：上海古籍出版社，1982年。

[185] 温少峰等：《殷墟卜辞研究——科学技术篇》，成都：四川省社会科学出版社，1983年。

[186] 林幹编：《匈奴史论文选集（1919—1979）》，北京：中华书局，1983年。

[187] 周伟洲：《敕勒与柔然》，上海：上海人民出版社，1983年。

[188] 新疆社会科学院考古研究所编：《新疆考古三十年》，乌鲁木齐：新疆人民出版社，1983年。

[189] 湖北省荆州地区博物馆：《江陵雨台山楚墓》，北京：文物出版社，

1984年。

[190] 中国社会科学院考古所：《新中国的考古发现和研究》，北京：文物出版社，1984年。

[191] 周锡保：《中国古代服饰史》，北京：中国戏剧出版社，1984年。

[192] 陈维稷主编：《中国纺织科学技术史（古代部分）》，北京：科学出版社，1984年。

[193] 河北省文物研究所：《藁城台西商代遗址》，北京：文物出版社，1985年。

[194] 林梅村编：《楼兰尼雅出土文书》，北京：文物出版社，1985年。

[195] 湖北省荆州地区博物馆：《江陵马山一号楚墓》，北京：文物出版社，1985年。

[196] 康有为：《欧洲十一国游记二种·意大利游记》，长沙：岳麓书社，1985年。

[197] 沈光耀：《中国古代对外贸易史》，广州：广东人民出版社，1985年。

[198] 李圭：《环游地球新录》，长沙：岳麓书社，1985年。

[199] 徐文靖：《竹书纪年统笺》，上海：上海古籍出版社，1986年。

[200] 中国社会科学院考古研究所：《殷墟发掘报告》，北京：文物出版社，1987年。

[201] 周一良：《中外文化交流史》，郑州：河南人民出版社，1987年。

[202] 杨建新主编：《古西行记选注》，银川：宁夏人民出版社，1987年。

[203] 裴文中：《裴文中史前考古学论文集》，北京：文物出版社，1987年。

[204] 中国农业百科全书编辑委员会：《中国农业百科全书·蚕业卷》，北京：农业出版社，1987年。

[205] 中国大百科全书总编辑委员会《中国历史》编辑委员会隋唐五代史编写组、中国大百科全书出版社编辑部编：《中国大百科全书·中国历史·隋

唐五代史》，北京：中国大百科全书出版社，1988年。

[206] 祝慈寿：《中国古代工业史》，上海：学林出版社，1988年。

[207] 张保丰：《中国丝绸史稿》，上海：学林出版社，1989年。

[208] 王健群、陈相伟：《库伦辽代壁画墓》，北京：文物出版社，1989年。

[209] 湖北省博物馆编：《曾侯乙墓》上，北京：文物出版社，1989年。

[210] 陈学文编：《湖州府城镇经济史料类纂》，杭州：浙江省社会科学院，1989年。

[211] 中国社会科学院考古研究所、定陵博物馆、北京市文物工作队：《定陵》，北京：文物出版社，1990年

[212] 广州市文物管理委员会、中国社会科学院考古研究所、广东省博物馆编辑：《西汉南越王墓》上，北京：文物出版社，1991年。

[213] 盖山林：《阴山汪古》，呼和浩特：内蒙古人民出版社，1991年。

[214] 朱新予主编：《中国丝绸史（通论）》，北京：纺织工业出版社，1992年。

[215] 丘光明编著：《中国历代度量衡考》，北京：科学出版社，1992年。

[216] 吴毓江：《墨子校注》，北京：中华书局，1993年。

[217] 杨丹编著：《丝绸文化》，北京：纺织工业出版社，1993年。

[218] 武安隆：《文化的抉择与发展——日本吸收外来文化史说》，天津：天津人民出版社，1993年。

[219] 王潮生：《中国古代耕织图》，北京：中国农业出版社，1995年。

[220] 李肖冰：《中国西域民族服饰研究》，乌鲁木齐：新疆人民出版社，1995年。

[221] 马兴国、宫田登主编：《中日文化交流史大系·民俗卷》，杭州：浙江人民出版社，1996年。

[222] 陈孔立主编：《台湾历史纲要》，北京：九州出版社，1996年。

［223］湖北省文物考古研究所编：《江陵望山沙冢楚墓》，北京：文物出版社，
　　　1996年。

［224］王晓秋、大庭修主编：《中日文化交流大系·历史卷》，杭州：浙江人民
　　　出版社，1996年。

［225］刘俊文笺解：《唐律疏议笺解》，北京：中华书局，1996年。

［226］李明伟主编：《丝绸之路贸易史》，兰州：甘肃人民出版社，1997年。

［227］郭廉夫、丁涛、诸葛铠：《中国纹样辞典》，天津：天津教育出版社，
　　　1998年。

［228］缪启愉：《〈齐民要术〉主要版本的流传》，北京：中国农业出版社，
　　　1998年。

［229］吴玉贵：《突厥汗国与隋唐关系史研究》，北京：中国社会科学出版社，
　　　1998年。

［230］冯承钧：《中国南洋交通史》，北京：商务印书馆，1998年。

［231］黎虎：《汉唐外交制度史》，兰州：兰州大学出版社，1998年。

［232］尚刚：《元代工艺美术史》，沈阳：辽宁教育出版社，1999年。

［233］广州市文化局编：《广州秦汉考古三大发现》，广州：广州出版社，1999年。

［234］孔远志：《中国印度尼西亚文化交流》，北京：北京大学出版社，1999年。

［235］马德主编：《敦煌石窟全集·交通画卷》，香港：商务印书馆，2000年。

［236］彭金章、王建军：《敦煌莫高窟北区石窟》第一卷，北京：文物出版社，
　　　2000年。

［237］吴孟雪：《明清时期——欧洲人眼中的中国》，北京：中华书局，2000年。

［238］河北省文物研究所编：《河北古代墓葬壁画》，北京：文物出版社，
　　　2000年。

[239] 孟凡人：《新疆考古与史地论集》，北京：科学出版社，2000年。

[240] 程喜霖：《唐代过所研究》，北京：中华书局，2000年。

[241] 王素：《高昌史稿·交通篇》，北京：文物出版社，2000年。

[242] 华涛：《西域历史研究（八至十世纪）》，上海：上海古籍出版社，2000年。

[243] 赵丰：《王㐨与纺织考古》，香港：艺纱堂 / 服饰工作队，2001年。

[244] 河北省文物研究所：《宣化辽墓——1974~1993年考古发掘报告》上册，
北京：文物出版社，2001年。

[245] 赵承泽主编：《中国科学技术史（纺织卷）》，北京：科学出版社，2002年。

[246] 靳之林：《生命之树》，桂林：广西师范大学出版社，2002年。

[247] 段金录、姚继德主编：《中国南方回族经济商贸资料选编》，昆明：云南
民族出版社，2002年。

[248] 李斌城主编：《唐代文化史》，北京：中国社会科学出版社，2002年。

[249] 王翔：《中日丝绸业近代化比较研究》，石家庄：河北人民出版社，2002年。

[250] 李喜所主编，林延清、李梦芝等著：《五千年中外文化交流史》（第二
卷），北京：世界知识出版社，2002年。

[251] 胡戟、张弓、李斌城、葛承雍主编：《二十世纪唐研究》，北京：中国社
会科学出版社，2002年。

[252] 罗梦山编译：《山海经》，北京：宗教文化出版社，2003年

[253] 浙江省文物考古研究所：《河姆渡：新石器时代遗址考古发掘报告》，
北京：文物出版社，2003年。

[254] 王兴文：《简明中国科学技术通史》，长春：吉林人民出版社，2004年。

[255] 太原市文物考古研究所编：《北齐娄叡墓》，北京：文物出版社，2004年。

[256] 赵丰：《辽代丝绸》，香港：沐文堂美术出版社有限公司，2004年。

［257］彭金章、王建军：《敦煌莫高窟北区石窟》第二、三卷，北京：文物出版社，2004年。

［258］赵丰主编：《中国丝绸通史》，苏州：苏州大学出版社，2005年。

［259］北京大学考古文博学院、青海省文物考古研究所编著：《都兰吐蕃墓》，北京：科学出版社，2005年。

［260］戴逸：《简明清史》，北京：中国人民大学出版社，2006年。

［261］和田县地方志编纂委员会编：《和田县志》，乌鲁木齐：新疆人民出版社，2006年。

［262］沈福伟：《中西文化交流史》，上海：上海人民出版社，1985年。

［263］李吟屏：《和田春秋》，乌鲁木齐：新疆人民出版社，2006年。

［264］周伟洲：《吐谷浑史》，桂林：广西师范大学出版社，2006年。

［265］吴慧：《新编简明中国度量衡通史》，北京：中国计量出版社，2006年。

［266］林梅村：《丝绸之路考古十五讲》，北京：北京大学出版社，2006年。

［267］吴涛编著：《龟兹佛教与区域文化变迁研究》，北京：中央民族大学出版社，2006年。

［268］陕西省考古研究院、法门寺博物馆、宝鸡市文物局等编著：《法门寺考古发掘报告》，北京：文物出版社，2007年。

［269］赵丰、伊弟利斯·阿不都热苏勒主编：《大漠联珠——环塔克拉玛干丝绸之路服饰文化考察报告集》，上海：东华大学出版社，2007年。

［270］杨共乐：《罗马史纲要》，北京：商务印书馆，2007年。

［271］蔡鸿生：《中外交流史事考述》，郑州：大象出版社，2007年。

［272］张道一、郭廉夫主编，毛延亨撰文，陈建国、王伟摄影，王谨、高嘉年绘图：《古代建筑雕刻纹饰——草木花卉》，南京：江苏美术出版社，2007年。

［273］赵丰、金琳：《纺织考古》，北京：文物出版社，2007年。

［274］赵丰主编：《敦煌丝绸艺术全集（英藏卷）》，上海：东华大学出版社，2007年。

［275］石云涛：《三至六世纪丝绸之路的变迁》，北京：文化艺术出版社，2007年。

［276］《新疆通志·文物志》编纂委员会编：《新疆通志·文物志》，乌鲁木齐：新疆人民出版社，2007年。

［277］杨曾文：《日本佛教史》，北京：人民出版社，2008年。

［278］荣新江：《华戎交汇——敦煌民族与中西交通》，兰州：甘肃教育出版社，2008年。

［279］陈桥驿校证：《水经注校证》，北京：中华书局，2007年。

［280］郝树声、张德芳：《悬泉汉简研究》，兰州：甘肃文化出版社，2009年。

［281］孙建华编著：《内蒙古辽代壁画》，北京：文物出版社，2009年。

［282］李肖冰：《丝绸之路服饰研究》，乌鲁木齐：新疆人民出版社，2009年。

［283］王小甫：《唐、吐蕃、大食政治关系史》，北京：中国人民大学出版社，2009年。

［284］吴震：《吴震敦煌吐鲁番文书研究论集》，上海：上海古籍出版社，2009年。

［285］吴志良等主编：《澳门编年史》第一卷《明中后期（1494—1644）》，广州：广东人民出版社，2009年。

［286］贺西林、李清泉：《中国墓室壁画史》，北京：高等教育出版社，2009年。

［287］浙江大学编著：《中国蚕业史》，上海：上海人民出版社，2010年。

［288］刘进宝：《丝绸之路敦煌研究》，乌鲁木齐：新疆人民出版社，2010年。

［289］赵翰生：《中国古代纺织与印染》，北京：中国国际广播出版社，2010年。

［290］段文杰主编：《中国敦煌壁画》，天津：天津人民美术出版社，2010年。

［291］巫鸿著，施杰译：《黄泉下的美术——宏观中国古代墓葬》，上海：生活·读书·新知三联书店，2010年。

［292］［乌兹］马特巴巴伊夫、赵丰主编：《大宛遗锦：乌斯别克斯坦费尔干纳蒙恰特佩出土的纺织品研究》，上海：上海古籍出版社，2010年。

［293］新疆维吾尔自治区博物馆编：《古代西域服饰撷萃》，北京：文物出版社，2010年。

［294］宁夏文物考古研究所、中国丝绸博物馆、盐池县博物馆：《盐池冯记圈明墓》，北京：科学出版社，2010年。

［295］赵丰、齐东方：《织锦上胡风》，上海：上海古籍出版社，2011年。

［296］马德主编：《甘肃藏敦煌藏文文献叙录》，兰州：甘肃教育出版社，2011年。

［297］沈从文编著：《中国古代服饰研究》，北京：商务印书馆，2011年。

［298］夏燕靖：《中国艺术设计史》，南京：南京师范大学出版社，2011年。

［299］孙机：《汉代物质文化资料图说》，上海：上海古籍出版社，2011年。

［300］王进玉：《敦煌学和科技史》，兰州：甘肃教育出版社，2011年。

［301］殷晴：《探索与求真——西域史地论集》，乌鲁木齐：新疆人民出版社，2011年。

［302］杨共乐：《早期丝绸之路探微》，北京：北京师范大学出版社，2011年。

［303］孙法鑫：《织染》，郑州：大象出版社，2012年。

［304］何堂坤：《中国古代手工业工程技术史》下，太原：山西教育出版社，2012年。

［305］石云涛：《早期中西交通与交流史稿》，北京：学苑出版社，2003年。

［306］赵丰、王乐：《敦煌丝绸》，兰州：甘肃教育出版社，2013年。

［307］马大正主编：《中国边疆经略史》，武汉：武汉大学出版社，2013年。

［308］巫鸿、李清泉：《宝山辽墓：材料与释读》，上海：上海书画出版社，
　　　　2013年。

［309］夏传才、唐绍忠校注：《曹丕集校注》，石家庄：河北教育出版社，
　　　　2013年。

［310］石云涛：《文明的互动——汉唐间丝绸之路与中外交流论稿》，兰州：兰
　　　　州大学出版社，2014年。

［311］刘迎胜：《丝绸之路》，南京：江苏人民出版社，2014年。

［312］王巍：《中国考古学大辞典》，上海：上海辞书出版社，2014年。

［313］贺世哲：《敦煌石窟论稿》，兰州：甘肃民族出版社，2004年。

［314］赵丰、尚刚、龙博编著：《中国古代物质文化史·纺织》（上），北京：
　　　　开明出版社，2014年。

［315］国家文物局编：《丝绸之路》，北京：文物出版社，2014年。

［316］彭德：《中国美术史》，上海：上海人民出版社，2004年。

［317］姚永超、王晓刚编著：《中国海关史十六讲》，上海：复旦大学出版社，
　　　　2014年。

［318］杨发鹏：《两晋南北朝时期河陇佛教地理研究》，成都：巴蜀书社，2014年。

［319］徐晓慧：《六朝服饰研究》，济南：山东人民出版社，2014年。

［320］蓝琪：《金桃的故乡——撒马尔罕》，北京：商务印书馆，2014年。

［321］荣新江：《中古中国与外来文明》（修订版），北京：生活·读书·新知
　　　　三联书店，2014年。

［322］金琔兰：《中国编织绣品的传统科技与美学》，上海：东华大学出版社，
　　　　2014年。

［323］西安市地方志办公室编：《古丝路与新西安——西安与丝绸之路经济带》，西安：三秦出版社，2015年。

［324］白寿彝总主编，何兹全主编：《中国通史》第五卷《中古时代·三国两晋南北朝时期》上册，上海：上海人民出版社，2015年。

［325］黄福康编著：《中国画特质与技法》，上海：上海科学技术出版社，2015年。

［326］程霞：《丝绸手绘艺术研究》，青岛：青岛出版社， 2015年。

［327］郭萍：《粟特美术在丝绸之路上的东传》，成都：四川大学出版社，2015年。

［328］李楠编著：《中国古代服饰》，北京：中国商业出版社，2015年。

［329］李云泉：《万邦来朝：朝贡制度史论》，北京：新华出版社，2014年。

［330］钟振振：《唐宋词举要》，芜湖：安徽师范大学出版社，2015年。

［331］王欣编著：《中国古代刺绣》，北京：中国商业出版社，2015年。

［332］敦煌研究院编：《中国石窟艺术——莫高窟》，南京：江苏凤凰美术出版社，2015年。

［333］李鸿宾、马保春主编：《中国长城志》，南京：江苏凤凰科学技术出版社，2016年。

［334］赵丰：《锦程：中国丝绸与丝绸之路》，合肥：黄山书社，2016年。

［335］王仲荦：《魏晋南北朝史》，上海：上海人民出版社，2016年。

［336］李甍：《历代〈舆服志〉图释·辽金卷》，上海:东华大学出版社，2016年。

［337］徐映荃、张克勤、赵荟菁编著：《文化丝绸》，苏州：苏州大学出版社，2016年。

［338］米德昉：《敦煌莫高窟第100窟研究》，兰州：甘肃教育出版社，2016年。

［339］孙占鳌、尹伟先主编：《河西简牍综论》，兰州：甘肃人民出版社，2016年。

［340］刘永强：《两汉西域经济研究》，咸阳：西北农林科技大学出版社，2016年。

［341］谢继胜主编：《西域美术全集》12《高昌石窟壁画卷》，天津：天津人民美术出版社，2016年。

［342］张晓东、王春梅编著：《嘉峪关新城魏晋墓砖壁画保护研究》，兰州：甘肃文化出版社，2016年。

［343］林梅村：《西域考古与艺术》，北京：北京大学出版社，2017年。

［344］冯培红：《敦煌学与五凉史论稿》，杭州：浙江大学出版社，2017年。

［345］王兴芬：《王嘉与〈拾遗记〉研究》，北京：中国社会科学出版社，2017年。

［346］徐苹芳：《丝绸之路考古论集》，上海：上海古籍出版社，2017年。

［347］王惠民：《敦煌佛教与石窟营建》，兰州：甘肃教育出版社，2017年。

［348］赵丰主编：《丝路之绸：起源、传播与交流》，杭州：浙江大学出版社，2015年。

［349］郎锐、林文君：《昭武遗珍——唐安西都护府地区货币研究》，长沙：湖南美术出版社，2018年。

［350］茅惠伟编著：《中国古代丝绸设计素材图系·金元卷》，杭州：浙江大学出版社，2018年。

［351］张国刚：《中西文化关系通史》（全二册），北京：北京大学出版社，2019年。

［352］裴文中：《中国西北甘肃走廊和青海地区的考古调查》，《裴文中史学考古学论文集》，北京：文物出版社，1987年。

［353］《各省事状：浙江蚕学馆表》，《农学报》第41期，1898年。

［354］郑振铎：《汤祷篇》，《东方杂志》30卷1号，1933年。

［355］劳幹：《汉简中的河西经济生活》，台北《"中央研究院"历史语言研究所集刊》第11本，1943年。

［356］郭宝钧：《一九五〇年春殷墟发掘报告》，《考古学报》1951年。

［357］雷海宗：《世界史上一些论断和概念的商榷》，《历史教学》1954年第5期。

［358］湖南省文物管理委员会：《长沙左家公山的战国木椁墓》，《文物》1954年第12期。

［359］湖南省文物管理委员会：《长沙杨家湾M006号墓清理简报》，《文物》1954年第12期。

［360］马得志、周永轸、张云鹏：《1953年安阳大司空村发掘报告》，《考古学报》1955年第1期。

［361］季羡林：《中国蚕丝输入印度问题的初步研究》，《历史研究》1955年第4期。

［362］湖南省文物管理委员会：《长沙出土的三座大型木椁墓》，《考古学报》1957年第1期。

［363］湖南省文物管理委员会：《长沙广济桥第五号战国木椁墓清理简报》，《文物》1957年第2期。

［364］夏鼐：《中国最近发现的波斯萨珊朝银币》，《考古学报》1957年第2期。

［365］夏鼐：《青海西宁出土的波斯萨珊朝银币》，《考古学报》1958年第1期。

［366］马衡：《汉代五鹿充墓出土刺绣残片》，《文物参考资料》1958年第9期。

［367］沈从文：《蓝地白花布的历史发展》，《文物参考资料》1958年第9期。

［368］李有恒、韩德芬：《陕西西安半坡新石器时代遗址中之兽类骨骼》，《古脊椎动物与古人类》1959年第4期。

［369］浙江省文管会、浙江省博物馆：《吴兴钱山漾遗址第一、二次发掘报告》，

《考古学报》1960年第2期。

[370] 彭念聪：《若羌米兰新发现的文物》，《文物》1960年第8、9期。

[371] 韩振华：《郑成功时代海外贸易和海外贸易商的性质》，《厦门大学学报》
1962年第1期。

[372] 唐云明：《河北井陉县柿庄宋墓发掘报告》，《考古学报》1962年第2期。

[373] 史念海：《黄河流域蚕桑事业盛衰的变迁》，《河山集》，北京：生活·
读书·新知三联书店，1963年。

[374] 夏鼐：《新疆新发现的古代丝织品——绮、锦和刺绣》，《考古学报》
1963年第1期。

[375] 朱杰勤：《我国历代关于东南亚史地重要著作述评》，《学术研究》1963年
第1期。

[376] 彭泽益：《从明代官营织造的经营方式看江南丝织业生产的性质》，
《历史研究》1963年第2期。

[377] 江苏省文物工作队：《江苏吴江梅堰新石器时代遗址》，《考古》1963年
第6期。

[378] 李埏：《略论唐代的“钱帛兼行”》，《历史研究》1964年第1期。

[379] 潘吉星：《敦煌石室写经纸的研究》，《文物》1966年第3期。

[380] 曾武秀：《中国历代尺度概述》，《历史研究》1964年第3期。

[381] 湖北省文化局文物工作队：《湖北江陵三座楚墓出土大批重要文物》，
《文物》1966年第5期。

[382] 全汉昇：《自明季至清中叶西属美洲的中国丝货贸易》，《中国经济史论丛》
（第一册），香港：香港中文大学新亚书院新亚研究所，1972年。

[383] 夏鼐：《我国古代桑、蚕、丝、绸的历史》，《考古》1972年第2期。

［384］敦煌文物研究所：《新发现的北魏刺绣》，《文物》1972年第2期。

［385］河南省博物馆长江流域规划办公室、河南省博物馆文物考古队河南分队：
　　　　《河南淅川下王岗遗址的试掘》，《文物》1972年第10期。

［386］胡厚宣：《殷代的桑蚕和丝织》，《文物》1972年第11期。

［387］敦煌文物研究所考古组：《莫高窟发现的唐代丝织物及其它》，《文物》
　　　　1972年第12期。

［388］甘肃省博物馆：《武威磨咀子三座汉墓发掘简报》，《文物》1972年第12期。

［389］中国科学院考古研究所山西工作队：《山西芮城东庄村和西王村遗址的发
　　　　掘》，《考古学报》1973年第1期。

［390］浙江省博物馆：《浙江瑞安北宋慧光塔出土文物》，《文物》1973年第1期。

［391］黎瑶渤：《辽宁北票县西官营子北燕冯素弗墓》，《文物》1973年第3期。

［392］新疆维吾尔自治区博物馆：《吐鲁番县阿斯塔那—哈拉和卓古墓群发掘简
　　　　报（1963—1965）》，《文物》1973年第10期。

［393］武敏：《吐鲁番出土的唐代印染》，《文物》1973年第10期。

［394］内蒙古文物工作队、内蒙古博物馆：《和林格尔发现一座重要的东汉壁画
　　　　墓》，《文物》1974年第1期。

［395］湖南省博物馆、中国科学院考古研究所：《长沙马王堆二、三号汉墓发掘
　　　　简报》，《文物》1974年第7期。

［396］熊传新：《长沙新发现的战国丝织物》，《文物》1975年第2期。

［397］纪南城凤凰山一六八号汉墓发掘整理组：《湖北江陵凤凰山一六八号汉墓
　　　　发掘简报》，《文物》1975年第9期。

［398］辽宁省博物馆、辽宁铁岭地区文物组发掘小组：《法库叶茂台辽墓记略》，
　　　　《文物》1975年第12期。

［399］李也贞、张宏源、卢连成、赵承泽：《有关西周丝织和刺绣的重要发现》，《文物》1976年第4期。

［400］凤凰山一六七号汉墓发掘整理小组：《江陵凤凰山一六七号汉墓发掘简报》，《文物》1976年第10期。

［401］齐思和：《匈奴西迁及其在欧洲的活动》，《历史研究》1977年第3期。

［402］富平县文化馆、陕西省博物馆、陕西省文物管理委员会：《唐李凤墓发掘简报》，《考古》1977年第5期。

［403］贾兰坡、张振标：《河南淅县下王岗遗址中的动物群》，《文物》1977年第6期。

［404］王轩：《谈李裕庵墓中的几件刺绣衣物》，《文物》1978年第4期。

［405］王轩：《邹县元代李裕庵墓清理简报》，《文物》1978年第4期。

［406］魏长洪：《新疆丝绸蚕桑的传入与发展》，《新疆大学学报》（哲学社会科学版）1979年第Z1期。

［407］赵承泽、李也贞、陈方全、赵钰：《关于西周丝织品（岐山和朝阳出土）的初步探讨》，《北京纺织》1979年第2期。

［408］陈娟娟：《新疆吐鲁番出土的几种唐代织锦》，《文物》1979年第2期。

［409］郑州市博物馆：《郑州大河村遗址发掘报告》，《考古学报》1979年第3期。

［410］甘肃省博物馆：《酒泉、嘉峪关晋墓的发掘》，《文物》1979年第6期。

［411］陈娟娟：《两件有丝织品花纹印痕的商代文物》，《文物》1979年第12期。

［412］蒋猷龙：《浙江蚕种生产发展史》（上编），《浙江蚕业史研究文集》（第一集），湖州印刷厂，1980年。

［413］《浙江丝绸史》编委会：《浙江蚕丝业简史》，《浙江蚕业史研究文集》（第一集），湖州印刷厂，1980年。

［414］吴泽：《王国维唐尺研究综论》，中国唐史研究会编：《唐史研究会论文集》，西安：陕西人民出版社，1983年。

［415］王开发、张玉兰、蒋辉、叶志华：《崧泽遗址的孢粉分析研究》，《考古学报》1980年第1期。

［416］石湍：《记成都交通巷出土的一件"蚕纹"铜戈》，《考古与文物》1980年第2期。

［417］刘林、余家栋、许智范：《南城明益宣王夫妇合葬墓》，《江西历史文物》1980年第3期。

［418］成露西：《美国华人历史与社会》，暨南大学华侨研究所编：《华侨史论文集》（第一集），广州：广东省农垦总局印刷厂，1981年。

［419］黄文弼：《古楼兰国历史及其在西域交通上之地位》，《西北史地论丛》，上海：上海人民出版社，1981年。

［420］湖南省博物馆：《长沙象鼻嘴一号西汉墓》，《考古学报》1981年第1期。

［421］徐辉、区秋明、李茂松、张怀珠：《对钱山漾出土丝织品的验证》，《丝绸》1981年第2期。

［422］张子斌、王丁、丁嘉贤：《北京地区一万三千年来自然环境的演变》，《地质科学》1981年第3期。

［423］高汉玉、王裕中：《崇安武夷山船棺出土纺织品的研究》，《民族学研究》1982年第2期。

［424］孙菊园辑：《青唐录辑稿》，《西藏研究》1982年第2期。

［425］哲里木盟博物馆：《库伦旗第五、六号辽墓》，《内蒙古文物考古》1982年第2期。

［426］郑隆：《库伦辽墓壁画浅谈》，《内蒙古文物考古》1982年第2期。

［427］金申：《库伦旗六号辽墓壁画零证》，《内蒙古文物考古》1982年第2期。

［428］陈炎：《略论海上"丝绸之路"》，《历史研究》1982年第3期。

［429］陈炎：《古代浙江在海上"丝绸之路"中的地位———兼论浙江历代的海外丝绸贸易》，《杭州商学院学报》1982年第4期。

［430］孔祥星：《唐代"丝绸之路"上的纺织品贸易中心西州——吐鲁番文书研究》，《文物》1982年第5期。

［431］张畅耕、毕素娟、郑恩淮：《山西应县佛宫寺木塔内发现辽代珍贵文物》，《文物》1982年第6期。

［432］陈跃钧、张绪球：《江陵马砖一号墓出土的战国丝织品》，《文物》1982年第10期。

［433］彭浩：《湖北江陵马山砖厂一号墓出土大批战国时期丝织品》，《文物》1982年第10期。

［434］陈炎：《南海"丝绸之路"初探》，北京大学东方语言文学系编：《〈东方研究〉论文集》，北京：北京大学出版社，1983年。

［435］刘曼春：《汉唐间丝绸之路上的丝绸贸易》，丝绸之路考察队编著：《丝路访古》，兰州：甘肃人民出版社，1983年

［436］王炳华：《吐鲁番出土唐代庸调布研究》，中国唐史研究会编：《唐史研究会论文集》，西安：陕西人民出版社，1983年。

［437］唐长孺：《南北朝期间西域与南朝的陆道交通》，《魏晋南北朝史论拾遗》，北京：中华书局，1983年。

［438］石钟健：《古代中国船只到达美洲的文物证据——石锚和有段石锛》，《思想战线》1983年第1期。

［439］蒋猷龙：《中日蚕丝业科技和文化的交流》，《农业考古》1983年第2期。

［440］赵丰：《秦代丝绸生产状况初探》，《浙丝科技》1983年第3期。

［441］方裕谨：《乾隆二十九年的丝斤出口》，《历史档案》1983年第4期。

［442］甘肃省敦煌博物馆：《敦煌佛爷庙湾五凉时期墓葬发掘简报》，《文物》1983年第10期。

［443］黄才庚：《元朝驿传初探》，《社会科学战线》1984年第2期。

［444］安徽省文物工作队：《安徽南陵县麻桥东吴墓》，《考古》1984年第11期。

［445］陈国安：《浅谈衡阳县何家皂北宋墓纺织品》，《文物》1984年第12期。

［446］胡道静：《朝鲜汉文农学撰述的结集》，《农书·农史论集》，北京：农业出版社，1985年。

［447］贾应逸：《新疆丝织技艺的起源及其特点》，《考古》1985年第2期。

［448］内蒙古博物馆：《内蒙古博物馆珍藏罕见的元代丝织品》，《内蒙古社会科学》1985年第2期。

［449］张广达：《论隋唐时期中原与西域文化交流的几个特点》，《北京大学学报》（哲学社会科学版）1985年第4期。

［450］包铭新：《间道的源与流》，《丝绸》1985年第6期。

［451］全汉昇：《略论新航线发现后的海上丝绸之路》，台北《"中央研究院"历史语言研究所集刊》第57本第2分册，1986年。

［452］戴禾、张英利：《中国丝绢的输出与西方的"野蚕丝"》，《西北史地》1986年第1期。

［453］谢必震：《试论明代琉球中介贸易》，《南洋问题》1986年第1期。

［454］张广达：《唐代六胡州等地的昭武九姓》，《北京大学学报》（哲学社会科学版）1986年第2期。

［455］黄炳煜、肖均培：《江苏泰州市明代徐蕃夫妇墓清理简报》，《文物》

1986年第9期。

［456］施萍婷、贺世哲：《敦煌壁画中的法华经变初探》，敦煌文物研究所编：《中国石窟·敦煌莫高窟》三，北京：文物出版社，东京：株式会社平凡社，1987年。

［457］郭郛：《从河北正定南杨庄出土的陶蚕蛹试论我国家蚕起源的问题》，《农业考古》1987年第1期。

［458］赵丰：《古代中朝丝绸文化的交流》，《海交史研究》1987年第2期。

［459］郭治中、李逸友：《内蒙古黑城考古发掘纪要》，《文物》1987年第7期。

［460］内蒙古文物考古研究所：《辽陈国公主驸马合葬墓发掘简报》，《文物》1987年第11期。

［461］新疆楼兰考古队：《楼兰城郊古墓群发掘简报》，《文物》1988年第7期。

［462］陈炳应：《群蚕图》，《中国文物报》1988年10月1日。

［463］徐大立：《蚌埠发现新石器时代蚕形刻划》，《中国文物报》1988年5月6日。

［464］李宾泓：《我国桑蚕丝织业探源》，《地理研究》1989年第2期。

［465］陈国灿、刘珠还：《唐五代敦煌县乡里制的演变》，载《敦煌研究》1989年第3期。

［466］冼剑民：《汉代对岭南的经济政策》，《暨南学报》1989年第4期。

［467］李宾泓：《我国历史上丝织业重心南移及其因素分析》，《经济地理》1989年第4期。

［468］郝思德、李砚铁、刘晓东：《黑龙江阿城巨源金代齐国王墓发掘简报》，《文物》1989年第10期。

［469］朱淑仪：《宋代缂丝名家朱克柔的〈莲塘乳鸭图〉》，上海博物馆藏宝录编辑委员会编：《上海博物馆藏宝录》，上海：上海文艺出版社，香港：

三联书店有限公司，1989年。

［470］河北省文物研究所、张家口地区文化局：《河北阳原三汾沟汉墓群发掘报告》，《文物》1990年第1期。

［471］杨希义：《唐代丝绸织染业述论》，《中国社会经济史研究》1990年第3期。

［472］杨希义：《唐代丝绸染织业概说》，《西北大学学报》（自然科学版）1990年第3期。

［473］夏燕靖：《中国丝绸及印染工艺》，《南京艺术学院学报》（美术与设计版）1990年第3期。

［474］段晴：《于阗文的蚕字、茧字、丝字》，李铮、蒋忠新主编：《季羡林教授八十华诞纪念论文集》（上），南昌：江西人民出版社，1991年。

［475］许新国、赵丰：《都兰出土丝织品初探》，《中国历史博物馆馆刊》1991年第15—16期。

［476］何颐康：《从战国采桑图看四川养蚕及丝织业的历史》，《四川文物》1991年第1期。

［477］杜政胜：《夏代考古及其国家发展的探索》，《考古》1991年第1期。

［478］陈炎：《海上丝绸之路与中、菲、美之间的文化联系》，《海交史研究》1991年第2期。

［479］邢铁：《我国古代丝织业重心南移的原因分析》，《中国经济史研究》1991年第2期。

［480］李宾泓：《我国早期丝织业的分布及其重心的形成》，《中国历史地理论丛》1991年第2期。

［481］王岩：《论"织成"》，《丝绸》1991年第3期。

［482］林梅村：《公元100年罗马商团的中国之行》，《中国社会科学》1991年

第 4 期。

[483] 韩伟：《法门寺地宫唐代随真身衣物帐考》，《文物》1991年第5期。

[484] 陈国灿：《敦煌所出粟特文信札的书写地点和时间问题》，武汉大学历史系魏晋南北朝隋唐史研究室编：《魏晋南北朝隋唐史资料》（7），香港：香港中华科技（国际）出版社，1992年。

[485] 邱敏：《六朝纺织业论述》，《江苏社会科学》1992年第1期。

[486] 陈娟娟：《明代的丝绸艺术（一）》，《故宫博物院院刊》1992年第1期。

[487] 王震亚：《春秋战国时期的桑蚕丝织业及其贸易》，《甘肃社会科学》1992年第2期。

[488] 陈娟娟：《明代的丝绸艺术（二）》，《故宫博物院院刊》1992年第2期。

[489] 叶定一：《江苏泰州明代刘湘夫妇合葬墓清理简报》，《文物》1992年第8期。

[490] 朱亚非：《山东早期的纺织业与北方海上丝绸之路》，《管子学刊》1993年第1期。

[491] 卫斯：《中国丝织技术起始时代初探》，《中国农史》1993年第2期。

[492] 杨共乐：《谁是第一批来华经商的西方人》，《世界历史》1993年第4期。

[493] 湖北省文物考古研究所：《江陵凤凰山一六八号汉墓》，《考古学报》1993年第4期。

[494] 卫斯：《中国丝织技术起始时代初探》，《中国农史》1993年第12期。

[495] 蒋维锬：《莆田〈祥应庙记〉碑述略》，《海交史研究》1994年第1期。

[496] 蒋致洁：《蒙元时期丝绸之路贸易初探》，《中国史研究》1991年第2期。

[497] 韩国磐：《南北朝隋唐与百济新罗的来往》，《历史研究》1994年第2期。

[498] 孙丽英：《浅论中国古代织金织物的发展》，《丝绸》1994年第4期。

［499］程存洁：《广州西汉南越王墓研究综述》，《中国史研究动态》1994年第7期。

［500］马文宽：《辽墓辽塔出土的伊斯兰玻璃——兼谈辽与伊斯兰世界的关系》，《考古》1994年第8期。

［501］于少先、周迪人、邱文彬：《江西德安明代熊氏墓清理简报》，《文物》1994年第10期。

［502］宁强：《曹议金夫妇出行礼佛图研究》，段文杰等编：《1990敦煌学国际研讨会文集·石窟艺术编》，沈阳：辽宁美术出版社，1995年。

［503］陈朝志：《古代纺织品中的印金技艺及金织技艺》，《中国纺织》1995年第1期。

［504］赵丰：《魏晋织锦中的异域神祇》，《考古》1995年第2期。

［505］陈昌远：《从"齐"得名看古代齐地纺织业》，《管子学刊》1995年第2期。

［506］尚刚：《元代的织金锦》，《传统文化与现代化》1995年第6期。

［507］李济：《西阴村史前的遗存》，山西省考古研究所、山西省考古学会编：《三晋考古》（第二辑），太原：山西人民出版社，1996年。

［508］于志勇：《1995年尼雅考古的新发现》，《西域研究》1996年第1期。

［509］曹锦炎、马承源、李学勤等：《浙江省博物馆新入藏越王者旨於睗剑笔谈》，《文物》1996年第4期。

［510］连云港市博物馆：《江苏东海县尹湾汉墓群发掘简报》，《文物》1996年第8期。

［511］纪达凯、刘劲松：《江苏东海县尹湾汉墓群发掘简报》，《文物》1996年第8期。

［512］齐陈骏、冯培红：《晚唐五代宋初归义军对外商业贸易》，郑炳林主编：

《敦煌归义军史专题研究》，兰州：兰州大学出版社，1997年。

[513] 区秋明、袁宣萍：《中国古代丝绸品种的分类》，朱新予主编：《中国丝绸史（专论）》，北京：中国纺织出版社，1997年。

[514] 苏北海：《阿力麻里古城的位置及其历史发展》，《西北史地》1997年第1期。

[515] 许新国：《青海都兰吐蕃墓出土太阳神图案织锦考》，《中国藏学》1997年第3期。

[516] 卢海鸣：《中国古代江南与朝鲜半岛的交流》，《南京社会科学》1997年第8期。

[517] 齐晓光、盖志勇、丛艳双：《内蒙古赤峰宝山辽壁画墓发掘简报》，《文物》1998年第1期。

[518] 冷东：《中国古代农业对西方的贡献》，《农业考古》1998年第3期。

[519] 杨明、周旸、周迪人：《江西德安南宋周氏墓纺织品残片种类与工艺》，《南方文物》1998年第4期。

[520] 郑州市考古文物研究所：《荥阳青台遗址出土纺织物的报告》，《中原文物》1999年第3期。

[521] 张松林、高汉玉：《荥阳青台遗址出土丝麻织品观察与研究》，《中原文物》1999年第3期。

[522] 贺世哲：《敦煌壁画中的法华经变》，敦煌研究院编：《敦煌研究文集·敦煌石窟经变篇》，兰州：甘肃民族出版社，2000年。

[523] 宋家钰：《敦煌贷绢契与量绢尺》，宋家钰、刘忠编：《英国收藏敦煌汉藏文献研究：纪念敦煌文献发现一百周年》，北京：中国社会科学出版社，2000年。

［524］新疆文物考古所：《新疆民丰县尼雅遗址95MNI号墓地M8发掘简报》，《文物》2000年第1期。

［525］王斌：《成都明墓出土的蜀锦——落花流水锦》，《四川纺织科技》2000年第1期。

［526］赵翰生：《明代起绒织物的生产及外传日本的情况》，《自然科学史研究》2000年第2期。

［527］侯江波、林杰：《试论古代"东北亚丝绸之路"的特点及其现实意义》，《辽宁丝绸》2000年第4期。

［528］甘肃省文物考古研究所：《敦煌悬泉汉简释文选》，《文物》2000年第5期。

［529］吴震：《唐代丝绸之路与胡奴婢买卖》，敦煌研究院编：《1994年敦煌学国际研讨会文集——纪念敦煌研究院成立五十周年·宗教文史卷》（下），兰州：甘肃民族出版社，2000年。

［530］姜伯勤：《唐安菩墓所出三彩骆驼所见"盛于皮袋"的祆神——兼论六胡州突厥人与粟特人之祆神崇拜》，荣新江主编：《唐研究》第七卷，北京：北京大学出版社，2001年。

［531］王斌、王君平：《蜀锦丝绸传统染色工艺——植物色素染色研究（上）》，《四川丝绸》2001年第1期。

［532］王秀玲：《定陵出土的丝织品》，《江汉考古》2001年第2期。

［533］孙先知：《蚕丛教民蚕桑》，《四川蚕业》2001年第3期。

［534］吴玉贵：《内蒙古赤峰宝山辽墓壁画〈寄锦图〉考》，《文物》2001年第3期。

［535］龚缨晏：《西方早期丝绸的发现与中西文化交流》，《浙江大学学报》（人文社会科学版）2001年第5期。

[536] 新疆文物考古研究所：《新疆尉犁县营盘墓地1995年发掘简报》，《文物》2002年第6期。

[537] 王文涛：《汉代河北纺织业略论》，《河北师范大学学报》2002年第4期。

[538] 许秀娟：《宋元时期广东与海外的丝绸贸易》，《五邑大学学报》（社会科学版）2002年第4期。

[539] 内蒙古博物馆、内蒙古兴安盟文物工作站、中国丝绸博物馆：《内蒙古兴安盟代钦塔拉辽墓出土丝绸服饰》，《文物》2002年第4期。

[540] 袁宣萍：《东方贸易与中国外销丝绸》，《丝绸》2002年第6期。

[541] 韩辉：《桑树栽培技术的传出与中外交流》，《中国生物学史暨农学史学术讨论会论文集》，2003年。

[542] 石云涛：《隋朝中西交通的开展》，任继愈主编：《国际汉学》第八辑，郑州：大象出版社，2003年。

[543] 朱鹏：《浅议唐代广东的海上丝绸贸易》，《五邑大学学报》（社会科学版）2003年第1期。

[544] 徐长青、樊昌生：《南昌明代宁靖王夫人吴氏墓发掘简报》，《文物》2003年第2期。

[545] 袁宣萍：《17—18世纪欧洲丝绸中的"中国风"》，《丝绸》2003年第8期。

[546] 张庆捷：《北朝隋唐的胡商俑、胡商图与胡商文书》，荣新江、李孝聪主编：《中外关系史：新史料与新问题》，北京：科学出版社，2004年。

[547] 王惠民：《敦煌321窟、74窟十轮经变考释》，中山大学艺术史研究中心编：《艺术史研究》第六辑，广州：中山大学出版社，2004年。

[548] 楼婷：《汉朝提花技术和汉朝经锦的研究》，《丝绸》2004年第1期。

[549] 严勇：《古代中日丝绸文化的交流与日本织物的发展》，《考古与文物》

2004年第1期。

［550］彭善国：《辽墓鹰猎题材壁画及相关文物初识》，《边疆考古研究》2004
年第1期。

［551］孙福喜、杨军凯、孙武、冯健：《西安南郊唐墓（M31）发掘简报》，《文
物》2004年第1期。

［552］张绪山：《关于"公元100年罗马商团到达中国"问题的一点思考》，
《世界历史》2004年第2期。

［553］隆化县博物馆：《河北隆化鸽子洞元代窖藏》，《文物》2004年第5期。

［554］刘东方：《丝绸之路象征符号——骆驼》，《故宫博物院院刊》2004年第
6期。

［555］洛阳市第二文物工作队：《唐安国相王孺人唐氏、崔氏墓发掘简报》，
《中原文物》2005年第6期。

［556］张庆捷：《北朝入华外商及其贸易活动》，张庆捷、李书吉、李钢主编：
《4—6世纪的北中国与欧亚大陆》，北京：科学出版社，2006年。

［557］荣新江：《萨保与萨薄：佛教石窟壁画中的粟特商队首领》，荣新江、华
澜、张志清主编：《粟特人在中国——历史、考古、语言的新探索》，北京：
中华书局，2005年。

［558］赵丰：《新疆地产绵线织锦研究》，《西域研究》2005年第1期。

［559］甘肃省文物考古研究所：《甘肃玉门官庄魏晋墓发掘简报》，《考古与文
物》2005年第6期。

［560］陈年福：《殷墟甲骨文词汇概述》，《浙江师范大学学报》2006年第1期。

［561］屠恒贤、张实：《商周时期丝绸的外传》，《东华大学学报》（社会科学
版）2006年第2期。

[562] 史卫：《从货币职能看唐代"钱帛兼行"》，《唐都学刊》2006年第3期。

[563] 刘永连：《外来丝绸与中国文化》，《丝绸》2006年第4期。

[564] 刘合心：《陕西长安兴教寺发现唐代石刻线画"捣练图"》，《文物》2006年第4期。

[565] 李庆新：《从考古发现看秦汉六朝时期的岭南与南海交通》，《史学月刊》2006年第10期。

[566] 余太山：《〈穆天子传〉所见东西交通路线》，《传统中国研究集刊》（第三辑），上海：上海人民出版社，2007年。

[567] 李艳红、方成军：《试论中国蚕丝业的起源及其在殷商时期的发展》，《农业考古》2007年第1期。

[568] 许新国：《都兰出土织锦——"人兽搏斗"图像及其文化属性》，《青海社会科学》2007年第2期。

[569] 杨巨平：《亚历山大东征与丝绸之路开通》，《历史研究》2007年第4期。

[570] 葛承雍：《唐代胡人袒腹俑形象研究》，《中国历史文物》2007年第5期。

[571] 王银田、解廷琦、周雪松：《山西大同市辽墓的发掘》，《考古》2007年第8期。

[572] 冉万里：《"丝绸之路"视野中的一件三彩骆驼俑》，樊英峰主编：《乾陵文化研究》（四），西安：三秦出版社，2008年。

[573] 石云涛：《汉唐间丝绸之路起点的变迁》，《中州学刊》2008年第1期。

[574] 曹振宇：《中国古代纺织品印花》，《河南工程学院学报》（自然科学版）2008第2期。

[575] 张嫦艳、颜浩：《魏晋南北朝的海上丝绸之路及对外贸易的发展》，《沧

桑》2008年第5期。

［576］龚绍方：《宋代海上丝路源头新探》，《中州学刊》2008年第5期。

［577］武敏：《吐鲁番古墓出土丝织品新探》，侯世新主编：《西域历史文化宝藏探研——新疆维吾尔自治区博物馆论文集》第二辑，乌鲁木齐：新疆人民出版社，2009年。

［578］殷福兰：《吐鲁番出土纺织品对称纹样的艺术风格探究》，载侯世新主编：《西域历史文化宝藏探研——新疆维吾尔自治区博物馆论文集》第二辑，乌鲁木齐：新疆人民出版社，2009年。

［579］严耕望：《唐代纺织工业之地理分布》，《严耕望史学论文集》（中），上海：上海古籍出版社，2009年。

［580］赵丰：《敦煌的丝绸贸易与丝路经营》，《敦煌丝绸与丝绸之路》，北京：中华书局，2009年。

［581］张家升：《汉代丝织业发展的考古学观察》，《东南大学学报》（哲学社会科学版）2009年S1期。

［582］王旺祥：《敦煌悬泉置汉简所记永光五年西域史事考论》，《西北师大学报》（社会科学版）2009年第1期。

［583］江西省文物考古研究所、靖安县博物馆：《江西靖安李洲坳东周墓发掘简报》，《文物》2009年第2期。

［584］江西省文物考古研究院、靖安县博物馆：《江西靖安李洲坳东周墓发掘简报》，《文物》2009年2期。

［585］李志梅：《明代传入中国的日本纺织品研究》，《东华大学学报》（社会科学版）2009年第2期。

[586] 袁海索等:《我国丝绸手绘产品的历史、工艺与艺术表现》,《浙江工艺美术》2009年第2期。

[587] 葛承雍:《丝路商队驮载"穹庐""毡帐"辨析》,《中国历史文物》2009年第3期。

[588] 周青葆:《日本正仓院所藏唐锦研究》,《浙江纺织服装职业技术学院学报》2009年第4期。

[589] 王代乐、韩红发:《半个蚕茧的出土 震撼世界的发现》,《北方蚕业》2009年第4期。

[590] 苏佳:《浅析福州南宋黄昇墓出土的丝织品》,《福建文博》2009年第4期。

[591] 赵丰、万芳、王乐等:《TAM170出土丝织品的分析与研究》,《吐鲁番学研究:第三届吐鲁番学暨欧亚游牧民族的起源与迁徙国际学术研讨会论文集》,上海:上海古籍出版社,2010年。

[592] 钱江:《古代波斯湾的航海活动与贸易港埠》,《海交史研究》2010年第2期。

[593] 袁宣萍:《明清时期福建与江南地区的丝绸贸易及技术交流》,《闽商文化研究》2010年第2期。

[594] 赵丰:《唐系翼马纬锦与何稠仿制波斯锦》,《文物》2010年第3期。

[595] 陶红、张诗亚:《新石器时代蚕纹陶器和陶蚕蛹新论》,《社会科学战线》2010年第3期。

[596] 王浩然:《中国缂丝工艺之美》,《收藏》2010 年第3期。

[597] 张晓霞:《漫谈中国古代丝绸上的树纹》,《丝绸》2010年第6期。

[598] 葛承雍:《唐代狩猎俑中的胡人猎师形象研究》,《故宫博物院院刊》

2010年第6期。

［599］丁品：《浙江湖州钱山漾遗址第三次发掘简报》，《文物》2010年第7期。

［600］刘驰：《十六国时期的丝织业——兼论新丝织生产中心的出现》，《中国魏晋南北朝史学会第十届年会暨国际学术研讨会论文集》，太原：北岳文艺出版社，2011年。

［601］宋馨：《汉唐丝绸的外销——从中国到欧洲》，宁夏文物考古研究所编：《丝绸之路上的考古、宗教与历史》，北京：文物出版社，2011年。

［602］全汉昇：《明代中叶后澳门的海外贸易》，《中国近代经济史论丛》，北京：中华书局，2011年。

［603］袁建平：《从华容元墓出土丝织品看元代湖南女子服装》，《湖南省博物馆馆刊》第十三辑，长沙：岳麓书社，2011年。

［604］路智勇：《新发现辽代丝绸装饰材料及工艺研究》，《文物》2011年第2期。

［605］闫廷亮：《古代河西桑蚕丝织业略述》，《古今农业》2011年第4期。

［606］胡可先、武晓红：《"蹙金"考：一个唐五代诗词名物的文化史解读》，《浙江大学学报》（人文社会科学版）2011年第4期。

［607］武威市考古研究所：《甘肃武威磨嘴子汉墓发掘简报》，《文物》2011年第6期。

［608］朴文英：《从冯素弗墓出土纺织品痕迹考察三燕时期辽宁地区的丝织业》，《辽宁省博物馆馆刊2011》，沈阳：辽海出版社，2011年。

［609］孙宗林：《宋朝岁币政策的影响评析》，《四川文理学院学报》2011年第6期。

［610］于志勇：《"五星出东方利中国"释读》，《新疆日报》2012年3月22日

第009版。

［611］蒋成忠：《秦观〈蚕书〉释义（一）》，《中国蚕业》2012年第1期。

［612］齐赫男：《〈意大利蚕书〉初探》，《农业考古》2012年第1期。

［613］范金民：《16至19世纪前期中日贸易商品结构的变化——以生丝、丝绸贸易为中心》，《安徽史学》2012年第1期。

［614］蔡琴：《从杭州到卢卡：穿越历史的丝绸之路》，《中国文化遗产》2012年第2期。

［615］蒋成忠：《秦观〈蚕书〉释义（二）》，《中国蚕业》2012年第2期。

［616］刘安定、李斌、邱夷平：《铭文锦中的文字与汉代织造技术研究》，《丝绸》2012年第2期。

［617］白芳：《略说广东"海上丝绸之路"》，《福建文博》2012年第2期。

［618］宗宇：《先蚕礼制历史与文化初探》，《艺术百家》2012年第8期。

［619］李发、向仲怀：《〈诗经〉中的意象"桑"及其文化意蕴》，《蚕业科学》2012年第6期。

［620］邢铁：《我国古代丝织业重心南移原因的补充》，姜锡东主编：《漆侠与历史学：纪念漆侠先生逝世十周年文集》，保定：河北大学出版社，2012年。

［621］薛正昌：《唐代长安—灵州道：历史与文化》，杜建录主编：《西夏学论集》，上海：上海古籍出版社，2012年。

［622］武敏：《新疆出土的古代织物——以汉—唐（1～8世纪）丝织品为主》，《新疆通史》编纂委员会编：《新疆历史研究论文选编·通论卷》，乌鲁木齐：新疆人民出版社，2008年。

［623］杨军昌、张静、姜捷：《法门寺地宫出土唐代捻金线的制作工艺》，《考

古》2013年第2期。

［624］陆芸：《近30年来中国海上丝绸之路研究述评》，《丝绸之路》2013 年2期。

［625］李晓芩、贾建威：《甘肃省博物馆藏敦煌写经纸的初步检测和分析》，
　　　《敦煌学辑刊》2013年第3期。

［626］王菲、夏庆友：《近现代蚕桑业在美国加利福尼亚州的兴衰启示录》，
　　　《蚕业科学》2013年第4期。

［627］秦大树：《中国古代陶瓷外销的第一个高峰——9—10世纪陶瓷外销的规
　　　模和特点》，《故宫博物院院刊》2013年第5期。

［628］刘芳：《唐代蚕业研究》，《自然辩证法通讯》2013年第5期。

［629］李发、向忠怀：《甲骨文中的"丝"及相关诸字试析》，《丝绸》2013年
　　　第8期。

［630］焦天龙：《南海南部地区沉船与中国古代海洋贸易的变迁》，《海交史研
　　　究》2014年第2期。

［631］荣新江：《丝绸之路上的于阗》，上海博物馆编：《于阗六篇——丝绸之路
　　　上的考古学案例》，北京：北京大学出版社，2014年。

［632］仝涛、李林辉、黄珊：《西藏阿里地区噶尔县故如甲木墓地2012年发掘报
　　　告》，《考古学报》2014年第4期。

［633］张德芳：《西北汉简中的丝绸之路》，《中原文化研究》2014年第5期。

［634］于建军、胡望林：《2014年新疆哈巴河县喀拉苏墓地考古发掘新收获》，
　　　《西域研究》2015年第1期。

［635］华强、张宇：《常州明代王洛墓家族出土纺织品纹饰研究》，《创意与设
　　　计》2015年第2期。

[636] 李文瑛：《新疆境内考古发现的丝绸文物》，《东方早报》（网络版）2015年11月11日。

[637] 李斌、李强：《宋代缂丝大师朱克柔与沈子蕃作品的比较研究》，《服饰导刊》2015年第4期。

[638] 袁宣萍、赵丰：《16—19世纪中国纺织品上所见之欧洲影响》，张西平主编：《国际汉学》第二十六辑，郑州：大象出版社，2014年。

[639] 刘进宝：《东方学视野下的"丝绸之路"》，《清华大学学报》（哲学社会科学版）2015年第4期。

[640] 南京市考古研究院：《南京大报恩寺遗址塔基与地宫发掘简报》，《文物》2015年第5期。

[641] 吴方浪：《试论汉代"蚕室"与"蚕礼"——兼与宋杰先生商榷》，《内蒙古大学学报》（哲学社会科学版）2015年第6期。

[642] 路智勇：《法门寺地宫出土唐代丝绸用金装饰工艺研究》，《考古与文物》2015年第6期。

[643] 李华瑞：《北宋东西陆路交通之经营》，《求索》2016年第2期。

[644] 霍巍：《高原丝绸之路上的"天马"——青海都兰吐蕃墓葬中出土的联珠对马纹锦》，《中国西藏》2016年第3期。

[645] 王启涛：《敦煌文献"素书"新考》，《西南民族大学学报》（人文社会科学版）2016年第4期。

[646] 胡霄睿、于伟东：《中国古代丝绸饰金工艺及品种的历史传承》，《纺织学报》2016年第8期。

[647] 沙武田：《丝绸之路交通贸易图像——以敦煌画商人遇盗图为中心》，陕

西师范大学历史文化学院、陕西历史博物馆编：《丝绸之路研究集刊》第一辑，北京：商务印书馆，2017年。

[648] 谢菲：《古代丝织物中鹿纹研究》，《艺术与设计（理论）》2017年第1期。

[649] 黄启臣：《明清时期广东丝织制造业的发展》，《岭南文史》2017年第2期。

[650] 苏扬帆、葛明桥：《略论缂丝的历史发展与艺术特点》，《浙江纺织服装职业技术学院学报》2017年第2期。

[651] 解晓红：《外来文化影响下的中国传统丝绸植物纹样的流变研究》，《现代丝绸科学与技术》2017年第2期。

[652] 卢萌萌：《"以水洗血"：唐帝国与回纥危机化解与历史意义》，《和田师范专科学校学报》2017年第2期。

[653] 郑学檬：《唐宋元海上丝绸之路和岭南、江南社会经济研究》，《中国经济史研究》2017年第2期。

[654] 孙占鳌：《嘉峪关与明代丝绸之路贸易》，《甘肃广播电视大学学报》2017年第2期。

[655] 田澍：《陆路丝绸之路上的明朝角色》，《中国边疆史地研究》2017年第3期。

[656] 冯国昌：《元初陆海"丝绸之路"及当代启示》，《江苏科技大学学报》（社会科学版）2017年第3期。

[657] 逯宏：《先秦时期北方草原玉石之路新考》，《内蒙古社会科学》（汉文版）2017年第4期。

[658] 李锦绣：《古代"丝瓷之路"综论》，《新疆师范大学学报》（哲学社会科学版）2017年第4期。

［659］刘进宝：《"西城"还是"西域"？——〈史记·大宛列传〉辨析》，《中国史研究》2017年第4期。

［660］汪汉利：《三佛齐：宋代海上丝绸之路重要节点》，《浙江海洋大学学报》（人文科学版）2017年第6期。

［661］谢顺利、谢亚萍：《缂丝唐卡——汉藏文化的瑰宝》，《山东纺织经济》2017年第9期。

［662］李广志：《"海上丝绸之路"上兴起的大唐街》，《宁波晚报》2017年3月5日第A7版。

［663］熊昭明：《汉代海上丝绸之路航线的考古学观察》，《社会科学家》2017 年第 11 期。

［664］聂书法、高剑军：《从"响堂山石窟"探析中国忍冬装饰纹样的起源》，《装饰》杂志编辑部编：《装饰文丛·史论空间卷02》，沈阳：辽宁美术出版社，2017年。

［665］路智勇：《法门寺地宫出土唐代捻金线的捻制工艺研究》，《华夏考古》2018年第2期。

［666］宋元明：《晚清中西蚕学知识的交流与互动——以蚕微粒子病防治为中心》，《中国农史》2018年第3期。

［667］张彤、杜汉超：《丝绸之路上的西风古韵——内蒙古元代文物外来文化因素考》，《文物鉴定与鉴赏》2018年第3期。

［668］朱思佳：《丝绸手绘工艺的发展》，《纺织报告》2018年第5期。

［669］宫雪、徐红：《从新疆出土文物看缂丝的起源与发展》，《江苏丝绸》2018年第6期。

［670］刘明罡、李潇：《宋元时期"丝绸之路经济带"各国间的金银流通》，《河北大学学报》（哲学社会科学版）2018年第6期。

［671］邹其昌、李青青：《从〈睡虎地秦墓竹简〉管窥秦代工匠文化》，《美术观察》2018年第7期。

［672］刘进宝：《"丝绸之路"概念的形成及其在中国的传播》，《中国社会科学》2018年第11期。

［673］卞兆明：《馆藏缂丝〈明昌御览双冠图〉和〈仙山祥云金龙图〉赏析》，《文物鉴定与鉴赏》2018年第17期。

［674］石云涛：《欧亚草原与早期东西方文明互动》，《中国社会科学报》2018年12月14日第4版。

［675］张杰：《登州古港：古船见证海上丝绸之路的繁盛》，《中国社会科学报》2019年1月18日第4版。

［676］鱼宏亮：《明清丝绸之路与世界贸易网络——重视明清时代的中国与世界》，《历史档案》2019年第1期。

［677］石钊钊：《晚唐五代绘画服饰考——丝绸之路带来的中国服饰新风尚》，《博物院》2019年第1期。

［678］李德霞：《16—17世纪中拉海上丝绸之路的形成与发展》，《历史档案》2019年第2期。

［679］周旸、贾丽玲、刘剑：《新疆帕米尔吉尔赞喀勒拜火教墓地出土纺织品分析检测》，《文物保护与考古科学》2019年第4期。

［680］王川：《丝绸之路上的图案在现代设计中的传承与创新》，《新西部》2019年第4期。

［681］朱亚非：《论古代北方海上丝绸之路兴衰变化》，《山东师范大学学报》（人文社会科学版）2019年第6期。

［682］石云涛：《元代丝绸之路及其贸易往来》，《人民论坛》2019年第14期。

［683］倪文东：《〈张迁碑〉〈衡方碑〉赏析》，《江苏教育》2020年第13期。

［684］［古希腊］希罗多德著，王以铸译：《历史》，北京：商务印书馆，1997年。

［685］［越］佚名：《皇越地舆志》，越南国家图书馆藏明命十四年（1833）刻本。

［686］［越］黄高启：《越史要》，1914年新镌刊本。

［687］［朝］朝鲜科学院历史研究所：《朝鲜通史》，长春：吉林人民出版社，1975年。

［688］［韩］金渭显编著：《高丽史中中韩关系史料汇编》，台北：食货出版社，1983年。

［689］［韩］崔德卿：《韩国的农书与农业技术——以朝鲜时代的农书和农法为中心》，《中国农史》2001年第4期。

［690］金富轼著，杨军校勘：《三国史记》，长春：吉林大学出版社，2015年。

［691］［瑞典］西尔凡等：《公元五—六世纪的希腊晚期花纹的一件中国丝织物》，《东亚杂志》第21卷，1935年。

［692］ Vivi Sylwan. *Silk from The Yin Dynasty*, Stockholm:*Bulletin of The Museum of Far Eastern Antiquities* (Östasiatiska Samligarna), 1937.

［693］［瑞典］斯文·赫定著，江红、李佩娟译：《丝绸之路》，乌鲁木齐：新疆人民出版社，1996年。

［694］［瑞典］沃尔克·贝格曼著，王安洪译：《新疆考古记》，乌鲁木齐：新疆
　　　　人民出版社，2013年。

［695］［日］万多亲王等编：《新撰姓氏录》第三帙《左京诸藩上》，文化四年
　　　　（1807年）刊本。

［696］［日］舍人亲王：《日本书纪》，东京：经济杂志社，1897年。

［697］［日］菅野真道撰：《续日本纪》，东京：经济杂志社，1897年。

［698］［日］德川光圀：《大日本史》，1907年影印本。

［699］［日］德川光圀：《大日本史》，东京：吉川弘文馆，1911年。

［700］［日］明石染人：《染织史考》，东京：矶部甲阳堂藏版，1927年。

［701］［日］原田淑人：《东亚古文化研究》，东京：座右宝刊行会，1940年。

［702］［日］薮内清等著，章熊译：《天工开物论文集》，北京：商务印书
　　　　馆，1961年。

［703］［日］坂本太郎等校注：《日本书纪》，东京：岩波书店，1965年。

［704］［日］上田正昭：《归化人》，东京：中央公论社，1969年。

［705］［日］池田温著，孙晓林等译：《唐研究论文选集》，北京：中国社会
　　　　科学出版社，1999年。

［706］［日］森丰：《丝绸之路的骆驼》，东京：新人物往来社，1972年。

［707］［日］松田寿男著，陈俊谋译：《古代天山历史地理学研究》，北京：中
　　　　央民族学院出版社，1978年。

［708］［日］真人元开著，汪向荣校注：《唐大和上东征传》，北京：中华书
　　　　局，1979年。

［709］［日］布目顺郎：《养蚕の起源と古代绢》，东京：雄山阁，1979年。

[710]〔日〕池田温：《敦煌の流通经济》，《讲座敦煌·敦煌の社会》，东京：大东出版社，1980年。

[711]〔日〕木宫泰彦著，胡锡年译：《日中文化交流史》，北京：商务印书馆，1980年。

[712]〔日〕羽田亨著，耿世民译：《西域文化史》，乌鲁木齐：新疆人民出版社，1981年。

[713]〔日〕仁井田陞：《唐令拾遗》，东京：东京大学出版会，1933年。

[714]〔日〕松本包夫：《正仓院裂と飞鸟天平の染织》，东京：紫红社，1984年。

[715]〔日〕圆仁撰，顾承甫、何泉达点校：《入唐求法巡礼行记》，上海：上海古籍出版社，1986年。

[716]〔日〕小田义久：《大谷文书集成》，东京：法藏馆，1989年。

[717]〔日〕长泽和俊著，钟美珠译：《丝绸之路史研究》，天津：天津古籍出版社，1990年。

[718]〔日〕天野元之助著，彭世奖、林广信译：《中国古农书考》，北京：农业出版社，1992年。

[719]〔日〕池田温著，张铭心、郝轶君译：《敦煌文书的世界》，北京：中华书局，2007年。

[720]〔日〕下野玲子：《唐代佛顶尊胜陀罗尼经变图像的异同与演变》，《朝日敦煌研究员派遣制度纪念志》，东京：朝日新闻社，2008年。

[721]〔日〕下野玲子著，牛源译：《莫高窟第217窟南壁经变新解》，《敦煌研究》2011年第2期。

[722]〔日〕下野玲子：《敦煌佛顶尊胜陀罗尼经变相图の研究》，东京：勉诚

出版社，2017年。

［723］［美］里希特：《希腊的丝绸》，《美国考古学报》(AJA)，1929年。

［724］［美］赫伯特·希顿：《欧洲经济史》，纽约，1948年。

［725］［美］西蒙斯：《中国纺织物研究的新发展》，《远东博物馆馆刊》1956年第28期。

［726］［美］卡特著，吴泽炎译：《中国印刷术的发明和它的西传》，北京：商务印书馆，1957年。

［727］［美］里希特：《希腊艺术指南》，伦敦，1959年。

［728］D. G. Shepherd, W. B. Henning. *Zandaniji Identified? Aus der Welt der Islamische Kunst.* Festschrift fr E. Knhel, Berlin, 1959.

［729］［美］J.Lowry：《汉代织物》，《东方美术》第6卷，1960年第2期。

［730］［美］劳费尔著，林筠因译：《中国伊朗编》，北京：商务印书馆，1964年。

［731］Ph.Ackerman. *Some problem of early iconography, A survey of persian art II (Text) New Edition*, Ashiya, Japan, 1981.

［732］［美］德克·卜德：《中国物品传入西方考证》，中外关系史学会编：《中外关系史译丛》第1辑，上海：上海译文出版社，1984年。

［733］［美］陈依范：《美国华人史》，北京：世界知识出版社，1987年。

［734］［美］詹姆斯·W.汤普逊著，徐家玲等译：《中世纪晚期欧洲经济社会史》，北京：商务印书馆，1992年。

［735］Valerie Hansen. *The Silk Road: A New History*, Oxford University Press, 2012.

［736］［美］芮乐伟·韩森著，张湛译：《丝绸之路新史》，北京：北京联合出

版公司，2015年。

[737] ［英］明斯（E. H. Minns）：《斯基泰人和希腊人》(*Scythians and Greeks*)，剑桥，1913年。

[738] ［英］耶兹著，向达译：《俄国科斯洛夫探险队外蒙考古发现纪略》，《东方杂志》1927年第24卷第13期。

[739] ［英］贝尔著，苏鸿宾、张昌祈译：《荷法远东殖民地行政》，上海：商务印书馆，1934年。

[740] STEIN A. *Serindia.* New Delhi: Motilal Banarsidass Pub, 1980.

[741] M. Aurel Stein. *Serindia—detailed report of explorations in central Asia and westernmost China*, K. C. I. E. By arrangement with Oxford University Press, London, First Edition: Oxford 1921. Reprint: Delhi, 1980.

[742] ［英］韦陀主编：《西域美术·英国博物馆藏斯坦因收集品》全三卷，东京：讲谈社，1982—1984年。

[743] ［英］道森编，吕浦译，周良霄注：《出使蒙古记》，北京：中国社会科学出版社，1983年。

[744] ［英］G.F.赫德逊著，王遵仲等译：《欧洲与中国》，北京：中华书局，1995年。

[745] ［英］赫·乔·韦尔斯著，吴文藻等译：《世界史纲：生物和人类的简明史》，桂林：广西师范大学出版社，2001年。

[746] ［英］E.H.贡布里希著，范景中等译：《秩序感——装饰艺术的心理学研究》，长沙：湖南科学技术出版社，2003年。

[747] ［英］詹妮弗·哈里斯主编，李国庆、孙韵雪、宋燕青等译：《纺织史》，汕头：汕头大学出版社，2011年。

［748］［英］杜希德、思鉴：《沉船遗宝：一艘十世纪沉船上的中国银锭》，

　　　荣新江主编：《唐研究》第十卷，北京：北京大学出版社，2004年。

［749］［英］斯坦因著，向达译：《西域考古记》，北京：商务印书馆，北京：中

　　　国旅游出版社，2017年。

［750］［法］沙畹著，冯承钧译：《西突厥史料》，北京：中华书局，1958年。

［751］［法］戈岱司编，耿昇译：《希腊拉丁作家远东古文献辑录》，北京：中华

　　　书局，1987年。

［752］［法］L. 布尔努瓦（Boulnois）著，耿昇译：《丝绸之路》，乌鲁木齐：新

　　　疆人民出版社，1982年。

［753］［法］帕特里斯·德布雷著，姜志辉译：《巴斯德传》，北京：商务印书

　　　馆，2000年。

［754］［法］布尔努瓦著，耿昇译：《丝绸之路》，济南：山东画报出版社，

　　　2001年。

［755］［法］童丕著，余欣、陈建伟译：《敦煌的借贷：中国中古时代的物质生

　　　活与社会》，北京：中华书局，2003年。

［756］［法］何四维（A.F.P.Hulsewe）：《汉代丝绸贸易考》，郑炳林主编、耿

　　　昇译：《法国西域史学精粹》3，兰州：甘肃人民出版社，2011年。

［757］［法］葛乐耐（Frantz Grenet）著，毛铭译：《驶向撒马尔罕的金色旅程》，

　　　桂林：漓江出版社，2016年。

［758］［意］卡洛·M. 奇波拉主编，贝昱、张菁译：《欧洲经济史》第二卷

　　　《十六和十七世纪》，北京：商务印书馆，1988年。

［759］［意］马可·波罗著，梁生智译：《马可·波罗游记》，北京：中国文史

　　　出版社，1998年。

［760］［意］乔凡·巴蒂斯塔·卡斯特拉尼著，楼航燕、余楠楠中译：《中国养蚕法：在湖州的实践与观察》，杭州：浙江大学出版社，2016年。

［761］［苏联］С.И.鲁金科著，潘孟陶译：《论中国与阿尔泰部落的古代关系》，《考古学报》1957年第2期。

［762］［苏联］L.I.阿尔巴乌姆：《阿弗拉西阿勃绘画》，莫斯科，1975年。

［763］［俄］马尔夏克（Boris Marshark）著，毛铭译：《突厥人、粟特人与娜娜女神》，桂林：漓江出版社，2016年。

［764］［德］利温奇著，朱杰勤译：《十八世纪中国与欧洲文化的接触》，北京：商务印书馆，1962年。

［765］［德］夏德著，朱杰勤译：《大秦国全录》，北京：商务印书馆，1964年。

［766］［蒙古］策·道尔吉苏荣：《北匈奴的坟墓》，乌兰巴托科学委员会编：《科学院学术研究成就》1956年第1期。

［767］［英］H.裕尔撰，［法］H.考迪埃修订，张绪山译：《东域纪程录丛》，昆明：云南人民出版社，2002年。

［768］［古阿拉伯］伊本·胡尔达兹比赫著，宋岘译注：《道里邦国志》，北京：中华书局，1991年。

［769］［古阿拉伯］佚名著，穆根来等译：《中国印度见闻录》，北京：中华书局，2001年。

［770］［古阿拉伯］马苏第著，耿昇译：《黄金草原》，北京：中国藏学出版社，2013年。

［771］［波斯］拉施特主编，余大钧、周建奇译：《史集》，北京：商务印书馆，1997年。

［772］［葡］曾德昭著，何高济译，李申校：《大中国志》，上海：上海古籍出

版社，1998年。

[773] ［荷］荷兰总督府编，［日］村上直次郎原译，郭辉中译：《巴达维亚城
日记》，台中：台湾文献委员会印行，1970年。

[774] ［荷］包乐史著，庄国土、程绍刚译：《中荷交往史（1601—1999）》，
荷兰：路口店出版社，1989年第一版，北京1999年修改版。

[775] B. Castellani. *Dell'allevamento dei bachi da seta in China fatto ed osservato
sui luoghi (On the Raising of Silkworms Performed and Controlled in China)*.
Firenze, 1860.

[776] Brockett L P. *The silk industry in America*, New York: George F. Nesbitt &
Company, 1876.

[777] George Fadlo Hourani. *Arab Seafaring in the Indian Ocean in Ancient and Early
Medieval Times*.

[778] De Bello Gothico(A.D.500—605), translated by Henry Yule. See Henry Yule
and Henri Cordier , *Cathay and the way thither: Being a collection of medieval
notices of China*, London: the Hakluyt Society, 1915, Volume 1.

[779] Otto Maenchen-Helfen. *From China to Palmyra*, The Art Bulletin, Vol.25, No.4,
1943.

[780] Lopez R S. *Silk industry in the byzantine Empire*. In Spec-ulum, Vol xx Jannuary,
1945.

[781] Ch. Pellat. *Le milieu basrien et la formation de Gahiz*(Book Review), paper
presented on Arabica 1954.

[782] W. Fritz Volbach. *Il tessuto nell'arte antica*, Milano: Fratelli Fabbri Editori, 1966.

［783］C. R. Boxer. *Fidalgos in the Far East(1550—1770)*. Oxford: Oxford University Press, 1969.

［784］L. von. Falkenhausen. *Die Seiden mit chinesischen Imschriften*, ed. A. Stauffer & Schmidt-Colinet. *Die Textilien aus Palmyra. Neue und alte Funde*, Meinz-am-Rhein: 2000; K. Riboud, *A comparative study of two similar Han documents. Polychrome figured silks from Lou-Lan amd Ilmovaya Pad, Bulletin de CIETA*, 1968; id. *Some remarks on strikingly similar Han figured silks found in recent years in diverse site, Archives of Asian Art*, 1972.

［785］K. Riboud, E. I. Loubo-Lesnitchenko. *Nouvelles découvertse soviétiques a Oglakty et leur analogie avec les soies façonnées polychromes de Lou-Lan — dynastie Han, Arts Asiatiques* XXVIII, 1973.

［786］R. Lopez. *By-zantine and the word around it: Economic and institutional relations*. In Variorum reprints, London 1978, III.

［787］R. Comba. *Produzioni tessili nel Piemonte tardo-medievale (Textile Production in Late-Medieval Pidemont)*, Bollettino Storico-Bibliografico Subalpino, 1984.

［788］Becker, John. *Pattern and loon: A practical study of the development of weaving techniques in China, Western Asia and Eruope*. Kopenhagen: Rhodos, 1987.

［789］Isreal Exploration Society. *Masada:The Yigael Yadin Excavations 1963-1965, Final Reports*. Jerusalem: Hebrew University of Jerusalem, 1989.

［790］赫德森撰，芮传明译：《丝绸贸易》，中外关系史学会编：《中外关系史译丛》（第3辑），上海：上海译文出版社，1986年。

［791］Carswell. *The port of Mantai, Sri Lanka, in Roman and India, the Ancient Sea Trade*.

Madison: University of Wisconsin Press. InSanake B. Mantai. *Second Arikamedu: A Note on Roman Finds, in Sri Lanka and the Silk Road of the Sea*, Colombo: the Sri Lanka Na-tional Commission for UNESCO and Central Cultural Fund. 1991.

[792] Е. И. Лубо-Лесниченко. *Китай на Шелковом пути. Шелк и внешние связи древнего и раннесредневекового Китая*, М. Восточная литература, 1994.

[793] [法] 吉埃编，秋山光和译：《西域美术·吉美博物馆藏伯希和收集品》全二卷，东京：讲谈社，1994—1995年。

[794] K. Riboud. *New soviet finds at Oglakhty and their analogy to Aurel Stein textiles — Han period*, Bulletin de CIETA, 1971, II, No.34, Lyon: 1971; id. *Some remarks on strikingly similar Han figured silks found in recent years in diverse site*, Archives of Asian Art, 1972; id. *China's buried past*. Hali: 1987; E. I. Loubo-Lesnichenko, *Concerning the chronology and ornamentation of Han Period textiles, Orientations*, 1995.

[795] Annemaris Stauffer. *Textiles from palmyra local production and the import and imitation of Chinese silk weavings, le annales archeologique arabes syrienne-special issue documenting the activities of the international colloquium: palmyra and the Silk Road*, vol. XLII, 1996.

[796] I. I. Loboda, A. E. Puzdrovskij und J. P. Zajcev. *Prunkbestattungen des 1. Jh. n. Chr. aus der Nekropole Ust'-Al ma auf der Krim. Die Ausgrabungen des Jahres*, Eurasia Antiqua, 8, 1996.

[797] E. Panagiotakopulu, et al. *A lepidopterous cocoon from thera and evidence for silk in the aegean bronze age*. In *Antiquity*, 1997 (71).

[798] В. И. Матющенко, Л. В. Татаурова. *Могильник Сидоровка в Омском Прииртышье, Наука, Новосибирск*, 1997.

[799] Elfriede R. Knauer. *The camel's load in life and death. In iconography and ideology of Chinese pottery figurines from han to tang and their relevance to trade along the Silk Routes*, Zürich: AKANTHVS. Verlag für Archäologie, 1998.

[800] Boris Marshak. La Transoxiane et les terres attenantes. *L'Asie des steppes: d'Alexandre le Grand à Gengis Khan*, Paris-Barcelona, 2000.

[801] Lothar von Falkenhausen. *Die Seiden mit Chinesischen Inschriften, Die Textilien aus Palmyra: Neue und alte Funde*, ed. Andreas Schmidt- Colinet, Annemarie Stauffer, and Khaled Al-As'ad, Mainz: Philipp von Zabern, 2000.

[802] A. Schmidt-colinet, A.Stauffer, Kh. Al As'ad. *Die Textilien aus Palmyra, Damaszener forschungen 8*, Mainz am Rhein, 2000.

[803] *The general history of Chinese silks*, Soochow University Press, 2000.

[804] Wang Mingfang. *Polychrome woven silk and embroidery of Zagunluk between the 3rd–6th centuries, Western Imprints: Textiles from han and jin dynasties in China*, Hangzhou: 2008.

[805] A. Stein. *Innermost Asia. Detailed report of explorations in Central Asia, Kansu and Eastern Iran*, Oxford, 1928; *Sampula in Xinjiang of China, Revelation and study of ancient Khotan civilization*, Urumchi, 2001.

[806] Т.Н.Глушкова. *Текстильные материалы Исаковского–1 могильника. Материалы по археологии Обь-Иртышья*, Сургут, 2001.

[807] D.Digilie. L'Arte della Seta a Lucca, Sulla via del Catai: *Rivista semestrale*

sulle relazioni culturali tra Europae China, Centro Studi Martino Martini, 2010, Luglio.

[808] L. Brody, G. Hoffman. *Dura-Europos: Crossroads of Antiquity*, Boston: McMullen Museum of Art, 2011.

[809] N. V. Polosmak, Ye. S. Bogdanov, D. Tseveendorzh. *The twentieth noin-ula tumulu*, Novosibirsk (In Russian), 2011.

[810] Li Wenying. *Silk artistry of the qin, han wei and jin dynasties*, in D. Kuhn and Zhao Feng(ed.), Chinese Silks, 2012.

[811] F. Zhao and L. Wang. *Reconciling excavated textiles with contemporary documentary evidence: A closer look at the finds from a sixth-Century tomb at Astana*. In Journal of the Royal Asiatic Society, 2013, 23(2).

[812] E.Bunker. *The Chinese artifacts among the Pazyryk finds,Source. Notes in the history of art*,vol.X, No. 4. Summer, 1991; О. Г. Новикова, Е. В. Степанова, С. В. Хаврин, *Изделия с китайским лаком в памятниках пазырыкской культуры. Использование естественно-научных методов в археологических исследованиях*, Барнаул, 2013.

[813] Marta Żuchowska. *From China to Palmyra: the Value of Silk*, Światowit • XI (LII)/ A, 2013.

[814] J. Liu, F. Zhao. *Dye analysis of two polychrome woven textiles from the han and tang dynasties* in Mary M. Dusenbury(ed.). In *Color in ancient and medieval East Asia*. Lawrence, KS: *The Spenser Museum of Art*, the University of Kansas, 2015.

[815] R. Laursen. *Yellow and eed dyes in ancient Asian textiles* in Mary M.Duserbury(ed.). In Color in ancient and medieval East Asia, Lawrence, KS:

The Spenser Museum of Art, the University of Kansas, 2015.

[816] Svetlana Pankova. *Unearthed early silks from the Silk Road in Russia (3rd century BC-4th century AD)*, in Zhao Feng(ed.), *The Silk Road: A road of silk.* Shanghai: Donghua University Press, 2016.

[817] Pliny. *The Natural History*, The Loeb Classical Library, XI.Xxv-xxvII, VI, xx.

[818] 李青：《古楼兰鄯善艺术史论》，博士学位论文，西北大学，2003年。

[819] 毋有江：《北魏政区地理研究》，博士学位论文，复旦大学，2005年。

[820] 张明宇：《从新疆出土纺织物看汉唐时期西域文化的多样性》，硕士学位论文，东北师范大学，2008年。

[821] 刘军：《明清时期海上商品贸易研究（1368—1840）》，博士学位论文，东北财经大学，2009年。

[822] 陈欣：《唐代丝织品装饰研究》，硕士学位论文，山东大学，2010年。

[823] 钟恒：《唐代吐鲁番与正仓院丝织品比较及修复保护技术研究》，博士学位论文，东华大学，2011年。

[824] 赵莹波：《宋日贸易研究——以在日宋商为中心》，博士学位论文，南京大学，2012年。

[825] 顾俊剑：《论先秦蚕丝文化的审美生成》，硕士学位论文，山东师范大学，2012年。

[826] 吴方浪：《汉代丝织业研究》，硕士学位论文，江西师范大学，2013年。

[827] 徐敏：《汉晋南北朝西域胡服"汉化"现象初探》，硕士学位论文，西北大学，2017年。

后 记

　　本书是陕西省社科界2018年重大理论与现实问题研究项目重点委托课题（立项号：2018W006）的结项成果。因为本书是一项集体完成的科研成果，故有必要将课题组的组成及分工情况做一个交代。本课题组成员由陕西师范大学、西安考古研究院、浙江大学、北京外国语大学、咸阳师范学院、西安文理学院、东华大学以及新疆博物馆、西宁考古研究所、敦煌研究院、陕西师范大学出版总社等单位的研究人员组成。杜文玉教授负责起草开题报告。开题报告会上，除了相关专家，陕西省社科联主席甘晖教授、陕西师范大学社科处处长马瑞映教授、兰州大学中亚研究所所长杨恕教授、陕西师范大学出版总社社长刘东风编审等亦出席了会议，提出了很好的指导意见，在此一并表示感谢。经过充分的讨论，课题组在开题报告的基础上形成了撰写提纲，由课题组成员分工撰写了书稿，然后再由杜文玉教授统稿。需要说明的是，书中所有的图片由各章撰写人员提供，并一一注清出处。

　　各章具体编写人员如下：第一章，郑旭东（西安考古研究院）。第二章，杜文玉（陕西师范大学）。第三章，王颜（咸阳师范学院）。第四章，石云涛、张宜婷（北京外国语大学）。第五章，王兰兰（西安文理学院）。第六章，赵梦涵、刘进宝（浙江大学）。第七章，总编写沙武田（陕西师范大学），其中，第一节，李思飞（陕西师范大学）；第二节，张世奇（新疆博物馆）；第三节，孙杰（西宁考古研究所）；第四节，王乐（东华大学）；第五节，王建军（敦煌研究院）；第六节，韦悦华（陕西师范大学）；第七节，沙武田（陕西师范大学）。

杜文玉

2020年7月